# 明治出版史上の金港堂

## 社史のない出版社「史」の試み



稲岡勝

皓星社

# 明治出版史上の金港堂　社史のない出版社「史」の試み——目次

# まえがき

「なにも知らないから書ける」のが近代出版史と思うことがある。とくに御大層なタイトルを付けたものほど内容はスカスカの迷論文や、著名本屋の末裔が先祖顕彰のために編んだ社史のようなもの、等を読むといっそうその感を深くする。たまたま伝来した断片資料を唯一の拠り所にして、その史的意味を考える力もなく、ただ憶測や思い込みだけで捏ね上げる矛盾だらけの叙述。そこにはなんの発見もなく、思いつきをただ脈絡なく重ねた珍妙なエセ歴史があるだけである。さらに困るのは当の執筆者は大まじめで、空疎で呆れるような内容の貧困に全く自覚がないことである。

こうなる理由を考えてみると、近代出版史には頼りになる先行文献が至って少ないことに行きつく。いい加減な業界伝説の類は掃いて捨てるほどあるが、最小限心得ておくべき出版史の基礎知識を踏まえる行き届いた文献は残念ながらあまりない。少なくとも目を通しておくべき基本文献の絶対的不足。つまり出版史の共通理解をもたらす土台の整備が大幅に遅れているのである。確かに個人の関心と努力により優れた業績が生み出されてはいるが、一方で「多様な出版現象全体の中に個々の出版史研究の成果を位置づけ、共同して出版史の全体像を目指すという点では、今なお課題を残している」(吉田公彦「『日本出版史料―制度・実体・人―』の刊行について」)状況が依然として続いているのである。

翻って随分昔のわが処女論文「金港堂小史」(東京都立中央図書館『研究紀要』一一号　一九八〇年三月)はどうなのだろうか。幼い初心を示すに過ぎないこの論文も、今日から見るとあまりに未熟すぎて「なにも知らないから書けた」の感が深い。

確かに誰も手を染めない金港堂という教科書肆に初めて鍬を入れた点ではそれなりの意味があり、『社史のない出版社「史」の試み』と副題を付けた所以でもある。また一定の評価を得て気を良くしたことも事実である。例えば『国史大辞典』(吉川弘文館)の金港堂の項目など、当時の出版史の大家たち(弥吉光長、岡野他家夫など)はその記述を訂正している。助言を下さった八木佐吉氏(丸善本の図書館長)、藤原佐一郎氏(仙台金港堂社長)からは一応の成果にお褒めを頂いた。図書館の雑誌室担当からも「結構引き合いがありますよ」と言われた懐かしい記憶もある。お名前だけは存じ上げていた布川角左衛門先生に謹呈したところ、折り返し丁重な礼状と署名入りの近著を送って頂き感激したこともあった。そしてこれが布川文庫との長いお付き合いのきっかけになった。

しかし金港堂を軸に明治出版史を構築しようとするには、明治の歴史のみならず出版物と出版法制・統計、書籍商と業界団体、出版関連業などなど近代出版文化史に関する基礎知識の欠如は歴然としていた。八木佐吉氏から書物問屋と地本問屋並立の解説を受けても、当時は消化吸収する力がないから直ぐには血肉にならない。書物史・出版史などは書誌学と同様に、授業で習えば簡単に身につく学問分野ではないようだ。図書館や文書館通いを続けて研究基礎資料の調査・発掘に努めていくうちに、また古書展における実物教育の効果もあって、おいおい関連知識が自然と増していき、ようやく時代と出版に目配りが利くようになる。だがこれも喜んでばかりはいられない。知識が増し収集資料が溢れてくると、今度はあれかこれかと情報の取捨選択に迷いが生じ却って筆が渋りがちになる。「無知の蛮勇」も困りものだが、のべつ選択に迫られて筆の進まなくなる「知りすぎた男」もつらいものである。

今回の論集はある意味で筆者の貧しい成長過程——先行研究のない分野で、いわば無から有を生み出し深化させていくプロセス——を呈示するものと言えるかも知れない。天馬空を行くような俊才に比べると亀のような歩みで気恥ずかしい限りであるが、近代出版史を目指す後進達にはなにかしら得るものがある筈とひそかに思っている。

## 本論集の構成

前述のように処女論文「金港堂小史」は一定の評価を得たが、今から見るとあまりにも未熟で「なにも知らないから書けた」汗顔モノと言って良い。出発点となった意味では愛着もあるが、その後全面改訂増補した新稿（第三部）があるから本論集からは除外することにした。ただ幼稚な初心を示すものとは言え基本的な発想や方法は今も変わってはいないし、その構成なり骨組は今日でも通用する一面があるように思う。その片鱗は「はじめに」と「目次」の部分に表れているので念のために紹介しておきたい。

はじめに

出版業の興亡盛衰の烈しさは定評がある。かつて明治時代に、出版王国を誇った博文館も忘れられて久しい。その同時代に、盛時は博文館をしのぐ勢いを示した金港堂という出版社があった。何故か、一世を風靡したとか、業界を牛耳ったとか、勢力をうかがわせる言辞は出版史の片々に見かけるが、その実体を明らかにした体系だった論及*はまだない。無論、それにはそれなりの理由があるのかも知れない。(1)一般の出版業とは没交渉の教科書出版を主としていたこと、(2)出版史上俗受けするような出版物があまりなかったこと、(3)明治末には衰亡して史・資料が残っていないこと、などから研究の食指をそそらなかったと考えられる。

しかし、だからと言って等閑に付していい理由にはならない。むしろ、とくに初期の近代出版史においては、金港堂に代表される教科書出版の比重は大きく、その史的解明がなければ不備の誹りを免れないであろう。

小稿は、ほぼ明治年間にわたる金港堂の、時々の状況に対応する様子を通じてその実態を明らかにし、あわせて近代出版史におけるその位置について仮説を呈示しようとするものである。

方法としては、金港堂の文書・記録等の原資料がないことに鑑み、専ら(1)金港堂の出版物、とくに「教育界」、(2)同時代の証言・関係出版「社史」「伝記」、雑誌・新聞の記事、(3)客観的な記録…「会社録」「人名録」、広告、などを素材として組み立てた。

＊単行本である程度の論及があるものとしては、小川菊松『出版興亡五十年』（誠文堂新光社　昭和二八年）五〇〜五六頁、岡野他家夫『日本出版文化史』（春歩堂　昭和三四年）一四三〜一四五頁、また雑誌論文では、岡野他家夫「明治大正の出版屋（一）金港堂」（「読書と文献」四〜四）、稲村徹元「知られざる金港堂資料　小説集『園遊会』のこと」（「日本出版学会会報」一四）、矢作勝美「金港堂装釘部のこと」（「本の周辺」七）

目次

目次に示した金港堂の時代区分は今から見てもほぼ鉄案に近い。これに沿う形で論述を進めたのが第三部「明治出版史上の金港堂」である。これは小史を全面的に改訂増補したものだが、金港堂出版の図書・雑誌を出来るだけ数多く見ることを手始めに、当時の新聞雑誌記事や広告を克明に博捜し又、公文書を発掘活用して実証の精度を高めるなど、全くの新稿と言って良いくらい書き改めた。ただし衰退期の明治三十年代後半については、準備不足もあり遺憾ながら筆が及ばず、長い間そのままになっていた。この論集では当然その欠けた章節については新史料を用いて補い、金港堂の明治年間における出版活動の全体像を明らかにした。

但し商務印書館と金港堂の提携問題は、その後日中間で研究が急展開して大きなテーマになった事情もあり、第五部「日中合弁事業の先駆、金港堂と商務印書館の合弁　一九〇三―一九一四年」として独立させた。当初は『教育界』の雑誌記事と広告に気が付いて記述しただけの事柄で、些事に過ぎないと思っていた。それがあたかも中国の改革開放路線に符節を合わせるかのように、日中間のみならず国際的な研究テーマにまで進展したのだから今でも不思議な気がしてならない。

二十世紀初頭、日中合弁事業の草分けとも言える金港堂と商務印書館の事業提携、この問題実は日中間の不幸な歴史を反映して長いこと闇の中に埋もれてきたのである。この論文集では主として発掘しえた日本側資料を用いて、合弁の一方の当事者であった金港堂の経営事情の視点から合弁問題を取り上げた。執筆した時期は丁度商務印書館がめでたく百周年を迎える直前（一九九六年）の事である。他方金港堂は戦時中の企業整備によって冨山房に吸収され、はるか昔に歴史から消えていた。

なお、その後の新知見に基づいた二つの関連文献を併せて収録し補強をはかった。商務印書館の偉大な編訳人張元済と清国近代化の巨人盛宣懐の相次ぐ訪日については「張元済の最初の訪日と市島春城」（『出版研究』四二　二〇一二年）にまとめた。また、商務印書館は一九一四年一月合弁関係を解消し、晴れて《完全華商》を名乗ったが、これは民国民衆の高まる排日感情に後押しされた結果でもある。しかし十年に及ぶ合弁の事実はその後も商務印書館のアキレス腱になり続ける。殊に日中関係の険悪化に伴いますますマイナス要素になるのは必然。こうした社会状況下で商務印書館の切迫したお家の事情を分析したものが「『実業之日本《支那問題号》』と商務印書館」（『出版研究』四一　二〇一一年）である。同誌の誤報記事訂正をめぐっては張元済がここでも活躍している。

また教科書疑獄事件（第四部）についても当時は何もわかっていなかったことは明白で、世に漠然と流布する通説に疑問もなく従って述べていたに留まる。跋扈する汚職疑獄史などの裏面史は実は事件の本質を隠ぺいする役割しかなく、一利もないことにようやく気が付いた。改めて徹底的に調べ直すと、事件は明確な意図のもとに文部省と検事局によって仕掛けられた政治裁判と言って良い。教科書国定化のためには、その最大の障碍であるカウンター国定勢力（教科書出版社）を叩き潰す外なく、そのために事件は引き起こされたのである。文部省図書審査官長尾雨山の異様に早い起訴と公判は、実は文部省が世論の逆風をかわすための姦計で逸早くスケープゴートを差出して組織の安全を図ったのである。不運にも政治裁判の犠牲となった雨山。その官吏収賄裁判の内実を検討してみると、省益を死守する文部省によって刑法犯に仕立てられたことは明白である。いわれなき汚名を着せられた長尾雨山のために冤をすすぐ、即ち第四部に「雪冤」と題した所以である。なお第四部は全くの書き下ろしで、資料集めと論述にはずい分時日を費した。

官吏収賄裁判を検討する場合、まず前提として旧刑法には収賄罪はあっても贈賄罪のないこと、従って贈賄書肆には文部省令違反しか問えないこと、また容疑者は共犯関係にはなく全て単独犯で、物証もなく書肆の証言が唯一の証拠という、普通には見られない奇妙な裁判であることを念頭に置かねばならない。

この特異な刑事裁判に関しては要領の良い概説はあるが、個別の公判審理にまで踏み込んだものはまだ聞かない。本稿では大審院にまで争った長尾雨山、控訴審で無罪になった小谷重（前文部省図書審査官）、正木直太郎（前埼玉県師範学校長）のケースを取り上げ検討した。その裁判の内実はじつに呆れるべきもので、例えば被告側の証人申請は悉く検事が反対し裁判官も容認して却下し審理をひたすら急ぐ。唯一の証拠となる書肆証人の口述調書も公判の中で矛盾が露呈して、小谷重の場合は検事自身が「当事件は最も証拠の具備せざるものなり」と認める始末であった。こうした杜撰で拙速な審理をみると、官吏収賄裁判は検事局と裁判官が結託して筋書き通りに進めた政治裁判と言って良いようである。しかも奇妙なことに被告人の多くは易易として第一審の判決に服罪し、控訴する者はごく稀であった。これは文部省が狡知にも省令の解釈をまげて誘導した結果とみてよいようである。

刑法犯に仕立てられ身分も職も失った雨山は日本には居場所がなかった。小谷重の勧めに従って上海に渡り、奇しくも合弁したばかりの商務印書館（第五部参照）に入るのである。

順序が逆になったが、第一部と第二部はこの論集の方法論及び史料論に関するものを纏めたものである。第一部は「金港堂小史」執筆の経験を踏まえてその方法論（一章、二章）と、発表以後目にした各種の出版史料類を大まかに第三〜七に章分けして解説を加えたものである。明治の出版物は近世と同様に同じものは滅多にないと考えるべきで、その識別のためには書誌学的吟味が不可欠である。従来の近代出版史はこの観点が全く欠落してきた。

「奥付とその周辺」（三章）は、いわば明治本の書誌学的アプローチ（出版物を出版史料として見る）を試みたものである。出版物そのものから様々な情報を得られるが、その一例として奥付などの付き物から具体的になにが読み取れるかを試みたもの。なお、これを更に発展させ図解したものが「蔵版、偽版、板権—著作権前史の研究」（東京都立中央図書館『研究紀要』二二号　一九九二年三月）であるが、紙幅の都合もあり収録は見合わせた。

「原亮三郎伝」（四章）は史料批判の実際を試みたもの。伝記や人物事典等の記述には誤伝や錯誤が踏襲されがちである。それは安易な孫引きが後を絶たないからで、引用する際には関係文献を比較検討したうえで最善のものを使用しない限り錯誤はなくならない。

「複刻版資料」（五章）、ひところ明治の新聞はマイクロでしか見る手段がなかったが、冊子の新聞複製版が出るようになってから、閲読の効率が段違いに向上した。この外に近代出版史研究に役に立ちそうな複製資料を紹介し解説をくわえた。

「出版願と版権免許証」（六章）、出版史にはよく言葉は聞くが実態は曖昧模糊とした事例が案外と多い。出版条例の定める出版願と版権免許証もその良い例であろう。『大勢三転考』を例にして具体的な版権免許の手続き（出願と免許証下付）を条文に即して図解した。

「見立番付や見立細見」（七章）はいささか興味本位の難点はあるが、当時の世相や人々の意識を示す点では得難い史料である。書物出版に関するものを選んで紹介した。似たようなものに異種百人一首があり、福沢諭吉や甲府の内藤万春（藤伝の義母）が載っているものがある。また明治十年代の出版史を展望すると、早くも西と東の大手書肆から新刊情報誌が発行された（『明治十年代の新刊情報誌―『出版新報』と『出版月報』と』全二巻　金沢文圃閣　二〇一一年）ことにも注目すべきであろう。

第二部「出版史料としての公文書」は、主として活字文献を中心とした第一部に対して、未刊の公私文書群の中から出版史料を発掘して論証に活用する一段と深化したステージの論文を集めた。その最初の論文（第一章）は今から見ると、解読した文書を活字化するのに精一杯で、書影などの図解が無いために分かりにくい面が多々あった。第二章はその応用論考で、図版を多用して『東京府地理教授本』の製作過程とそのコストを明らかにした。当時は未刊資料を素材に出版の実態を明らかにする方法は、技術的（崩し字の読解）理由からか弥吉光長の論述の外は殆んど目にすることはなかった。『埼玉県行政文書件名目録・学務編』に触発されて、一九八四年からは出版史料を探して文書館通いを始めた。まず埼玉県文書館、ついで東京都公文書館の文書群を見ていき、ずいぶん沢山の実証資料を発掘することができた。例えば第三部における銀行諸会社の創立願書などは都の『庶政要録』に見出したものである。これらの詳しい経緯については第二部導入の意味合いを込めて、口上「明治出版史と学事文書」として文頭に置いた。

# 第一部

# 「社史」の方法および出版史料について

# 第一章　金港堂「社史」の方法について

## はじめに

「本当に、本当に遠い昔だ……。」田山花袋は『東京の三十年』の中で、「本を負った小さな幼い私が通って行く」明治十四年の東京をそう懐旧している。〝その時分〟は同時にまた、恐らく本屋奉公していた録少年の気付かぬところで、近代出版史上の一つの画期が進行しつつあった。

即ち、江戸期以来の木版印刷術に立脚する書物問屋、地本問屋の組織は、活版印刷術の普及によってその基盤を著しく侵食されつつあった。他方、そうした旧勢力を席捲しながら急速に版図を広げている新興勢力の中に、明治八年創業の金港堂があった。

従来、この金港堂に関しては、明治末には凋落して史資料が残っていないせいもあってか、近代出版史の何れを見ても、①業界を牛耳ったとか、一世を風靡したとか、通り一遍の文言で片付けられるか、②アヤフヤな推定伝聞に基く記述（及びその孫引き）を見かけるのが常であった。

しかし、この教科書会社が明治二十年代には早くも資本金実に五十万円の株式会社となり、最盛時には年に十七、八万円の利益をあげる程の巨大な存在であったこと、また一方で、教科書疑獄事件以後経営を誤って急激に没落していったこと、これらの事実の意味することを問わずして、近代出版史は構築可能とでも言えるのだろうか。不当にも等閑に付されすぎたと言わざるを得ない。

近代出版史の、とくに初期においては、金港堂に代表される教科書出版の比重は大きく、その特質＝明治三十年代半ば迄の巨大化と、事件以後の急激な没落をもたらした脆弱性とは一体何に起因するのか、を明らかにすることなくしては、近代出版史は十全に解明されたとは言い得ないだろう。

このような見地から筆者は先に「金港堂小史――社史のない出版社「史」の試み――」（東京都立中央図書館『研究紀要』一一号）とする小論をまとめ、不十分ながらその解明を試みた。もとより、関係文献を完全に網羅した上での成果というわけではなく、また浅学故の誤謬も多々あろうが、一応、①創業者・原亮三郎の経歴をハッキリさせた、②金港堂の明治年間にわたる興亡を客観的な資料によって跡付け、あわせて(イ)流布している誤伝の訂正、(ロ)社会経済状況に対応するその内的運動の把握、(ハ)関係した人物の果たした役割、などの諸点につきある程度明らかにし得たと思われる。ただその際、研究史＝既往の論及、および方法論については、主として紙幅の都合で残念ながら割愛せざるを得なかった。

本稿はその欠落を補うものである。また、ここで言う方法論とは、部内資料たる記録・文書という一等史料を欠く金港堂の場合、いかなる史資料があるのか、またそれらはどの程度まで信拠できるのかを吟味し、社史構築の素材としての有用かどうかを判断することの謂である。

なお、先の拙稿発表後、ご教示を得たり、新たに発見したりして資料も大分たまったので、『研究紀要』の補論の意味合いも兼ねて、現段階で構想し得る金港堂「社史」の方法について述べることとしたい。

## 一　金港堂の歴史に触れた資料、及び既往の論及

金港堂についてある程度まとまった記述のある編纂物は案外少なく、管見ではその全盛期に取材した①『東京名物志』（公益社　明治三四年）と、対照的に凋落期の②『東京書籍商組合史及組合員概歴』（大正一年／複製版『東京書籍商伝記集覧』青裳堂書店　昭和五三年）の二点である。

①は明治中期の東京案内で、名所旧蹟や種々の名物を紹介する中に、書肆の部があり、博文館、同業の文学社、地本錦絵の小林仙鶴堂（鶴喜）などと共に、「我邦最大最古の教科書肆」とする略史と主要発行書目がある。

②は明治末、書籍商組合加入の書肆の創業年、経営者、沿革などを紹介した名簿、但し、金港堂については創業年月が誤っていたり、「教科書ヲ主トシテ出版シタルモ、明治34年小学校教科用書ハ悉ク之ヲ他ニ譲渡シ……」などと、この本文だけでは意味が通らない記述となっている。これに関しては、教科書会社の合同（トラスト）による帝国書籍株式会社設立とのからみを『研究紀要』で明らかにした。

既往の論及には、単行本の一部に触れられたものと、雑誌論文とがある。まず前者には①宇野史録「出版書肆興亡史」（『綜合ヂャーナリズム講座5』内外社　昭和六年）二三八―二三九頁、②小川菊松『出版興亡五十年』（誠文堂新光社　昭和二八年）五〇―五六頁、③岡野他家夫『日本出版文化史』（春歩堂　昭和三五年／複製版　原書房　昭和五六年）一四三―一四五頁がある。

①は明治時代の出版社の興亡を編年風に述べたものだが、著者自身認めているように、相当ズサンで誤りが多い。②は著者の体験が土台になっているので当時の商慣習など興味深い記述が多い。しかし、金港堂に関する項は一部の因縁話が目新しいだけで、他には得るところはない。③は出版文化史上の特筆される出版物と出版者に触れながら、古代から現代までを叙述する代表的な出版通史。金港堂に関しては、前記の『東京名物志』を素材とされたようだ。

雑誌論文では、④白雲楼主「博文館と金港堂」上下（『中央公

論』一七―九、一〇　明治三五年九―一〇月）、⑤岡野他家夫「明治大正の出版屋（一）金港堂」（『読書と文献』四―四　昭和一九年八月）、⑥稲村徹元「知られざる金港堂資料　小説集『園遊会』のこと」（『日本出版学会会報』一四　昭和四八年七月）、⑦矢作勝美「金港堂装釘部のこと」（『本の周辺』七　昭和五一年一〇月）。

④は著者の実名がわからないのは残念だが、相当な事情通で、当時出版界の勢力を二分していた博文館と金港堂の事業を比較し、その優劣影響する所などを論評したもの。発行雑誌の種類及びその体裁と内容の比較（類似点と相違点に分つ）、両書肆の成功した所以、出版物及びその社会に及ぼした影響にふれ、秀吉的手腕の金港堂、家康的政略の博文館とする。結論として、日常不可欠の米飯を給する金港堂はその故に粗悪品でも高価に売りつけるのに対し、惣菜を供給する博文館は安価にして購買欲をそそるよう努めているとした。絶頂期の金港堂を知る上で極めて貴重である。⑤は、主に文学史の立場から注目すべき金港堂の出版物を取り上げ解説したもの。⑥は明治三十五年十月十日、原家で催された園遊会で、席上の引出物となった小説集『園遊会』の内容を紹介したもの。これをご祝儀出版物と正しく把握されたが、何故この時期にこうした催しを行ったのかについては言及がない。この点に関し、小学校教科用書の譲渡による営業政策の変更を内外に広く宣伝する場として利用したことを『研究紀要』で述べた。⑦は末広鉄腸の政治小説『花間鶯』中篇の奥付ウラに「金港堂装釘部」の証紙が貼付されていることから、当時金港堂に装幀を自覚しての該部門があったとされる。しかし単なる証紙の意匠かも知れず、この一点だけでは少々証拠力が乏しいようにも思われる。なお、同氏には、装幀の立場から二葉亭四迷『浮雲』を取りあげた「近代文学にみるタイポグラフィの発達」（『本の周辺』五　昭和五一年二月）がある。

## 二　金港堂の出版物

会社の部内資料たる文書・記録と並んで一等史料といえるものは、出版社の顔とも言うべき刊行物それ自体である。その内容的側面もさることながら、出版物の奥付、紙質、印刷、製本、装訂など物的側面からは、様様のデータを得ることが出来、その変遷をたどることにより一篇の出版史を構想することも可能であろう。矢作勝美氏が出版社史の基礎を「発行書目の作成にある」（『書斎の窓』三〇〇号）とされている所以である。

金港堂の膨大な出版物は、明治二十年代以降なら差し当り書店別に書目が掲載されている『東京書籍商組合員図書総目録』一～四版を見れば良いだろうが、大別すれば（一）教科書、（二）単行書、（三）雑誌、に分けることが出来る。無論、出版物の全てを見たわけではないが、以下、各項につき気のついた特徴等に触れてみよう。

## (一) 教科書

文部省編纂の教科書を翻刻出版することから始まって、国定教科書の成立に至るまで、金港堂は長く最大の教科書肆として君臨し、この間に発行した教科書の冊数はおびただしい数量にのぼっている。この膨大な教科書群を区分すれば、明治十九年小学校令による検定制度の実施を境にして、それ以前の初期教科書と、以後の検定期教科書とに分けることが出来よう。

初期教科書には、文部省や各府県編纂のものを翻刻出版していた時代から、次第に独自の出版へ変わっていくさまが読みとれるし、自由採定制の故にバラエティに富んでいることも特色にあげられる。また、この明治十年代は出版史上、欠史と言ってもいいくらいに文献が乏しいので、これらの教科書の奥付は実に貴重なデータを提供してくれる。例えば、少くとも明治十四年には、金港堂出張所が前橋本町にあったことや、横浜時代には弁天通六丁目にあって、何故か出版人は原亮三郎ではなく亮策と名乗っていたこと等々が判明するわけである。

検定期教科書は通常、小学校令の改正（明治二四・三三年）を境目に三期に分けられる。内容、形態ともに固定化が目立ってくるので面白味に欠ける。なお、これはまだ印象の域を出ないが、教科書が木版から活版印刷となるのは案外遅く、検定第二期（各府県で実際に教科書の採択が行われたのは明治二六、二七年が多い）頃からのようである。国光社など印刷系会社の新規参入が相次ぎ、採択をめぐる競争が激化する様相を呈してくる。金港堂が「国の教育」休刊後長く雑誌の刊行を中止したのもこの辺に理由があったのかも知れない。

教科書に関する研究書は多数あるが、仲新『近代教科書の成立』（講談社　昭和二四年）、海後宗臣『近代日本教科書総説』（講談社　昭和四四年）が有益だった。また実際に教科書を見たい場合は、その所在を明示した『明治以降教科書総合目録』（小宮山書店　昭和四二年）が便利である。これにより所在を確認の上、明治期教科書なら、(イ)国立教育研究所附属図書館、(ロ)東書文庫、へ行けばよい。(イ)は帝国図書館旧蔵の教科書を全部引継いだ関係から、初期教科書からよく揃っており、(ロ)は教科書の検定実務を行っていた文部省図書課の寄贈したコレクションがあり、検定期教科書研究の宝庫である。検定の跡をとどめる付箋がそのまま残っているから、きわめて興味深いものがある。この九月に目録が出来たので、一覧が容易になったのは有難い。

## (二) 単行本

金港堂の単行本は、商売柄教育関係書が多いこともあって、明治二十年代初頭の近代文学幕開け期の諸作品を除くと、あまり一般受けするものはなく、地味な印象を与える。出版史上からは、やはりその奥付、付録としてついていることのある出版広告、教科書売捌所一覧（恐らく当時、各府県の有力書店であったろう）などが良い史料となる。奥付を例にとると、明治二十四年十二月からは、発行所がそれ迄の原亮三郎個人名から、金港堂書籍会社に変わり株式会社になったことがわかるし、更に商法改正によって明治二十六年十一月からは周知の金港堂書籍株式会社に落着いている。

個々の書物の内容については、それぞれ文学上、教育学上などの立場からなされればよいので、ここでは触れる必要はないが、この方面では岡野他家夫氏の諸業績がよい参考となろう。また、実際に現物を見たい場合は、歴史の古い図書館をあたればよいのだが、何といっても最大のコレクションを持つ国立国会図書館の『明治期刊行図書目録』全六巻が、絶大な威力を発揮するトゥールであって、この分類目録と書名索引（著者索引のないのは残念なことだが）を駆使すれば相当に能率よく成果をあげることが出来る筈である。

最後に、金港堂があれだけ財力を有しながら、出版事業史の上で名を残すような業績が一つもなかったことは不思議な位である。忘却された理由の一つがここにもありそうだ。

### (三)　雑誌

金港堂の雑誌は、近代文学の生誕とほぼ軌を一にした明治二十年代前半の『文』『都の花』等と、長い中断の後突然、明治三十四年から出し始めた七大雑誌とに分けられる。

前者では、①三宅米吉編輯『文』（明治二一年七月―二三年六月）、②山田美妙→藤本藤陰編輯『都の花』（明治二一年一〇月―二六年六月）、③中根香亭編輯『百万塔』（明治二四年九月―二五年七月）が著名である。①は学術、評論雑誌で、当時の学界の泰斗がハイレベルの論陣を張った。また、その一字の題号が未曾有の奇抜さに映ったのか、これに模した雑誌が続出し、「ナニサ是が一字の流行と見えます」という新作落語が出たほどだったという（宮武外骨『面白半分』三　昭和四年八月）。②は二葉亭四迷、幸田露伴、尾崎紅葉、樋口一葉などの諸作が載り、文学史上あまりにも有名だから、今更ここで屋上屋を重ねる必要はなかろう。各号に誰の何が載っているかは、岡野他家夫『明治文学研究文献総覧』（冨山房　昭和一九年／複製版　昭和五一年）所収の総目次を見ればよい。

ただ形態上注意したいのは、③も同じだが、毎号数篇の小説を連載形式でのせているが、その頁付は雑誌一冊単位の他に、小説単位の通し頁がついていることである。つまり雑誌をバラして綴じ直せば、小説ごとに単行本になるというわけ。〝雑誌の価を以て書籍を買得るの良方〟の所以だが、各小説がいつも同じ長さで都合よく終るとは限らないから、当然〝読者をして残簡断編と見るの遺憾あらしむる通弊〟が生ずる。これを矯正する工夫から編み出されたのが、吉岡書店の『新著百種』を代表とする叢書風の出版方法であった（福田清人『硯友社の文学運動』巧芸社　昭和二五年　一〇四―一〇七ページ）。なお、①②の明治二十一、二十二年の年間総発行部数は『東京府統計書』に載っており、明治二十一年①五九、七三八、②五一、〇三一、明治二十二年①三六、八一四、②二〇七、一九七、と高級すぎた『文』の落ち込みが目立つ。

③は写本、刊本の古典等を活字におこして一般人の購読の便をはかろうとした叢書だが、「例の百万塔売れ口宜しからずちと損毛が立つとかにて当月限り廃刊に相決し申候」（『香亭遺文』七七一ページ）と短命に終った。

七大雑誌は、明治三十四年十一月から翌年七月にかけて矢継早に刊行された教育文学婦人少年等の諸雑誌で、誌名にはすべて界の一字が付けられていた。これは従来の小学校教科書一辺倒から、一般の図書出版へと営業政策を転換した手始めで、社運を賭けた試みといってよく、創刊当初は世間の耳目を集めたものだった。

前述の白雲楼主の記事はその良い例であるが、ほどなく周到な準備の不足と編集体制の不備・弱体ぶりを露呈し、評判は下落の一方となった。『青年界』『婦人界』は明治三十七年十二月で休刊。佐々醒雪を主筆に招聘した『文芸界』も、荷風によれば「徒に彪大なるのみにて一貫せる主張といふものなく甚締り無し」ということで、『家庭文芸』と改題しても頽勢を挽回するに至らず、明治四十年六月に休刊。この各号所載の評論と小説に関しては、岡野他家夫「明治期文芸雑誌（上）」（『文学』二四―一〇　昭和三一年一〇月）を参照。

結局、最も長命を保ったのは、金港堂のフィールドであった『教育界』（曽根松太郎編輯）、次いで類書の少なかった『少年界』『少女界』（主に神谷鶴伴編輯）であった。前者は金港堂の機関誌ともいうべき役割をもっていたから、その彙報欄や、社員の往来、社長の交替、営業支店の変更、読者に対する稟告等は、出版広告と並んで会社の動静を伝える素材として見のがすことは出来ないものである。

後者には明治四十四年に各々「十周年紀念号」が出て、神谷鶴伴「編輯机上の十年間」「編輯局の十年間」の回想記により、順調とはいえなかった編輯体制が語られている。

なお、明治四十二年五月に『婦人界』（小谷栗村編輯）は復刊されたが、実物を見る機会がなく、所蔵等ご存知の方はご教示願いたい。

## 三　Fact source＝客観的事実のみを伝える資料

英語の Fact source に相当するうまい日本語は見つからないが、言わんとするところは、主観の入らない言わば無色のデータのみを提供する資料の意味である。他にもあるかも知れないが、一応気のついたものを類別して以下に述べてみよう。

### （一）各種の史料集

教科書出版は、国および地方の文教政策と深いかかわりがある。従って、「学制」頒布以後の法令正文と其他の資料を年代順に配して「我教育行政制度発達の跡を明にせんことを目的」にした『明治以降教育制度発達史』（教育史編纂会編　昭和一三―一四年、教育資料調査会　昭和三九年重版）は必見。重版の方には別巻の法令・事項・人名の索引があるから便利になった。

また地方の実情、とくに検定期の府県の教科書採択状況（これは教科書会社にとって死活問題だった）等を知るためには、各府県より刊行の「教育史」を丹念に見る必要がある。出来、不出来に若干の差はあるものの、概して戦後刊行のものは、各々その学事文書を活字におこして資料編としていることが多いので役に立つ。

中でも、金港堂の明治十年代のドル箱『修身説約』と著者木戸麟にふれた『群馬県教育史2』（昭和四八年）、金港堂の進出状況を伝える『栃木県教育史3』（昭和三二年）、原亮三郎の勤務地であった『神奈川県教育史資料編1』（昭和四六年）、また甲府の書籍商内藤伝右衛門の様子を伝える『山梨県教育百年史1』（昭和五一年）などが有益だった。

また、人物の出自、履歴の調査には地方史誌を見る必要があるが、当面は原亮三郎に関し『羽島市史　史料篇上』（昭和四二年）、『神奈川県史料8』（昭和四七年）に止まり、博捜は今後の課題としたい。

## (二) 番付、見立、案内記

明治十年代の出版界の消長を傍証する文献は少ない。そこで、当時の世相を反映していると思われる番付、見立、また案内記の類を援用する必要が出てくる。無論、掲載料の可能性等これらの資料のもつ制約は考慮に入れておかねばならないが。

管見の範囲で年代順に並べると、①川井景一『横浜新誌』（明治一〇年三月／複製版『明治文化全集　風俗篇』）、②『諸品商業取組評』（錦城堂　明治一二年三月／翻刻『書物往来』三／複製『古本屋』二）、③『東京商工博覧絵第二編』（深満池源次郎　明治一八年五月）、④『東京流行細見記』（清水市次郎　明治一八年七月／複製版『明治文化全集　風俗篇』）、⑤『商人名家東京買物独案内』（上原東一郎　明治二三年七月／複製版　渡辺書店　昭和四七年）。

①は「書舗」の項に、著名書肆を挙げ「曰く何而して金港堂なる者、昨年書肆を弁天通第六街に開く。……而して丸善は西洋書籍を以て著はる。金港堂は小学書籍を以て鳴る。」と横浜時代の金港堂を述べた珍しいもの。これによれば当初から商売は成功していたようだ。また、後段には書肆店頭の風景を活写しているので其頃の様子を知る上でも有効である。

②は、当時の有力書肆を相撲番付に格付けしたもの。まだ江戸期以来の老舗が幅をきかせているが、金港堂は前頭筆頭にランクされている。また、これらの書肆に関する知見を披露した浅倉屋久兵衛「明治初年東京書林評判記」（『古本屋』三　昭和二年一一月）は、若干の記憶違いは含まれていようが興味深い。但し、金港堂に関しては「教科書専門　元神奈川県の学校の先生也」と誤っている。

③は、店構えや商店全景を銅版画で描いた珍しい案内で、十三書肆が載っている。金港堂（二丁を占める）のほか、同業の文学社、集英堂があがっている。④は新聞、代言人、洋服屋、靴屋、パン屋など各職業別に、繁昌流行に応じて商店会社等を格付けしたもの。出版関係では、「学校屋ほん」と「勧学屋本蔵」に分れているのが注目される。尾佐竹猛の解説によれば、前者の新店のために後者の旧舗は遥かに蹴落されているとしている。⑤は、三十五書肆が載っているが、前述の傾向は更に顕著となっている。

このほか、西洋のダイレクトリーに範をとった名鑑類には、『大日本商人録　東京横浜之部』（大日本商人録社　明治一三年）『東京商人録』はこの東京の部を独立させたもの）や、『東京著名録』（丸善　明治二〇年）などがあるが、業種別に氏名（又は屋号）と所在地が併記されている程度のものである。

## (三) 会社録

会社の盛衰を厳密に跡付けるには、財務諸表を掲載した会社録に拠るのが最も確実である。幸い金港堂の場合は、出版社としては珍しく早くから株式会社となっていたため、明治三十年前後からこの方面からのアプローチが可能である。

①『銀行会社要録―』（東京興信所　明治三〇年―）、②『日本会社銀行録』竜の巻（国之礎社　明治三二年）、③『日本商工営業録』（同発行所　明治三五年）。このうち①は年刊で、簡略化した財務諸表と、重役および株主の氏名が載っているので、逐年追っていくのに最も有効である。②は竜虎二巻の似たようなものだが、ただ簡単な会社の沿革がついている点が有益。③明治三十一、三十三、三十五年と訂正三版まで出たが、教科書会社の合同により成立した帝国書籍株式会社の事項を調べるのに役に立った。

このほか、明治二十六年の商法の実施に伴う登記事項を総て掲載した『日本諸会社登記録第一巻』（有斐閣　明治二七年）や、原亮三郎が関係した第九十五国立銀行、東京割引銀行の内容を示す『東京銀行会社明細録　一名・紳商の友』（厚生堂　明治二一年）などの名鑑もある。

## (四) 職員録・人名録

会社の業績とともに、会社関係の人物の消息も気になるものである。重役の動向を得るものとしては『日本全国諸会社役員録―』（商業興信所　明治二六年―）が便利。ただ残念なのは、一般社員のレベルまでは記載がないことで、唯一それに類するものは『京浜銀行会社職員録　明治45年度』（興業通信社　明治四五年）で、総勢二十人、中に取締役原安三郎、調製出版係永沢信之助の名が見える。欲を言えば、凋落期ではなく全盛期のものが見たかった。

また教科書出版社という性格から、文部省との関係が深く、『文部省職員録』（本省だけでなく、大学や地方の師範学校の教員も含んでいる）により、関係者の動静を得ることも必要である。

人名録には、①『日本紳士録』（交詢社　明治二二年―）、②『日本現今人名辞典』（同発行所　明治三三年）、③『大日本婦人録』（婦女通信社　明治四一年）等がある。①は人名と住所しか記載がないので役に立たない。②は著名人の履歴をかなり詳細に掲載しているが、原亮三郎に関しては他からの孫引きであることを『研究紀要』で指摘した。③は婦人のみの人名録で珍しく、原夫人の礼子に関して「嘉永六年五月十五日生。岐阜県羽島郡竹ヶ鼻村平民、加内長三郎三女。愛国婦人会評議員……（以下、幹事を務める各種団体名は略）」と出自が判明した。

## （五）統計書

明治期の統計書は、今日的意味での統計より幅が広く、名簿の類まで含み込んでいるので面白い。参看したものは、①農商務省商工局『株式会社統計』（明治二七年）、②『全国銀行会社統計要覧　第3版』（東京興信所　明治四四年）、③『東京府統計書』（東京府　明治一〇年―）。

①は明治二十六年七月の商法実施に際し、定款認可の申請を為した諸会社の名簿で、出版関係では金港堂の外は、丸善、大日本図書の二社だけである。②は会社別に決算表を掲載したものので、前述の会社録の補いになる。

本来的な意味での統計書は③のみである。年により調査項目に変動があって不安定ではあるが、商業別戸数、労力価（職人の平均賃金）、工場、同業組合、諸会社のリスト、また短期間だったが新聞雑誌の発行部数（明治二〇―二二年）など出版印刷関係のデータが得られる。全国レベルの『農商務統計』と合わせこれらの分析研究は今後深めていきたい。

## （六）広告

広告は、(イ)引札、(ロ)金港堂刊行の図書雑誌に掲載のもの、(ハ)他の出版社刊行の雑誌及び、(ニ)新聞に掲載のもの、に分けられる。

(イ)には、明治九年七月横浜から東京へ移転した際のもの（丸善の八木佐吉氏架蔵、翻刻は『明治事物起源』の「書肆金港堂の始」）があるだけで、他には今後の僥倖を待つより外はない。(ロ)は無数にあるが、エポックを画するような出版物の広告のほか、経営方針変更の都度出される稟告の類、売捌所の一覧、支店営業所の移転等々見のがせないデータが得られる。また、雑誌の広告掲載料の変化をたどることにより、発行部数の消長を占うことも出来よう。博報堂が主たる広告扱い店となっていることも注目したい。

(ハ)と(ニ)の発見はかなり偶然の要素に左右されるが、創刊雑誌にはご祝儀の意味合いなのかよく載っていることがあるようだ。東京書籍商組合の機関誌『図書月報』への広告出稿量からも、ある程度会社の経営状態を推測することが出来るかもしれない。新聞広告に関してはマイクロを見ている際に偶然見かけた程度である。『日本新聞広告史』（電通　昭和一五年）に明治十五年頃のこととして「郵便報知に金港堂の書籍広告漸増」（三三五ページ）とあり、この辺の調査を含め今後の課題としたい。

## 四　当時の新聞・雑誌の記事

同時代の動向や情報を得る手段としては、誰もが当時の新聞・雑誌の記事にあたることを思いつく。しかし、無限といってよい記事の大海を前にして、限られた時間で必要な情報、出来れば良質の情報を得ねばならないのだから、勢い選択的にならざるを得ないだろう。

### (一)　新聞記事

明治時代の新聞記事を検索するには、詳細な索引を完備した『新聞集成明治編年史』全十五巻が最も便利である。この人名索引や事項索引からはずい分様々なデータを引き出すことが出来、思いもよらない発見を得ることがあった。但し、あくまでも編纂物であることに留意する必要がある。(イ)編者が取捨選択した以上には記事が出てこないこと、(ロ)原紙ではないから、広告、雑報など時代に特有の臭が消えていること、これらが大きな欠点といえるだろう。従って、必要に応じて原紙（マイクロフィルムの場合が多い）を丹念に見ていかねばならない。

一例を教科書疑獄事件にとってみよう。通例これに触れた論文は、大半が前記『編年史』から適当に書き抜いた類である。もっとも事件の経過を論述するのが目的ではないのだからそれで十分であろうが、書肆側の動向に焦点をおく出版史研究にはそれだけでは不十分である。そこで、この事件を最も執拗に追った『万朝報』をフォローすると、「予審決定昨日分左の如し　免訴放免　原亮三郎」（明治三六年五月二日）、「免訴　小林義則」（同七日）、「予審決定　収賄聴許の為有罪　国光社並冨山房運動員　日下部正一」（同一三日）という具合で、書肆側で有罪となった例がごく少ないのに気が付く。これの意味することは別途に考察せねばならないことであるが。

### (二)　雑誌記事

生起した事件を生々しく伝える新聞が主観的、時には偏向していることもあるのに対し、ワンクッションおいた雑誌は、やや客観的、評論的といえよう。雑誌の彙報欄を中心に見ていくこともきわめて有効である。

雑誌を類別すれば、(イ)今日の『出版ニュース』に似た書評誌、(ロ)教育関係の雑誌、(ハ)一般誌、となろう。(イ)には、明治二十年代前半の『出版月評』（月評社／複製版『明治前期書目集成　九—一四』明治文献　昭和四八—四九年）や、明治三十五年末からの『図書月報』（東京書籍商組合事務所）などがある。前者には出版書目のほかに、『都の花』『浮雲』『夏木立』などの書評が載っているし、後者は業界の動き、出版書目、出版広告を満載し見のがせない。なお、この内容をザッと知りたい向きには、大久保久雄編「図書月報主要目次」（『本の周辺』一―五）が便利である。(ロ)には『教育報知』『教育学術界』などがあって、教育界の動きを伝えてくれる。『東京茗渓会雑誌』は、金港堂の経営に多数参画した高等師範系の人物の動向を得るのに利用した。またこの分野の参考書としては、木戸若雄『明治の教育ジャーナリズム』（近代日本社　昭和三七年）が有益であった。(ハ)は多数あるが、主には博文館の『太陽』、部分的には『風俗画報』を参照した。

## 五　金港堂に関連のある図書

金港堂は既に述べたように巨大な存在であった。とすれば当然、社会的に大きな影響力をもった筈である。別言すれば、様々な分野にその反映を見ることが出来るに違いない。それらを、外的には金港堂も置かれた環境（出版業界）、内的には金港堂に直接かかわった人物たち、に分けて述べてみよう。

### （一）出版社史および業界史

金港堂とほぼ同時代の出版社史としては、『博文館五十年史』（昭和一二年）、『冨山房五十年』（昭和一一年）がある。確かに完結した堂々たる社史ではあるが、不都合なことは述べないという通弊を免がれていない点は物足らない。

むしろ、（二）で述べる伝記の方が率直に本音が出ていて面白いし役に立った。また、博文館の営業案内ともいうべき小冊子『書林便覧』（明治二八年　国立国会図書館蔵）は、当時の出版界の実態を語る一等史料である。これは新規に取引を希望する書店に向けた営業の手引書で、自館の紹介からはじまり、取引の方法、商品の逓送方法などが細々と述べられている。ここから我々は、ほぼ二十四時間開店、年四日の休業という営業体制や、鉄道網未発達時代の輸送方法などについて具体的に知ることができる。また、「他ノ教科書出版店ノ如キ区域制限之一手専売契約等ハ不致……」「純然タル一個人之商店ニシテ会社組織ニ無之候」と金港堂へ対抗意識ムキ出しなのも面白い。

業界史には①『東京書籍商組合五十年史』（昭和一二年）、②『中等教科書協会三十年史』（昭和八年）がある。①は、先に刊行された『東京書籍商組合史』（昭和二年）を全文収録の上、その後十年間の経過を付加したもので、明治二十年の同組合結成以来の主要事項を知ることが出来る。ただ細かい点、例えば毎年行われた、永年勤続の店員表彰とか、評議員の改選結果とかは、機関誌『図書月報』を逐一フォローせねばならない。②には、金港堂に勤めていた岩田僊太郎が晩成処を、大野富士松が大野書店を興して参加しているのが注目される。

明治三十六年の国定教科書成立以後の教科書出版界の経緯については、①『国定教科書二十五年史』（国定教科書共同販売所　昭和三年）、②『教科書の変遷――東京書籍五十年の歩み――』

（東京書籍　昭和三四年）が詳しいが、①は博文館サイド、②は金港堂など旧教科書会社サイドから見たものなので、双方合わせ見た方がよい。また、②は教科書の研究書としても質が高く有益である。

## （二）出版人の伝記

世間に媚びても、官には媚びないとして、教科書出版に手を染めなかった『大橋佐平翁伝』（博文館　昭和七年）、教科書の合同会社設立などで金港堂とつながりのあった『坂本嘉治馬自伝』（冨山房　昭和一四年）は、社史よりも本音が出ている場合が多いのでずっと役に立った。とくに坂本が、教科書出版を止めてから経営は安定に向ったと、再三述べていることは注目に値しよう。

また、大阪で活躍した三木佐助『玉淵叢話』（開成館　明治三五年／複製版『明治出版史話』ゆまに書房　昭和五二年）は、初期の教科書が当たればいかにもうかるかを語っていて興味深いが、それ以上に注目すべきは明治八年の出版条例改正のことである。「株と申す事は此規則の改正と倶に自然廃滅となりまして、以来出版図書に政府の保護を受けやうと思へば版権といふものを内務卿へ願ひ出て免許を受けおかねばならぬ事となりました……。」併し版権の出願は任意で、願わない場合は他人がそれを出版しても文句は言えないことになり、「思ひも寄らぬ一新例で昔なら重版即ち偽版として厳刑に処せられたものでござります。」即ち、株仲間の解散により、出版への新規参入は容易になり、逆に特権にアグラをかいていた旧勢力は没落せざるを得なかったわけである。この点を『研究紀要』では見落していた。

## （三）金港堂に直接かかわった人物

### 実業家

金港堂が早くも明治二十年代に資本金五十万円の株式会社となり、また原亮三郎は第九十五国立銀行頭取、富士製紙取締役など諸会社の重役を兼務した実業家でもあった。この故にか、姻戚関係や書生として置いた中から後に実業界で大物となった人物が出た。

原の三女操子と結婚した政財界の大物・山本条太郎の①『山本条太郎伝記』（山本条太郎翁伝記編纂会　昭和一七年）、藍沢証券を興し東証理事長となった藍沢弥八の②『私の履歴書一〇』（日本経済新聞社　昭和三五年）、現在も存命の日本化薬会長・原安三郎の③『私の履歴書一』（日本経済新聞社　昭和三二年）、などである。

①からは、山本が三井物産上海支店長として辣腕を振っていた折に、金港堂と上海の商務印書館の合弁会社設立に少なからぬ尽力をしたことがわかる。②は、明治三十四年の教科書会社のトラストたる帝国書籍株式会社の成立や、これの破産整理のいきさつを語っている。③は金港堂の凋落期に重役として乗り

込んで荒療治を敢行した経緯を述べている。

但し、この種の伝記・自伝は、(イ)記憶のアイマイさによる錯誤がつきもののこと、(ロ)自己を飾りたがる傾向のあること、などから扱いには十分注意を要する。例えば③では、不要不急の事業を縮小する際、諸雑誌の整理を断行することになったが、思い切りのつかない編集部の連中に対し、天長節の日を期して原稿を焼却処分し未練を断つと劇的な言い渡しをした風に述べている。しかし、似たことはあったかもしれないが、その記述は明らかに潤色であろう。『教育界』の曽根松太郎の回想や、『少年界』の神谷鶴伴の行動を伝える「幸田露伴の日記」に反証があるからである。

**教育関係者**

金港堂が主として教科書と教育関係図書を出版していただけに、この方面の人士は多い。

大別すれば、(イ)文部官僚出身、(ロ)師範学校出身ないし関係者、となろう。しかし、伝記があったり、人名録に履歴が載っている程の人物は多くないので、『官員録』や『文部省職員録』、或いは『東京茗渓会雑誌』などで跡付ける必要があった。

主要人物として一応、三宅米吉と新保磐次（一村）をあげておく。明治十九年、出版教育事情視察のため欧米に派遣され、帰国後（明治二一年）金港堂編輯所を開設、その所長および副社長を勤めた三宅には『三宅米吉先生追悼録及小伝』（茗渓会昭和五年）と「人物月旦　三宅米吉君」（『教育界』九—一　明治四二年一一月）があり、歴史学者の側面だけでなく、会社の実務にも手腕をふるったことがわかる。ただ、明治二十八年に、突然金港堂を辞めた理由は憶測の域を出ず謎である。

三宅と共に教科書や雑誌に健筆をふるい続けた新保磐次も忘れることは出来ない。何故かこの人物には、まとまった伝記の一つもなく、経歴など今一つハッキリしない。ただ『教育界』に連載した「柳暗花明」という随想欄は明治初期の教育事情や、自らの教育書編纂体験を語ったりして興味深く、これらの断片からある程度の復原は可能である。

他に人名だけをあげれば、(イ)には西村貞、堀均一、加藤駒二、小谷重（栗村）、(ロ)には武田安之助、林吾一、森孫一郎（桂園）、渡辺政吉、能勢栄、庵地保、野田滝三郎、などがいた。

**社員（雇人）・編集者**

社員の中には当然編集者も含まれる筈であるが、ここでは専ら社務を担当した者の謂に用い、図書雑誌の編集を専らにした者と区別した。もっとも、これは流動的であって厳密に考える必要はない。

前者には、支配人を長く勤めた前述の岩田僊太郎、大野富士松、また明治四十三年に仙台金港堂を創業した藤原佐吉、などがいる。これらの人物は採用が古く、書籍商組合の永年勤続の表彰も受けて、いわば生え抜きといってよかろう。

これに対し、編集者の方はかなり出入りが激しく、二、三年で辞める者も珍しくない。比較的長く勤めた者をあげると、『少年界』『少女界』の神谷鶴伴、『教育界』の曽根松太郎、後に京都金港堂を興した永沢信之助など。神谷は幸田露伴の弟子なので、その動静は露伴の日記・書簡からうかがうことが出来る。曽根については、『無冠の栄光』（曽根松太郎氏教育奉仕三十年祝賀会　昭和五年）があり、彼の日記を土台にした「回顧三十年」は信憑性が高く貴重である。また『教育界』に連載した編集日誌風の「村夫子日記」も、主な関係者の往来を伝えて見のがすことは出来ない。永沢については『図書案内1』（古典社　昭和九年）に略歴がのっている。

他に、在勤は二年だったが隆文館を興した草村松雄（北星）や、今日の文学史ではマイナーな存在となっている平尾不孤、斎藤弔花、福田琴月、卜部観象など、かなり多数が勤めては辞めていった。能力の問題もさることながら、こう定着率が悪くては、編集業務の低劣化は避けられないところだろう。七大雑誌が凋落した所以である。博文館が人を得ていたのと余りに対照的ではないか。

## (四) 文人・作家

文人・作家と出版社とは切っても切れない縁がある。もっとも永井荷風は、文士の生命とする理想と、内容を俗にして利を得ん事のみ図る書肆とは「両者到底水火相容るゝものにあらざる」（『書かでもの記』）と皮肉な観察をしている。とは言え、いかにすぐれた著述をものしても公にする手段がなければ無意味であろう。この意味で文人・作家の日記・書簡および回想録は、出版の経緯や出版界の動向を知る上で有力な資料となる。

### 日記・書簡

『浮雲』をめぐる二葉亭四迷の日記（『二葉亭四迷全集6』岩波書店　昭和四〇年）には、金港堂だけでなく、『新著百種』の吉岡書店も出てくる。また、貧窮の一葉がいかに『都の花』の原稿料を心待ちしていたかを語る、その日記（『樋口一葉全集3』上下　筑摩書房　昭和五一―五三年）は詳細で、金港堂の動静を探る上での一等史料。筑摩版は下巻に人名と事項の索引を完備した良心的編集できわめて有益。

尾崎紅葉が『文芸界』創刊号に相当な肩入れをしていたことは鏑木清方の述べていることだが、その『十千万堂日録』（(イ)佐久良書房　明治四一年、(ロ)中央公論社版『尾崎紅葉全集9』昭和一七年）は、創刊の編集日程を手にとるように伝えてくれる。但し、(イ)は明治三十四年のものしかないので、集大成版の(ロ)を参照せねばならない。また、幸田露伴の日記・書簡（『露伴全集38、39、別巻下』岩波書店　昭和五四年）が弟子神谷鶴伴の消息を伝えていることは前述した。とくに、明治四十四年八月以降、金港堂が廃刊と決めた『少年界』『少女界』をなんとか継続しようと苦闘している様子には胸を打たれる。

また、塩田良平著『山田美妙研究』（人文書院　昭和一三年）所収の日記も、落魄した美妙の生活と共に出版社とのかかわりを伝えて興をひく。『香亭遺文』（金港堂　大正五年）は編輯者でもあった中根香亭の代表的著作を新保磐次が集めた遺稿集だが、中に書簡集があって経済雑誌社のこと、教科書検定の実情などをうかがい知る好史料となっている。

**回想録**

回想録はその性格上、記憶違いや誤解、誤記などが避けられない。この点で日記・書簡に比べ証拠力はやや劣る。しかし、時代の雰囲気を生き生きと伝える点においては遥かに勝っていよう。

『都の花』をめぐっては、その創刊号を見て「何んだか外国雑誌を手にしたやうに感受」した江見水蔭の『自己中心明治文壇史』（博文館　昭和二年）、T・F氏即ち『都の花』の編輯人藤本藤陰の消息などを伝える田山花袋『東京の三十年』（初版　大正六年／岩波文庫版　昭和五六年）、等がある。

『文芸界』に関しては、『地獄の花』刊行のいきさつなどを述べた永井荷風『書かでもの記』（『荷風全集一四』岩波書店　昭和三八年）、挿絵画家として金港堂の諸雑誌にも麗筆をふるった鏑木清方『こしかたの記』（初版　昭和三六年／中公文庫版　昭和五二年）、また主筆佐々醒雪の『醒雪遺稿』（明治書院　大正七年）には、編集員たちの思い出が載っていて、編集部門の様子が瞥見できる。

このほか、博文館で『少年世界』の編集をしていた木村小舟の『少年文学史　明治篇下』（童話春秋社　昭和一七年）は、金港堂の少年少女雑誌の印象を語り、合わせて成功しなかった原因も述べている。

## 結語

以上、長々と方法論を述べてきた。従来、近代出版史はともすれば出版社の興亡と出版物の羅列という、単なる業界内の〝興亡史観〟に陥りがちであった。拙稿がその弊風を打破し得たかどうかは別にしても、新たな地平を切り開くためには、各人がそれぞれに方法を自覚することは肝要と思われる。

また、金港堂に関しては、まだまだ未発掘の部分が多い。定款、社規社則、雇員の考課表などの一等史料や、今日存命の関係者などにつき、何らかの情報をお持ちの方は是非ご教示をお願いしたい。

# 第二章　近代出版史と社史

『有斐閣百年史』　矢作勝美編著・B5・八七二ページ
『丸善百年史』全三冊　植村清二他著・A5・総頁二、二五八ページ
『三省堂百年史』　三省堂百年記念事業委員会・B5・四四八ページ

## はじめに

出版業の浮沈の激しさはつとに定評のあるところで、〝出版興亡〟が一種の成句になっている程である。そうした中で、明治以来百年という星霜を生き抜いてきた標記の三社から、このたびそれぞれに大部な「社史」が刊行された。誠に慶賀にたえないことであり、また近代出版史の研究者にとっては、貴重な資料を恵与されたことになる。

ところで、これらの「社史」については既に、山本武利氏を始めとして数々の書評や紹介[*1]がなされている。ここで再度また同じように取り上げるのは、屋上屋を重ねるの愚に通じ、芸のない話である。

そこで本稿では、近代出版史を構築していくにあたって予想されるいくつかの課題に即して、標記『社史』のどの点がその素材として有効であったか、の観点から若干の論評を試みてみたい。ただし、筆者の力量からいって、近代の全てをカバーすることは実際上出来ないので、当面最も関心のある明治期に限定したことを予めお断わりしておきたい。

## 一　従来の出版史と柳田泉の枠組

これまでに我々は、図書或いは雑誌論文の形で数多くの出版史をもってきた。しかし残念なことに、一部の秀作を除くと多くは方法的な自覚を欠き、客観的な科学的叙述というよりは、いわば読み物の類というべきものであった。これらは、雑駁の誇りを恐れずに言えば、①出版者・出版物を編年形式で平板に並べたにとどまる出版物羅列型、②それよりやや進歩した形ではあるが、世相と出版者・出版物を結びつけた世相トピック型、③歴史的な因果関係とは全く没交渉な趣味的・好事家的考証型、④業界の動向の外に視野の及ばない体験ベッタリ型、などの諸類型、ないしは、この内いくつかの複合型とパターン化できよう。

何れにせよ、山本武利氏が旧来の新聞史研究を〝興亡史の域を出ないもの〟と批判*2されたことが、そのままそっくり近代出版史にも当てはまると思われる。

それでは、近代出版史は如何なる要件を満たしているべきなのか。ここで出版史の方法について論述している余裕はないが、それに代えて、一つの示唆として柳田泉の述べた枠組みを紹介してみよう。書物にも通じていたこの秀れた文学史家は「明治以降出版文化史話」（『冨山房五十年』所収）というエッセイの中で、まず出版文化の定義をした上で、次のように構想している。

> 試みに今明治出版文化史といふプランを立てゝみるとする。先づ最初には何うしても明治時代の政治的経済的社会的情勢の変遷を述べて明治文化一般の進展史を描き、これを基調として出版文化の大勢、即ち出版文化が如何にこの明治文化の進展に與かって来たか、如何に明治の文化運動を動かして来たか、又反対に出版文化自身が明治文化から如何に動かされたか、それを叙する必要がある。次に細説として出版文化の直接の現れとして、出版された書物について一言する。政治・法律・経済・文芸・哲学・宗教・科学・医学・地理・歴史等々の各部門で如何なる書物が出版されて、如何なる影響を與へたかゞ吟味されなければならぬ。第三に、明治出版文化の一大特徴ともいふべき新聞雑誌について論ずる必要があらう。第四に出版技術進歩史、印刷・製本・装釘等の進歩、写真版その他の発達、さういふ技術方面を観察する。第五に出版書肆の研究である。その歴史、その態度、業績乃至事業としての制度等を文化史的観点から考察する要があらう。第六に、能ふべくば著者・編輯者・出版顧問等の功績をも一考しなくてはならぬ。
>
> 一言にしていへば、明治出版文化史は明治文化の動向に密に即したものでなくてはならぬ。大正時代然り、昭和時代然り、この理は何れにも当てはめ得るものと考へる。

無論、これは柳田も断わっているように理想であろう。しかし、我々が目指すべき方向を示していることは間違いないと思う。

## 二　明治出版史の課題と「有斐閣、丸善、三省堂百年史」

出版社史と一言で括っても、丸善、有斐閣、三省堂の三社はそれぞれに性格が違い、その叙述内容も執筆者の個性を反映してか異なった特色をもっている。ただ唯一の共通点は、ほぼ同時代を共に生きたということであろう。この意味で、三つの「社史」を並読すると、一種の相乗効果によって、時代相とのかかわりが際立ってハッキリするという利点があった。

さて、これらの三社が創業し、経済的基盤を築いていく明治期の出版史を考える場合、まず「著者兼出版者といふことが行はれて居」た黎明期から「段々出版業が分業的になつてきた」

(『坂本嘉治馬自伝』一三四―一三五ページ)史的過程を、いくつかのメルクマールによって例証しつつ明らかにしていくことが、最も肝要な課題となろう。それを具体的には、①出版活動の外的条件として、印刷、製本、製紙業の実情、発達過程、②出版活動を支えた業務内容では、(A)資本調達、(B)労働力の編成、(C)経営組織、或いは出版物の側面から言えば、(D)編集製作過程、(E)販売過程、と分つことが出来よう。以下、これに即して三つの「社史」を見ていき、気のついた事を述べてみる。

## (一) 外的条件――印刷、製本、製紙

これらの問題は、出版社史ではどうしても遠景になりがちだ。ただ、「有斐閣」では出版史家・矢作氏の手になるだけあって、「印刷は同労舎、製本は高陽堂に発注」などとキチッと書き込まれている。「三省堂」では明治三一年一一月に直営印刷工場が設置されたという興味深い記述(八二ページ)がある。当初の規模や職工数はわかるが、生産高を含めその後どう変化していったのかについては、紙幅の関係もあってか述べられていないのが残念だ。

いずれにせよ、印刷技術の問題は出版形態に直接影響を及ぼすし、製紙や印刷の生産高は出版量の指標ともなるものだから、出版史ではこれらへの関連をもっと深める必要があるように思う。

## (二) 業務内容

### 資本調達

早い時期(明治一三年)に株式会社になっているせいもあってか、「丸善」が最も詳細である。就中、資料篇の「交銀私局之記」「丸家銀行規約」「丸家銀行創立証書」などが興味深い。株主には、福沢諭吉、小幡篤次郎、朝吹英二などがいて、顔ぶれの豪華なこと驚くばかりだ。また、丸家銀行の倒産に書店経営が振り舞わされて、再建に向けて苦闘する叙述は読ませる部分である。

ただ、「丸善」の場合は書籍のみならず洋品雑貨、文房具、薬種も扱った商社であり、出版プロパーではないという意味で、例外に属する存在といえる。この点で、「有斐閣」の初代が城北銀行取締役を兼ねたという記述(一七五ページ)は注目に価する。恐らく地域の小銀行だったとは思われるが、なお産業がまだ盛んにならない時代にあっては、商業資本が相対的に優位にあることを示すものと解せようか。

### 労働力の編成

店(社)員の採用、労働条件、賃金、或いは具体的な日常生活の様子など。ほぼ三社とも大同小異で、店に住込み、朝八時から夜十時頃まで働き(厳密には拘束時間。工場労働とは違い牧歌的側面がある)、休日は年四日程度というところ。ただ賃金に関

しては、「有斐閣」では無給が一般的とされ、「丸善」では給料が支払われていた（上巻、二四九―二五〇ページ）ようである。これも丸善だけに該当することなのかどうか、今後の研究にまちたい。

やや余談めくが、有斐閣、三省堂、或いは春陽堂、金港堂などにしても、成功の陰には良妻ありとでも言うのか、創業者には必ず良き助力者がつきもののようである。これを単に創業にまつわる美談の類として片付けるのはやや性急で、当時の出版業の文字通り家内労働的性格の象徴として見るべきであろう。

## 経営組織

店（会社）の組織体制や経営方針を示す定款、社規社則、家訓の類、また経営規模を表わす損益計算表、雇員考課表など。これらの客観的データ（内部資料の場合が多いが）を時系列的にたどることとくらい雄弁に、会社の消長を物語るものはないであろう。この点で、「丸善」資料編は研究者にとって一大宝庫といっても過言ではない。

「有斐閣」初代の遺訓も堅実な経営ぶりを示して興をひくし、また、販売面で独自に雑誌店を置いた行き方も興味深い。雑誌店といっても、今日における意味とは大分異なっていることに注目したい。

「三省堂」はこの面については、最も益するところが少ない。データ類はほぼ完全に保存されているが、今回の刊行には見合わせた由（『三省堂ぶっくれっと』三八　一九八二年五月）で、残念というほかない。

経営政策の側面からは、一介の古書店から出発した有斐閣や三省堂が出版に進出し、いかにしてその経済的基盤を確立したのか――その具体的なメカニズムが最大の関心事となろう。社史では、それぞれドル箱となった出版物をあげているが、単にそれだけで十分といえるのかどうか。またこれに関連しては、同盟出版の問題もある。資本力の弱い複数の書肆が合版関係を結び出版にこぎつける形態のことで、明治十年代にはとくに見かける現象であった。しかし、具体的な契約の取り決め方法などは資料がなく不明と矢作氏は述べている。これも資料の発掘を含め大きな課題である。

## 編集製作過程

勘の冴えた出版者が大当りする出版物を見抜いたり、慧眼な編集者が優秀な著者や著作を世に出したり、この種の話は従来の出版史に最も多く見かけてきた事柄である。確かに出版にはそういう計量不可能な一面をもっていることは真実かも知れないが、出版業が企業である以上は片時もソロバン勘定を忘れてはいないこともまた事実ではないのか。むしろ、その方が常態というべきだろう。

この意味からいって、「有斐閣」が『国家学会雑誌』の発行をめぐり、学会と取り交わした契約書や、累年にわたるその製作・広告一覧を呈示して、具体的なデータにより考察の道を開いてくれた事は実に有難いといわねばならない。

「三省堂」では、秀れた編集者の略歴を紹介しているのは良い試みだが、編輯所の設立に関しては、その運営方法、かかわった人物などにつき何の記述もないので、物足りない。

### 販売過程

これはずい分色々な問題を内包しているが、とりあえず、(イ)店売り、(ロ)販売網、(ハ)宣伝・広告、の問題にしぼって見ていこう。

(イ)では、座売り方式から陳列方式に変わる時期が最大の問題である。植村清二が指摘するように、これは店舗構造、顧客の服装・生活習慣、交通・道路事情にまで関係をもつ商業史上の重要課題でもある。

「三省堂」では、明治二五年秋頃、大火後の新店舗を近くの勧工場にならって座売り方式から店内縦覧自在方式に改めた（八〇ページ）としている。一方、「丸善」では明治四一年『学鐙』新年号における改築の挨拶「日に愈々新着する商品全部を陳列するを得ず候まま……」（上巻、六三二ページ）を引用し、時期の明言にはなお慎重なのが注目される。何れが正しいのかというよりは、地域差の問題かも知れず、例えば『都市の明治』（筑摩書房　一九八一）のように都市史的な見方によって解答に迫るのが得策かと思う。

(ロ)に関しては、矢作氏の「有斐閣」が当時の商習慣をふまえながら、要を得た概説を述べている。書店が売捌所—大売捌所という仲間取次によって相互に依存し合っていた初期の未分化状態から、次第に分業化が進んでいく。無論そこには、足回りや輸送方法のことから交通および郵便制度との関連を考慮に入れねばならない。また一般の図書・雑誌と教科書のルートとは同じものだったのかという疑問もある。まだまだ課題は多いと思われる。

(ハ)は宣伝媒体によって、①出版目録の発行、②新聞雑誌の広告、③業界誌『図書月報』への出稿、に分けられる。①には、今更取り上げるまでもないが、丸善の『学鐙』がある。「社史」上巻の後半部分は木村毅の執筆で、これにまつわるエピソードを思いつくままに書き散らしたという印象が残る。

「有斐閣」には『有斐閣発売書籍雑誌目録』がある。「購求者御注意の要目」（一六八―一六九ページ）などは当時の販売態様を知る上での好史料といえよう。

②で特筆大書すべきは、「有斐閣」が試みた明治二〇―四五年間の新聞広告調査（一七一―一七三ページ）である。年度別新聞広告掲載一覧などとコンパクトにまとめるだけではなく、一篇のモノグラフを是非ものして欲しいと思うものである。

③にふれているのも「有斐閣」だけであるが、これへの出稿量はある程度出版社の消長を占う材料となろう。

以上、管見の範囲で出版史の課題に即して三つの「社史」を見てきた。終りに、いささか望蜀の気味はあるが若干の要望を付け加えておきたい。

一つは、資料主義の重視ということである。

地方史・教育史の類が多くの自治体から刊行されているが、最近の顕著な傾向に、本文主義から資料主義への流れがある。つまり、叙述のもとになった原資料をそのまま呈示するということである。この点で、別巻の資料篇を出した「丸善」は、出版社史において先鞭をつけたことになる。実際この資料編からはどんなに想像力を刺戟されることか。例えば、定款における利益配分の比率の変化、実務上の申し合わせともいうべき「会話筆記」等々、枚挙のいとまがない程である。

もう一つは共通した難点であるが、本文の索引がないことである。これらの大冊を頭から通読する人はそうは居まい。むしろ関心のある部分を拾って読むケースの方が多いくらいであろう。とすれば、キイワードから本文の叙述に到達できるようにしておく事が親切というものであろう。もっとも、索引の編成には多大の労力とコストが伴うものだから、仲々引き合わないことは重々承知しているが、棚の飾りとなっているだけで満足とでも言うのならともかく、読まれ活用される社史にするには一考をうながしたい点である。

## 結び——学際的な視野を

一般に会社が社史を刊行するのは、会社顕彰のためであって、研究者や学界のお役にたつためではないことはハッキリしている。故に、どんなに秀れた社史といえども、史料の取捨選択や本文の叙述には、それなりの会社の政策的配慮がある、と見るべきであろう。

従って、内容的にいってピンからキリまである社史の何れをとっても、それを出版史の素材として活かし得るかどうかは、研究者の力量次第ということになろう。

筆者が指摘してきたことも、近代出版史のごく僅かな部分であり、考究すべき課題はまだまだ無数にある。ただ、その際に考慮すべきは、出版ジャーナリズムという狭い枠内だけにとらわれず、学際的な視野をもつことが肝要ではないかということである。

というのは先年、「金港堂小史——社史のない出版社「史」の試み——」（東京都立中央図書館『研究紀要』一一号 一九八〇・三）なる拙稿を発表した処、反響があったのは皮肉にも当の出版学界からではなく、一つは中国文学、一つは教育史の分野からという経験があるからである。

清末小説を研究される樽本照雄氏[*3]は、当時有力な版元であった上海・商務印書館を調べていく中で金港堂との提携問題を詳論された。これは更に、日清戦争以後の日中合弁期の研究という大きな課題に結びつこう。

また、教科書国定化の過程を主として議会や世論の動向を通じて分析される梶山雅史氏[*4]は、従来の通説だけでは限界があって、深化を図るためには、どうしても当時の教科書出版の構造や、それを支えた人脈についても視野に入れる必要があるとされ、照会された。

筆者の驚きは、これらの設問に対して既存の出版史には有効な回答が見当たらないということであり（それは単にお前が知らないだけだと、指摘される方が出て下されば幸いですが）、改めて出版史の蓄積の浅さを痛感させられた次第である。思うに、元来実学志向の強い出版学にあっては、直接に実益をもたらすことのない出版史などは閑人の筆のすさびであって、その書き手も主として、①出版現場の実務経験者、②一部の文学史家、③書物研究家、に限られていたという経緯があったと思う。

しかし、当然のことながら学問と効用とは全く別問題である。学際諸科学からの問い掛けに対して、出版学の側に適切な応答が見当たらないとするなら、その独自の存在理由は何かということになろう。

幸い、このたび我々はきわめて資料価値の高い「社史」にめぐまれた。各人がその課題に即して出版史を掘り下げ深めていく中で、これらの「社史」は必ずやその素材として役に立つことであろう。そして、近代出版史のさらにすぐれた成果を世に問うことが、これらを刊行して下さった方々への何よりの返礼となることだろう。

〔註〕

*1　清水英夫「『有斐閣百年史』の刊行に寄せて」（『週刊読書人』一九八一年一月一九日）、〈朱筆〉「『有斐閣百年史』の示唆するもの」（『みすず』一九八一年二月）、山本武利「出版社の社史はどうあるべきか—有斐閣、丸善、三省堂の社史を読んで—」（『出版ニュース』一九八二年六月中旬号）、〈朱筆〉「出版社社史の存在理由—丸善百年史をめぐって—」（『みすず』一九八二年六月）、〈活字の周辺〉「読んでおもしろい『丸善百年史』」（『週刊朝日』一九八二年四月九日）などが目についた。

なお各社史の執筆者の辞では、『書斎の窓』三〇〇（一九八一年一月）、『出版ニュース』（一九八一年一月上中旬号）、『学鐙』七九—三（一九八二年三月）、『三省堂ぶっくれっと』三八（一九八二年五月）。

*2　山本武利『近代日本の新聞読者層』（法政大学出版局　一九八一年）二九—三三ページ

*3　樽本照雄「金港堂・商務印書館・繡像小説」（『清末小説研究』三　一九七九年一二月）、沢本郁馬「商務印書館と夏瑞芳」（『清末小説研究』四、一九八〇年一二月）、樽本照雄「商務印書館と山本条太郎」（『大阪経大論集』一四七　一九八二年五月）

*4　梶山雅史「教科書国定化をめぐって」（『帝国議会と教育政策』思文閣出版　一九八一年）

# 第三章　明治出版史から見た奥付とその周辺

## はじめに――出版史資料としての奥付

奥付は、古く写本の奥書、版本の刊記に由来し、享保七年の町触で初めて法制化され、近代以降も出版法によりほぼその形を踏襲して今日に至った日本独自の慣行とされる。

これらに関しては既に、布川角左衛門『出版の諸相』（日本エディタースクール出版部　昭和五〇年）、『本の周辺』（同　昭和五四年）中の諸論考、八木佐吉「奥付概史」（『図書館と本の周辺』五　昭和五三年、これは業界紙「新文化」昭和五十三年四月二十日、五月十一日、五月二十五日に三回連載の「奥付の歴史（一）～（三）」を訂正加筆したもの）、「丸善出版抄史」（『図書館と本の周辺』九　昭和五七年）がある。

従って、本稿では奥付の歴史一般を概説するつもりはない。ここでは、明治期の出版史を考える時に、奥付とその周辺（見返し、標題紙、扉、奥付裏の諸情報、広告、付録など）から、当時の出版のどんな実態が読みとれるかを、いくつかの事例に即して述べようとするものである。従来、奥付は単なる書誌的データとしてのみ見られがちであった。しかし、明治期の奥付は想像以上に時代の実相を反映しており、恐らく①出版法制、②江戸時代以来の伝統、③当時の商慣習、の側面から大きな影響と制約を受けていたと思われる。故に、出版史資料として奥付とその周辺を見ていくことは、資料の少ない時代の出版史を実証的に構築していくにあたって、有力な作業の一つになると思われる。

以下、甚だ限られた知見ではあるが、一、教科書出版を追究する中で気付いた金港堂の実例、二、出版資料勉強会で得た事柄を更に敷衍した偽版防止の諸類型、について述べてみたい。なお、具体的なイメージの補いとして、参考図版を付したので、併せて参照されたい。

## 一　金港堂に関する実例

明治八年横浜に創業した金港堂は、翌九年七月日本橋本町に移転、以後明治十年代には木戸麟編『修身説約』『小学修身書』の大当りをはじめ各種の教科書を出版して大を成した。明治二十年、創業者・原亮三郎は東京書籍商組合の設立にあたり初代頭取に推され以てその勢威を知ることが出来る。これらの詳細は、拙稿「金港堂小史――社史のない出版社「史」の試み――」（東京都立中央図書館『研究紀要』一一　昭和五〇年三月）の中で既に明らかにした。

ところで、「つぶれた本屋の歴史を顧みることが大切」[*1]とは第一書房長谷川巳之吉の言であるが、ではその歴史を正確に復原するとなると、根本史料がほとんど残っていないことが多いだけに仲々難しい。金港堂の場合もその例にもれず、具体的な細かい事柄となるとまだまだ不明な点が少なくない。そこで、まず〝出版社の顔〟たる出版物を見ていく作業が必要となる。次の三点はその過程で判明した事例である。

創業年月を含め横浜時代の金港堂については資料が少なく、何か良い手掛りが欲しい処である。東書文庫所蔵の『文部省刊行小学読本』巻三、四（神奈川県翻刻　明治九年五月）には、取次所として十一書肆が並び、その中に「東京室町弐丁目金港堂出店　越前屋藤右衛門」が見える。この人物についてはまだ知るところはないが、少なくとも創業後間もなく、東京への足掛りとして支店を設置、販路の開拓とあわせて各種の情報を得ていたことは想像にかたくない。「然ルニ県下ノ地タルヤ武相ニ跨リタルヲ以テ却テ東京ヲ便トスル理アリ」（引札）として、横浜弁天通六丁目から日本橋本町三丁目に移転したのも、この事実と無縁ではないように思われる。

明治十年代の版図拡大の様子は「僅かに神奈川県一県下の一手販売なりしも漸次拡張して群馬栃木福島茨城其他の諸県に及ほし」と、「原亮三郎君伝」（瀬川光行『商海英傑伝』三益社　明治二六年／複刻版　ダイヤモンド社　昭和五三年）には述べられている。この実態はどうであったか。杉山義利著『上野地誌略』（誠之堂　明治一四年八月）には、四人の発行人中に「前橋本町金港堂出張所」が見える。遅くとも明治十四年頃までには群馬県に基盤を築いていたことがわかる。更に、川井景一編『神奈川県地誌提要』（明治九年八月）には「神奈川県御用」、中根叔著『改訂兵要日本地理小誌』（明治一〇年三月）では「茨城県御用製本所」、平田完治編『小学単語書取本』（明治一二年九月再版）の扉には「群馬県御用書林」などと、各県の〝御用書肆〟を名乗っている。これが単なる手前勝手の肩書なのか、それとも地方庁から何等かの特権――例えば独占的な製本・販売権――を付与されたものなのか、まだ考究の余地はあるが、少なくとも地方庁に食い込んでいたことの明証にはなる。

社業の隆盛を裏付けるデータに、出版部数の多寡があることは論を待たない。具体的な数値があれば理想的だが、短期間に刷を重ねた場合でもその間接証明にはなろう。「尋で十二（ママ）年に至り、木戸麟氏をして、小学教則に法り『小学修身書』を編纂せしめて発行せしが、痛く教育社会の喝采を博し、全国各小学校教科書に採用せられて、年々発行部数三百余万に上れり」[*2]（『東京名物志』公益社　明治三四年　六ページ）。これを東書文庫に所蔵する該書（全十二冊）の異版を跡付けてみると次のようになる。

明治十四年六月二十二日版権免許　同七月出版
明治十四年十一月二十四日再版御届（製本所　大阪・金港堂

利見又吉郎 大阪・丸屋支店 売捌所 西京・村上勘兵衛）
明治十四年十二月八日三版御届
明治十四年十二月二十六日四版御届（製本発売引請人 仙台・伊勢安右衛門）
明治十五年三月九日五版御届（製本所 大阪・金港堂利見又吉郎 売捌所 西京・村上勘兵衛）
明治十五年六月五日六版御届
明治十五年十月十九日七版御届（但、巻七以降）
明治十六年一月十七日十版御届（明治十五年十月十九日九版は欠）
明治十六年八月二十四日十三版御届（明治十六年一月十九日十一版、明治十六年四月九日十二版は欠）
明治十七年十一月十七日十四版御届

急ピッチで版を重ねているのがわかるばかりでなく、東北や関西方面の需要には、分板（版権ヲ分テ譲リ若クハ売リ同一図書ヲ各自ニ出版スルコト——出版条例二三条）によって応じていたことも判明した。

## 二 偽版防止の諸類型

### （一） 偽版の実態

明治八年の改正出版条例は、近代の象徴たる法が前面に出てきたという意味で画期的なものであった。権利保護の面では「三十年間専売ノ権ヲ与フヘシ、此専売ノ権ヲ版権」と保障したこと、反対に出版取締りの面では、旧幕以来書物仲間に委ねられていた一種の私的自治を廃し、八条から成る罰則を明文化したこと等に端的に表れている。

この「思いもよらぬ一新例」[*3]の成立には、福沢諭吉をはじめ啓蒙家たちの強い意向が働いていた。幕末から御一新にかけて政府権力の弛緩、書林仲間の自治の形骸化により、福沢は横行する偽版の最大の被害者となっていた。この実態は「偽版取締関係文書」（『福沢諭吉全集』一九 岩波書店 昭和四六年）に詳しい。啓蒙家・福沢は「著者に専売の利を帰せざれば力を費して書を著す者なし。世に著書なければ文明の以て進む可き路なし。故に偽版の禁は西洋文明の国々にて最も厳にして飽く迄著者を保護するの法を設けり。」（同書、四四九ページ）と考え、これが広く社会的通念になるように、敢えて多大の労力をかけて偽版者を探索・摘発し、掛合い、訴訟をおこして彼等と対決し、また一方で、官に対しては再々その取締強化を申し入れていたのであった。

ところで偽版とは何を言うのか。福沢の定義によると、「原版の真面目をありの儘に偽版」する原始的な重版のほか、「其文章を盗み、或は二様の書中にある事を一書に写し、或は片仮名を平仮名に直し、或は本の表題を真本に紛らはしく題し、以て一時の利を射る」類版（同書、四四七ページ）とがあり、いずれも版権を侵害している点において軽重はなく、同罪と見ていた。

しかし、一片の法令で偽版が終息するわけのものではなかった。この社会的条件の考察は好個の論題になりそうだが、今はその余裕がないので見通しを述べる（四五～四七ページ参照）にとどめ、今後の課題にしたい。倉田喜弘『著作権史話』（千人社　昭和五五年）には、偽版訴訟関係の新聞記事が丹念に拾ってあるが、これを見れば、次から次へと色々のケースが起っているのに一驚するだろう。また、埼玉県の学事文書の例では、県の蔵版の製本・売捌を請負った書肆は必ず次の一札を入れる事になっていた。「［書名］偽版ヲ作リ他ニ発売致ス者相見ヘ候ハバ其原由ヲ探偵ノ責ニ任シ其国所姓名等早速密告可申上候事」[4]。偽版に対していかに神経をとがらせていたかが良くわかる。

## （二）偽版防止の諸類型

いきおい出版者側も偽版を防止する何等かの自衛策を講じなければならなかった。恐らくその有力なやり方は、何よりもその出版物が真版であることを証明するより外はなく、この場合、容易に真似出来ない要素を出版物に付することによって他と区別する方法が用いられたと思う。これを管見の範囲で類型化してみると、次のようになる。但、これらの類型は必ずしも画然としたものではなく、いくつかにまたがる複合型もある。また、類型間に時代的な先後関係や継受関係があるのかどうかも、残念ながらまだ明らかではない。

Ⅰ　真版の文言を記載した漉入りの別紙を挿入したもの。（図1、2）

Ⅱ　〝真版之証〟印を扉や別紙に捺印したもの。（図3、4）

Ⅲ　蔵版之証などとした証紙（印紙）を貼付した上、消印を施したもの。（図5、6、7）

Ⅳ　奥付や見返し紙の該当箇所に出版者印を捺印したもの。（図8、9）

Ⅳ′　右のうち更に、魁星像ないしその変形と思われる円形の朱印を見返し紙に捺したもの。（図10、11）

このうち、類型Ⅰは余り多くの例を見ない。というより特定の出版者しか採用しなかったようで、管見では慶應義塾出版社（図1）、光風社（図2）の二例のみである。しかも、図版でわかる通り、年代も限られている。前者の例としては、福沢諭吉『民間経済録』（明治一三年八月　第三刻）、松山棟庵『初学人身窮理』（明治一三年八月　再版）、後者には、亀谷行『修身児訓』（明治一三年一一月二五日　板権免許）、鈴木重義『初学文編』（明治一四年一一月一九日　板権免許）などがある。『修身児訓』は偽版が出るほど良く売れたが[5]、分板によってその需要を満たしたらしく、東書文庫で異版数種を確認できる。その中には「此紙為証」（図版には写らないが、亀谷出版之証の漉がある）を用いず、「亀谷検査之印」という証紙を貼付（類型Ⅲ）した例外（弘文北

類型Ⅰ

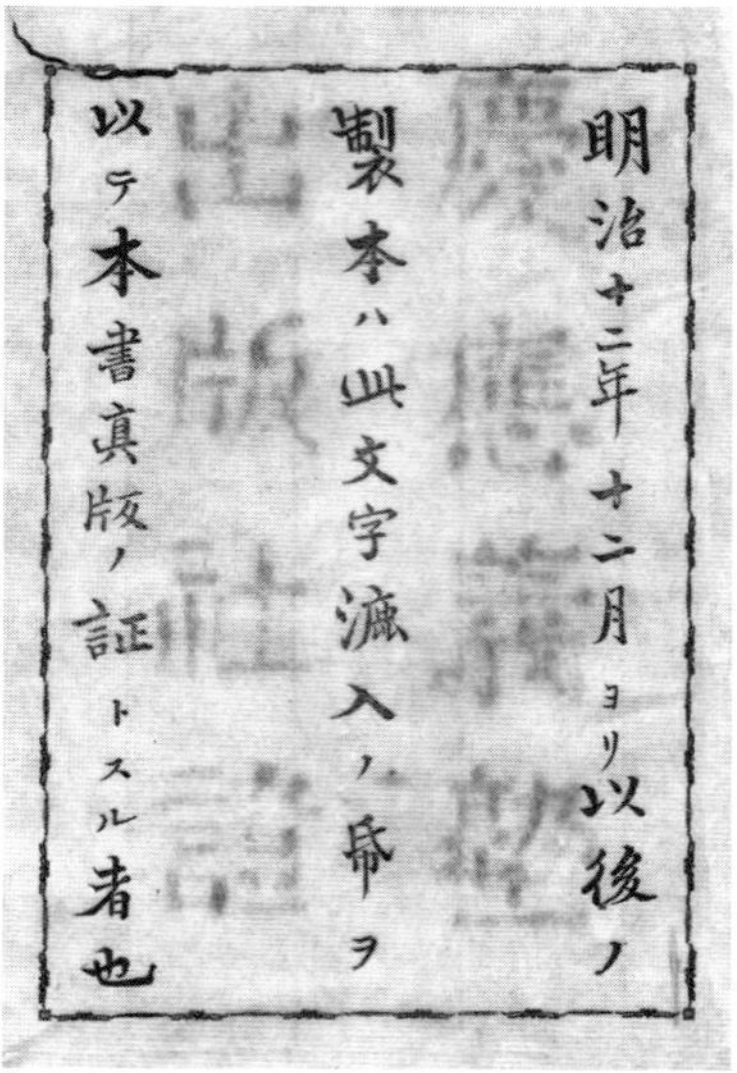


図1　慶應義塾出版社（布川文庫蔵）

図2　光風社

舎・大島勝海および中近堂・中島精一の製本発売分）のあることも興を引く。なお、亀谷行は著名な漢学者[*6]である。

類型Ⅱ　①版権所有とのみ単純に捺した『特命全権大使米欧回覧実記』（太政官記録掛　明治一一年一〇月）、版権免許印の周囲を丸模様で飾っている斎藤高行『報徳外記上』（報徳社　明治一八年一〇月）などは珍しい例で、一般的には②出版者（社）名を冠したものが多いようだ。岡三慶『三慶文鈔二』（金聲堂　明治一二年一一月六日　版権免許）には、「大日本東京府下書肆金聲堂深沢氏蔵版証」とある。尾崎行雄訳『英国議院政治論至尊　王室編』（自由出版会社　明治一六年五月　再版　**図3**）など。③団体名の例もよく見る。国家学会之章とある伊藤博文『帝国憲法皇室典範義解』（明治二二年）、宮内庁蔵版の『婦女鑑下』（吉川半七　大正四年三月　五版）など。④個人名（恐らくは私蔵版）の例では松平氏蔵版とある『校刻日本外史二二』（明治二二年一〇月　十刻）、⑤書名を冠したものはあまり例を見ないが、三上参次等『日本文学史上』（金港堂　明治二七年五月　三版　**図4**）、などのタイプが目についた。また、図版でもわかるように、凝った意匠の枠飾りを印刷し、その中に捺印するものも結構多いようである。これもまた真版の弁別に役に立つ一要素といえよう。

類型Ⅲ　証紙（印紙）は出版者ごとにデザイン、色彩など多種多様であって、参考図版だけではその美しさが十分に伝わらない憾みがある。手近には複刻本によって参照してもらうより外ないが、「鉄腸著書之証」とした末広鉄腸『雪中梅』（原本

類型Ⅱ

図３　『至尊　王室編』（布川文庫蔵）

図４　『日本文学史上』（布川文庫蔵）

明治一九年／名著複刻全集近代文学館　昭和四六年）、「ことばのうみのウリダシテガタ」とある『私版日本辞書言海』*7（原本　明治二二年／大修館　昭和五四年）などが好例である。

貼付する証紙の位置は、普通は奥付であるが、見返しや標題紙のこともあり、余り厳密ではない。ただし、何れの場合も必ず消印を施した。ちなみに、印税契約書第一号と言われる小宮山天香『断蓬奇縁』の出版契約書第三条には「本書見返シニ毎部印紙ヲ貼付シ捺印ヲ為スベキ事」*8（傍点は引用者）とある。

証紙の意匠は普通、〇〇出版社真版之証とか版権免許などの文字と、それを飾る色々な模様や図案より成る。図柄には(イ)肖像、(ロ)自然の風物、(ハ)書物、文具、地球儀など学問に縁のある文物、などが多く、その他、(ニ)年月や文言を付加したもの、等がある。実例をあげると、(イ)阿部弘蔵『小学漢文読本上』（金港堂　明治一六年一〇月　図5）、(ロ)中村鼎五『先哲格言修身要訓首巻』（中近堂　明治一八年三月）、(ハ)岡村増太郎『新撰地誌三』（文学社　明治二〇年五月　訂正再版）、『小学修身書初等科四』（文部省　明治一六年六月）、遠藤愛三『明治二十三年国会之準備』（博文堂　明治一九年一〇月　三版）、(ニ)稲垣千頴『読本高等科巻八』（普及舎　明治二〇年三月）には「明治十五年以後製本以此印紙為証」とある。

注目すべきは著者名を付した証紙で、東海散士『佳人之奇遇二』（博文堂　明治一八年一〇月　図6）、大槻氏『刪修近古史談』（明治二七年四月　三版）等の私蔵版、また、須藤南翠『朧月夜』（春陽堂　明治二五年九月　訂正四版　図7）は春陽堂のケースで

類型Ⅲ

図５　『小学漢文読本』（金港堂）

図６　『佳人之奇遇二』（博文堂）

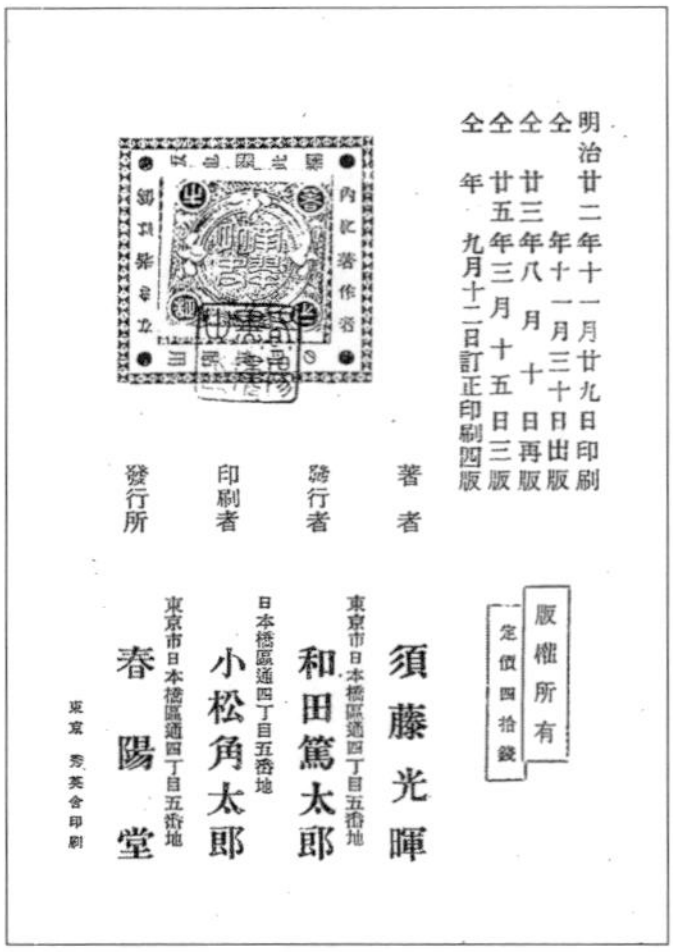

明治廿二年十一月廿九日印刷
全　年十一月三十日出版
全　廿三年八月十日再版
全　廿五年三月十五日三版
全　年九月十二日訂正印刷四版

版權所有
定價四拾錢

著者　須藤光暉
發行者　東京市日本橋區通四丁目五番地　和田篤太郎
印刷者　日本橋區通四丁目五番地　小松角太郎
發行所　東京市日本橋區通四丁目五番地　春陽堂

東京　秀英舍印刷

図７　須藤南翠『朧月夜』（春陽堂）

は珍しいものである。何れも『断蓬奇縁』例からみて、証紙というよりは検印紙の可能性が高そうな気がするが、その検証は今後の研究に待ちたい。

類型Ⅳ　普通、見返し扉紙や奥付の出版者の箇所に、代表者印ないし社判を押印した最もありふれた形である。『師範学校編輯万国地誌略二』（山梨県重刻　明治八年一月）には見返しに県の証印があるが、これは次の埼玉県の事例に符合する。

「製本ハ一回〇〇部宛ト御定メ其都度表紙見返シ扉紙差出シ御蔵板印相請可申　尤一回毎ニ見本トシテ製本壱部宛持参シ御検閲御受可申候事」*9 この手続を踏むことにより、製本・発売を請負った書肆は真版の証明を得たことになる。

官版や県の蔵版以外の例は無数にある。小林義則『改正日本地誌略字引大全巻二』（明治九年六月）、中原鉄焦『日清露之関係全』（東寅新誌社　明治二六年九月）、尾崎紅葉『あだ浪』（文禄堂　明治三四年六月　**図8**）、有賀長雄『帝国憲法篇』（弐書房　明治二二年四月　**図9**）など。**図9**は牧野善兵衛と原亮三郎の合版だが、それを洒落て標題紙には〝弐書房発行〟とある。

類型Ⅳ′　主に明治十年代までの図書の中には、見返し扉紙の右上端に、文字と模様入りの円形の朱印を見かけるものがある。これは魁星像（**図10**）か又は、それの変形と思われる書肆の商標（**図11**）*10である。

魁星像とは鬼が右手に筆を執り、左手に錠を握り、右足は亀の頭を踏み、左足は斗を後方にけっている状態を図したもので、

類型Ⅳ

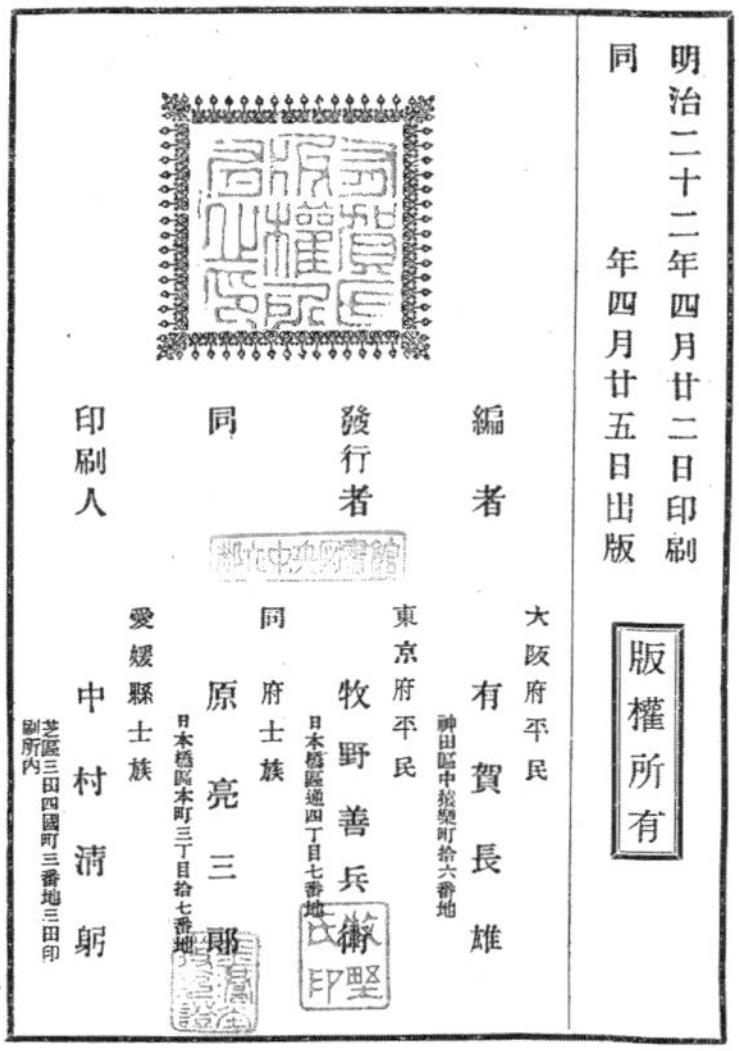
明治二十二年四月廿二日印刷
同　年四月廿五日出版

版權所有

編者　大阪府平民　有賀長雄　神田區中猿樂町拾六番地
發行者　東京府平民　牧野善兵衛　日本橋區通四丁目七番地
同　同府士族　原亮三郎　日本橋區本町三丁目拾七番地
印刷人　愛媛縣士族　中村清躬　芝區三田四國町三番地三田印刷所内

図９　『帝国憲法篇』（都立中央図書館蔵）

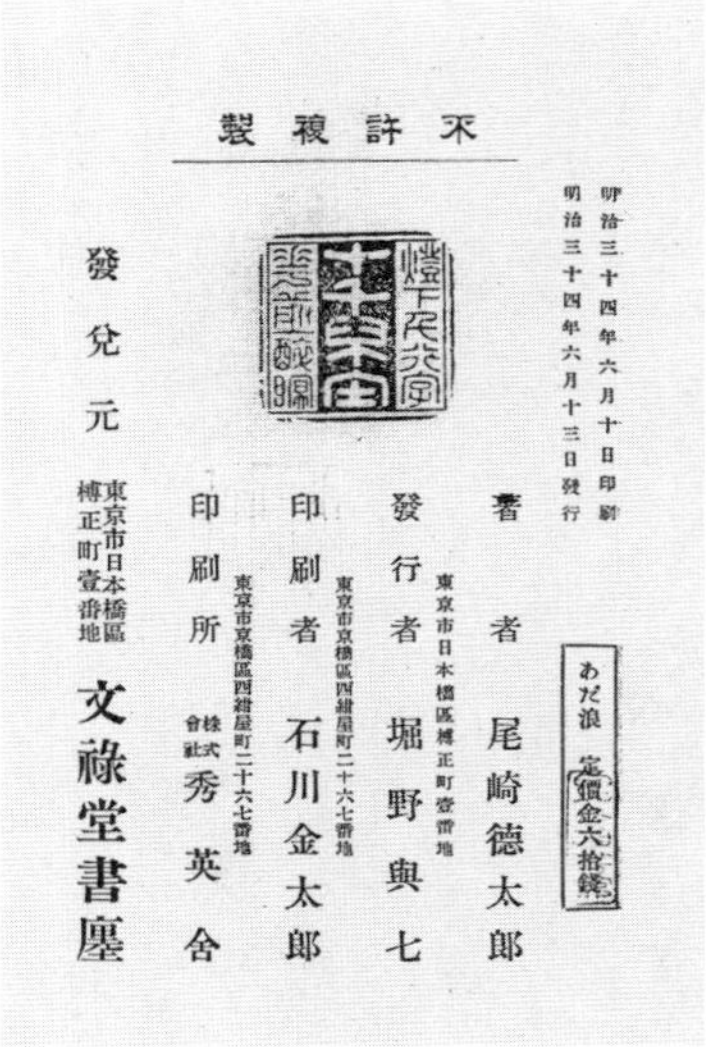
不許複製

明治三十四年六月十日印刷
明治三十四年六月十三日發行

あだ浪　定價金六拾錢

著者　尾崎德太郎
發行者　東京市日本橋區榑正町壹番地　堀野與七
印刷者　東京市京橋區西紺屋町二十六番地　石川金太郎
印刷所　東京市京橋區西紺屋町二十六番地　株式會社秀英舍
發兌元　東京市日本橋區榑正町壹番地　文祿堂書廛

図８　『あだ浪』（文禄堂）（都立中央図書館蔵）

江戸時代に漢籍の輸入に伴い伝来した。魁星像の捺印は、最初は読者の幸福を意味し、併せて書肆の繁栄祈願に使用されたのだが、次第に一種の商標に兼用され、また一種の装飾ともなった。明治期のものは全く商標といってよく、出版者名があり、版権之証などの文言も入っている。近代に進みながら、なお江戸時代の慣習を引きずっている点が注目される。

類型Ⅳ′

図10　魁星像

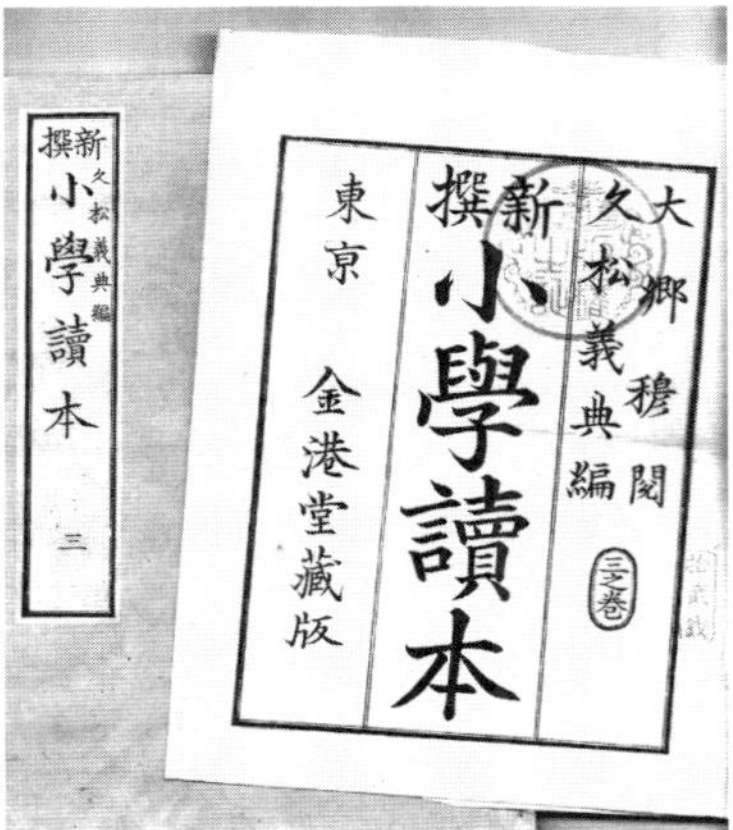


図11　書袋と商標

## (三) 出版社のマーク、書袋（袋紙）

奥付とその周辺からやや離れるが、偽版防止とのかかわりで、出版社のマーク及び、書袋（袋紙）について付言してみたい。

明治二十年前後の図書（洋装本）には、裏表紙の中央にイニシアルを図案化した出版社のマークを散見する。例えば、二葉亭四迷『浮雲』には原亮三郎（HR）の金港堂、小林義則（KY）の文学社（**図12**）、新著百種には吉岡哲太郎（YT）の吉岡書店など。これは無論、装本デザイン上の問題であるが、一面で偽版防止の役割も果たしていたと考えられる。布川文庫所蔵の敬業社『出版書籍目録　明治廿五年九月改正』には、次の興味深い社告がある。

「弊社出版書籍ニ紛ラシキ書名ヲ附シテ之ヲ広告シ又其表装ヲナシ看官諸君ヲシテ迷霧セシムル者アルヤニ被存（中略）此際右等の奸曲ヲ防禦スル方法講究中ニ可有之候処今般裏面ノ通リ（**図13**）出版書籍毎部ノ表装ニ刻捺シ仮製本ニハ〔敬〕ノミヲ刻シ以テ奸ヲ防キ（以下略）」（同書、六七ページ）

江戸時代以来、新刊の書籍はいちいち書袋（袋紙　**図11**）を施して販売された。書袋は普通、表面に書名、著者、出版者、出版年月などを印刷したもので、これに用いる板木は扉紙のを兼用することが多かった。そして此の書袋にもやはり扉紙と同じく捺印した。[*11] 本は残っても、書袋は散佚することが多いから、今日ではとかく、この慣行は忘れられがちだ。しかし、次の埼

図12　文学社のマーク

図13　敬業社のマーク

玉県蔵版「初学生理書彫刻見積」[12]をみると、書袋も図書の一部であって、原価に計上されていることが判明する。

　初学整理書上下二巻
一、金百廿壱円九拾銭　此丁数百〇六枚彫刻并板木代共
　　但壱枚ニ付金壱円十五銭ツヽ、
一、金七十七円五拾銭　同図三十壱枚　同
　　但壱枚ニ付金弐円五十銭ツヽ、
一、金弐円五十銭　同　袋扉奥附　同
一、金七十銭　右板下
　合金弐百〇弐円六拾銭也
右之通精々念入彫刻御仕候也（以下略）

このように偽版防止の諸方策を見てくると、当時は一冊の真版を出すにも、図書と書袋を合わせて何回となく印判を捺さねばならなかったことに気がつく。故八木佐吉氏架蔵の次の「証」は一片の紙切れではあるが、この間の事情をこの上なく雄弁に語っている。

証
一、朱　量目　壱斤
　使用
　肉に用ひ
右ハ明治十三年太政官第一号
御布告ニ因リ使用証差出シ候也
　明治十七年　日本橋区
　十月十九日　本町三丁目
　　　原　亮三郎㊞
野田與兵衛　殿

御布告とは薬品取扱規則のこと。第四条に「……医師薬舗化学者製薬者工職者等ヨリ品名数量需用ノ目的年月及ヒ住所姓名ヲ詳記シタル證書ヲ以テスルニアラサレハ決シテ販売或ハ授与スヘカラス」とあり、これに従って提出したものであろう。野田與兵衛[13]とは本町三丁目六番地に営業する薬種問屋、ご近所という感じである。壱斤という大量の朱肉が、どの位の期間で消費されたものか、一寸興味をそそられる。

## (四) 小括

以上、偽版防止の四つの類型を見てきた。実例でも明らかのように、これらが最も盛行したのは明治二十年頃までのことであった。この後、Ⅰ～Ⅲの類型は特殊な場合を除き、次第に消滅していき、Ⅳの型のみが比較的長く続いた。Ⅰは特定の出版者が用いただけで、最も短命だった。Ⅱはやがて偽版防止というよりは図書の装飾ないし権威付けの要素と化し、Ⅲは検印紙に形を変えて生きのびた。

では、この変化をもたらした背景には何があったのだろうか。

恐らく、下からの要因として⑴偽版を生む社会的条件の変化、上からの要因として⑵出版法制の整備、が考えられる。これをもう少し展開してみよう。

⑴　偽版横行の条件を単純化すると、(イ)物流面で需要に見合うだけの真版が供給されないこと、(ロ)情報面で確実な出版情報が伝達されないこと、と解し得る。従って、この条件を変えるような社会状況——大量印刷を可能にした活版印刷の普及、取次の発生などによる販売組織の拡充、交通網の発達による輸送力の増強、郵便制度の確立に伴う通信の飛躍など——に立ち到った時、偽版のありようもまた変わらざるを得なかったと思われる。即ち、奸知巧妙な剽窃、類似の企画・出版など今日でも問題になるようなヨリ陰湿な形に変えた偽版が出現してきた時、従前の防止策は最早その役割を果たすことは出来ず、消え去るか、又は装飾として痕跡をとどめるかにすぎなくなったのである。

⑵　明治二十年暮、出版条例は勅令によって改正され、出版条例全三四条、版権条例全三二条の公布となった。これは「現行ノ出版条例ハ今日ニ於テハ簡短ニ過テ実際ノ用ニ適セサル」ため、「分テ出版版権ノ二条例トナシ一ハ主トシテ出版ノ取締ヲ規定シ一ハ専ラ私権ノ保護ヲ規定」[*14]（内務省上申　同年一二月二七日）しようとするものであった。

これらは更に明治二十六年に改正されて、出版法、版権法となり、版権法は更に明治三十二年、ベルヌ条約（万国版権保護同盟）加盟に伴う法改正で著作権法となったこと、またこの二法が戦前期を通じその大綱を変えることなく続いたこと等は、出版史のイロハであって今更云々する必要もないだろう。

版権条例で偽版に関する条文を見ていくと、「版権所有者ノ承諾ヲ経スシテ其文書図画ヲ翻刻スルヲ偽版ト云フ」（第一条）と定義し、第一六条以下二七条まで、損害賠償責任、訴訟中の販売頒布差止め、無断改竄、剽窃、故意の類似題号・氏名・社号・写真版に撮ること等を規定している。第二七条は処罰条項で「偽版者及情ヲ知ル印刷者販売者ハ一月以上一年以下ノ重禁錮若クハ二十円以上三百円以下ノ罰金ニ処ス但被害者ノ告訴ヲ得テ其罪ヲ論ス」となっている。偽版のケースを想定し、ずい分厳格になったことがわかる。

また、奥付に関連する条項で注意すべきは、発行者、印刷者の氏名住所の記載義務で、これを怠り又は虚偽の記載をした時は処罰された。（出版条例　第二二、二三条）

「版権所有ノ四字ヲ記載」（図7・図9）することも重要な変化である。これを怠ると版権登録の効を失うことになった（版権条例　第五条）。従って明治二十一年以降の「版権登録ノ文書図画」には必ずその四字が見られる筈である。なお、これは著作権法の施行に伴い廃止されたのだが、その後も〝著作権所有〟と記載する奥付を見かけるのはご愛嬌というべきだろう。法律の名称が変ったので、恐らく単純に版権所有を著作権所有に読み替えたのだろうが、著作権が出版社に所有される筈のものではないのだから、はしなくも法の趣旨が徹底していないことを露呈してしまった。それとも、当時は原稿買取り制（著作権譲渡）が一般的に行われていた由だから、それはそれなりに正しい記載と言えないこともない。

このように奥付は、明治二十年以降かなり法による制約をうけることになった。その同じ年、法の定める要件のほかは何もない至ってシンプルな奥付をもつ出版社が現われた。およそ偽版の出ることなど予期もしていないようなその出版社こそ、廉価大量販売を呼号して大を成していく博文館であった。この意味からいっても、博文館は新しい時代の旗手であった。

〔註〕

＊1　『第一書房長谷川巳之吉』（日本エディタースクール出版部　昭和五九年）二五八ページ

＊2　岡野他家夫『日本出版文化史』（春歩堂　昭和三四年／複刻版　原書房　昭和五五年）の一四三頁にはこの部分から採ったと思われる叙述があるが、提灯記事の多い『東京名物志』の性格を考えるとこの発行数値はにわかには信じがたい。

＊3　三木佐助『玉淵叢話』下（明治三五年／複刻版『明治出版史話』ゆまに書房　昭和五二年）一七ページ

＊4　埼玉県立文書館所蔵　文書番号：学校　明一八五二―七九、一〇四、一一二など。請書の雛型が出来ていて文言はほぼ同一である。

＊5　倉田喜弘『著作権史話』（千人社　昭和五五年）七一―七四ページ

＊6　『明治文学全集六二　明治漢詩文集』（筑摩書房　昭和五九年）四〇九―四一〇ページに略歴がある。

＊7　鈴木隆氏のご教示による。

＊8　鈴木敏夫『出版――好不況下興亡の一世紀』（出版ニュース社　昭和四五年）一〇二ページ。但、解印とあるのは捺印の誤読であろうと布川角左衛門氏は指摘されている。筆者もこれに従った。

＊9　埼玉県立文書館所蔵　注（4）に同じ。ちなみに、請書にはこのほか、一部に付なん銭かの板税（印税）の上納、粗雑製本、板税滞納等不都合を致す節は、板木取上・製本差留の処分などの項目がある。

＊10　井上和雄「異彩ある魁星像」（『図書館雑誌』二二　大正三年一一月）四〇―四三ページ。このほか片山信太郎「書賈の商標としての魁星等に就て」（『図書館雑誌』二一　大正三年八月）

＊11　井上和雄　前掲論文　四二ページ

＊12　埼玉県立文書館所蔵　文書番号：学校　明一八四八―一一二、初学生理書彫刻ノ件伺

＊13　『日本橋本町』（東京薬貿協会　昭和四九年）口絵

＊14　『法規分類大全　文書門出版』三九二ページ

（付記）参考図版の撮影には、永尾信之、中西隆紀、浅岡邦雄の諸氏に大変お世話になりました。厚くお礼申し上げます。

## 付記――今後の課題

本稿は元々、明治出版史の構造を追究する一手段として、金港堂を中心とする教科書出版を調査していく中で気の付いたこと及び、折にふれて布川角左衛門氏から出版物をその歴史資料として見る方法のご教示を受けたことに触発され、管見の及んだ範囲で立論した甚だ貧しい成果にすぎない。今後は、更に多くの事例に当たり観察を深め、論拠の妥当性を高める必要があると思う。何故なら、この種の研究は資料の恣意性（資料の残存度及びその現われ方）に左右される側面をもっているからで、

例えば同一書名本でも、古書展で見たものと図書館等の所蔵本とが、微妙に或いは大幅に異なっていることは珍しくないからである。

この手続きを踏まえた上で、諸類型の起源、先後関係、継受関係の有無等につき、出来れば考古学に於ける土器の編年の如きにまで深め得るなら、明治出版史の基礎的な研究に大きな寄与をなすことになるだろう。

また、奥付に関しては、江戸時代の出版史、書誌学、著作権史等にもかかわる問題なので、とくにこれらを専門とする方々にはご教示、ご叱正をお願いする次第である。

# 第四章　「原亮三郎」伝の神話と正像
## ——文献批判のためのノート

## はじめに

近代日本出版史において、金港堂の創業者原亮三郎くらいいい加減な扱いをうけてきた人物はいないようである。代表例のいくつかをあげてみよう。傍点の箇所は明白な誤りである。*1 これらの記述が何等の疑問もなく孫引きされ、ただひたすら誤謬を拡散してきたというのが、今日までの図式といえる。

(a)　当時教科書は金港堂の出版でなければ本ではない様に思はれ実に盛大なものであった。当主原亮三郎氏は日本銀行の(イ)理事に推されて(ロ)実業界で飛ぶ鳥を落す様な豪勢な書肆であった。（中略）当主の亮三郎が没した後三十六年教科書事件が起り(ハ)金港堂の内外を十重二十重に官憲が取り捲いて教科書は夫れから博文館に移った。金港堂が教科書失脚後、(ニ)断然雑誌界に雄躍しようと試みて、文芸界、教育界、婦人界、等十種に近い雑誌を出版したが、之が殆ど全部失敗に終り明治の末葉(ホ)遂に壇の浦の藻屑と消えて了った。（宇野史録「出版書肆興亡史」『綜合ヂャーナリズム講座5』内外社　昭和六年、二三八—二三九ページ）

(b)　明治後半にかなり活躍したが教科書疑獄事件でつまずいた金港堂（原為三郎）。（鈴木敏夫『出版——好不況下興亡の一世紀』出版ニュース社　昭和四五年、五八—五九ページ）

(c)　初め(イ)小学校の教員をしていたが……一九〇四年、(ロ)六文部省令違反として処罰され、一九一二年には雑誌出版を断念し(ハ)晩年は不遇のうちに生涯を終った。（『出版事典』出版ニュース社　昭和四六年、三六六ページ）

この事実は何を意味するのか。次の二点がまず考えられよう。

(1)　従来の所謂近代出版史のもっている欠陥——関係資料の博捜を怠り、根拠の薄い巷説や既存の活字文献にのみ依拠していること。しかも一層悪いことには、史料批判の必要性を解さず、単なる孫引きが横行するレベルに留まっていること。

(2)　仮に原亮三郎窮死説とでも言うような奇妙な神話が出版界に広く流布していたのではないかと思われること。例(a)(c)の如きは、それを想定しないことには、書き得ない記述と思われるからである。

本稿は右の二側面について、

(1)　原亮三郎の伝記文献を探した結果、十種を見出し得たので、まずその比較分析を行なう。これにより誤伝がいつ生じ、どのように一つの定説として化していくかを見る。また逆に、それらの吟味（史料批判）を通じて、原亮三郎の正像を具体的に迫ってみる。

いわば従来の近代出版史に最も欠けていた史料批判の手続を実際に試みてみようとするものである。原亮三郎の諸伝はその格好のケース・スタディになるという訳である。

(2)　神話伝説の類は、それ自体正しいかどうかを探るよりも、何故それが生ずるに至ったかを解明することに意味がある。いわれなき原亮三郎窮死説のような奇妙な神話が、出版界に何故生じ流布してきたのか。案外そこには原亮三郎の出版業界における位置・評価の素朴な反映があるのかもしれない。これらについて現在わかり得る範囲で解明を試みてみたい。

## 一　「原亮三郎」伝十種の分析と批判

原亮三郎に関する従来の言及は、前述のとおり単なる俗説の受け売りにすぎなかった。

これに初めて[*2]文献五種の所伝を発見し、批判的摂取を試みたのは、拙稿「金港堂小史――社史のない出版社「史」の試み――」（東京都立中央図書館『研究紀要』一一号、昭和五五年三月）であった。『商海英傑伝』所収の伝記を基本文献としてこれに拠り、個々の事実の錯誤についてはその都度指摘したものである。

しかし、それも今日から見ると不十分となった。発表後ご教示を得たり、更に博捜に努めた結果、新たに五種類の伝記を発掘することが出来た。この内、とくに『教育報知』八十五号（明治二〇年九月二四日）の記事は、創業期の事情を明らかにする上で貴重なものである。

これら十種の伝記を成立年代順に並べ、記載された履歴事項、歴史的事実の各項を比較し、その継受関係や、異同を明らかにしたのが次表である。誤伝がいつ生じ、それがどのように踏襲され、やがて一種の定説となるに至るかは一目瞭然であろう。

なお、一〇行にも満たない程度の記述しかない人名辞典の項目、例えば『大日本人名辞書』新訂第十一版（昭和一二年、複刻版　講談社　昭和四九年）、『新撰大人名辞典』（平凡社　昭和一二年、後に増補して『大人名辞典』昭和二八年、『日本人名大辞典』昭和五四年）、『議会制度七十年史・衆議院議員名鑑』（昭和三七年）などは除外した。

### （一）「原亮三郎」伝十種の比較表――凡例

(1)　タテに略伝掲載の書名①～⑩をあげ、各々に出版者、出版年、掲載ページ及び肖像の有無を付した。

(2)　ヨコには、ほぼ年代順に原亮三郎の履歴事項並びに関連の項目(a)～(z)を並べた。

(3)　初は、その事項が最初に掲載されたことを示す。

(4)　▲はその事項中に異同があることを示し、併せて異同事項を記載した。

(5)　述べられている事項がほぼ前出の文献と同じ場合には、

例えば「①に同」の如く処理した。ただし、全く同じ文章を踏襲している場合と、表現を変えている場合の区別はつけなかった。
(6)　(a)〜(z)の各項について補足などのコメントを備考として、比較表の前に付した。

〈備考〉

(c)　①が原型ではあるまいか。
(d)　五五ページ参照。
(e)　他には見ない記述だが、恐らく祖型と思われる。
(f)　名古屋藩洋学校のこと。富田仁「村上英俊の門人たち(2)――林正十郎（欽次）の歩いた道」（『桜文論叢』八、昭和五七年）
(g)　苦学のエピソードは、潤色くさい。
(h)〜(j)　「旧官員履歴」（『神奈川県史料』八、昭和四七年）で、ほぼ裏付けられる。史正は、史生が正しい。権小録は、権小属のことか。ただし、原はこの職に就いていない。
(k)　一等学区取締は、第一区取締の誤り（『横浜市教育史　上』昭和五一年）
(l)　横浜市において区会の開設が早かったのは事実だが、原亮三郎が主導したのかどうかは不明。
(m)　「八年十月」と、創業年月を明示したのは①のみ、当時の出版情勢を考えると、妥当な線。
(n)　移転開業の引札には、「九年七月」とあるから、八月は誤り。
(o)〜(p)　金港堂が地方へ版図を広げていく具体例として貴重。県の御用書肆となるには、認可が必要であったようだ。支店の設置は、金港堂発行図書の奥付によっても実証できる。
(q)　明治十七年のことかどうかは不明。
(r)　明治十七年、と誤っている文献は、(q)の文脈を取り違えた結果生じた。
(s)　具体的な人名があがっているが、繁雑なので省略した。
(t)　この事実は、前記の学校史からは確認し得ていない。今後の課題である。
(u)　明治十九年は、銀行の整理に従事していた時期を指す。就任は、二十年一月である。
(v)　東京割引銀行への言及は、②のみ。なお、『出版研究16』（昭和六十一年）所収の拙稿（本書一二五ページ）を参照されたい。
(w)　岐阜三区、一一二九票で当選（『衆議院議員選挙の実績』昭和四十二年）。
(x)　厳密には、明治二十四年十二月に改組。二十六年は、商法の実施に伴う定款認可の申請年である。
(y)　日銀監事は、総裁、理事につぐ要職。他の銀行・会社の役職との兼任は禁止と定められていた。
(z)　どの程度のかかわりかは不明。大日本教育会に資金を寄付していたことは、同会の雑誌記事で裏付けられる。

## 原亮三郎伝十種の比較表

| 書名（出版者、出版年）該当ページ、肖像の有無 ＼ 原亮三郎の履歴事項又は関連項目 | (a)〔生年〕嘉永元年十月 | (b)〔本姓、幼名、出身地〕伊藤氏、寿三郎、羽栗郡平方 | (c)代々大庄屋を勤む。父忠右衛門尾州侯に出仕、十六歳で其職を襲う | (d)〔明治元年、桑名開城顛末〕城明渡しの任を了す | (e)明治三年、士族に列せられ、姓名を原亮三郎と改む | (f)名古屋に来た〔明治三年六月〕林欽次に仏学を習う | (g)明治五年上京。藤川三渓の漢学塾に入る。学資欠乏苦学す | (h)上田主計の紹介で駅逓寮に出仕 | (i)明治六年六月、前島密の斡旋で神奈川県史生十四等出仕 | (j)明治七年一月、十三等出仕に進む | (k)明治七年六月、横浜四小区戸長兼一等学区取締に転ず | (l)自己の管内に区会を開設……吾国に於ける区会開設の嚆矢 |
|---|---|---|---|---|---|---|---|---|---|---|---|---|
| ①「十二教育家の略伝其十」（『教育報知』85号明治20年9月24日 付録）肖像 | | 初 | ▲尾濃の間を往来す | ▲野崎氏に従い城を守る | 初 | | ▲東京に遊学 | | ▲前島密ナシ | 初 | ▲横浜区戸長兼学区取締 | |
| ②『商海英傑伝』瀬川光行著（三益社 明治26年／復刻版ダイヤモンド社 昭和53年）P.9／51-61 | 初 | ①に同 | 初 | | | 初 | 初 | 初 | 初 ▲史正 × | ▲権小録に | 初 | |
| ③『実業人傑伝』巻2（広田三郎刊 明治29年、復刻版 立体社 昭和59年）P.1／40-48.肖像（巻頭のグラビア） | | ▲本姓ナシ | ②に同 | 初 | | ②に同 | ②に同 | ②に同 | ②に同 ▲史生 ○ | ②に同 | ②に同 | 初 |
| ④『日本現今人名辞典』（同発行所 明治33年）P.19-20 | | ③に同 | ②に同 | ③に同 | | ③に同 | ③に同 | ③に同 | ③に同 | ③に同 | ③に同 | ③に同 |
| ⑤『明治富豪致富時代』（大学館 明治35年）P.161-164 | | | ②に同 | | | | ②に同 | ②に同 | ②に同 ▲史正 × | ②に同 | ②に同 | |
| ⑥『現今日本名家列伝』（日本力行会 明治35年）P.86 | | ▲出身地ノミ | ▲父の出仕はナシ | | | ③に同 | ②に同 | ②に同 | ③に同 | ②に同 | ②に同 | ③に同 |
| ⑦『成功名家列伝』巻3（国鏡社 明治42年）P.447-448 | | ⑥に同 | ⑥に同 | | | ③に同 | ②に同 | ③に同 | ③に同 | ②に同 | ②に同 | ③に同 |
| ⑧『濃飛官民之宝鑑』（同発行所 明治44年）P.40 肖像 | | | ⑥に同 | | | ②に同 | ②に同 | | ▲史生 × | ②に同 | ②に同 | ③に同 |
| ⑨『濃飛人物と事業』（大橋弥市刊 大正5年）P.34 肖像 | | | ⑧に同 | | | ⑧に同 | ⑧に同 | | ⑧に同 | ②に同 | ②に同 | ③に同 |
| ⑩『財界物故傑物伝』下（実業之世界社 昭和16年）P.251-255 | | ③に同 | ②に同 | ③に同 | | ▲林銑次 × | ③に同 | | ③に同 | ②に同 | ▲学区取締ナシ | ③に同 |

| | | | | | | | | | | |
|---|---|---|---|---|---|---|---|---|---|---|
| (m)明治八年十月官を辞し、横浜弁天通に金港堂を創業、専ら文部省の小学教科書を翻刻発売す | 初 | ▲明治八年〔月を欠く〕 | ▲明治九年× | ③に同 | ①に同〔年を欠く〕 | ③に同 | ③に同 | ③に同 | ③に同 | ③に同 |
| (n)明治九年七月、日本橋本町へ移転。盛業に向かう | 初 | ①に同 | ▲明治九年八月×× | | | ①に同〔年を欠く〕 | ⑥に同 | ⑥に同 | ⑥に同 | ③に同 |
| (o)明治九年十一月、茨城県小学校用書籍に県名記入出版の許可を得、十年又群馬県でも得る | 初 | | | | | | | | | |
| (p)明治十三年、上州前橋に支店。数年の内に岐阜、大阪、宮城にも支店を設く | 初 | | | | | | | | | |
| (q)明治十七年頃、森有礼「欧米の書肆にならい、独自の編輯所をもつべし」と助言 | | 初 | ②に同 | | ②に同 | | | | | ②に同 |
| (r)明治十九年、編輯所を開設。三宅米吉を所長に招聘、編輯事業取調のため欧米に派遣 | 初 | ①に同 | ▲年の記載なし | ▲明治十七年×× | ▲年ナシ | ④に同 | ④に同 | ▲三宅雪嶺博士×× | ⑧に同 | ③に同 |
| (s)編輯所員数十名、多士済々。本支店の人員合せて数百人 | | 初 | ▲書籍本店の人員……×× | ③に同 | | | | | | |
| (t)明治二十年、海防献金よりも教育普及が急務とし、学生の奨学金として、帝大に一〇〇〇円、高商に三〇〇円（年額）を寄付 | | 初 | ②に同 | ▲大学教育会等への寄附多し | | ④に同 | ④に同 | | | ▲年々二千余円… |
| (u)明治二十年一月、第九十五国立銀行の整理に従事の後、頭取に就任。諸会社の重役を兼ねる | 初 | ▲明治十九年×× | ②に同 | ②に同 | | ②に同 | ②に同 | | | ②に同 |
| (v)日銀総裁・富田鉄之助、銀行局長・加藤済等の勧めで、小野金六、川崎東作等と東京割引銀行を設立 | | 初 | | | | | | | | |
| (w)明治二十五年二月、第二回衆議院選挙に立候補、当選す | | 初 | ②に同 | ②に同 | | ②に同 | ②に同 | ②に同 | ②に同 | ②に同 |
| (x)金港堂を資本金五〇万円の株式会社に改組。ただし、株式は一族で分有した同族会社 | | | 初年の記載ナシ | ▲廿六年 | | ④に同 | ④に同 | ④に同 | | ④に同 |
| (y)明治三十三年、一切の役職を辞して日本銀行監事に就任 | | | | ▲幹事×× 初 | | ④に同 | ④に同 | ④に同 | ④に同 | |
| (z)〔その他のエピソード〕明治十一、二年頃、西村貞などと謀って東京教育会を組織。これは後に大日本教育会に発展する | ▲各地教育会設立の際には資を投ず | 初 | ▲明治十一年 | ▲年ナシ | | ④に同 | ④に同 | | | ③に同 |
| (z')夫人・礼子の内助の功大。十七人の子宝にめぐまれる。長男、次男を欧米留学に出す | | 初 | ②に同 | ②に同 | | ④に同 | ④に同 | | | ④に同 |

## （二）

狩野直喜は史料批判の必要性について次のように述べている。「第一は吾人が或る事を研究するには、如何なる典籍あるかを知らざるべからず。第二は是等の典籍の内にて、何がかうなつて居るべきか。例えば同一の事柄につき、或る本にはかうなつて居るが、他の本にはかうなつて居る。然るときは、両書何れを取るべきか。即ち或る典籍につきて信拠すべき程度を知ることなり」[*3]

これに習い、右の比較表から判明したことを述べてみよう。

(1)「原亮三郎」伝十種は、記述内容から見て四系統に大別できよう。(イ)『教育報知』、(ロ)『商海英傑伝』、(ハ)『実業人傑伝』[*4](④〜⑦、⑩はこれをほぼ踏襲したもの)、(ニ)岐阜県引退時代の⑧、⑨。

これらの内、創業時から明治十年代の記述については、『教育報知』の記事が最も信頼できよう。取材の年代が最も古いので、比較的記憶が定かであること、また著名実業家として羽振りをきかせる直前のもの故文飾が少ないこと、等がその理由である。

当時、新聞雑誌では、様々な分野において読者による人気投票が流行していた。『教育報知』誌でもその例にならい、「教育家十二傑」の投票を募集したもので、惣票数は一千六百廿六枚であった。その結果は同誌七十二号（明治二〇年六月二五日）に載っている。教育書出版者に限って見れば、「高点原亮三郎　一一四九、次点、辻敬之　二七六、三次点、牧野善兵衛　三八、四次点、小林義則　三一、五次点、石川治兵衛　二二」であった。高点を得た十二人は、順次、写真石版の肖像及小伝が掲載されて、原亮三郎の略伝は八十五号（明治二〇年九月二四日）に載ったものである。

(2)次に信頼していいのは『商海英傑伝』である。「著者か自ら孰も信拠すべき人々に就て承知せる者なれハ事実正確にして他の口碑を採り又ハ雑誌等に拠りたる杜撰のものにあらず」と自負しているが、どこまでそれを貫いたかは自ずと別問題である。しかし、初期の細々とした履歴事項は、原亮三郎の側から何等かの情報提供がない限りは不可能と思われるので、ほぼ正しいと見てよいだろう。

ただし、官職名などが不正確なのは、原の記憶違いなのか、それとも編集の側が勝手に省略したのかは判然としない。『実業人傑伝』においても同様のことがおこっているから、原の方に原因があると見るべきかも知れない。二〇年も昔のことなので、記憶や記録がアイマイになっていたと考えられる。

(3)『実業人傑伝』は内容や表現の形、長さの点で、『商海英傑伝』に酷似している。かなりの部分を剽窃したのではないかと疑える程である。少なくとも参照したことは確かであろう。しかし、微妙に食い違いが処々にあるのも事実である。

例えば、「桑名城明渡しの際、尾張藩の使者として受取の任にあたった」「横浜において区会を開設、吾国に於ける区会開設の嚆矢」など、今迄にない記述が生じている。総じて言えば、原亮三郎の社会的地位の上昇に伴い、編集の側に迎合の度合が高くなっていると見なせよう。

また注意すべきは、これ以後の文献は殆ど、『実業人傑伝』を、誤りの部分を含めてソックリ踏襲していることである。文献の正確さから言えば、前述の二点の方がはるかに高いのに、何故広まらなかったのだろうか。これは非常に興味ある問題であるが、同時にまた難しい。考えられる一つの答えは、流布の問題（広く売れたかどうか）であろう。『実業人傑伝』の大売捌所には金港堂がなっていたのも何か関係があるのだろうか。

(4)　岐阜時代の二点は、商務印書館合弁への言及を除くと最も情報量が少ない。恐らく直接取材したものではなく、先行文献や伝聞を適宜つなぎ合わせただけなのであろう。金港堂編輯所長の三宅米吉を三宅雪嶺と誤っているのはその証左と言えよう。ここでは、原が郷里の名士として扱われていることに注意すれば足りる。

以上の検討から、初期の原亮三郎伝について最も信頼出来るテキストは、『教育報知』の記事と言える。そこで述べられていることは、まだかなり素朴で、伝記につきものの自己を飾る要素が少ない。ところが原亮三郎が実業界の大物になるにつれて、その略伝には粉飾の度合が高くなっていく。例えば、桑名開城の一件などはその典型であろう。

「明治元年忠右ェ門氏其の郷に帰住す君乃ち父に代りて藩に留り野崎氏に従て桑名城を守る」（『教育報知』）は、「維新の際隣藩桑名其向背を誤り終に朝敵の汚名を受けて城地明渡しを命ぜらるゝに至る而して当時其受取の任を帯ぶる者は尾州藩たり君は弱冠にして同藩に出張斡旋して終に其事を了す古老今に至るまで相伝へて君の偉勲を称揚せり」（『実業人傑伝』）に変じている。『桑名市史本編』（昭和三四年）や加太邦憲「桑名開城顚末」（『維新史料編纂会講演速記録（一）――続日本史籍協会叢書』複刻版　昭和五二年）等を見る限りでは、『実業人傑伝』に語られた事実は見当たらない。恐らく編集の側が迎合して曲筆したのであろう。

なお、略伝十種類中の個々の事実の錯誤については、備考欄に指摘しておいた。無論まだ気付かない点があるかもしれない。識者のご教示をお願いしたい。

活字は一人歩きしやすいものである。その意味で文献を引くには、十分な目配りをした上で使用しなければならない。この点、これまでの近代出版史はお粗末すぎたと言わざるを得ない。

## 二　原亮三郎〝窮死神話〟の意味

原亮三郎窮死説の出所は、今のところハッキリしない。というよりは、明白な根拠があってのことではないと思われる。ただ、例にあげたような記述があるからには、恐らく出版界に何等かの俗説が流布していたのであろう。

従ってここでは、無意味な根拠探しは止めて、何故そうした神話の類が生まれ広まったかについて、若干の考察をしてみたい。

端的に言えば、次の二つの要因がないまぜになって一種の悪役没落願望が生じ、それが〝窮死神話〟につながったのではなかろうか。

(1)　原亮三郎の出版界に対する傲慢にして尊大な態度、それに対する業界人の反感。

(2)　教科書疑獄事件において悪役の中心にすえられ、非難の矢面に立たされたこと。またその後の急激な凋落に対する驚き。

## （一）

原亮三郎は出版界において存在が大きな割には、衆望が薄かったようだ。これにはいくつか証拠がある。確かに彼は明治二十年、東京書籍出版営業者組合の初代頭取に選ばれている。それは勢威並ぶことのない金港堂主の故であって、必ずしも本人が輿望をになってのことではなかったのかも知れない。何故か在職僅か二年で、頭取職を博聞社・長尾景弼に譲っているのである。

書籍商組合の機関誌『図書月報』や『東京書籍商組合五十年史』を見ると、長尾景弼をはじめ小柳津要人など歴代の頭取や組合の役員は、各々その永年の功労に対して、組合の顕彰を受けている例が多い。ところが、原亮三郎にはその形跡が全くない。見るべき貢献がなかったと解するより外はないだろう。

一方これを原亮三郎の意識にたって見ると、彼には一介の出版人というよりは、実業界の大物紳商としての気持ちが強く、実際にもそのように振舞っていたのではないかと思われる。

原亮三郎に巨富と権勢をもたらしたのは明治十年代における教科書の出版であった。そして二十年代に入り、折からの実業ブームに乗って、彼は第九十五国立銀行頭取、富士製紙、東京割引銀行、東京機械製造会社などの取締役を兼職するに至る。更には明治二十五年、実業界から推されて第二回衆議院選挙に立候補し当選した。後年の大橋新太郎（博文館）の遥かな先駆けであった。恐らくこのピークは、明治三十三年、一切の役職を辞した上、名誉職ともいうべき日本銀行監事に就任したことだろう（従って金港堂書籍株式会社の社長には長男、原亮一郎が就いた）。

このように原亮三郎の経歴を振り返ると、彼にとって出版界の出来事は、直接の利害に結びつかない限りは些事にすぎなかったのではあるまいか。彼は資本家であって、細々とした出版業の実務は支配人に委ねていたのではないかと思われる。

原のこうした態度に、出版業界人の多くがあきたらなく思い、また反感をつのらせていたことは想像にかたくない。それは前記の業界史・誌が黙殺で応じたことが何よりも雄弁に語っている。

## （二）

明治三十五年暮、教科書疑獄事件が勃発すると、原亮三郎は集中砲火の形で悪名を一身に負うことになる。

かねてから小学校教科書の検定及び採択をめぐっては、検定官や審査委員等の関係要路と教科書会社の間に贈収賄の醜聞が絶えず、世論の指弾を浴びていた。この背景には、①もともと検定制度が汚職を生じやすい制度の上、文部省の対策が弥縫の域を出なかったこと、②明治二十年以降寡占化した大手教科書肆が、売り込み競争にしのぎを削り、手段を選ばない運動をくり広げていたこと、があった。

その結果、司直の摘発を招き、全国各地から知事、学校長、視学官、教員など二百余人の容疑者が勾引され、教育界未曽有の不祥事となった。神聖であるべき教育関係者の犯した醜行為は、その対照の妙と聖職者の偽善の暴露という点からジャーナリズムの好餌となった。〝最古最大の教科書肆〟として第一等を占めていた金港堂には当然風当たりが強かった。『万朝報』を先頭に諸新聞・雑誌はあることないことをひっくるめて贈収賄者を罵倒する。いち早く『空前絶後の大疑獄　教科書事件実記』（文友堂　明治三六年二月）、『教科書事件』（特報社　明治三六年一月）なる際物出版も出るほどであった。

これらの中で、原亮三郎は、ローマ法皇に擬せられ、横暴の限りをつくしたかのように書きたてられた。実業界のトップにあったことが、格好の標的になったようだ。また当時の実業家、金持に対する漠然とした反感の空気（例えば、尾崎紅葉『金色夜叉』、やや後になるが、夏目漱石『吾輩は猫である』など）が庶民の間に広まっていたことも関係しているように思われる。

あたかも金港堂は事件以後、経営を誤って急速に没落していく。明治三十年代までの巨大な存在が、末年には二流の存在になってしまった。この余りに急激な――中生代の恐竜がある日忽然と消えたかのような――落差は、多くの出版人に強烈な印象を与えたかも知れない。

平家物語を持ち出すまでもなく、栄華をきわめた後には、没落の悲惨と連想が働いたのだろうか。出版業界に長く原亮三郎窮死説の神話が残ったのは、こうした事情が背景となっていたと思われる。

しかし事実はと言えば、原亮三郎は金港堂を子息に委ね、自らは郷里に引退し、悠々自適の日々をおくった模様である。孫にあたる北島貞子氏に次の回想[*5]がある。

> 石井八重子様へ――四月二十一日号の記事を拝見し、七十五歳になる私も、今さらのように、いろいろな昔懐しいことを思い出させていただいております。
>
> お尋ねの原家とは、私の祖父母の家で、祖父は原亮三郎、祖母は礼子と申しました。明治の初めに、日本橋に金港堂と申します国定教科書の本屋を致し、男子十一人、女子七

人の子福者で、私は三女の娘になります。竜泉寺町の家は別宅にしており、大きな池が二つも三つも庭にあって、お相撲さん方が大勢来られたり、何とも夢のようににぎやかな家でございました。祖父母は、晩年は故郷の岐阜に帰り、そこで余生を過して、祖母は八十二歳くらいで亡くなりました。岐阜でも、夜になると村の方が食事に来られたりして、にぎやかに過ごしておりました。（以下略）（「掲示板へのご返事」『週刊新潮』昭和五二年五月五日号、一一〇ページ）

国定教科書の本屋というのは北島氏の錯覚である。明治初年から教科書は民間出版が主流であって、金港堂は最大の教科書出版会社であり続けた。それが教科書疑獄事件をキッカケに、小学校教科書は国定（明治三七年）となり、民間出版の時代は終わりをつげたのである。

北島氏の回想に見える原亮三郎夫妻の姿形は美しい。村人とにぎやかにすごす座の中で、原亮三郎の胸中を去来するものは何だったのだろうか。明治五年、単身郷関を出て以来、時流に乗り、異数の成功者となって絶頂をきわめ、それが暗転して急激な没落に見舞われるという波乱の生涯が、走馬灯のように駆けめぐったかも知れない。

原亮三郎は大正八年郷里で死去した。また鳩山春子と並ぶ女傑[*6]と評された妻の礼子は長生し、地元の人々に数数のエピソードを残しながら昭和十八年に没した。二人の墓は羽島市平方の市営共同墓地に隣接した原家の墓所にある。

## 結び

「本当の学問が育つためにはよい学問的な資料が必要だ」[*7]。渋沢敬三は若き宮本常一にこう語ったという。

相も変わらぬ金太郎アメ的——既存の活字文献を何の批判もなしに、ただ並べ変えただけの——所謂出版史から脱却するには、まずこの言葉を銘記する必要があろう。労多くして報われること少ないかも知れないが、もっと原史料の発掘を試みるべきだと思う。これがない限り、いつまでたっても、近代出版史は〝神話から歴史〟へは進まない。

小稿は金港堂創業者・原亮三郎の諸伝を一つのケースとして、史料批判の実際を試みたものである。ただし速断してはならないのは、これによって原亮三郎の人間像が全て明らかになったわけではないことだ。やっと緒についたと言うべきである、彼の活動を心理的、思想的にまで立ち入って把えるためには、書簡、日記、家伝等の一等史料の出現が必要であろう。もし遺っているのならば、なんとかして見つけ出したいものである。

また当然のことながら、これによって金港堂の出版活動の実態が解明されたわけではない。無論一つの大きな柱とはなろうが、それは別個に究明さるべき課題であることは言うまでもない。

〔註〕

＊1　誤りの箇所につき正解を列挙する。
(a)　(イ)日本銀行の監事（在任期間は、明治三三年二月　三六年二月の一期）。(ロ)没年は大正八年。(ハ)博文館に移った事実はない。国定教科書の印刷製本・発売の体制が固まる迄の間、大橋新太郎（博文館）に大量の翻刻発行の許可があったことを指しているのだろう。(ニ)教科書事件前。金港堂が多角経営をめざし雑誌発行を復活したのは明治三十四年のこと。(ホ)昔日の面影はないが、昭和十八年の企業整備までは経営を続けたから、消滅したわけではない。
(b)　明治前半に富と権勢の基礎をつくり、二十年代から三十年代にかけてが全盛時代であった。後半はむしろ凋落期である。
(c)　(イ)神奈川県の役人から横浜の戸長兼学区取締が正しく、敢えて言えば下級地方官。浅倉屋久兵衛が先生と誤ったのを踏襲したようだ。(ロ)正確には小学校令施行規則違反（行政罰）で、処罰の対象は当然金港堂社長・原亮一郎（原亮三郎の長男）である。(ハ)これに類する俗説を仮に窮死説と名付けたが、二節において詳論する。

＊2　奇妙な符合だが、ほぼ同時期に清末小説を研究される樽本照雄氏が、「金港堂・商務印書館・繍像小説」（『清末小説研究』三、昭和五四年一二月）を発表された。これは、商務印書館が刊行した繍像小説を論ずる中で、提携関係のあった金港堂にも言及されたもの。出版史家が見のがしていた『商海英傑伝』を使って原亮三郎の略伝を述べている点など、それ迄のレベルをはるかに抜いた力作である。

＊3　狩野直喜『漢文研究法』（みすず書房　昭和五四年、一〇ページ）

＊4　厳密に言うと、⑧は岐阜時代のものではないが、⑨が誤謬も含め殆どソックリ踏襲しているので一緒の系統とした。なお、⑧は梶山雅史氏、⑨は岐阜県立図書館よりご教示を得た。

＊5　稲村徹元氏のご教示による。

＊6　「金港堂夫人礼子」（岩崎徂堂『明治豪商の夫人』大学館　明治三六年、一四九ページ）

＊7　宮本常一『民俗学の旅』（文藝春秋　昭和五三年、九八ページ）

# 第五章　近代出版に関する複刻版資料

## はじめに

ひと頃、たとえば明治期の新聞を見ようとすると、国立国会図書館か東京大学法学部明治新聞雑誌文庫へ行って、マイクロフィルムを利用するのが常だった。根をつめて見終わった後には、必ず目の奥からくる痛みと肩凝りに悩まされたものである。

それが、この数年来、主要紙に限ったことではあるが、冊子体の複刻版が次々と刊行されるようになってきた[*1]。最寄りの府県立クラスの図書館へ行けば、手軽に見られるようになったのである。目の負担が軽くなったばかりでなく、何よりも有難いのは、閲読の能率が段違いに良いことである。便利になったと思わざるを得ない。

以上は、まだ研究歴の浅い筆者の実感の一端であるが、一般的にいって、近来、研究環境は大幅に変化しつつあるように思われる。それをひと言でいえば、資料へのアクセスが誰にも開かれて（機会の増加）、しかも利用しやすく（利便性の増大）なったことである。岩波文庫発刊の辞を借りれば、「生命ある不朽の書を少数者の書斎と研究室とより解放して街頭にくまなく立たしめ民衆に伍せしめる」ということが、ようやく現実になろうとしている。

それは、単に印刷され公刊された資料（出版物）にとどまらない。文書・記録類などの未公刊の資料群も当然含まれる。前者については、図書館の一層の充実が望まれる。近時、公共図書館も貸出冊数を競っていた段階から、学術書や専門書を積極的に収集提供する姿勢を見せはじめている。また、閉鎖的であった大学図書館も、市民に門戸を開く所が増えてきた。後者については、長い間待ち望まれていた公文書館法の施行（一九八八年六月）により、文書館や資料館新設の動きは加速されることになりそうである。

こういう潮流の中で、小稿はごく限られた一面ではあるが、近代出版の研究を進める上で役に立ちそうな、(1)類縁機関の所蔵目録や索引類、図録、(2)出版に関する複刻版資料、について、ほぼ一九八〇年以降のものを中心に紹介しようとするものである。なお、近世に関しては、残念ながら筆者の能力に余ることなので、別の機会に適任の方にお願いしたいと思う。

# 一　関係機関の所蔵目録、新聞記事索引、図録

## （一）所蔵目録

出版研究では、単に出版物の中身だけでなく、図書や雑誌その物自体の形態、材料、装訂等も考究の対象となる。したがって、時として実際に出版物を見る必要が出てくる。この場合、やみくもに探しに行くよりは、予めどこに何があるのか（所在）を確認しておくほうが効率がよい。無論、大きな図書館へ行けば、所蔵のカバー率が高いことは自明であるが、必ずしも能率的であるとは限らない。

望ましくは、出版ジャーナリズム関係資料を核としたコレクションを持つ機関が、所蔵目録を刊行していることであろう。この種の目録について、いくつかを紹介してみよう。

(1)『明治新聞雑誌文庫所蔵新聞目録』（東京大学出版会　昭和五二年）、『同　雑誌目録』（同　昭和五四年）、『同　図書・資料類目録』（同　昭和五八年）

東京大学法学部明治新聞雑誌文庫については、いまさら云々する必要もないが、昭和二年創立以来、明治時代研究の比類ない宝庫として今日に至っている。従来、同文庫の所蔵は、『東天紅』正・続・参（昭和五—一六年博報堂。合冊複刻版　昭和四九年　明治文献、同　昭和六三年　湖北社）によって、その一部分を知るのみであった。今回の精密な目録三部作は、①新聞雑誌の欠号を明示、②タイトル変更などの注記が豊富、③文書記録類や一枚モノも収録、などに特徴があり、これによってほぼ同文庫の全貌が明らかになった。

(2)『大宅壮一文庫雑誌記事索引総目録』一三冊（昭和六〇年）、『同　追補一九八五—八七年版』四冊（昭和六三年）

現代の人物や事象を調べたいとき、恐らくもっとも役に立ちそうなトゥール。国立国会図書館の雑誌記事索引が学術雑誌を収録の対象にしているのに対し、大宅文庫のものは、週刊誌など大衆雑誌が中心で、しかも記事がこと細かに採録されている。初版人名篇六分冊、件名篇六分冊、それに件名総索引が付く。初版以降、三年間分の追補版が今年中に刊行予定である。大宅文庫の所蔵に限った記事索引とはいえ、この膨大な作業が一民間機関の手によってなされたことに敬意を表したい。

(3)『西垣文庫目録』（早稲田大学図書館　昭和六一年）

広告人で、ジャーナリズム史研究家（新聞資料協会会長）でもあった故西垣武一氏の旧蔵書、約一万一千点の目録。図書、資料（一枚モノ）、逐次刊行物に大別し、各々を更に新聞ジャーナリズム、広告宣伝、風俗習慣等に分類。もっとも興味深いのは、資料の部で、瓦版、錦絵、絵びら、引札、看板の実物など、他では見られないものを多数含んでいる。この一部は、展示会で紹介され、『幕末・明治のメディア展——新聞・錦絵・引札——』（早稲田大学出版会　昭和六二年）の図録により、豊かな中身を垣間見ることが出来る。

(4)『東書文庫所蔵教科用図書目録』一—三集（東京書籍　昭和五四—五七年）

教科書を調べたい場合は、ほぼこの東書文庫と後述する国立教育研究所附属図書館の所蔵とで、大半は間に合うはずである。この目録のうち二集が戦前の小学校教科書、三集が戦後の小学校教科書、それ以外の部分（中等学校、高等女学校など）が一集に収録されている。教科書はやたらに異版が多いのであるが、それをキチンと識別して記述されている労作である。

国立教育研究所附属図書館の所蔵は、鳥居美和子編『明治以降教科書総合目録（一）小学校篇』（小宮山書店　昭和四二年）、『同（二）中等学校篇』（同　昭和六〇年）によって全貌が明らかになった。これは本来、「総合目録」だから、他機関の所蔵（（一）では国会、学芸大学、東書文庫、（二）では東書文庫のみ）も併せて明示してある。

教研は、沿革的には、旧帝国図書館が国立国会図書館となるときに、教科書だけを分離して独立の専門機関とした経緯がある。ところが、その線引きの仕方が拙劣で、国会にも教科書類は多数残ってしまった。それらについては同館の『明治期刊行図書目録』を見れば把握できる。

## （二）新聞記事索引

新聞記事を丹念に探す地道な作業は、近代出版史研究についても不可欠であろう。たとえば、倉田喜弘編『明治の演芸』一—八集（国立劇場　昭和五五年—六二年）のような労作が、出版関係にも待望されるところである。

この場合、すぐれた新聞記事索引があると便利であるが、何故か日本の場合は *Times Index, New York Times Index* に相当するものが育たない。せいぜい縮刷版の目次程度でお茶をにごしているのが現状である。

昔の事柄を遡及的に調べる場合は、まず編集物の総索引によって当たりをつけるのが早道のようだ。この手のものを挙げてみよう。

(1)『新聞集成明治編年史』一五冊（本邦書籍　昭和五七年、原本：同刊行会　昭和九—一一年）

人名・事項等の総索引がよく出来ていて便利このうえなく、昔から広く利用されてきた。そのせいか、特にお手軽な研究者がご愛用のようであるが、(1)新聞の見出しには編集者が勝手につけたものもあり（初期の新聞記事には見出しはない！）、原紙のままではない。(2)記事の抄録には筆録したせいで、省略や誤記がある、の欠点がある。引用する際には、念のため原紙に当たってみるのがルールであろう。

これと同じ体裁で昭和元—二十年までのものに、『新聞集成昭和史の証言』二十巻（本邦書籍　昭和五八—六二年）がある。写真や広告の入っている点が、前者と異なるところ。第二十巻が総索引になっている。

(2)『明治ニュース事典』八巻＋総索引（毎日コミュニケーショ

ンズ　昭和五八―六一年）

明治時代を五年ごとに区切り、新聞記事を見出し語（件名項目）の五十音順に編成したもの。年月日順に編まれた(1)と異なり、関連記事が寄せ集められている点が便利。ただし、いつの事かがハッキリしない場合は困るわけで、この欠点を補うために、別巻の総索引がある。これは、全八巻を通覧できるようにしたもので、事項索引（人名も含む）、分類別索引等から成る。たとえば、分類別索引により、出版、雑誌、新聞の項を見るだけでも、ずいぶん関係記事を拾えるはずである。

全く同じ形式で、『大正ニュース事典』（同　昭和六一―）が現在四巻まで刊行中。

(3)『「横浜毎日新聞」が語る明治の横浜』一（明治三）―三（明治七年）集　続刊の予定（横浜開港資料館　昭和六〇―六二年）

明治三年十二月八日創刊の「横浜毎日新聞」から、当時の横浜を語る記事と広告を日付順に収録したもの。横浜という地域に限定したものではあるが、外国との接点、居留地をひかえているだけに、ジャーナリズム関係の記事も少なくない。単なる抄録だけにとどまらず、詳しい補注のついた記事もあり、丁寧な編集である。

(4)『朝日新聞記事総覧』二十四巻＋人名索引六分冊（日本図書センター　昭和六〇―六三年）

(1)〜(3)とは異なり、縮刷版の総目次。大正元―昭和四六年の記事に関し、『東京朝日新聞縮刷版』巻頭の各月の記事総索引を累積し、新たに人名索引を付したもの。第一―三巻大正、第四―二四巻昭和で、人名索引は大正、昭和戦前、同戦後Ⅰ―Ⅳの六分冊となっている。

ただし、当時の縮刷版は現在のものとは異なり、原紙を再編集したものなので、利用に際しては注意を要する。

なお、現在刊行中のものに浩瀚な『新聞集成大正編年史』二二冊、『新聞集成昭和編年史』四冊（明治大正昭和新聞研究会　昭和五三年―）がある。原紙から記事を写真製版している点が大きく異なる。総索引は未刊なので、論評の対象には加えなかった。

## (三)　図録類

書物や出版に関する図録類も良い参考になる。

天理図書館は、反町茂雄著『天理図書館の善本稀書』（八木書店　昭和五五年）をまつまでもなく、稀覯書を多数所蔵するので有名である。それらの一部は、テーマ別に書影と解題を付した小冊子『天理図書館善本写真集』五十冊（臨川書店　昭和六三年、原本：天理大学出版部　昭和二八―五五年）として紹介された。東京・神田錦町の天理ギャラリーでの展示図録（十回分の合冊版あり。最近のは、昭和五七―六〇年分をまとめた『天理ギャラリー図録集　七』）にも興味深いものが多い。

歴史の古い図書館や、筋目のよいコレクションを持つ文庫などからは、さまざまな形で図録が刊行されている。いちいち挙げている余裕はないが、性格上近世以前のものが多いのは仕方がないところだ。

図書館や文庫ばかりでなく、博物館や資料館で開かれた展示会の図録も見のがせない。『羽島コレクション明治の新聞展』(町田市立博物館　昭和六一年)など、すぐれた企画展がある。なかでも、『名古屋の出版――江戸時代の本屋さん――』(名古屋市博物館　昭和五六年)は白眉である。これは、江戸後期、三都(江戸、京、大阪)の独占を破って、名古屋でも出版が盛んになってきたことを実証した意欲作である。本来なら、今回のテーマからすると対象外なのだが、知る向きが少ないので、敢えて取り上げた。

博物館や資料館は、各地につくられて、企画展示を開催する一方で、研究活動の成果として「紀要」「研究報告書」を刊行している。それらの中には、出版に関する論文が少なからず目にとまる。出版学会賞の選考にあたり、果たしてこのレベルのものにまで目配りが届いているのかどうか。これらの情報も、何とかして一元的に収集したいものである。

## 二　近代出版に関する複刻版資料

### (一)　複刻版資料の範囲及び、特色と限界

**複刻版の範囲**

複刻版[*2]とは、普通、既存の出版物をそのまま(同じ大きさとは限らないが)複製したものを指しているようである。ここでは更に広くとって、未公刊の文書・記録類を複製(影印)したものも含めたい。両者とも、技術的には写真による複製であることには変わりないからである。また、後者の場合、活字におこしたもの(翻刻)もある。これは、編集の手の入った度合が高く、複刻版の範囲外であるが、管見の及んだ限りであるが言及することにした。

**入手難の解消**

複刻版は通常、資料価値の高い既存の出版物が稀少となっている場合、その入手難を解消するために刊行されることが多い。絶版のまま長く放置されていたものや、私家版としてごく少部数発行されたものなど、いわゆる〝幻の資料〟が、多くの人の目に触れる機会を与えてくれるわけである。

**一覧性の便**

雑誌や統計書・名鑑類などの逐次刊行物を号を追って見ると

き、一機関で完全に充足されることは稀である。所蔵先を求めて、いくつもの機関を訪れることも珍しくなかった。逐次刊行物が複刻される場合は、可能な限り欠号を埋めて完全揃いの形で刊行されるので、通時的にファクトを探すときには大変便利で有難い存在である。

### 限界――原本（オリジナル）の代替にはならないこと

至極アタリマエのことを強調するのは、前述の通り、出版研究では、中身だけでなく外身（書物そのもの）の問題でもあるからである。布川角左衛門氏は、よくこの適例として、敗戦直後に創刊された『新生』の実物を示される。確かに、創刊当初の紙質、印刷、製本、装訂は貧弱そのもの。それが号をおって変貌していく様は、これ以上雄弁に当時の世相を物語っているものはないと思えるほどだ。複刻版では絶対にできない相談である。

したがって、複刻版（あるいはマイクロフィルム）があるから、原本（オリジナル）は必要ないということにはならない。複刻版で可能なことは、書かれた内容を読み取り、何らかの情報を得る場合に役に立つだけである。むしろここから問題になることは、今後いかに原本を劣化から守り、良好に保存していくかであろうが、今回のテーマからはずれるので、別の機会に譲りたい。

## （二）出版目録

出版目録の歴史について概説している余裕はないが、複刻版の目録によっても、ほぼ明治から敗戦直後までの出版物が通覧できるようになった。

(1)『明治書籍総目録』八冊（ゆまに書房　昭和六〇年）、原本：『東京書籍商組合員図書総目録』第一～四版（明治二六、三一、三九、四四年）

東京書籍商組合に加盟する出版者（社）の出版目録で、第九版（昭和一五年）まで継続刊行された。各版に若干の異同はあるが、ほぼ書店別書目一覧と、これに対するいろは別書名索引、著者索引、分類索引より成る。複刻版は、明治年間の各版を総目録と総索引の二冊に分離編成したもの。大正以降の分についても続刊の由。

書籍業界の手によって初めて目録が成った明治二十六年という年は、稲村徹元氏によれば、『帝国図書館和漢図書書名目録第一編（明治二六年一二月末現在）』（明治三二年刊）の収録年と偶然にも一致する由で、その符合が興味深い。なお、前記につぎ、帝国図書館の書名目録は、汲古書院から訂補縮刷版として、第二編（明治二七―三二年）、第三編（明治三三―四四年）、第四編三分冊（明治四五―大正五年）まで刊行（昭和五七―六一年）されている。

(2)『日本書籍分類総目録』三七冊（日本図書センター　昭和六

一年）

戦前最大の取次であった東京堂が、業界人向けに発行していた『東京堂月報』等の新刊情報部分を、年ごとに累積し、大正編及び昭和編（元年—十七年）に編成、新たに各編ごとに別巻の著者索引を付したもの。

戦前の出版物を著者から検索するには、『東京書籍商組合員図書総目録』しかなかったから、単なる複刻版以上のものと評価できよう。明治にも遡る計画がある由である。

(3)『出版年鑑』昭和五—二三年版（文泉堂　昭和五二年）、原本：『出版年鑑』昭和五—一六年版（東京堂）、『書籍年鑑』昭和十七年版（協同出版社）、『日本出版年鑑』昭和一八年版（協同出版社）、同　昭和一九—二一年版、昭和二二—二三年版（日本出版協同）

単なる出版目録だけでなく、一年間の出版業界展望や出版諸統計、名簿なども含み、今日の出版年鑑の祖型を成す。各出版物には短評のついているのが特徴だが、残念なことに、書名索引などはない。ほぼ同時期に、東京書籍商組合からも、『出版年鑑』が刊行されたが、内容的にはかなり劣る。これを見ても、戦前の大取次、東京堂が抜きんでていたことがわかる。なお、出版年鑑の歴史については、布川角左衛門氏の「出版年鑑の系譜」（『本の周辺』日本エディタースクール出版部　昭和五四年）を参照。

(4)『官庁刊行図書目録』二二冊（日本図書センター　昭和五六年）、原本：同　一—四四号（内閣印刷局刊行　昭和三年一二月—一三年四月）

機密以外の官庁刊行図書を四半期ごとにまとめたもの。官庁別と分類別の二本立てになっていて、前者に書誌事項、後者には短い内容紹介がついている。

## (三)　逐次刊行物

継続して出された刊行物を順次見ていく必要のあるとき、欠号なしに通覧できるのは大変有難いことである。複刻版の功徳というべきか。

(1)『出版月評』六冊（龍渓書舎　昭和五八年）、原誌：月評社　一（明治二〇年八月）—四十号（明治二四年八月）

質の高い書評誌の嚆矢として著名。批評、論説、雑録、新刊書目（内務省が明治一一年一月から刊行した納本の書目『出版書目月報』を継承するもの）より成る。杉浦重剛、陸羯南などの有名人が筆をふるった。巻頭に総目次が付されているが、かつて『日本古書通信』に掲載のものをそのまま転用したお手軽版。

なお、これは明治文献から『明治前期書目集成第九—一四分冊』（昭和四八—四九年）として複刻されたことがある。

(2)『図書月報』三三冊（ゆまに書房　昭和六〇—六二年）、原誌：東京書籍商組合　一巻一号（明治三五年九月）—三十巻十二号（昭和九年九月）

東京書籍商組合の機関誌。組合記事、論説、講話、雑録、内

外彙報、新刊図書目録などの本篇と、組合加盟各社出稿の出版広告（色刷りページ）より成る。複刻版では、本篇と広告篇（出稿社別の広告索引あり）に分けて再編成してある。別巻には、弥吉光長氏の解題と、全巻の総目次が付されている。

役員の改選、永年勤続店員の表彰、書肆の興亡変遷リスト、出版界や出版物の年間展望、統計等々に、当時の出版状況を見るには有力な情報源である。ただし、内部抗争など組合に不都合な記事はいっさい載っていない。これらは新聞記事から拾うよりほかはない。

(3)『書物展望』二六冊（臨川書店　昭和五九年）、原誌：書物展望社　創刊号（昭和六年七月）―八巻二号（昭和二六年八月）

斎藤昌三編集の有名すぎる書物雑誌。格別にコメントする必要もないだろう。複刻版では、別冊の著者別総目録が付されているが、作成にもうひと工夫が欲しかった。

## (四) ダイレクトリー

出版社に関するダイレクトリーでは、今日では、『出版年鑑』が兼ねているのはご存じの通りである。逆に、一般のダイレクトリーでは、出版者（社）がどのように扱われていたのかを見るのも面白い試みといえよう。

(1)『東京商人録』（湖北社　昭和六二年）、原本：横山錦柵・刊　明治一三年

『大日本商人録』の東京の部を独立させたもの。商業名のいろは順に分け、その中を地域（区）別に配列。出版に関するものとしては、版木商、書肆（ほん）、貸本商、活版商、錦絵商などの各項を参照する必要がある。

(2)『明治期銅版画　東京博覧図』三冊（湘南堂書店　昭和六二年）、原本：巻一『東京商工博覧絵　第二編』（深満池源次郎　明治一八年）、巻二『東京名家繁昌図録』（吉田保次郎　明治一六年）、巻三『東京盛閣図録』（新井藤次郎　明治一八年）

銅版画で店舗の構えや商品を紹介する広告兼用の名鑑。出版社が載っているのは巻一のみで、丸善、金港堂、学農社、甘泉堂、文学社、集英堂など、十四書肆の当時の店頭風景がわかって興味深い。複刻版には地域別の店名索引が付く。

(3)『東京著名録』（湖北社　昭和六一年）、原本：丸善、中央堂等刊　明治二一年

官庁、学校、会社、諸商業別に、関係要人の宿所姓名をあげた名鑑。出版に関しては、活版印刷所、書肆并新聞雑誌売捌所、貸本社など。また、日刊新聞、雑誌の発行所も紹介されている。

(4)『日本全国諸会社役員録』九冊（柏書房　昭和六三年）、原本：商業興信所　第一回（明治二六年版）―十三回（明治三八年版）

全国の商工会社の名鑑。府県に大別、その中を業種に分けて、会社名、創立日、資本金、所在地、及び役員の姓名住所を記載。

出版関係では、丸善、金港堂、大日本図書のみ。それが明治三十年代に入ると、続々と増えてくるのが面白い。博文館は個人商店の故載っていない。

## (五) 人名録及び出版人の伝記

(1)『明治新聞雑誌関係者略伝』(みすず書房　昭和六〇年〈明治大正言論資料　二〇〉)

宮武外骨稿・西田長寿補により、『日本古書通信』昭和四二年一一月から五二年二月まで、百三回連載されたものに、補正、増加を加え、一冊にまとめたジャーナリスト辞典。有名無名の新聞雑誌編集者・発行者など、約二千人余を収録。読み、生没年、略伝が付されている。無論、十全なものとはいいきれないが、今後、これをベースにより完全な辞典となることを期待したい。

(2)『東京書籍商伝記集覧』(青裳堂書店　昭和五三年)、原本：『東京書籍商組合史及組合員概歴』(大正元年)

明治末、組合員三百六十人のうち、約半数にあたる有力者の名鑑。印刷業や紙商も含む。社名をいろは順に配し、所在地、創業年、肖像及び会社(出版者)略史を付す。複刻版には、全組合員のリスト付き。

(3)『出版文化人名辞典』四冊(日本図書センター　昭和六三年)、原本：巻一『現代出版文化人総覧　昭和一八年版』(協同出版社　昭和一八年)、巻二『同　昭和二十三年版』(日本出版協同　昭和二三年)、巻三『現代出版業大鑑』(現代出版業大鑑刊行会　昭和一〇年)、巻四『全国書籍商総覧』(新聞之新聞社　昭和一〇年)

主として、戦前の名鑑類から人名録部分を抜粋複刻したもの。したがって、原本と同一ではない。巻一では、新聞雑誌の編集発行関係者及び執筆者四千四百人の略歴住所、著書等を記載。戦時色を反映して、日本出版文化協会第一―三種会員の名簿があるのも興味深い。巻二は同様に、約三千六百人を収録するが、他に昭和一八―二一年に逝去した文化人遺芳録を含む。巻三は、業界人の略伝がついた名鑑部分と、その人名索引を抜粋したもの。東京と地方という分け方は珍しい。巻四は、全国主要業界人千八百人を府県別に分けた名簿。略伝が付されている。ただし、原本巻頭の出版発達史や組合史などの記事は省略されている。

似たようなものに、『新聞人名辞典』三冊(日本図書センター　昭和六三年)があるが、このほうは、巻二以外はほぼ原本のままである。巻一、『昭和新聞名家録』(新聞研究所　昭和五年)。巻二、『新聞及新聞記者』大正一〇年一〇月、大正一一年六月号や、『日本新聞年鑑』大正一三年―昭和六年(新聞研究所)等の名簿部分を抜いて編成。巻三、『新聞人名鑑昭和五年版』(新聞之新聞社)。

(4)丸山季夫編『刻師名寄』(丸山泰・刊　吉川弘文館・発売　昭和五七年〈『国学者雑攷別冊』〉)

江戸時代から明治にかけての版木師のリスト。これまで、整版の職人についてはほとんど研究されることがなかった。その基礎作業として、編者の手控えをまとめたもの。刻師の名の下に彫刻した書籍及び出版書肆が挙げてある。

なおこれに関連するものとして、木村嘉次著『字彫り版木師木村嘉平とその刻本』（青裳堂書店　昭和五五年）の好著がある。出版に携わった職人たちの実態解明も大きな課題である。

このほか、出版にかかわりを持った人々の調査も必要であろう。その場合、伝記類や人物伝等を広く探すことになる。複刻版では、みすず書房のリプリント版や、大空社の伝記叢書シリーズの刊行（予定）書目の中に、福沢諭吉、中村正直、森有礼などの稀覯となった伝記が見当たる。古書価が高いだけに有難い。もっとも複刻版のほうも結構いいお値段であるが。

終わりに、出版人について未公刊の稿本や文書記録類を活字におこした資料をいくつか挙げてみる。

(イ)『徳富蘇峰記念館所蔵民友社関係資料集』（三一書房　昭和六〇年〈民友社思想文学叢書別巻〉）、『徳富蘇峰・民友社関係資料集』（同　昭和六一年〈民友社思想文学叢書一〉）

民友社、国民新聞の社内事情や出版活動を分析するには不可欠の部内史料を満載。

また、徳富蘇峰宛書簡を集めた『徳富蘇峰関係文書』一―三（山川出版社　昭和五七―六二年〈近代日本史料選書七二、一―三〉）の中にも、出版関係者はかなり多いから要注目。高野《コウノ》静子『蘇峰とその時代――よせられた書簡から』（中央公論社　昭和六二年）が、そのための良いガイドとなりそうである。

(ロ)坪谷善四郎著『大橋新太郎伝』（博文館新社　昭和六〇年）

博文館二代目として出版界に君臨し、また実業界でも重きをなした大橋新太郎の伝記。

事実――それも本人に不都合なことは全て伏せた――のみを列挙した、いささか退屈な内容。恐らく、本人の存命中に、側近中の側近であった坪谷善四郎が執筆したことによるのだろう。

(ハ)『児孫の為めに余の生涯を語る　山縣悌三郎自伝』（弘隆社　昭和六二年）

明治の教育家。文学社編輯所長として教科書編纂に力を振う。少年雑誌の嚆矢『少年園』や『文庫』を刊行。内外出版協会を経営、後に破産。

初めて耳にする人が多いかも知れない。この忘れられた出版人の自伝刊行をまず喜びたい。これによって、出版史の欠落がずいぶん埋まるはずである。何より、〝編年体で淡々と主観を押さえた叙述〟が読ませるし、汲み取ることの多い濃い内容を持っている。荻野富士夫の解説も要を得て、格好のガイドとなっている。人名索引も便利。

なお、ほぼ同時期に、少年雑誌『小国民』を刊行、後に『明治事物起源』など明治文化史研究で著名な石井研堂についても、山下恒夫著『石井研堂』（リブロポート　昭和六一年）が出て、初めてまとまった形で研堂伝が読めるようになった。これも主に石井家に伝わる稿本の覚書に拠ったようである。

## (六)　統計書及び内務省刊行資料

内務省は敗戦時まで、出版言論の統制に関し、絶大な権力を振るい続けてきた。日本出版学会の会員の中にも、実際にこの猛威を経験された方もおられるし、その種の体験記録には事欠かないようである。しかし、明治初年以降、内務省の果たした①検閲等の出版取締り、②版権免許などの権利保護、の実態解明については、未だ体系だった論究はないようである。

研究の進まない一つの理由は、一般に官庁文書が広く公刊されないこと、特に検閲関係のものはマル秘扱いされていたことが指摘できる。幸いこれらについて発掘が進み、複刻版が次々と刊行されるようになった。研究の進展を大いに期待したいものである。

(1)『明治前期警視庁・大阪府・京都府警察統計』一、二期各四冊(柏書房　昭和六〇―六一年)、原本:『警視庁事務年表』等(明治八―二三年)、『大阪府警察統計表』等(明治七―二三年)、『京都府警察統計表』(明治一六―二三年)。

ジャーナリズムの状況を実証する場合、有力な方法は統計的把握であろう。従来、諸新聞の発行部数等についてはほぼ統計が揃っていたが、雑誌についてはほとんど着手されていないようである。今回の複刻版により、明治一六―二三年の間に関しては、「新聞雑誌」の項を通覧すれば発行部数等が得られるようになった。「保証金ヲ要ス部」と、「要セサル部」に分けて、年間の発行部数、収入金、開廃業、発行停止回数などが掲載されている。なお、明治十六年以前については、明治八―一二年まで、次の『内務省年報』または、『図書局年報』三―五回(明治一〇年七月―一三年六月)を参照。

(2)『内務省年報・報告書』一四巻+別巻三巻(三一書房　昭和五七―五九年)、原本:『内務省(卿)年報』一―六(明治八―一四年)、『内務省報告書』明治一四―二五年

内務省各部局の事務業績一年間(当初は暦年でない)の報告書。図書事務の項に、版権免許料の総額などがある。別巻は、『内務省統計書』などと補遺。

(3)『出版警察報』四〇冊+補巻二(龍渓書舎　昭和五六年、二四冊以降、不二出版　昭和五七年、補巻は昭和六一年)、原本:内務省警保局　第一号(昭和三年一〇月)―一四九号(昭和一九年三月)若干欠アリ。補巻は、一二三号(昭和一四年一二月)、一二六号(昭和一五年三月)

〝内外出版物に現はれたる思想傾向の一般並に出版警察の概観を登載して事務の参考に資する〟ため、前月発行の出版物を資料として作成したもの。ただし、諸統計は前々月のものによる。思潮(思想傾向)、出版警察概況(取締り)、関係資料集の記事から成る。なお、『禁止単行本目録』Ⅱ、Ⅲ(湖北社　昭和五一―五二年)は、これの部分抜粋である。未発見により若干欠号がある。補巻は、刊行後新たに発見した号を補ったもの。

(4)『出版警察資料』一五冊（不二出版　昭和五七年）、原本：内務省警保局　一号（昭和一〇年六月）―四七号（昭和一五年六月）

出版物の内容傾向把握のため、新聞・雑誌、単行本、宣伝印刷物の種別に主要問題の論調を研究。他に納本月表、新聞雑誌記事一覧などが載る。

(5)『出版警察概観』三冊（龍渓書舎　昭和五六年）、原本：内務省警保局『昭和五（―十）年中に於ける出版警察概観』六冊（昭和六―一一年）

出版物の年間の発行状況、取締り状況及び内容概況（安寧と風俗に分けて）を説明したもの。複刻版には解題が全くなく、不親切きわまりない。たぶん系譜的には(4)へ続くものなのだろう。『出版年鑑』の年間展望と比較したりすると面白いかもしれない。

(6)『出版警察関係資料集成』八冊（不二出版　昭和六一年）

(3)〜(5)以外の内務省警保局刊行物を集めたもの。原本のあらましは次の通り。

巻一、二『出版警察概観』四冊（昭和三―六年）

巻三『最近出版物の傾向と取締状況』九冊（大正九―一五年）

巻四『出版物ノ傾向及其ノ取締状況』四冊（大正一五年―昭和三年）

第五〜七『出版警察資料　特輯シリーズ』第一―七輯（第三輯欠）。個々の特輯タイトルは省略。

巻八『新聞紙及出版物取締法規沿革集』（昭和二年）、『出版警察例規集』（昭和四年）

遺憾なことに、(3)〜(6)には、解題というものが全くない。各資料が相互にどういう関係にあるのか――一番知りたいこと――について、当然解説があって然るべきだろう。似たようなテーマを扱いながら、比較するのはおこがましいが、『続・現代史資料　社会主義沿革一、二』（みすず書房　昭和五九年―六一年。「社会主義者沿革」「特別要視察人状勢一斑」「社会運動の状況」を収録）の行き届いた解説と好対照である。

以上、不充分ながら気のついた範囲で、近代出版に関する複刻版資料について紹介した。入手または、通覧しにくいものが複刻版により容易に見られるようになったのは、研究進展のためにも慶賀すべきことである。

しかし、複刻版資料自体に問題がないわけではない。

(イ)使用した底本の書誌的記述がないか、いい加減なもの。

(ロ)借用した原本にもかかわらず、所蔵機関の明示のないもの。

(ハ)原本のままでなく、手を加え再編成したのに、その旨を断わらないもの。

以上は、複刻に際し、守るべき最低限のルールと思うのだが、何らの注記もせずにすましているものがあった。

また、望ましくは、刊行の意義や、関連文献への言及を含んだ資料的価値等についての解題が欲しいものである。とってつけたような解説（索引や総目次も同様だが）で、お茶をにごしているケースが多いのは残念だ。無論、複刻版は普通、金も人も乏しい小出版社の手になることを知らないわけではない。しかし、複刻屋と一段下に見られる所以の一つは、以上のような、“付加価値を創出しようとしない”出版態度にもあるのではないかと思われるのである。

　一方で、たとえば『マイクロフィルム版　明治期学術・言論雑誌集成別冊』（ナダ書房　昭和六二年）のような、すぐれた事例もある。この解題集を読むと、発行人の原本追求及び関係文献博捜への熱気が伝わってくる。調べ抜いた記述は、既存の凡百の出版史をはるかに抜いた水準にあると言っても過言ではない。

　確かに、出版社は利益をあげて、事業を維持しなければならない。しかし、そのために可能な限り手抜きをするというのでは、余りに寂しい話ではないか。

## 結び

　最近の日本近代史研究の顕著な傾向として、一国レベルにとどまった、つまり日本側の史料だけに立脚した研究は、もはや時代遅れになりつつある。世界史の中の日本という見方は、出版を含めたジャーナリズム史においても、例外ではなくなった。たとえば、昭和六三年一〇月の出版資料勉強会の報告において、浅岡邦雄氏は、『日新真事誌』創刊者、Ｊ・Ｒ・ブラックの左院御雇い一件について、ＦＯ（英国官公記録局）を用いて、通説の誤りを指摘された。同紙は、貌刺屈新聞とも称され言論新聞の嚆矢として名高いが、その影響力も大きかった。それを危惧した政府は、ブラックを左院に雇うことにより、同紙から手を引かせることを策した。従来、その交渉に当たったのは左院二等議官細川潤次郎とされてきたが、事実は書記官細川広世であること、また御雇い自体も左院の発想ではないこと、などが判明したのである。この誤謬は、半世紀以上も疑問もなく踏襲されてきたのであった。

　かつてＦＯは、東大史料編纂所（したがってまた、東大教授を中心とする大学人）の独占物と言ってよかった。それが現在では、誰もがかなりの部分を横浜開港資料館で見ることができる。また、この資料館では、数種の幕末明治期欧字新聞（たとえば“The Japan Herald”, “The Japan Gazette”, “Japan Weekly Mail” etc,これらの一部は、ぺりかん社の『日本初期新聞全集』昭和六一年―　に収録され始めた）も、マイクロフィルムでなく紙焼した形で閲覧できる。

　日本の近代化は、諸外国の圧倒的な影響下に進められた。出版も、特にその技術面（印刷、製紙、製本）は、西欧化の過程と言ってもよいくらいだ。とすれば今後は、海外の資料にも広い目配りを持つことが肝要となる。この点で、横浜開港資料館の存在は大きいと思われる。
　以上のように見てくると、近代出版について手掛けるべき課題は山積していることを痛感する。それに反して、いわゆる原報的——一次史料に基づいて構築された——研究は余りにも少ない。改めてその落差の大きさに愕然とする。小稿が単なる既存文献の孫引きや焼き直しではなく、原報的研究の一助となることを期待したい。

〔註〕

＊1　主な複製版新聞のタイトルは次の通り。
『国民新聞』一号（明治二三年二月一日）—刊行中（日本図書センター　昭和六一年—）
『時事新報』一号（明治一五年三月一日）—刊行中（龍渓書舎　昭和六一年—）
『朝野新聞』三四一号（明治七年九月二四日）—六〇五二号（明治二六年一一月一九日）完結。三四〇号以前は、『公文通誌』で号数を継承（ぺりかん書房　昭和五六—五七年）
『日本』一号（明治二二年二月一一日）—刊行中（ゆまに書房　昭和六三年—）
『婦女新聞』一号（明治三三年五月一〇日）—二一七五号（昭和一七年二月二二日）完結。（不二出版　昭和五七—六〇年）
『法律新聞』一号（明治三三年九月二四日）—七九七号（明治四五年六月三〇日）明治期分完結。（不二出版　昭和五八年）
『団々珍聞』一号（明治一〇年三月二四日）—一六五四号（明治四〇年七月二七日）完結。本来雑誌というべきだが一応入れた（本邦書籍　昭和五六—六〇年）
『万朝報』一号（明治二五年一一月一日）—刊行中（日本図書センター　昭和五八年—）

＊2　複刻版についての包括的情報は、かつて『日本古書通信』に年一回程度掲載され便利であった。「複製複刻本書目（8）」（昭和五九年二月号）を最後に、その後記事を見ない。ぜひ復活して欲しいものである。ただし、『複製文学雑誌一覧』（昭和六一年一月号）はある。

〔付記〕

二（六）(3)～(6)の解題については別冊（一九六ページ）の形で、由井正臣等編『出版警察関係資料　解説・総目次』（不二出版　一九八三年）が刊行された。

# 第六章　『大勢三転考』の出版願と版権免許証——稲生典太郎氏旧蔵一件文書について

## はじめに

出版史の中には名称だけはよく聞くが、その具体例となるとサッパリ見たこともないといった類が案外多いものだ。

明治前期における出版願、版権免許といった出版法制上の用語などもその好例であろう。いったいこれらは具体的には、どのような書式を必要とする出版手続なのだろうか。無論、『法規分類大全　文書門』（複製版　原書房　一九八一年四月）出版の項には、関係条文とともにそれらの書式や雛型の掲載があって、大いに参考になる。

しかし、百聞は一見に如かず、実例に勝るものはない。出来ることならそれも有名人の名著とくるなら申し分がなかろう。

ここでは、とくに稲生典太郎氏のお許しを得て、伊達千広『大勢三転考』の出版にまつわる一件文書を紹介したい。同書は日本史学史上の傑作として名高い。またその出版には伊達千広（一八〇三—七七年。紀州藩士、幕末の志士、歌人。号は自得）の実子陸奥宗光があたっているのである。

今更紹介するまでもなく、伊達千広『大勢三転考』は骨（カバネ）、職（ツカサ）、名（ナ）の制という独自の歴史観を披瀝した日本通史である。慈円、北畠親房、新井白石、田口卯吉の諸著作と並んで、日本史学史には必ず登場する名著である。手近かには『日本の思想（6）歴史思想集』（筑摩書房　一九七二年）、『日本思想大系（48）近世史論集』（岩波書店　一九七三年）などで読むことが出来る。不思議なのは、何れの解説を見ても同書の出版事情についていては、明治六年刊行とあるのみで殆ど触れるところがないことである。

これに初めて言及されたのは、稲生典太郎氏「明治初期の版権免許——大勢三転考と陸奥宗光を中心に」（『暖かい本』沖積舎一九八六年所収、初出『日本古書通信』一九七三年八月号）である。稲生氏はもと中央大学教授、明治外交史、中でも条約改正問題に多くの業績を積まれ、また大の書物通としても名高い方である。氏は入手された同書刊行の一件文書をもとに、陸奥宛の伊達千広書簡（『伊達自得翁全集』一九二六年所収）などを援用して、初めて出版事情を明らかにされた。

詳しいことは、まず『暖かい本』をご覧いただきたいと思う。ただ氏の論には、明治八年の改正出版条例に基く版権免許制度に誤解があって、行論上無理を生じている箇所がある。

もともと氏は出版史の専門家ではないし、また二十年以上昔に執筆されたことを考慮すれば、それは致し方のないことであろう。

以下、稲生典太郎氏発掘の史料に即して明治初期の出版法制の実態および、『大勢三転考』の出版過程について述べていくことにしたい。

## 一　『大勢三転考』の出版願（明治五年）

**図1**は陸奥宗光が文部省に申請した出版願で、美濃紙堅折に墨書されている。文字は読みやすいから翻字の必要はないであろう。

文中の御条例とは明治五年の出版条例（文部省達五年正月十三日／無号）のことで、これには左の規定があった。

第四条　図書ヲ出版スルニ先ツ其書名著述出版人ノ氏名住所書中ノ大意等ヲ具ヘ文部省ヘ出シ文部省ニテ検印シ彼ニ付ス此即チ免許状ナリ此免許ノ干支月日ヲ併セ刻ス可シ

第五条　出版ヲ願フ者ハ書面中幾月後刻成ヲ待テ其書ヲ納ム可キコトヲ記シ若シ刻成サレハ別ニ期ヲ延フルヲ請フヘシ

陸奥の出版願書はほぼ条例付載の雛型にそって書かれているが、「書中ノ大意」を読むと実に要領よく述べられているのに感心する。願書は二通提出し、その内一通は「検印シテ願人ニ与フ」ことになっていた。**図2**（美濃紙朱罫の文部省用箋、朱書・朱角印）が出版免許の検印である。

なお稲生氏は、この願書は陸奥の自筆かも知れず、また即日

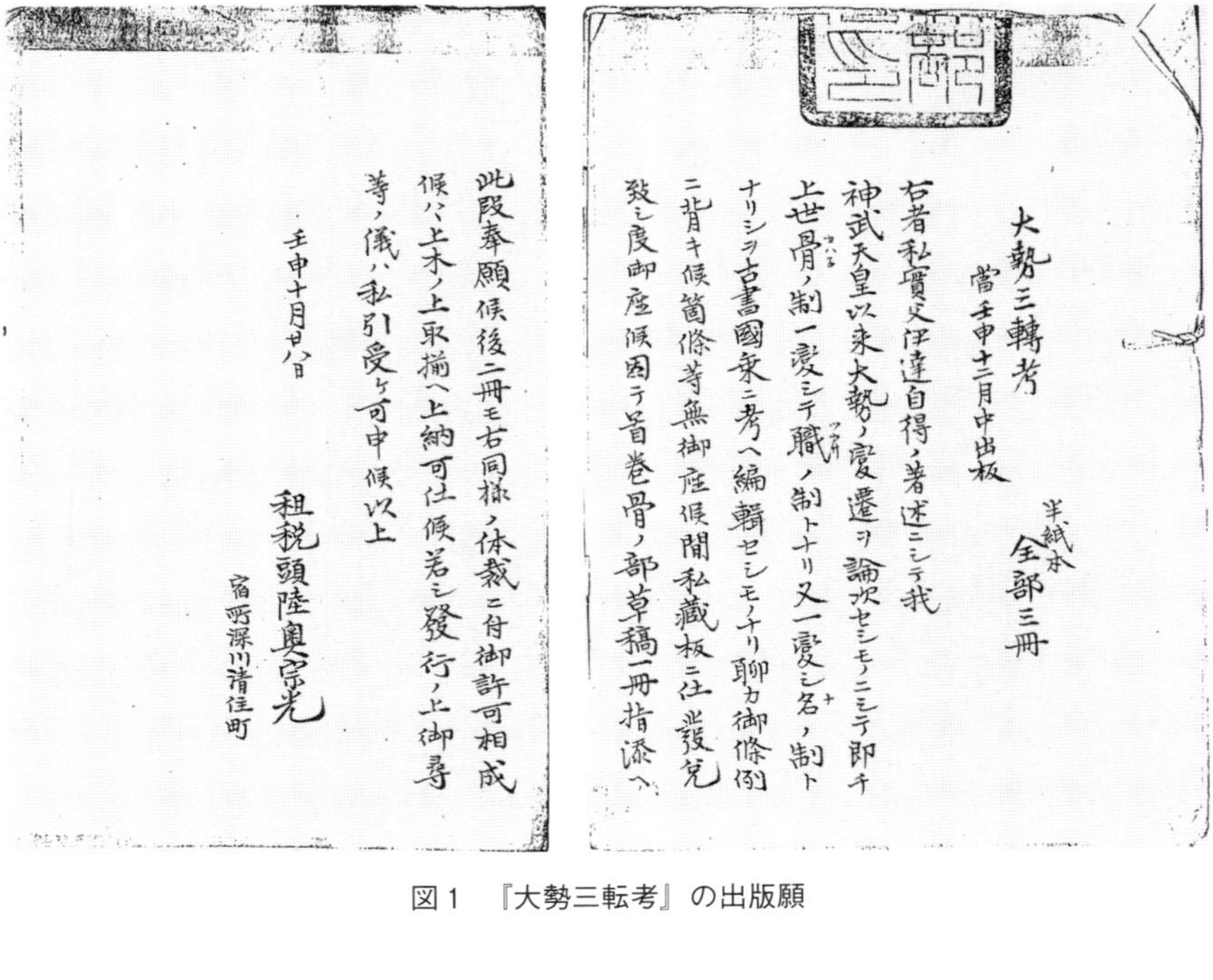
大勢三轉考　當壬申十二月中出板　半紙本全部三冊
右者私曾父伊達自得ノ著述ニシテ我
神武天皇以来大勢ノ變遷ヲ論次セシモノニシテ即チ
上世骨《カハネ》ノ制一變シテ職《ツカサ》ノ制トナリ又一變シテ名ノ制トナリシヲ古書國乘ニ考ヘ編輯セシモノナリ聊カ御條例ニ背キ候箇條等無御座候間私藏板ニ仕發兌致シ度御座候因テ首巻骨ノ部草稿一冊指添ヘ
此段奉願候後二冊モ右同様ノ体裁ニ付御許可相成候ハヽ上木ノ上取揃ヘ上納可仕候若シ發行ノ上御尋等ノ儀ハ私引受ケ可申候以上
壬申十月廿八日
租税頭陸奥宗光
宿所深川清住町

図1　『大勢三転考』の出版願

許可が下りたのは陸奥自身が書類を持って廻ったせいかも知れない、と推測されている。

## 二　『大勢三転考』の出版（明治六年）

出版の許可がおりると、次は本造りの実務がまっている。版木の彫刻（製版）代および製本費用は今日流に言えば自費出版である。出版の実務と販売を本屋に委託することになる。この場合は恐らく奥付に見える万巻楼・袋屋東生亀次郎の請負いであろう。版木が出来上ればそれは当然陸奥家の所有となる。見返し（図3）の「六石山房蔵板」はそれを表示している。また奥付の前にある「六石山房蔵板」の角朱印（図4）は、製本する際に陸奥家が本屋に与えた検印である。この印のないものは言うまでもなく偽版である。

ところで願書に見える「当壬申十二月中出板」の見込みは、予定通りに運んだのだろうか、つまり『大勢三転考』はいつ発行されたのかということである。残念なことに同書の見返しや奥付には、刊行年月に関する記載は全くない。

通説は単純に、原本上巻にある福羽美静の序文の紀年（明治六年四月二八日）を採って刊年としているようだ。普通序文は出版の目途がたってから依頼するものだから、それなりに理にかなっている。刊年を欠く書物の場合、序跋の紀年を以てそれ

図2　出版免許の検印（文部省朱罫紙に朱書・朱印）

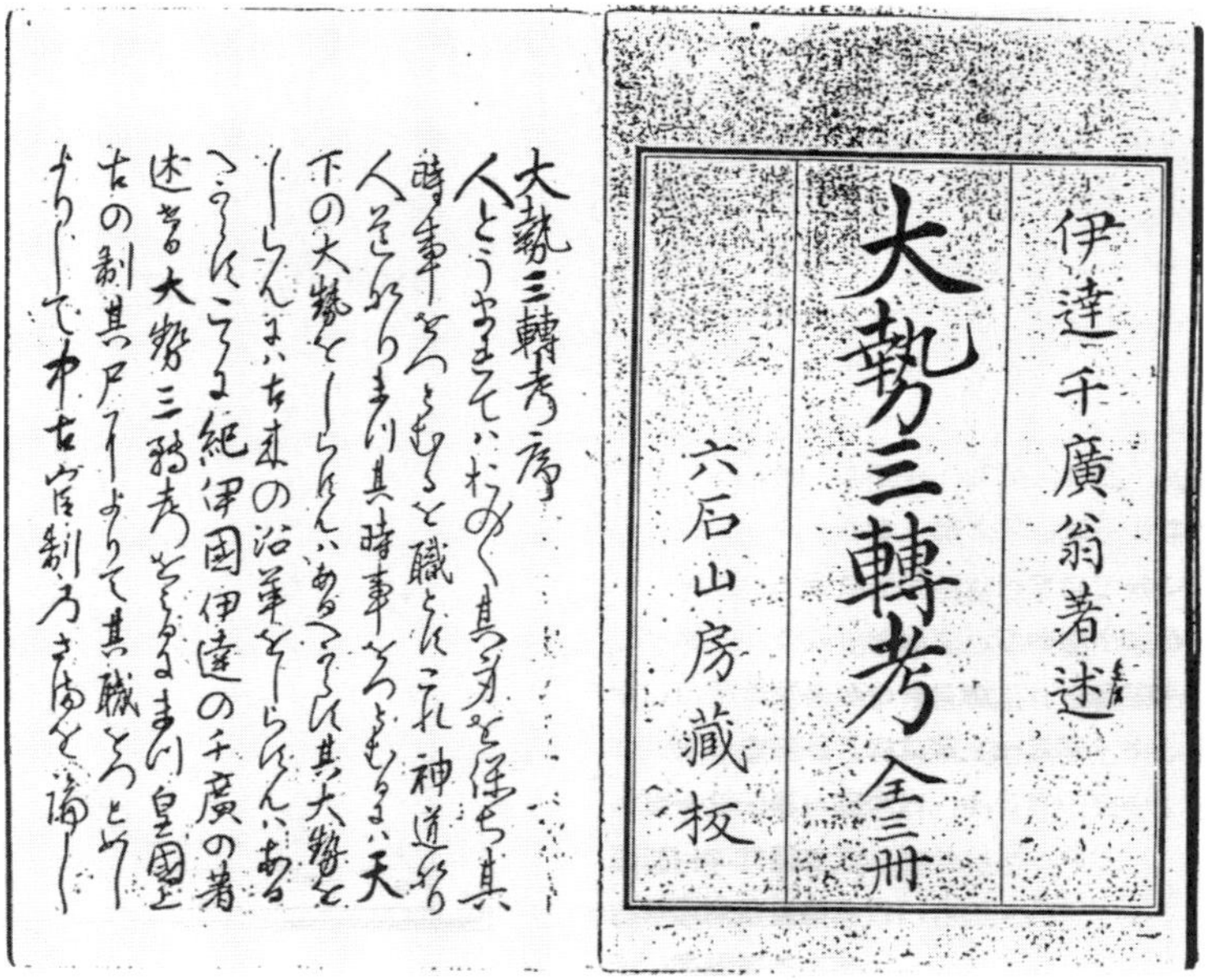
伊達千廣翁著述
大勢三轉考 全三冊
六石山房藏板

大勢三轉考序

図 3　『大勢三転考』（三冊本の見返し）

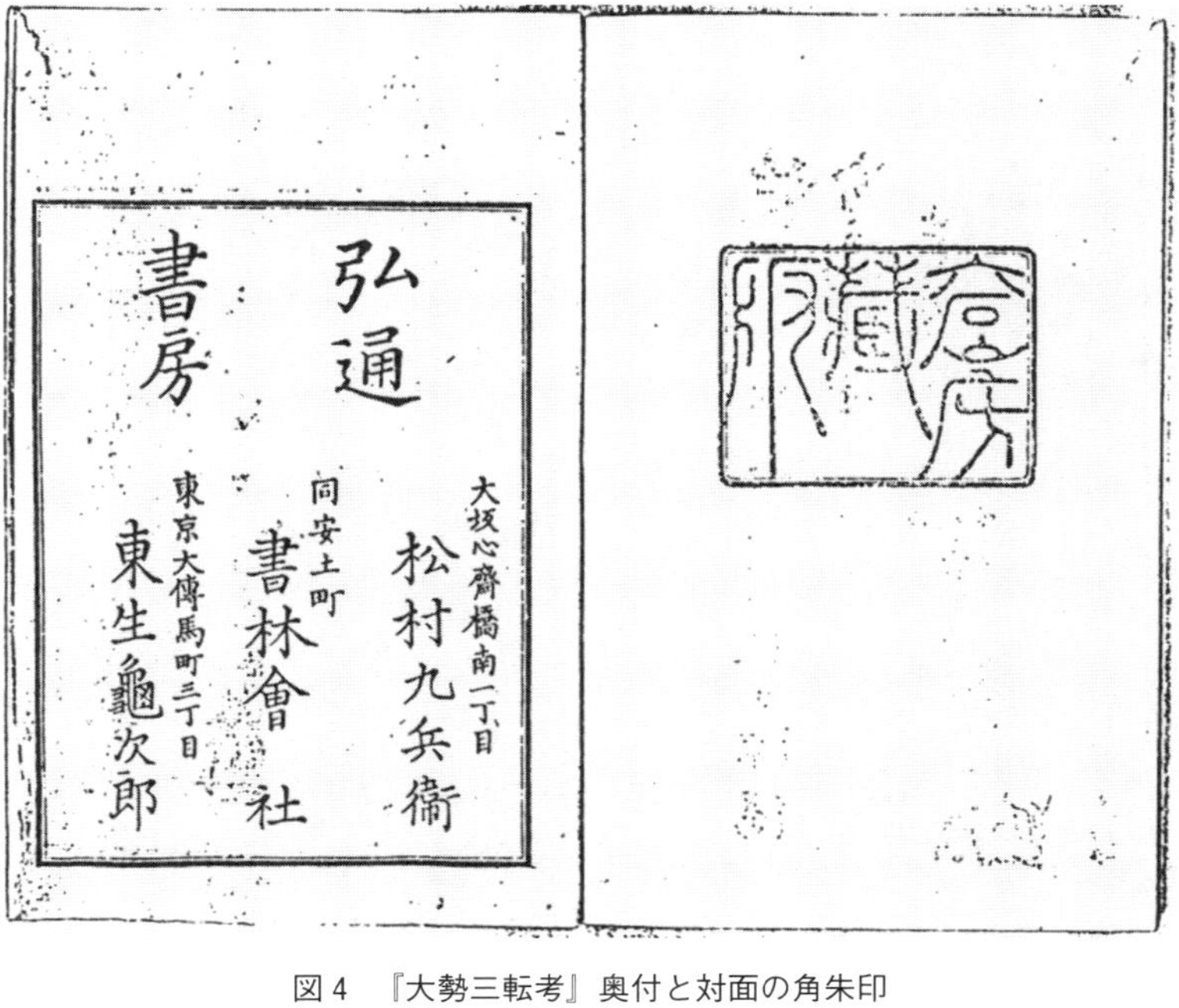
弘通書房
大坂心齋橋南一丁目
松村九兵衛
同安土町
書林會社
東京大傳馬町三丁目
東生龜次郎

図 4　『大勢三転考』奥付と対面の角朱印

に代えるのが書誌学のセオリーであるが、恐らくそうした出版慣行を踏まえてのことであろう。

他に刊年を推定する史料はないものだろうか。陸奥宛千広の書簡（『伊達自得翁全集』五二八―五三〇頁）には次のような注目すべき一節がある。

三転考刻本一覧三ヶ所誤有之下け紙付け候て返却御直させ候様此様子にては追々直しも可有之哉と被存候事（二月廿四日）

版木が出来て摺立て、その校正摺を一覧したのであろう。誤りの箇所には付箋（下げ紙）をつけ、そこは埋木をして彫り直すことになる。「この様子ではまだまだ直しがありそうだ」と述べているのを見ると、この段階では、まだ全三冊が出来上っていないようにも読める。

明日より又々若縣へ参り候当月中と存校合も有之来月上旬にも相成帰坂かと存候先は早々（四月一五日）

この二通は何れも年欠であるが、明治六年と推定してよいかと思う。『大勢三転考』本文校正のメドがついたところで、序文の依頼をするというのが日程的には無理がなく、整合するように思われるからである。

『大勢三転考』はこの後ほどなく刊行された。というのは『戊辰以来新刻書目便覧』（明治七年四月刊 複製版『明治初期三都新刻書目』八木書店 一九七一年所収）に、〝売価五十五銭 三冊本〟（図5）と掲載されているからである。同書は「明治元年ヨリ

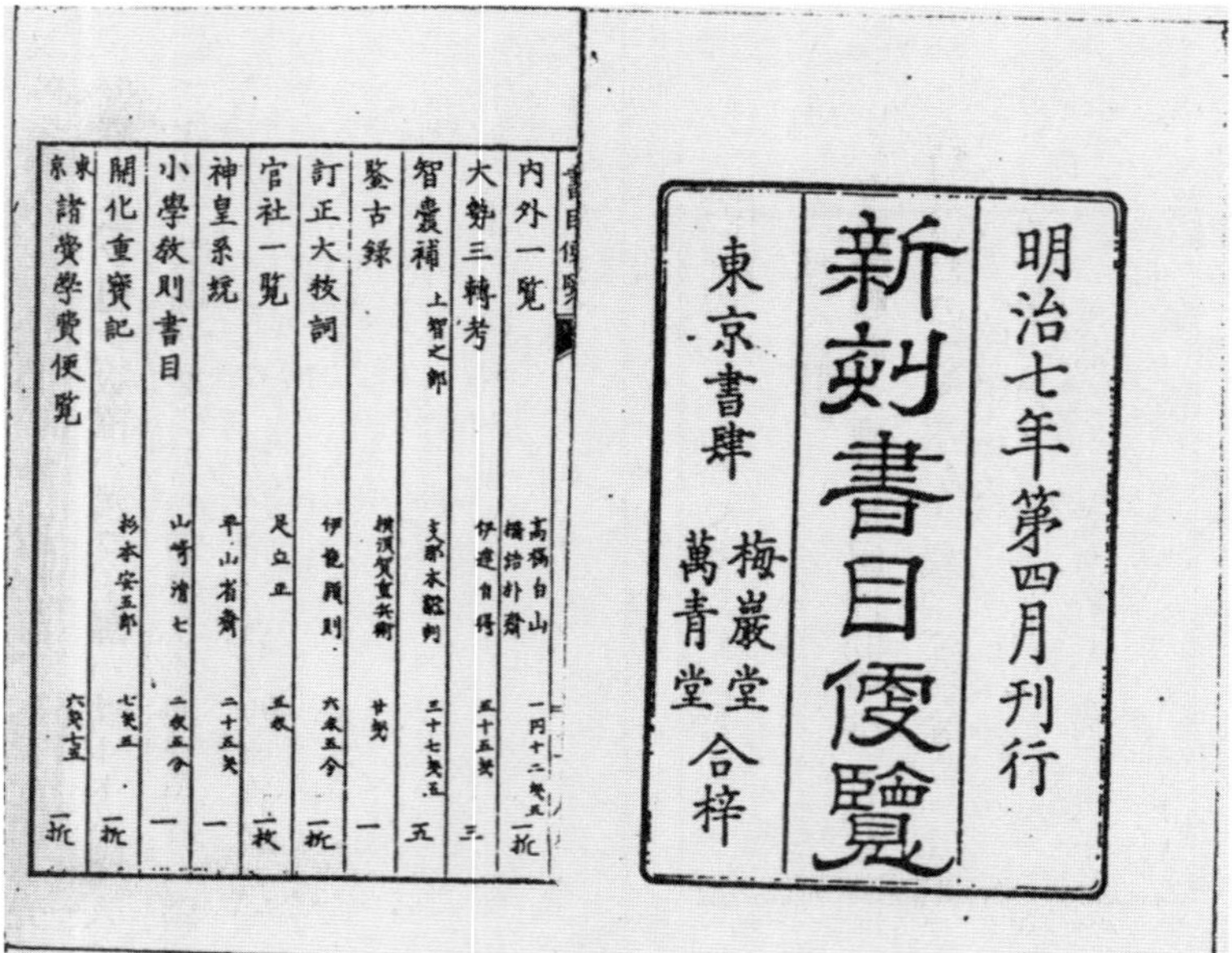


図5 『戊辰以来新刻書目便覧』

甲戌三月ニ至テ凡ソ七年間東京ニ於テ出板スル處ノ者」を載録した新刊書目である。どんなに遅くとも明治七年三月までには出版されたことは確実である。

この点稲生氏は同書の出版を、版権免許の年（明治九年一月廿七日）まで延引したと誤られた。この誤解は明治八年の改正出版条例によって施行をみた版権免許と、出版の事実とは別であることをウッカリされたことによる。

## 三　改正出版条例（明治八年）と版権免許

明治八年九月三日、出版条例は二年、五年についで三たび改正され、法規の面目を一新した。これは従前の条例が、①簡略すぎて違例罰則の軽重を定めず、版権保護の方法を備えないため、法の適用に差支えが生じて訴訟となることが多かったこと（福沢諭吉の偽版訴訟文書を想起！）、②格段に厳重な取り締り条項を具備した新聞紙条例（八年六月廿八日／布告第百十一号）に比べて、著しく法の均衡を欠くため早急に是正の必要に迫られたこと、などにより改正となったものである。

中でも注目すべきは、版権免許制度の実施である。

第二条　図書ヲ著作シ又ハ外国ノ図書ヲ翻訳シテ出版スルトキハ三十年間専売ノ権ヲ与フヘシ此ノ専売ノ権ヲ版権ト云フ但シ版権ハ願フト願ハサルトハ本人ノ随意トス故ニ版権ヲ願フ者ハ願書ヲ差出シ免許ヲ請フヘシ其願ハサル者ハ各人一般ニ出版スルヲ許ス

この条項は版権という法令用語を初めて用いて、三十年間の図書の専売権を規定したもの。ただし、それは出版の事実によって当然発生するのではなく、内務省に出願してその免許を得ることによって生じ、所謂特許主義に立脚している。出願は本人の任意であり、願出のない出版物は誰が出版してもかまわない（翻刻自由）ことになった。

それまで出版権の保護は本屋仲間の掟（私的自治）に委ねられていたのであるが、代って国家が一元的に保障することになった。かねて福沢諭吉などの啓蒙家が主張していたことが実現したのである。一方、本屋側はこれを「思ひもよらぬ一新例」（三木佐助『玉淵叢話』）として驚きをかくせなかった。版権免許のないものは翻刻自由ということは、重版・類版（偽版）の禁を当然のルールとしてきた彼等にとっては考えられないことであったからである。

## 四　『大勢三転考』の版権免許証（明治九年）

版権免許はこの条例以前に出版されたものも改めて願出なければならなかった。

従前出版ノ図書ハ此条例発行ノ日ヨリ四箇月（後に九年四月三〇日迄延期となる）ヲ限リ此条例ニ準拠シ更ニ願出ツヘク右限内願出サルモノハ総テ版権無之儀ト心得ヘシ（附則）

既刻の『大勢三転考』も改めて版権免許を出願することになる。残念ながらその文書は残っていないが、書式雛型通りとすれば次のようなものであろう。

版権御願

一大勢三転考

右ハ伊達千広著（何々ノ事）ヲ論述致シ去ル明治六年○月出版致シ候モノニシテ一切条例ニ背キ候儀無之候間此度版権免許奉願候也（以下、願人の氏名族籍住所等省略）

これに対し内務省が九年一月廿七日付で交付したものが、**図6**の版権免許証である。この事実はまた『版権書目』一号（明治九年七月発行、**図7**）に登載され、周知が図られた。同書目は「出版ノ図書ハ内務省ニ於テ目録ヲ作リ時時公布スヘシ」（第十九条）に基き編成されるものである。第一号には明治八年十月分から九年五月分までのものが掲載され、かなりの点数にのぼっている。既刻図書の免許申請が殺到したからであろう。

また内務省は『版権書目』とは別に、明治一一年一月から、『出版書目月報』（複製版『明治出版書目集成』一―三巻 明治文献 一九七一―七二年、**図8**）を出している。これは内務省に納本されたものの目録で、一―九号は有版権、無版権之部に大別、十号以降は更にその中を政治、法律、経済等の主題に分けて掲載している。一一四号（明治二〇年六月）まで続いた。

図6 『大勢三転考』の版権免許証

明治九年七月十五日出版
版權書目　自明治八年十月 至明治九年五月　第壹號
内務省

官版
御用御書物師
京都府平民
村上勘兵衛
東京第一大區六小區
川瀬石町八番地

十八史畧字解　小本一冊　編者　鴨下　出版人　江島喜兵衛
大勢三轉考　大本三冊　著者　伊達自得　出版人
音訓両引 大全漢語字彙　小本一冊　出版人　同　青木輔清
増訂再版 萬通字類大全　小本一冊　仝　同
小學教授 民家童蒙解　中本二冊　著者　出版人　同
童蒙諳誦本　中本一冊　出版人　同
開明消息往来　大本一冊　著者　出版人　巻　安田作次郎
同　仝　一冊
日本地誌畧字類　小本一冊　著者　出版人　小倉庫　江島喜兵衛
同　西海道ノ部　仝　一冊
萬國地理小學　小本三冊　著者　出版人　青木輔清　牧野吉兵衛
萬國新圖　一折　仝　官普(?)　牧野吉兵衛
版權書目　巻一　七十　内務省
絵入 智慧の環　中本八冊　仝　古川正雄　同人
ちゑのいとぐち　中本一冊　仝　同
英吉利史畧　中本二冊　訳者　出版人　和田義郎　同人
第一習字本　中本一冊　編者　出版人　同
西洋衣食住　小本一冊　著者　出版人　片山淳吉　同人
人間文法　中本二冊　仝　児玉淳一郎　同人
英氏経済論　中本六冊　訳者　出版人　小幡篤次郎　同人
博物新編補遺　中本三冊　仝　同
生産道案内　中本一冊　撰訳者　出版人　同
天變地異　小本一冊　著者　出版人　同

図７　『版権書目』（明治９年７月）

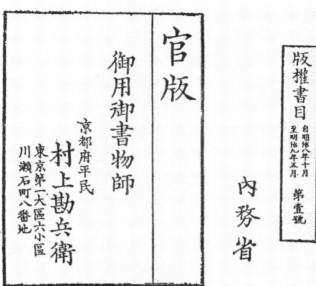

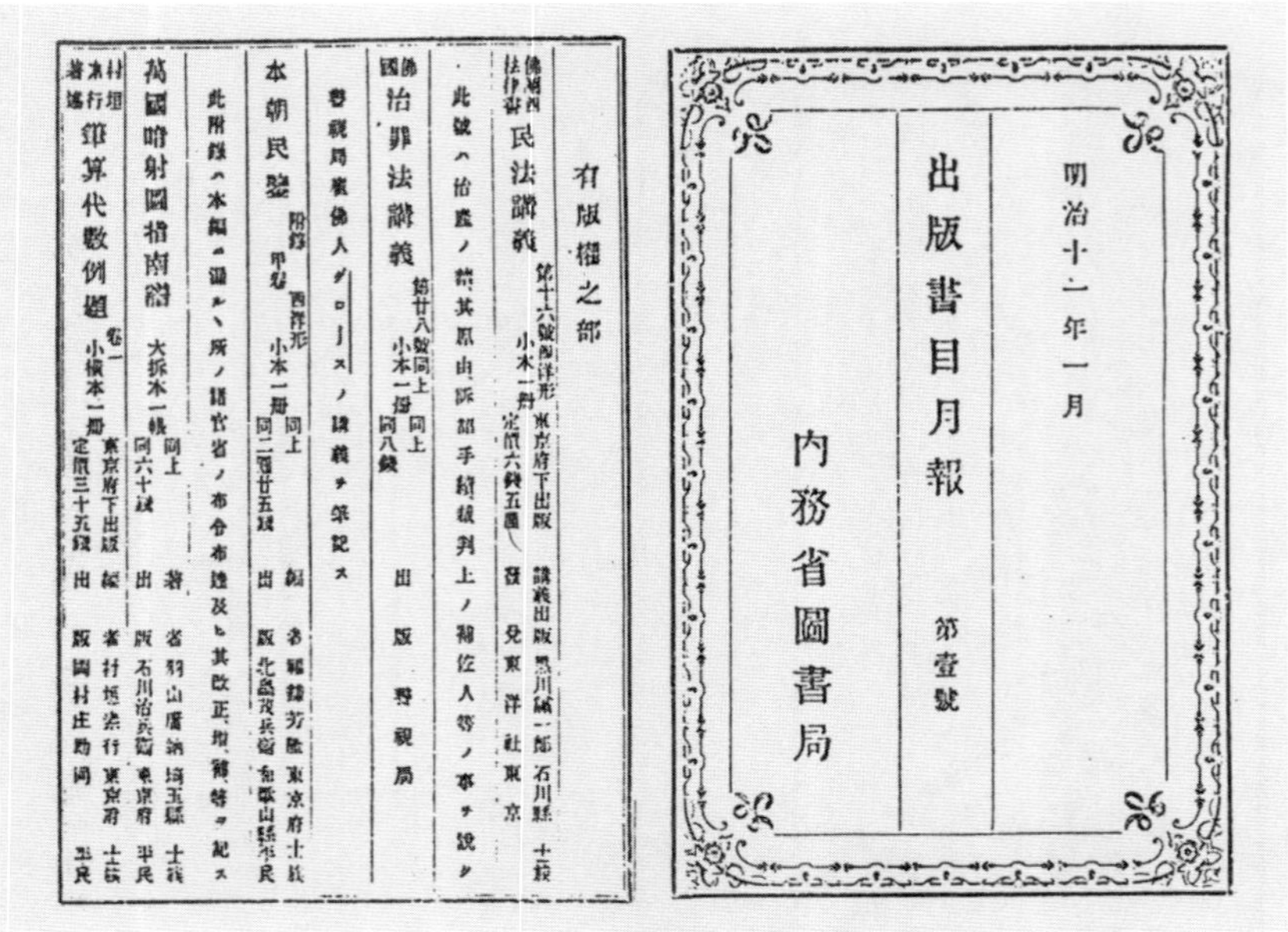

明治十一年一月
出版書目月報
第壹號
内務省圖書局

有版權之部
佛國西法伊書 民法講義 第十六號假洋形 小本一冊 東京府下出版 定價六錢五厘 講義出版 黒川誠一郎 石川縣 士族 發兌 東洋社 東京
此號ハ治罪ノ禁其原由訴部手續裁判上ノ補佐人等ノ事ヲ說ク
佛國 治罪法講義 第廿八號同上 小本一冊 同上 同八錢 出版 警視局
警視局雇佛人ダロノスノ講義ヲ筆記ス
本朝民鑒 附錄 甲巻 西洋形 小本一冊 同上 同二圓廿五錢 編者 爾鍛芳胤 東京府士族 出版 北畠茂兵衛 和歌山縣平民
此附錄ハ本編ニ洩ルヽ所ノ諸官省ノ布令布達及ヒ其改正増補等ヲ記ス
萬國暗射圖指南 大拆本一帖 同上 同六十錢 著者 羽山盾納 埼玉縣 士族 出版 石川治兵衛 東京府 平民
村垣 木行 著編 筆算代數例題 卷一 小横本一冊 東京府下出版 定價三十五錢 編者 村垣素行 東京府 士族 出版 岡村庄助 同 平民

図８　『出版書目月報』（明治11年１月）

## 五　版権免許制度余聞

いつの世でも、新しい制度が定着するまでには混乱がつきものである。版権免許制度の実施に伴う悲喜劇は数多くあったようだ。法の趣旨や条文の解釈をめぐり、多くの誤解が生じたからである。それは直接の窓口となった地方庁と内務省の往復文書（伺と指令）の中に如実にあらわれている。その一部については、かつて拙稿「蔵版、偽版、板権――著作権前史の研究」（東京都立中央図書館『研究紀要』二二号　一九九二年三月）の中で述べたことがある。

そうした中で、悲劇だったのは、条例の趣旨を知らずにいた滝沢馬琴の遺族であろう。

明治何年頃であったか、出版権の届け出を願はなかった事（版権を失した）、母も私も共に残念に思ふが、渥美はそれを知っても、知らせなかったらしい。其の時は新聞を取って居なかったので、少しも知らずにしまった。もっとも其の頃は、どこの家でも新聞を取る今とはちがって、取らぬ家がなかくあった。（「橘女思ひ出の記」『ビブリア』六一号　一九八五年一〇月、六四ページ）

馬琴の作品の多くは、遺族が版権免許の申請をしなかったために、他の出版者が自由に翻刻出版することが出来たのである。くやしい思いをしたことが文面にもうかがえる。

文中の渥美とは母つぎの従兄にあたる渥美正幹で、「馬琴の外孫といふので、知名の人に多くの後援者があった」。依田学海もそうした一人で、『学海日録』（岩波書店刊）には、無頼漢めいた渥美がしばしば登場している。

なお、内閣文庫には和歌山県などいくつかの県の蔵版調査が遺っている。これは内務省罫紙に県内の蔵版主（板株の所有者）を書き上げたものの由（大和博幸「江戸時代若山の出版と書肆の基礎的考察補遺——「和歌山縣管内蔵板箇所取調書」考」『出版研究』二二号　一九九二年三月、一七四—六ページ）である。

ことによるとこの調査は、版権免許制度の実施に備えて、当局（文部省→内務省）が前以って全国の蔵版数を把握しようとしたものかも知れない。時間的なズレなど気になる点もあるが、とりあえず参考のために関連する達を掲げておく。

文部省達　八年四月二十二日／第四号府県

従前各地方ニ於テ官費及私費ヲ以テ明治六年十二月迄ニ出版セシ書籍図画一枚摺ニ至ル迄蔵版ノ者ハ総テ別紙雛型ノ通記載致サセ管轄庁ニ取纒本年十月三十一日限リ当省ヘ可差出若シ該期限迄ニ不差出向ハ自今出版条例上ノ保護ハ得ヘカラサルモノニ候条此旨相達候事（別紙雛型は省略）

内務省達　八年七月二十日／乙第九十三号府県

準刻事務当省所轄相成候ニ付テハ最前文部省ノ許可ヲ受ケ今後出版ノ分規則ノ納本并ニ本年四月文部省第四号達従前地方ニ於テ官費及ヒ私費ヲ以テ出版セシ蔵版調等総テ当省ヘ可差出此旨相達候事

付言すれば準刻事務が文部省から内務省に移ったのは八年六月二八日のことである。

〔付記〕

『大勢三転考』をめぐる一件文書は、その後稲生氏のご意向で横浜開港資料館に譲与された。陸奥宗光がかつて神奈川県令を勤めた由縁による。副題に稲生典太郎氏旧蔵とした所以である。

○『戊辰以来新刻書目便覧』は明治元年より同七年三月の間に、東京で出版された書籍の目録。書籍業関係者の便宜（本の値段がついている）のために太田勘右衛門などにより編纂刊行された。この書には諸本が多く、少なからぬ異同を生じているが、鈴木俊幸氏の調査によれば「何次もの修訂が加えられて、諸本間に少なからぬ異同を生じている。今のところ修訂は七段階、八種類の刊本が確認されているが、どの段階の資料であるかを把握したうえで利用すべきだし、引用する際にはどの刊本に拠ったかを明記すべきである。」（『紀要　言語・文学・文化』中央大学文学部　一〇五号　二〇一〇年三月、のち『書籍流通史料論序説』勉誠出版　二〇一二年）と警告され、あわせて詳細な校異の一覧を附載された。

# 第七章　見立からみた明治十年代の出版界

## 「東京書籍商の盛衰」——はじめに代えて

明治二〇年は、明治史上の転回点といわれる。それは出版界も例外ではなかった。この年の暮れ、永年の懸案であった出版条例（太政官布告一三五号、明治八年）が改正され、新たに出版条例（勅令七六号）と版権条例（勅令七七号）の成立を見た。明治八年の出版条例は「今日ニ於テハ簡単ニ過テ実際ノ用ニ適セサル」ため、「分テ出版版権ノ二条例トナシ一ハ主トシテ出版ノ取締ヲ規定シ一ハ専ラ私権ノ保護ヲ規定」（内務省上申　明治二〇年一二月七日）しようとするものであった。

また同年一二月二三日には、府下一三一書肆の同業組合である《東京書籍出版営業者組合》が設立認可された。これ迄組合の結成は何回となく試みては失敗してきたが、貿易立国を目指す政府の強い勧奨により実現をみたものである。

明治二〇年の『東京府統計書』によると、当時府下には書籍、古本、新聞雑誌、地本絵草紙の各商合わせて七八六戸（卸一〇八、仲買四二、小売六三六）を数えている。書籍商組合の参加者は、ほぼ小売以外の版元クラスと考えてよいだろう。

この組合構成員のうち、未だ江戸時代の名残りの濃い「東京府管下書物問屋姓名記」（『戊辰以来新刻書目便覧』明治七年所収）にも名前をつらねているのは何と二十余名にすぎない（鈴木敏夫『出版——興亡の一世紀』出版ニュース社　一九七〇年　一一三ページ）。時代の変化は激しく、僅か十数年の間に江戸期以来の旧舗は大半が没落し、新たに興った出版者がとって代ったのである。

こうした事情を見て、『時事新報』記者は「東京書籍商の盛衰」なるレポートを書いた。文明社会は競争の世界だから、優存劣滅が支配する。諸商人中で書籍商は智慧のすぐれた者の競争となるから、それは最も尖鋭にあらわれ、「栄枯消長頗る頻繁」とならざるを得ない、と前置きして、

此頃まではハ其社会の古株として勢力ありしのみか実際の商業も頗る盛大なりしもの今は門前俄かに衰へて寂寥たるに昨日まで一文不持の素寒貧なりしもの今日ハ俄かに仕出したるもの其数多し畢境するに頭脳の顕敏なるもの此社会に横行して前後無盡に立働らき古来の旧慣を打ち破りたるに因るものにて即ち商品其物既に文明の魁けと為るものなれば其商人も自から時勢の変遷を共に克く推し移りたるもの割合に多きこと是れなるべし。

現今府下にて書籍商の名ある者は総て一千戸に近く内書

籍出版を為すもの百三十余名あるよしなるが今日に於ても優存劣滅の作用ハ其動力を逞ふし小学教科書、洋書、飜訳書等を営むものハ駸々として産を進むるも漢籍類若しくは和本類及び諸古本商即ち青表紙商抔は日々衰微に傾きて亡滅旦夕に迫るもの多き有様なるよし。（『時事新報』明治二一年一月五日　五面）

本稿は、明治十年代の変転きわまりない出版界の動向を、見立（番付、細見）によって跡付けようとするものである。もとよりこれらの資料は、いささか興味本位であって、その格付け自体を過大に信用するのは危険である。ただ時代の雰囲気を最も濃厚に伝えるという点では、他に並ぶものがない。恐らく当時の一般的な見方はこれらに反映されている筈であり、そこから多くの史実を読み取ることは可能と思われる。

## 一　書物問屋と地本問屋、及びその読者層

明治前期の出版史を考える場合、忘れてはならないのはまだ江戸社会の遺制が色濃く残っていることである。

俗流近代出版史の多くは、この観点が完全に欠落している。ご一新後、旧体制は一掃されて西洋化が進み、活版印刷による出版文化が花開いた、という誠にお目出たい通説が今もって横行している始末である。

この期の出版の実態を見ると、ことはそれほど単純ではない。その一つの例をあげれば、江戸期以来の書物問屋と地本問屋の並立の問題がある。

江戸時代は身分社会で、本と本屋もその枠からハミ出ることは出来なかった。即ち本と本屋（書肆、書林と呼ばれた）は硬軟、雅俗と向き向きによって明確に分化していた。具体的にそれを概括すると次のようになる。

硬い方面に属する本は、当時「書物」と呼ばれ、仏書、儒学書、歴史書、医書、和古典書、辞書、仮名草子、浮世草子、読本、俳諧書など。これらの出版・販売を行う書肆は「書物問屋」といわれた。

これに対し、軟らかい俗書の類は絵草紙、特に江戸の地では「地本」と呼ばれ、浄瑠璃本、長唄本、草双紙（赤本、黒本、青本、黄表紙、合巻に類別）、錦絵、双六などで、庶民向きの娯楽性に富んだ出版物である。これらの出版者は「地本問屋」と呼ばれた。（鈴木重三「江戸時代の出版―その展開事情と特性―」『版本』たばこと塩の博物館　一九九〇年所収）

明治と時代が変っても、この大枠は崩れることがなかった。それは、漢字が読めるか否かという《識字》の厚い壁が、読者層を二分するからである。

柳田泉によれば、当時の文学――今日よりずっと広い範囲を包摂するが――においては、上の読者と下の読者がかなりハッキリと分れていた。上の読者はインテリが主で、古いものでは

中国小説、新しいものでは西洋文学（乃至その翻訳）を読む。下の読者は庶民階級、婦人こどもなどで、専ら戯作類を好んだ（「読者的立場の確立」『文学』三〇巻一一号　一九六三年　一二ページ）。

　この傾向が文明開化の象徴ともいえる新聞の読者層にも及んでいることは広く知られている。当時の新聞は、漢文体を以って政治時事を論じた大新聞《おお》と、身近な話題を口語体で漢字には総ルビを付した小新聞《こ》とに分化していた。

　驚くことに、この読者の階層分化の実情は明治七年に来日したロシア人革命家の目にもハッキリと映じていた。

　残念ながら、仮名で書かれた庶民むけの本と、和漢混淆文で書かれた教養階級むけの本の比率を近似的にでも示してくれるようなデータをわたしは持合わせていない。ただわたしが個人的に観察したところでは、第一の部類のほうが、圧倒的に多いとは結論できる。昔は仏教関係の説教書や小冊子をのぞけば、仮名で出版されるのは小説類と相場が決まっていたものだが、近年は時には地図や挿絵入りで諸外国の状況を伝える安価な本まで仮名で出はじめ、庶民のあいだで飛ぶように売れている。（メーチニコフ著　渡辺雅司訳『回想の明治維新』岩波文庫　一九八七年　二二五ページ）

　以上の事実を念頭に置いて、具体的に「見立」を見ていこう。

## 二　見立番付――明治一一年頃の実態

### 『諸品商業取組評』[1]（錦誠堂尾崎富五郎・刊　明治一二年三月）

　色々な商品ごとに《雷名商家》、つまり有名店を相撲の位に見立てた番付。出版関係では書籍（図1）、錦絵（図2）がある。書籍の方には各書店について浅倉屋久兵衛の憶い出話（「明治初年東京書林評判記」『古本屋』三号　昭和二年一一月）があり参考になる。錦絵の方には残念ながらそうした試みはないようだ。永田生慈『資料による近代浮世絵事情』（三彩社　一九九二年）には収録がない。

　この番付を見ると、まだ江戸期の老舗が幅をきかせていることがわかる。最有力者は勧進元、年寄、行司に擬せられている。中でも注目したいのは、錦絵の方にも有力な地位を占めている泉市（甘泉堂山中市兵衛）、山藤（山口屋荒川藤兵衛）、藤慶（藤岡屋水野慶次郎）などである。彼等はもともと地本錦絵問屋の大店で、明治になって書物問屋にも進出したと考えられる。森治（錦森閣石川治兵衛）なども同様であるが、一般に地本錦絵商から書物問屋へ転ずることはあっても、その逆はまず起り得なかった。

　こうした中で前頭の上位を占める新興の書籍商に注意したい。金港堂、内藤伝右衛門（温故堂、本店は甲府）、博文社（印刷で名高い博聞社）、丸善、近半（近江屋吉川半七、後の吉川弘文館）、中外堂など。

一方、地本錦絵の方はといえば、江戸末期の名簿『地本草紙問屋名前帖』にほぼ重なるものが多い。この事実ははからずも、新規に参入する者は少なく、停滞ないしは衰微していく世界であることを暗示している。

なお、この見立番付の出版者・尾崎富五郎については、石橋正子「錦誠堂尾崎富五郎出版目録（稿）」（『出版研究』二三号　一九九三年三月）により、その著作と出版活動が初めて明らかにされた。

## 三　見立細見――明治十七年頃の実態

### 『東京流行細見記』（清水市次郎・刊　明治一八年七月）*2

遊女屋の案内である吉原細見に模して、東京で時めいている政治家、教育者、パン屋、写真屋など各種の職業・商売を娼妓に見立てたもの。

明治十年代後半になると、出版界の変化は更に一段と進んだことがわかる。書物問屋の世界では、「学校屋ほん」（**図3**）と「勧学屋本蔵」（**図4**）の分化が注目される。『明治文化全集』の解説（尾佐竹猛）では「前者や活版印刷業「摺物屋活字郎」（**図5**）の新店の為めに後者の旧舗は遙かに蹴落されて居る」としている。確かにこの見方は当っているが、もう少し細かく検討してみよう。

見立細見の下段には細字で「かむろ（禿）、けいしや（芸者）、やりて（遣手）」とある。この娼家の使用人に擬せられた箇所を見ると、具体的な関連品目などがわかる仕組みになっている。「学校屋ほん」では小学読本、修身、字訓、石盤、石筆、掛図。学校教育に必備の教材と教具があがっている。これらを取り扱う金港堂、文学社などの教科書出版者は繁昌する筈であろう。「勧学屋本蔵」では唐本、和本、古写本、古法帖、珍物。唐本とは漢籍のことであるが、これらを扱う旧舗は落目になっていた。例えば、明治一二年の見立番付で大関を占めている嵩山房（小林新兵衛）の場合。儒者荻生徂徠が店名の扁額を与えたというエピソードをもつ江戸きっての老舗は、最早漢籍の出版だけではやっていけなくなった。そこで、新年の宴会に府下の新聞記者を招き、新たな営業方針の変更を披露することにした。

◎嵩山房の新年宴会　（前略）是迄は漢書のみを出版せしが今回時勢の変遷を観て向後は欧米の書をも取扱ひ且飜訳小説等も出版する事とし同家に縁ある桜々堂伊藤貞次郎氏が之を補助して益々手を拡げる積りの由（以下略）（『時事新報』明治二〇年一月一〇日　三面）

地本錦絵の方を検討してみよう。「東屋錦吉」（**図6**）とあるのは、江戸の名物《吾妻錦絵》をもじったもの。辻文（金松堂）、丸鉄（延寿堂）、山口（前述した）、大平（大黒屋松本平吉）、大倉（万屋孫兵衛）などの有力地本問屋が並んでいる。下段を見ると、

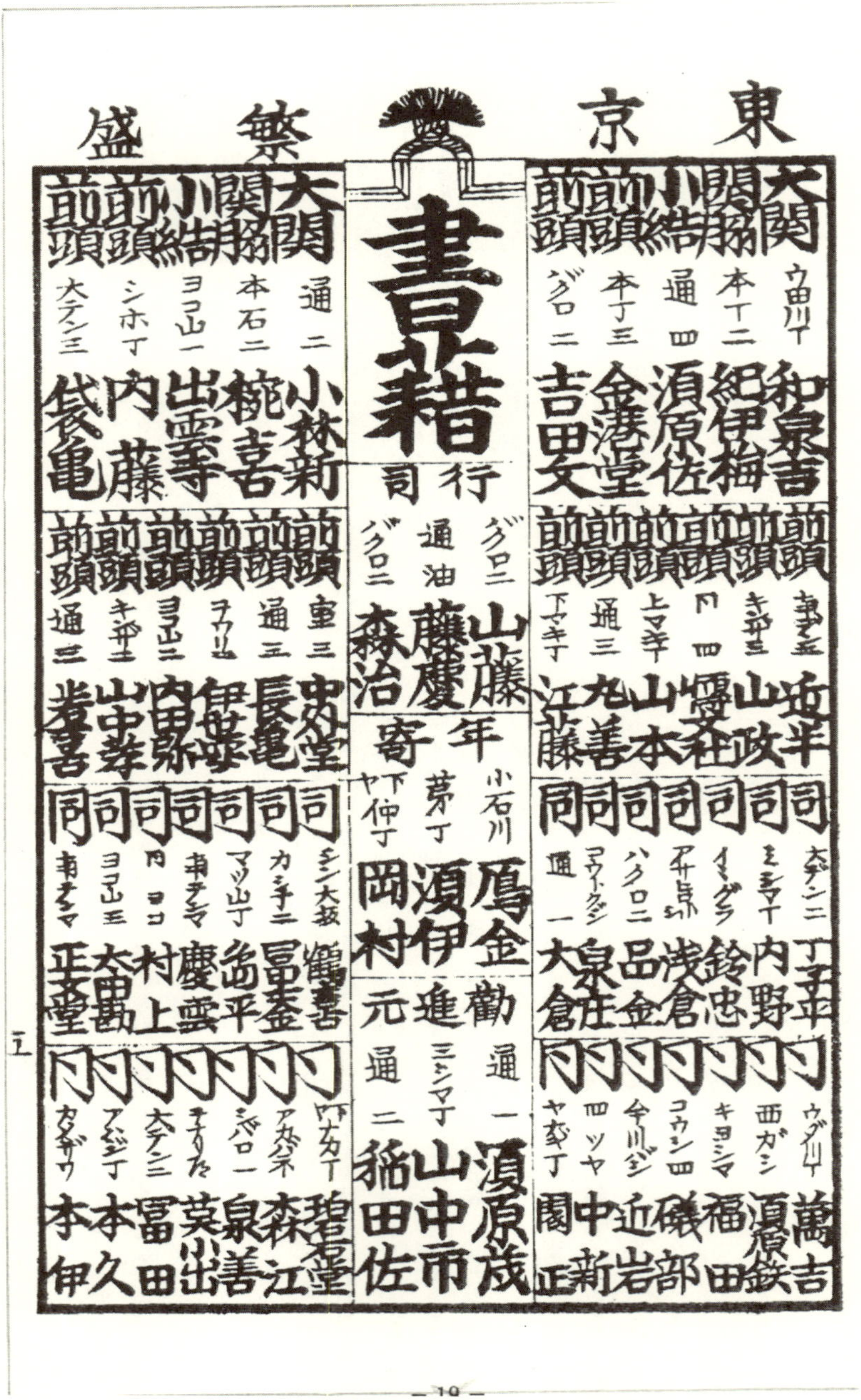


図１　書籍『諸品商業取組評』（東京雷名商家番附集）

図２　錦絵『諸品商業取組評』（東京雷名商家番附集）

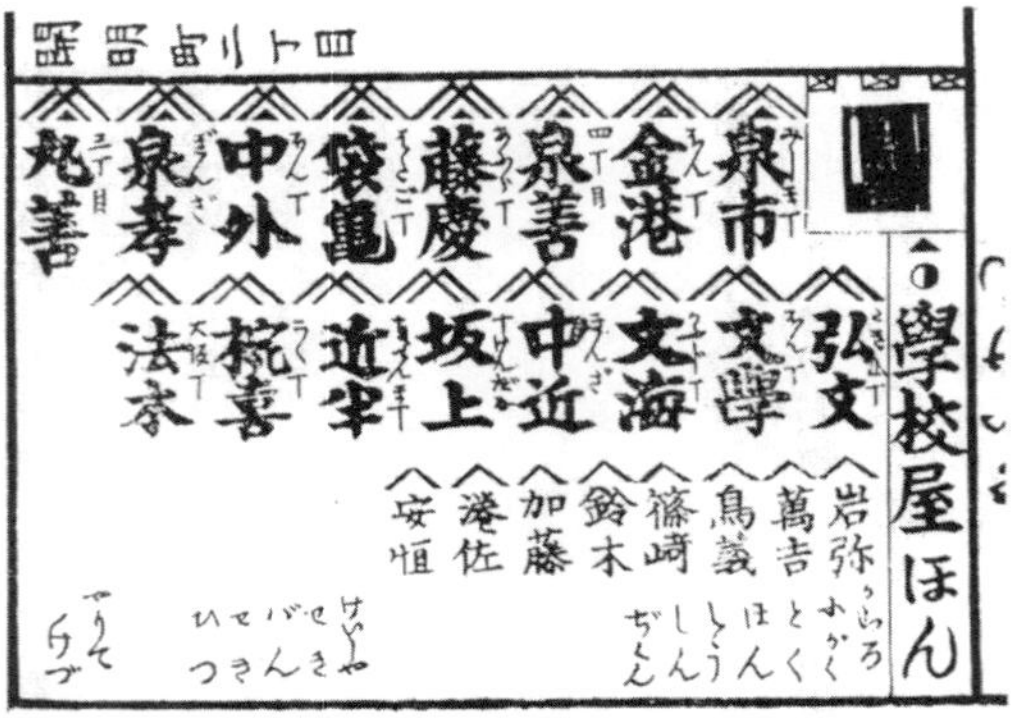


図３　学校屋ほん

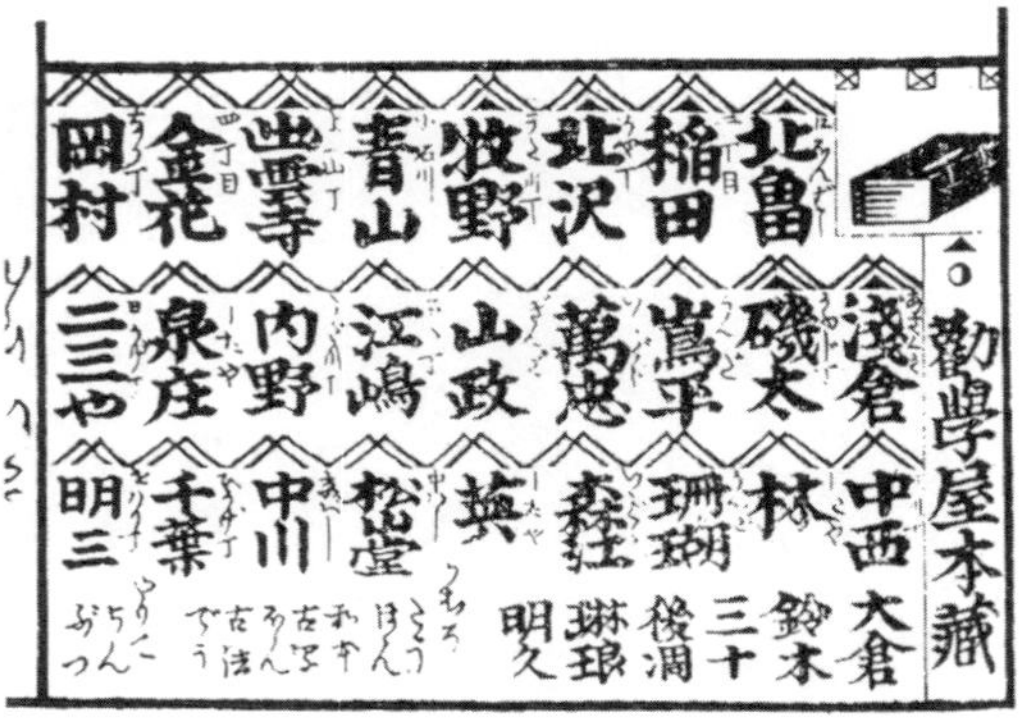


図４　勧学屋本蔵

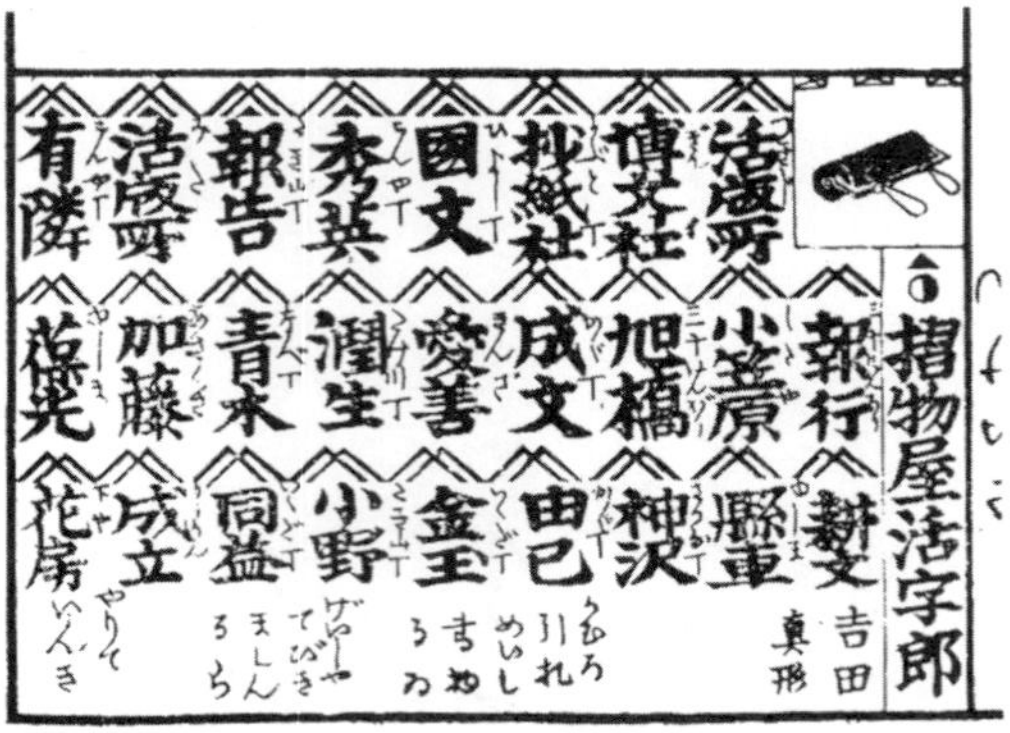


図５　摺物屋活字郎

図３－５　『東京流行細見記』（太平書屋刊『江戸明治流行細見記』所収）

武者、似顔、名所、千代紙、目録、包、熨斗、団扇、地本、礬水（どうさ——墨・絵の具の滲み止め）とある。最初の三つが錦絵の主なジャンル（武者絵、役者似顔絵、名所絵）である。その絵師たちが「浮世屋絵四郎」（図7）である。錦絵は明治以降新たに興った石版、銅版、木口木版等に押され、次第に千代紙以下の実用品に用途が限られるようになっていく。

また地本とは庶民向けの明治戯作本の各種（合巻、草双紙、滑稽本など）を指す。前述のメーチニコフを驚かせた、人足、別当、召使から茶屋の娘に至るまで皆「例外なく何冊もの手垢にまみれた本を持っており、暇さえあればそれをむさぼり読んでい」（『回想の明治維新』二一八ページ）るのは、こうした類の本であった。その作者たちが「著述屋戯三九」（図8）である。仮名垣魯文、柳亭種彦（高畠藍泉）、為永春水（染崎延房）、万亭応賀など、おなじみの戯作者が並んでいる。

この種の見立細見は幅広い事情通にして初めて可能となるものである。著者は野崎左文の由（『江戸明治流行細見記』三六六—三六九ページ）。出版者の清水市次郎は、『読売新聞』と並ぶ代表的な小《こ》新聞『かなよみ』の社長を明治一二年一二月—一三年六月の間勤めていた（土屋礼子『復刻仮名読新聞』解説　一九九二年）。この後、稗史小説類の翻刻出版を手掛け、明治二〇年結成の書籍商組合にも名をつらねている。

なお、参考のために『東京商工博覧絵第二編』（深満池源次郎・刊　明治一八年五月／複製『明治期銅版画東京博覧図　1』湘南堂　一九八七年）を紹介しておく。

これは《居ながらにして各商家の有様を知り自他の便益少なからず（序）》を唄い文句とした有名商店録のハシリで、明治一七年頃の店構えが銅版画で描かれている。この中に次の一四書肆の店頭風景や広告が収められている。

上巻

丸善商社　日本橋三丁目
大倉孫兵衛　日本橋一丁目
須原銕二　日本橋西川岸
小笠原書房（天賜堂）　外神田五軒町
巖々堂（岩崎好正）　神田区雉子町
集英堂（小林八郎）　日本橋旅籠町
文学社（小林義則）　日本橋本町四丁目

下巻

東崖堂（富田彦次郎）　京橋区樋町
金港堂（原亮三郎）　日本橋本町三丁目
英蘭堂（嶋村利助）　〃　馬喰町
学農社　新橋竹川町
鳳文館（前田円）　京橋区南鍋町
甘泉堂（山中市兵衛）　芝区三島町
柳心堂（山中喜太郎）　京橋区銀座四丁目

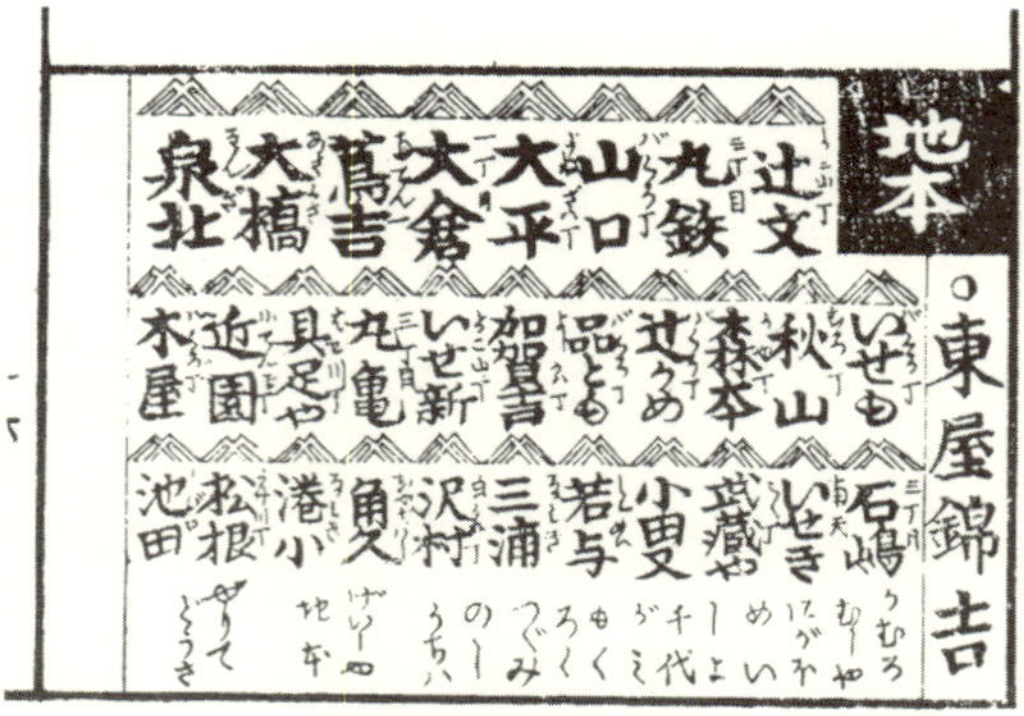


図６　東屋錦吉

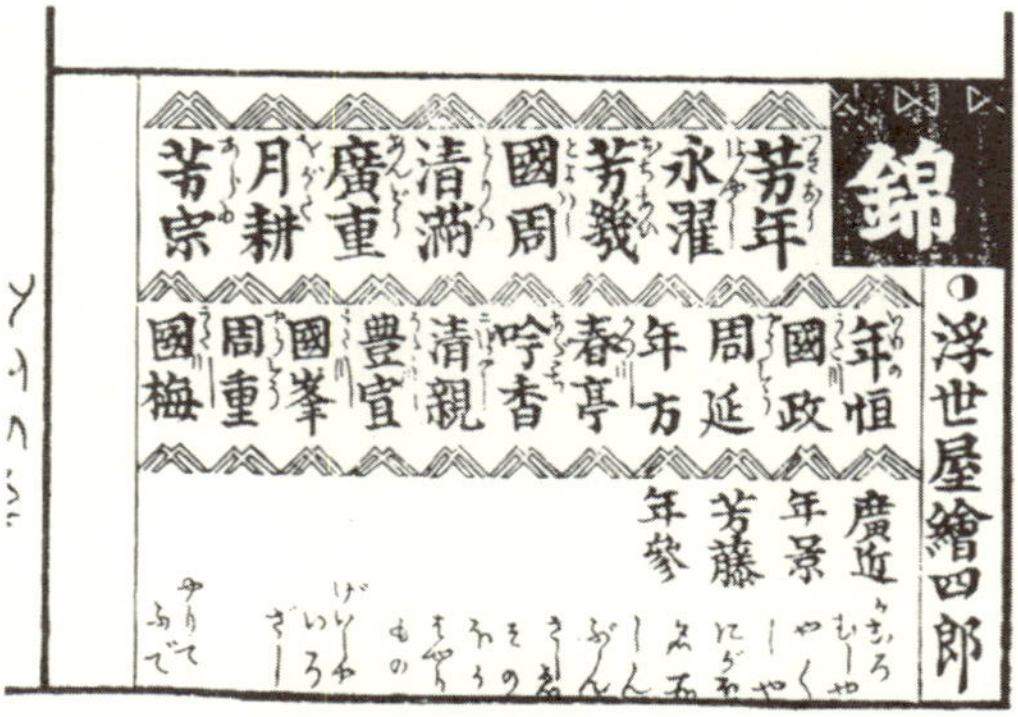


図７　浮世屋絵四郎

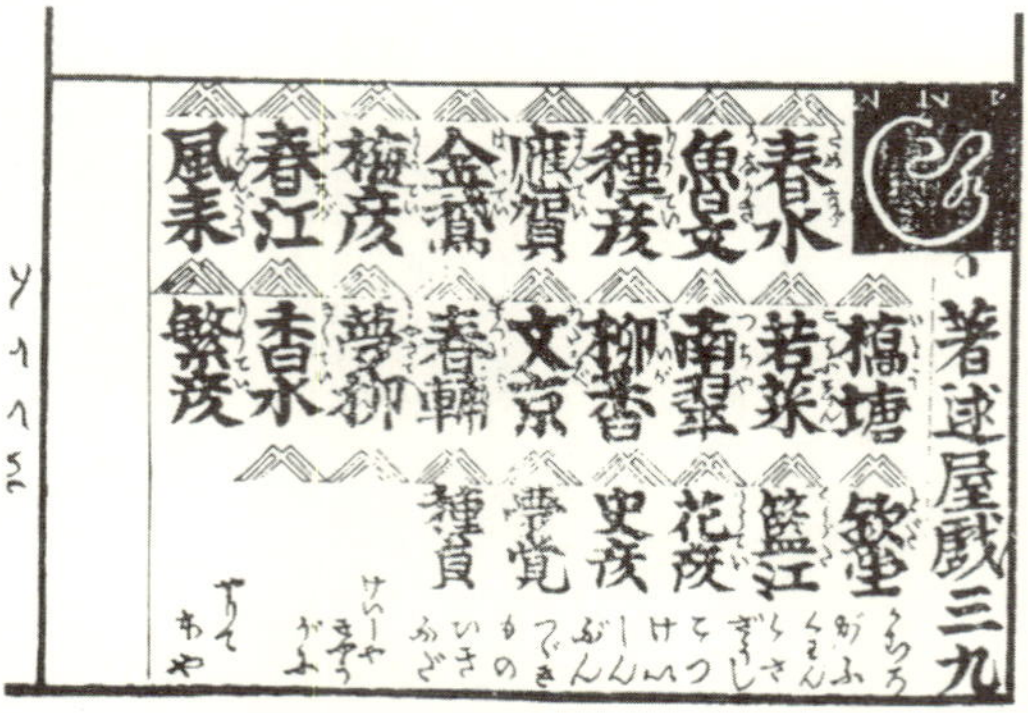


図８　著述屋戯三九

図６－８　『東京流行細見記』（太平書屋刊『江戸明治流行細見記』所収）

## 結び

識字——漢字が読めるか否か——の壁によって、上の読者・下の読者、或いは新聞で言えば大新聞と小新聞の読者層が分化していたことは先に述べた。

それが明治一八年頃から大きく変化する。新しく勃興してきた書生が一つの起動力となって、上下読者は混入しあい、ほぼ平均した一つの読者層乃至読者圏（リーディング・パブリック）を形成し始める。書生社会は学校教育によって平均的な知的成長を許されたもので、社会の上下に偏した存在ではない。この出現によって上の読者も下の読者も知的に平均され、従来の二つの読者層は次第に混一されたものになっていく（柳田泉　前掲論文二〇ページ）。

この傾向は当然、新聞読者層にも当てはまる。明治十年代後半は、自由民権運動の衰退とともに弱体化した「大新聞」を「小新聞」が追い上げる時期であった。「大」と「小」の紙面内容が接近してくると、その区別自体が過去の遺物で時代遅れとなった。小新聞の主導で両者は融合し、『東京朝日』に代表される中新聞（商業新聞）の時代が到来しようとしていた（山本武利『近代日本の新聞読者層』法政大学出版局　一九八一年　八九—九〇ページ）。

こうした流れの中で、明治二〇年暮、東京書籍商の組合が設立された。主だった出版者はこぞって参加した。加盟からもれた地本錦絵商の一部は、別に東京地本彫画営業組合を新発足させた。端的に言ってそれは時代から取り残された存在と言ってよく、これ以後出版の表舞台に立つことはなかった。

〔註〕

＊1　翻刻『書物往来三号』（大正一三年七月）、複製『古本屋二号』（昭和二年七月）、同『東京雷名商家番附集』（太平書屋　一九九五年）

＊2　複製『明治文化全集　風俗篇』（日本評論社）、同『江戸明治流行細見記』（太平書屋　一九九四年）

# 第二部　出版史料としての公文書

# 第二部口上　明治出版史と学事文書

都立図書館勤務という仕事柄もあって、書物出版の近代に関心を持っていた。当時この分野はオハナシのレベルの域を出ず、既存の活字文献を無批判に切り貼りした出版物の羅列史、出版者の興亡史に留まっていた。なんとかして神話や物語ではなく、出版の実態を実証的に明らかにする方法はないものかと模索していた。

## 埼玉県立文書館

そんな折に偶然『埼玉県行政文書件名目録　学務編』にであった。これは簿冊に綴られた文書一点一点をテーマ別に再編成した便利な編年目録であるが、学校の項目を見て驚いた。かねて知りたいと思っていた出版に関する記録がまとまっていて数頁に及ぶ。さっそくこのコピーを持って浦和にとんでいった。今からちょうど三〇年前（一九八四年）のことである。文書館では現物ではなく紙焼き複製での閲覧であったが、リストに従い次々に見て重要と判断した文書はまずコピーをとった。崩し字などは全くの門外漢だから、その場で解読することは思いもよらなかった。それからは家に持ち帰ったコピーの山とにらめっこし、判読に苦心惨憺する毎日を送ることになった。

その結果、埼玉県蔵版教科書（県の費用負担で書肆が出版を請負う方法）がどのようなプロセスを経て製作され、どれ程のコストがかかり、いかなる販路を通って生徒のもとに届くのか、についておよその見通しをつけることが出来た。文書分析からは①編集の主体、原稿の書き手、及びその階層、②出版手続き―契約、及びその条件、③製作の過程―版木の彫刻・印刷製本の実態、用紙の調達、及びそれぞれのコスト、④内務省納本、検印制度、発行部数、⑤販売網―県内・県外の売捌書店網、卸・小売りの掛け率、など出版の実態を具体的に明らかにすることが出来た。

とくに活動の目立った書肆は鴻巣宿の盛化堂長島為一郎である。今日では全く忘れ去られたこの人物は、『刪定家道訓』『古今紀要』『埼玉県内郡誌略』『修身叢語』『初学生理書』などの出版を請負い県内一の繁盛を誇っていた。書肆は県に一定の版木使用料（印税）の支払を条件に印刷製本及び販売を委託されるのだが、これを上税法と言った。県側の当事者では学務課長川島楳坪が中心になって活躍した。彼は一介の役人ではなく、詩文に長じた文人でもあって依田学海などとも交流があり蔵版教科書の多くを著編・校訂した。川島の顕著な功績に対し県は報酬として『古今紀要』版権の分版を許可したが、これは著作権発達史上見逃せない事例であることに気づいた人はいない。

埼玉県の県・市史や郷土研究誌などを見ても、こと出版史に関してははかばかしい成果が上がっているとは到底思えない。畢竟それは良い史料がない否、発見できなかったことに拠る。この意味で県学事文書は一等史料であり、広く活用されるべきであろう。さしあたり文書館で活字に起こして、『学事文書から見た埼玉の出版』なる史料集を発行してはどうだろうか。その際には第二部第一章中の埼玉県蔵版教科書の実態の項をぜひ参考にしていただきたいと思う。

## 東京都公文書館

同じ方法は東京府の場合でも可能であろうと、次には東京都公文書館通いを始めた。弱ったのは埼玉県とは異なり、文書量が膨大のうえ「簿冊目録」しかないことである。年代と主管課に見当をつけて簿冊を出納して貰い、巻頭の件名見出しを一覧し必要な文書を探す作業を繰り返した。今から思うと、原文書をはしから見ていく原始的な方法も何やら宝さがしに似たワクワク感があって捨てがたい。コピーも資料保護のため一日二〇枚以内の制限があった。現物から職員が直接複写するのだから当然の措置であろう。一、二枚オーバーした時は拝み倒して複写して貰ったものだが、そのうちに窓口の水野保、水口政次両氏と親しく口をきくようになった。文書群の沿革や構成について有益な教示を受けたばかりでなく、彼らが参加している全史料協関東部会の定例研究会にも顔を出すようになった。

都の文書群の内では明治二〇年代の「庶政要録」が最も有益だった。諸会社・組合などが出願した起業目論見書や定款類を各年編綴したもので、本来は一〇年保存の筈が「執務参考のため当分の間保存」されて今日に至ったもの。かねて追求していた本邦最古最大の教科書肆金港堂の定款を見つけた時には本当に驚喜した。創業者原亮三郎が大きくかかわった銀行会社（第九十五国立銀行、東京割引銀行、富士製紙、東京機械製造会社、帝国印刷株式会社）の設立願書が遺っていたのも幸運で、実証に厚みを加えることが出来た。

今日では膨大な文書群も全てマイクロ化が済んで、文書情報は電子化されて検索が容易になり、閲覧はリーダープリンターで見てコピーも簡単にとれる。まことに隔世の感があるが、今浦島となった老兵は消えずにただ足が遠のくのみである。

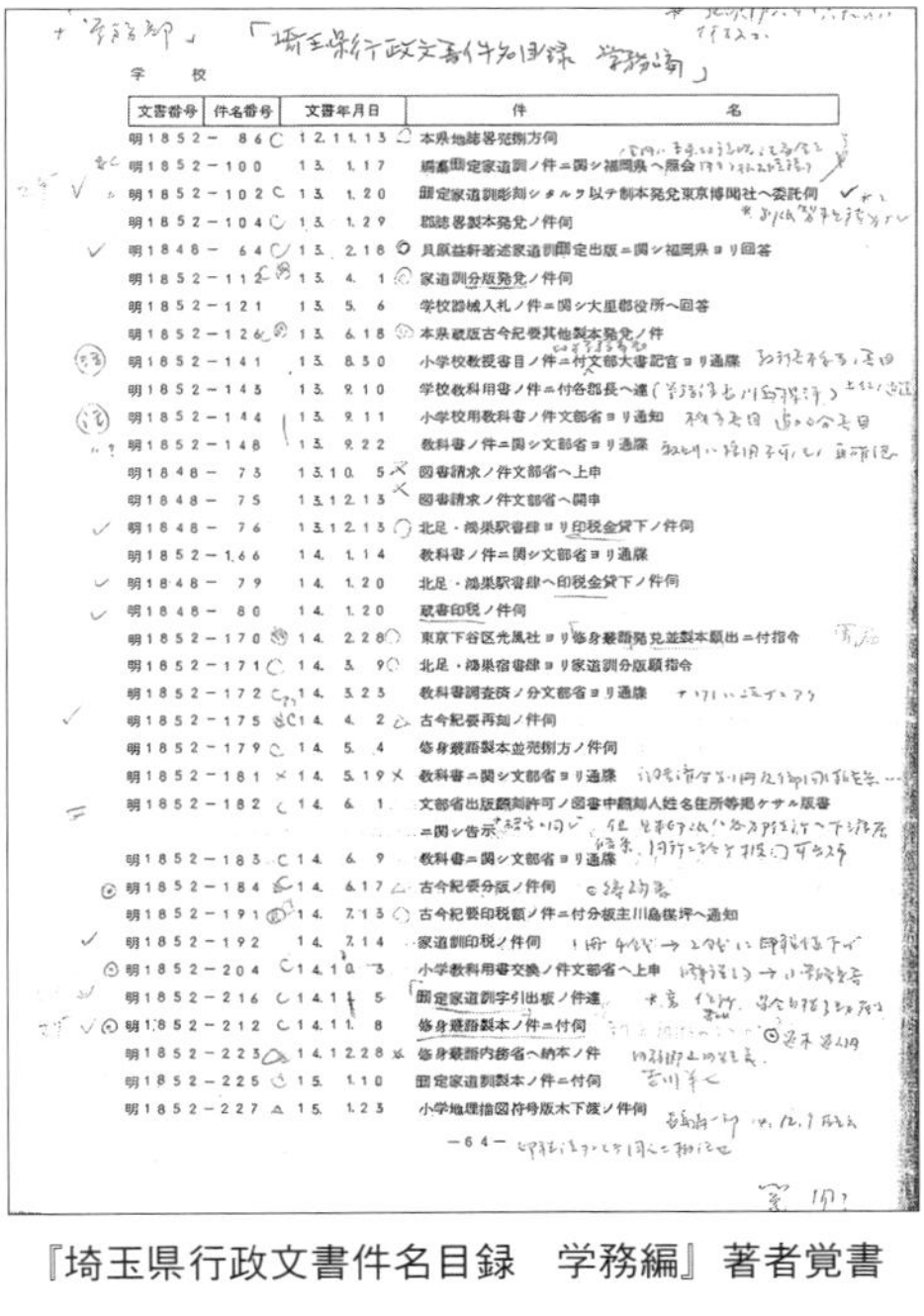

学　校

| 文書番号 | 件名番号 | 文書年月日 | 件名 |
|---|---|---|---|
| 明1852－ | 86 | 12.11.13 | 本県地誌略発兌方伺 |
| 明1852－ | 100 | 13. 1.17 | 編纂頒定家道訓ノ件ニ関シ福岡県へ照会 |
| 明1852－ | 102 | 13. 1.20 | 頒定家道訓彫刻シタルヲ以テ制本発兌東京博聞社へ委託伺 |
| 明1852－ | 104 | 13. 1.29 | 郡誌書製本発兌ノ件伺 |
| 明1848－ | 64 | 13. 2.18 | 貝原益軒著述家道訓頒定出版ニ関シ福岡県ヨリ回答 |
| 明1852－ | 112 | 13. 4. 1 | 家道訓分版発兌ノ件伺 |
| 明1852－ | 121 | 13. 5. 6 | 学校器械入札ノ件ニ関シ大里郡役所へ回答 |
| 明1852－ | 126 | 13. 6.18 | 本県蔵版古今紀要其他製本発兌ノ件 |
| 明1852－ | 141 | 13. 8.30 | 小学校教授書目ノ件ニ付文部大書記官ヨリ通牒 |
| 明1852－ | 143 | 13. 9.10 | 学校教科用書ノ件ニ付各郡長へ達 |
| 明1852－ | 144 | 13. 9.11 | 小学校用教科書ノ件文部省ヨリ通知 |
| 明1852－ | 148 | 13. 9.22 | 教科書ノ件ニ関シ文部省ヨリ通牒 |
| 明1848－ | 73 | 13.10. 5 | 図書請求ノ件文部省へ上申 |
| 明1848－ | 75 | 13.12.13 | 図書請求ノ件文部省へ開申 |
| 明1848－ | 76 | 13.12.13 | 北足・鴻巣駅書肆ヨリ印税金貸下ノ件伺 |
| 明1852－ | 166 | 14. 1.14 | 教科書ノ件ニ関シ文部省ヨリ通牒 |
| 明1848－ | 79 | 14. 1.20 | 北足・鴻巣駅書肆へ印税金貸下ノ件伺 |
| 明1848－ | 80 | 14. 1.20 | 蔵書印税ノ件伺 |
| 明1852－ | 170 | 14. 2.28 | 東京下谷区光風社ヨリ修身叢語発兌並製本願出ニ付指令 |
| 明1852－ | 171 | 14. 3. 9 | 北足・鴻巣宿書肆ヨリ家道訓分版願指令 |
| 明1852－ | 172 | 14. 3.23 | 教科書調査済ノ分文部省ヨリ通牒 |
| 明1852－ | 175 | 14. 4. 2 | 古今紀要再刻ノ件伺 |
| 明1852－ | 179 | 14. 5. 4 | 修身叢語製本並発兌方ノ件伺 |
| 明1852－ | 181 | 14. 5.19 | 教科書ニ関シ文部省ヨリ通牒 |
| 明1852－ | 182 | 14. 6. 1 | 文部省出版翻刻許可ノ図書中翻刻人姓名住所等掲ケサル版書ニ関シ告示 |
| 明1852－ | 183 | 14. 6. 9 | 教科書ニ関シ文部省ヨリ通牒 |
| 明1852－ | 184 | 14. 6.17 | 古今紀要分版ノ件伺 |
| 明1852－ | 191 | 14. 7.13 | 古今紀要印税額ノ件ニ付分板主川島楳坪へ通知 |
| 明1852－ | 192 | 14. 7.14 | 家道訓印税ノ件伺 |
| 明1852－ | 204 | 14.10. 3 | 小学教科用書交換ノ件文部省へ上申 |
| 明1852－ | 216 | 14.11. 5 | 頒定家道訓字引出板ノ件達 |
| 明1852－ | 212 | 14.11. 8 | 修身叢語製本ノ件ニ付伺 |
| 明1852－ | 223 | 14.12.28 | 修身叢語内務省へ納本ノ件 |
| 明1852－ | 225 | 15. 1.10 | 頒定家道訓製本ノ件ニ付伺 |
| 明1852－ | 227 | 15. 1.23 | 小学地理掛図符号版木下渡ノ件伺 |

－64－

『埼玉県行政文書件名目録　学務編』著者覚書

# 第一章　明治前期教科書出版の実態とその位置

## 序

### (一) 教科書出版研究の課題

「教科書の出版は、一般の出版業とは殆ど没交渉であるから、一般出版業者は別に深い関心は持たない……」(『出版興亡五十年』五〇ページ)とは、明治大正昭和を生き抜いた手だれの出版人・小川菊松の述懐である。出版を一般と教科書との二分法でとらえていることが興味深い。また、この指摘自体、今日の出版人の通念ともなっているようである。

しかし、ここで留意したいのは、小川の言う教科書出版には歴史的に見て、いくつかの限定が必要なことである。恐らく彼の活動が明治三五年に始まっていることからいって、それは国定教科書(明治三七年)以降の事情を指すと解すべきであろう。確かにこの制度は敗戦の時まで続き、今日では、とかく昔の教科書と言えば即、国定教科書に短絡するほどそのイメージは強い。しかし、国定教科書の成立に至る迄には、明治初年から三十余年にわたる長い教科書出版の歴史が存在した。更にヨリ大きな問題は、国定以前と以後とでは教科書出版の性格が質的に全く異なることである。

国定教科書の場合、その著作編輯権は文部省に握られ、出版者の役割はせいぜい印刷と製本を請負い、出来上ったものを販売網を通じて流すだけであった。そこには出版の根幹ともいうべき編輯権はなく、ただ利権の対象があるのみである。これに対し国定以前においては、少なくともエディターシップは出版者の側にあり、創造的な出版活動が可能だった。

どうやら小川は無意識に教科書出版を平板にとらえ、その歴史的な差異には気付かなかったようだ。同様に従来の近代出版史も、この陥穽に落ち入っているようである。所謂近代出版史は夥しくあるが、その何れを見ても、教科書出版の研究はおろか、言及すらも皆無に近い。というより、殆ど欠落してきた。管見では僅かに、矢作勝美『明朝活字』(平凡社　昭和四九年)にスペースが割かれたこと、文部省編輯局にふれた杉村武『近代日本大出版事業史』(出版ニュース社　昭和四二年)が目につく程度である。

専らそれは教育史学[*1]の独壇場であって、教科書史や教科書編纂史等の研究の中で、副次的な扱いを受けてきたにすぎない。もとより教育史学には独自の研究目的——教科書の内容分析、教材と教授法、制度史など——があるのであり、教科書出版の扱いがその範囲内に留るのは当然のことである。中には『教科書の変遷——東京書籍五十年の歩み』『全国教科書供給協会二十年史』などの会社史や業界史があるではないかと反論する向きがあるかも知れない。残念ながらこれらは、実質的に教育史学者の手になったものか、或いはその成果を援用しただけのものである。

それでは、出版史プロパーの立場から教科書出版を分析するならば、その独自の課題は何なのか。一言でいえば、当時の出版機構の実態、更には成立過程を確かな史料を以て解明するに資すること、に尽きる。これは誰もが声高に叫ぶことであるが、いまだ緒についているとは到底思えない。

従来の近代出版史は、結果としての出版物をアレコレ述べただけで、それがどういう過程を経て製作され、いかなる販路を通って読者の手に届くかを具体的に証明しようとするものではなかった。印刷・製本の技術レベル、製紙のコスト、販売組織の形成過程、或いはこれらを担った人々及びその生活等の実態を具体的に実証すること。出版史独自の課題はまさにここにあるのであって、いつまでも文学史の亜流のような所謂出版文化史であっては仕方がない。

本稿は明治前期の教科書出版について、公文書の分析を通じて書肆の実態や活動を明らかにし、あわせて出版総体におけるその位置（比重）を検証しようとするものである。出版の物的側面が時代の発展レベルに規定されているなら、当時の出版の実情は当然教科書出版にも反映している筈であり、この意味で史料の少ない時代の歴史像構築に有力な方法となるのではないかと思われる。

なお、国定以前の教科書は明治十九年の小学校令による検定制度の実施を分岐点に、初期教科書と検定期教科書に分けられる。本稿は専ら初期教科書を対象にし、教科書の性格が大幅に異なってくる検定期については他日を期したい。

## （二）方法——公文書の活用

従来の所謂近代出版史に一般的にみられる傾向は、出版物の羅列史、或いは出版者の興亡史に終始して物語の域を出ないことであった。しかもその手法といえば、既存の活字文献を無批判に切り貼りして再構築した類が圧倒的に多く、その役割はせいぜい誤謬を拡散するか、またはもっともらしい神話を再生産するのが関の山といったところである。

科学的手法にもとづく原報的研究の欠如が痛嘆[*2]される所以である。また、限られた既刊文献をどう捻り回しても、出版史の質的な飛躍は望むべくもない。こうした〝自家中毒症状〟から脱却するには、何よりも新しい血液の注入[*3]が必要と思われる。

近代出版史を構築するにあたり、考えられる最も基本的な史料は、①出版者（社）の私文書記録、②公文書、であろう。①は出版者ないし関係者に保存された部内史料、例えば定款、内規、考課表、契約書、会計帳簿などである。これらは特別の縁故がない限り実際に見ることは難しい。ただ社史や伝記の形で公刊された場合、不都合な面は公表しないという限界はあるが、断片を拾うことは可能である。研究進展のために今後は出来るだけ『丸善百年史』のように、資料編を独立させるような形での刊行を期待したい。

②は言うまでもなく中央、地方官庁が公務上発給又は受理した文書類のこと。この活用は今迄何故か全くなされて来なかった。唯一の例外は弥吉光長氏の諸論考[*4]といってもよい位である。明治期の出版は、例えば検閲、版権の出願登録などをはじめ多方面で官から掣肘される度合が高かった。とくに教科書出版の場合は一層顕著である。従って、公文書に書肆の実態が反映されていることは当然予想でき、この意味で当時の出版活動を具体的に知り得る有力な材料といえるわけである。

そのうち、資料集として活字化されたものには、『〇〇県史』『東京市史稿』のような地方史誌、また特に教科書出版の場合には各府県の教育史、などがある。しかし、これらは編纂の趣旨に基づき文書に一定の選択がなされているので、いつも出版史構築に都合のよい史料が載っているとは限らない。そこで実際に文書館に赴き、関係史料を探すことになる。今回は、専ら地の利のせいで東京都公文書館と埼玉県立文書館所蔵の文書を中心に見た。更に一層の博捜は必要であろうが、ティピカルな素材である以上は、この二府県の例を以ても全貌をうかがうことは十分可能であると考える。

ただし、公文書で解明できることもまた限界はある。それはあくまでも公対私の関係に限定されるのであって、〝人民の相対に任す〟私法の領域には及ばない。後者の場合、私文書の発掘がない限りその実態は仲々つかめないのであるが、例えば、福沢諭吉の出版活動については「経営の状況、規模、収益などの実態をつかみ、明治前期出版文化史の一断面を明らかに」した長尾政憲氏にすぐれた諸論考[*5]があり、一つの参考となろう。

## 一　教科書翻刻出版の時代と背景

### （一）文部省蔵版教科書翻刻の実態

「文部省雑誌」二二号（明治七年一一月九日発行）[*6]には、偶然にも出版史上みのがせない二つの対照的な統計が載っている。①明治五年及び六年の新刻書籍納本之数　②文部省蔵版書籍府県翻刻之数、である。①は当該年に納本された図書を政法、物理、化学、地理など二十余に類別して、各々の部数を報告したもの。総計だけ示せば、明治五年は「三五四部、此価額㐂金四〇〇余円」明治六年は「八二〇部、此価額㐂金七五〇余円」新刻に限ったとは言え、いかに出発点数が少なかったかがよくわかる。

注目すべきは②である。従来ほとんど言及されることがなかったので、試みに若干の実例を抄出してみよう。なお、「翻刻之数」原表は漢数字表記だが、見やすい形に改めた。

文部省蔵版書籍府県翻刻之数

史略　七万部　神奈川県

習字初歩　三五〇〇部　埼玉県

史略
単語篇
習字初歩
小学読本　各三〇〇〇部
計一万二〇〇〇部　千葉県

単語篇　八万部　足柄県

習字初歩　五万部

物理階梯
史略
単語篇
地理初歩
小学読本　各二万七〇〇〇部

輿地誌略
数字図
算用数字図
乗算九々図
加算九々図
五十音図
草体五十音図
濁音図　各三万七〇〇〇部

体操図
習字本　五〇〇〇部
計五三万三〇〇〇部　茨城県

単語篇
習字本　各三万部

数字図
算用数字図
乗算九々図
加算九々図
五十音図
草体五十音図
濁音図　各一万部
計一三万部　山梨県

以下、県別に総部数のみを示す。栃木（二万）、愛知（八万二〇〇〇）、浜松（一万七〇〇〇）、岐阜（四万二〇〇〇）、静岡（四二万五〇〇〇）、石川（三万三〇〇〇）、筑摩（七万六〇〇〇）、敦賀（七万七〇〇〇）、大阪（三八万）、京都（四万八〇〇〇）、兵庫（三万五〇〇〇）、堺（一一万）、和歌山（三三万）、豊岡（一〇〇〇）、高知（一〇〇〇）、名東（五万）、広島（六〇〇）、鳥取（五万）、小田（九〇〇〇）、山口（二〇〇〇）、浜田（一万五〇〇〇）、長崎（六〇〇〇）、白川（五〇〇〇）、新潟（二一万）、若松（三万）、長野（五万七〇〇〇）、新川（八万九〇〇〇）、宮城（七万五〇〇〇）、水沢（三三〇）、山形（一万五〇〇〇）、総計三一〇万九四三〇部。

一見して、発行部数の膨大さに驚かされるが、それだけに果たしてこれは信じて良い数値なのであろうか疑問にとらわれる。㋑調査の期間、方法等について何等の明示がない。（恐らく明治六年中のものと推測されるが）㋺府県の翻刻部数に甚しいバラつきがあるのは、単に実情をそのまま反映したものと見てよいのか。報告が正しく行なわれたのかどうか。㋩報告の数値が即、実部数を示すとは限らない可能性、等々。思いつくままにあげてみてもこれだけある。この統計数値に関しては、なお一層の史料批判が必要であろう。

しかし、この驚くべき発行申請部数は、当時の出版の実況を示していると見てほぼ誤りはないと思う。何故なら各府県の教育史を一見すれば、傍証となる史料にこと欠かないからである。

明治五年の学制頒布以降、〝必ズ邑ニ不学ノ戸ナク家ニ不学ノ人ナカラシメン事ヲ期ス〟として、各地の学校教育熱は大変なものがあった。しかし、その普及のためには、教師の不足と並んで教科書・掛図等の不足もまた大きな支障となっているのが実情であった。例えば山口県の場合、[*7]文部省が布達した用いるべき教科書を使用したくとも、地元の書林にはなかった。そこで京都、大阪の書肆に注文したが、各府県が買い取って品切れか、又は需用数があっても遠方なので買上方が容易にいかない。ついては県の方で布達の教科書翻刻を文部省に願い出、文部省蔵版の分に限って許可がおりた。こうして各一万部宛を半紙摺にしたという。恐らく他府県についても事情はほぼ似たようなものであっただろう。その内、いくつかティピカルなものを例証として、あげてみよう。

A　長崎県[*8]の場合

小学用書籍刷行ノ儀ニ付伺

一、物理階梯　一万部
一、輿地誌略　一万部
一、日本地誌略　一万部
一、習字手本　一万部
一、小学教授書　一万部
一、万国史略　一万部

右ハ昨年第百七号御布告之旨ニ基キ当県小学普及ノ為メ翻刻致度候条御許可相成候ハヾ御規則之通県名並ニ部数見易キ処へ記載シ且刻成ノ上ハ三部宛納本可致此段相伺候也

明治七年十月　長崎県令　宮川房之

文部少輔田中不二麿殿

長崎県ではこのほか、部数は少ないが「活字ヲ以テ出版仕度」と願い出た本木咲三の例や、各教科書「但三万部限」と大部数の翻刻を申し出た勝山町書籍会社の例などが見える。

### B　和歌山県の場合[9]

乙第三百二十六号

書籍ヲ増殖シ需用ニ便ナラシムルハ教育普及ノ急務ニ付今般文部省ノ允准ヲ得左記ノ書籍ヲ翻刻シ本年一月以来六月マテノ各小学区ヘ下付スヘキ御扶助金ヲ以テ各種壱万部ヲ購求シ県内学齢人員ニ応シ為致下附候条篤ク教育皇張ノ旨趣ヲ体認シ人民公共ノ業務ヲ尽シ各自応分ノ資金ヲ醵シ学校維持ノ方法ヲ相商リ可申此段及布達候事

県令神山郡廉代理

明治八年六月二十日　和歌山県参事河野通

一、地理初歩　一冊ニ付　金弐銭
一、史略皇国ノ部　一冊ニ付　金弐銭九厘
一、史略支那ノ部　一冊ニ付　金三銭九厘
一、日本地誌略　一ノ巻　一冊ニ付　金五銭三厘
一、同　二ノ巻　一冊ニ付　金七銭
一、小学読本　首巻　一冊ニ付　金弐銭五厘
〔以下一ノ巻～五ノ巻　省略〕

右各種書籍各壱万部ヲ限ル
此代金四千六百五拾円

和歌山県では、書肆と契約して「文部省ノ価額ヨリ四割減ノ価ヲ以テ各種壱万部ノ書籍ヲ扶助金中ニテ購求」し、貧困の学齢子弟に貸与しようとした。『初学入門』の場合、実際に各学区ごとの割当て実部数が残っているが、その総計は一万四〇二九部となっている。島根県には個人が「管内小学ノ隆盛ヲ希望」[10]し、「小学教科書貸給ノ方法ヲ設ケ貸料専ラ廉価ヲ旨トシ極貧ノモノハ無料ヲ以テ貸与センコトヲ出願」し許可された、いわば教科書貸本屋の例があって、面白い対照をなしている。

### C　埼玉県の場合[11]

官板翻刻願之儀ニ付伺

一、地理初歩　壱万部
一、史略　同
一、五十音図　五千枚
一、濁音図　同
一、数字図　同
〔以下、算用数字図、加算九々図、乗算九々図、単語図、形体線度図、各五〇〇〇枚が続く〕

右翻刻之上管内学校江相用度此段相伺候也

明治七年一月十七日　埼玉県権令白根多助㊞

少督学柳本直太郎殿

伺之通

督学局　但県名并部数等見当リ易キ処江記載スヘク且刻成之上三部納本可致事

明治七年一月十九日　少督学柳本直太郎印

督学局の対応の早さ（伺出の二日後）に驚かされる。これを見ると翻刻願はかなり形式的な要件になっていたのかも知れない。それ程に当時は依拠すべき教科書が少なく、文部省では一日も早いお手本の普及を期待していたとも考えられる。この後、同省は翻刻を許可する書目の数を増やした布達[*12]を何度か出した末、明治八年六月十九日には布達九号を以て、蔵版の全部を許可するに至る。

実際に当時の翻刻教科書を調べてみると、見返しには必ず県名があり、中には「一万部限」「一万五千部摺立後絶版」等の文言を記載したものも見かける。これらが文部省の指令に基くことがハッキリした。また、翻刻出版は全国各地にまたがり、その形態も様々なものがある。一例を国立国会図書館に所蔵の『萬國地誌略』（師範学校編輯、文部省刊行）にとると、文部省の蔵版に模したもの数種のほか、銅版刷の小型本若干を見る。銅版物は「明治七、八年頃から十五年頃にかけて随分盛に売れ[*13]」たもののようで、この影響かも知れない。

多種多様の翻刻教科書の出現は出版技術の面からは興味深いことであるが、教育の現場に混乱を引きおこしたこともまた事実であった。個人教授形式の寺子屋教育とは異なり、近代学校教育では学級単位の一斉教授が基本である。まさにこのために教科書は必備のものとなった。

「文部省ニテ出版セル小学教科書ヲ翻刻セント欲スル者ハ自今以後原版ヨリ其文字ヲ妄ニ縮小スベカラズ」（『文部省報告第一号』明治一四年二月二三日発行[*14]）との通達は、文字が大小マチマチの翻刻教科書の氾濫ぶりを逆に物語っているようだ。また、明治十年頃から文部省は、同省蔵版教科書翻刻ブームの行き過ぎを是正するため、次々と規制[*15]を加えるようになる。「註解図画傍訓等等ヲ加ヘ又ハ本文ヲ増減シテ出版」したもの、誤刻の多いもの、翻刻人の姓名住所等を記載しない擬物などがその対象となった。教育上の弊害少なからずというわけだが、この一連の布達によって初期の混沌はようやく整序されて、次第に制度化が進んでいくと見ることが出来る。

以上、文部省蔵版教科書翻刻の実態を見た。教科書は無論これに限るものではなかったが、大量の発行部数により当時の出版にすくなからぬ影響を及ぼしたことを忘れてはならない。

## （二）明治前期の出版状況

では、以上の事実は歴史的に何を意味しているのか。次の四点を指摘してみたい。

### 近世出版との連続性

明治初年に於て三〇〇万部余の翻刻出版を可能にするだけの生産力が既にあったこと。これは突然降ってわいたものではなく、近世からの連続面を考慮に入れなければならない。

即ち、今田洋三氏[*16]は江戸末期には㋑地方書商が三都書林への従属的地位からぬけでて、主体性の強化を示していたこと、㋺

幕末刊行物の特色として、一般庶民向け寺子屋教科書が書籍市場における中心的商品となったこと、を指摘されている。既存の往来物の詳細な調査「往来物系譜」(『日本教科書大系往来物編別巻』所収)を見れば、日本各地でそれらが多数出版されていることがわかる。あの膨大な翻刻部数はこの素地があって初めて可能であったわけである。

## 新しい出版者の進出

御一新後、職業選択の自由、居住移動の自由は保証された。しかし、出版界では相変わらず書林仲間が温存されて旧慣を墨守し、重版類版の禁をタテに新規参入を規制していた。

ところが、文部省の官版教科書翻刻許可は、その体制を根本からゆるがすものといってよかった。この莫大な需要をもつ分野は株仲間の禁制に抵触しないのである。そこで経済的に負担力のある者(例えば印刷業者)や、教育上抱負をもつ者(師範学校出身者、府県の学務担当者)など新しいタイプの出版者が進出してきた。

しかも明治八年には出版条例が改正されて板株制度は消滅し、出版業への参入は容易になった。厳密な悉皆調査ではないが、当時の出版者層の族籍を見ると、新しい出版者には士族が多く、平民の場合でも漢学者など知識人が目につく。これに対して旧来の書肆には江戸時代からの商人層が多い。これらは「概して無気力・無智であって、いわゆる前垂掛の町人として卑屈なる町人気質を脱して[17]」いないため、この転換期の変化に適応できず、多くは衰頽、或いは没落する運命をたどったと見ることが出来る。

## 出版総体における教科書出版の比重

この期の出版に占める教科書出版の重さを発行点数および発行部数の面から測ってみよう。その前提として、教科書出版の定義をしておかねばならない。教科書自体にかなり曖昧な面があるが一応、初等教育の場で使用された課業書およびその周縁、即ち「字解」「字引」類(一種のアンチョコ。教科書中の難読語にヨミをふり、簡単な意味を付したもの)、「問題集」、教場での使用を想定した「問答書」「教授書」などとしておく。

㋑発行点数　内務省の「版権書目」や「出版書目月報」(納本の書目)を通覧すると、前記の出版物が多くのページ数を占めている事実は明白で、厳密ではないが、相当の点数に及んでいると思われる。

㋺発行部数　総発行部数の把握はいつの時代でも事実上は出来ず、論理的に或いは状況証拠を固めて推定するより外はない。その意味で「府県翻刻之数」値は貴重なものであった。この時期、全般的に一点の発行部数は極めて少数であった。これには数々の証言がある。例えば、明治十八年芝神明前の山中市兵衛の製本部に勤めた上田徳三郎[18]は、その頃の出版所は全くの家庭仕事で「版木は全部自分のうちに持っていて、摺りも製本も一切うちでした」上、「和本は新版ものでも三十がけ（三〇部）五十がけ（五〇部）なんてのはザラで、初版百部というのは多い方でした。いかに出版というものが小仕掛のものだったか」がよくわかる回想を残している。

また実数を示すものとして、京都の永田文昌堂[19]には明治十二年から十六年の製作部数の記録が残されている。これによると、(イ)二五部を以て製作単位部数としている、(ロ)一点の出版部数が年間一〇〇〇部を超えることは殆どない、(ハ)年間三〇〇〇部以上の多部数製作した図書には教科書類が多くを占める、などの事実がわかった。

以上のような一般的状況のもとで、前述した教科書の出版部数だけが飛び抜けて高いことを考え合わせると、相対的に一層教科書出版の比重が大きくなることが理解できよう。

**明治前期における出版の特質**

この期の出版を概括すると、大勢はまだ今日的意味での出版活動には至っていなかったと指摘できる。即ち、福沢諭吉や田口卯吉に代表される著者兼出版者という少数の例外を除くと、出版とは言いながらその実質は「殆んと書肆の本務を知らさる者なり何となれハ即ち内職を主として人の出版したる書籍を委託販売するに過きす自ら書を著ハし又人の著書を鑑定するの明なけれハなり斯の如き有様にて到底善良なる書籍ハ得ること能はさるへし[20]」という有様だった。これは西洋書肆の法を実見した森有礼が金港堂の原亮三郎に語ったという一挿話であるが、当時の出版の内実をよく言い当てていると思う。

つまり、出版者にはまだ自前の創造性＝エディターシップが育っていなかった。従って、当時の出版物を大把みにその材料の面から見てみると次のようになろう。

(イ)官公庁・学校のソース。教科書を含む官版の翻刻はこの典型である。また新聞や雑誌もニュースソースの多くを負っていたことを忘れてはならない。これらを専らにするのが御用書肆、御用新聞ということか。

(ロ)翻訳書

(ハ)大部な漢籍・史料物の翻刻

これらについては多言を要さないだろう。

(ニ)新聞記事、とくに続き物の抜き書き

これは明治十五、六年頃大いに蔓延した出版形態。草稿料はいらず、法の罰則もないというわけで、一旦新聞に出た続き物をそのまま抜き書きして発売する徒があとをたたなかった。これらの不徳義漢を〝暴利書肆[21]〟と罵倒する人もいた。野崎左文の言う明治式合巻[22]も恐らくはこの類であろう。

## 二　埼玉県蔵版教科書の実態——盛化堂・長島為一郎を中心に

明治前期における出版の一般的傾向は前章で述べた通りであ

る。では、こうした状況の中で個々の書肆はどのように対応したのだろうか。一つの事例を、埼玉県蔵版教科書の出版をめぐり、同県鴻巣宿の盛化堂・長島為一郎の活動を通じ見てみたい。この人物についてはまだ正確な出自経歴等はわからないが、明治六年には既に官版『連語篇』を翻刻しているようだから、かなり早くから出版活動をしていたと思われる。

ここでの課題は、①文部省、師範学校など官版の翻刻を全国レベルとするなら、地方庁（府県）レベルの教科書翻刻の実態はどうだったのか。官版の製作、流通の過程は適切な史料がないために具体的に把握できないのが現状である。地方レベルの実態が明らかになれば、彫刻（印刷）・製本のプロセスはほぼ同一と考えられるから、ある程度の推測が可能になるのではないかと思われる。

②地方と中央（東京）の出版者との関係はどうなのか。江戸期以来の伝統と蓄積をもつ中央と地方の出版技術、情報、文化面での落差の実情。また、全国的な販売網がどのように成立していくかを考察する時、地方書肆のとり込まれ方や対応の仕方の中に発展段階の反映が読みとれるのではないか。

③府県御用書肆の性格。長島為一郎は埼玉県御用を肩書きとしている。また金港堂のように、いくつかの県で御用書肆を名乗っている例もある。これらは果たして、近世における須原屋や出雲寺のような排他的独占権を有する御用書肆と同じ性格なのかどうか。異なるとするなら、これを肩書きとする効用は何なのか。

## （一）主要な埼玉県蔵版教科書

初等教育の普及につれて、各府県では教科書の需要増にこたえるため官版の翻刻と並んで、各々の教則に基く独自の教科書編集及び出版にも意欲を見せるようになる。この傾向は「教科書モ亦一定ノ制ニ偏倚シテ深ク其意ヲ土地民情ノ適不適ニ留メサルモノノ如クナリシモ目下漸ク其旧見ヲ改メ都鄙貧福ノ度ヲ測リ尋常小学教則ノ外別ニ幾様ノ教則ヲ設ケ其教科書モ概ネ簡易ナルモノヲ需用セリ其一二ヲ挙テ之ヲ例センニ地理ノ如キハ各地方管内ノ風土物件ヲ編成シテ之ヲ誦習セシメ或ハ歴史修身農業商業等最其近切ノ書冊ヲ便宜採択スルモノアルニ至レリ……」[*23]との報告に明らかである。

一般に府県の蔵版教科書は(イ)官版のカバーの及ばない分野、(ロ)地域の特色を生かした分野、例えば地誌類、(ハ)書家を得れば編纂の容易な習字本、などに特色がある。埼玉県の場合もこの例にもれないが、ハミ出した部分もある。以下は蔵版教科書のうち主要なもののリストである。上段に見返し・奥付の書誌事項を、下段には県立公文書館所蔵学事文書に記録された関連事項を注記した。

| 見返しの書名 | 奥付記載事項 | 請書の一回製本部数・検印税額 | 典拠文書の番号 |
|---|---|---|---|
| 川島楳坪<br>伊藤　直 編<br>『埼玉県地誌略』 | 奥付ナシ欄外に宮田六左衛門刻<br>（明10・6／12版権所有）（見返しに依る） | 五〇〇〇部　一部三銭 | 明一八四三―一五〇<br>〈史料A　参照〉 |
| 伊藤　直<br>西村正三郎 編集<br>『改正埼玉県地誌略』 | 明13・12再版　製本・発兌　長島為一郎 | 文書ナシ | |
| 川島楳坪編<br>『古今紀要』四冊 | 明12・1版権所有　発兌書林　長島為一郎<br>山中市兵衛<br>回春堂 | 一〇〇〇部　一部四冊　一二銭 | 明一八五二―七八<br>〈史料B　参照〉 |
| 川島梅坪編<br>重野成斎閲<br>『校刻古今紀要』四冊 | 明14・6／11校刻届　製本発兌　長島為一郎<br>明14・6／11分版届　分版出版人　川島梅坪<br>明17・9／15再刻届　長島為一郎 | ＊明14・7　検印税六銭に値下げ<br>＊明15・1　検印税五銭に値下げ | 明一八五二―一九一<br>同―二二八 |
| 同<br>『改正古今紀要』四冊 | 明18・4／10訂正届　長島為一郎 | | 明一八四八―一六二<br>同―一七六 |
| 貝原益軒原著<br>川島楳坪校訂<br>『删定家道訓』上下 | 明13・1／17版権届　須原屋伊八<br>同・2／5出　版　同　支店<br>博聞社支店 | ＊明13・4　分版願　石川治兵衛<br>（一〇〇〇部一部二冊五銭）<br>＊明14・1　検印税四銭に値下げ<br>（博聞社、石川治兵衛）<br>＊明14・3　分版願　長島為一郎<br>＊明15・1　分版願　吉川半七<br>＊明16・12　検印税二銭から一・五銭へ | 明一八五二―一一二<br>〈史料C　参照〉<br>同―八六<br>同―一七一<br>同―二二五<br>明一八四八―一四〇 |
| 大枝美福編<br>川島楳坪校<br>『埼玉県内郡誌略』 | 明12・12／3版権届　長島為一郎<br>明13・2／5出　版　藤屋源助 | 一〇〇〇部　一部二銭 | 明一八五二―一〇四 |

蔵版教科書一覧

| | | | | |
|---|---|---|---|---|
| 福井 光編輯<br>川島楳坪刪定<br>『修身叢語』上下 | 明14・5／4版権届<br>同・5／10出　版 | 光風社<br>亀谷竹二<br>山中市兵衛<br>吉川半七 | 三〇〇部　一部二冊五銭<br>＊定価五五銭 | 明一八五二一—一七九 |
| 同<br>『改正修身叢語』上下 | 明14・11／16訂正再版 | 製本発売<br>長島為一郎 | 文書ナシ<br>＊定価四〇銭 | 明一八五二一—一二一 |
| 坪井為春編纂<br>『初学生理書』乾坤 | 明16・3／6版権届<br>同・4　出　版 | 長島為一郎 | 一〇〇〇部　一部二冊四銭 | 明一八四八一—一一二<br>〈史料D　参照〉 |

## （二）県蔵版教科書の出版構造——史料と分析

さて問題は、以上の県蔵版教科書が実際にいかなるプロセスを経て製作され、どれ程のコストがかかり、どのような販路を通って生徒の手に届いたか、を明らかにすることである。

一応これを次の五つの視角から検討したい。①編集の主体、原稿の書き手、及びその階層、②出版手続——契約、及びその条件。③製作の過程——彫刻・製本の実態、及びそのコスト。④検印制度、発行部数。⑤販売網——県内・県外の組織、掛率。

分析に入る前にまず、実情をよく示しているティピカルな史料を選んで呈示（A～D）することから始めたい。無論、史料はこれに尽きるものではなく、他は必要に応じて論述の中に引用した。なお、史料は旧字を新字に改めたほかは全て原文の通りで、句読点や返り点は付さなかった。判読不能の箇所は□で示した。史料A～Dの傍線は引用者が付し、分析中の典拠となる箇所である。また、史料の件名の下に文書番号を付した。

〔史料A〕埼玉県地誌出版ノ件伺（明一八四三—一五〇）

本県管下小学生徒読本埼玉県地誌之儀（イ）東京之学士那珂通高校正相済次第速ニ出版致処此出版之儀ハ元来各地書林ニ翻刻為致候方可然候得共書林之弊習たる大概射利ニ汲々し（ロ）製本之疎悪字画之謬誤等より新聞紙上ニ而被嘲候儀も府県ニ於て間々有之今般該誌之儀も同轍之恐有之殊ニ先般編集ニ付而ハ貴重光陰之外（ハ）筆工料并ニ写真図画等多分之費用も相懸リ（ニ）委託金積立利子之内より仮払致置換分有之因而課中僉議致候所右地誌之儀ハ（ホ）県庁蔵版之上凡五千部管内各地之書林ニ払下候ハヾ諸費消却可相成積即版木彫刻并製本料等見積為差出候所別紙之通ニ有之依之他之書林等江聞合候所不相当之積ニ無之様相聞候ニ付即東京府下愛宕下町博文本社ニ御中付可相成哉

此段相伺候也

埼玉県地誌出版彫刻費

一、金百三拾七円四拾弐銭五厘　　彫刻費六口分
一、金三百六拾弐円五拾銭　　中等製本五千部代金
一、金百円　　写真図画等諸費見積

計金五百九拾九円九拾弐銭五厘
此を地誌売本五千部ニ割合
壱部ニ付代金拾弐銭　　但元付

右之通ニ御座候尚定価之儀ハ製本出来之上更ニ相伺可申候得共今日之見込ニ而ハ定価拾五銭之壱割五分引ニ而書林ニ売下候積リ左候得ハ聊之手数料ハ有之尤拾五銭以上ニ売下候ハヽ若干之利益可有之候得共元来教化拡充之本旨ニ出て著述候儀ニ付人民之便利を先にし先つ如此見積致置候也

明治十年六月廿七日

〔史料B〕古今紀要製本発兌ノ件（明一八五二―七八）

今般本県蔵版古今紀要彫刻出来候ニ付而ハ東京南鍋町回春堂同三島町山中市兵衛及県下鴻巣駅長島為一郎等三人熟議之上発兌売捌元引請度旨申出候依而ハ（ヘ）上税法ヲ以而版木製本共先方へ御任セ相成候□致度右ハ（ト）本県地誌是迄県庁ニ於テ製本及各書肆へ売渡等相扱来候得とも余計之費用相増シ候而已ナラス手数モ相掛却テ公私ノ便ヲ欠キ而官省其他官板之仕来リニヨリ前条之御詮議仕請書案文相添此段相伺候也

（料紙證券界紙（チ））

御請書

今般本県御蔵版古今紀要発兌之儀東京南鍋町回春堂同三島町山中市兵衛及私方ニ於テ売捌元御引請申上候尤製本之儀ハ三人熟議之上私方ニ而引請右版木御下ヶ渡相成候ニ付左ニ御請申上候

一、製本ハ一回千部宛ト相定メ其都度表紙見返シ扉紙差出シ（リ）御蔵版印相請可申尤一回毎ニ見本トシテ製本壱部宛持参シ御検閲相受可申候事
一、製本壱部四冊ニ付金拾弐銭宛板税トシテ毎回上納可致候事
一、製本粗笨ニ渉ル歟又ハ上税差支候歟或ハ他ニ不都合之事有之節ハ板木取上ヶ製本御差留相成候共苦情ヶ間敷儀決シテ申間敷候事
一、古今紀要偽版ヲ作リ他ニ発売致候者相見テ候ハヽ其原由ヲ探偵之責ニ任シ其国所姓名等早速密告可申上候事

埼玉県北足立郡鴻巣宿
明治十二年十月　　製本引請人　長島為一郎㊞
〔保証人　住所氏名省略〕

埼玉県令白根多助殿

〔史料C〕家道訓分版発兌之儀ニ付伺（明一八五二―一一二）

本県蔵版刪定家道訓製本之儀是迄博聞社へ申付置候処試験

前ニも相成生徒之購求陸続ニ而同社而巳ニテハ製本間ニ合兼
各地書肆ニ於テ□支候趣申出□依而ハ東京馬喰町石川治兵衛
博聞社同様印税法ヲ以テ(ヌ)分版之上製本発兌共申付相成候様致
度此段相伺候也
追而(ル)彫刻費之儀ハ是迄上納相成居候家道訓板税之内ヨリ支出
之積リ

御蔵版刪定家道訓彫刻費之記

一、金四拾三円五拾二銭　中身六拾二帖
　　扉袋二帖
　　但壱丁ニ付六十五銭

右之通リ御座候也

明治十三年四月一日
東京馬喰町弐丁目
石川治兵衛㊞

埼玉県学務課　御中

〔請書が続く。ほぼ史料Bと同文につき省略〕

〔史料D〕初学生理書彫刻之儀伺（明一八四八―一一二）

先般県立病院長坪井為春ヨリ稿本献納致候初学生理書之儀
古今紀要其他蔵版書籍同様印税法ヲ以テ鴻巣駅書肆長島為一
郎江製本及売捌元共御任セ相成候様致度依而彫刻料積リ書幷
請書雛形相添此段相伺候也
但彫刻料ハ蔵書検印料之内ヲ以支払積リニ御座候

初学生理書彫刻積書

初学生理書上下二巻

一、金百廿壱円九拾銭　此丁数百〇六枚彫刻幷板木代共
　　但壱枚ニ付金壱円十五銭ツヽ
一、金七十七円五拾銭　同図　三十壱枚　同
　　但壱枚ニ付金弐円五十銭ツヽ
一、金弐円五十銭　同袋扉奥付　同
一、金七十銭　右版下
合金弐百〇弐円六拾銭

右之通精々念入彫刻可仕候也

〔以下　署名、宛先等は次と同じにつき省略〕

初学生理書積書

一、金廿三銭五厘　(ヲ)上等製本二冊代
一、金四銭　御印税
一、金四銭　製本所手数料
合金三十壱銭五厘
定価金四拾五銭
(ワ)大売捌　七掛　実価三拾壱銭五厘
(カ)通常売捌　七五掛　実価三拾三銭七厘五毛

右之通精々積書奉呈上候ニ付御用被仰付度奉願上候也

明治十六年
二月廿二日
北足立郡鴻巣駅
御用書林　長島為一郎㊞

埼玉県学務課　御中

〔請書が続く。製本は一回千部、印税は製本一部（冊）ニ付

金四銭、の条件以外は史料Bと同文なので省略。但、次の一項が入っている〕

一、同書ハ御指揮ヲ奉シ第一版彫刻費ハ御県庁ニテ御持事
（ヨ）第二版ハ製本所ニテ持事可申候事

出版版権届

一、初学生理書　全部弐冊　中〔本〕
明治十六年四月出版

右ハ本県々立病院長坪井為春ノ著ニシテ教育生理上有用ノ書ニ付小学教科書ニ充テンカ為メ今般当県ニ於テ出版致シ度尤版権ヲ有シ候条此段及御届候也

明治十六年三月六日
埼玉県令　吉田清英
内務卿　山田顕義殿

内務省へ納本届

一、初学生理書　坪井為春編纂　全部弐冊
全部定価金四十五銭

右本年三月六日出板届仕候処今般刻成ニ付三部納本仕候也

〔以下、署名、宛先は明治十六年四月十四日の日付以外は右に同じ〕

**編集の主体**

原稿の執筆、編集者は大半が学務課の職員など県当局者である。地方における教育普及の当事者ということであろう。或いは他に人材を得られなかったのかも知れない。中でも目につくのは川島梅（楳）坪[*24]である。彼は大沼沈山に師事するなど漢学の素養が深く、県令白根多助の知遇を得、学務課長から後に葛飾郡長にまで出世した。大枝美福、伊藤直などは学務課の官僚、また西村正三郎は後に教育雑誌『教育時論』の記者から編集長になった人物。しかし、当初は編集内容に自信がなかったらしく、地誌略について「文辞拙陋此儘上梓致兼候……那珂大槻諸彦之删潤ヲ得候ハヽ[*25]」と文部省に上申していたし、東京の学士の校閲を受けて出版に着手する（Aイ）手筈になっていた。

また『删定家道訓』の出版に際しては、益軒の相続人貝原寛一へ「許諾証差出シタル為御挨拶金三十円送附[*26]」しているのが興味をひく。偽版が横行する時代に、版権を尊重した珍しい例といえないこともない。もっとも公の機関が率先して法を破るわけにはいかないのは当然で、指導者意識の発露と見るべきか。

**出版手続**

出版契約は請書によって締約されるが、かなり形式的な要素が濃い。ほぼ四条からなる雛型（史料B）が出来ていて、書名、発行部数上税金額などに書物ごとの異同があるだけである。第四条の偽版告発の義務については第一部第三章を参照されたい。

なお、請書は證券印税規則に定められた證券界紙（Bチ）という有料の罫紙に記入することになっていた。後に規則改正によ

り一銭の印紙貼付となる。

注目すべきは上税法（Bヘ）である。これは県の方の負担で彫刻した（Cル）版木を書肆に下げ渡し、その使用料として一部なん銭かの印税を上納させ、代りに製本・発売の一切を書肆に委託するやり方で、『古今紀要』の製本発兌の時（明治一二年一二月）から始まったようだ。「本県地誌略之儀各書肆ヘハ是迄当課ニ於テ払渡来候処種々手数之相掛ニ付来ル十二月一日ヨリ古今紀要同様印税法壱部三銭之割ヲ以鴻巣駅長島為一郎方ニ於テ売捌為致度」[27]とあるように、それ迄は県学務課で製本、売渡をしていた（Bト）が、手数がかかる上に余計の出費もかさむので、印税上納と引き換えに、製本・発売を書肆に委託することになったものである。

分版というテクニカル・タームの使用法についても注意したい。一般に分版とは「版権ヲ分テ譲リ若クハ売リ同一図書ヲ各自ニ出版スルコト」（明治八年出版条例第二三条）である。版権の部分譲渡というわけであるが、これには次の事例[28]が該当しよう。

訂正古今紀要分版之儀ニ付

本県蔵版古今紀要之儀ハ明治十四年出版之際編輯之報酬として編輯人川島浩ヘ分版許可相成居候処今般訂正之上古今紀要出版相成ニ付而ハ前例ニ拠リ版権分版許可相成候様致度依而此段相伺候也

案

川島浩

訂正古今紀要編輯ニ付而ハ其功績不少候ニ付為報酬爾後版権分版致候事

明治十八年三月十四日　埼玉県令　吉田清英

これに対して書肆が盛んに分版を願い出ている（Cヌ）が、この場合は明らかに意味が異なっている。前に述べたように版木は貸与されただけで譲渡されたわけではない。従って版権使用料ともいうべき印税を上納（上税法）する義務があった。但、県蔵版の出版は営利事業ではないから、開板に要した費用が回収出来ればあとは印税の値下げに応じている。なるべく廉価に教科書を供給することが教育普及の一助になるというわけで、この辺が「射利に汲々」している民間書肆と異なる点であろう。

## 製作の過程

明治十年頃では、まだ地方書肆の彫刻・製本のレベルは余り高くはなかったようだ。粗末な製本や誤字脱字の多いことは、新聞の嘲笑の的であった（Aロ）。『地誌略』の場合、それを危惧して県内書肆の翻刻をあきらめ、東京の博聞社に委託、一括買上げた上、県下書肆に払い下げる方法（Aホ）をとった。

普通、彫刻先までは仲々わからないのだが、この地誌の場合には最終丁に「宮田六左衛門刻」とある。彼は絵彫りを兼ねて[29]いた。実際にこの本を見ると字も美しいが、とくに狩野良信画の挿絵は見事な出来ばえで、版木師の技倆のさえを感じさせる。なるほどこれでは時間を食い、筆工料や図画等の費用がかさむした（Aハ）わけである。これらを委託金積立利子の内から仮払いした（Aニ）とあるが、委託金とは教育振興のために政府が支出した補助金の如きもので、和歌山県の場合にはこれで以て教科書を翻刻し貧窮子弟に配布したことは先に述べた（一〇三ページ）。

彫刻のコストについて、史料AとCを比べてみると大分開きがある。これは年代の差なのか地域差によるものか、それとも技術料が加味されてのことなのか等は判然としない。もう少し事例を集めた上で判断するより外はない。

初版の彫刻費を県が持つことは既に述べたが、改正再刻の場合は書肆の負担となった（Dヨ）。次はその一例である。「埼玉県地誌略之儀今般改正再刻相成処其費用金百円先方長島為一郎ニ於テ自費受持候約定」[30]とあるが、大半の場合は見返りに印税の値下げが伴ったから収支償うというところのようだ。

製本のコストに関しては、『埼玉県郡誌略』が格好の事例を提供してくれる。

埼玉県郡誌製本積書[31]

一、土州中等半紙弐拾弐枚　金弐銭四厘弐毛
一、唐本表紙　金四厘
一、扉半紙　金弐厘
一、角包緒切糸手間共　金五厘
一、袋半紙　金壱厘五毛
計金三銭六厘七毛
定価金九銭
此弐割五分引金六銭七厘五毛　仲間売捌
上税金弐銭
右者製本極入念出精積書奉差上候也
浦和宿　藤屋源助㊞
明治十三年一月廿七日　鴻巣宿　長島為一郎代理
長島又七郎㊞
埼玉県令白根多助殿

この郡誌製本代の定価に占める割合は四〇パーセント、『初学生理書』（Dヲ）のそれは五〇パーセントである。三年の間に紙代及び職工手間賃が騰貴したと考えるのが最も合理的のようだ。

## 検印制度、発行部数

県蔵版教科書の場合、製本が出来上ると右から左へ直ちに販売というわけにはいかない。請書に約定されているように、県当局へ見返し扉紙を差出し検印を受ける（Bリ）必要があった。これは、①印税上納の際の基礎数とする、②「県蔵版之章」印を押すことによって真版の証明とする、機能を果たしている。

②に関してはその後（明治一四年頃?）、県印の押捺から、証紙を貼付して消印を施す方法に変化している。検印紙の起源がこちらに発していることは明白であろう。なお、興味のある向きは「アステ」三号の拙稿*32を参照されたい。

発行部数には二通りの意味がある。特定時期までの、①書籍一点についての発行部数、②一書肆が発行した総部数、である。

(1)追而明治十三年二月出板已来製本部数五万七千五百五部此検印料金千四百六十円之収入……（明治一六年一二月二六日、家道訓検印料之儀伺）*33

(2)今日迄古今紀要地誌略郡誌略ニテ県印ヲ受ケ製本候部数三万六千五百部其資金数千円ニ及候……（明治一三年六月一八日、本県蔵版古今紀要其他製本発兌ノ件）*34

(1)から、約三年の間に『刪定家道訓』は六万部近くが売れた勘定になる。これは埼玉県下だけでなく、日本の各地で教科書に採用されたせいであろう。一書肆だけでは間に合わず、石川治兵衛、吉川半七へも分版を許可したのは、この需要増に応じるためであった。逆に言えばこの事実から当時の一書肆の製本能力がおのずと明らかになる。残念ながら『古今紀要』の数値は見当たらないが、これも東京、島根などの教則で広く採用されているので、相当な部数が出たものと推定される。

(2)からは、明治十二年以降一年半の間に長島為一郎が教科書三点を販売した総数がわかる。今日迄とはいつのことか曖昧だが、一応上税法が始まって以来と解釈した。先に紹介した京都の永田調兵衛の場合（一〇六ページ）と比較すると仲々面白い。無論、長島はこれだけを販売していたのではない。『纂評古文真宝』『古今紀要字引』『埼玉県地誌略問答書』等々ほかにも各種出版物はあったのだから、相当な繁昌ぶりと見てよいだろう。

## 販売網

販売組織を実証的に押さえていく一つの方法は、図書の奥付裏にある売捌所一覧を検討することである。長島為一郎の場合、これを見るとその販売網は県内売捌書肆と諸国売捌書肆に大別できる。諸国（県外の意味）の場合は更に、いつも顔を出す特定の書肆とそうでないものに分けられる。

また、当然のことながら図書の性格――㋑汎用性、㋺専門性――によって売り方が変っていることもわかる。㋑『地誌略』『郡誌略』のように当該地方にしか通用しないものは、当然県内の書肆しか載っていない、㋺『初学生理書』には東京大学医学部御用の嶋村利助が顔を出している、という具合である。

図書の売れ行きがよくて改版をした場合には、売捌書肆の数が増えていることが多い。それだけ商圏が拡大したわけであるが、長島の場合は何故か東京府の書肆との取引きが圧倒的に多い。単に地の利のせいとのみ考えてよいのかどうかハッキリとはわからない。

次に掛率が、大売捌七掛（Dワ）、通常売捌七五掛（Dカ）と書肆の規模により異なることが判明した。しかもこの率は今日でもほぼ同じに近いのが面白い。一体どこからこの掛率は出てきたのだろうか。恐らく江戸期からの商慣習という気がするが、この点近世出版史家のご教示を仰ぎたい。

また、これは東京の場合であるが、明治十二年三月商法会議所より各商買売徳の調査結果[*35]が報告されている。四八種の商売につき売徳（甲ヨリ買ヒ乙ニ売ル間ニ得ル所ノ利益）の割合を調査したもので、書肆および地本絵草紙については次の通りである。

書肆
地本絵草紙
| | | | |
|---|---|---|---|
| 問屋（小売兼売得） | 商高ノ二割 | ○朱資本ニ対シ | 一ヶ年両度ノ運転 |
| 仲買　同 | 一割 | ○朱 | 同四度 |
| 小売　同 | 二割 | ○朱 | 一ヶ月一両度 |

もっともこれは報告者自体が「思想上之概算ニ過キサルモノニ付」確実とは言えないとしている位だから、この数値はあくまでも目安程度にしかならない。

なお、当時はまだ定価販売は定着していなかったのであるが、東書文庫所蔵の『初学生理書』の書袋に「明治十七年十一月二十三日求之、此本乾坤二冊ニテ価三十八銭」との落書きがあって、定価は四五銭だから、はからずも値引販売の実態が明白になってしまった。

最後に御用書肆の性格について触れてみる。長島為一郎は「去ル明治十一年ヨリ御県庁御蔵版書籍類悉皆製本及売捌元被仰ニ付精々盡力営業罷在候」[*36]と述べ、一見県の蔵版書籍を独占しているようにみえる。しかし、『刪定家道訓』のように需要の多い場合は、他の書肆に次々と分版を認めている例もあり、必ずしも排他的な独占権とは言えないようである。また、三木佐助[*37]が文部省の御用書肆に割り込んで直接図書の払下げをうけた例もある。

こうして見ると、この期の御用書肆は経常的に官庁に出入することにより、種々の既得権は得ているが、半面それは当局の都合によって左右される立場をも併せ持っていたといえよう。従って、江戸時代の御用書肆とは基本的に性格が異なると思われる。

しかし、官庁にとって御用書肆の存在が好都合であったことは間違いない。身元が確実、気心が知れているなどの点から安心して委託に付すことが出来たからである。

この反対給付は当然予想される処であるが、長島為一郎の場合には(イ)印税金の値下げ、(ロ)運転資金の借入れ、という大きなメリットがあった。

(イ)古今紀要製本之儀物価之騰貴ニ□ヒ職工手間及紙代等非常ニ価格引揚ヶ製本書肆頗ル迷惑之趣相聞候依而ハ今日定価之改

正も難致ニ付現今金六銭之印税五銭ニ逓減之儀……[38]

印税の値下げは普通、教科書を廉価に供給し以て教育の普及に資するという名分の下に行なわれる。しかし、この例に見るように、実際には書肆に実損を負わせない意味があった。つまりコスト増は印税分で相殺し、定価を据置くというわけである。或いは、明治前期の特色である官による民業保護育成の意識が、こんなところにまで及んでいたと解すべきか。

㈺運転資金の必要度は事業が拡大するほど大きくなる。『小学生徒必携』で当てた三木佐助は「発売後始終売切と云ふ勢です何に致せ活版物とは事変り木版手摺でやるのですから数名の職工が昼夜刷通しては居るものゝさう〳〵多数の注文には応じ兼ねますので、毎日〳〵あちらからもこちらからも、陸続と催促にやって来ますので店の者は何れも眼を廻す位でしたが、廻らぬものは矢張り金で、あちらへ往っても現金、現金でなければ紙屋も紙を売っては呉ませぬので、誠に困却を極めました」[39]とリアルな回想を残している。

公文書で見る限り長島は、金員拝借願を三度、即ち明治十三年六月（一〇〇〇円）、同十二月（上記の延期願）、明治十四年一月（八〇〇円）、明治十五年十二月（一〇〇〇円）提出し、いずれも五〜六分程度の利子で貸下げを受けている。

金員拝借願

北足立郡鴻巣宿

御用書肆　長島為一郎

一、金　千円

右ハ本県御蔵版古今紀要及地誌略郡誌略等先般私方より製本弁売捌元被仰付候ニ付精々仕候処漸次盛大ニ相成難有仕合セ得候然ルニ御管内之広キ其上他県之教則にも採用可相成景況ニ付猶一層盛大ニ製本致置不申候而ハ差閊ニ相成可申依而目下数千部製本罷在候得共秋季ニ相成候ハゝ紙類今一般高価之模様も有之左候得ハ製本売先も自然高価にも相成可申候間此際半紙仕入置申度折柄何分資金ニ□支不任其意候間何卒頭書之金額安利ヲ以テ御貸下ケ被成下度奉願上候御聞届ニ相成候上ハ相当之地所抵当ニ仕本年十二月限元利悉皆返納可仕候間特別之御詮議ヲ以御許可被成下度此段奉懇願候也

右

明治十三年六月十八日

北足立郡小谷村

願人　長島為一郎㊞

親類　長島又一郎㊞

埼玉県令白根多助殿

この回を含め共通する点は「紙類買入れ等の為多分の資本を要」することで、紙相場をにらんでいるしたたかな出版者の顔をのぞかせている。貸下金は書肆から上納された蔵版印税の積立金から充当したから、県当局も直接にはフトコロが痛むわけではなかった。

県下には他に、習字本を出している明文堂菅間定治郎や藤屋源助などの有力書肆があったが、金員拝借願は残っていない。実際に出さなかったのか、それとも散逸したのかは不明だが、これが御用書肆の最大の特権であることだけは確実であろう。

## 三　東京府蔵版教科書の実態

### （一）東京府の教科書編纂方針

前項では埼玉県の蔵版教科書刊行過程の検討により、明治前期における出版の様相を具体的にかなり明らかにすることが出来た。

しかし、これを以て一般化と速断するには、まだ十分とは言えない。何故なら、埼玉という一地方に特殊に現われた事象かも知れないからである。そこで本章では、東京府蔵版教科書の場合を見ていき、それと比較対照し、且つまた必要な補正を加えヨリ一歩一般化への途を模索してみたい。

言うまでもなく東京は首都であり、同時にまた江戸中期以来出版活動の中心地でもあった。従って、書肆のおかれている条件は大幅に異なっている。一書肆が独占的な地位をしめている埼玉とはちがい、何よりも市場が大きく、その中で多数の有力書肆が競合する世界であることをまず念頭におきたい。

教科書の制度化が次第に進んでいくことは先に述べた。とくに明治十三年末の改正教育令はこの傾向に拍車をかけるものであった。これをうけて東京府でも新たな方法[*40]を以って教科書編纂に着手することになった。

一　小学教科書ノ内編纂ヲ要スヘキ書目并冊数左之通

連語図　凡八九図
東京府地誌　二冊　本書ハ既ニ当課ニ於テ編纂イタシ候ニ付文字ノ修正ニ止ル
地理書日本万国　二冊
日本略史　四冊
博物書　三冊
生理書　二冊
物理書　三冊
経済書　三冊

一、前項書籍は各科専修ノ者ヲ選ミ編纂ヲ托シ尚其科ニ長スル学士ノ校正ヲ乞ハシムヘキ事

但編纂校正トモ凡一葉ニ付金壱円五拾銭ノ見積ヲ以テ謝儀トシテ相贈リ可申事

一、前項書籍編纂出来ノ上ハ版下彫刻製本発売トモ書肆ノ実直ナル者ニ托シ而テ編纂費ノ外費用ハ書肆ニ於テ自弁セシメ売上高ニ応シ其益金ノ半額若クハ三分ノ一以上ノ金員上納為致ヘキ事

但書肆ニ托スルノ際版下彫刻用紙等粗悪ノ儀無之様其他発売年限等数条ノ約束取結候事

一、前項書籍ノ定価ハ編纂版下彫刻用紙製本費等ノ原価ヲ見積リ可成廉価ヲ旨トシ一本ノ価何程ト相定メ候事
一、書籍編纂資金ノ儀金弐千円以内トシ之ヲ以テ漸次着手スヘシ其金員ハ学資金ノ内ヨリ支出相成度事
一、書肆ヨリ上納スル所ノ金員ハ編纂資金ノ内ヘ繰入レ置追テ償却ノ方法相立ヘキ事
　但編纂資金償却相立候上ハ分版差許サレ度事
一、前項書籍編纂版下彫刻製本費及定価等凡積左之通
書籍壱部　四拾枚ノ見積
　金六拾円　編輯費
　　但壱枚ニ付金壱円五十銭
　金六拾円　版下彫刻費　内十枚図入ノ見込
　　但壱枚ニ付金壱円五十銭
合金百二拾円
　此金円ヲ五千部ニ割付レハ壱冊ニ付金弐銭四厘
金弐銭四厘　一部ノ編纂彫刻版下
金六銭　同　製本并紙摺手間
金壱銭六厘　同　売捌手数料
合金十銭
　此金円ヲ以テ一部ノ定価トス
右ハ五千部ノ見積ニ付其巳上ノ売上ケ金ヲ以テ純益トス

この結果、『東京府地理教授本』（明治一五年四月、発売人・石塚剛介）、『小学博物教授本』（明治一六年六月、発売人・青木輔清）など各種の府蔵版教科書が編纂・発売された。このうちには出版過程を見るのに好都合な一件書類の残っているものがある。全部を紹介することは繁雑なので、原稿から納本までの過程が最も明瞭にうかがえる『小学物理教授本』[41]（明治一八年七月　発売所　博聞社）の例を中心に検討してみる。

## （二）東京府蔵版教科書の出版過程

### 原稿の完成と発注先の決定

明治十八年三月十七日　三等属　庵地保
学務課
小学用図書出版伺
小学用物理書編輯之儀曽テ理学士鮫島晋ヘ委託相成候末先般脱稿相納候ニ付夫々取調候処不都合之廉無之候間小学物理教授本ト表題シ出版発売之儀京橋区銀座三丁（ママ）目博聞社ニ御申付相成度尤同社ハ相応ニ身元有之候者之私社ニシテ書籍出版等手広ク営業致居候ニ付本書出板ニ関シ候トモ将来不都合之廉無之存候若御裁可之上ハ同社召換之上予テ伺定相成居候契約之手続夫々履行可為致先以此段相伺候也
　追テ該書発売価格並検印料ハ費用決算之上割合相定更可伺此段申候也

鮫島晋へ委託した原稿が完成し、その内容チェックが済み、書名が決まると、博聞社に発注する運びとなる。

### 出版発売願・契約書の提出

小学物理教授本出版発売之儀ニ付願

御府版権御所有之小学物理教授本出版製本並発売之儀弊社へ被仰付右ニ関スル諸費一切負担仕候ニ付其費用償却不致間ハ他へ分版飜刻等認可不相成様仕度別紙契約書相添此段奉願候也

銀座四丁目壱番地　博聞社副長
股野　潜㊞

明治十八年三月廿七日

東京府知事芳川顕正殿

入紙
収印　契約書

今般御府ニ於テ御編纂相成候小学物理教授本出版製本並ニ発売之儀弊社ニ被仰付候ニ付テハ右ニ関スル一切之諸費ハ勿論弊社ニ於テ負担致シ右之条々契約仕候

第一条　版下ハ能書ノ筆耕ヲ撰ヒ文字ノ格ヲ正シ決シテ略字ヲ用ヰルヿナク若シ図画ヲ挿入スル所アレハ務メテ真影ヲ模写セシムヘキヿ但版下ハ前以テ文字図画ノ見本ヲ作リ学務課ノ検閲ヲ経テ御認可ノ上ニ非サレハ着手不致事

第二条　版下出来ノ上ハ一応学務課ノ検閲ヲ経テ彫刻着手可致事

第三条　文字ノ彫刻ハ専ラ鮮明ヲ主トシ殊ニ図画ヲ挿入スル所アレハ陰映ヲ失ハサル様可致事

第四条　彫刻出来ノ上ハ校合摺ヲ以テ学務課ノ検閲ヲ経御認可ノ上製本着手可致事

第五条　用紙ハ堅質ノ半紙ヲ以テ之ニ充テ決テ軟弱ノ紙質ヲ用ヰ又ハ粗造ノ製本ヲ為サヽルヿ但製本ノ体裁ハ御指図ニ従フヘキ事

第六条　製本出来ノ上ハ毎部学務課ノ御検印ヲ請フニ非サレハ決シテ発売致サヽル事

第七条　発売定価幷ニ検印税金額ハ別段ノ伺書ヲ以テ之ヲ定ムヘキ事

第八条　製本ノ上ハ発売前ニ於テ十部ヲ上納可致事

第九条　書籍ノ発売ハ成ヘク各書林ニ差出シ置キ購求者ノ便利ヲ計リ可申事

第十条　検印税金ハ毎四ヶ月目ノ末日例ヘハ一月検印ヲ請ヒタル分ハ四月三十日二月検印ヲ請ヒタル分ハ五月三十一日ノ割合ヲ以テ上納可致事　但毎四ヶ月目ノ末日休業日ナレハ其前日可相納事

第十一条　再刻ノ節ハ前以テ学務課ニ届出テ書中御改正ノ廉アルトキハ勿論再刻ノ時ニ非スト雖トモ御改正ヲ要スル場合アルトキハ速ニ御指図ニ随フヘキ事

第十二条　版木ヲ他人ニ譲渡スヘキ場合アルトキハ此契約ヲ相
続スルニ足ルヘキ資格アル者ヲ撰ミ御認可ノ上ニ非
サレハ譲与不致事
第十三条　前条々中一条タリトモ違背候節ハ無代価ニテ版木並
ニ当日迄ノ製本或ハ摺立ノ分本社ニ存在スル分不残
御引揚ノ上発売御差止相成候トモ聊カ異議申間敷事
右之条々確ク相守リ可申事

明治十八年三月廿七日　　京橋区銀座四丁目壱番地
博聞社副長
本主　股野　潜㊞
〔証人二名は省略〕

契約書は既に雛型が出来ていて、文言は他の図書の場合も同じである。書式は證券印税規則改正（明治一七年七月一日施行）により、それまでは證券界紙に記入して提出したものが、一銭の印紙貼付で済むようになった。

内容を見ると、埼玉県の場合とは異なり彫刻・製本上の注意事項や手続が細かく規定されているのに気が付く。これにより、原稿→版下→学務課の検閲→彫刻→学務課へ校合摺提出・検閲・認可→製本→検印→発売、という出版手続が判明する。私版坊刻（民間の出版）の場合は、学務課の代りに蔵版主が入ると見ればよいのではないか。

発売定価、検印税金額を契約時に決めないで、別段に定める点も埼玉県とは異なっている。印刷製本作業が進み、ある程度見通しがついた段階で積書を提出するということであろうか。また、検印税の納入が四ヵ月毎の清算というのも興味深い。当時の商習慣を踏まえた上でのことなのかどうか。埼玉県の方ではこの条件を欠くだけに貴重である。

## 原稿の受領

「小学物理教授本　御原稿三冊　右御下渡相成正ニ拝受致候也」との領収書を四月一日に提出。いよいよ彫刻、製本の作業にとりかかることになる。その手順は前述した。この製作期間がどの位かかるかについては目下確証はない。恐らく見本が出来た段階で検印料と定価を取り決めると思われるから、この本の場合は二ヶ月半ということか。

## 検印料並定価の取り決め

小学物理教授本検印料幷定価取極願
御府御蔵版小学物理教授本別紙積書之通ニ御座候間御検印料壱冊ニ付金五厘五毛四糸余即チ編輯料ヲ五千部ニ割合にて金額相納定価金拾弐銭ツヽニ発売仕度此段奉願候也
東京銀座四丁目壱番地　博聞社副長
股野　潜㊞
明治十八年六月廿日
東京府知事渡辺洪基殿

小学物理教授本積書

一金八拾三円弐拾銭　全三冊編輯費
　此金五千部ニ割合壱冊ニ付金五厘五毛四糸余
一金百六拾弐円八拾壱銭五厘　全三冊出版費
　此金五千部ニ割合壱冊ニ付金壱銭〇八毛五糸余
　内訳
金拾壱円四銭　九十弐枚板下認料
　壱枚ニ付金拾弐銭
金四円五拾七銭五厘　六十壱□図画板下
　壱□ニ付金七銭五厘
金百四拾七円弐拾銭　本文袋扉共総計
　九十弐枚彫刻料
　壱枚ニ付金壱円六十銭
定価壱冊ニ付金拾弐銭
内
金五厘五毛四糸余　編輯費
金壱銭〇八毛五糸余　出版費
金三銭五厘〇九糸余　半紙二十八枚六分余
　其他附属品壱弐
金五厘三毛八糸余　同上摺手間
金八厘五毛　表紙及仕立料
〆金六銭五厘三毛六糸余
差引
金五銭四厘六毛四糸余　売捌手数料
右之通御座候也
東京銀座四丁目壱番地　博聞社　社印

この願出を調査した学務課と会計課は不都合なしと判断し、六月廿二日「書面願之趣聞届候条検印料之儀ハ契約書第十条之手続ニ従ヒ一冊ニ付金六厘上納可致事」と指令した。

**出版版権届及び納本**

『小学物理教授本』が出来上ったので、七月三十日学務課と庶務課は版権届と納本の件につき次のような文案を伺出た。

内務卿宛　長官
出版々権御届
一、小学物理教授本　全三冊　絵図入 半紙本
　明治十八年七月出版
右本府平民鮫島晋江物理ノ大略ヲ編輯為致候教授本今般当府ニ於テ出版致度尤モ版権ヲ有シ候条此段及御届候也

総務局長代理宛　長官
納本御届
一、鮫島晋編　物理教授本　半紙本全三冊
　壱冊定価金拾弐銭
右ハ明治十八年七月出版々権及御届候処今般刻成候ニ付三

部納本候也

更にこれは、内務省「出版書目月報」九二号（明治一八年八月）三ページに「中本三冊　定価三十六銭」と登載された。

以上、日付を追って出版過程を見てきた。これには作業工程の目安を得るという一つの狙いがあった。比較のため他の例をあげてみよう。

『東京府地理教授本』一冊（明治一五年三月版権所有）
三月七日　契約草案作成（これがその後の雛型となる）
三月二十四日　文海堂・石塚剛介に発注決定
三月三十一日　契約書提出（四月四日決裁）
四月二十八日　検印料弁定価取り決め（この日、別仕立分出来、課内供覧）
四月三十日　図書出版

『小学博物教授本』三冊（明治一六年六月二八日版権届）
一月二十二日　青木輔清より発売願書提出
二月六日　契約書提出（二月九日決裁）
六月二十一日　検印料并定価取り決め
六月二十五日　版権届及び納本の起案

なお、青木輔清の本には誤謬があって明治十八年三月に改訂版が出版された。

しかし、この方法は必ずしも成功したとは言えない。①書肆の繁暇、②出版物の厚薄、印刷技術上の難易、③役所内の事情、例えば稟議に要する時間、などにより日程は大幅に伸び縮みするからだ。

『小学物理教授本』（上巻三二丁、中巻二五丁、下巻二六丁）の場合は、原稿下渡しから完成まで早く見て二ヵ月半、納本の日付とすれば四ヵ月を要したことになる。ケースは異なるが、吉川半七が『西洋染色法』*[42]という活版洋本五〇〇部を十五日間で総仕上げした例もある。従って製作行程の一般化はかなり困難である。

次に一冊当りのコストの問題を検討してみよう。

(イ)埼玉に比べ最も顕著なのは編輯費の存在であろう。これが執筆者への原稿料に相当することは方針の第二条（一一八ページ）により確かである。むしろ埼玉に無いことの方が不思議な位である。恐らく著編者の大半が学務課内の職員であったため、支払われなかったのだろう。開板代（彫刻費）は、府の場合は書肆の負担、埼玉では県が持つ、但、「印刷夥多ナルヲ以テ頗磨滅致シ」*[43]再刻又は改版する場合には書肆の負担となった。上納する印税は共にこれらの償却費と見なしてよく、府と県で金額に大幅な差があるのは、発行部数（府は五〇〇〇、県は一〇〇〇部）の違いが大きな理由と思われる。

(ロ)銅版、色刷り等特殊な技術が加味された場合のコストはどうなのか。一例を『東京府地理教授本』*[44]（本文三四丁、郡区町村名九丁、色刷銅版地図二枚）で見てみよう。一冊の定価拾三銭五厘の内訳は次の通り。

金八厘八毛八糸　編纂料償却金額　検印税納分
金壱銭八厘弐毛五糸　板木彫刻費
金四銭七厘　紙代
　但し半紙四十六枚西洋紙弐枚代共
金八厘　表紙並仕立代
金六厘九毛　半紙四拾六枚摺賃
　但千枚ニ付金拾五銭ノ割
金三厘五毛　色板摺手間
金弐厘　全図弐枚銅板摺代
〆金九銭四厘五毛
差引
金四銭五毛　手数料

やや細かい話になるが、当時の技術上のコスト（彫刻の難易度により手間代に差ができる）を知るため、板木彫刻費の内訳を示す。

一金九拾壱円弐拾五銭
此金五千部ニ割合ヒ一部ニ付　金壱銭八厘弐毛五糸トナル
内訳
金四拾五円五拾銭　図入ノ分幷郡区名
　但壱丁ニ付金壱円七拾五銭宛　弐拾六丁分彫刻及ヒ板代共
金拾六円弐拾銭　十行弐十字ノ分
　但壱丁ニ付金九拾銭ツヽ　十八丁分同断
金壱円八十銭　外題奥付分
　但壱丁ニ付金九拾銭ツヽ　弐丁分同断
金七円　管内全図銅板代
金五円　武蔵全図同断
金弐円　前同断　色板代
金五円弐十五銭　板下筆耕料
　但十行弐十字分一枚ニ付金十五銭ツヽ三十五枚分
金弐円弐十五銭　右　同断
　但郡区町村名分一枚ニ付金弐十五銭ツヽ九枚分
金弐拾五銭　右　同断
　但奥付一枚分
金弐円六拾銭　右　同断
　但全図書入レ一枚分
金三円四拾銭
　但挿入画一枚ニ付金弐拾銭ツヽ十七枚分
合計本行之通

字だけ（十行弐十字ノ分）の丁は安く、図入りの丁及び彫刻が密な郡区町村名の丁は約倍額である。銅版代や銅版摺代が具体的にわかったのも興味深い。色刷の場合は色版で重ね刷りをするわけだから手間賃が通常摺代に比べ相当に高いのは当然であろう。ながめていると色々読みとれて想像力を刺激される。

(ハ)紙代と人件費　紙代が定価に占める割合は三〇パーセント以上で、ウェイトが大きい。埼玉の場合も同様であることは既に述べた。大量に消費する以上は、紙類の値段に敏感になるのは当然であろう。長島為一郎のように借金までして安値のうちに買い込んでおくというのもまた一つの才覚というべきだ。

　これに反して人件費は相対的に安いと思う。無論、ここへ今日的感覚を持ち込んではならないのであるが。教科書出版がいつまでも労働集約的な整版印刷を続け、活版印刷への移行が遅れたのも、一因はこの労賃の安さにあったと思われる。

(ニ)売捌手数料の大きさにも注目させられる。いわばこれは書肆のウマミに当たる部分であるが、教科書の場合は一回の部数が多いから相当な収入になることは確実だ。『小学物理教授本』を例にとれば、単純計算で五銭四厘×三冊×五〇〇〇部＝八一〇〇円となる。教科書出版者が大をなしていくメカニズムは、恐らくここら辺にあるように思われる。

## 結び——東京割引銀行の設立と出資者層

　以上述べたように、明治前期に於ける出版は量的に見た場合、①出版点数、②発行部数の両面で、教科書出版が圧倒的な比重を占めていることが明白になった。これはとりもなおさず、商品としての扱い高が最も多かったわけで、個々の書肆にとっては資本の蓄積、出版界総体としては流通の整備が進み、来るべき二十年代の飛躍を準備したと考えられる。いわば腐養土の役割を果たしたと言えよう。

　この事実はまた当時の出版界の勢力分布からも傍証できる。例えば、明治二十年十二月東京書籍商組合の創立にあたり、初代の頭取、副頭取をそれぞれ、原亮三郎（金港堂）、小林義則（文学社）が占めたことは容易に思いつくことである。更にこれをヨリ広範囲に妥当する史料で裏付けてみよう。

●東京割引銀行　書籍営業者の便利を謀るの目的にて一の銀行を設立せんとするの企望ある由は兼ねて聞きたる所なりしか発起人諸氏は此程愈仮定款を作りて之を世上に頒布したり此銀行は資本金五十万円を募りて専ら手形割引の業を営むとの事なれば愈開店の場合に至れは書籍営業人には大なる便利を与へ従て学者に書籍を供給するの道も一層開けて間接に教育上の裨益を為すこと大なるへし（『教育時論』一〇三号　明治二一年二月二五日　三一ページ）

　幸いこの一件書類[*45]は今日まで残っており、原亮三郎を総代とする発起人一三人の連署を以て二月二十日東京府へ提出された創立願書および添付の発起人所有株数は次の如くである。

今般私共発起人ト為リ別冊定款之通東京割引銀行ヲ創立シ広ク商業家ノ便利ヲ図リ諸手形割引ノ業ヲ相営度候間銀行創立ノ義御聞届ケ被成下度此段奉願候也

〔以下発起人十三人の連署、および日本橋区長の奥印は省略〕

事業の具体的な内容は別冊の仮定款第四条にうたわれている。

当銀行ノ営業ハ書籍営業者及ヒ其他確実ナル営業者ト取引スル要目左ノ如シ

一、約束手形ノ割引
一、為替手形ノ割引
一、荷為替
一、版権刻版抵当貸付
一、公債証書及ヒ信用アル銀行会社株式其他確実ナル抵当貸付
一、諸預リ金

今日から見ると、出版業への融資を目的とする銀行の出現自体一つの驚きである。出版業の地位の高さを思うべきだが、こ

| 金額 | 株数 | 住所 | 姓名 | 出版社又は職業 | 出版者の族籍 |
|---|---|---|---|---|---|
| 四万円 | 四百株 | 本所区本所千歳町四十六番 | *川崎　八右衛門 | (実業家)川崎銀行頭取など | |
| 四万円 | 四百株 | 日本橋区本町三丁目十七番 | *原　亮三郎 | ◎金港堂 | 士族 |
| 三万円 | 参百株 | 神田区佐久間町三丁目八番 | *初鹿野市右ヱ門 | (実業家)甲信鉄道事業など | |
| 三万円 | 参百株 | 京橋区竹川町十三番 | *白井練一 | ○共益商社〈文部省蔵版図書売捌所〉 | 士族 |
| 三万円 | 参百株 | 同　区桶町拾四番 | *川崎東作 | (実業家)第九十五国立銀行取締など | |
| 三万円 | 参百株 | 神田区佐久間町三丁目八番 | *小野金六 | (実業家)第九十五国立銀行副頭取など | |
| 弐万五千円 | 弐百五十株 | 日本橋区本町四丁目十六番地 | *小林義則 | ◎文学社 | 士族 |
| 弐万円 | 弐百株 | 深川区富岡門前仲町四十九番 | *古川豊彭 | 金融業(富岡八幡宮司) | |
| 弐万円 | 弐百株 | 下谷区練塀町拾四番 | *辻　敬之 | ◎普及舎 | 士族 |
| 弐万円 | 弐百株 | 芝区三田壱丁目三十五番 | *長尾景弼 | 博聞社 | 士族 |

東京割引銀行発起人所有株数

| | | | | | |
|---|---|---|---|---|---|
| 壱万円 | 壱百株 | 本郷区湯島新花町九十弐番 | 米林　俵作 | （銀行家）第九十五国立銀行取締役 | |
| 壱万円 | 壱百株 | 日本橋区馬喰町弐丁目一番 | ＊石川　活三 | ◎石川書房 | 平民 |
| 壱万円 | 壱百株 | 同　区通旅籠町十一番 | ＊小林　八郎 | ◎集英堂 | 士族 |
| 五千円 | 五拾株 | 神田区末広町壱番 | 小林　近一 | （銀行家）第九十五国立銀行支配人 | |
| 五千円 | 五拾株 | 日本橋区通三丁目十四番 | ＊小柳津　要人 | 丸善 | 士族 |
| 五千円 | 五拾株 | 同　区本石町弐丁目十六番 | 覚張　栄三郎 | 明三閣 | 平民 |
| 五千円 | 五拾株 | 同　区久松町十五番 | 原田　庄左衛門 | ○博文堂 | 平民 |
| 五千円 | 五拾株 | 同　区伊勢町十番 | 平光　茂兵衛 | （廻漕業） | |
| 五千円 | 五拾株 | 日本橋区蠣売町一丁目三番 | 横井　孝助 | （株式商） | |
| 五千円 | 五拾株 | 京橋区銀座四丁目一番 | 股野　潜 | 博聞社副長 | 士族 |
| 三千円 | 参拾株 | 芝区三田四国町弐番 | 安藤　浩 | （銀行家）川崎銀行 | |
| 三千円 | 参拾株 | 日本橋区吉川町五番 | 塩島　一介 | 島　屋 | 平民 |
| 三千円 | 参拾株 | 神田区小川町十八番 | 大平　俊章 | 日進堂 | 平民 |
| 三千円 | 参拾株 | 京橋区銀座一丁目十三番 | 長谷部　仲彦 | ◎十一堂 | 平民 |
| 三千円 | 参拾株 | 日本橋区通四丁目五番 | 和田　篤太郎 | 春陽堂 | 士族 |
| 三千円 | 参拾株 | 同　区通塩町八番 | 宮川　保全 | ◎中央堂 | 士族 |
| 弐千円 | 弐拾株 | 本郷区湯島切通坂町八番 | 小立　鉦四郎 | 南江堂 | 士族 |
| 弐千円 | 弐拾株 | 日本橋区本町弐丁目一番 | 日下部　三之介 | ◎東京教育社 | 士族 |
| 壱千円 | 拾株 | 京橋区銀座弐丁目八番 | 山中　孝之助 | 井洌堂 | 平民 |
| 壱千円 | 拾株 | 麹町区麹町三丁目十九番 | 石塚　徳次郎 | ◎文海堂 | 平民 |
| 合計 | | | | | |
| 三拾七万四千円 | 三千七百四十株 | | 三拾人 | | |

れは産業革命にまだ至らない時代においては、商業資本が相対的に優位にあったことを物語るものと解し得よう。この銀行の設立にまつわるゴタゴタや、その後の経営活動については、当面の主題と関係がないので割愛する。

注目すべきは、創立願書に添付された前ページのリストである。なお、人名に付した＊印は創立願書に連署した発起人。二重線以下の備考は筆者の注記である。

有力書肆のいくつかがこのリストからもれている可能性はありそうだ。恐らく、何等かの事情で賛同しなかったか、又は実際に金銭の負担能力がなかったかであろう。一〇〇〇円以上を出資可能な財力のある書肆のうち、教科書出版を専業にするもの（◎印）、および教科書のウェイトが高かったもの（○印）が、過半を占めたことは、これ迄長々述べたこと、即ち明治前期に於ては教科書出版が主流であったこと、を裏付ける何よりの証拠となる。

族籍を調べて一定の傾向を探る試みは、既に明治の実業家について土屋喬雄が行なっているが、これにならった出版人の悉皆調査は今後の課題である。このリストだけではサンプル数の少ない不満は残るが、ほぼ似たような結論（一〇五ページ参照）が出たことも興味深い。世に〝士族の商法〟とは慣れないことをするたとえであったが、どうやらこと出版業に関しては士族の商法がまかり通った。というよりは知識人にふさわしい仕事というべきであろうか。

最後に今後の課題について触れる。

明治前期に於ける出版機構の実態解明はこれに尽きるものではない。むしろやっと緒についたというべきである。近代出版史はややもすると、東京中心になってしまうが、三都以来の伝統ある京都、大阪の実情はどうなのか、また各地方における掘りおこしも必要であろう。これらの個別研究が揃った上で初めて、全体像の構築が可能になると思われる。

教科書出版に関しては、引き続き明治十九年以降、検定時代の実態を明らかにすること。この場合、①教育をめぐる政治の問題、とくに教科書制度が政争の具となったこと、単なる制度史ではなく、錯綜した政治家――行政当局――教育団体（教員）――書肆――父兄生徒間のせめぎ合いを時代背景として視野に入れておく必要がある。②教科書の採択方法が府県単位の広域採択になったことにより、(イ)寡占化の進行――資力・情報力のある中央の有力書肆の伸長、逆に長島為一郎など地方書肆の衰微、没落、(ロ)活版による大量印刷の必要、(ハ)流通の二分化――一般図書と教科書供給ルートの分化、などが留意すべきポイントとなろう。

〔註〕

＊1　代表的なものに、仲新『近代教科書の成立』（講談社　昭和二四年／複製版　日本図書センター　昭和五六年）、唐沢富太郎『教科書の歴史』（創文社　昭和三一年）、海後宗臣等『近代日本教科書総説』（講談社　昭和四四年）、井上赳『小学読本編纂史』（岩波講座国語教育

昭和一二年）など。

＊2 箕輪成男「科学以前・科学以後—出版学方法序説」（『出版研究』10　昭和五四年一二月）二七—二八ページ

＊3 山本武利『近代日本の新聞読者層』（法政大学出版局　昭和五六年）三〇—三一ページ。これは本来新聞史研究についての批判なのであるが、所謂近代出版史にも驚くほどよく当てはまる。

＊4 『弥吉光長著作集4　明治時代の出版と人』（日外アソシエーツ　昭和五七年）にまとめられている。

＊5 長尾政憲「「福沢屋諭吉」の生成課程について」（『法政史学』25　昭和四八年二月）、「福沢屋諭吉の発展・転換過程」（同26　昭和四九年三月）「明治二年の出版条例成立の意義——福沢屋諭吉研究の一部として」（同29　昭和五二年三月）

＊6 『明治前期文部省刊行誌集成6　文部省雑誌6〜9年』（歴史文献　昭和五六年）一五〇—一五五ページ

＊7 『山口県教育史下』（山口県教育会　大正一四年）一〇四ページ

＊8 『長崎県教育史上』（長崎県教育会　昭和一七年）六二四—六二五ページ

＊9 『和歌山県史　近現代史料8』（和歌山県　昭和五九年）五七一—五七六ページ

＊10 『島根県近代教育史3』（同県教育委員会　昭和五三年）一八九ページ

＊11 埼玉県立公文書館所蔵　文書番号：明一八四三—四一

＊12 文部省布達明治六年一二月八日（第一四〇号）同七年一〇月一四日（第二五号）、など

＊13 三木佐助『玉淵叢話』下　三一ページ

＊14 「朝野新聞」明治一四年三月三日（二三三四号）文部省録事らん。

＊15 文部省布達明治一〇年五月七日（第四号）、同一二年二月二一日（第二号）、同一四年三月一〇日（第一号）、同一四年五月一四日（号外三府三七県）など。

＊16 今田洋三「江戸の出版資本」（『江戸町人の研究3』吉川弘文館　昭和四九年）一八七ページ

＊17 土屋喬雄『日本資本主義史上の指導者たち』（岩波書店　昭和一四年）一五六ページ

＊18 上田徳三郎「製本六十年」（『図解製本』名著普及会　昭和五四年、昭和一六年刊「書窓」特輯「製本之輯」の改題複刻）三四、三六丁

＊19 宗政五十緒「明治初期の図書出版部数——京都、永田調兵衛家の場合——」（『文学』四九巻一二号　昭和五六年一二月）一一九—一二三ページ

＊20 「原亮三郎君伝」（瀬川光行『商海英傑伝』三益社　明治二六年）九ノ五五ページ

＊21 酒井忠誠「暴利書肆」（『油断大敵吃驚叢談』九春社　明治一六年）五五—五九ページ

＊22 野崎左文「明治初期の新聞小説」（『早稲田文学』二二九号　大正一四年三月）三七ページ

　明治十三、四年頃から一旦新聞に出た小説を再び単行本にして売出す事が流行し……それは小説が完結すると其の作者は一旦用いた挿画の古版木を社から貰い受け、その版木と共に新聞切抜きの原稿を売るのであって、書肆は之へ色刷の表紙と木版の序文を添へ、本文はすべて活版にかの古版木の絵を挿入して売出すといふ順序であった。

＊23 『文部省第五年報　明治十年』三一ページ

＊24 加藤三吾『埼玉県人物志』（岩波書店　大正一〇年）二八六—二九〇ページ

＊25 埼玉県立文書館蔵　文書番号：明一八四三—一四一　尚、以下同館文書の場合は文書番号のみを注記する。

＊26 明一八四八—六四

＊27 明一八五二—八六

＊28 明一八四八—一七六

＊29 木村嘉次『字彫り版木師木村嘉平とその刻本』（青裳堂書店　昭和五五年）七〇ページ。なお宮田家代々の伝記については四八—五二ページ

*30 明一八四八―八〇
*31 明一八五二―一〇四
*32 拙稿「検印紙事始――証紙のいろいろ」（『アステ』三　昭和六〇年一一月）二四―二五ページ
*33 明一八四八―一四〇
*34 明一八五二―一二六
*35 『東京市史稿　市街篇』六二（東京都、昭和四五年）一三六―一四〇ページ
*36 明一八五二―一七一
*37 三木佐助　前掲書　二六―二七ページ
*38 明一八五二―一二八
*39 三木佐助　前掲書　一五ページ
*40 東京都公文館蔵『教科書編纂書類　明治一一～一八年』（三）、以後同館文書の引用は簿冊名と件名番号で示す。

　明治十四年三月十二日付学務課と会計課の教科書編纂方法の伺案文は次の通り。

　今般教育令改正ニ仍里小学教則制定公私小学一般ニ御施行可相成筈ニ付而ハ其教科書之如キ可成廉価且完全ナルヲ要シ候義ニ付是迄所用之教科書其他審査有処或ハ一己之私版坊刻ニ属シ其価高直ニシテ貧民之子女購求シ能ハス或ハ用紙等粗悪ニシテ久ニ耐ヘサルノミナラス其字画魯魚焉馬之誤里甚シク且多クハ其編成繁簡宜ヲ得ス授業上不便ニシテ為之教育之運否ニ関スル実ニ尠少ナラサル義ニ付別紙之方法（本文を参照―引用者）ヲ以テ教科書編纂相成候様仕度其資金之義ハ十四年度学資金之内ヨリ支出相成追テ書籍売上高益金ヲ以テ償却之方法相立可申ト存尤文部省編纂ニ係ル教科書之如キハ分版ヲ許サレ自代廉価ナルモノニ付今般編纂ヲ要セサル義ニ候得共別紙書目（一〇五―一〇六ページ参照―引用者）之如キハ他ニ良書無是実ニ差問候義ニ有之御裁可之上ハ編纂人名及書肆条約其他尚取調稟議可仕候得共先ツ此段相伺候也

*41 『教科書編纂書類　明治一一～一八年』四七―五〇
*42 『東京市史稿　市街篇』六四（東京都、昭和四八年）五三五ページ
*43 明一八五二―一七五
*44 『教科書編纂書類　明治一一～一八年』（二〇）、なお実物は東書文庫所蔵本
*45 『稟申録　明治二一年　銀行』（二）

〔付記〕公文書の解読にあたり、木村八重子氏（『近世子どもの絵本集』共編者）から懇切なご指導をいただきました。厚くお礼申し上げます。

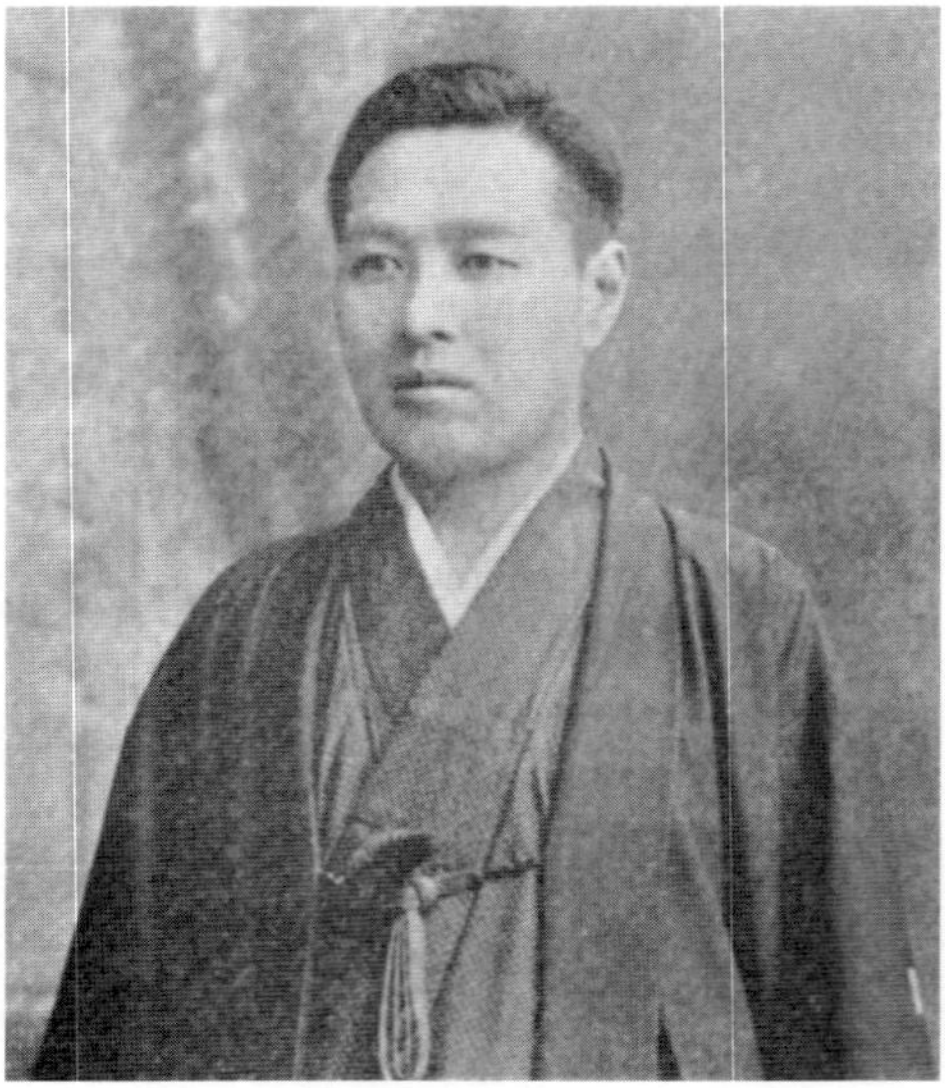

小林一三の大叔父、小林近一
（『実業評論』1899年８月号　口絵）

# 第二章　明治前期小学教科書の製作とその費用──『東京府地理教授本』を一例として

## はじめに

小学教科書の歴史については、唐沢富太郎、仲新、海後宗臣など教育史学者に多くの論著がある。それらは当然ながら教育学の目的に従い、教科内容の変遷や制度史が中心の研究となっている。

ところで小学教科書は、一体どんな著者が執筆し、どのように作られ、それにはどれ位のコストがかかるものなのか。我々が知りたいのは、こうした出版の実態なのであるが、遺憾なことにそこまで踏み込んだ教科書史研究は、ほとんどないに等しいようだ。

この場合最も望ましいのは、民間書肆の記録文書が残っていることである。残念ながら目下のところは、そうした発見は聞いたことがなく、今後に期待するよりは外はない。地方都市には現在でも盛業中の古い書店が少なくない。そうした明治以来の老舗などには史資料が残っていないものなのだろうか。[*1]大方のご教示をお願いしたい。

ここでは、それに代るものとして東京府の公文書を援用した。明治十年代の教科書は、検定時代（明治一九年以降）とは異なり、まだ府や県に裁量の余地が残されていた。例えば埼玉県や東京府では、特定の課目ではあるが独自の教科書を編纂し出版させていた。その具体相はかつて拙稿「明治前期教科書出版の実態とその位置」（『出版研究』一六号　一九八六年三月）で述べたことがある。ただ図版による例解がないため、わかりにくかった。

本稿は明治十年代の東京府蔵版教科書を一例として、[*2]その①著者と著作の報酬、②製作過程、③印刷製本に要する費用、を図版を多用して具体的に見ていき、当時の出版実態の解明に資することを目的としている。なお典拠文書の一覧は巻末の注に一括した。引用文書の件名はいちいち注記する代りに（教4）、などと簿冊の枝番で示した。

## 一　改正教育令と東京府の教科書政策

改正教育令の公布（明治一三年一二月）により、東京府は新たに小学教則を制定し公私小学校一般に実施することとした。

それ迄の教育令（明治一二年九月）は、学制（明治五年）の画一的な中央集権制を改め、教育の権限を地方に大幅に委譲し、教育の地方管理を基本とした。学校の設立や就学義務の強制をゆるめて地方の自由にまかせる方針をとった。この結果は、それ迄築き上げてきた初等教育の成果を後退させ、教育の現場に混乱をひきおこすことになった。

改正教育令は、この《自由教育令》に対する不満と批判にこたえて国家の統制を強化したものである。各府県は文部省の定めた基準に従い、小学校教則や教科書、就学の督促、教員の資格・免許、学校の管理などに詳細な規定を設けることになる(『学制百年史』昭和四七年)。

これを受けて東京府学務課では、新たな教科書政策を打ち出した。その伺案文(教3)を要約すると次の通りである。

教科書はなるべく廉価で完全でなければならないが、従来使用してきた私版坊刻(民間書肆の出版)のものを見ると、①高価で貧民子女には購入できない、②用紙等が粗悪で長く使用できない、③内容では字画の誤りが多い上、編成にも繁簡の宜しきを欠いている。

こうした教科書では授業上不便であるし、教育上の影響も少なくない。そこで別紙の方法をもって教科書を編纂したい。その資金には十四年度学資金を充当し、追々教科書売上益金によって償却する。ただし文部省編纂の教科書は翻刻が許されているし、それ自体廉価でもあるので出版する必要はない。別紙書目の如きは良書がなくて非常に困っているので、是非裁可をお願いしたい。

〔別紙〕

一　小学教科書ノ内編纂ヲ要スヘキ書目幷冊数左之通

| | | |
|---|---|---|
| 連語図 | 凡八九図 | |
| 東京府地誌 | 二冊 | 本書ハ既ニ当課ニ於テ編纂イタシ候ニ付文字ノ修正ニ止ル |
| 地理書 日本 万国 | 二冊 | |
| 日本略史 | 四冊 | |
| 博物書 | 三冊 | |
| 生理書 | 二冊 | |
| 物理書 | 三冊 | |
| 経済書 | 三冊 | |

以下、前項書籍の編纂上の注意、謝儀、書肆への出版委託の条件、契約要件、またそれらの資金は学資金から捻出すること等の五項目がある。六項目には「前項書籍編輯版下彫刻製本費及定価等」のおよその見積があがっている。なお、全文の翻刻は前章一三〇ページに掲載したので、必要の向きは参照願いたい。

## 二　著者村上珍休とその報酬

編纂を要する教科書の執筆は、各々専門家に委嘱された。地誌については、東京府師範学校教諭村上珍休が依頼をうけた。彼は「曽テ自家之編纂ニモ従事致シ且実際教授上之経験モ之有候者ニ付適任」と判断されたのである。著作の条件は「十行二十字凡四拾枚」程度の分量で、その細目や体裁などは追って学務課の担当者と打合わせることになった(教4)。

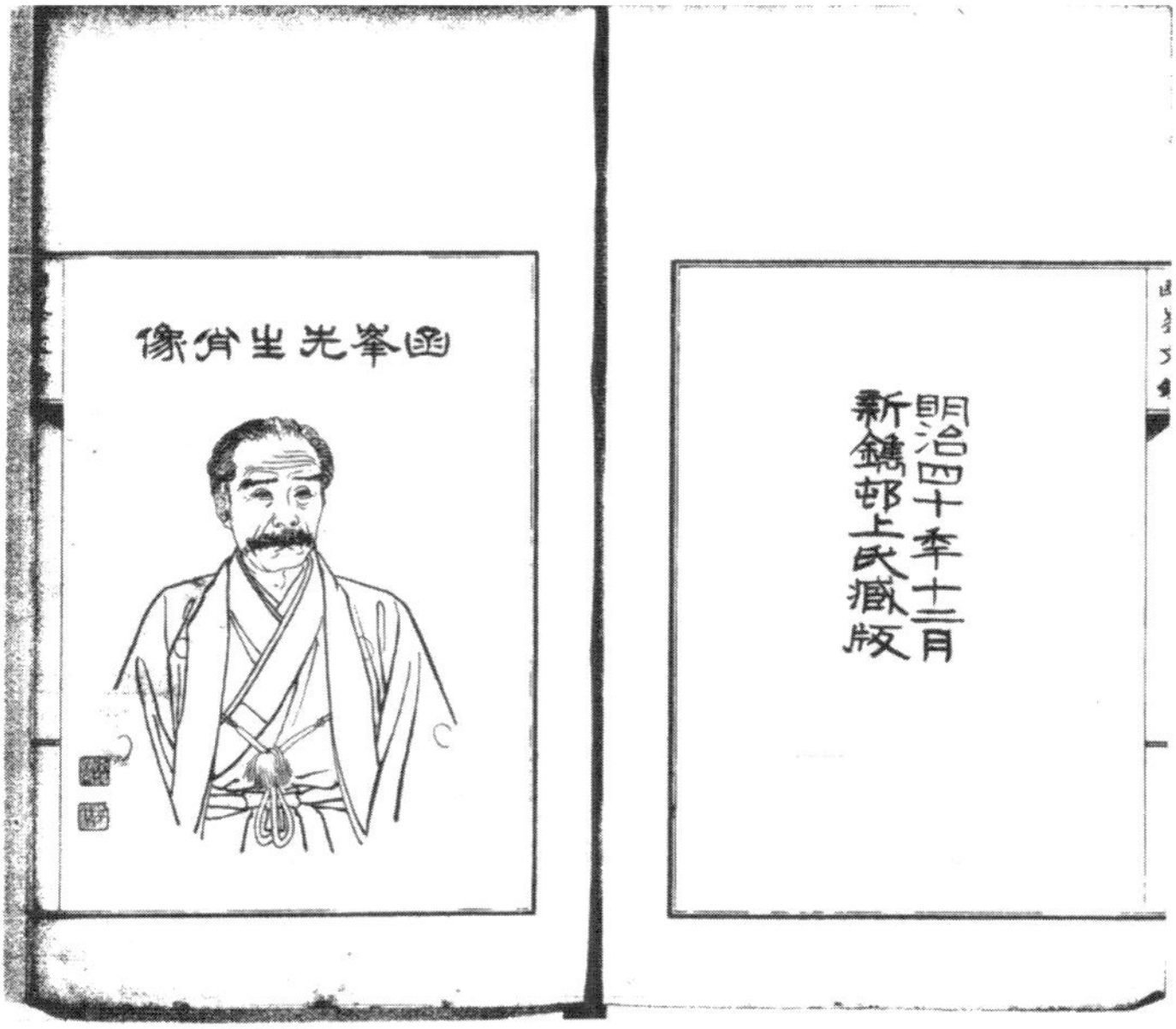


図１　『函峯文鈔』（国立国会図書館蔵）

函峯学人村上珍休（**図1**）には、自費出版の漢詩文集『函峯文鈔』（吉川弘文館　明治四一年一月刊）があり、自序に略歴を述べている。それによると天保十四年小田原生れ。幼い頃から学を好み、江戸に出て鷲津毅堂について経史や詩文を学ぶ。二十四歳の時に藩の儒官となる。藩命により西遊。諸藩の情勢を探り、見聞録を提出した。明治維新後は大学少助教として山梨県に赴任。三年東京にもどり、第一小学大訓導、東京府師範学校教諭などを歴任。十八年長崎県師範学校教諭。二十五年以降は第四高等中学校（後の四高）教授となる。

西洋の学問が日々盛んになる時代に、四十年間大過なく教育に献身できたことを心ひそかに喜んでいる生涯といえた。また、阪谷朗廬、柴原和、依田学海、亀谷行、三島中洲など著名な漢学者との交際もあった。依田学海『学海日録』（岩波書店刊）には、時折村上珍休が顔をのぞかせている。彼は金沢から上京するたびに学海を訪問し、近況を報告したり、地方生活のグチをこぼしたりしていたようだ。

約半年後の十二月二十四日、村上は原稿を完成し、学務課に提出した（「兼テ御依頼相成リ候本府地誌略脱稿候条相納候也」）。

これを受領した学務課は、その内容が平易簡潔で既刊の地誌とは全く面目を一新し、「其名改正ト称スルモ其実新ニ起草致シ候ニ異ラス」（教9）と高く評価した。当初学務課では、既刊地誌の「文字ノ修正ニ止ル」程度の心積もりでいたのである。

この村上の労に対しては「二十字一枚ニ付金壱円宛之割合即卅

九枚ニ付（郡区町村名ヲ除ク）金三十九円報謝致」（教10）すことになった。その謝金は府の書籍編纂費の内から支出された。十二月二十七日報酬金の贈付をうけた村上は、その請書を学務課長に差出した（教11）。

　追って村上の原稿は、仮名の正誤、字画の校正など更に細かい検査が行われる。また、出版前には文部省に回して検閲をうける手筈になっていた。

　挿絵を描いた高橋元亨は中丸精十郎の門弟で、東京府公立学校（青山師範など）の図画教員。彼に対しては図画報酬金として「壱枚金廿銭ノ割ヲ以テ廿七枚分　金五円四十銭」（教17）が贈付された。後述するように『東京府地理教授本』に実際に使用された図画は一七枚である。多目に描かせて、その中から適宜選択したもののようである。

### 三　出版契約書の作成及び、出版売捌方の決定

　村上珍休の原稿は遅くとも三月上旬には文部省の内閲が済み、不都合の廉なしとのお墨付きも得ていた。府学務課は出版と発売を書林に委託するばかりとなった。それには先ず出版委託の諸条件を取り決める契約書の整備が必須である。五等属庵地保が起案した草按（明治一五年三月七日、教14）は、左の箇所を除きほぼ原案通り承認された。それがこれ以降、府蔵版教科書の出版契約書の雛型となる。

第七条　発売定価並ニ（検印（朱）〃）板権税金額~~（印紙御払下ノ代金）~~（朱線松田）ハ別段ノ伺書ヲ以テ……

第十条　（検印（朱）〃）板権税金~~（印紙御払下ノ代金）~~（朱線松田）ハ毎四ヶ月目ノ……

朱を入れたのは府知事松田道之であろう。検印税とは今日流に言えば著作権使用料に当たる。府蔵版教科書の場合は、村上の原稿料と高橋の図画代の合計金額を発行部数（五千部）で割り返したものが検印税額となる勘定である。「印紙御払下ノ代金」の箇所が抹消されているのも面白い。検印税納付の証明（これは同時に真版の保証をも意味する）として、当初は証紙（印紙）の交付が考えられていた。この方法は埼玉県や文部省の蔵版教科書に見られる。東京府では「印紙ハ不可然従前ノ検印ヲ用ユベシ」として、朱色の見返し紙に「東京府／学務課」の朱印を押捺（図4）するやり方をとった。

　三月二十四日出版売捌の請負い先は麹町三丁目書肆石塚剛介（文海堂）に決まった。身元がたしかの上、学務課の本旨をよく理解しているというのがその理由であった（教15）。石塚は麹町地区の名望家のようで、明治初年東京府に大区制が敷かれた時には、第三大区一小区年寄となっている。また明治二十二年に区会がひらかれると、区会議員を長く勤め、区会副議長や区長（明治三〇年四月—三二年六月）にもなった。明治三十八年九月死去（『麹町区史』昭和一〇年）。こうした役人としての経歴は、

東京府出版事業の請負いに有利な条件となったことは明白であろう。

## 四　出版発売願・契約書の提出

三月三十一日石塚剛介から契約書を添えた出版発売願が提出され、四月四日「書面願之趣聞届候事」と許可がおりた（教16）。

　東京府地理教授本出版発売ノ儀ニ付願
御府版権御所有ノ東京府地理教授本一巻／出版製本幷発売ノ儀私へ被仰付右ニ関スル／諸費一切負担仕候ニ付其費用償却不致／間ハ他へ分板翻刻等御許可不相成様仕度／別紙契約書相添此段奉願候也
　明治十五年三月三十一日
　　麹町三丁目十九番地／石塚徳次郎方同居／石塚剛介㊞
東京府知事松田道之殿

〔別紙〕契約書（図2）
　契約書
今般御府ニ於テ御編輯相成候東京府地理教授本出版製本並ニ発売之儀弊店ニ被仰付候ニ付テハ右ニ関スル一切之諸費ハ勿論弊店ニ於テ負担致シ左ノ条々契約仕候

第一条　版下ハ能書ノ筆耕ヲ撰ミ文字ノ格ヲ正シ決シテ略字ヲ用ヰルヿナク若シ図画ヲ挿入スル所アレハ務メテ真影ヲ模写セシムヘキヿ但版下ハ前以テ文字図画ノ見本ヲ作リ学務課ノ検閲ヲ経テ御認可ノ上ニ非サレハ着手不致事
第二条　版下出来ノ上ハ一応学務課ノ検閲ヲ経テ彫刻着手可致事
第三条　文字ノ彫刻ハ専ラ鮮明ヲ主トシ殊ニ図画ヲ挿入スル所アレハ陰映ヲ失ハサル様可致事
第四条　彫刻出来ノ上ハ校合摺ヲ以テ学務課ノ検閲ヲ経御認可ノ上製本着手可致事
第五条　用紙ハ堅質ノ半紙ヲ以テ之ニ充テ決シテ軟弱ノ紙質ヲ用ヰ又ハ粗造ノ製本ヲ為サヽルヿ但製本ノ体裁ハ御指図ニ従フヘキ事
第六条　製本出来ノ上ハ毎部学務課ノ御検印ヲ請フニ非サレハ決シテ発売致サヽル事
第七条　発売定価幷ニ検印税金額ハ別段ノ伺書ヲ以テ之ヲ定ムヘキ事
第八条　製本ノ上ハ発売前ニ於テ十部ヲ上納可致事
第九条　書籍ノ発売ハ成ベク各書林ニ差出シ置キ購求者ノ便利ヲ計リ可申事
第十条　検印税金ハ毎四ヶ月目ノ末日例ヘハ一月検印ヲ請ヒタル分ハ四月三十日二月検印ヲ請ヒタル分ハ五月三十一

日ノ割合ヲ以テ上納可致事　但毎四ヶ月目ノ末日休業日ナレハ其前日可相納事

第十一条　再刻ノ節ハ前以テ学務課ニ届出テ書中御改正ノ廉アルトキハ勿論再刻ノ時ニ非スト雖モ御改正ヲ要スル場合アルトキハ速ニ御指図ニ随フベキ事

第十二条　版木ヲ他人ニ譲渡スベキ場合アルトキハ此契約ヲ相続スルニ足ルベキ資格アル者ヲ撰ミ御許可ノ上ニ非サレハ譲与不致事

第十三条　前条々中一条タリトモ違背候節ハ無代価ニテ版木並ニ当日迄ノ製本或ハ摺立ノ分本店ニ存在スル分不残御引揚ノ上発売御差止相成候トモ聊ヵ異議申間敷事

右ノ条々確ク相守リ可申事

麹町区麹町三丁目十九番地

石塚徳次郎方同居

明治十五年三月三十日　　本主　　石塚剛介㊞

〔證人二名は省略〕

契約書は東京府学務課作成の雛型通りである。書式は證券界紙に記入されている。当時の規則では、金高記載のない約定證書類は、全て界紙を用いることになっていた。ただ界紙は製造及運搬に費用がかかりすぎるので、證券印税規則改正（明治一七年七月一日施行）により、以降は一銭の印紙貼付で済むようになった。

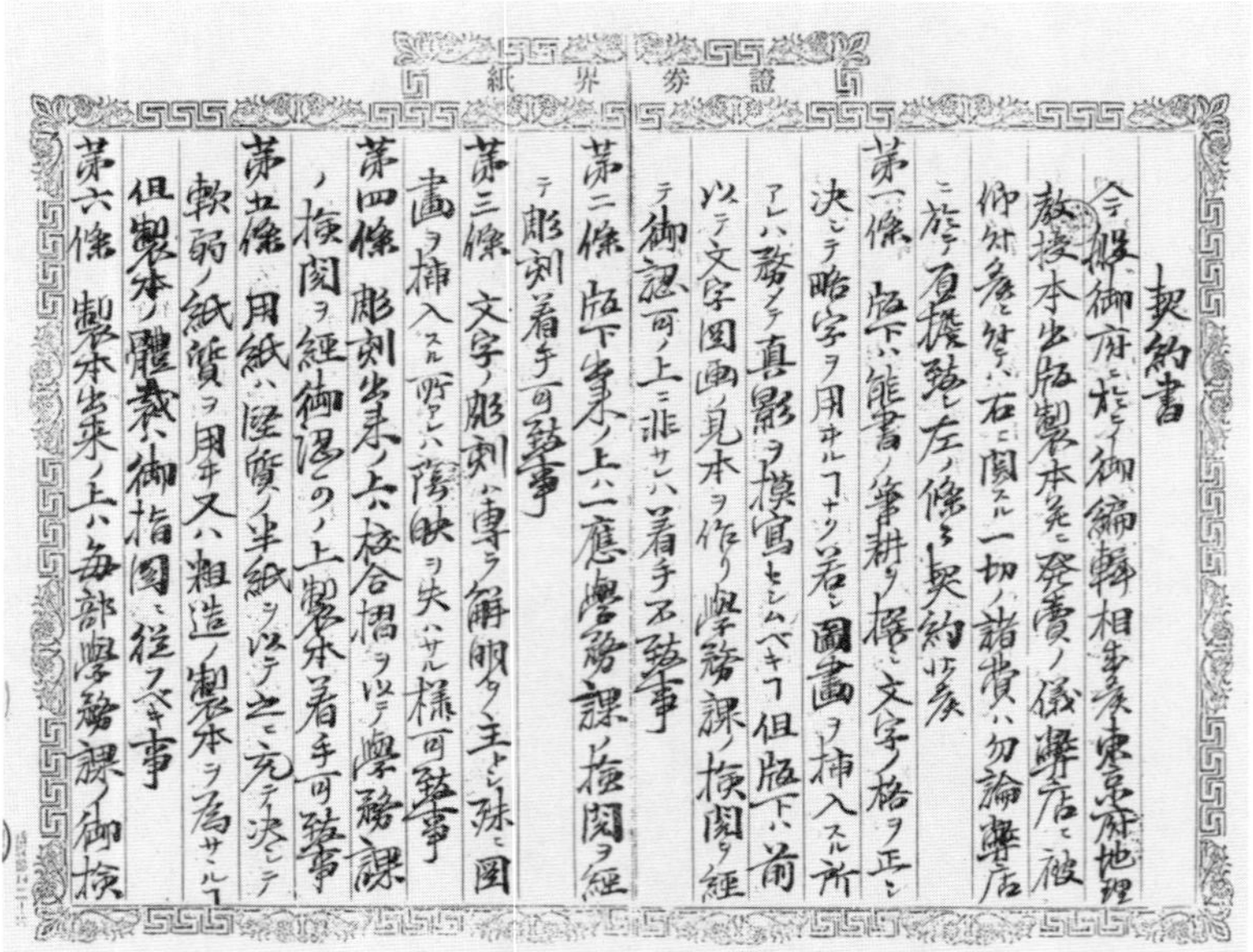

證券界紙

契約書

今般御府ニ於テ御編輯相成候東京府地理

教授本出版製本之儀拙者共ヘ被

仰付候ニ付テハ右ニ関スル一切ノ諸費ハ勿論拙者共

ニ於テ自擔致シ左ノ條々契約仕候

第一條　版下ハ能書ノ筆耕ヲ撰ミ文字ノ格ヲ正シ

決シテ略字ヲ用ヰルコトナク若シ圖畫ヲ挿入スル所

アレハ務メテ真影ヲ模寫セシムベキコト　但版下ハ前

以テ文字圖画ノ見本ヲ作リ學務課ノ検閲ヲ経

テ御認可ノ上ニ非サレハ着手不致事

第二條　版下出来ノ上ハ一應學務課ノ検閲ヲ経

テ彫刻着手可致事

第三條　文字ノ彫刻ハ専ラ解明ヲ主トシ殊ニ圖

畫ヲ挿入スル所アレハ陰映ヲ失ハサル様可致事

第四條　彫刻出来ノ上ハ校合摺ヲ以テ學務課

ノ検閲ヲ経御認可ノ上製本着手可致事

第五條　用紙ハ堅質ノ半紙ヲ以テ之ニ充テ決シテ

軟弱ノ紙質ヲ用ヰ又ハ粗造ノ製本ヲ為サヽルコト

但製本ノ體裁ハ御指圖ニ従フベキ事

第六條　製本出来ノ上ハ毎部學務課ノ御検

図２－１　契約書

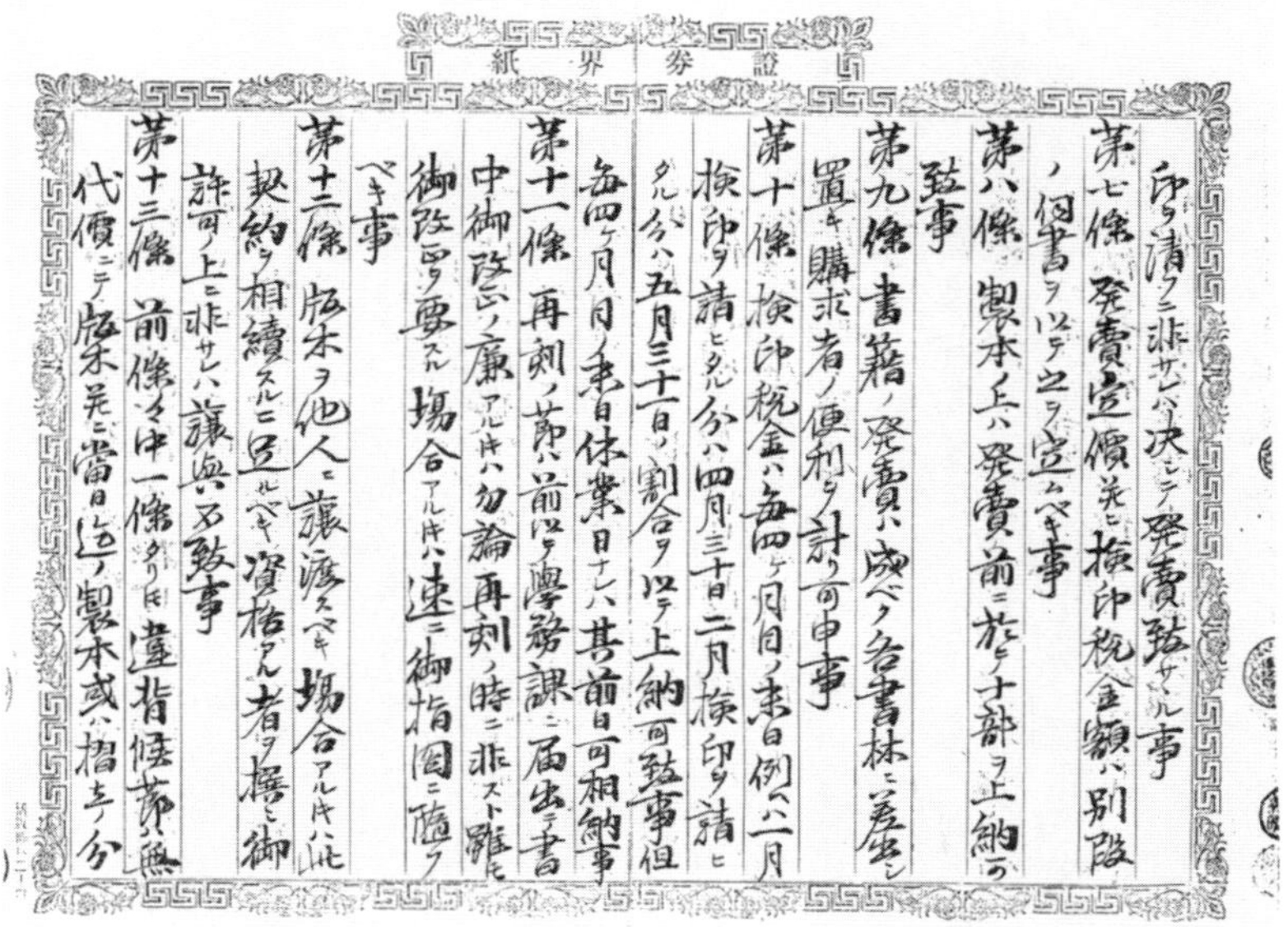
證券界紙
印ヲ請ケ二非サレハ決シテ発賣致サヾル事
第七條　発賣定價並ニ検印税金額ハ別段
ノ約書ヲ以テ之ヲ定ムベキ事
第八條　製本ノ上ハ発賣前ニ於テ十部ヲ上納可
致事
第九條　書籍ノ発賣ハ成ベク各書林ニ差出シ
置キ購求者ノ便利ヲ計リ可申事
第十條　検印税金ハ毎四ヶ月目ノ末日例ヘハ一月
検印ヲ請ヒタル分ハ四月三十日二月検印ヲ請ヒ
タル分ハ五月三十一日ノ割合ヲ以テ上納可致事但
毎四ヶ月目ノ末日休業日ナレハ其前日可相納事
第十一條　再刻ノ節ハ前以テ學務課ニ届出テ書
中御改正ノ廉アルトキハ勿論再刻ノ時ニ非スト雖モ
御改正ヲ要スル場合アルトキハ速ニ御指図ニ随フ
ベキ事
第十二條　版木ヲ他人ニ讓渡スベキ場合アルトキハ其
契約ヲ相續スルニ足ルベキ資格アル者ヲ擇ビ御
許可ノ上ニ非サレハ讓與不致事
第十三條　前條ノ中一條タリトモ違背候節ハ無
代價ニテ版木並ニ當日迄ノ製本或ハ摺立ノ分

図２－２

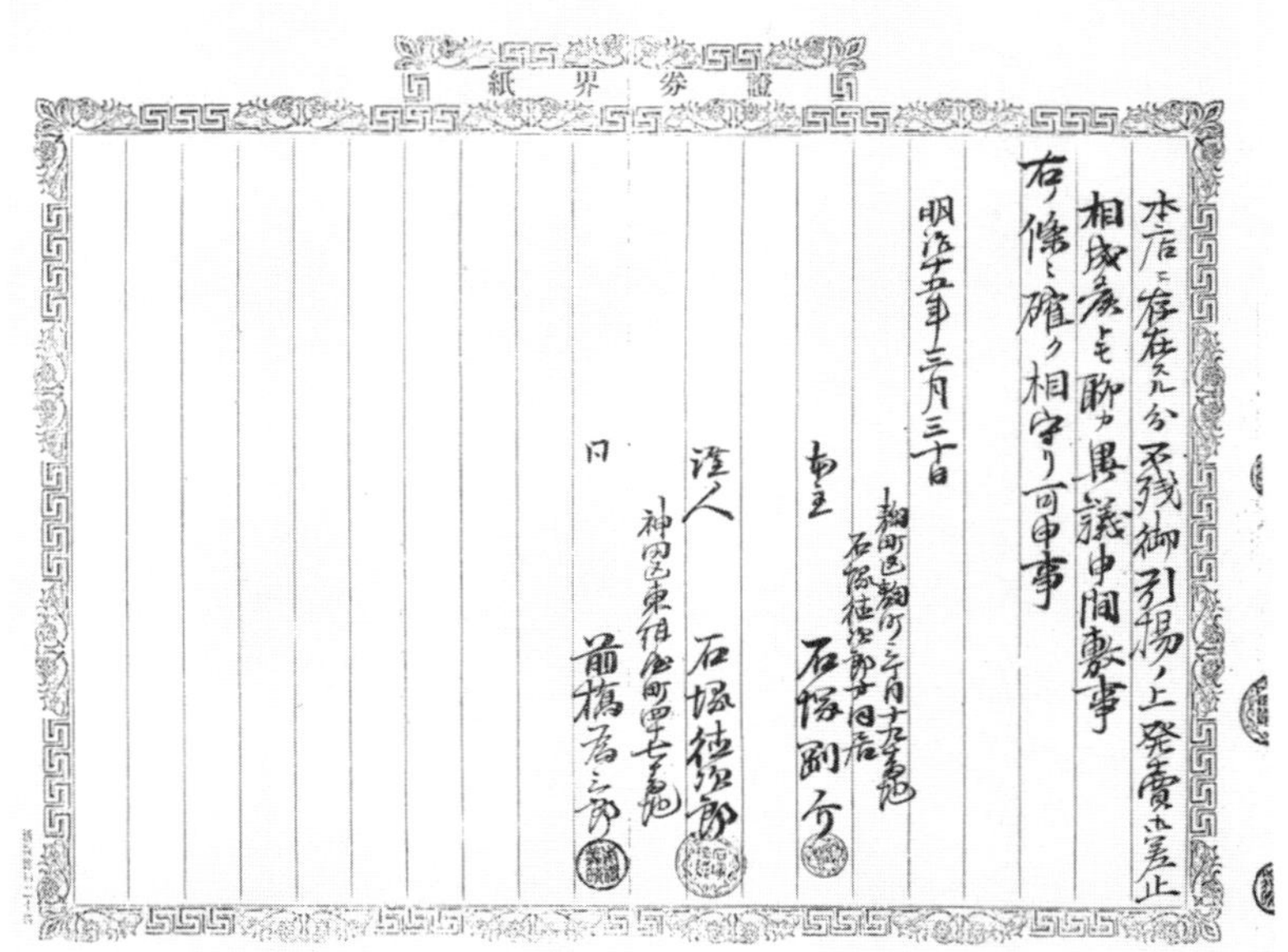
證券界紙
本店ニ存在スル分不殘御引揚ノ上発賣差止
相成候トモ聊カ異議申間敷事
右ノ條ヽ確ク相守リ可申事
明治十五年三月三十日
麹町区麹町二丁目十九番地
石塚徳次郎方同居
本主　石塚剛介
證人　石塚徳次郎
神田区東紺屋町四十七番地
同　前橋喬三郎

図２－３

内容を見ると、彫刻と製本に関する注意事項や発売に至る手続が細かく規定されていることに気がつく。原稿↓版下↓学務課の検閲↓彫刻↓学務課への校合摺提出・検閲・認可↓製本↓検印↓発売、という一連の出版手続が判明する。

　発売定価、検印税金額は契約時に決めないで別段に定める。印刷製本作業の見通しがついた段階で、その総費用を算出し積書を提出するということであろう。また、検印税の納入が四ヶ月毎の清算というのは、当時の商習慣を踏まえた上のことなのか、それとも単に役所の会計上の問題なのかはよくわからない。

## 五　原稿の受領と製作作業

　府の決裁（四月四日）が済むと直ちに原稿が渡される。この本についての文書は残っていないが、恐らく石塚は「御原稿一冊　右御下渡相成正ニ拝受致候也」との受取りを提出した筈である。いよいよ彫刻（板木を彫ること。今日の製版に当たる）、製本（印刷して一冊の本に仕上げること）にとりかかる。その手順は契約書に書かれている通りである。問題はこの製作期間がどの位かかるかであろう。『東京府地理教授本』の場合は、四月二十八日に「別仕立ノ分出来」て学務課内で供覧されている（教18）から、三週間強ということになる。別仕立とは見本のことである。問題がなければ販売用の摺立て製本が開始される。

　さて『東京府地理教授本』は幼童向けの平易な地誌略説書であるが、実際にはどのような体裁と構成をしているのだろうか。都立中央図書館東京室所蔵の現物に即して書誌事項を記してみよう。

表紙（無地砥粉《とのこ》色）。題簽（子持枠左肩）　**図3**
見返（朱色。東京府の下に「東京府／学務課」の検印押捺）　**図4**
凡例一丁（丁付ナシ）
武蔵国全図一葉（折込。下村孝光銅鐫。朱青の二色刷）　**図5**
本文（一―三四丁。四周単辺、無界、二〇字一〇行、版心上魚尾）
　内題　東京府地理教授本　村上珍休編輯　**図6**
図入の分（一七図。左の通り）　**図7**
　東京産物（五ウ）、皇城（七オ）、東京府庁（七ウ）、萬世橋（九オ）、日本橋（一〇オ）、銀座街（一二オ）、新橋停車場（一三オ）、赤坂仮皇居（一五オ）、東京大学医学部（一七ウ）、上野公園（一九オ）、浅草寺（二〇ウ）、亀戸神社（二一ウ）、富岡神社（二二ウ）、六郷川（二四オ）、神田上水郡中ヲ経ル（二五オ）、千住大橋（二七ウ）、隅田堤（三〇ウ）
東京府管内全図一葉（折込。下村刻。朱緑紫青黄の五色刷）　**図8**
郡区町村名（一―九丁）　**図9**
奥付（定価十三銭五厘、発売人、売捌書林各々押印）　**図10**
裏表紙（無地砥粉色）

図４　見返

図３　表紙と題簽

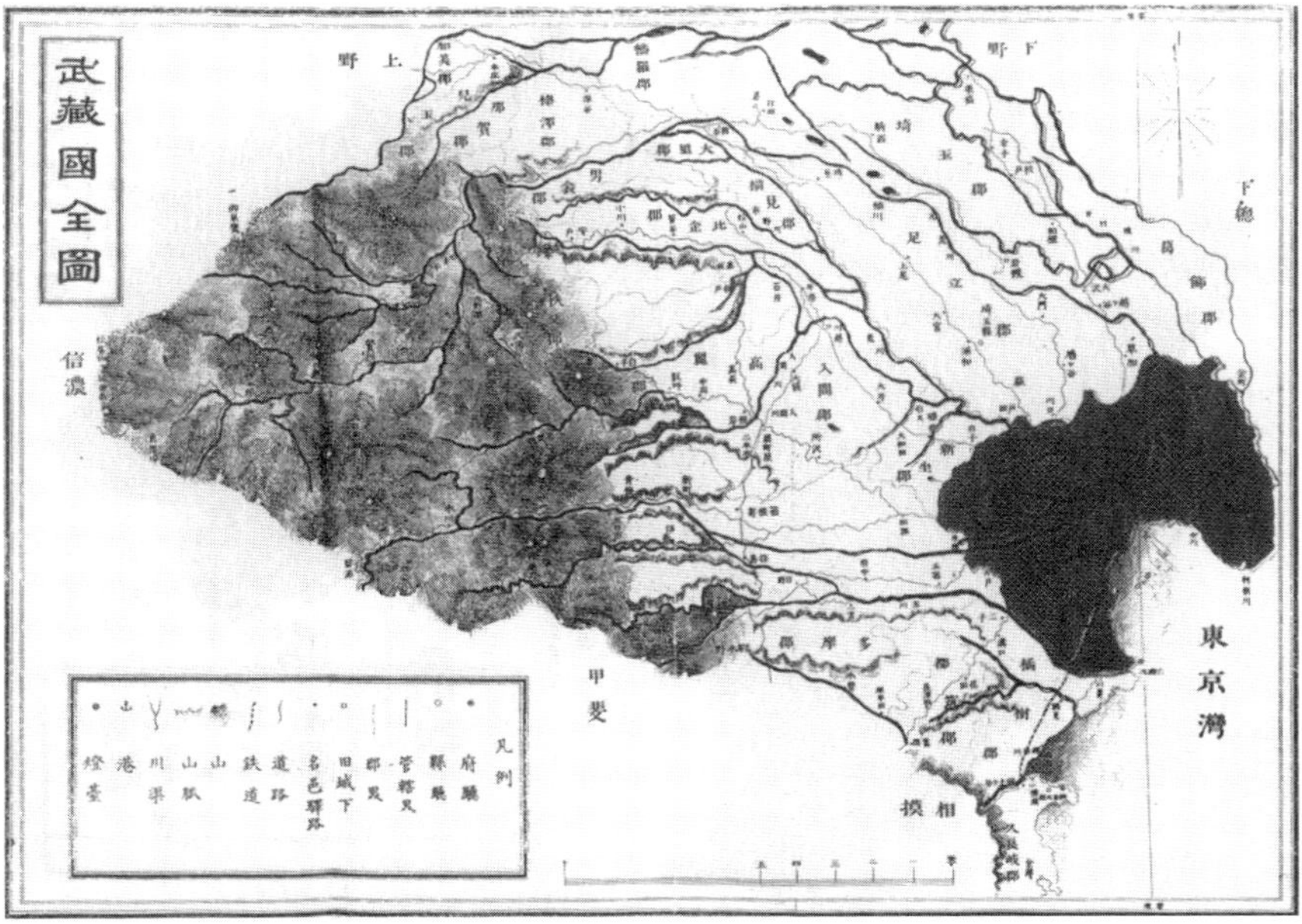


図５　武蔵国全図

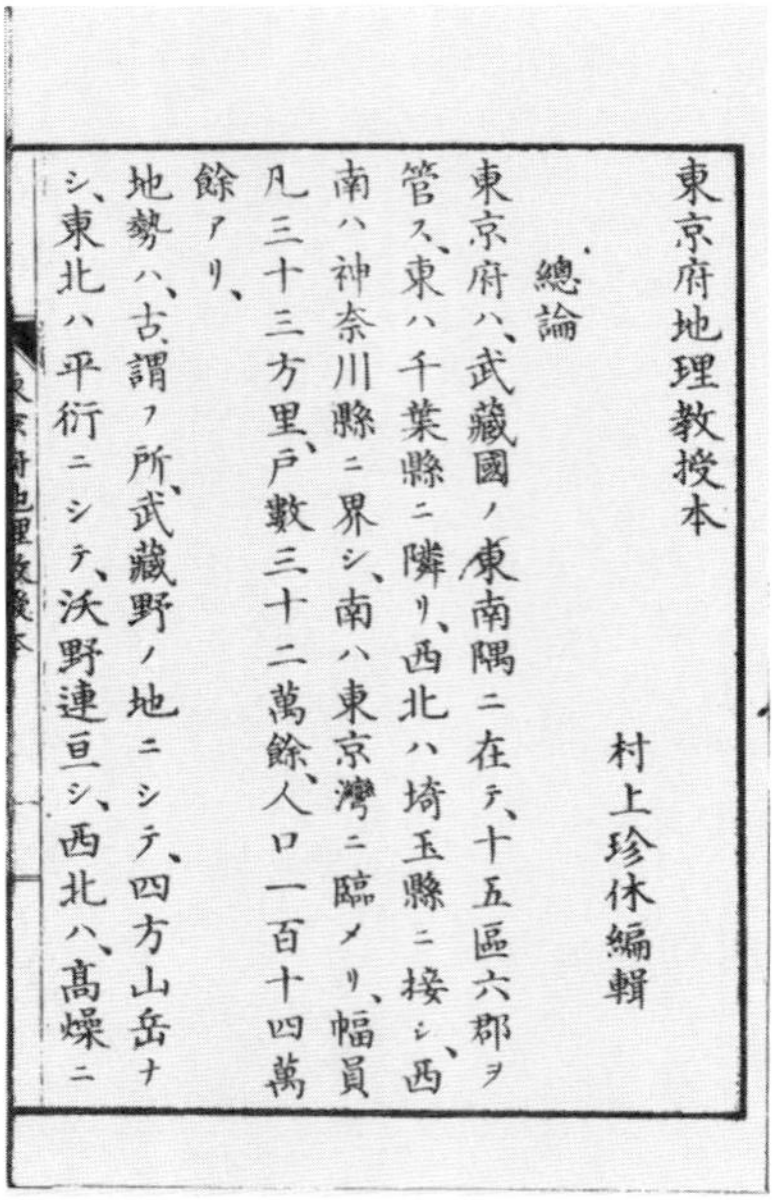

東京府地理教授本

村上珍休編輯

總論

東京府ハ、武藏國ノ東南隅ニ在テ、十五區六郡ヲ管ス、東ハ千葉縣ニ隣リ、西北ハ埼玉縣ニ接シ、西南ハ神奈川縣ニ界シ、南ハ東京灣ニ臨メリ、幅員凡三十三方里、戸數三十二萬餘、人口一百十四萬餘アリ、

地勢ハ、古謂フ所、武藏野ノ地ニシテ、四方山岳ナシ、東北ハ平衍ニシテ、沃野連亘シ、西北ハ、高燥ニ

図6　本文の巻頭

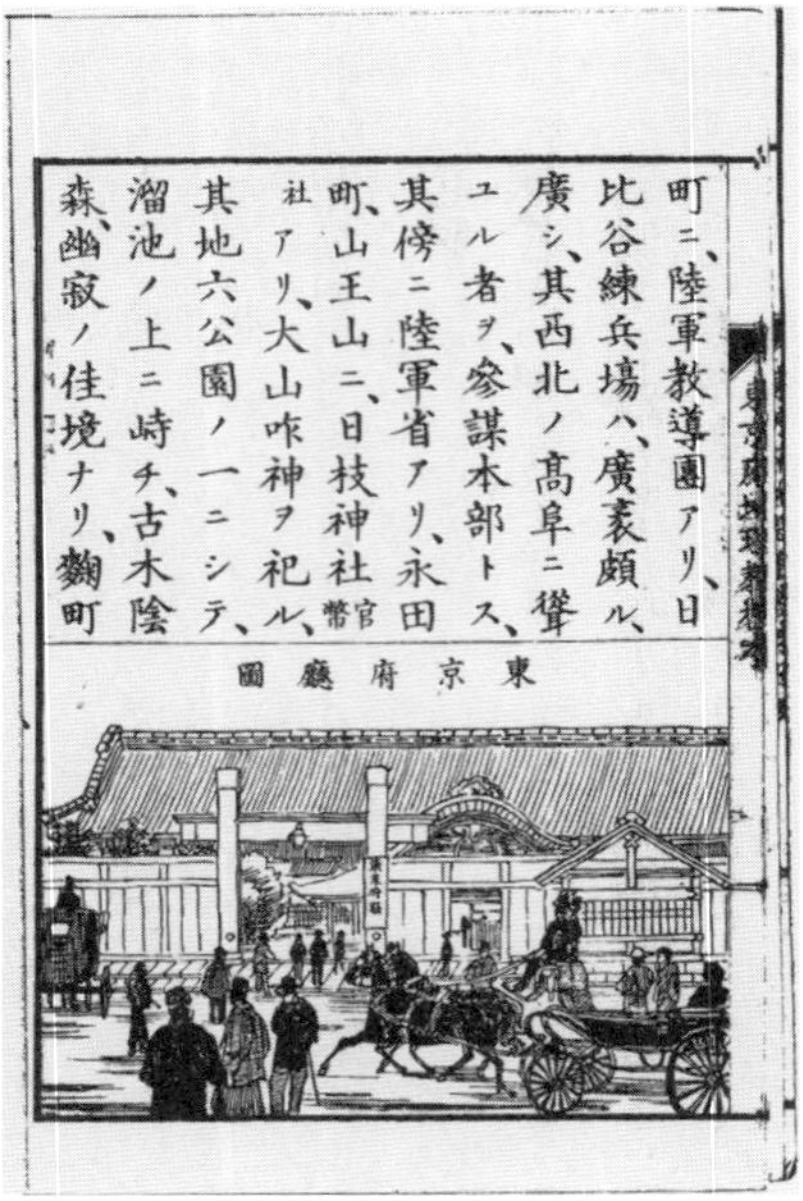

町ニ、陸軍教導團アリ、日比谷練兵場ハ、廣袤頗ル、廣シ、其西北ノ高阜ニ聳ユル者ヲ、參謀本部トス、其傍ニ陸軍省アリ、永田町、山王山ニ、日枝神社官幣社アリ、大山咋神ヲ祀ル、其地六公園ノ一ニシテ、溜池ノ上ニ崎チ、古木陰森、幽寂ノ佳境ナリ、麴町

東京府廳圖

図7　図入の分

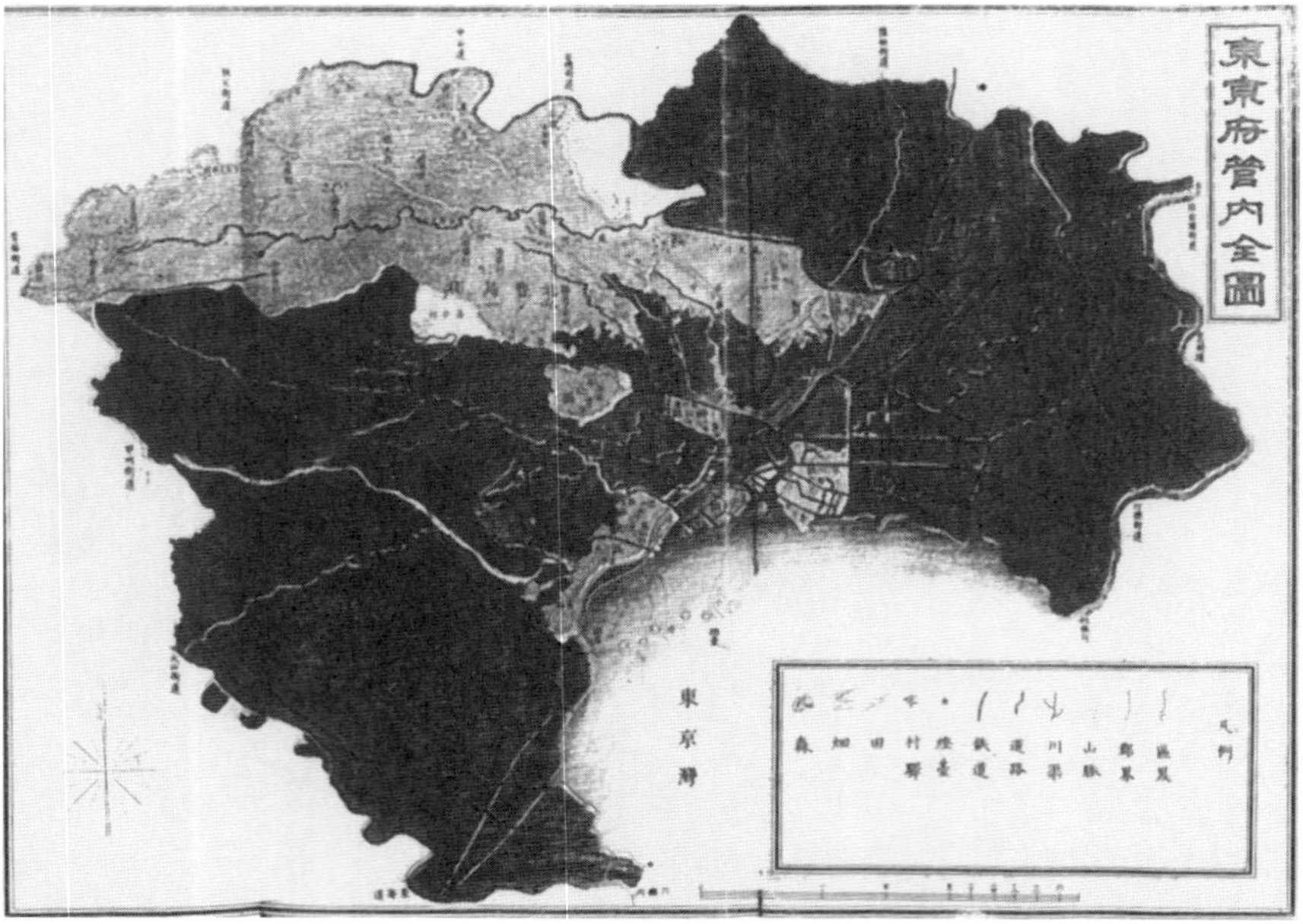


図8　東京府管内全図

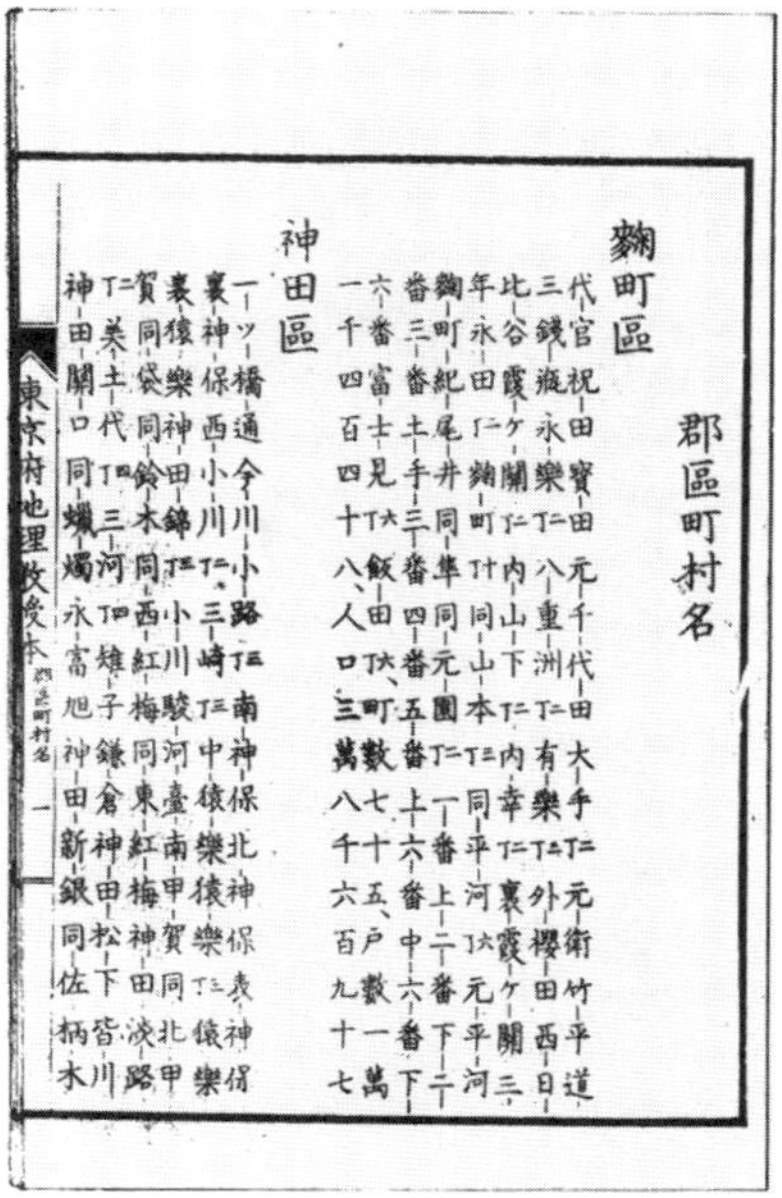
郡區町村名

麴町區

代官祝田寶田元千代田大手二丁元衛竹平道三錢瓶永樂二丁八重洲二丁有樂三丁外櫻田西日比谷霞ケ關二丁內山下二丁內幸二丁裏霞ケ關三年永田一丁麴町十丁同山本二丁同平河六丁元平河麴町紀尾井同隼同元園二丁同一番上二番下二番三番土手三番四番五番上六番中六番下六番富士見六丁飯田六丁、町數七十五、戶數一萬一千四百四十八、人口三萬八千六百九十七

神田區

一ツ橋通今川小路三丁南神保北神保表神保裏神保西小川二丁三崎三丁中猿樂北猿樂二丁猿樂裏猿樂神田錦二丁小川駿河臺南甲賀同北甲賀同袋同鈴木同西紅梅同東紅梅神田淡路二丁美土代四丁三河四丁雉子鎌倉神田松下皆川神田關口同蠟燭永富旭神田新銀同佐柄木

東京府地理教授本　郡區町村名　一

図９　郡区町村名

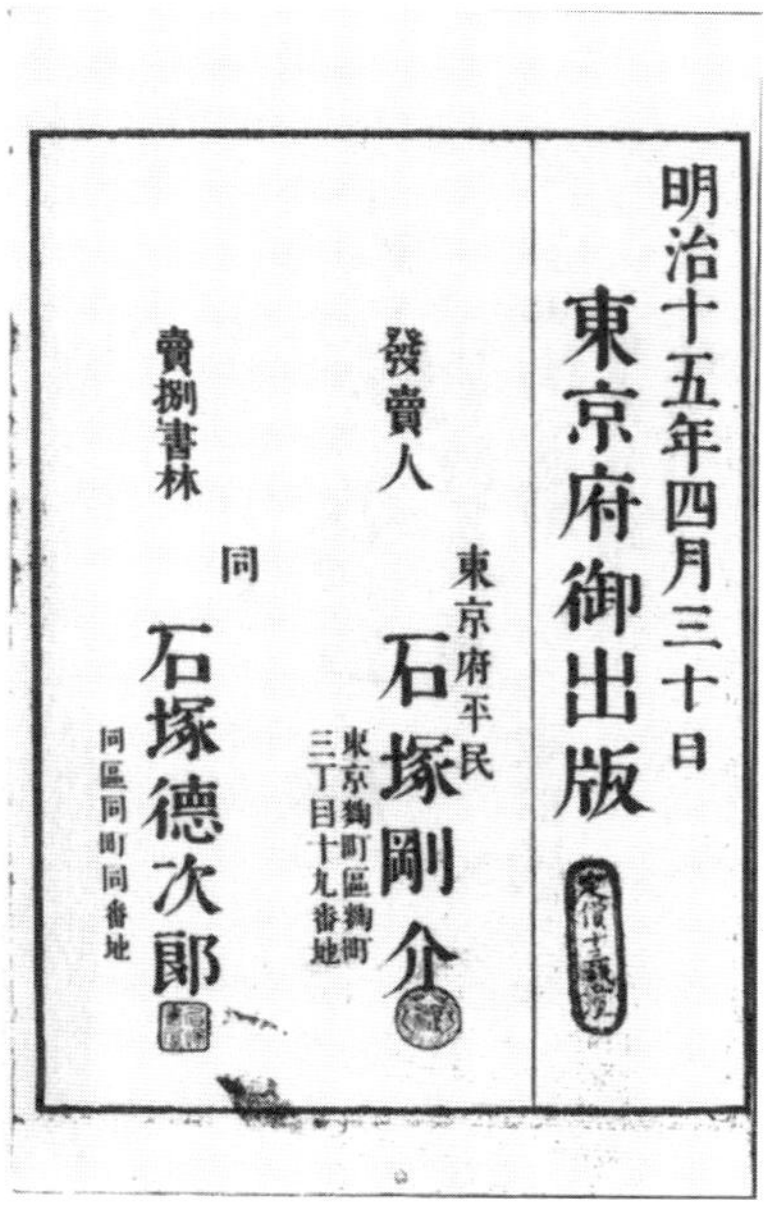
明治十五年四月三十日

東京府御出版

發賣人　東京府平民　石塚剛介　東京麴町區麴町三丁目十九番地

賣捌書林　同　石塚德次郎　同區同町同番地

図10　奥付

## 六　出版費用の見積及び定価の取り決め

出版完成の見通しがついた四月二十六日、石塚は次のような見積書と定価取り決めの伺書を提出した。

御府地理教授本別紙積リ書之通ニ／御座候間御検印税一部ニ付金八厘八毛／八絲宛即編輯料ヲ五千部ニ割合ヒタル／額相納定価金拾三銭五厘ニ発売／仕度此段奉伺候也

明治十五年四月廿六年　麹町三丁目十九番地
石塚徳次郎方同居
石塚剛介㊞

東京府知事松田道之殿

石塚の伺出に対し調査した学務課は適正と考え、同月二十八日に「書面伺之趣聞置候條契約書第十條之手続ニ従ヒ検印料トシテ一部ニ付金八厘八毛八絲上納可致事」（教19）と指令した。

さて、この地誌の製作にはどの位の費用がかかったのだろうか。石塚の提出した「積り書」をもとに、製作原価と定価の算出とに分けて検討してみよう。

東京府地理教授本積リ書（図11）

一金四拾四圓四拾銭　　　編輯料

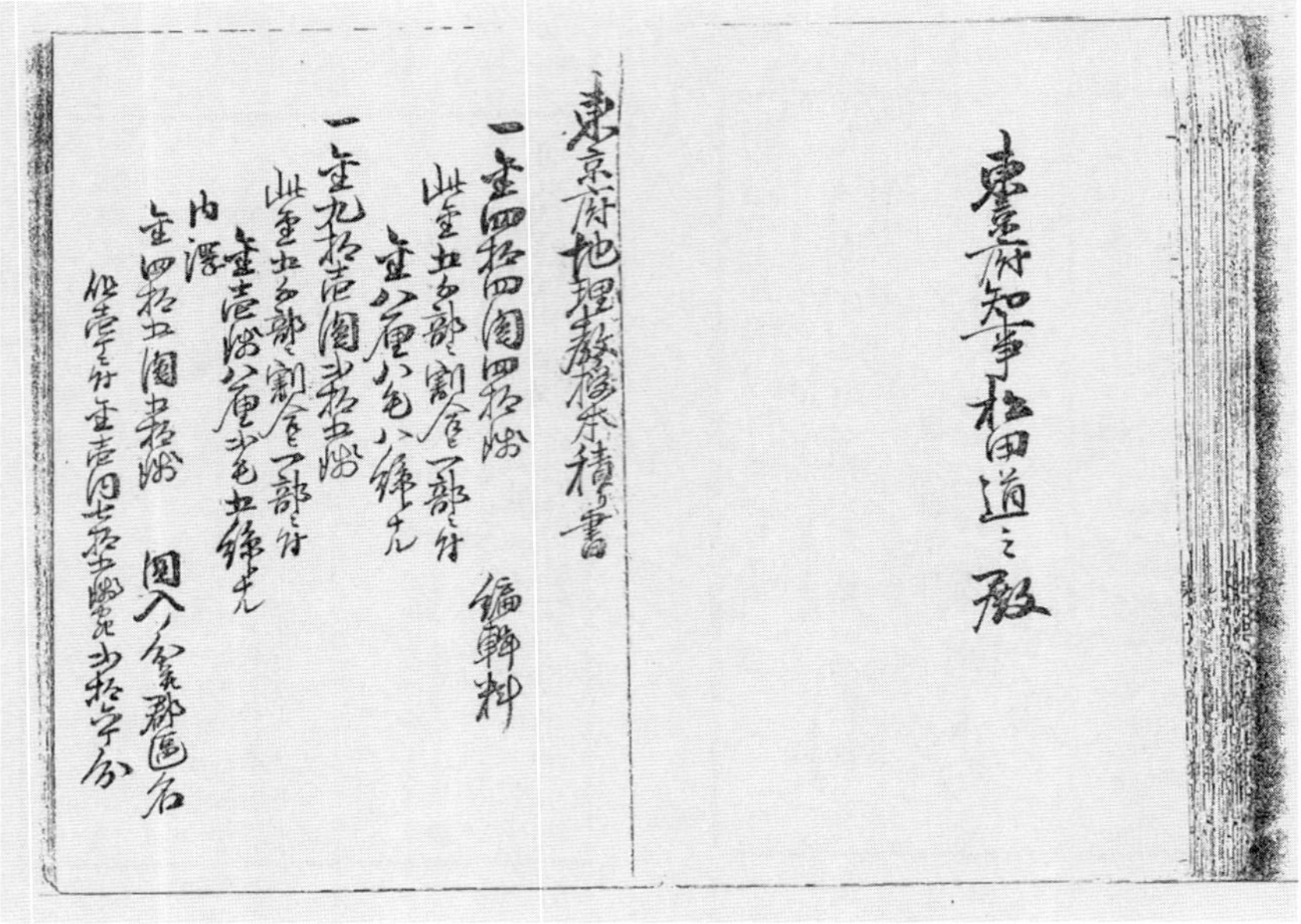

図11－1　東京府地理教授本積り書

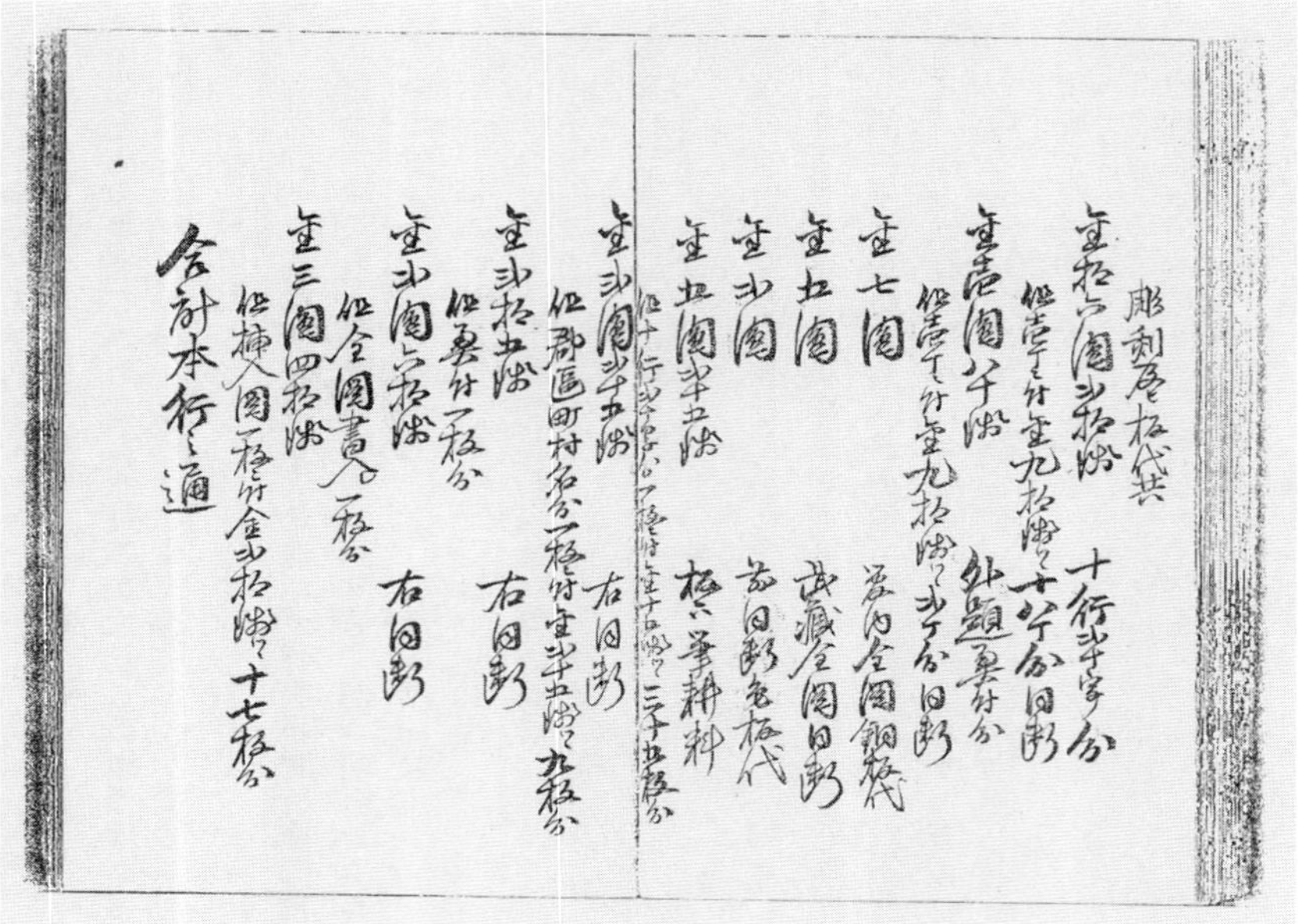

図11－2

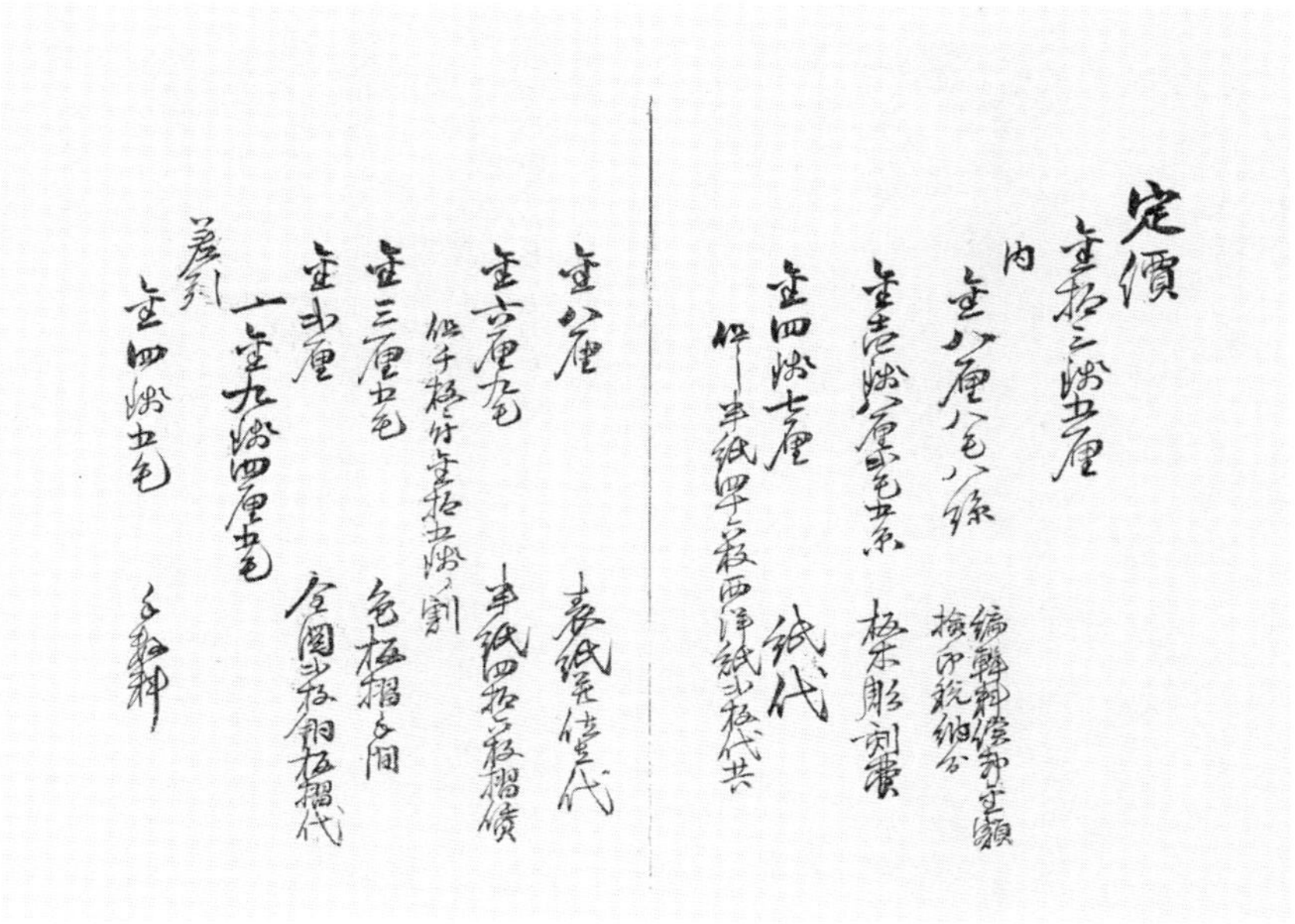

図11－3

此金五千部ニ割合ヒ一部ニ付／金八厘八毛八絲トナル
一金九拾壱圓弐拾五銭　〔板木彫刻費〕
此金五千部ニ割合ヒ一部ニ付／金壱銭八厘弐毛五絲トナル
内訳
金四拾五圓五拾銭　図入ノ分幷郡區名
　但壱丁ニ付金壱円七拾五銭宛　弐拾六丁分／彫刻及ヒ板
代共
金拾六圓弐拾銭　十行弐拾字ノ分
　但壱丁ニ付金九拾銭ツヽ　十八丁分同断
金壱圓八十銭　外題奥付分
　但壱丁ニ付金九拾銭ツヽ　弐丁分同断
金七圓　管内全図銅板代
金五圓　武蔵全図同断
金弐圓　前同断色板代
金五圓弐十五銭　板下筆耕料
　但十行弐十字分一枚ニ付金十五銭ツヽ三十五枚分
金弐圓弐十五銭　右同断
　但郡區町村名分一枚ニ付金弐十五銭ツヽ九枚分
金弐拾五銭　右同断
　但奥付一枚分
金弐圓六拾銭　右同断
　但全圖書入レ一枚分
金三圓四拾銭

但挿入圖一枚ニ付金弐拾銭ツヽ十七枚分
合計本行之通

見積書には板木彫刻費（又は出版費）の費目がもれていた。ついうっかりと書きもらしたのであろう。内訳を見ると、版下の筆耕や彫刻（字を彫ること）には、字数や字画の難易によって手間賃にかなりの開きのあることがわかる。挿絵（挿入図）の部分は、筆耕とは別に原画からおこさせるもののようである。またこの本には袋（書袋）は用意されなかったようだ。通常この頃の木版本は袋入りで発売されることが多かったものである。銅版の全図二葉は『東京府地誌略』（明治一二年刊）に用いられた銅版図の覆製（被せ彫り、下村孝光刻）である。多色摺のために使った色板は、武蔵国全図が朱青の二色（青は海・河川、朱は東京府）、東京府管内全図が朱緑紫青黄の五色（各々郡区の色分け）である。

この見積書は漢数字で表記の上、厘毛糸と単位も細かい。ただ翻字しただけでは、理解が行きとどかない恐れがある。そこで明細を類似の項目毎にまとめて一覧表（**表1**）にし、あわせてこの本の構成に即して該当箇所（**図3**〜**図10**）を参照してみた。

定　価
金拾三銭五厘

表1　板木彫刻費の内訳別代金

| | 彫刻及板代共（単位円） | 板下筆耕料（単位円） |
|---|---|---|
| 図入ノ分（図7） | 45.50（1.75×26丁） | 3.4（0.2×17枚） |
| 郡区町村名ノ分（図9） | | 2.25（0.25×9枚） |
| 10行20字ノ分（図6） | 16.20（0.9×18丁） | 5.25（0.15×35枚） |
| 外題奥付ノ分（図3・4、10） | 1.80（0.9×2丁） | 0.25 |
| 管内全図銅板代（図8） | 7.0 | 2.60（全図書入レ） |
| 武蔵全図銅板代（図5） | 5.0 | |
| 上同　色板代 | 2.0 | —— |

内
金八厘八毛八絲　編輯料償却金額／検印税納分
金壱銭八厘弐毛五絲　板木彫刻費
金四銭七厘　紙代
　但し半紙四十六枚西洋紙弐枚代共
金八厘　表紙弁仕立代
金六厘九毛　半紙四拾六枚摺賃
　但千枚ニ付金拾五銭ノ割
金三厘五毛　色板摺手間
金弐厘　全図弐枚銅板摺代
　一金九銭四厘五毛
差引
　金四銭五毛　手数料

定価は製作原価九銭四厘五毛が七掛となるように決められた。従って手数料は定価の三割四銭五毛となる。製作原価の内、板木彫刻費までが今日流に言えば固定費、紙代以下が変動費に相当する。原価に占める紙代のウェートが大きいのに対し、板摺の手間代は相対的に安いようだ。教科書が整版から活版に移行するのは一般図書よりも遅く、明治二十年代半ば頃といわれている。職人の手間の安さもその一因になっていたのかも知れない。

ところで石塚は、あの手数料で引き合う商売をしたのだろうか。小学校へ直接持ち込む等の直販ならともかく、売捌所へ卸すとなると販売手数料を負担しなければならない。その掛率については明証はないが、埼玉県蔵版教科書の場合は大売捌所は定価の七掛、売捌所は七五掛である。三割の手数料が丸々もうけになるわけではないことは明白であろう。

もっとも東京府蔵版教科書の場合は、五千部と発行部数は多いし、完売も確実である。薄利多売と割り切っていたのかも知れない。或いは、製作原価中の板木彫刻代、紙代、職工手間代等々には、それぞれ利ザヤを上乗せした金額を申請していたとも考えられる。この辺は実際の相場がどの位かわからない以上、何とも言えない。ただ石塚も商売人である以上、その辺には抜かりがなかったと思われる。

その好例が丹所啓行編輯『東京府地理教授本字引』の発行である。これは教科書のアンチョコの類で、本文中の漢字や熟語に傍訓を付しただけのお手軽出版物である。石塚は恐らく教科書本体の出版と平行して字引の編輯作業を進めた。五月九日東京府に出版許可を願い出て、「書面之趣聞置候事」（教19）と許可を得ると直ちに製作にとりかかる。薄い小本だから数日で出来上るだろう。それを定価一〇銭三厘で売るのだから、ボロもうけである。教科書出版には、こうした余得がつきものであった。それは今日の受験産業の原型と言えるかも知れない。

## 七　版権届と納本

出版々権御届
一、東京府地理教授本　　壱冊絵図入／中本
　明治十五年四月三十日出版
右本府師範学校三等教諭村上珍休編輯　管内地理ヲ略記シ今般当府ニ於テ出版致シ度尤版権ヲ有シ候条此段及御届也

時間が前後するが三月三〇日、学務課と庶務課は早手回しに右のような版権届の案文を作成し伺い出ていた（教2）。既に出版予定日までが記入済である。内務省の『版権書目』には何故かこの本は見当たらない。版権願と出版届は一緒にまとめることが出来たから、恐らくそのようにしたのであろう。

文書は残っていないが内務省への納本が済む。更にそれは『出版書目月報』五三号（明治一五年五月）の教科書の項に、「中本一冊　定価一三銭五厘　発兌　石塚剛介　東京」と登載された。

この納本書目では中本とは半紙本のことである。また「発兌石塚剛介」に注目したい。この本の場合石塚は、蔵版主である東京府の委託をうけて出版と発売に携わった。近世で言えば、蔵版書の支配・売弘と同じである。これを『書目』では発兌と表現する。

一方、石塚が蔵版主も兼ねる場合は出版と表わし、明確な区分が存在する。例えば先に引用した『東京府地理教授本字引』は、「小本一冊　定価一〇銭三厘　出版　石塚剛介　東京」（『出版書目月報』五四号　明治一五年六月、一四ページ）と記載されている。これは石塚が編輯料板木彫刻費など出版費一切を支弁して発行した本であることを意味している。

## 結び

以上、『東京府地理教授本』の出版過程とそのコストを見てきた。無論、この公文書による方法には限界がある。それは東京府という官の仕事の請負を示すものだから、費用に関して言えば当時の実勢を必ずしも正確に反映しているとは限らないからである。ただ出版も商売である以上は、相場から大幅にかけ離れている値段の筈はなく、民間書肆の出版実態解明への目安にはなると思われる。

よく知られているように、小学教科書には次第に国家統制が強化されていく。開申制（使用する教科書を届出る、明治一四年）から認可制（許可された教科書しか使用できない、明治一六年）へと進み、検定制（明治一九年）の実施で決定的となる。この制度では、文部省が検定済みとしない限りは教科書として通用しないことになった。またその採択方法は、府県知事が図書審査委員を任命し、審査させて決定する府県統一採択制となった。

府県の蔵版教科書については、明治二十一年七月森有礼文相

による編纂禁止の内訓[*3]（図12）が発せられた。教育上弊害を生ずる恐れがあるというわけである。図版はわかりやすいので翻字の必要はないだろう。

明治十年代には盛んであった府県蔵版教科書の出版も、これにより事実上終止符が打たれることになった。

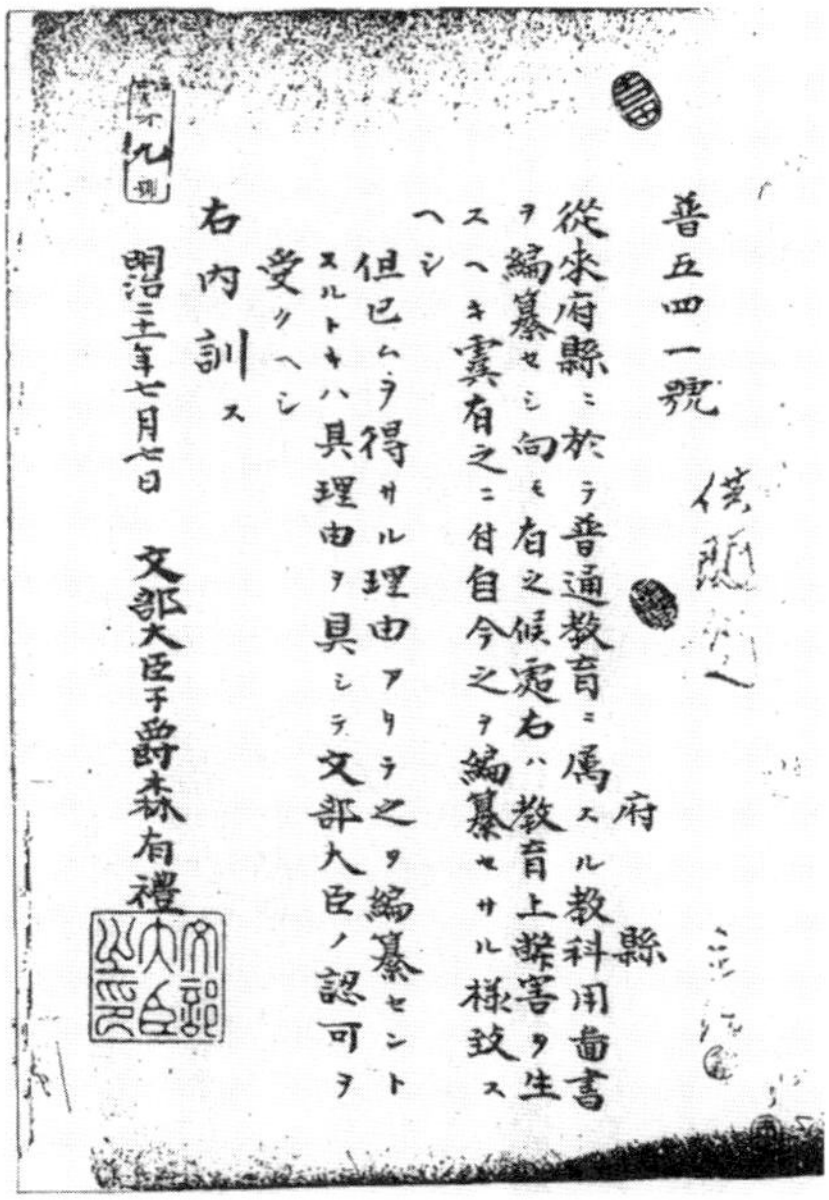
普五四一號
府
県
従来府縣ニ於テ普通教育ニ属スル教科用図書ヲ編纂セシ向モ有之候處右ハ教育上弊害ヲ生スヘキ虞有之ニ付自今之ヲ編纂セサル様致スヘシ
但已ムヲ得サル理由アリテ之ヲ編纂セントスルトキハ具理由ヲ具シテ文部大臣ノ認可ヲ受クヘシ
右内訓ス
明治二十年七月七日
文部大臣子爵森有禮

図12　森文相の内訓（埼玉県立公文書館蔵）

〔註〕

＊1　信州松本には寛政年間創業の老舗書肆高美屋甚左衛門がある。鈴木俊幸氏（中央大学教授）は、同店に伝わる古文書を発掘、解読して、「筑摩県翻刻教科書・掛図と高美屋甚左衛門」をまとめられた。

右は国文学研究資料館「明治の出版文化」研究会第二回例会（平成一〇年一二月）で口頭発表された画期的な研究である。このような研究が各地で続出することを期待したいものである。

＊2　東京都公文書館蔵「教科書編纂書類」（請求記号：六一五—A八—一三）

（教2）東京府地理教授本ノ出版版権ノ義ニ付内務省ヘ届
（教3）小学教科書ノ内編纂ヲ要スベキ書目ニ付伺
（教4）小学教科用書編纂ノ儀ニ付東京府師範学校教師芳川修平他二名依頼問合
（教9）村上珍休ヨリ東京府地誌略改正差出ニ付酬謝ノ儀伺
（教10）村上珍休ヘ報酬金贈付
（教11）村上珍休ヨリ報酬金ノ請書差出
（教14）東京府地誌出版ニ付契約書草案并版権ノ儀伺
（教15）東京府地理教授本出版売捌方ノ儀書肆石塚剛介ヘ申付
（教16）石塚剛介ヨリ東京府地理教授本出版発売ノ儀契約書相添願出
（教17）高橋元亨ヘ東京府地理教授本図画ノ報酬金贈付
（教18）東京府地理教授本別仕立ノ分出来
（教19）書肆石塚剛介ヨリ東京府地理教授本字引編輯彫刻ノ儀伺出

＊3　埼玉県立公文書館　教科用図書編纂ニ関スル文部省内訓（請求記号：明一九〇七—九）

# 第三部　明治出版史上の金港堂

# 第一章　明治検定期の教科書出版と金港堂の経営

## はじめに

教科書史の古典的研究ともいえる『教科書の歴史』（創文社昭和三二年）の中で、著者唐沢富太郎は内容の研究と共に制度面、とくに出版機構の解明を提唱した。教科書研究者の間でその提言がどのように受け止められたのかは知る由もないが、三十年余たった今日でもその解明に取り組んだ業績は殆ど聞かないと言ってよいようだ。乱暴な言い方をすれば、教科書史の研究は、①或る特定の教科書又は或る特定の科目のそれに関する内容分析中心の個別研究、②特定イデオロギーの呪縛を出ない概説や通史、が専らであって、出版機構の考察究明などは期待すべくもない領域のようである。ただ近年になって、教科書の発行主体や教育社会との関連にも目配りした研究、例えば梶山雅史『近代日本教科書史研究』（ミネルヴァ書房　昭和六三年）、中村紀久二『教科書の社会史』（岩波書店　平成五年）など、新しい流れが出てきたことは喜ばしいことである。

本稿は、第二部第一章の続編である。前稿では、明治十年代末までの出版の実態を教科書出版の側面から分析し、ほぼ次の諸点を明らかにした。

(1)学制頒布から始まる近代教育は教場における一斉授業に特色がある。これは教科書を必須のものにしたが、使用にたえる教科書類は少なかった。文部省は急遽各種の教科書を編纂、また独自の製本所を設置して印刷製本及び発売もした（拙稿「明治前期文部省の教科書出版事業」都立中央図書館『研究紀要』一八一九八七年三月を参照）。しかし全国の需要を満たすには到底足らず、その翻刻を許可することによって普及をはかった。

(2)明治六年末、全国からの翻刻請求部数は三百万余にのぼった。この驚異的な部数がそのまま出版された実数とするならば、当時既にそれだけの印刷製本能力があったことを意味する。これは単に三都をはじめとする都会の書肆の力だけではなく、往来物等を出版して成長していた地方書肆の力量にも依るところが大きいと思われる。

(3)この文部省蔵版教科書の翻刻ブームは、都会において新たな出版者の出現を可能にした。彼等の多くは士族出身の知識人で、師範出の教育家、学事担当者、漢学者、印刷業者など新時代の旗手である。

(4)この時代の出版は今日では考えられない程小規模であった。その中にあって教科書だけは発行点数のみならず、その部数でも突出した数量を示した。この事実は出版の総体における教科書出版の比重が一層大きいことを意味する。また出版者の活動も今日的意味での出版活動を行う条件にはなかった。従って成功した出版者の多くは官公庁の御用書肆であり、或いは教科書の出版を専らにする教科書肆であった。

(5)右に述べた出版状況を考えると、当時の書籍商の取引、扱い高に占める教科書のウエイトは当然に大きく、これがテコになって有力書肆の成長、また全国的販売網の整備—この実証は今後の課題であるが—が進展し、来るべき二十年代の飛躍を準備した。これは例えば、明治二十年暮に成立した東京書籍商組合の頭取、副頭取、理事の要職を何故教科書出版者が独占したかのよい説明になる。書籍出版営業者への融資を目的とする東京割引銀行の創立に際し、その資本金出資者の過半数が教科書肆であった事実は、一層明白に上述の事情を裏付けるものである。

## 本稿の課題と方法

本稿は引き続き、明治二十年前後から国定教科書成立（明治三七年）に至る間の教科書出版を分析する。この時期、出版界は明治前期の蓄積の上に立って、ようやく本来的な意味での近代的出版活動を始めていく。それを一言で要約すれば、〝翻刻から企画出版へ〟（小林一博『三省堂の百年』）と言えよう。他者の業績を単に翻刻出版或いは委託販売する段階から、独自の価値判断によって編集と出版を進めるようになる。また出版界の分業が進み、書籍商から出版者が分離独立していく過程であった。

注目すべきは、偶然の符合ではあるがほぼ同じ時期に、一般の図書雑誌出版と教科書出版とは各々別個の世界を形成していくことである。通常商品としての出版物は、市場原理＝読者の選好の支配をうける。出版者はその需要予測にたって出版活動を行うのが原則である。ところが教科書出版には本質的に、この原理が通用しない側面をもっている。それは教科書が常に国の教科書政策や制度に制約される固有の性格をもっているからである。この特殊な商品としての特質を更に決定的にしたのは、明治一九年の小学校教科書検定制度の実施であった。これ以降、教科書はまず文部省の検定をパスしないと、教科書として通用しなくなる。しかもそれだけでなく、実際に全国各地の子弟の手に渡るには、各府県の教科用図書審査会の選定を経る必要があった。小学校教科書はいわばこの二段階の制度的な大枠をはめられたことにより、出版の総体に大きな比重を占めながら、一般の図書出版とは全く別の特殊な世界をなしていくのである。

従って、この論文では、まず検定制度の成立経過及び、それが出版者に与えた影響について触れる。『法規分類大全』の法令布告類を並べたような単なる制度史的概説は教育史学者に任せて、ここでは出来るだけ書肆側の対応や実情分析を中心にして述べてみた。また、明治十年代に成長をとげていた民間の教科書肆はこの時代をどのように対処したのか。その出版活動の実相はどうだったのだろうか。具体的に言えば、①編集体制、

②印刷製本及び用紙、またその技術水準、③販売—教科書の場合は供給—網、④教科書肆の組織と経営、の側面について実態を分析する。その際の方法としては、一つのケース・スタディとして金港堂を取り上げて、そこから浮かび上がる教科書肆の特質を明らかにしたい。

金港堂は、かつて言及（拙稿「金港堂小史」都立中央図書館『研究紀要』一一号　一九八〇年三月）したように、〝最古最大の教科書肆〟（『東京名物志』）と言われ、明治出版史に巨大な足跡を残した。教科書出版の歴史を明らかにするためには、その典型的存在ともいえる金港堂を分析対象とすることは最も有効な方法と思われる。とくに他の多くの教科書会社が早く没落したため、その種の実証資料が極めて乏しい中にあって、金港堂の場合は存在が大きかった故に、新聞雑誌記事をはじめ発掘可能な資料がかなり残っていた。

特筆したいのは、東京都公文書館所蔵の公文書を多数発掘して実証資料とし得たことである。同館のアーキビスト・水野保氏によれば、明治二十年代の『庶政要録』といわれる文書群は本来十年保存で廃棄される筈のものであった由。それが偶然〝執務参考のため当分の間保存〟されることになり、大正の震災、東京大空襲も館員の方々の献身によって被災を免れた。百年以上昔の資料を今日こうして目にすることの出来る幸運と、その興奮とは筆舌に尽くしがたいものがあった。本稿にもし価値があるとすれば、恐らくそれは右の資料群のおかげであろう。

『東京商工博覧絵第二編』（部分）

同館の水野、水口の両氏には調査のたびに大変お世話になった。改めてお礼を申し上げたい。

なお本稿には、前史として金港堂の創業から明治二十年までの出版活動を併載した。はるか昔に執筆した「金港堂小史」はこの部分の分析が甚だ弱く、かねて新発掘の資料をもとに改稿したいと考えていた。結果的には本稿は「小史」の全面改訂版になってしまったようである。

## 一　前史――創業から府下一の書籍商になるまで

明治十年代後半の新聞雑誌には、呼びものとして各界名士の人気投票が流行したことがあった。これは、特に新聞各紙間の競争が激しくなった結果、手っとり早く読者の関心を引き付けるためにとられた便法であることは明白である。明治十八年創刊の『教育報知』もこの風潮にのって、「教育家十二傑」の投票を募集した。同誌は教育界にあって、開発社の『教育時論』と勢力を二分していた。

『教育報知』七二号（明治二〇年六月二五日）に、**図1**のとおり総数一六二六枚の投票結果が発表された。高点を得た教育家十二人は、順次写真石版の肖像と小伝が掲載されることになっていた。教育書出版者として断トツの投票を得た原亮三郎のそれ（**図2**）は、八五号（九月二四日）に載った。これは彼に関する最初の伝記である。この後、原亮三郎にはその社会的地位の上昇に伴って、実業家伝、紳士録、人名録などに十点の伝記が掲載されることになる。

それらの内容を分析（第一部第四章参照）した結果、興味深い事実が判明した。即ち、最初の二つの伝記が最も信頼性が高く、それ以降のものは主人公に迎合する度合が増し虚像となっていることがわかったのである。

ここでは『教育報知』誌の略伝及び、『商海英傑伝』（三益社明治二六年四月／複製　ダイヤモンド社　昭和五三年）中の「原亮三郎君伝」に依りながら、彼の来し方を振り返ってみよう。原亮三郎はどのようにして、府下一の教科書肆となったのか。検定教科書時代の論述に入る前段として、金港堂の前史を振り返ってみたい。

### （一）原亮三郎と金港堂の創業

**原亮三郎の経歴**

君初めは伊藤氏幼名を寿三郎と称す美濃国羽栗郡の人なり父を忠右ヱ門と曰ふ旧尾州藩に仕えて名古屋に在り故を以て君常に尾濃の間に往来す明治元年忠右ヱ門氏其の郷に帰住す君乃ち父に代りて藩に留り野崎氏に従て桑名城を守る既にして復た名古屋に帰り居を定む君幼にして漢籍を修め長して仏蘭西学を学ぶ頗る得る所あり明治三年士族に列せられ姓名を原亮三郎と改む五年東京に遊学す時に二十三歳なり（「略伝」）

●教育家十二傑投票開札　兼て本紙を以て江湖の諸氏に投票の勞を乞ひたる教育家の十二傑は既に豫期の日限を過ぎたるを以て開札調査せしに總票數一千六百廿六枚にて左表の如き結果を得たり就ては豫て約束せるか如く來七月より高點を得たる該教育家の寫眞石版の肖像及小傳を一家ツヽ本紙に掲載すべし

| | 高點 | | 次點 | | 三次點 | | 四次點 | | 五次點 | |
|---|---|---|---|---|---|---|---|---|---|---|
| 道德教育家 | 七九〇 | 西村茂樹 | 四四三 | 中村正直 | 三三 | 西　周 | 三三 | 加藤弘之 | 二一 | 新島襄 |
| 智識教育家 | 三五六 | 高嶺秀夫 | 二五一 | 外山正一 | 一二六 | 福澤諭吉 | 一一六 | 伊澤修二 | 一〇四 | 西邨　貞 |
| 身體教育家 | 五〇二 | 野村彦四郎 | 四一九 | 坪井玄道 | 一五二 | 西邨　貞 | 一三七 | 森　有禮 | 六九 | 野村　綱 |
| 實業教育家 | 五三七 | 手島精一 | 二一六 | 福澤諭吉 | 七六 | 津田　仙 | 七四 | 服部一三 | 五三 | 矢野次郎 |
| 教育名望家 | 四六七 | 辻　新次 | 三二四 | 森　有禮 | 一三四 | 九鬼隆一 | 一二一 | 加藤弘之 | 一〇七 | 渡邊洪基 |
| 教育政務家 | 六一三 | 森　有禮 | 五九七 | 辻　新次 | 六三 | 渡邊洪基 | 四三 | 九鬼隆一 | 三六 | 伊澤修二 |
| 教育理論家 | 三四六 | 西邨　貞 | 三二一 | 外山正一 | 一九九 | 伊澤修二 | 九八 | 能勢　榮 | 九四 | 菊池大麓 |
| 教育演說家 | 三四八 | 外山正一 | 二五三 | 西邨　貞 | 一五四 | 日下部三之介 | 一一三 | 和久正辰 | 八八 | 福澤諭吉 |
| 教育熱心家 | 四一七 | 木寺安敦 | 二四六 | 辻　新次 | 一六九 | 日下部三之介 | 一二七 | 伊澤修二 | 一一八 | 能勢　榮 |
| 教育新聞記者 | 九二七 | 日下部三之介 | 一三〇 | 西村正三郎 | 八〇 | 戸城傳七郎 | 七一 | 福澤諭吉 | 三二 | 莊　資親 |
| 教育書著述家 | 四五三 | 伊澤修二 | 四二三 | 辻　敬之 | 二一四 | 有賀長雄 | 一五七 | 西邨　貞 | 一二〇 | 和久正辰 |
| 教育書出版者 | 一一四九 | 原　亮三郎 | 二七六 | 辻　敬之 | 三八 | 牧野善兵衛 | 三一 | 小林義則 | 三二 | 石川治兵衛 |

図１　教育家十二傑（『教育報知』72号）

金港堂主原亮三郎君之肖像

十二教育家の略傳　其十

教育書出版者　原亮三郎君

君初め伊藤氏幼名を壽三郎と称す美濃国羽栗郡の人なり父を忠右衛門と曰ふ旧尾州藩に仕へて名古屋に在り故を以て君常に尾濃の間に往来す明治元年忠右衛門氏其の郷に帰住す君乃ち父に代りて藩に出り野寄氏に従て某名城を守る既にして復た名古屋に帰り居を定む君幼にして漢籍を修め長して仏蘭西学を学ぶ頗る得る所あり明治三年士族に列せられ姓名を原亮三郎と改む五年東京に遊学す時に年二十三歳なり六年神奈川県文生に任し七年十三等出仕に進み尋て横濱区戸長兼学区取締に轉す時に中小学の教科書之を告る甚し君之を憂へ書肆某に托して文部省出版の図書を翻刻せしむ然れども事意の如くならず八年十月官を辞し始めて書肆を横濱弁天通に開き神奈川県小学校用書籍出版賣捌の事を負擔す尋て九年七月東京に移る是より先大阪の商利見某始めて小学校用大算盤を販賣し君に其の賣弘めを托す君周旋其の至り幾くならずして神奈川千葉茨城栃木群馬埼玉の諸縣に行はれ又磐前福島宮城の諸縣に及ぶ同年十一月茨城縣小学校用書籍に縣名記入出版の許可を得十年又群馬縣に許可を得たり君が出版事業の基礎蓋し此時に定まると云ふ十三年始めて上州前橋に支店を置き又数年ならずして仙台大阪宮城に支店を設く十九年編輯所を置き三宅米吉氏を以て其の主務となす尋て氏を欧米に遣し編輯事業を取調べしむ此歳新に稗史小説出版の事を起す二十年一月第九十五国立銀行頭取に撰挙せらる君各地教育會設立の挙あるを聞くや奮然資を投じて其の挙を賛する頗る多く…を知らず是れ君の略史中記せざるべからざるの事なりとす君が力を教育に致すの浅からざる所以て知るべきなり本社が十二教育家の投票を世に求むるや君も教育書出版者として最高点を得られたり



図２　原亮三郎肖像（『教育報知』85号）

旧名古屋藩時代から東京遊学にかけての原亮三郎の経歴については、史料的な裏付けはない。「君伝」で補いながら略述すると、原は嘉永元（一八四八）年十月十八日、同郡平方村生れ、大庄屋の家柄というが確証はない。ただ明治五年の平方村「村方明細帳」に父忠右衛門が庄屋後見[*1]となっているから誤りではないようだ。ご一新の前後に、加内長三郎の長女れいと結婚。明治二年二月長男亮策（後の亮一郎）誕生。仏学修業とは、明治三年英仏学教授のため名古屋藩洋学校が設立され、林欽次（正十郎）等が招聘されたことを指す。ここでは二葉亭四迷が同じく仏語を学んでいた。[*2]後に金港堂から『浮雲』を出版するのだから、不思議な縁といえる。原がどの程度深く仏学を修めたのかは定かではないが、金港堂の初期の出版物には黒田綱彦訳『仏蘭西法律要略』（明治九年九月、仏国人ボンス氏の著述）、フルベッキ口訳忘筌社筆記『法学指鍼』（明治一〇年九月、エムレスクバーク『エチュード・ドゥ・トロア』）等があり、彼がただの本屋の親父ではなかったことは確かである。

姓名を原亮三郎と改むは明らかに誤りで、原亮三と称していた。亮三郎となるのは明治一三年以降のことである。東京遊学について「君伝」では、単身上京し近代捕鯨学の鼻祖藤川三渓の私塾に入り、漢籍を修めたとある。数ヶ月で学資が尽き苦学が続いた。遂にやむを得ず修学を断念し、仕官の途を選び、駅逓寮の雇となった。

原の経歴について史料的に裏付けられるのは、駅逓寮雇となってからのことである。神奈川県の「旧官員履歴」（『神奈川県史料』八巻　一〇七ページ）には次のようにある。

　愛知県貫族士族　原亮三／六年六月　二十五年五ヶ月
明治五年壬申八月廿五日／一・駅逓寮写字生被申付
同　六年　六月廿三日／一・任神奈川県史生
同　七年　一月廿九日／一・補同県十三等出仕　下等月給下賜候事
同年　五月　五日／一・依願免出仕

これにより、本籍地を愛知県としていること。県に任官した明治六年六月現在、二五歳五ヶ月であったこと、また原亮三と名乗っていたことがわかる。

## 金港堂の創業

明治七年六月、原は県官を辞して横浜四小区戸長および学区取締に転じた。学区取締は「専ラ区内人民ヲ勧誘シテ務メテ学ニ就カシメ、且学校ヲ設立シ、或ハ学校ヲ保護スベキノ事。或ハ其費用ノ使用ヲ計ル等一切其受持所ノ小学区内ノ学務ニ関スル事ヲ担任シ、又中区内ニ関スル事ハ互ニ相論議シ、専ラ便宜ヲ計リ、区内ノ学事ヲ進歩セシメンコトヲ務ムベシ」（「学制」第八章）とされ、「其土地ノ居民名望アル者ヲ撰」び、「地方官ニ於テ之ヲ任命」することになっていた。言わば、教育行政組織の末端にあって直接の教育事務担当として大きな役割を担った。その仕事の中には、小学校へ新聞雑誌を配布したり、教科書を一括貸与するような事務[*3]のあったことは注目される。恐らくこの時の経験は、教科書出版を手掛ける一つの要因になっているのではないかと思われる。

> 尋て横浜戸長兼学区取締に転す時に中小学の教科書乏を告る甚し君之を憂へ書肆某に托して文部省出版の図書を刻せしむ然れども事意の如くならず八年十月官を辞し始めて書肆を横浜弁天通に開き神奈川県小学校用書籍出版売捌の事を負担す（「略伝」）

「君伝」では、時の県令中島信行から県下において小学校教科書の一手販売を委託する話をもちかけられたとある。有名人を持ち出すのは伝記を飾る常套手段であるが、何れが正しいのかはキメ手がない。

明治八年十月に金港堂が創業したのは、出版史的に見ると極めて象徴的なことである。一つは同年六月、文部省が「当省蔵版ノ書籍ハ自今悉皆翻刻差許候」（同省布達九号　六月一九日）としたこと。今日流に言えば、文部省はその著作権を全て公有に帰したのである。百点以上に及ぶ文部省編纂の教科書類は、誰もが許可を得ることなく自由に出版できるようになった。ご一新後、多くの書肆は新時代の要求するものを探しあぐねて、ただ江戸時代から持ち伝えた蔵版をかかえるだけであった。小学校教科書はその意味で、出版者にとっては大鉱脈そのものになった。教科書の速やかな普及を期待してとった文部省のこの措置は、たちまち翻刻教科書の奔流を招き、やがて文部省が手を焼くことになる。

もう一点は、明治八年九月の出版条例改正である。この改正条例は、権限が内務省に移ったせいもあって、それまでの二回（二年、五年）に比べ格段に精密化している。中でも「図書ヲ著作シ又ハ外国ノ図書ヲ翻訳シテ出版スルトキハ三十年間専売ノ権ヲ与フヘシ此ノ専売ノ権ヲ版権ト云フ但シ版権ハ願フト願ハザルトハ本人ノ随意トス故ニ版権ヲ願フ者ハ願書ヲ差出シ免許ヲ請フヘシ其願ハサル者ハ各人一般ニ出版スルヲ許ス」（第二条）の条項は二つの面で注目される。第一は版権という法令用語を初めて用いて、三十年間の図書の専売権を規定したことである。ただし、それは出版の事実によって当然発生するのではなく、内務省に願出てその免許を得ることにより生じ、いわば特許主義に立脚している。出願は本人の任意であり、願出のない出版物は翻刻自由（誰が出版してもかまわない）となる。

なお、この版権を今日の著作権と見る向きがあるが、明らかに誤りである。「比時代ニ於テハ専売ノ特許ハ著作者ニ与ヘタルモノニアラズシテ出版者ニ与ヘタルナリ、蓋シ其立法ノ主旨ハ今日ノ著作権ノ理論ニ於ケル如ク著作者ノ精神的製作物ヲ保護スト云フニアラスシテ有益ナル図書ヲ出版シタル者ニ対シ出版ノ費用ヲ償ハシムルカ為メニ一定ノ期間之ニ専売ノ権ヲ与フト云フニアリ、故ニ其侵害ニ対シテハ著作者トシテ損害ヲ要求スルノ権利ナク只出版者トシテノミ金銭上ノ権利ヲ主張スルコトヲ得ルノミ」（水野錬太郎「本邦著作権法ノ沿革」『法学協会雑誌』

二〇巻八号　明治三五年八月　六二四ページ）

第二は、書籍商のこの条例の受け止め方である。彼等は江戸時代以来の慣習に従い、本屋仲間の規則によって株（板木株、出版の排他的独占権のこと）を相互に守ってきた。その本屋の生命線ともいうべき株は、版権の公認によって廃滅した。仲間内の自治に委ねられていた専売権の保護は、国家が一元的に保障することになったのである。大阪の書籍商三木佐助が「思ひもよらぬ一新例」[*4]と驚いたのもこの点に於いてであった。

原亮三郎がある意味で安定した地方官の身分を捨てて、あえて出版業に踏み切ったのは、こうした社会状況の激変の中に、何か商機をかぎとったのではないかと思われる。

## （二）横浜時代の金港堂

横浜時代の金港堂については、活動期間が短いせいもあって資料に乏しい。創業して程なく、『横浜毎日新聞』には次のような奇妙な広告が載った。

〇今般弊店神奈川県小学書籍御用ノ命ヲ蒙レリ故ニ小学用書ニ拘ラズ一般書籍ノ版木彫刻且ツ摺立製本等良工相撰丁寧廉価ニ仕立可申間大方君子御挑アランコトヲ頓首謹テ希望ス

十二月　横浜弁天通六丁目百十八番地　金港堂

金森平三郎

（『横浜毎日新聞』明治八年一二月一四日　四面）

広告主が金港堂でありながら、何故原亮三ではなく金森平三郎なのかはよくわからない。金森平三郎は明治五年六月、洋銀および米穀の売買を目的とした金穀相場会所の創立に参画した横浜の有力商人（『横浜市史』三巻下　三三二ページ）である。何等かの理由で、原が金森の名義を借りたのかも知れない。或いは金森は金港堂創業時の出資者（金主）かとも思われるが、二人の間にどういう関係があったのかは謎という外はない。

川井景一戯著『横浜新誌初編』（明治一〇年刊、『明治文化全集風俗篇』所収）にも興味深い言及がある。同書は横浜開港当時の『横浜繁昌記』にならって、明治八、九年頃の新奇な横浜開化風俗をつぶさに述べたもの。その中に「書舗」の項があり、当時の書店風景を知る上で格好の史料となっている。

近日書肆の盛んに行はるゝ、其数僂指するに遑あらず。老舗と称する者は師岡と曰ひ、丸善と曰ひ、中幸と曰ひ、中銀と曰ひ、大誠と曰ふ。画草紙舗なるは歌川と曰ひ、佐野富と曰ひ、伊勢茂と曰ひ、伊勢豊と曰ふ。貸本戸なる者は曰く佐藤、曰く谷川、曰く高橋、曰く何、曰く何而して金港堂なる者、昨年書肆を弁天通第六街に開く。鈴木某今年亦店を野毛坊に出だす。書舗各家互に新板を競ひ、共に廉価を争ふ。而して丸善は西洋書籍を以て著はる。金港堂は小学書籍を以て鳴る。而して又能く古書を以て鳴る者あり、師岡、中幸是なり。（以下略）

金港堂が早くも教科書出版で通っていることがわかる。ただし著者の川井は神奈川県御用をつとめる金港堂から『神奈川県地誌提要』(明治九年八月刊)を出版しているので、多少迎合の気味がないとはいえないようだ。

また金港堂が横浜時代に出版した書物の奥付には、いくつか留意すべき情報が含まれている。一つは出版人の名前が本人原亮三ではなく、原亮策としたものが多いこと。本人が亮策の別称を使用していたと考えることも出来るが、恐らくそれは名義上長男亮策(後の亮一郎)の名前を使ったものではないかと思われる。この当時の出版届は比較的ゆるやかで、届出書式が整ってさえいれば問題はなかった。だから丸善の場合でも同様で、出版人の名義が丸屋善七、善八など実在しない架空の名称を用いても差支えがなかったのである。更に注目すべきは『文部省刊行小学読本』三、四(神奈川県翻刻　明治九年五月)の奥付である。取次所として十一書肆が並んでいるのだが、その中に「東京室町弐丁目　金港堂出店　越前屋藤右衛門」が見える。この人物についてはまだ知るところはないが、少なくとも金港堂は創業後間もなく、東京への足掛りとして出店を設け、販路の開拓とあわせて各種の情報を得ていたものと想像される。明治九年七月、金港堂は横浜から日本橋本町へ移転するのだが、この出店のもつ意味合いは大きかったと思われる。

## (三)東京日本橋本町への移転

明治九年七月金港堂は横浜から日本橋本町三丁目十七番地に移転し、次のような引札(図3)を配布した。

私店曽テ神奈川県書籍／御用ノ命ヲ奉ジ本地弁天通／開業致シ候処御管下一般／ノ愛顧ヲ蒙リ日々隆盛ニ／至リ欣喜ニ堪サル処ナリ／然ルニ県下ノ地タルヤ武相ニ／跨リタルヲ以テ却テ東京ヲ／便トスル理アリ故ニ今般東京／本町三丁目ニ開店シ来タル廿日ヨリ製／本売捌ヲ成ス御便利ノ区内ハ右／店ヱ御来臨希望スル者也／明治九年七月日　金港堂

当時の日本橋はまだ江戸時代以来の古町が旧町地の大部分を占め、大・小伝馬町、馬喰町、横山町、本材木町などの問屋街や職人町が商工業地に集中し、工作物では主として雑貨手芸品に圧倒的な生産を占めていた。しかし明治十年代になると、この伝統的な在来産業は発展と衰退の二極分化をとげる。政府の推進した殖産工業政策によって育成された移植産業、例えば繊維産業、活版などの機械、火薬などの化学工業、に包摂されるものが発展し、そうでないものは淘汰されることになった。明治一三年の東京における民間工場の配置を見ると、資本金一万円以上の代表的な工場三十のうち、相当数が隣町の京橋、芝地区に集中し、しかもその多くが移植産業の花形、活版印刷関係であることが注目される。[*5]

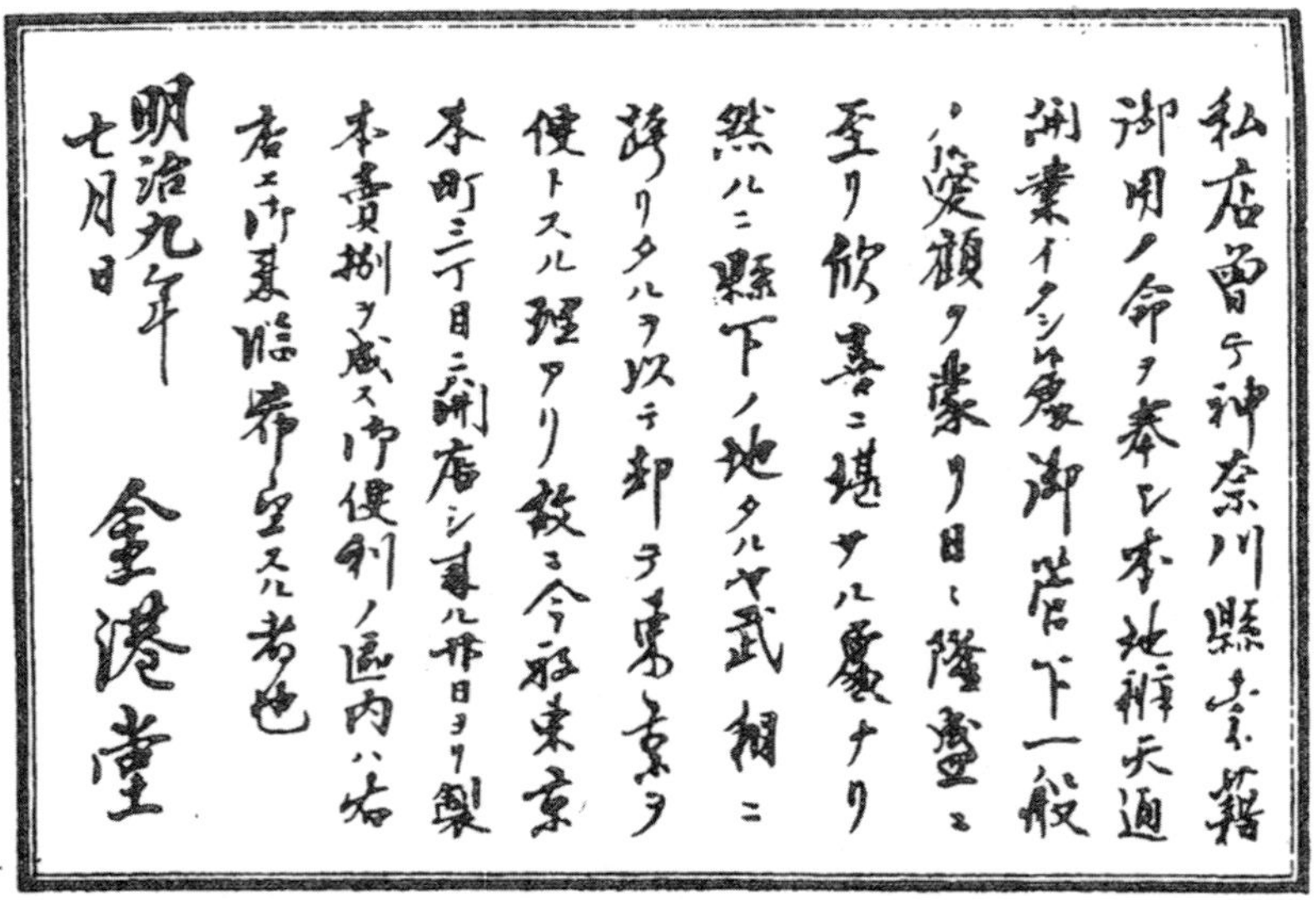

私店曾テ神奈川縣ニ本籍
御用ノ命ヲ奉シ本地辨天通
開業イタシ候處御管下一般
ノ愛顧ヲ蒙リ日ニ隆盛ニ
至リ欣喜ニ堪ヘザル處ナリ
然ルニ縣下ノ地タルヤ武相ニ
跨リタルヲ以テ却テ東京ヲ
便トスル理アリ故ニ今般東京
本町三丁目ニ開店シ来ル某日ヨリ製
本賣捌ヲ成ス所便利ノ區内ハ右
店エ御来臨希望スル者也
明治九年
七月日
金港堂

（展望帖より）

図３　東京移転の引札（『書物展望』13巻４号）

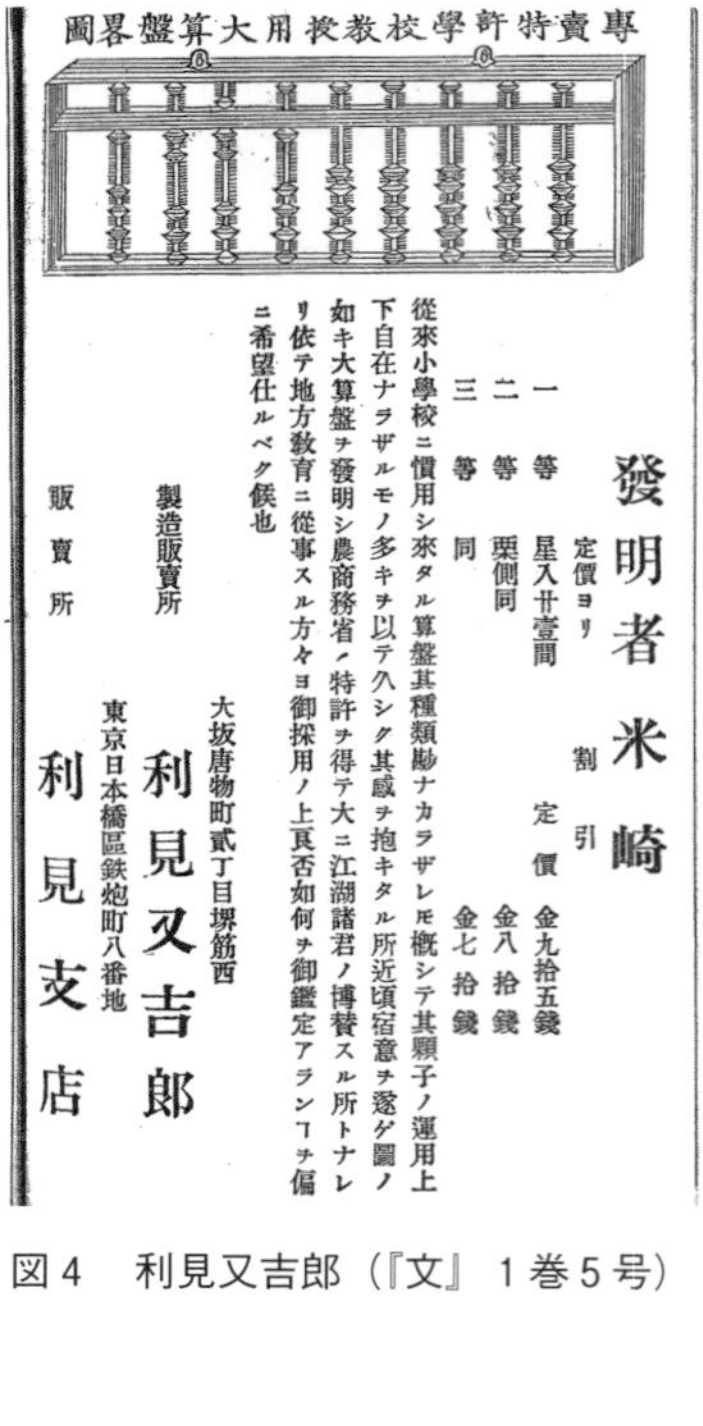



図４　利見又吉郎（『文』１巻５号）

出版を大々的にやるには、新開地の横浜よりも、伝統があり諸事整った東京の方が有利である。原亮三郎は金港堂出店から種々情報を得た上で、東京移転を決心したのだろう。恐らく資金も次のような事情で潤沢にあったと思われる。

九年七月東京に移る是より先大阪の商利見某始めて小学校用大算盤を販売し君に其の売弘めを托す君周旋□に至り幾くとならすして神奈川千葉茨城栃木群馬埼玉の諸県に行はれ又磐前福島宮城の諸県に及ふ（略伝）

学校用品の販売も教科書肆の扱う分野であった。大阪の利見又吉郎（**図４**）はこの時以来金港堂とは長いつながりをもつことになる。

移転前後の東京の出版界を見ると、まだまだ江戸時代の色彩が強かった。例えば明治六年の調査にかかる「東京府管下書物問屋姓名記」（『戊辰以来新刻書目便覧』付録）を見ると、旧来の老舗が幅をきかせている。その一四五書肆の住居分布を一五区別に当てはめて（一五区政の発足は明治一一年のこと故）みると、**表1**（次ページ）のようである。比較のため、明治一四年三月東京書林組合の設立を願出た二〇六書肆および、地本錦絵営業者組合一〇四書肆、明治一四年二月の活版営業組合設立名簿四〇人の分布も併せて示した。

書肆に限ってみると、日本橋の比重が圧倒的に大きいのは、商工業の中心地だから当然であろう。創業一年足らずで、早くもそうした土地柄に移り得たのは、めざましい成功といってよいだろう。

## （四）地方進出と版図の拡大

僅かに神奈川一県下の一手販売なりしも漸次拡張して群馬栃木福島茨城其他の諸県に及ほし今日に至ってハ日本全国至る所として支店の設けあらさるハなく…（「君伝」）

右の「君伝」を見ると、地方への進出はいともやすやすとなし得たかのように読める。果たして版図拡大の実態はどうだったのだろうか。ここでは群馬県の場合を例として、地方進出の実際を具体的に見ていきたい。地方への進出を考える場合、一般的には次の二つの観点からの分析が必要と思われる。

⑴当該の地方に対抗するような有力書肆があったのかどうか。

⑵府県の御用書肆という一種の特権をどのようにして獲得したのか。

⑴強力な対抗勢力のある地域では、当然のことながら東京勢力の進出は困難である。例えば群馬よりも東京に近い埼玉県の場合、金港堂をはじめ東京勢の侵入はほとんどない。ここには、鴻巣の盛化堂長島為一郎が県の御用をほぼ独占していて、割り込む余地がなかった。或いはあっても、おこぼれに預る程度であった。なお、盛化堂長島為一郎の出版活動については、埼玉県の学事文書を用いて論じた通りである（第二部第一章）。

⑵金港堂がどのように群馬県当局に取り入ったのか、それを証明する県庁文書などは未だ発掘し得ない。もしも遺っているのならば、なんとか発見したいものである。ただこうした特権は、当時の官民の構造を考えると、主として人的つながり（情実）に拠るところが大きかったようである。金港堂はどのような人脈をもっていたのだろうか。残念ながらよくはわからないが、茨城県の場合は学務課長国分行道が便宜を図ったようである[*6]。強運と言うべきか、金港堂が群馬県御用書肆となったことは、結果的に金の鉱脈を掘り当てることになった。明治一四年金港堂は同県蔵版の木戸麟著『修身説約』『小学修身書』の版権譲渡をうけた。これが各府県の採択を受けて爆発的に売れ、金港堂が大を成す幸運をもたらしたのである。「九年十一月茨

表１　明治前期　東京書籍商の区別分布

| | 書物問屋姓名記（明治６） | 東京書林組合（明治14） | 地本錦絵営業者組合（明治14） | 活版営業組合（明治14） |
|---|---|---|---|---|
| 麹町 | 3 | 5 | 1 | 13 |
| 神田 | 13 | 41 | 15 | 4 |
| 日本橋 | 61 | 59 | 38 | 5 |
| 京橋 | 13 | 27 | 11 | 26 |
| 芝 | 12 | 32 | 4 | 1 |
| 麻布 | 4 | 2 | 1 | — |
| 赤坂 | 1 | 1 | — | — |
| 四谷 | — | 5 | — | — |
| 牛込 | 2 | 3 | 3 | — |
| 小石川 | 3 | 4 | — | — |
| 本郷 | 4 | 6 | 8 | — |
| 下谷 | 5 | 5 | 7 | — |
| 浅草 | 16 | 12 | 11 | 2 |
| 本所 | 7 | 3 | 4 | — |
| 深川 | 1 | 1 | 1 | 1 |
| 計 | 145 | 206 | 104 | 40 |

城県小学校用書籍に県名記入出版の許可を得十年又群馬県に許可を得たり君が出版事業の基礎盖し此時に定ると云ふ」（「略伝」）

## 上州前橋の金港堂出張所

『上毛新聞』[*7]二五号（明治一四年三月一四日）には、次のような金港堂支店の開店広告が載った。

弊店曽テ御県下小学教科書ノ御用ヲ命ゼラレシヨリ御県下教育ノ旺盛ヲ希望シ、専ラ小学子弟諸君ノ便宜ヲ謀リ来リシニ、諸君ノ御愛顧ヲ辱シ日々繁栄ニ趣キ、実ニ謝スル所ヲ知ラザル也、然ルニ当地ニテ御県下諸君ノ需用ニ応ズレバ、或ハ小学子弟諸君御講（ママ）求ノ期ヲ失スルノ恐レナキニ非ズ、依テ今般前橋本町三丁目ニ支店ヲ設立シ、本月十五日ヨリ開店シ、小学子弟諸君ノ御講（ママ）求並ニ同業諸君ノ御注文ニ応ゼント欲ス。以来支店へ御下命セラル丶ヲ便利ト為ス諸君ハ、本店ト同ク陸続御愛顧アランコトヲ伏テ乞フ

東京本町三丁目拾七番地　金港堂　原亮三郎　敬白
上州前橋本町三丁目　金港堂出張所

この文面によれば、金港堂は本格的に群馬県進出を企図したようである。従来はいちいち日本橋の本店を経由していたため、通信輸送に手間どって必要とする期日に間に合わないこともあった。この欠点を補うため、支店を設置し、需要に対し素早い対応が出来るようにしたものである。杉山義利著『上野地誌略』（誠之堂　明治一四年八月）には、四人の発行人の中に「前橋

本町　金港堂出張所」が見えるから、出版の請負も手掛けたようである。

また原亮三郎は地元書肆の動向にも絶えず注意を払っていたようだ。商売敵から自らの権益を守ることは商人として当然のことである。

東京の書肆金港堂原亮三郎氏ハ、本県の五用《（ママ）》も務め立派な商人だが、此度当地へ書籍会社設立に付てハ、些と差障りになると見え、態々当地へ出張され、隊長とか校長とかいふ人と毎日市街を奔走するといふが、素早イ人と見えます（『上毛新聞』一四号　明治一四年二月一六日）

上毛書籍会社設立の報をうけた原亮三郎が、手なづけている教育関係者と共に既得権の防衛に走り回っている様子がうかがえる。情報収集と対応の早さに現地新聞の記者は「素早イ人」と舌を巻いている。ちなみに書籍会社とは、博文堂後藤鋼吉、藤原佐七など十人の発起により、二月五日設立認可を受けた上毛書籍会社のことである。同月一八日付『上毛新聞』の同社創立広告によると、上毛の地には書肆が少なく、学問をするにも肝心の本が入手できない。そこで管下の書肆が団結して会社を創立し「汎ク和漢洋古今ノ書籍ヲ網羅シ、勉メテ廉価ニ販売スルノ方法ヲ設ケ、以テ学生ノ便ヲ開カントス」として、「各種教科書及一切ノ書籍図画等ヲ出版シ、及売買スルヲ以テ本旨トス」る事業を予定していた。四月には資金も順調に集まったので、活版部を設け六月迄に機器買入の手筈（同紙四六号　四月二六日）となっていた。ただし、この後の消息については史料がないのでよくはわからない。

## 木戸麟『小学修身書』と分版

群馬県蔵版を譲り受けて発行した木戸麟著『小学修身書』全十二冊は、破格の売れ高を示した。

弊店曽テ木戸氏編纂ノ修身説約小学修身書等ヲ出版シ府県ノ学校之ヲ教科書トナシ弊店ニ於テ既ニ数百万部を発売セリ……（「新刻小学校教科用書稟告」『時事新報』明治一六年一〇月一三日　六面）

無論広告の文言を額面通りに受け取る必要はないが、一面の真理を語っていることは確かである。また、同書の偽版をつくって金港堂から告訴され、罰金と重禁錮に処せられた事件（『朝野新聞』明治一六年四月二六日　四面）も、それを裏付けている。売行良好書にしか偽版は出ないものである。

試みに『小学修身書』諸版の出版届を年月順に列挙すると次のようである。

明治一四年六月二二日　版権免許　同七月出版
明治一四年一一月二四日　再版御届
明治一四年一二月八日　三版御届
明治一四年一二月二六日　四版御届
明治一五年三月九日　五版御届
明治一五年六月五日　六版御届

明治一五年五月二三日　　七版御届（但、巻一―六）
明治一五年六月四日　　八版御届（但、巻一―六）
明治一五年一〇月一九日　　九版御届
明治一六年一月一七日　　一〇版御届
明治一六年一月一九日　　一一版御届
明治一六年四月九日　　一二版御届
明治一六年八月二四日　　一三版御届
明治一七年一一月一七日　　一四版御届

短期間の間に急ピッチで版を重ねていることがわかる。当時の出版条例では、版木が摩滅して新たに版をおこす（改版）毎に、出版届を提出する定めであった。一版の版木からどの位の部数が摺れるのかについては諸説あるが、通説の八千部と見ても先に触れた新聞広告の数値が誇大ではないことが、了解されよう。

金港堂はこの未曽有の需要に対してどう対応したのだろうか。一つは自店の生産能力を高めることであり、それでもなお追いつかない場合には、分版（版権ヲ分テ譲リ若クハ売リ同一図書ヲ各自ニ出版スルコト―明治八年出版条例第二三条の定義）による方法がとられたと思われる。

今般木板摺立の職人多人数入用に付望ある者ハ直ちに本店に来りて問合せありたし　　金港堂本店

（『読売新聞』明治一四年一一月二二日　四面）

摺師急募の広告である。それも多人数入用ときている。同書の三版、四版は明治一四年一二月中に出版されるという異例の事態となった。恐らく金港堂の作業場では、多勢の職人が昼夜兼行で立ち働く光景がみられたであろう。

分版の方法をわかりやすく説明すると、金港堂から許可を得た出版者が、新たに版木を彫って、それにより印刷製本、販売する権利のことである。整版（木版）印刷の場合、能率を上げるためには版木のセットを複数作るより方法がなかった。またそれ程交通の発達がないこの時代、商品を東京から送るよりは現地で製作した方がコスト的にも見合ったのかも知れない。無論許可を得ずに勝手に版木を作れば、偽版という犯罪になる。

金港堂の「小学教科用書広告」（『時事新報』明治一五年四月一日　四面）には、製本所として以下の名前があがっている。これらは金港堂から分版を許され、教科書製造を行った書肆である。

○大阪唐物町二丁目金港堂利見又吉郎　○宮城県下仙台国分町伊勢安右衛門　○愛知県名古屋本町鬼頭平兵衛　○愛媛県下高松西新通町梶原虎三郎　○愛媛県下松山鮒屋町牧正篤

製本所の所在地からいって彼等は主として、西日本方面や東北地方の需要に応じたものと考えられる。**図5**は『小学修身書』分版の奥付である。右の広告の製本所に対応していることがわかるであろう。金港堂はこのようにして生産拠点をふやし、大量需要に応じたのである。また製本所と並んで発売所も掲載

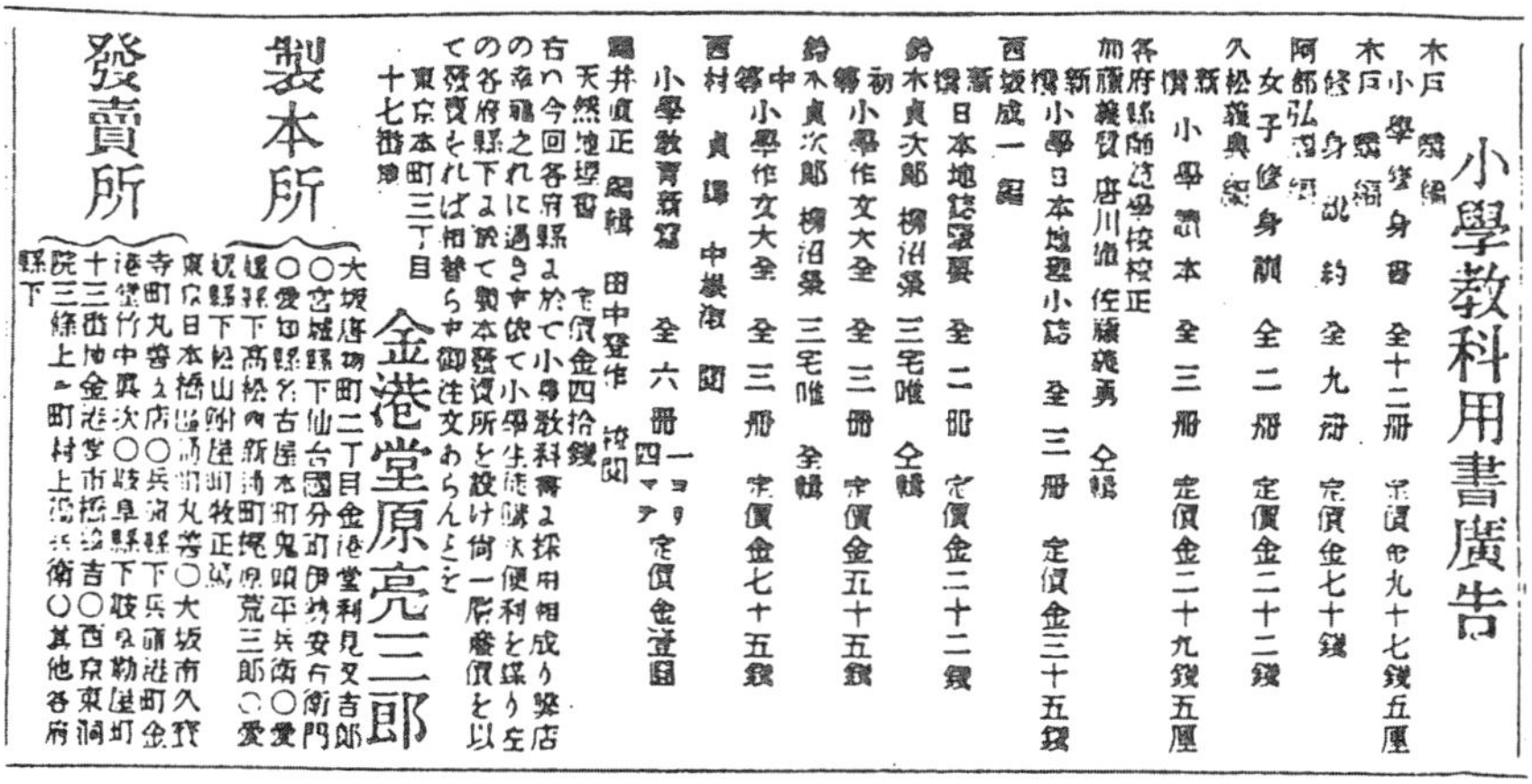

小學教科用書廣告

木戸麟編　小學修身書　全十二冊　定價金九十七錢五厘
木戸麟編　修身說約　全九冊　定價金七十錢
阿部弘藏編　女子修身訓　全二冊　定價金二十二錢
久松義典編　新撰小學讀本　全三冊　定價金二十九錢五厘
各府縣師範學校校正　加藤義質　唐川進　佐藤幾勇　全輯
新撰小學日本地理小誌　全三冊　定價金三十五錢
西坂成一編　新撰日本地誌略要　全二冊　定價金二十二錢
鈴木貞次郎　柳沼藥　三宅唯　全輯
初等小學作文大全　全三冊　定價金五十五錢
鈴木貞次郎　柳沼藥　三宅唯　全輯
中等小學作文大全　全三冊　定價金七十五錢
西村貞譯　中根淑閲
小學教育新篇　全六冊　一ヨリ四マデ　定價金[illegible]
龜井直正編輯　田中登作校閲
天然地理書　定價金四拾錢
右ハ今回各府縣ニ於て小學教科書ニ採用相成り弊店の[illegible]之れに過ぎす依て小學生徒購求便利を採り左の各府縣下ニ於て製本發賣所を設け尚一層廉價を以て發賣それば相替らず御注文あらんことを
東京本町三丁目十七番地
金港堂原亮三郎

製本所
大坂唐物町二丁目金港堂利見又吉郎
○宮城縣下仙台國分町伊勢安右衛門
○愛知縣名古屋本町鬼頭平兵衛
○愛媛縣下高松內新町梶原荒三郎
○愛媛縣下松山附進町牧正[illegible]

發賣所
東京日本橋通油町丸善○大坂市久寶寺町丸善支店○兵庫縣下兵庫港町金港堂[illegible]○岐阜縣下岐阜勒進町[illegible]○西京東洞院三條上ル町村上勘兵衛○其他各府縣下

図５　製本所と発売所（『時事新報』明治15年４月１日４面）
及び『小学修身書』分版の奥付（渡邊慎也氏蔵）

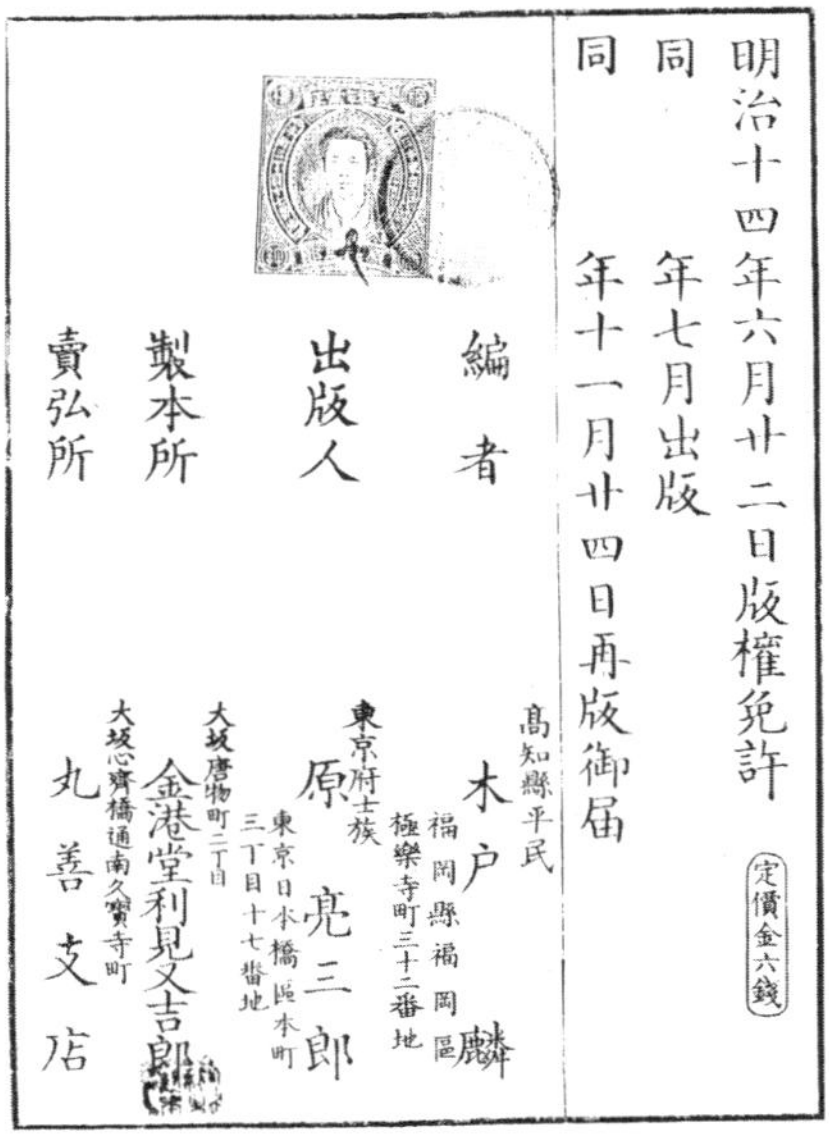

明治十四年六月廿二日版權免許
同　年七月出版
同　年十一月廿四日再版御届
定價金六錢
編者　高知縣平民　木戸麟　福岡縣福岡區極樂寺町三十二番地
出版人　東京府士族　原亮三郎　東京日本橋區本町三丁目十七番地
製本所　大坂唐物町二丁目　金港堂利見又吉郎
賣弘所　大坂心齋橋通南久寶寺町　丸善支店

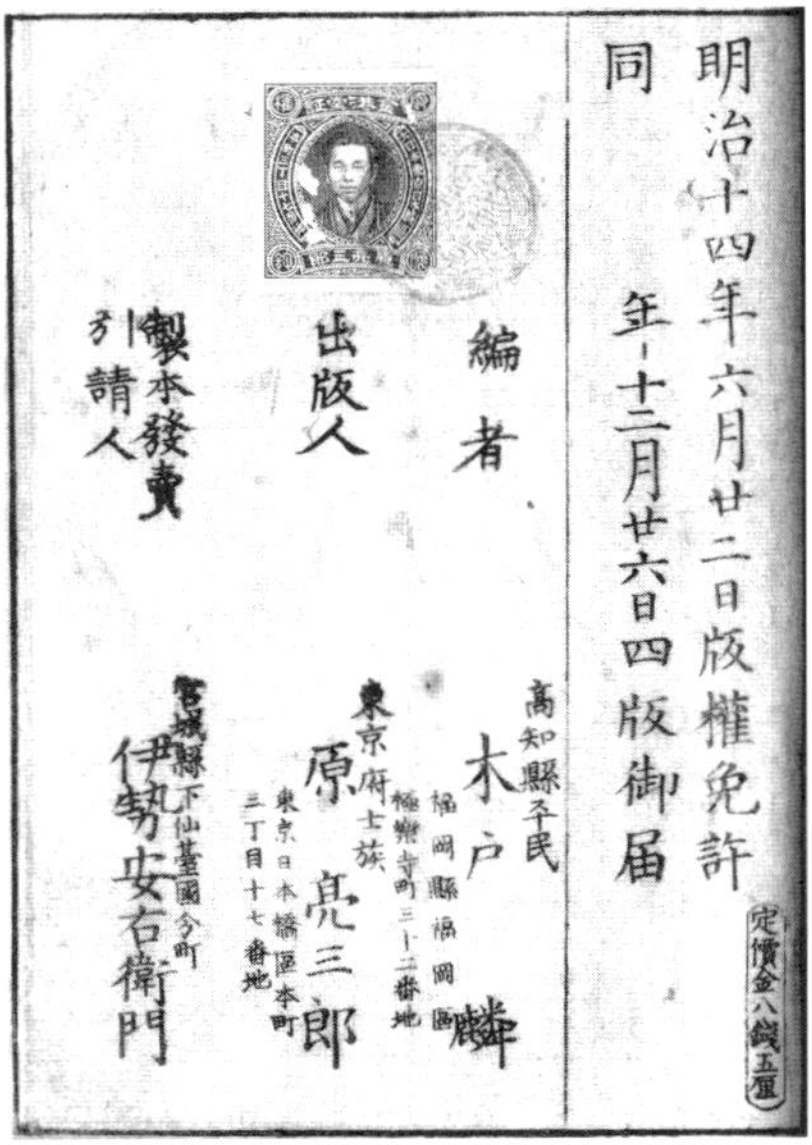

明治十四年六月廿二日版權免許
同　年十二月廿六日四版御届
定價金八錢五厘
編者　高知縣平民　木戸麟　福岡縣福岡區極樂寺町三十二番地
出版人　東京府士族　原亮三郎　東京日本橋區本町三丁目十七番地
製本發賣引請人　宮城縣下仙臺國分町　伊勢安右衛門

されている。この方は金港堂の委託をうけて大売捌を担当したものであろう。東京の丸善本店、大阪の同支店、京都の村上勘兵衛などは著名だが、他に、〇兵庫港町金港堂竹中真次、〇岐阜鞘屋町十三番地金港堂市橋亀吉などの名が見える。金港堂を名乗っているところからみると、何等かの契約を結んで支店となっているのであろう。

## 金港堂大坂支店の開業

金港堂大坂支店開業広告

弊店従来全国普通教育ノ旺盛ヲ賛助シ学校用書籍販売ノ業相営ミ生徒購求ノ便利ヲ謀リ各府県下ヘ出張シ学校用教科図書ヲ販売罷在候処今般猶一層便利ヲ計画シ大坂ニ支店ヲ設ケ関西各府県ノ命ヲ奉シ弘ク学校教科用書ヲ販売シ且ツ学校用器具等ニ至ルマテ四方教育家ノ需用ニ応センタメ本月十三日ヲ以テ開店仕候間東京本店同様猶一層御愛顧ノ程奉奉《ママ》願上候也

東京日本橋区本町三丁目　学校用書肆
金港堂原亮三郎本店

明治十七年十二月十三日

大坂東区唐物町四丁目四十二番地
金港堂原亮三郎支店

（『時事新報』明治一七年一二月一五日　四面）

大坂本屋仲間の行司が記録した業務日誌である「出勤帳八十五番」（大阪府立中之島図書館『大坂本屋仲間記録』第七巻所収）によると、同年十二月廿五日の項に「〇開業　東区唐物町四丁目四十弐番地八十番戸控屋ニ而営業　東京府日本橋区本町三丁目十七番地　原亮三郎　代理杉山辰之助」とある。全国各地との取引が増大するようになると、関西方面に拠点が必要となった。そこで大坂支店の設置となったものであろう。その業務は単に東京から送られる商品の中継だけでなく、むしろ先に述べた分版製本を積極的に行い関西方面の需要に応じたものと思われる。というのは、同業の文学社（**図6**）は金港堂よりも一ヶ月早く次のように大坂支店を設立し、「文学社蔵板関西向書籍於大坂支店分板製本仕候」（『時事新報』明治一七年一二月一二日　四面　傍点は引用者）と広告しているからである。

文学社大坂支店設立広告

開店後僅ニ三年而シテ二府三十余県ノ御用ヲ被命不堪感銘候随テ御便利ノ為メ右設立仕候愈倍御愛顧奉仰候

東京本町四丁目十六番地　文学社本店
大坂本町三丁目十四番地　文学社支店

（『時事新報』明治一七年一一月八日　四面）

文学社（小林義則）は創業わずか三年にして急成長をとげ、大坂支店を設けるまでになった。またこの時期は出版の拡大期のようで、東京の有力書肆が次々と大坂に支店を出している。それを前掲の本屋仲間記録で見ると次のようである。鳳文館・前田円（明治一八年一月一三日）、博聞社・長尾景弼（明治一八年

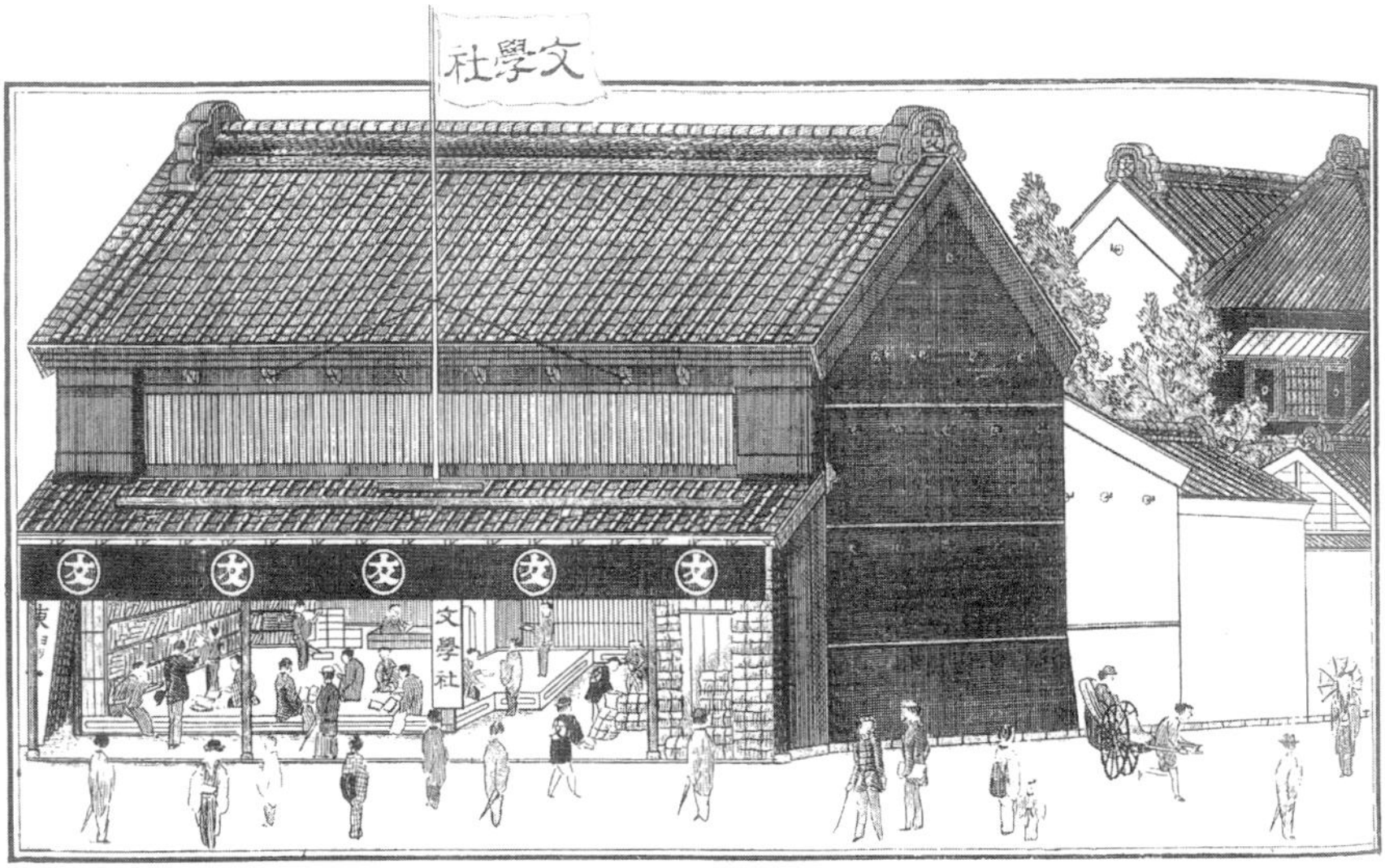


図６　文学社（『東京商工博覧絵第二編』）

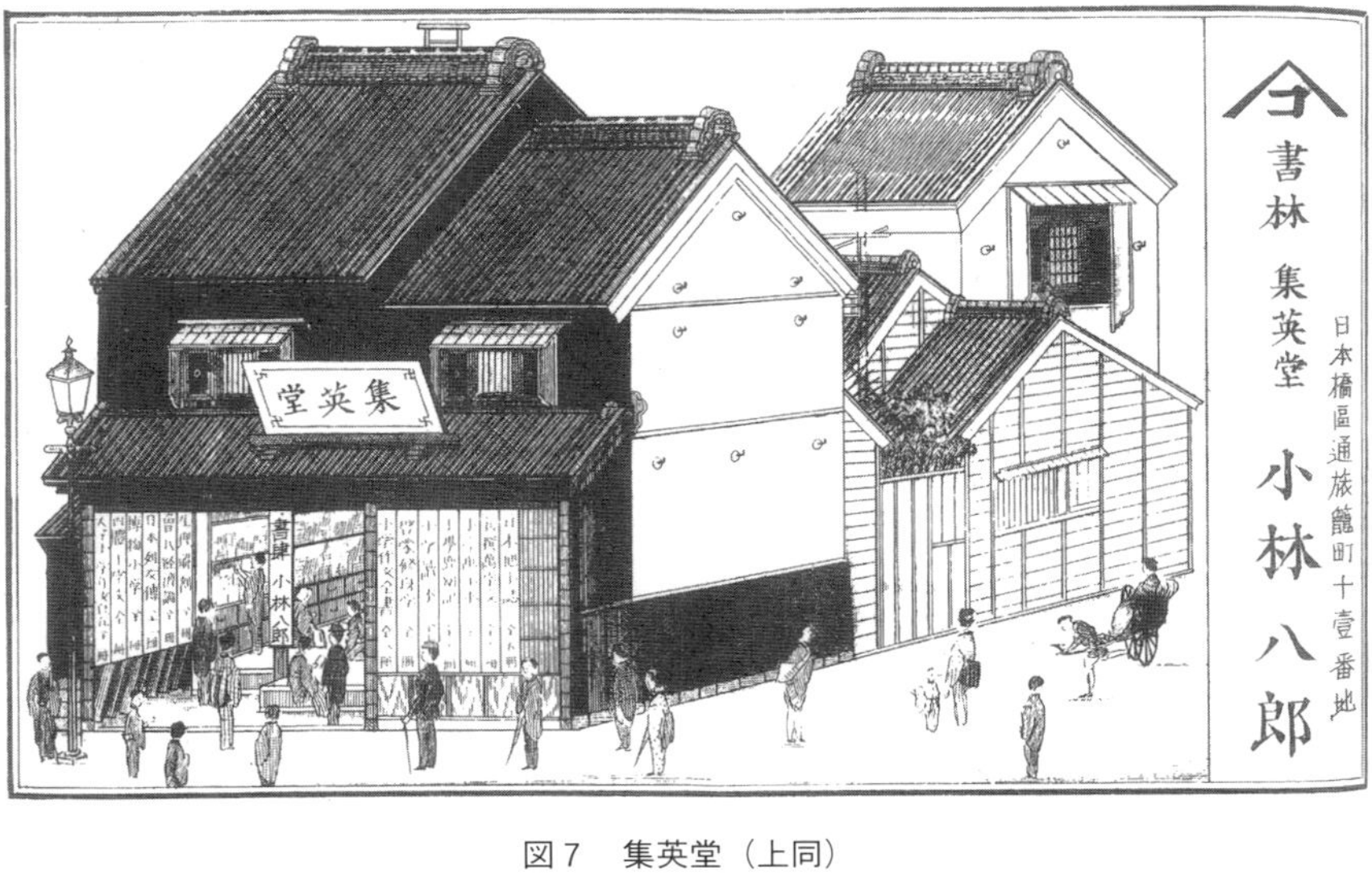


図７　集英堂（上同）

二月一〇日)、集英堂・小林八郎(明治二〇年九月二日)(図7)。

**大坂支店代理人　杉山辰之助**

金港堂大坂支店の経営について言えば、原亮三郎及びその子弟は名義人であって、実質的には代理人の杉山辰之助が采配した。杉山は大坂の出版業界でも重きを置かれたらしく、種々活躍していることが本屋仲間記録によってわかる。明治二十年七月廿三日「今般仲間ニ於而、一大会社ヲ設立セントノ義ニ付集会」した時にも参加している。この時選出された三木佐助等五人の起草委員による文部省に宛てた「御蔵版教育図書製本発売御願」(三木佐助『玉淵叢話』下巻に全文所収)にも連署人の一人となっている。これは文部省教科書の一手売捌を請負う大阪書籍会社の設立を願い出たものだが、にべもなく文部省から却下されたいきさつがある。

同年八月四日「文部省御蔵版甲部図書売捌免許人/松村九兵衛　博文社森岡栄　梅原亀七　杉山辰之助/右四名ニ而、北久宝寺町四丁目十二番地金港堂方ニ而、共有社ト称ヘ開社ス」(同書　三七四ページ)も注目すべきであろう。東京においては下田歌子の画策によってその免許は十一堂長谷部仲彦におりて、金港堂も博聞社も苦汁を飲んだ。[*8] 江戸の仇を大坂でという趣である。甲部図書売捌所は各府県下に於て一箇所と決められていたから、大坂の場合は四社が相乗りして、一社の独占を回避したようだ。身元保証として額面金三千円の記名公債証書を府庁へ差出すことになっているから、大手の出版書肆でないと負担できないのである。

仲間行司に宛てた「九月廿九日付ヲ以、金港堂支店杉山辰之助より世利物日限云々ノ伺書」は、金港堂の大坂における出版経営をうかがわせて興味深い。

本日仲間申合契約第十一号、世利物ノ物品三日限り云々御廻達、正ニ拝承仕候得共、此外店ハ蔵版而已多ク売捌居リ、世利物ニテハ是迄一切差出シ不申、売切ノミニテ御取引相願居候(以下略)

金港堂は殆ど自社出版物だけを販売している上、その取引も売切(今日の買切)のみで返品は認めないやり方をとっていた。他の店では、三日以内なら返品のきく世利物取引も行っていたようである。

当時の書籍注文の方法には、取り物と世利物があった。前者は書名発行所などが明確な注文、後者は書名だけしかわからないアイマイな場合である。世利物は一週間以内ならば(大坂では三日以内と仲間内で申し合わせたが)返品が出来、取り物は返品しない慣習であった。(朝野文三郎『明治初年より二十年間図書と雑誌』洗心堂書塾　昭和一二年　六四ページ)。金港堂大坂支店は出版専業に近くなり、他の書肆の多くはまだまだ書籍商の段階に留まっていたと見ることが出来る。

明治二十四年八月十日、戸主換　東区南本町四丁目弐百廿一番邸　平民原亮五郎/後見人大野富士松

名義人が原亮三郎の五男亮五郎に変わり、また杉山辰之助の後任を大野富士松が継いだ。杉山は東京の本店へ戻り支配人格として重要な役割を担ったようだ。彼は二十年代の後半には独立して金昌堂を開店、専ら金港堂の教科書や書籍の大売捌を行った。

## (五) 府下一の書籍商

### 金満家の先行投資

原亮三郎が府下一の書籍商としていかに威望と財力があったかは、二十年暮に創立された東京書籍商組合の初代頭取に選ばれたことや、次のエピソードで明らかであろう。

●洋行　原亮三郎君の長男亮策氏は過般英国へ修学の為め洋行せられしに其の時同父子の知友等は皆々亮策氏の行を送らんとて新橋或は横浜まで赴かれしが父亮三郎氏は事成りて帰朝の日ころは諸君子の足労をも煩はしたけれども成業の如何も分からざる内に斯る待遇に預るは甚だ心苦しと私かに人に語られし然るに去月初旬に又其の次男三千作氏（是迄慶応義塾にあり）を米国へ留学として遣はされしか今度は同氏父子の外誰れ一人も知るものなしといふ同堂の店の人々も此項を読みて初めて此事を知るならん（『教育報知』七三号　明治二〇年七月二日　六〇ページ）

原が長男次男を続けて海外へ私費留学させたのは、当時としては破格のことであろう。殊に長男の鹿島立ちには、多勢の同業者が見送りに参集したようで、そこには原の権勢に迎合する気配がありありと見てとれよう。

また原は事業拡大に際して、極めて巧みに教育界有力団体と関係を深め、教育社会での地盤づくりを行ってもいる。有力教育会への資金援助を通して、教育諸家との強い結びつきを確保しようとした*9のである。

君ハ徒に教育書肆と称すへき人にあらす教育の実際に於て最も熱心なる人なり明治十一二年人尚未た教育の事を口にせさる時に於て君は既に西村貞氏等と相謀り東京教育会を組織し労力と費用とを惜します大に教育の普及策を講し其後仝会か漸次拡張して大日本教育会と改称するや君は其資金として年々三百円を寄附し（中略）各地に起る所の教育会に向てハ皆応分の金員を寄附し且つ明治二十年海防費献金の挙あるや、君ハ教育普及の急ハ尚ほ海防の急に勝れりとなし、該金員を以て帝国大学及高等商業学校に寄附して学生の貸費に充てり（「君伝」）

●金港堂主人の奨学金　金港堂主人原亮三郎氏は帝国大学文科理科の学生の貸与に充てられんとて当分の内毎年壱千円ツヽ出金せんことを渡辺帝国大学総長に請はれしに総長は直に之を承諾せられたりといふ氏は目下我が邦にありての大書肆にして又教育の為めには学資なり教育会費なり其の他事に臨みて鮮からざる金員を出せることは皆人の知る所なり実に教育上義気に富める人といふべし（『教育報

知』七〇号　明治二〇年六月一一日　六〇ページ）

原亮三郎が帝大生への奨学金貸与を願い出て受理されたことは『官報』一一八〇号（明治二〇年六月七日）の教育の項に告示がある。また『東大百年史』には、「原亮三郎奨学貸費金　文学部及び理学部学生の貸費　明治二十年六月―二十四年十一月二五九〇円九六銭九厘」（同書　資料三　三一四ページ）と記録され、〝鮮からざる金員〟であることも、明らかになった。

## 下谷竜泉寺の別荘と河鍋暁斎

いつのことか未だ特定はできないが、遅くとも明治一四年までには、原亮三郎は本町の店舗居宅のほかに、下谷竜泉寺に広大な別荘を構えた。これは江戸期の文人山本北山の屋敷跡といわれ、数千坪の敷地には築山や池がいくつもあった。この別荘は本来は原やその家族などの静養の場であった筈だが、商売向きの事にも盛んに活用された。関係要人の接待、事業に関する諸会合、園遊会などなど、多くの顕官貴紳がこの豪壮な大邸宅の門をくぐったことであろう。その一人に福沢門下の高橋義雄がいる。

私が彼に会ったのは明治十七年頃で、其頃金港堂と云ふ教科書出版業者で、岐阜出身の原亮三郎と云ふ男が、日本橋本町に当時第一流の書肆を開いて居たが、私は一日彼の市外竜泉寺村の別荘に招かれた事があった。其時の余興に河鍋暁斎の席画が出たが、彼は六十歳前後で、デップリと肥った頑丈な骨格で、職人風の粗野なる所あり、非常の豪酒家で席画の達筆なるは驚くばかり、私等に何か紙面に一筆を落させ、夫を或は花、或は鼠、或は鳥などに描き上げて行く巧妙さ、一座手を拍ってヤンヤと賞嘆の声を絶たなかったが、彼は鍾馗だの鬼の念仏だのと云ふ人物画が最も得意で、大体北斎の流を汲み、人物と共に悪達者の風があって、気品は固より高くない方であった。斯くて一巡席画が終るや是れより私の本芸をお目に掛けますと能狂言の末広狩を舞うたが、野太い声で傘を持ちながら「傘を差すなら春日山」と座敷中を狂い廻ったのは、今でも印象深く私の眼中に貽って居るが、私が能狂言を目撃したのは、実は此時が最初であった。（高橋義雄『箒のあと』上巻　秋豊園　昭和八年　一一四―一一五ページ）

金港堂と絵師河鍋暁斎とは不思議と縁が深い。金港堂の経済基盤をきずいた『小学修身書』全一二冊の内、下等小学用の巻一―六には暁斎が挿画を描いている。また**図8**は金港堂の出版広告である。挿絵入りの広告は当時としては珍しいものであるが、その絵にも暁斎の署名がある。金港堂から出版物や広告の挿絵の注文を受けているうちに、原亮三郎と暁斎は互いに知り合うようになったのであろう。原は要人を別荘に招く時、たびたび暁斎を呼んで、席画の妙を披露させたようだ。明治の文人依田学海も暁斎死去の報を得た折に「余この男を金港堂の別荘に始めて知りにき。画の力は実に抜郡《ママ》のものなり」（『学海日録』

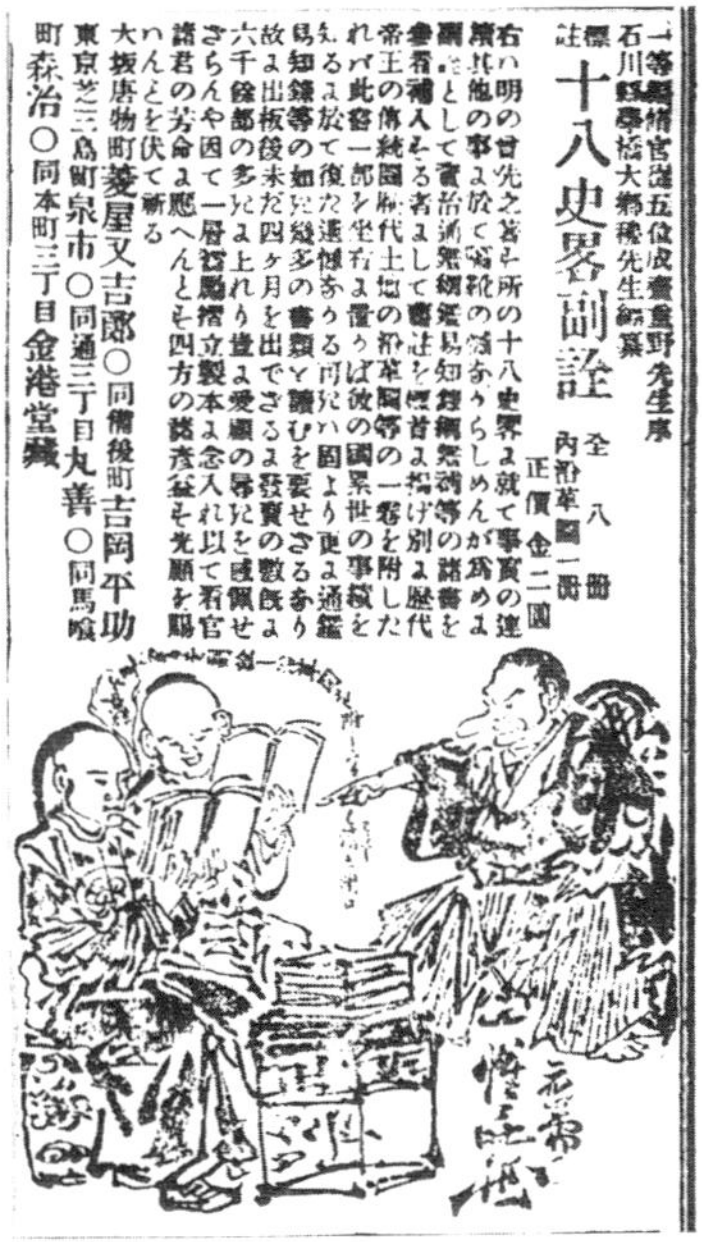


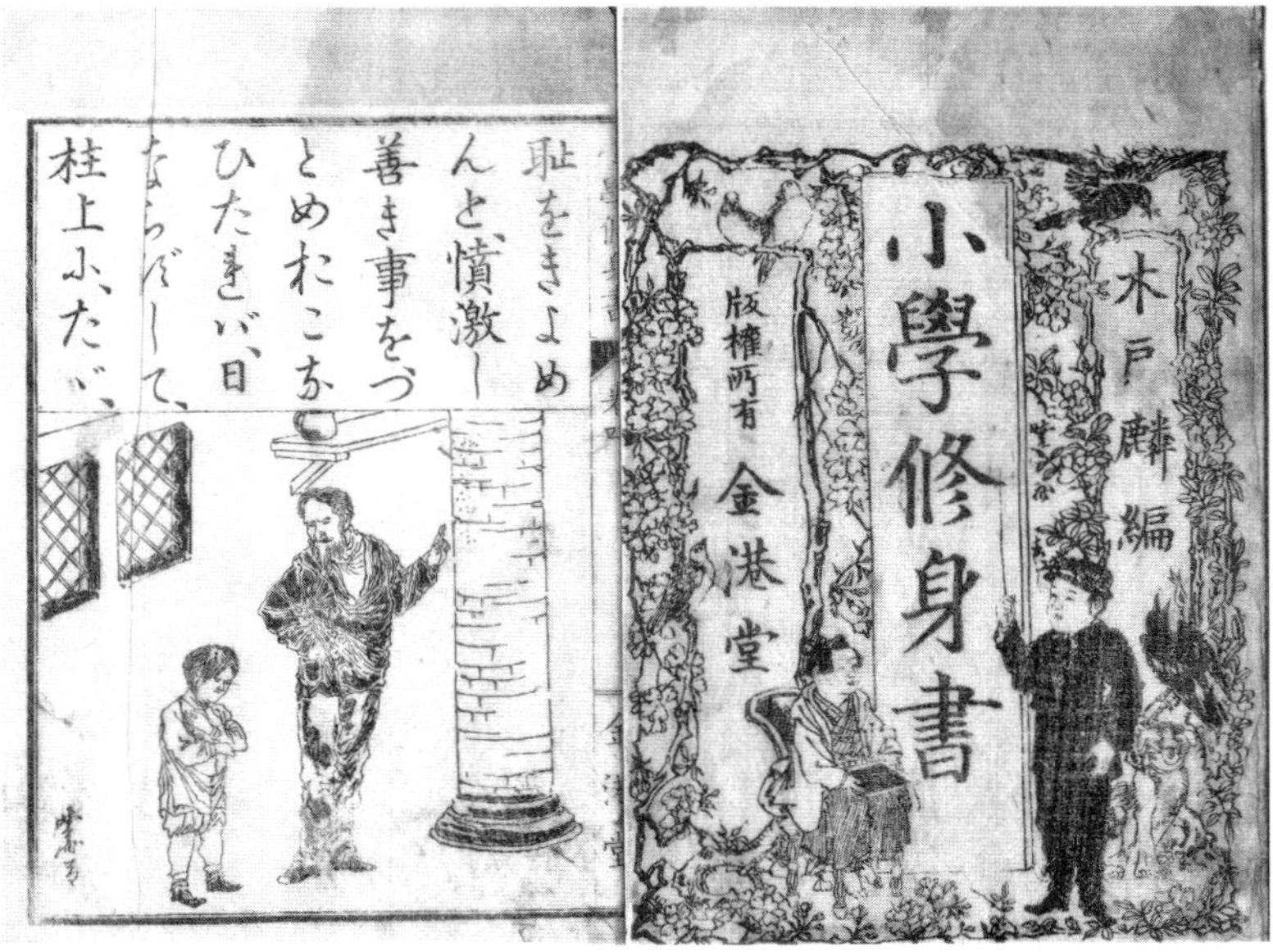


図８　河鍋暁斎挿絵入広告（『朝野新聞』明治14年１月22日４面）
及び『小学修身書』の挿絵

明治二二年五月二六日条）との感慨を述べている。

## 二　文部省の教科書政策と書肆

### （一）大木文部卿期の出版拡大政策

明治十八年は教科書出版者にとって大きな転換期となった。

○分版を禁ず　是迄文部省に於て出版の書籍にして世の需用に不足ある分ハ民間の書肆に於て分版することを許可せられしが追々弊害あるにより今度分版を許されざる事に決定せられたり右に付同省出版物の費用ハ到底現今の定額金にてハ充分ならざるを以て今般大蔵省へ其資金を支出せらるゝ様同省へ照会中なりと聞く（『朝野新聞』明治一八年二月六日　四面）

この場合の分版の禁止とは、文部省の出版物、中でも小学校教科書の翻刻を以後許可しないことを意味する。従来、文部省蔵版教科書の翻刻は明治八年六月一九日の布達九号以後自由であり、事実上野放し状態にあった。文部省は専ら標準教科書、つまりお手本を示すにとどまり、積極的に教科書供給に乗り出すことはしないで、民間書肆がその普及を担い、同レベルにまで成長することを暗々裡に期待していた。しかし実態はといえば、射利に汲々とした書肆は自然濫製濫売に走り、紙質の粗悪、印刷の不分明、字句句読の誤謬等々言うに堪えない弊害をまきちらしていた。文部省は再三にわたりそれらの禁止を命じた。逆に言えば、それはいかに不良の翻刻出版が猖獗をきわめていたかを物語っている。このため府県当局は、文部省がその製本所で小部数製造していた良質の教科書（標準教科書）を増産して直接払下げることを要望するようになった。

大木喬任文部卿の時に文部省は右の記事に見るような方針変更に踏み切った。教科書翻刻を禁止することは、直ちに文部省の出版事業にはね返る。それ迄民間書肆が翻刻出版していた分を肩代わりすることになるからだ。「追々各府県より教科書の払下げを願出づる者多くあるに付此程より本省構内に一館を新築し已に落成せしを以て発売課を移し職工等を増加し盛大に調製せらるゝ由」（『朝野新聞』明治一八年四月二五日　三面）。文部省は当面、まず全国に必要分の教科書供給に着手した。その次の目標は新たに教科書類を編纂発行し、それを全国に供給することである。翻刻禁止とは、こうした教科書編纂・出版拡張計画を内包したものであった。

この教科書政策の変更には当然財政的な裏付けが必要である。右の記事の後段はその間の事情を伝えているがもうひとつハッキリしない。幸い掛本勲夫は「書肆払下代ヲ以テ編書費回収差継払等之儀ニ付伺」[*10]なる公文書（『公文録』明治一八年文部省）を用いて、この間の事情を明らかにした。詳しいことは同論文を見ていただきたいが、要は書籍発売代金の内平均実績額八千円は国庫に納入するが、それを超えた分は編書費に加算して使用できるようにして、編書出版事業の拡大を図るというものである。この直後に登場する編輯局長伊沢修二の官業至上路線は余りに有名だが、その前駆として注目すべき政策変換である。

## （二）教科書肆の二極分化

文部省の政策変更を書肆の立場から見るとどうなるのだろうか。かつての翻刻出版は売込先の確保さえできれば、あとは印刷製本するだけでどの書肆も参入可能な商売であった。今日でも盛業中の古い地方書店の中には、この翻刻出版で財を築いたとするものが少なくないのも、それを裏付けている。しかし十八年以降は、このお手軽出版は出来なくなった。教科書を出すには、まがりなりにも相当な資本と編纂の才覚が不可欠の要件となった。これは当然のことながら、どの書肆にも可能なことではない。書肆の間に格差が広がり、教科書を出版できる者と、その受皿（売捌所）になるものとに分化していくのが時代の趨勢であった。

近来の噂に依れバ小学校用教科書は大抵其筋にて編纂する趣にて最早や読本、修身論、歴史などの編纂は目下已に取調中なり追々は諸般の教科書も完全なる者を設る筈にて此頃二三の書林は改正教育令の趣旨に基き読本又は修身論抔を著作して版権を願ひ出たるも如何なる都合にや悉く許可ならざりし而已ならず尚又先般文部省より各書林へ以来同省の出版物を購求せん事を望む者は二百円以上二千円以下の抵当物を差入れ置く様にと達したるより愈々噂の確実なるを信する様子にて此迄非常の繁昌を極めたる書林も今は全く寂寥たる有様に一同落胆して頻に苦心中なりと云へり

（『時事新報』明治一八年一〇月二〇日　三面）

従来文部省の出版物は、申出に任せて払下げてきたものである。それが急に取扱書店の要件が厳格になった。高額の抵当物を差出させることは一般書肆の参入をしめ出し、代わりに身元が確かで財力のある書肆の独占を意味する。これは、二年後に出現する甲乙部図書売捌所に近い性格を有する点で、特権化へ踏み出したに等しい措置である。ここにも書肆の二極分化のあらわれていることが明確に見てとれよう。

## （三）検定制度下における教科書

### 小学校令発布と検定制度の実施

明治十八年十二月、太政官制は内閣制度に変わり、初代文部大臣には森有礼が就任した。森は早くから国家興隆の礎として教育に深い関心をもっていたから、文相となるや直ちに学校制度の改革に着手した。明治十九年に小学校令を含む四つの学校令を公布して学校体系の基本を定め、この後学校制度改革の基礎を確立した。小学校はそれまでの初・中・高等科の制度を改め、尋常・高等小学校各四年の四・四制とし、とくに尋常小学校の就学義務を明確に規定した。

小学校教科書については「文部大臣ノ検定シタルモノニ限ル

ヘシ」（小学校令一三条）と定め、検定制が実施されることになった。教科書が府県において採定される前に、文部省がその全てを検定し、その結果を公示し、それによって杜撰な教科書を一掃し優良教科書を普及させることが目的であった。教科用図書検定に関する法令の変遷やその統制の性格などについては教育史学者の間で論争があるが、一般向けには煩瑣なだけなので省略する。

教科書の採択方法については、地方長官（知事）が図書審査委員を任命し、その合議によって決定することとした。当初委員の構成は尋常師範学校長、学務課員、小学校教員、該地方経済上ノ状況ニ通スル者などであったが、これもまた明治二四、三三年と改められ、小学校教員や民間人は排除され官僚色の強いもの（明治三三年改正小学校令）に変わっていった。二四年の審査規則では、一度採択した教科書は四年間変更を認めず、変更した場合は最下の学年から使用することになった。

## 特殊な商品としての教科書

『教育報知』八四号（明治二〇年九月一七日）の社説には、「小学校教科書出版論」という匿名の投稿が取り上げられた。この論説は教科書の特殊な商品としての性格をよく説明している。即ち、「今日ノ小学校教科書ノ出版ハ」、第一投機の業、第二商売の目的に違背、第三学者は編纂著述を潔しとしない、という特性があり、各々略述すると次のようである。

第一　教科書が内容の良否ではなく、審査会の人為的な採否によって決まるので、その方面の競争に走り内容をよくすることは二義的になる。

第二　普通の商品は市場原理がはたらいて、良品廉価であればまず売れる。教科書は投機の業だから、善良で安価であっても採択されるとは限らない。しかも採択に逢わなければ、投資した資金は丸損となる。普通の商売にはまずあり得ないことである。

第三　教科書出版は右に述べたような理由で、採択をめぐり種々の醜行為が発生する。従って名のある学者は関与したがらない。

そして匿名氏は続ける。「本来書籍出版ノ業タル左マテ有利ノ事ニ非ス申サハ手堅キ商売ニシテ莫大ノ利潤モナキ代リニ又莫大ノ損失モナキモノナリ。然ルニ教科書ノ一事ニ至リテハ一タヒ採択ノ運ニ逢へハ随分巨額ノ利潤アルカ故ニ競争ノ極遂ニ真正ナル商売ノ考ナキ夫ノ投機一方ノ事ニ成行キテ教科書ヲ著述編纂スルハ学者ノ恥辱トマテ考フルカ如キ有様ヲ現出」した。これを矯正するには「一大私立会社ノ下ニ教科書出版発売ノ事ヲ集ムルコト最モ便利ナリト信スルナリ」。不思議なことに、この考え方は十四年後に教科書トラストとして実現をみるのである。

**教科書編輯の内幕**

〝射利に汲々する〞として文部当局から不信の目で見られていた民間書肆は当時、どの程度の水準の教科書を発行していたのだろうか。「書肆諸氏に一言す」（『教育報知』二六号　明治一九年五月五日）の投書の主は事情通らしく、教科書出版の内幕をスッパ抜いて〝射利編輯家所作の僅か一斑を示し〞てみせた。要旨は次の通り。

教科書は続々と出版されるが、何故か異名同書が多い。それは射利編輯家が教科書の編輯を安請合いし「居候の書生や非字官員抔を駆り集め他人の著書より抜き書きし又古書を抜粋し或いは洋書を翻訳し」て作りあげるからである。そこへまた別の書肆から引き合いがあると、今度はその中身を少々入れ替え、弟子などの名義を用いてあたかも新著のようにみせかけ編輯料を着服するのである。以上のような実情だから、書肆はその元素たる書籍の編輯に力を入れない限りは、営業を盛んにすることは出来ない。依ってここに二つの提案をしたい。

一、営業組合会を設け時に集会して出版せんとする書籍の編輯人に不都合なきや如何の打合せする事。

一、有力なる諸氏は別に編輯人の正確なるものを抱へ置き自家出版の書籍を編輯せしむる事。

興味深いことに、この二項目はともにほどなく実行に移されている。明治二〇年暮の東京書籍商組合の設立（初代頭取は原亮三郎）であり、また大手教科書肆の編輯所開設がそれである。教科書肆中の巨魁金港堂はいち早く編輯所を創設した。その活動実態の解明が次章の課題である。

## 三　金港堂編輯所の創設とその活動

### （一）金港堂編輯所の設立

前述のように森有礼の文部大臣就任前後から、国の教科書政策は大きく転換した。これをうけて教科書肆も当然新たな対応を迫られることになる。端的に言えば、それは教科書肆の二極分化を推し進めた。従来のように書肆は翻刻出版に偏しているわけにはいかなくなり、独自の企画編輯出版への脱皮が必至となったからである。しかし、それが可能なのは、官庁や府県の御用書肆などをつとめて成功した大手教科書肆だけである。逆に、それが出来ない書肆は脱落するか、大手書肆の代理店や売捌所となって、その支配下に組み込まれることになった。

●教科書編輯　金港堂主原亮三郎氏が民間に良教科書なきを憂ひ奮て編輯所を本両替町に設置せられたる由ハ吾儕曽てより聞く所なるが爾来益其の規模を拡大にし盛に編著の業を興し今や其聘に応じて編輯に従事せらる、諸氏数名ありて日々同所に詰合はされ西村貞君にも其助援をなし居らる、やに聞きぬ且つ曩に三宅米吉氏を海外に派出したるハ主として各国書肆の景況書肆の編輯出版等のことを取調べられ兼ねて然るべき書類をも購入せんがためなりとぞ且つ又同氏の外にも大に教科書編輯のことを計画せらるヽ書肆少なからずと聞けば吾儕が良教科書の出版を見るの日も蓋し遠きにあらざるべし近頃教科書のことに就きてハ種々の説を為す者ありて或ハ官府自ら手を下して編輯出版をなし之を売捌かば大に便益を得るならん抔と主張するもありとか聞けど民間既に斯の準備あり復憂ふるに足らざるべきなり（『教育報知』四五号　明治一九年一一月二七日　六〇ページ）

前文中に吾儕とあるのは吾輩の意味で、『教育報知』発行人の日下部三之介のこと。先に見た「教育家十二傑投票」で教育新聞記者の高点になっている論客である。彼の見るところ、民間書肆も良い教科書を編輯出版できるまで十分に力をつけているとしている。そうした中で、金港堂は他に先駆けて編輯所を設置した。「金港堂の編輯所に至る。主人原亮三郎、駿河町《ママ》に於てこれを開けり、余が友内田嘉一・中根淑・西村貞等、皆ここに集りゐて学校の書を編輯せり。」（『学海日録』明治一九年一二月二三日条）。ここでは先ずその概要を紹介し、ついで次節以降で具体的な活動の実態を詳論することにしたい。

●金港堂　原亮三郎氏の図書の発行販売に力をいたすことはいふまでもなきことながら仝氏は図書の編著の国家に至重なる関係あることを察し明治十九年二月を以て編輯所を創立し西邨、三宅、中根、武田、林等諸氏を聘して編著の事に従はしめ同年六《ママ》月三宅米吉氏を欧米諸国に巡遊せしめ実況を探索して大に其の事業を拡張するの計画なりしか三宅氏は本年一月帰朝したれは編輯所内を四部に分ち教育部は専ら教育に関する図書を編著し小説部は小説書類を著述することヽし雑誌部は雑誌を発行することヽなし庶務部は雑務を処理し且印刷の校正と監督との両掛を置けり又本堂の内に巡視部を置き広く全国を巡視して能く各地との気脈を通するを主とすることヽされ雑誌部に於ては来六月初旬を以て文と称する雑誌を発行し主として我が国普通教育の普及上進を計るを以て目的とするものなる由吾儕は斯る雑誌の世に出つるに逢ふは国家のため喜ひ且祝する所なり（『教育報知』一一六号　明治二一年四月二八日　一五ページ）

これにより、①有力な学者、知識人を招聘して図書編輯を任せたこと、②三宅米吉を欧米に派遣し、教育・出版の実情を調査させたこと、③編輯所を教育、小説、雑誌、庶務の四部に分け、印刷の校正、監督掛を置き、また本社に巡視部を設置したこと、などがわかった。

原亮三郎の聘に応じてその編輯所所員となった人物は多数あるが、その中でも三宅米吉・新保磐次の名コンビは特筆さるべきであろう。二人は長短相補い、金港堂の出版事業に大きな役割を果たした。『朝野新聞』に載った入社挨拶広告によると、三宅米吉が明治一九年六月五日、新保磐次が同七月二五日（**図9**）となっている。しかし、これは唐突に決まったことではなかった。

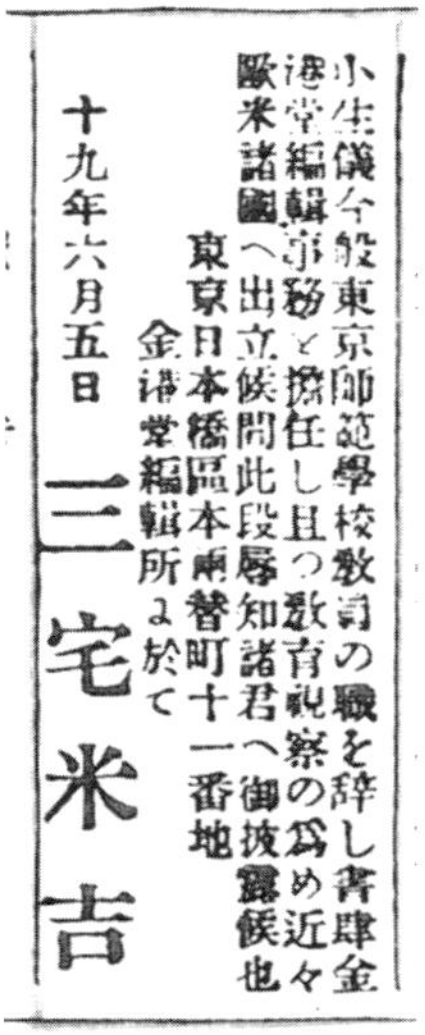

小生儀今般東京師範學校教員の職を辞し書肆金港堂編輯事務を擔任し且つ教育視察の爲め近々歐米諸國へ出立候間此段辱知諸君へ御披露候也
東京日本橋區本兩替町十一番地
金港堂編輯所ニ於て
十九年六月五日
三宅米吉

『朝野新聞』
（明治19年６月５日１面）

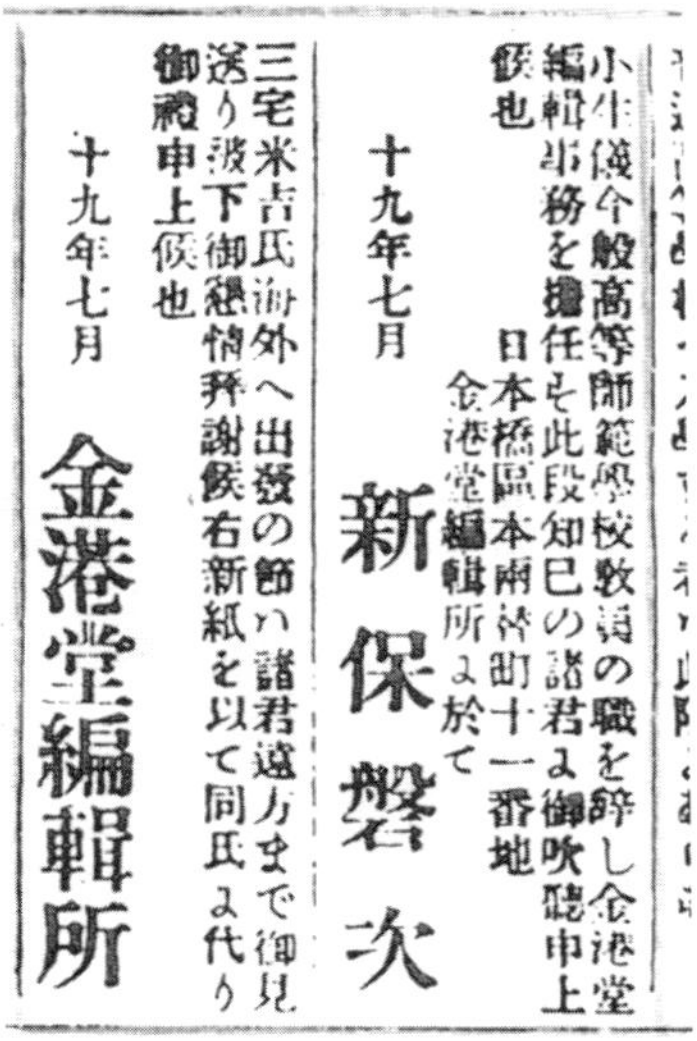

小生儀今般高等師範學校教員の職を辞し金港堂編輯事務を擔任も此段知已の諸君ニ御吹聴申上候也
日本橋區本兩替町十一番地
金港堂編輯所ニ於て
十九年七月
新保磐次

三宅米吉氏海外へ出發の節ハ諸君遠方まで御見送り被下御懇情奉謝候右新紙を以て同氏ニ代り御禮申上候也
十九年七月
金港堂編輯所

『朝野新聞』
（明治19年７月25日１面）

図９　三宅米吉、新保磐次入社挨拶広告

高等師範学校に同勤した時分、教員局で三宅君の机と僕の机と並んでゐまして、朝出勤すると二人で顔を並べて、学校の時間が済むと一緒に学校を出て鉄道馬車に同乗して金港堂の編輯所へ行く、そこにも二人の机が並んでゐて、九時頃まで仕事をして帰る、かういふ風に朝から晩まで顔を見合してゐて、格別の用でもなければ終日一言も交へずして別れたことが度々あるのです。（新保磐次「柳暗花明」『教育界』九巻二号　明治四二年一二月　一一六ページ）

新保・三宅の名コンビが正式入所前から、金港堂の教科書編輯に関係していたことがわかる。二人は揃って寡黙な性分であったが、意思はよく通じ合う仲だったようだ。この二人を金港堂に紹介したのは、後に東京女子高等師範学校長となる中川謙二郎[*11]である。中川は嘉永三年九月、丹波国馬路村生まれ。東京開成所で英語、数学を修学。明治九年七月新潟学校百工化学科教員となる。この時化学助手をしたのが三宅米吉で、新保磐次はその生徒という不思議な因縁をもっていた。

三宅と新保はその経歴上きわめて親密な関係があったばかりでなく、学問や趣味にも共通点が多かった。共に科学の素養があり、国文国史に長じ、殊に言文一致については意見を同じくし、所員となってからは雑誌『文』で理論研究を、小説雑誌『都の花』では言文一致小説を掲載して、その運動を実践したのである。

## （二）三宅米吉と『文』及び『都の花』

### 三宅米吉の欧米調査旅行

〇三宅米吉君　本会会員三宅米吉君は慶応義塾の教科を卒《ママ》業し元東京師範学校教諭の職を奉し本年四月之を辞し原亮三郎氏の聘に応じて其編輯所の事業を担任せしか今般原氏欧米各国に於て書籍を編輯出版し販売する方法を取調べ我が邦従来の方法を改良せんと欲し三宅君に嘱托するに各国を巡回して其方法を見聞するの事を以てす三宅君乃ち本《ママ》月二十三日米船に搭して出発せり書籍の編輯販売の方法ハ教育上に関係あるなれハ是亦必要の挙なり（『大日本教育会雑誌』三六号　明治一九年七月　六二ページ）

正確には三宅は明治一九年七月二二日午前六時三五分新橋発車、桑港行サンパブロ号にて出発（『朝野新聞』明治一九年七月二〇日　挨拶広告）した。

ここで簡単に三宅米吉の経歴を紹介しておく。三宅は万延元年七月和歌山藩士の子として誕生。明治六年慶応義塾に入学したが、修学上のもつれから八年尾崎行雄と共に退学。その後正規の学校教育を受けることはなかった。新潟に赴任した判事の父に同行。新潟学校百工化学科助手となる。明治一三年千葉県師範学校の教師、同僚に普及舎をおこす辻敬之がいた。また生徒には後に名高い歴史学者となる白鳥庫吉や、石井・ランシング協定の外交官石井菊次郎などがいた。明治一四年から東京師範学校教諭。三宅の研究関心は多方面にわたり、理化学、教育学、史学のそれぞれにすぐれた著書や論文を発表している。また東京師範学校最初の留学生候補に推されたが、同校卒業生ではないことを理由に実現せず、野尻精一が派遣された。これが金港堂入社の一因となったことは充分考えられることである。

約一年半におよぶ欧米の調査旅行で、三宅は「金港堂のために教科書又は歴史小説等の著訳出版、また雑誌発行などについて、至るところ幾多の学者或は其向の商業家を訪ひ大に利益を得、明治二一年一月一八日マルセイユ発の郵船で帰朝」（『朝野新聞』明治二一年一月一八日　二面）した。注目すべきは同船した客の中に、銀行局長の加藤済がいたことである。彼は富田鉄之助と共に原亮三郎に東京割引銀行の設立を勧めた人物である。[*13]

三宅米吉の著述及び、三宅に関する研究はかなりの量にのぼる。しかし何れをみてもその内容は、考古学、歴史学、教育学などについてのものばかりである。何故かこの欧米見聞に関するものは全くない。実際に執筆しなかったのか、それとも金港堂時代の事柄は故意にかくしたかったのか判然としないが、もし遺っているとするならば、近代出版史上の一等史料となることは疑いのないところだ。関係識者のご教示を乞いたい。

欧米調査の成果は、さっそく編輯所取締役主務としての実践の中に生かされた。雑誌部の創設は明らかに三宅の意志である。事実明治二一年七月に自ら主筆として普通教育の普及をめざす『文』を創刊。同十月には文芸雑誌『都の花』を発刊して、出

文

明治廿一年九月一日　第一巻第八號　毎土曜日發兌

東京日本橋區本町三丁目拾七番地金港堂

目録

| | |
|---|---|
| 美術ノ振興 | 百五 |
| 中學校教員養成策（續キ）（ぞくまる、ね、ばうすくねひそ） | 百六 |
| 歐洲教育ノ改革（芸子法） | 百七 |
| 日本上古年代考（那珂通世） | 百七 |
| ありやん人ノ故地 | 百十一 |
| 露積志蹤（依田百川） | 百十五 |
| 雜報數件 | 百十六 |
| 地學上新說 | 百十八 |
| 通信數件 | 百十九 |
| 時事要報十數件 | 百二十 |
| 九鬼圖書頭京都演說 | 附録 |

稟告

文ハ一冊定價金八錢ニシテ一ヶ年分前金郵送料トモ金三圓、半ヶ年分同金壹圓六拾錢ナリ。又冊數ヲ以テ御注文アラバ十冊（凡二ヶ月半）前金郵送料トモ金六十五錢トス。

モシ又十冊以上一纏メニシテ注文セラルレバ定價壹割ヲ引キ三十冊以上一纏メナラバ壹割半ヲ引クベシ。

代金ハ郵便爲替、小爲替、銀行爲替、又ハ通運便ニテ御遣ハシアリタシ。

郵便爲替ハ東京郵便局ヘ御振リ込ミアリタシ。

郵便切手ヲ以テ代金ニ換用セラルルトキハ一割ノ増シヲ請フ。

本紙ハ代金御送附ナキ間ハ御注文アリトモ遞送セズ。

前金相切レ候節ハ直ニ遞送ヲ止メ申スベシ。

本紙廣告料ハ五號活字二十二字詰一行金八錢、廿五行以上一行金七錢、一段（四十七行）以上一行六錢トス。

前號目録○ねみんとしやノ死○亞非利加ノ行末○歐洲教育ノ沿革○獨逸村落小學校及ビ其ノ督業巡視ノ法○中央あふりか○源氏物語ノ内子供ノ御相手○いたりいノ教育制度○千八百八十七年度英國教育費及ビ諸統計報告摘要○讀德島愛媛二縣學事景况○實物教授ノ趣旨○通信數件○時事要報十數件

図10　『文』１巻８号の表紙

版界を驚倒させた。当時の雑誌はパンフレットに毛のはえた程度のものが多かった。金港堂の二誌がそうしたレベルをはるかに抜いたものだったことは、各種新聞雑誌の批評に見る通りである。

## 『文』

『文』（図10）は明治二一年七月一四日、「我ガ国普通教育ノ普及上進ヲ計ルヲ以テ其ノ主タル目的」として創刊。菊倍判、毎月二回十五日末日刊、発行人三宅米吉。その内容は専ら「文学、教育、美術、宗教の事に関して、精細の観察を注ぎ、或ハ卓絶の論説を掲ケ、或ハ有益の考証を示し、或ハ珍奇の図画を挿み、これを以て文の特色となし、これを以て世の人文を裨補せんことを務めた」が、四巻一号（明治二三年一月二〇日）からは所載の範囲を広めて、政治、法律、社交等の事項をも取り上げることになった。

三宅米吉は毎号のように執筆した。「法隆寺所蔵四天王紋錦旗」（一巻一号）などの考古学、歴史学の学術論文は三宅の独壇場であった。また文部省の教科書路線を至上とする編輯局長伊沢修二の独善に対して、厳しい批判を寄せ論争[14]となることもあった。那珂通世「日本上古年代考」（一巻八、九号）も大きな話題を呼んだ。神武紀元が六六〇年繰り上がっていることは今日の常識であるが、それを讖緯説の易姓革命による粉飾と最初に論証したのがこの論文であった。三宅はこの那珂説に対して広

表2　『文』及び『都の花』発行部数

| 誌名＼配布先 | 東京府下 | 他府県 | 外国在留邦人 | 外国人 | 合計 |
|---|---|---|---|---|---|
| 「都の花」明治21年 | 21,085 | 29,929 | 12 | 5 | 51,031 |
| 明治22年 | 104,858 | 102,160 | 131 | 8 | 207,197 |
| 明治23年 | 44,696 | 36,025 | 50 | 3 | 80,774 |
| 「文」　明治21年 | 12,127 | 47,087 | 349 | 173 | 59,738 |
| 明治22年 | 17,760 | 18,774 | 196 | 84 | 36,814 |
| 明治23年 | 3,606 | 3,803 | 32 | 8 | 7,449 |

典拠：「警視庁統計書」

く各界識者の意見を徴し、順次『文』誌上に紹介した。その中には中村正直、久米邦武、内藤恥叟、星野恒、加藤弘之など多数の学者に並んで、E・サトウ、アストン、チェンバレン等初期のジャパノロジストも含まれていた。

内容の充実した『文』は頗る好評を博して、創刊当初は再版が出るほどの売行きであった。とくに一字の誌名が奇抜に写ったのか、学、情、法、園、神、光などなど一字のタイトルを持つ雑誌が続出し、落語のネタにまでなった。

> 近頃は大層雑誌が発行になりますが、今迄のやうに何雑誌とか何々雑誌とかしないで、文、学、法、情などとするが如何いふ訳でせうな「ナニサ是が一字の流行と見えます」
> （宮武外骨「『文』にマネた雑誌題号　一字の流行」『面白半分』三昭和四年八月、三六―三八ページ）

終わりに「警視庁統計書」による発行部数（**表2**）を掲げる。内容が高級すぎたせいなのか或いは雑誌ブームが去ったのだろうか、三年目の急激な落ち込みが目立つ。紙面改良を図ったが、頽勢を挽回するには至らず、四巻一二号（明治二三年六月）で廃刊となった。

## 『都の花』

明治二一年一〇月一七日創刊の『都の花』には周知のように、山田美妙、二葉亭四迷、幸田露伴、樋口一葉など近代文学史上の花形が多数執筆した。それらの小説の内容分析や評価につい

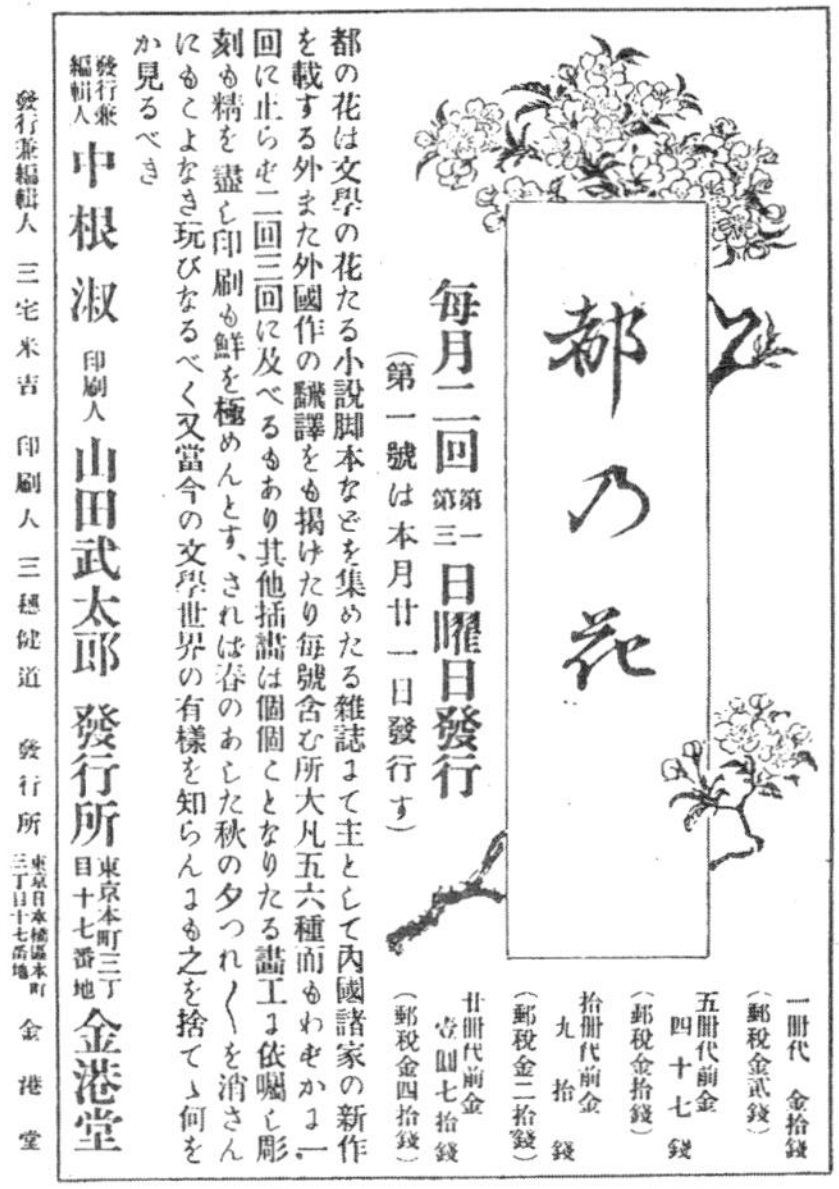


図11　『都の花』創刊広告（『文』１巻14号付録）

ては、文学研究者の領域であって、ここでは創刊のいきさつ、編集にかかわった人物、発行部数、雑誌の発行形態など出版史的に注意すべき事柄について触れるに留めたい。

『都の花』は当初、花紅葉の誌名が予定されていたようだ（『学海日録』明治二一年九月三〇日、一〇月一六日条）。**図11**は雑誌『文』一巻一四号付録の創刊広告で、なかなか洒落たものである。発行人は中根香亭であるが、名義的存在で編集事務の実権は山田美妙ついで藤本真（藤陰）にあった。藤陰は田山花袋『東京の三十年』の中のT・F氏、『都の花』の威を借る様子を花袋はやや皮肉な口吻で回想している。彼は苦労人で、「今は金港堂に入りて、都の花編輯のかずに入りしかば、……安き身とはなりにき」（『学海日録』明治二二年一月八日条）。ちなみに依田学海の原稿料は一葉金五〇銭、「心に飽ぬとは思へども実に詮方なければ諾しき」（同書　明治二一年一〇月二六日条）の由である。

創刊号を手にした江見水蔭は「一部十銭は雑誌として高価であったが、其紙質が其当時の他雑誌に比べて上等なので、何だか外国雑誌を手にしたやうに感受された」[*15]。また硯友社の盟主として『我楽多文庫』を主宰した尾崎紅葉は、金港堂の誘いにのって『都の花』へ脱走した山田美妙と絶交したことに触れたあと、「刮目して待って居ると都の花なる者が出た、本も立派なれば、手揃でもあった、而して巻頭が山田の文章、憎むべき敵ながらも天晴書きをつた、彼の文章は確かに二三段進んだと

図13　『咸唐題庫』（右同）

図12　『護宝奴記』
（国立国会図書館蔵）

見た、さあ至る処都の花の評判で、然も全盛を極めたりし我楽多文庫も俄に月夜の提灯と成った」（「硯友社の沿革」『新小説』六巻一号　明治三四年一月）。

「小説雑誌の鼻祖にして、しかも最も評判高く最も綺麗なるは金港堂より発売する都の花なり…」（『出版月評』一七号　明治二二年二月）と評された同誌は、創刊当初破格の売れ行きを記録した。第一号は一万五千部をたちまち売り尽くし、再版、参版で〝江湖諸彦の御購求に応じた〟ばかりでなく、第二号も発売と同時に売切れて再版を発行、「そが売出の忙しくして賑しきこと古今未曽有と申すべし」（『朝野新聞』明治二一年一一月一〇日　六面広告）という盛況だった。もっとも広告の文言を額面通りに受け取る必要はないが、ほぼ真実だったらしく、「都の花よく行はれて殆ど一万四千部に及ぶとぞ聞えし」（『学海日録』明治二一年一二月二五日条）と学海は記している。「警視庁統計書」による『都の花』発行部数は**表2**のようである。この方も明治二三年に急激に落ち込んでいる。単に雑誌ブームが去ったからと見ていいものかどうか、検討を要する課題である。なお二四―二五年の統計書には発行数値の掲載がないので、一番知りたい凋落期のデータは握むことが出来ない。ただ樋口一葉は「都の花も二千五百難波かたも二千五百の売れ高なれば…」（『日記』明治二五年三月七日条）と当時の噂を記しているので、若干の参考数値とはなりそうだ。

『都の花』は小説雑誌ではあるが、形態上は古いタイプに属する。毎号「作意の異なるもの五つ六つづつ取り合はせ、次を追い編を続いで、諸賢の高覧に供へんとす」（創刊序）るため、そのページ付けは雑誌毎号単位の外に、小説単位の通しページが付いている上、挿絵も一枚二ツ折の見通しを別挟みにしてある。つまり雑誌をバラして綴じ直せば、各小説ごとに単行本になる仕組みである。この体裁の起源はハッキリとはしないが、恐らく明治一五年頃から流行し始めた活版の翻刻雑誌あたりではないかと思われる。例えば、源平盛衰記や風来山人集など数点の小説を翻刻連載した『護宝奴記』（鶴声社　**図12**）、三国志や西遊記など中国小説数点を翻刻併載した『咸唐題庫』（清水市次郎・刊　**図13**）などで、逐次刊行しながら何れも小説や作品毎の通しページがついて、各々をバラして合本すると単行本が出来る体裁である。

不思議なことに『都の花』は一〇九号（明治二六年六月一八日）で休刊するまで、この形を一切変えることがなかった。芸のない話である。同じようなことは、写本刊本の古典等を翻刻して一般人の購読の便をはかろうとした逐次刊行の叢書『百万塔』（中根香亭編輯、**図14**）一―二二輯（明治二四年九月―二五年七月）にも言えた。「例の百万塔売れ口宜しからずちと損耗が立つとかにて当月限り廃刊に相決し申候」（『香亭遺文』七七一ページ）と短命に終ったのも、博文館に比べて商売の仕方が古すぎたと思われる。この「雑誌の価を以て書籍を買得る良方」の欠点は、各小説がいつも同じ長さで都合よく終るとは限らないから、当然「読者をして残簡断編と見るの遺憾あらしむる通弊」が生ずることである。これを矯正する工夫から編み出されたのが、吉岡書店の『新著百種』を代表とする叢書風の出版方法[*16]であった。博文館は早くからその方法を取り入れ、『日本文学全書』『温知叢書』『技芸百科全書』『日本文庫』などの全書叢書類を次々と出版し成功した。金港堂の守旧性とは対照的である。

## （三）新保磐次と『日本読本』

三宅米吉は後に高等師範学校校長や帝室博物館長などを歴任し広く世に知られている。これに反し新保磐次（一村）は金港堂の社員に甘んじて内部の仕事のみをやってきたので、殆ど無名のまま一生を終えた。このせいか新保の経歴はいまひとつハッキリしないのであるが、『教育界』の記事を総合すると次のようである。

新保は本姓朝妻氏。父靖爾は碩学の名高く、依田学海などとも親交があった。維新後、越後峯岡藩から学政振興のため招聘され、大教授となる。明治四年、その父は君侯に随行して上京、代って新保が助教の任に就いた。翌五年、学制の実施で全国に小学校が設置される。田舎はまだ「小学校は夷人の差図で切支丹を教へる処だ」と言って子弟を入れることを嫌ふ者が多く、随て月謝は勿論、組合各村から経費を快く出さない時代であっ

# 百萬塔第一號

明治廿四年九月十三日印刷出版

目録



毎月二回發行第二第四日曜日

廣告料ハ一行十錢ニテ割引ナシ

定價表　府内ニ限リ遞送料ヲ要セズ

| 前金 | |
|---|---|
| 一册 | 十錢 |
| 五册 | 四十七錢 |
| 遞送料共 | |
| 一册 | 十一錢 |
| 五册 | 五十二錢 |
| 十册 | 九十錢 |
| 廿册 | 一圓七十錢 |
| 遞送料共 | |
| 十册 | 一圓 |
| 廿册 | 一圓九十錢 |

## 百萬塔發刊の趣意

奇書を愛惜して輙く人の見るを許さゞるは往時學者の陋風なり今や活版印刷の業大いに進み奇書珍藏の時代既に過ぎ去り金匱石室の秘と雖多く之を刊行して衆と共に之を看るの時代到着せり然るに平常普通の書冊にして吾人平生其の名を耳にするも未曾て其の書を目にせざるもの鮮しとせず是吾人が敢て之を求むる務めざるのみならず一は其の書の人間に在るもの寥々として多からざるに由りてなり是を以て吾が輩今度一新法を按出し則普通雜誌の方法に因り寫本と板本と奇書と奇書ならざるとを問はず大凡雜史史案随筆考古美術風俗及び古代の小説脚本類にして世人購讀に乏しき書冊を集め號を逐ひて之を發行し世の諸君子と共に之を耽讀せんと欲す思ふに今日の時代は其の書の數少きを貴ぶの時に非ずして其の貴ぶべき所を貴ぶの時なり故に此の雜誌發行の目的とする所は則活版の便に據り無數の書巻を印刷して以て廣く天下に及し永く後世に傳へんと欲するに在りて名けて百萬塔といふは之が爲なり


編輯人　本郷區駒込曙町十六番地　中根淑
發行兼印刷人　日本橋區本町三丁目十七番地　日置九郎
發行所　日本橋區本町三丁目十七番地　金港堂
大賣捌　大坂市東區南本町四丁目　同支店
大賣捌　仙臺市國分町五丁目　同支店


図14　『百万塔』第１号（明治24年９月13日）

た。新保は懇願されて、漁村と下田ばかりの貧区に小学校を設置する。当時の田舎の小学校は次のようであった。

> 往って見ると新潟県庁から配付された教科書の見本と云ふ参考書とが少しあるばかりだ。其の書籍は単語篇、智慧の環、智慧のいとぐち、日本図画、世界国尽、地方往来、農業往来、世界商売往来、学問のすすめ、天変地異、修身訓蒙、西洋衣食住、西洋事情、博物新編、気海観瀾広義、筆算訓蒙等であった。（中略）近傍の寺の一部分を借受けて生徒を集めたが、扨困ったことには教科書が見本一部だけしか無い。よし沢山あっても、生徒銘々に新規の本を買へと云ったら、それこそ大変すぐに切支丹排斥運動が起こる。そこで吾輩は各組の読方教科書各二部ずつ字体明瞭に写本して、下級の児童までも銘々其日の過程の処を「しきうつし」させた。是が書取の稽古にもなり、多少習字にもなり、後に一冊の本となるのだから、皆が至極喜んだ。
>
> それから掛図などは吾輩自ら厚紙や絵具などを買って来て拵へる。授業の手伝をした優等生の賞与なども（矢張り半紙五帖主義ではあったが）吾輩の自腹を切る。斯ういう風であるから授業生等も真実に骨を折る、学校時間後には生徒等が吾輩の寓所へ寄って来て勉強の邪魔もすれば手元の用も足して呉る。生徒の父兄も切支丹の考へを一洗して昔風の師弟の関係よりは一層親密和楽の間柄であった。（新保磐次「三十年前の田舎の学校」『教育界』一巻三号　明治三五年一月　一三九―一四〇ページ）

足掛け二年ほどで此地を辞し、本来の素志をとげるべく新潟の英学校、ついで新潟百工化学校に学ぶ。ここで中川謙二郎、三宅米吉とめぐり会ったことは前にも触れた。中川の新潟引上げについて新保も上京、世の中はまだ彼等が工業家として働くことを許さなかったので、新保は工業雑誌に関係したり、独仏語の私塾に通ったりした。「パイアン氏　インダストリアル・ケミストリー／右翻訳に着手せり依て此段広告ス／寺地保五郎　新保磐次　中川謙二郎」（『朝野新聞』明治一四年八月三一日付録）という短い新聞広告は以上の事実を裏書きしている。明治一六年函館師範学校に赴任して物理学を教える。中川は小学教科書改革の機運を先見して、金港堂に慫慂して新保を呼び返させ、東京の男女両師範学校が合併、新たに高等師範学校に改組された時、三宅の推薦によって国語科創設に従事した。

## 『日本読本』の編纂

新保は小学教育の改良には中川謙二郎の力の大きかったこと、しかもその事実を知る人が少ないことを嘆じて次のように述べている。

> 果して先生は此頃已に教育上多大の研究を積んで居られた。当時小学校教科書はまだ幼稚で、殆ど主義もなく、順序もなく、体裁もないと言ふべく、肝心の東京師範学校（男子）編纂の小学読本が大体外国読本の直訳で、原書の

極簡単な語が極複雑な漢字で最初に出てゐるといふ有様であった。そこで先生は当時有力な教科書肆金港堂に居た友人の紹介で金港堂に勧告して、目前の損得を見ずに教科書改革の先導をするのは彼等有力者の義務で、亦後来発展の道だといふ事を教へられた。金港堂は早速其の教へに従ひ、先生の推薦によって編者（磐次）を地方から呼戻して其の主任とした。編者は先生と三宅米吉君（当時東京師範勤務）の助けを得て、先ず日本読本といふ読方書を編纂した。実物を先にし、文字を後にし、片仮名を先にし、平仮名を後にし、口語から文章語に進む等開発主義は此の読本に始まり、今体教科書の基礎はここに置かれた。此是は先生が例の一歩先に立て社会を指導せられた中の大なる者である。

（新保磐次編「中川謙二郎先生小伝」『婦人の力と帝国の将来』冨山房　大正一四年　所収）

『日本読本』の編纂には、新保は余程自負があったらしく、時折講談の大久保彦左衛門張りに手柄話をすることがあったようだ。

金港堂は日本読本を標榜して天下を靡き―ソリヤ又一村居士の十八番が始まったぞ―相ついで新体の歴史、地理、理科、作文書等の模範を示して天下の教科書を一変した。……（新保磐次「柳暗花明」『教育界』四巻三号　明治三八年一月　一三ページ）

事実その読本は画期的な教科書であった。同書の本格的な研究は今後教育学者の手にまつとして、その特質をいくつかあげてみよう。①初めて片仮名を平仮名の前に出した。初め清音の片仮名を出して、いろは歌と音図とにまとめ、次に清音の平仮名、最後に濁音及び次清音の片仮名と平仮名とを対照しつつ提示し、それぞれ音図にまとめた。②仮名を提出するのに、いろは法を廃して初めて範語法を用いた。③口語文を提出し、常体の口語文から歌体の口語文に及んだ。④教授の材料は文科と理科との何れにも偏することなく、広く普通教科より採択した。以上の四点は何れも次代の読本の標準となり、読本編纂上の画期をなしたのである。これを新保の回想によって見ると次のようになる。

明治二十年頃教科書改革の声が盛んに民間に起こった。其の前駆として世に出たものは某店の安積読本と普及舎の若林読本であって何れも実物教授を首唱したが、安積氏は「いろは」の順序即ちアルハベチック、メザッドを全く脱するには至らなんだ。引続いて金港堂の日本読本が出て片仮名平仮名の前後を定め、字画難易の順序、教材前後の連絡等多くの新創意をなして初めて近体読本の体を成した。然るに文部省は内規を口実として日本読本の検定願を却下し、諸県に向て其の採用を禁止した。併し其の後文部省の読本其の他の新体読本が続々と出る日になってみると、日本読本の功を没するのは良くないといふ論が出て遂に破格の検定を許し、全国過半此の読本を用いるに至ったのは文

部の一美事と云って宜しい。（『教育界』一巻七号　明治三五年五月　一五一ページ）

## 〝店広高商〟

画期的な「日本読本」の編纂は無論、新保一人の力でなし得たわけではなかった。「僕の教科書に付ては三宅君に負ふ所多大です。僕は其頃頗る早筆で、無二無三になぐり書きをすると、三宅君が跡から廻って冷静に綿密に尻を結んでくれられるので、僕は安心してズンズン猛進したのです。」[*17]と述べている。

また、女子教育の発展をめざす雑誌『いらつめ』の同人として、ともに言文一致運動に努めた正木直彦の証言も興味深いものである。正木は後に美術行政の大ボスになる人物だが、当時は帝大生であった。

話は、明治の八九年頃に遡るが、当時、東京には中川謙二郎、手島精一、武田安之助等といふ先生が居って、理学を通俗化して、此を学校の教科とする、といふ事が熱心に企図されてゐた。此の中の中川さんと云ふ人が、新潟学校の校長をしてゐられた時、そこに新保磐次といふ学生で非常な俊才がをり、中川さんの指導を受けて、化学の勉強をした。然し、この新保さんは、国学者の家に生まれた人なので、非常にその方の文才もあった。そうしてゐる中、中川さんが東京へ移られるに就いて新保さんを引張って来た。

ところが前に述べた中川小十郎（台湾銀行総裁、立命館大学長、西園寺公望秘書—引用者）と云ふのが、中川謙二郎さんの甥であり、自分はその小十郎の同級生、といふやうな事から、一緒によく中川さんの家へ行き、そこで新保さんや、三宅米吉、岡田良平（後の文相）、一木喜徳郎等の諸君と会ふやうになったのであった。間もなく、金港堂といふ本屋が出来て、そこで教科書を出すといふので、新保さんが「日本読本」といふのを執筆し出した。当時、自分などは貧書生であったから、友人として大いにその仕事を手伝ったもので、此の本の中には自分の書いたものが大分入ったのであった。そして此の本が言文一致体の始まりであった。（正木直彦『回顧七十年』学校美術協会出版部　昭和一二年九五ページ）

正木が執筆したのかどうかは別にして、『日本読本』第一には〝店広高商〟（**図15**）という興味深い一節がある。これは読みようによっては、金港堂が自ら発行した教科書の中で自店の光景を堂々とうたったとも解せる。文頭の挿画は前（口絵）に紹介した『東京商工博覧絵』第二篇の銅版画を稚拙に敷き写したものである。通行人の代りに、鹿鳴館へでも乗りつけそうな馬車が描かれているのもご愛嬌である。また、この文章を読んでも特別な宣伝臭や嫌味は感じられない。むしろ生き生きとした一種の高揚すら感じとれる。金港堂は編輯所の開設によって、出版企業として大きく飛躍しようとしている最中だった。そして間もなく黄金時代を迎えることになるのだが、まさに、〝店

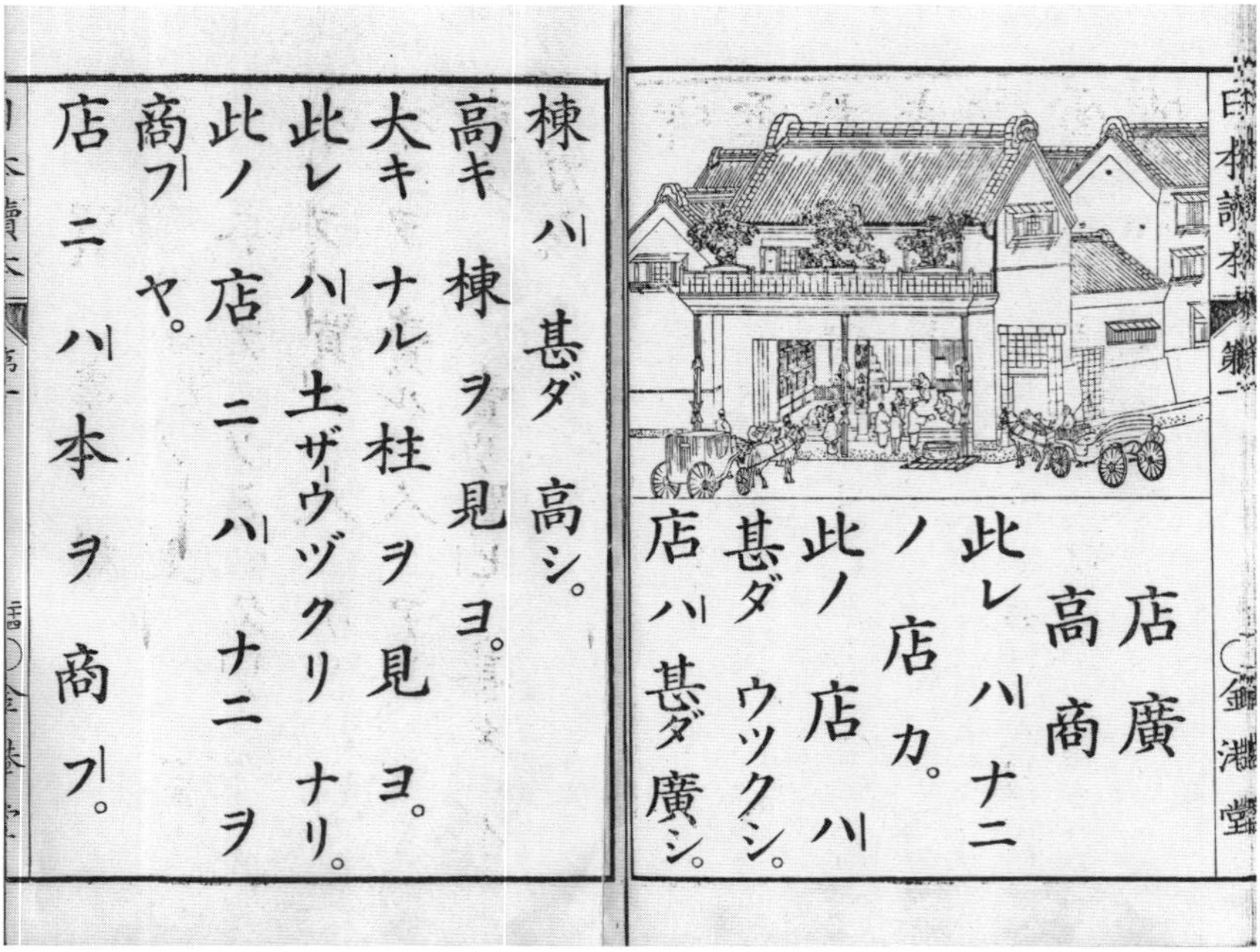

日本讀本　第一　金港堂

店廣
高商

此レハナニ
ノ店カ。
此ノ店ハ
甚ダウツクシ。
店ハ甚ダ廣シ。

棟ハ甚ダ高シ。
高キ棟ヲ見ヨ。
大キナル柱ヲ見ヨ。
此レハ土ザウヅクリナリ。
此ノ店ニハナニヲ
商フヤ。
店ニハ本ヲ商フ。

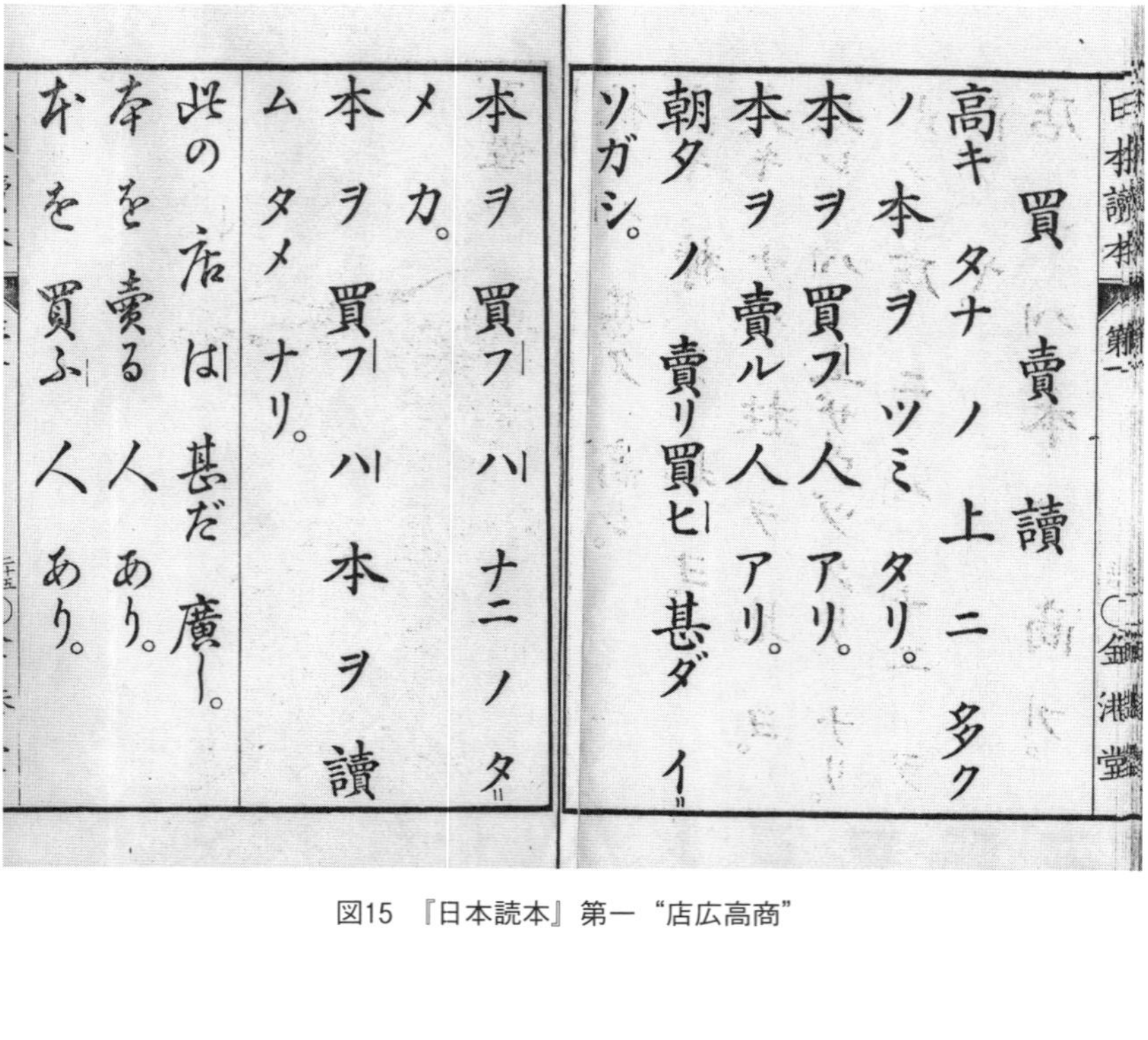

日本讀本　第一　金港堂

買賣讀

高キタナノ上ニ多ク
ノ本ヲツミタリ。
本ヲ買フ人アリ。
本ヲ賣ル人アリ。
朝夕ノ賣リ買ヒ甚ダイ
ソガシ。

本ヲ買フハナニノタメ
カ。
本ヲ買フハ本ヲ讀
ムタメナリ。

此の店は甚だ廣し。
本を賣る人あり。
本を買ふ人あり。

図15　『日本読本』第一 “店広高商”

広高商〟の一節は、その興隆期の高揚を全国に告げたマニフェストとも言えよう。それにしても、地方都市の多くはまだ草深い農村に沈んでいたこの時代、『日本読本』を手にした田舎の子供たちは、都会の本屋に対してどのような気持を抱いただろうか。

本節のむすびに『日本読本』の書評を紹介しておく。

●日本読本　日本読本初歩二冊日本読本四冊は新保磐次君の著にして其の叙述の新工夫にして教育の原理に適し其の文の優美にして事実の良好なる其の印刷の鮮明にして挿画の緻密なるは世の称する所にして当時続々出版する所の読本中幾分か範を此読本に求めざるものなきか如き有様なりし然るに文部省の検定を請ふの甚だ遅かりしか故に世人往々疑ふものありしが去る一日に検定済みて官報の報ずる所とはなれりよりて思ふ教育家諸君の眼爾後此日本読本に集まるなるへし第六七の両巻も已に出版になれりといふ

（『教育報知』八二号　明治二〇年九月三日　一八ページ）

## (四) 金港堂編輯所の運営

金港堂編輯所の運営は実際どのように行われていたのか。その記録類が遺っていない現在、正確なところはわからないが、ともかくそこに参集した学者文人の回想で跡付けてみよう。

明治二十年頃、君（西村貞のこと―引用者）は金港堂の編輯所に入って、出版物の鑑定などをして居た。武田安之助、林吾一の諸君も君と同勤して居ったのである。或時君は予に向かって、君も来て呉れまいか、一週一度位でよいから、相談相手になって呉れといふから、予も之を承諾した。其の時君は、此度杉浦といふ八釜しい男を連れて来たと話したので、金港堂の主人が大に驚いたことがあったさうだ。蓋し八釜しい西村君が、更に八釜しい杉浦といふたのに驚いたのである。或時編輯会議が開かれた所が、君は何でもスタンダードウォークを出版しなければならんと主張する。武田、林の諸君も口を出しかねるし、金港堂主人も困って居るので、遂に予が意見を出し、何しろ商売人のことであるから、先ず儲かる本を沢山に出して、其れから模範的の大著をも出すがよからうといひ、事はそれで決した。金港堂主人が此の後、杉浦氏は八釜しいといふ話であったが、却て当然のことを言ふ人であると、誰やらに物語ったという奇談もあった。（杉浦重剛「忘友追遠録第七　西村貞君」『杉浦重剛全集　六巻』所収）

この回想はほぼ事実のようである。杉浦重剛は神宮司庁の略本暦にメモ類を記入した「備忘録」（『同全集』六巻所収）を残しているが、それには次のように記されている。

明治二〇年三月一六日（水）　金港堂行／　四月六日（水）
金港堂／　同一四日（木）　金港堂行／　同二〇日（水）
金港堂別荘／　同廿七日（水）　金港堂／　五月四日（水）
金港堂／　同一八日（水）　金港堂／　同廿三日（月）　金

港堂／ 同廿五日（水） 金港堂／ 同廿七日（金） 金港堂／ 六月一日（水） 金港堂行／同八日（水） 金港堂／ 同一三日（月） 金港堂／ 同一五日（水） 金港堂／ 同廿七日（月） 金港堂行／ 同廿八日（火） 金港□仕／ 七月六日（水） 金港堂／ 一〇月一〇日（月） 金、英／ 同一四日（金） 金／ 同一九日（水） 金、英行／ 同廿五日（火） 金／ 一一月二日（水） 金港堂／ 同一一日（金） 金港堂／ 一二月六日（火） 金……／ 明治二一年一月五日（木） 金港堂琵琶会／ 三月廿九日（木） 英語学校会、金港堂

これによれば、編輯会議はほぼ週一回程度定期的に開かれ、杉浦も参画していた。時には下谷竜泉寺の別邸に招かれることもあったようだ。

ところで会議では、どんな話題がどのように論議されたのか。その実況についても資料に乏しいが、一例を新保磐次の回想によって見てみよう。

森有礼子の文部大臣であった頃、子は官民の間に胸壁を築かない人で、教科書上の意見を金港堂に問はれた。其の時吾輩は日本読本編纂中で恰も局面に当たって居たから答申書を作った其の中に「昔の智慧の環時代に比して今は教科書退歩の時であるから、是非とも一大振作を要する」といふことを書いた。当時金港堂には多くの学者教育家を請じて評議員を依頼して居たから、此の答申書を評議会にかけた。何れもスペンサルやジョホノットや乃至ベインなどを掌中に運らすべき歴歴の人たちであるが、寺の隅ッこに「よだれくり」と机を並べて単語篇を写本するやうな下等の教育家ではない。そこで議論が大分むつかしい。「今日の教科書の不完全は申す迄もないが、苟も日進の時世に於て教科書が退歩して居る道理は無い」といふのである。

併し頑愚執拗なる、否、少くも頑愚執拗なりし吾輩は固く執て動かぬ。そんなら実物をと云ふので、市中を穿鑿して漸く智慧の環の欠本を得て見ると「成程今の教科書よりは却てよい」とわかり、最も江戸児的なる西村貞君の発言にて一同吾輩の説に賛成して呉られた。此の日故内田嘉一君は常の饒舌にも似ず、終始無言で居られたが、此の時ノッソリ顔を出して「諸君、智慧の環は古川正雄の名で実は僕が書いたのだが、余り拙劣なものと思うて今までおくびにも出さなんだ、今日諸君の決議によって僕は九鼎大呂より重くなった」といふて例の無邪気の大笑をせられて一同も哄笑した。（新保磐次「三十年前の田舎の学校」『教育界』一巻三号　明治三五年一月　一四〇—一四一ページ）

『絵入智慧の環』等は明治初期の綴字教科書、つまり仮名遣いを教える入門教科書である。内田は晋斎と号した能書家で、福沢諭吉初期の著書の版下を数多く書いた。著者とされる古川正雄と内田嘉一は共に福沢門下で、親しい関係にあったのかも知れない。

また時には編輯会議が白熱した雰囲気になることもあったようだ。

……尊書陛下殿下の一条に付御垂問有之右御即答申上唯右一ヶ所老生の無念として相改め候へば文典の検定格別の異議なく相済み候事と存じ居たるに其翌鈴木貞二郎氏来りふさふさと附箋ある文典を出し是まで文部と尊兄との間に往復ありしことをも逐一語りさて今日に至りては折合の附かざる件僅に三四ヶ所となりたれば其処だけ宜しき様に訂正して貫ひ度との趣依て初めて本書の指示を一見候処其無法なること何分捨置がたく中々訂正にてまじくなひ置くべき筋に無之故其の儘預り置きて篤と熟覧致したるが実に呆る計り也尊書には編輯所会議云々相見え候へども御承知の通り方今は左程迄文学熱心の人もなく且例の商売上に関係すとの一言を受けては如何にやきもきしても遂に長いものには纏かるゝ一件にて又々手を束ねゝばならぬに至るべきかと甚だ苦心致し一昨十一日本社へ参り社長に篤と相談したる所社長存外に大憤激にて然る上は本書検定を通過せずして却下せらるゝとも苦しからねば足下に於ても猶其意見を附箋せられたしとの事也幸ひ例言中におのれの姓名も出で居り決してソッポウの人氏ならぬゆゑ十分に攻撃し是が為め本書却下せられば学説上の事故天下の学者に訴へて其の是非を問ふべしと是にて本社の決心一先定りさて箋上八重に箋を附くるは煩はしく且検定を顧慮せざる已上は尊兄の枉げて従はれ置かれたる件々も皆復活せしむる考へにて自然文も長くなり可申に付別紙に書取り差し出す積り（以下略）（「書翰類」『香亭遺文』　金港堂　大正五年　八一〇ページ）

この中根香亭の書簡は、新保磐次著『中等文典』の監修者となった際のもの。同書に対する文部省検定官の指摘は殆ど言いがかりに近いものであった。しかし検定を経ないことには出版できないから、新保はひたすら自重して修正に応じ、あと三四ヶ所にまでこぎつけた。中根はそこで初めて、これ迄の文部とのやり取りを知らされ、改めて検定指示の無法ぶりに憤激した。そして社長に直談判したところ、意外や原も同意見で、検定却下を覚悟の上で文部の不当さを世に訴えることに決定したものである。

しかし、こうした出版のソロバン勘定を度外視するケースは極めて稀であった。文中に編輯所会議のことが出ているが、今日では「左程迄文学熱心の人」、つまり自ら執筆した内容に深くこだわりを持つ人又は自説を中々曲げない人、は少ないし、最後はいつもの如く「商売上に関係す」の一言で片づけられてしまうことが多いようである。要するに原亮三郎の商売優先主義がまかり通って、それに敢えて異をたてるようなサムライは余りいないということである。それは私企業としては仕方のないことだし、今日にも通ずる問題のようである。

## （五）編輯所に参画した群像

泰西の大書肆に倣ひ編輯所と書籍販売店とを対立せしめ三宅氏を編輯所長として費用を惜ます教育社会に著名なる人々を聘して編輯所員となし専ら善良なる書籍を編成せしむるに勉めたり当時仝所に在勤したる編輯員にして其後仕官して今ハ要路に立てるもの数十人の多きに達し又現に今日其編輯所員たる者数十名にして三宅米吉、能勢栄、中根淑、庵地保、新保磐次、加藤駒二、渡辺政吉、堀均一氏等済々たる多士皆一堂の中に集まれり此外書籍本支店等の人員を合するときは実に数百名にして之か為めに月に費やす所の俸給は殆ど三千円の上に及へり（「君伝」）

伝記に誇張はつきものであるが、この場合はほぼ真実とみてよいようだ。中根香亭の周旋で編輯所に入り、校合の役について日に金三十銭を給せられることになった依田学海は次のように述べているからである。

金港堂の主人は経済に工なるにや此局を開きその主務のうち壱人には月給百円、壱人は八十円、その余も六十、七十円を月々に給するとなり、その費測るべかざるに。（『学海日録』明治二一年三月七日条）

では金港堂編輯所には、どのような人物が参画したのだろうか。教科書編纂を主とする以上、教育関係者の多いのは当然である。中でも行政改革によって文部省編輯局を非職になった学者・文人が目につく。中根香亭、依田学海はその一人であったし、他には内田嘉一、西村貞などがいる。同局の勤務は西村茂樹局長の下、至ってゆるやかで存分に勉強が出来たと、山県悌三郎は回想[18]している。山県は少年雑誌の嚆矢『少年園』の発行者、またのちには文学社の編輯所長にもなっている。

また、東京師範学校の出身者や文部官僚上りも多い。以下主な人物について略歴と著書（金港堂刊のもの）を紹介する。ただし、杉浦重剛、中根香亭、依田学海などの有名人は除いた。

西村貞　足利藩貢進生。大学南校で理科を学ぶ。明治九年大阪師範学校長、一一年から二年間師範学校取調のため英国に留学。一四年体操伝習所長、一八年文部省書記官。『小学教育新編』（明治一四年）

庵地保[19]　沼津藩。明治一〇年東京府学務課、一九年同課長、二〇年文部省に転じ秋田県尋常師範学校長。二五年辞官、金港堂入社。雑誌『国之教育』発行人。二八年退社、住友入り。『通俗教育論』（明治一八年）

堀均一　一九年文部省視学官属四等、二〇年同判任四等。後、金港堂書籍監査役。

加藤駒二　一六年外国語学校独語科卒、文部入省。一八年六等属、一九年視学官属四等、二〇年同判任四等、二一年参事官属四等。森有礼不敬事件起るや辞官、実業界に入る。二六年金港堂入社。後、取締役を歴任。

武田安之助　福山藩貢進生。秋田県第三中学校長。『新撰理

科読本』（明治二〇年）
林吾一　広島藩士。大阪開成所、広島師範学校を経て明治九年東京師範学校に入り、一二年中学師範科卒。一三年宮城中学校長、一五年静岡師範学校長。一九年から金港堂の編輯に従事。後、文部省へ転ず。
森孫一郎（桂園）加納藩貢進生。一五年東京師範学校中学師範科卒。後、『青年界』編輯主任。
渡辺政吉　東京府士族。一四年東京師範学校小学師範科卒、二〇年から師範学校訓導判任五等。
能勢栄　旧幕臣の次男、江戸生れ。三年渡米、学僕として刻苦勉学、同国の大学を卒業。九年帰国、学習院教授を経て一五年長野県師範学校長、手腕を振う。二〇年文部書記官、森有礼の参謀として活躍。二二年辞官、以後著述や雑誌編輯に従事、二八年死去。『教育学』（明治二一年）『内外教育史』（明治二六年）など。

## 四　日本橋の紳商

明治二四年一一月、原亮三郎は金港堂書籍会社設立願を東京府に提出した。金港堂の株式会社改組の認可申請を行なったのである。これに対して、東京府は次の理由により「商法施行ノ期迄人民ノ相対ニ任ス」との指令を出した。

（理由）本願ニ付テハ一応発起人ノ身元ヲ調査スヘキ筈ナレトモ／原亮三郎ナル者ハ府下ニテ資産家ノ聞ヘアル者殊ニ同社ハ／無限責任ナルニ依リ同人壱名ニテモ資本金五拾万円ニ対スル／四分ノ一即チ拾三万余円ノ資産アル者ト認マル（同人所得税金七百廿二円余）／シ直ニ定款ノ調査ヲナセシ処不都合ノ廉無之ト認ル以本按指令ヲ与フルモノナリ

ここから原亮三郎は府下で資産家の評判がたっており、その資産だけでも設立する株式会社の資本金負担能力があると認定されたことがわかる。彼は単なる出版人（ジャーナリスト）にとどまらず、様々な事業にも手を染める実業家、即ち日本橋の紳商の側面も併せもっていたのである。本章では、原亮三郎はどの程度の資産家であったのか、またどのような企業にかかわったのかを具体的に見ていこう。

### （一）原亮三郎の所得金額

原亮三郎の所得税額が七百廿二円余とは驚くべき金額である。当時の所得税は、資産営業より生ずる個人所得を綜合して所得金高三百円以上に課税するもの。税率には一〜五等の区分があり、例えば次に述べる四等の所得税とは所得金高一千円以上、税率一・五％のランクである。原の場合は、二等に相当し、所得金高二万円以上、税率二・五％であるから、所得金高を逆算すると約二万九千円になる。

明治二四年九月、東京府は各区に命じて「東京市内ニ於テ四等以上ノ所得税ヲ納ムル者ノ氏名等」の調査書を調製させた。*20

表3　東京市内四等以上所得税納税の出版者一覧

| 区　別 | 氏名（出版社名） | 所得税額（単位円） |
|---|---|---|
| 麹町区 | 1／168人中 | |
| | 石塚徳次郎（文海堂） | 19.530 |
| 神田区 | 4／180人中 | |
| | 亀井忠一（三省堂） | 32.850 |
| | 高松保郎（愛生館） | 18.075 |
| | 辻敬之（普及舎） | 17.100 |
| | 亀谷行（光風社） | 28.110 |
| 日本橋区 | 12／649人中 | |
| | 原亮三郎（金港堂） | 722.575 |
| | 坂上半七（汎愛堂） | 35.565 |
| | 大橋佐平（博文館） | 19.530 |
| | 小林義則（文学社） | 77.550 |
| | 小林八郎（集英堂） | 35.460 |
| | 水野カウ（松林堂） | 41.640 |
| | 吾妻健三郎（東陽堂） | 18.000 |
| | 荒川藤兵衛（錦耕堂） | 15.000 |
| | 辻岡文助（金松堂） | 16.650 |
| | 北畠茂兵衛（千鐘房） | 15.000 |
| | 大倉孫兵衛（万屋） | 42.420 |
| | 牧野善兵衛（牧野書房） | 21.315 |
| 京橋区 | 3／338人中 | |
| | 吉川半七（近江屋） | 15.420 |
| | 穴山信良（書籍卸） | 15.615 |
| | 小林又七（川流堂） | 24.450 |

| 区　別 | 氏名（出版社名） | 所得税額（単位円） |
|---|---|---|
| 芝区 | 2／139人中 | |
| | 松井忠兵衛（土屋） | 15.000 |
| | 長尾景弼（博聞社） | 47.115 |
| | 〔福沢諭吉　〔参考〕 | 96.225〕 |
| 麻布区 | 0／30人中 | |
| 赤坂区 | 0／24人中 | |
| 四谷区 | 0／30人中 | |
| 牛込区 | 1／25人中 | |
| | 佐久間貞一（秀英舎） | 26.325 |
| 小石川区 | 0／49人中 | |
| 本郷区 | 1／34人中 | |
| | 小立鉦四郎（南江堂） | 19.280 |
| 下谷区 | 0／103人中 | |
| 浅草区 | 1／249人中 | |
| | 吉田久兵衛（浅倉屋） | 15.570 |
| 本所区 | 0／129人中 | |
| 深川区 | 0／106人中 | |
| | 〔渋沢栄一　〔参考〕 | 3,168.590〕 |

典拠：「東京市史稿 市街篇82」（1991年）p.457-674

これは東京商工会議所の選挙人及被選挙人名簿作成のため、同会議所会頭渋沢栄一の要請に基づいて実施された調査である。

**表3**はその中から各区ごとに出版関係者を抜き出したもの。原表には職種、住所、生年月日があるが、それは省略した。代りに（　）内に出版社名又は屋号を補った。

同業の小林義則（文学社）は七七円、辻敬之（普及舎）は一七円、小林八郎（集英堂）は三五円である。原亮三郎の所得がケタ違いに多いのには改めて驚く。しかし、これはそのまま金港堂と他社の規模を反映していると速断してはならない。原の所得中には当然金港堂の事業収益も含まれているが、そればかりでなく彼には資本家の側面があった。原は次節で述べるように諸会社の重役を兼ねるばかりでなく、投資家として日本銀行などの大株主にもなっている。従って、それから生ずる配当や利子所得は莫大な額にのぼることは明白であろう。彼の所得税額にはこうした側面を考慮にいれないと誤解を生むことになる。ちなみに原の日本銀行持株数と総株主中の順位は**表4**の通りで

表4　原亮三郎・日本銀行の持株数と順位

| 半季報告回次（年月日） | 所有株数 | 総株主中の順位 | 株主総数 | 資本金 |
|---|---|---|---|---|
| 明治 | | | | |
| 1（15年12月31日） | 305株 | 12位 | 581人 | 5万円 |
| 3（16　〃　） | 400 | 6 | 630 | 〃 |
| 5（17　〃　） | 〃 | 5 | 626 | 〃 |
| 7（18　〃　） | 335 | 8 | 599 | 〃 |
| 9（19　〃　） | 220 | 16 | 597 | 〃 |
| 11（20　〃　） | 460 | 12 | 687 | 10万 |
| 13（21　〃　） | 〃 | 14 | 749 | 〃 |
| 15（22　〃　） | 480 | 15 | 757 | 〃 |
| 17（24年1月31日） | 〃 | 16 | 756 | 〃 |
| 19（25　〃　） | 160 | 70 | 749 | 〃 |
| 21（26　〃　） | 〃 | 71 | 729 | 〃 |
| 23（27　〃　） | 〃 | 73 | 738 | 〃 |
| 25（28　〃　） | 〃 | 75 | 741 | 〃 |
| 27（29　〃　） | 240 | 76 | 797 | 15万 |
| 29（30　〃　） | 345 | 47 | 827 | 〃 |
| 31（31年2月19日） | 350 | 44 | 855 | 〃 |
| 33（32年2月18日） | 510 | 30 | 876 | 〃 |
| 35（33年2月17日） | 580 | 24 | 920 | 〃 |
| 37（34年1月31日） | 〃 | 23 | 943 | 〃 |
| 39（35　〃　） | 〃 | 24 | 952 | 〃 |
| 41（36　〃　） | 〃 | 24 | 966 | 〃 |
| 43（37　〃　） | 〃 | 24 | 967 | 〃 |
| 45（38　〃　） | 〃 | 25 | 979 | 〃 |
| 47（39　〃　） | 〃 | 25 | 1,022 | 〃 |
| 49（40　〃　） | 〃 | 24 | 1,040 | 〃 |
| 51（41　〃　） | 〃 | 24 | 1,048 | 〃 |
| 53（42　〃　） | 〃 | 24 | 1,035 | 〃 |
| 55（43　〃　） | 〃 | 25 | 1,037 | 〃 |
| 57（44年1月31日） | 1,110（580＋530） | 25 | 1,231 | 30万 |
| 59（45年　〃　） | 1,070（580＋490） | 26 | 1,291 | 〃 |
| 61（大2年　〃　） | 470（470＋0） | 72 | 1,312 | 〃 |
| 63（大3年　〃　） | ナシ〔以降ナシ〕 | | | |

典拠：「日本銀行半季報告」上下（『日本金融史資料明治大正篇』第8，9巻　日銀調査局　昭31年刊）

ある。

## （二）第九十五国立銀行頭取

> 車にて本両替町の書籍会社にゆく直に藤陰に会ひて暁月よ三十八枚の原稿料十一円四十銭をうけとる　十六斗の時成し九十五の銀行に処用ありて此前を通りしに洋服出立の若き男立派なる車に乗りて引こませしを見し時天晴れ美ことや彼れは大方若手の小説家などにて著作もの、ことに付き此家に出入する人なるべし…（樋口一葉『日記』明治二五年一二月二八日条）

九十五の銀行、即ち第九十五国立銀行は本町通りの丁度金港堂の左向いにあった。樋口一葉はこの前日、『都の花』編輯人藤本藤陰から「暁月夜」の稿料受領に本両替町の編輯処まで来るように言われていたのである。

第九十五国立銀行は明治一一年、大蔵省の役人であった立嘉度が創立。明治一九年製糸業投資の失敗から莫大な損失をこうむり、その整理のため原亮三郎は小野金六、川崎東作などと共に尽力した。明治二〇年、原は推されて頭取に就任、二八年まで勤めた。同行は明治三〇年五月、国立銀行営業満期前特別処分法により資本金二〇万円の私立銀行に継続し商号を株式会社九十五銀行と改称した。原はこの時まで取締役の職にあった。

なお当時は、頭取などの役員は就任にあたり、国立銀行条例第五十六条に拠って誓詞を提出し、府知事の奥書鈐印をうける

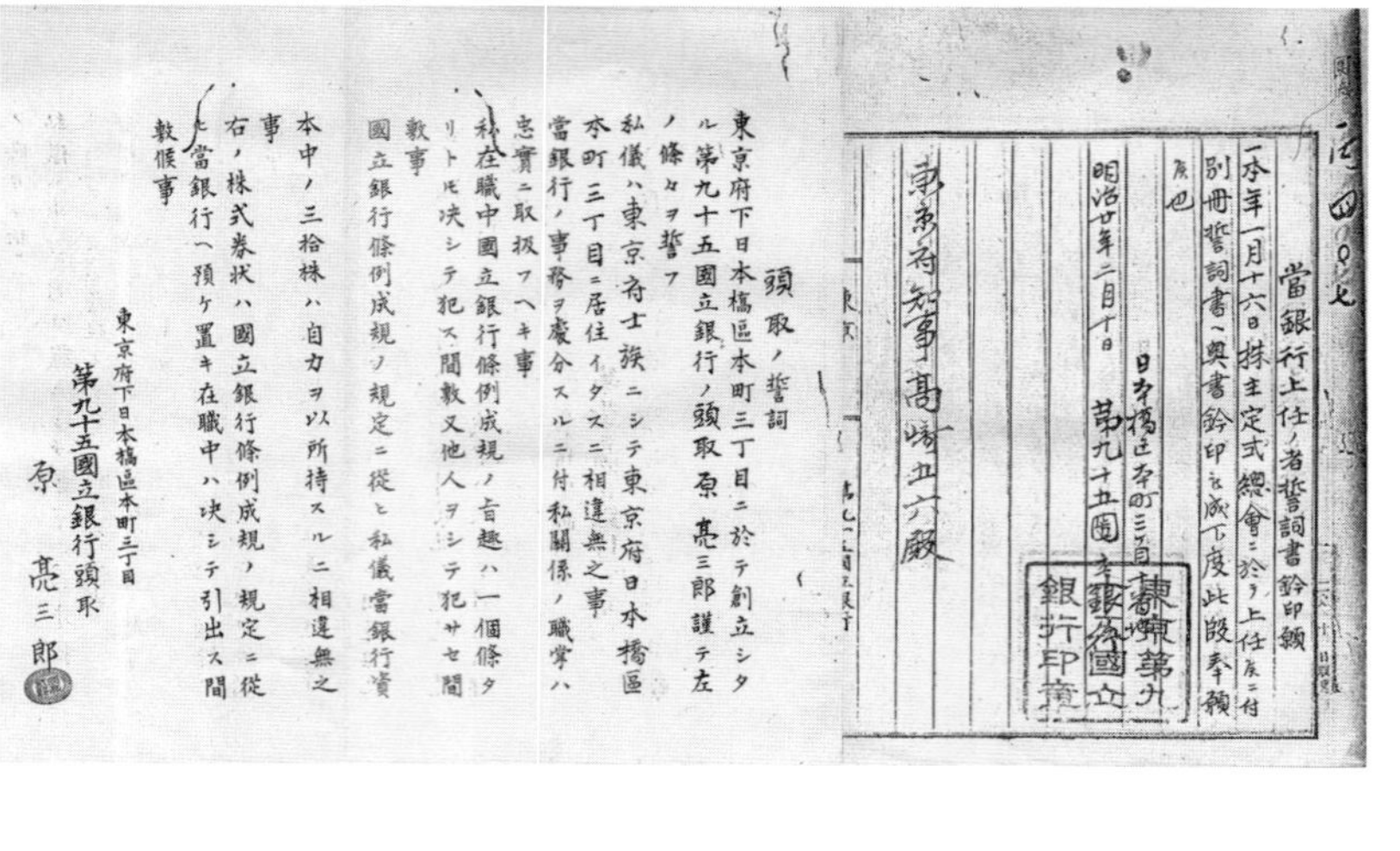

當銀行上任ノ者誓詞書鈐印願

一本年一月十六日株主定式總會ニ於テ上任候ニ付別冊誓詞書ヘ奥書鈐印ヲ成下度此段奉願候也

明治廿年二月十日

日本橋区本町三丁目
第九十五國立銀行

東京府知事高崎五六殿

東京第九十五國立銀行印章

頭取ノ誓詞

東京府下日本橋區本町三丁目ニ於テ創立シタル第九十五國立銀行ノ頭取原亮三郎謹テ左ノ條々ヲ誓フ

私儀ハ東京府士族ニシテ東京府日本橋區本町三丁目ニ居住イタス二相違無之事

當銀行ノ事務ヲ處分スルニ付私關係ノ職掌ハ忠實ニ取扱フヘキ事

在職中國立銀行條例成規ノ旨趣ハ一個條タリトモ決シテ犯ス間敷又他人ヲシテ犯サセ間敷事

國立銀行條例成規ノ規定ニ従ヒ私儀當銀行資本中ノ三拾株ハ自カヲ以所持スルニ相違無之事

右ノ株式券状ハ國立銀行條例成規ノ規定ニ従ヒ當銀行ヘ預ケ置キ在職中ハ決シテ引出ス間敷候事

東京府下日本橋區本町三丁目
第九十五國立銀行頭取
原亮三郎

図16　第九十五国立銀行頭取誓詞（東京都公文書館蔵『願伺届録』明治20年　銀行）

ことになっていた。**図16**は頭取の誓詞である。これに対する東京府の決済は次のようなものである。

丙四〇七号　明治廿年二月十日

第九十五国立銀行役員五名誓詞奥書按

明治廿年二月十四日書面之者等カ面前ニ於テ調印シ誓詞致候事相違無之候也

知事

（理由）国立銀行成規第五十六条ニ拠ル

## （三）東京割引銀行の設立

●東京割引銀行設立　東京府ニ於テ東京割引銀行設立願ニ対シ追テ一般ノ会社条例制定迄承認スル旨ヲ指令セリ本行ハ責任株金二倍ノ保證有限ニシテ資本金ヲ五十万円トシ其半額以上ヲ日本銀行ヘ預ケ約束手形為替手形抵当貸付金荷為替預リ金等ノ業務ノ内手形ノ割引ヲ以テ専務トス右営業年限ハ二十箇年ニシテ日本橋区本町三丁目十番地ニ設置セリ右発起願人ハ原亮三郎外十二名ナリ（『銀行通信録』二九号　明治二一年四月）

信用制度が未だ発達していないこの時代に、専ら手形割引法の奨励を目的として東京割引銀行は設立された。そればかりでなく同行の業務には、版権刻版抵当貸付があって「書籍営業人には大なる便利を与へ」（『教育時論』一〇三号　明治二一年二月二五日）る筈であった。実際、同行の創立願書に添付された「発起人所有株数」（**表5**）を見ると、当時の有力書肆が殆ど網羅されているのに気がつく。しかもその過半は教科書肆が占めているのだから、明治前期の出版においては教科書の比重がいかに大きかったかが改めてよくわかる。

原亮三郎は取締役として明治三〇年まで勤めた。この銀行の経営は必ずしも順調ではなかった。商業手形の発達は遅々として進まず却て融通手形濫発をの弊をこうむり、また明治二三、四年の恐慌では不渡手形を続発し、或は担保品価格の低落等に見舞われ巨額の損失を出し、遂に減資にまでおいこまれた。危急の折、辻敬之（普及舎）は白井練一（共益商社）、小林義則（文学社）等と共に整理に尽力した。その甲斐があってか、以後整理革新を加え業務を継続した。

## （四）富士製紙の創立

有限責任／富士製紙会社創立願

私共／今般静岡県下富士郡原田村ニ於テ水力ヲ利用／シ洋式器械ヲ以テ白紙及ヒ板紙製造業相営度／附テハ本社ヲ東京府下ニ設ケ（当分仮事務所ヲ／京橋区木挽町六丁目拾番地ニ置ク）別紙規則／書ノ通資本金ヲ弐拾万円トシ（内拾弐万円ハ私／共ニテ引受ケ）有限責任富士製紙会社ト相称ヘ申度／奉存候間御許可被成下度奉願上候尤モ御規則／ヲ尊奉可仕ハ勿論向後御布達ノ御趣意ヲモ可／相守候依テ社則相添此段奉願上候也

明治廿年十一月十一日（村田一郎以下八名の署名捺印は

表５　東京割引銀行発起人所有株数

| 金額 | 株式 | 姓名 | 出版社又は職業 | 出版者の族籍 |
|---|---|---|---|---|
| 四万円 | 四百株 | ＊川崎八右衛門 | （実業家）川崎銀行頭取など | |
| 四万円 | 四百株 | ＊原亮三郎 | ◎金港堂 | 士族 |
| 三万円 | 参百株 | ＊初鹿野市右ヱ門 | （実業家）甲信鉄道事業など | |
| 三万円 | 参百株 | ＊白井練一 | ○共益商社〈文部省蔵版図書売捌所〉 | 士族 |
| 三万円 | 参百株 | ＊川崎東作 | （実業家）第九十五国立銀行取締など | |
| 三万円 | 参百株 | ＊小野金六 | （実業家）第九十五国立銀行副頭取など | |
| 弐万円五千円 | 弐百五十株 | ＊小林義則 | ◎文学社 | 士族 |
| 弐万円 | 弐百株 | ＊古川豊彭 | （金融業・富岡八幡宮神官） | |
| 弐万円 | 弐百株 | ＊辻敬之 | ◎普及舎 | 士族 |
| 弐万円 | 弐百株 | ＊長尾景弼 | 博聞社 | 士族 |
| 壱万円 | 壱百株 | 米林俵作 | （銀行家）第九十五国立銀行取締役 | |
| 壱万円 | 壱百株 | ＊石川活三 | ◎石川書房 | 平民 |
| 壱万円 | 壱百株 | ＊小林八郎 | ◎集英堂 | 士族 |
| 五千円 | 五拾株 | 小林近一 | （銀行家）第九十五国立銀行支配人 | |
| 五千円 | 五拾株 | ＊小柳津要人 | 丸善 | 士族 |
| 五千円 | 五拾株 | 覚張栄三郎 | 明三閣 | 平民 |
| 五千円 | 五拾株 | 原田庄左衛門 | ○博文堂 | 平民 |
| 五千円 | 五拾株 | 平光茂兵衛 | （廻漕業） | |
| 五千円 | 五拾株 | 横井孝助 | （株式商） | |
| 五千円 | 五拾株 | 股野潜 | 博聞社副長 | 士族 |
| 三千円 | 参拾株 | 安藤浩 | （銀行家）川崎銀行 | |
| 三千円 | 参拾株 | 塩島一介 | 島屋 | 平民 |
| 三千円 | 参拾株 | 大坪俊章 | 日進堂 | 平民 |
| 三千円 | 参拾株 | 長谷部仲彦 | ◎十一堂 | 平民 |
| 三千円 | 参拾株 | 和田篤太郎 | 春陽堂 | 士族 |
| 三千円 | 参拾株 | 宮川保全 | ◎中央堂 | 士族 |
| 弐千円 | 弐拾株 | 小立鉦四郎 | 南江堂 | 士族 |
| 弐千円 | 弐拾株 | 日下部三之介 | ◎東京教育社 | 士族 |
| 壱千円 | 拾株 | 山中孝之助 | 井冽堂 | 平民 |
| 壱千円 | 拾株 | 石塚徳次郎 | ◎文海堂 | 平民 |
| 合計 三拾七万四千円 | 三千七百四十株 | 三拾人 | | |

人名に付した＊印は創立願書に連署した発起人。原表にあった住所は省略した。二重線以下の備考は筆者の注記。◎印は教科書専業、○印はそのウェイトの大きい出版社。

典拠：東京都公文書館蔵『稟申録　明治二一年　銀行』

省略。図17を参照）

右の創立願に対して東京府農商課の指令案は次のようである。

書面会社設立之儀ハ追テ一般ノ会社条例制定相成候迄人民相対ニ任セ候条其旨可相心得事

但工場及支社設立ニ係ル儀ハ更ニ其地管轄庁の指揮ヲ受クヘシ／年月日　知事

（理由）本会社規則中不都合ノ廉無之且願人ハ何レモ富裕ノ聞アルモノニ付身元厚薄ハ取調ヲ要セサル儀ト思考シ本案ノ指令ヲナサントス

こうして明治二〇年一一月一五日創立認可をうけた富士製紙は、第一工場及水路の敷地買収、外国製機械の買入、搬入、第一工場着工、資本金の倍額増資（五〇万円）、板紙及白紙製造試験など幾多の困難を経て、二三年一月四日に営業を開始した。火力を動力とする製紙工場は、石炭価格の騰落で経営が不安定となり勝ちなので、同社の場合は水力を利用することにしたもの。開業にこぎつけるまでには様々な苦心があったが、それは「富士製紙創立発起人諸氏の直話」（『日本紙業総覧』王子製紙調査課　昭和一二年、八〇九―八一七ページ）に詳しい。

ここでは原亮三郎の直話を引用するに留めよう。

然して会社創立の事務には実際家として村田一郎氏之に当り、技術上に於ては官庁の関係より勧業局長河瀬秀治氏が当る事となり、実際上村田、河瀬の両氏が創立に関する中心となられた。而して之が準備の為め古市工学博士は技術

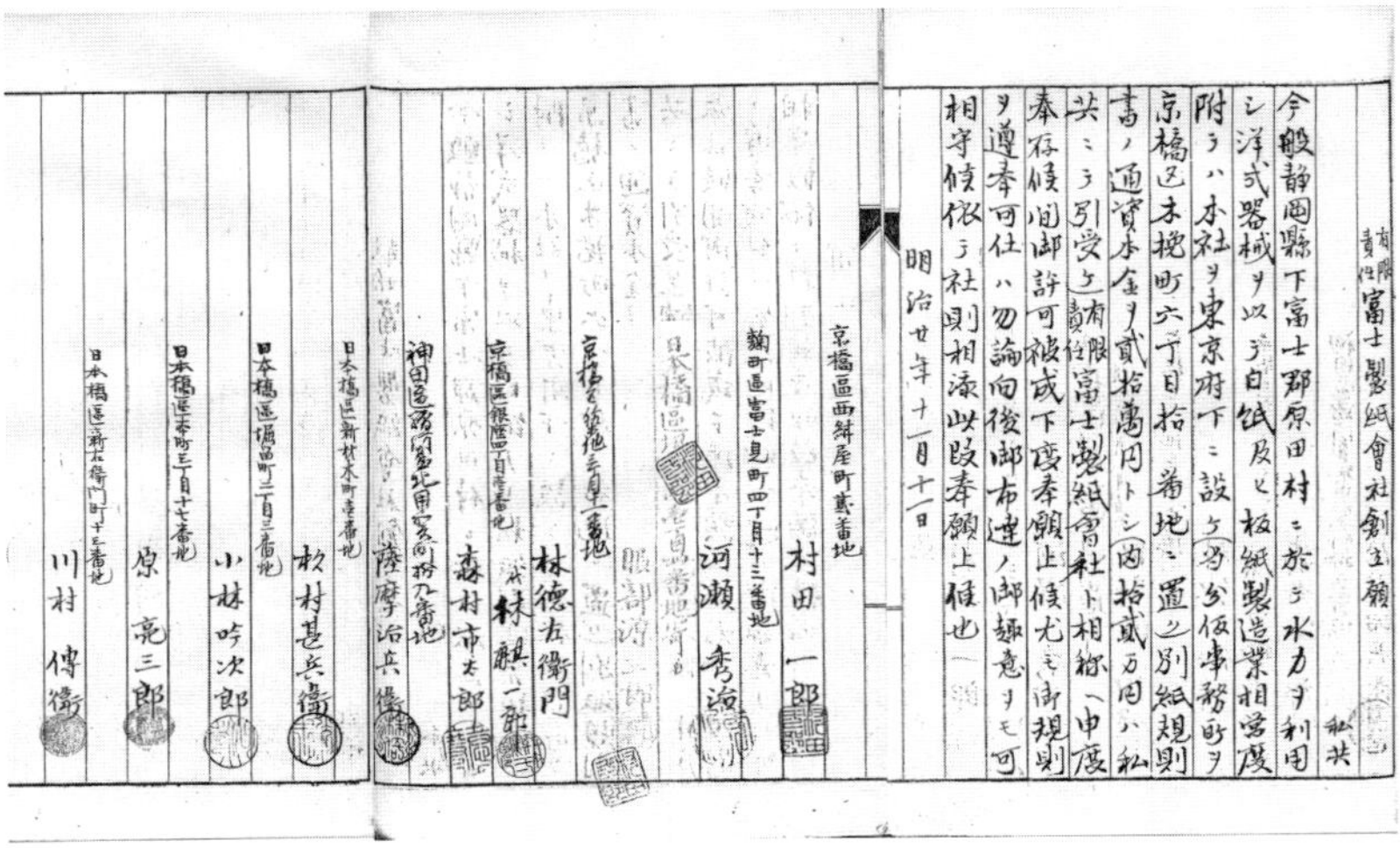

有限責任富士製紙會社創立願

私共

今般静岡縣下富士郡原田村ニ於テ水力ヲ利用シ洋式器械ヲ以テ白紙及ヒ板紙製造業相営度附テハ本社ヲ東京府下ニ設ケ仮事務所ヲ京橋区木挽町六丁目拾番地ニ置キ別紙規則書ノ通資本金ヲ貳拾萬円トシ内拾貳万円ハ私共ニテ引受ケ有限責任富士製紙會社ト相称ヘ申度奉存候間御許可被成下度奉願上候尤モ御規則ヲ遵奉可仕ハ勿論向後御布達ノ御趣意ヲモ可相守候依テ社則相添此段奉願上候也

明治廿年十一月十一日

京橋區西紺屋町貳番地　村田一郎

麹町區富士見町四丁目十三番地　河瀬秀治

京橋区築地二丁目一番地　林徳左衛門

京橋區銀座四丁目壱番地　林麒一郎

森村市太郎

神田區　番地　薩摩治兵衛

日本橋區新材木町壱番地　杉村甚兵衛

日本橋區堀留町二丁目三番地　小林吟次郎

日本橋區本町三丁目十七番地　原亮三郎

日本橋區新右衛門町十三番地　川村傳衛

図17　富士製紙会社創立願（東京都公文書館蔵『願伺届録』明治20年　綴洩会社）

上の顧問に委嘱されて常に発起人会に参加するに至り、創立準備に関する諸種の会合は時々下谷竜泉寺の拙邸に於て催された。其翌年会社は漸く設立せられ河瀬氏を第一回の社長、村田氏を副社長に、安田氏、川村氏及私の三名は平取締役に就任した。然るに会社草創明治二十三年頃に至る迄は経営上非常な難境に陥り、金融の困難は実に名状し得なかった。(中略) 当時私は両氏（金融の援助を与えた森村市左衛門、三野村利左衛門のこと――引用者）の驥尾に附して手形の振出人となり、会社の為めに微力の及ぶ限りを尽したけれども、此商業手形により金融の事は一に三野村、富田

表6　原亮三郎・富士製紙の持株数と順位

| 半季報告回次 | 同年月日 | 所有株数 | 株主中の順位 | 役職 | 総株数 | 資本金 |
|---|---|---|---|---|---|---|
| | 明治 | （株） | （位） | | | |
| 9 | 27.1.24 | 440 | 3 | 取締役 | 1万株 | 50万円 |
| ⋮ | ⋮ | ⋮ | ⋮ | ⋮ | ⋮ | ⋮ |
| 14 | 29.7.16 | 690 | 6 | 〃 | 2万（増資） | 150万円 |
| 15 | 30.6.16 | 1035 | 〃 | 〃 | 3万（〃） | 〃 |
| 16 | 7.16 | 1185 | 〃 | 〃 | 〃 | 〃 |
| 17 | 12.21 | 〃 | 〃 | 〃 | 〃 | 〃 |
| 18 | 31.6.21 | 〃 | 〃 | 〃 | 〃 | 〃 |
| 19 | 12.21 | 〃 | 〃 | 〃 | 〃 | 〃 |
| 20 | 32.6.22 | 〃 | 〃 | 〃 | 〃 | 〃 |
| 21 | 12.25 | 〃 | 〃 | 〃 | 〃 | 〃 |
| 22 | 33.6.24 | 〃 | 5 | — | 〃 | 〃 |
| ＊33.2.20日銀監事就任のため、職を辞す | | | | | | |
| 23 | 12.22 | 〃 | 〃 | — | 〃 | 〃 |
| 24 | 34.6.27 | 1777 | 4 | — | 4万6千株 | 230万円 |
| 25 | 12.21 | 1785 | 〃 | — | 〃 | 〃 |
| 26 | 35.6.21 | 〃 | 〃 | — | 〃 | 〃 |
| 27 | 12.20 | 〃 | 〃 | — | 〃 | 〃 |
| 28 | 36.6.20 | 〃 | 〃 | — | 〃 | 〃 |
| 29 | 12.21 | 〃 | 〃 | — | 〃 | 〃 |
| 30 | 37.6.21 | 〃 | 〃 | — | 〃 | 〃 |
| 31 | 12.27 | 〃 | 〃 | — | 〃 | 〃 |
| 32 | 38.6.24 | 〃 | 〃 | — | 〃 | 〃 |
| 33 | 12.22 | 〃 | 〃 | — | 〃 | 〃 |
| 34 | 39.6.23 | 470 | 20 | — | 〃 | 〃 |
| 35 | 12.22 | 200 | 47 | — | 〃 | 〃 |
| 36 | 40.6.22 | 1080 | 28 | — | 20万株 | 1000万円 |
| 37 | 12.25 | 1000 | 34 | — | 〃 | 〃 |
| 38 | 41.6.29 | 〃 | 32 | — | 〃 | 〃 |
| （以下資料ナシ） | | | | | | |

典拠：紙の博物館所蔵「富士製紙株式会社考課状」上下

両氏の尽力に俟つものであって、此の苦境を凌いだ事が実に今日会社隆盛の基礎となったものと云ふべきである。殊に二十四年頃の如きは、五十円払込の本社株式が十六円に下落したやうな状態であったので、私は森村氏と相会する毎に、寧ろ世上の浮動株を一手に買入れ、吾等四人にて全責任を以て経営してはどんなものだらうかと互に苦笑したこともあった。（以下略）

原は専ら金融方面において活躍したことがわかる。どうにか苦境を脱して洋紙国産事業が軌道に乗り始めた時、次に直面したのは輸入洋紙の関税問題であった。明治二四年二月一八日、河瀬秀治、村田一郎、原亮三郎、大川平八郎など紙業界の重鎮は、次のような請願を貴衆両院へ提出した。全文は長いので要約で代用する。

輸入洋紙の税額今日の如く低廉にてはわが製紙業者到底彼れ外人と競争すること能はす、遂には一ヶ年千五百万封度の巨額なる器械製紙を尽く外国の輸入に仰がざるを得ざるに至るべければ、何とぞ輸入税率の改正を審議ありたき旨切に請願仕候也（『横浜市史』五巻下　昭和五一年　四五三ページ。なお請願全文と別紙本文は『紙業界五十年』　博進社　昭和一二年、四八―五二ページを参照のこと）

残念なことに、この請願が実現するには明治三一年まで待たねばならなかった。なお、原亮三郎は富士製紙の大株主でその所有株数と順位は**表6**の通りである。

## （五）東京機械製造会社の創立

東京機械製造会社創立願

方今全国各地ニ商工業ニ関スル諸会社続々興起シ大小競テ国運ノ進歩ヲ相計リ候得共未タ百般工芸ノ諸器械類ヲ製造シテ世間数多ノ需用ニ応スル者無之ハ邦家ノ一大欠典ト相信候因テ下名ノ者発起人ト相成リ資本金ヲ参拾万円ヲ以テ有限責任ノ会社ヲ設立シ社名ヲ東京機械製造会社ト称シ教育医療ノ諸器械及蒸気機関其他一般ノ諸器械ヲ製造シ公私ノ利益ヲ相計リ度候間何卒願意御聴届相成度此段定款相添出願仕候也

明治廿一年一月十六日（中村道太以下一三人の発起人名と住所は省略。**図18、19**を参照）

これに対し東京府農商課は一月廿一日、「書面会社設立之義ハ追テ一般会社条例制定相成候迄人民ノ相対ニ任セ候条其旨可相心得事　但工場建設ノ義ハ警視庁へ伺出ズベシ」との指令を出した。その理由は次の通り。

（理由）定款取調候処別ニ不都合ノ廉無之且ツ発起人身元ノ義ハ中村道太青木貞三原亮三郎川崎八右衛門小松彰等ノ富裕者達連署ニ付取調ヲ要セスト当庁ニ於テ認メルヲ以テ本文ノ通リ指令スルモノトス（傍点は引用者）

ところでこの会社はどんな物を製造しようとしているのだろうか。願書に添えられた同社の「創立趣意書」からうかがって

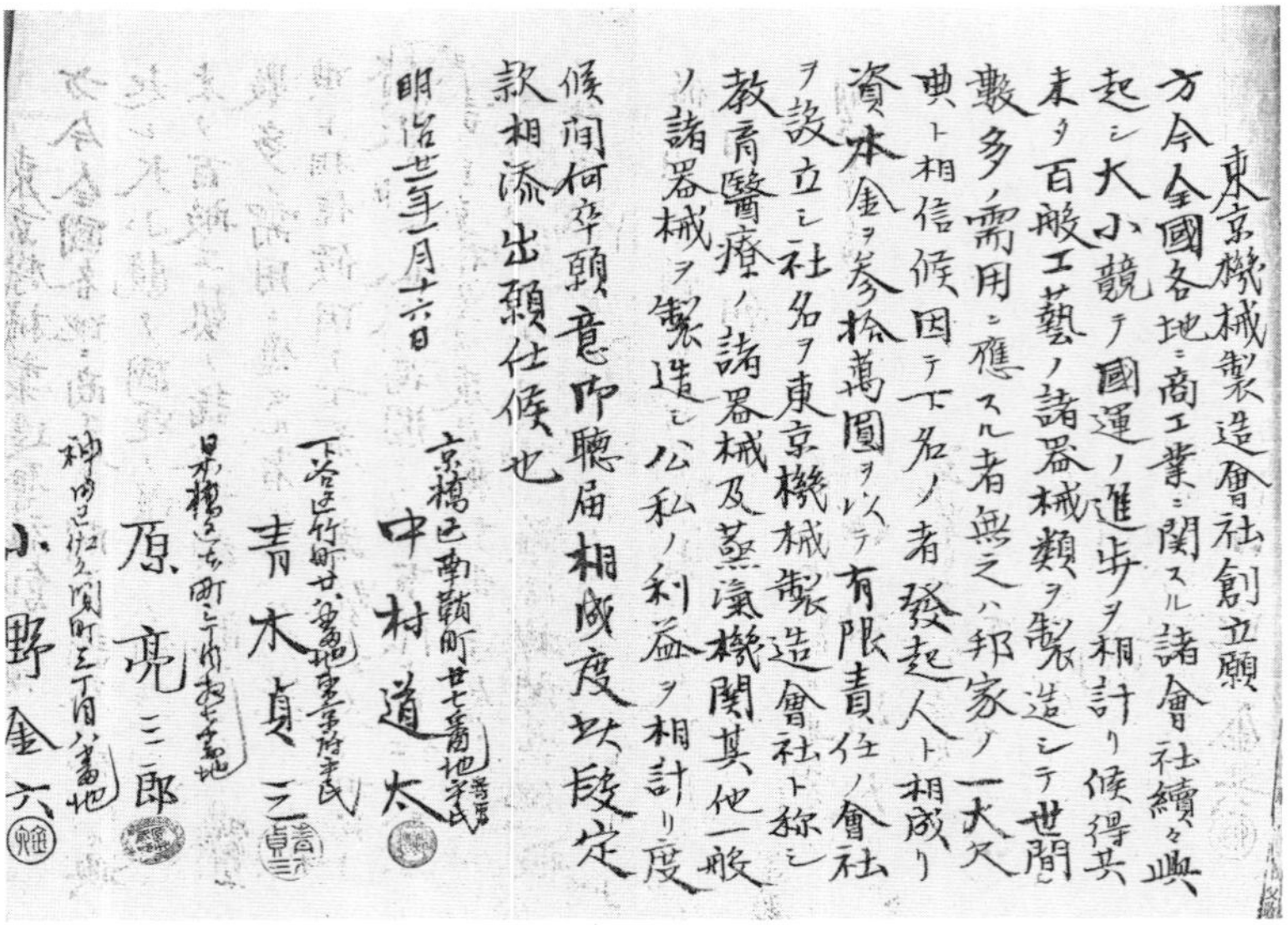
東京機械製造會社創立願
方今全國各地ニ商工業ニ関スル諸會社續々興起シ大小競テ國運ノ進歩ヲ相計リ候得共未タ百般工藝ノ諸器械類ヲ製造シテ世間數多ノ需用ニ應スル者無之ハ邦家ノ一大欠典ト相信候因テ下名ノ者發起人ト相成リ資本金ヲ参拾萬圓ヲ以テ有限責任ノ會社ヲ設立シ社名ヲ東京機械製造會社ト称シ教育醫療ノ諸器械及蒸氣機関其他一般ノ諸器械ヲ製造シ公私ノ利益ヲ相計リ度候間何卒願意御聴届相成度此段定款相添出願仕候也

明治廿一年一月十六日

京橋区南鞘町廿七番地平民　中村道太
下谷区竹町廿八番地東京府平民　青木貞三
日本橋区本町三丁目十五番地　原亮三郎
神田区佐久間町三丁目八番地　小野金六

図18　東京機械製造会社創立願（部分）（東京都公文書館蔵『願伺届録』明治21年　普通第二種会社規則）

廣告

有限責任東京機械製造會社廣告

機械の需用は開明の進歩に伴ひ日に月に繁盛なり本社は之が需用に應ずるの計劃をなし其規模既に完成したるを以て本月十五日より開店廣く世の需用に應せんとす其製造販賣の主なる目を擧くれは現化學上に要する總ての機械藥品及醫療機械紡績、織物、製絲、鑛山、蒸氣機關を始め避雷針電話機博物標本、音樂器等なり其他御注文に因り諸般の機械器具を製造仕べく又江湖の便利を計り舶來諸機械の販賣をも取扱ひ申すへし總て本社に於て製造販賣すべき物品及本社に於て取扱ふべき舶來の物品は其品質の堅緻なるを鑑み製作の巧なるを撰むへし然して價格は可成低廉に運送等の取扱は信切丁寧に可致候

東京日本橋區本銀町三丁目二番地
有限責任東京機械製造會社

明治廿一年八月
社長　松木直己
取締役　中村道太
同　原亮三郎
同　川崎東作
同　小野金六
同兼支配人　河内常徳
取締役　田邊元三郎

図19　同社広告（『文』１巻７号）

みよう。

第一　教育品諸機械及諸器具
第二　医療諸機械及薬品ノ煉造
第三　紡績織物製糸鉱山蒸気機関附属品等諸般ノ諸機械及諸器具

第二、三はともかく、第一については若干の補足が必要であろう。教育品諸機械とは理科教育に必要不可欠の教育機器、即ち物理化学用の各種模型装置、実験用具などのことである。原亮三郎がこの会社に参加したのは、金港堂が単に教科書を売るだけでなく、各種の教育機器も併せて販売していたことを想起すべきであろう。

創立目論見書には細々とした予算表がつけられているが、そのうち「工場建築諸器械買入据付予算表」から工場建築費の項だけを引いてみる。機械工場といってもいかに小規模なものかがよくわかるであろう。

| | | | | | |
|---|---|---|---|---|---|
| 旋盤工場 | 木造 | 百二十坪 | 一、八〇〇円 | 一坪ニ付 | 一五円 |
| 鍛鉄工場 | 仝上 | 四十五坪 | 四五〇円 | 〃 | 一〇円 |
| 製図場及ヒ技手詰所 | 仝上 | 四十五坪 | 五四〇円 | 〃 | 一二円 |
| 職工会食場 | 仝上 | 仝上 | 四五〇円 | 〃 | 一〇円 |
| 事務所并製品陳列所 | 仝二階建 | 二十四坪 | 七二〇円 | 〃 | 三〇円 |
| 倉庫 | 木造 | 十六坪 | 八〇〇円 | 〃 | 五〇円 |
| 石炭庫 | | | 五〇円 | | |
| 物置便所等 | | | 二二〇円 | | |
| 室内備付器具等 | | | 五〇〇円 | | |
| 小計 | | | 五、五三〇円 | | |

なお原亮三郎は創業以来同社の取締役を勤めたが、日本銀行監事就任の際兼職禁止の定めに従い、退任した。また原が関係した会社は今日では全て消滅したが、この会社だけは東京機械製作所[*21]として今も盛業中である。

## （六）第二期衆議院議員

原亮三郎は単に出版界のみならず、実業界でも重きをなしたようである。東京書籍商組合頭取を二期勤めただけで、長尾景弼に譲ったのも、実業方面が多忙だったせいかも知れない。彼は明治二五年二月、実業界から推されて第二期衆議院議員選挙に立候補した。これは、ともすれば政治において実業問題が冷遇されがちなのに不満を抱いていた実業界の有志が結束し、合議の結果一五人の候補者をたてることにしたもの。原もその実業同志会の一人に推されたのである。同年二月一五日の第二期総選挙では、郷里の岐阜第三区から出馬し、一一二九票を以て当選した。彼の所属した政党は小政党であり、議会では余り活動の余地はなかったようだ。そのせいかどうか判然とはしないが、格別に政治的野心もなかったとみえて、代議士生活はこれ一回で終わっている。

なお、伊藤博文に宛てた伊東巳代治書簡三七〇（明治二七年五月二日）に、次のような一条がある。

一昨日柴原和呼寄、両三日中に新勅選議員連中四五名会合之義に付談合仕置候節、原亮三郎一条に付種々密話も有之候処、昨日別紙之通申越候。原亮三郎再ひ伺候到候は、必す御引見可然御内嘱被下置度奉願上候。多少之効験も可有之と存候。（以下略）（『伊藤博文関係文書』二　塙書房　昭和四九年、二八〇ページ）

残念ながら、原の具体的な行動はよくわからないが、議員連中の話題になるようなことをしていること、また用件は不明だが伊藤博文のところにも伺候しているようである。これを以て直ちに原が政財界の大物とは言えないまでも、彼のつき合いの範囲を考えると一介の出版人ではなかったことだけは確かである。

## 五　検定教科書の印刷製本と供給

### （一）教科書肆の印刷工場

大手の教科書肆の場合、多くは独自の印刷部門を持っていたと考えられる。教科書は特定の時期（例えば新学期）に集中して、しかも大量に製出、納入せねばならない商品である。従って安定的な生産を確保するためには、印刷を全面的に外部に委ねるのはリスクが大きすぎ、自前の印刷工場を保有することは必須といえる。

金港堂の場合、その印刷所は本町三丁目の店舗屋敷の一画があてられていたようだ。当時の金港堂出版物の奥付を見ると、印刷所の住所は発行所のそれと同番地のものが多いからである。『東京府統計書　明治二十五年』の私設工場の項には、「金港堂書籍会社工場　日本橋区本町三丁目十七番地」とあって、それを裏書きしている。ただし、何故かこの年一回しか記載はない。しかも製品種類が書籍とあるほかは、職工数、製出高などの統計数値は一切ないので、残念ながら同工場の規模は具体的に知り得ないのである。

そこで代りに、同業の文学社工場を例にとって類推してみよう。金港堂のライバルであった文学社は、明治一五年一一月小林義則が創業した。小林義則は明治七年師範学校を首席で卒業した秀才で、若き神奈川県師範学校長として同県の学事振興に

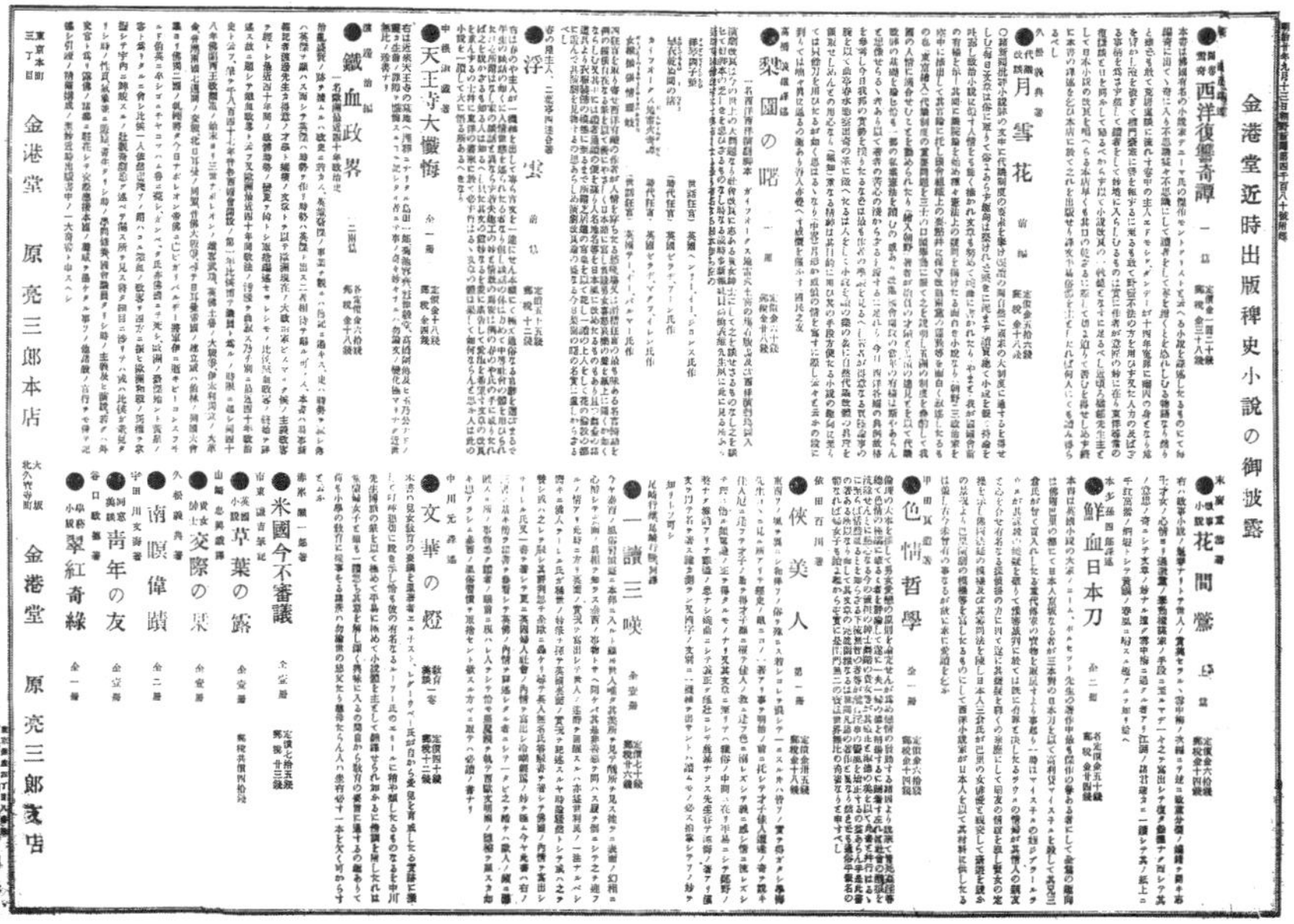


図20　稗史小説の広告（『朝野新聞』明治20年９月13日附録）

図21　『西洋復讐奇譚』（架蔵）表紙と紙看板（ポスター75×60cm
第14回東武大古書展『目録』平成５年９月より）

手腕を振った。また教科書類の著述も多く、横浜の書肆師岡屋伊兵衛や丸善などはその出版でずい分潤った筈である。明治一五年二月病を得て職を辞し、東京に移る。回復の後書籍出版業にのり出し、〝三年〟にしてたちまち成功した。明治二〇年東京書籍商組合が結成された時、初代副頭取に選任されたことは周知の通りである。

『東京府統計書　明治二十三年』によると、文学社工場は神田錦町にあり「職工男三〇、女一〇、製出高四二九、九八〇冊、製出代価四六、八三四円」となっている。無論年により数値の変動は予想されるところである。また府統計書の数字自体も、統計調書を配布して任意に提出させただけのものらしいから、厳密には信頼性に欠けるところがある。しかし、当時の教科書肆の印刷工場の規模は、これによっておおよそ推測できるのではないかと思われる。間違っても、蒸気や電気を動力とした機械制工場をイメージしてはならない。旧来の木版印刷のかたわらで、ハンドやフートという人力印刷機も稼働している光景を思い浮かべるべきであろう。

金港堂が教科書のほかに、小説部を設置して稗史小説類にも乗り出したこと（**図20**）は先に触れた。末広鉄腸『花間鶯』、末松謙澄『谷間の姫百合』、依田学海『侠美人』、二葉亭四迷『浮雲』、幸田露伴『露団々』など明治文学史を彩るものも多い。これらは教科書とは異なり全て活版洋装本である。しかもその印刷は、国文社、秀英舎、築地活版所など専業の印刷所に委ねるケースが多いようだ。恐らく石版印刷など技術的に高度なものは外注に出し、単純な活版印刷の場合は部内で済せる、というように使い分けをしていたものと思われる。もっとも単に繁忙で手が回りかねて、外部に委託するとも考えられるが、印刷技術の格差による使い分けと考えた方が合理的であろう。**図21**は関直彦の「モンテクリスト伯」の翻案。紙装の表紙は石版多色刷で、国文社が印刷した。

## （二）製本業と摺師

金港堂の出版した教科書の奥付には時折、「製本師中野三吉」「製本小川安蔵」「製本師菱山敬三郎」などとした朱印が押されているものがある。恐らくこれは検品の際の証印であろうが、残念ながらこれらの人物や、製本師の実態についてはよくわからないのが目下の実情である。製本という言葉は整版（木版印刷）の場合意味が広く、摺師が印刷して一冊の本に仕立てることを意味する。徒弟を連れた製本師が版木の置いてある製本工場に通って仕事をした（出職）のか、それとも自宅の工房で（居職）摺り立て製本して納入したのかはよくわからない。何れにせよ、この手間賃が一冊当り厘毛単位の安さであったことは第二部第一章で述べた通りである。

また金港堂の場合、明治一四年頃から石川島監獄署内工場一棟を無償で借りて製本工場としていた。[*22] ドル箱の『小学修身書』全一二冊が爆発的に売れ始めた頃であり、安価な囚徒の労働力によって大量需要に応じようとしたのであろう。余談になるが、宮武外骨もこの使役に就いた一人である。外骨は自ら発行する『頓智協会雑誌』二八号に帝国憲法発布式典のパロディを掲載したため、不敬罪として禁錮三年の刑に処せられた。獄中では当初活版部の校正係に任ぜられたが、持前の雑誌発行癖がおこって秘密出版を試みて配布した。「予が此『鉄窓詞林』を発行した事を警固所（閻魔の庁）へ密告した者があり、予は活版部の出役を止められて、金港堂出版の教科書製本部へ廻され、外題貼りの役に就いた。*[23]」と述べている。

　教科書の形態は長く整版（木版）和装であった。この印刷製本を支えた職人層の実態については、前述のように殆どわかっていない。ここでは直接証明するものではないが、出版者とのつながりを明らかにするため、製本職人の配置＝居住分布を見ることにしたい。

　明治二二年一〇月、須川清治郎等を総代にする府下一七八人の製本職は、その組合設立認可願*[24]を東京府に提出、同業組合準則範囲内として認可をうけた。その願書に添えられた「規約」を見ると、製本職といってもこの場合は一戸を構え親方と称する者の組合で、一ケ年延二千人以上の職人を使用する者を一等、それ以下を二等とする区分もあった。三十九条にわたる規約の結びは「右規約ノ条項相互ニ可確守者也」と誓い、親方クラスの一七八人が連署捺印している。その製本職の一五区別の分布は**表7**の通りである。

　また、明治二一年三月、願人総代荒井延次郎以下一四八人の摺師たちは、府知事高崎五六宛に「木版印刷業組合設立願*[25]」を提出した。この組合は一五区六郡内の木版印刷業者（摺師）を以て組織するものだが、製本職に比べると大分零細である。規約第二八条の組合費の項を見ると、「職工一人ヲ使用スル者一

表7　製本職組合及び木版印刷業組合員十五区別分布

| | 製本職（明22・10） | 摺師（明21・3） |
|---|---|---|
| 麹町 | 3 | 1 |
| 神田 | 35 | 9 |
| 日本橋 | 32 | 19 |
| 京橋 | 58 | 8 |
| 芝 | 2 | 2 |
| 麻布 | — | 1 |
| 赤坂 | — | 1 |
| 四谷 | 1 | 1 |
| 牛込 | — | — |
| 小石川 | 1 | — |
| 本郷 | 6 | 8 |
| 下谷 | 6 | 15 |
| 浅草 | 12 | 41 |
| 本所 | 13 | 32 |
| 深川 | 8 | 2 |
| その他 | 不明1 | 北豊玉3 荏原2 南葛飾3 |
| 計 | 178 | 148 |

ヶ月金三銭、職工従弟一人ヲ使傭スル者一ヶ月金二銭」とあり、せいぜい職工一人程度を使うにすぎないことがわかる。しかも不幸なことにこの組合設立願書は「認可ヲ与フヘキ限ニ無之依テ本書却下」されてしまった。その理由は、彼等は単に錦画類の版木をその出版人から請負って印行するにすぎないのだから、重要物産関係の営業とは認定できないというものであった。それはともかく、製本職と同じ様に区別の分布表をつくり、両者を比較してみよう。

興味深い結果が出た。活版印刷所の多い京橋、神田には当然製本所も多い。それは恐らく洋製本を主体にするものであろう。一方摺師は下谷、浅草、本所が圧倒的に多い。製本職もやや多いが、これは多分和製本を手掛けるものであろう。日本橋、本郷は両者の中間、つまり活版洋装を扱う者、また木版和装を行う者が混在している状態を示していると思われる。

## (三) 教科書用紙

印刷の紙面や書物の耐久性などの点で教科書用紙は大きな問題である。殊に教科書会社が利益をあげるため、疎悪な用紙を使用したことはしばしば社会問題にもなった。ここでは富士製紙創立発起人の一人原亮三郎の秘話を紹介する。

当時の製品販売に就て云へば、洋紙は相当の売上げがあつたが、此当時に於ける原料用紙の最大需用者なる小学校並に中学校教科書の出版書肆は、旧来の慣例にて日本紙のみを用ひたが、私の経営せる書肆金港堂に於ては、特に本社に嘱し、土佐紙代用日本紙の製出を依頼した。然るに当時技師は洋紙製造用の機械を以て和紙を漉くこと能はずとの意見であったが、私は独逸に於て我国の美濃紙と全く同質のもの、製出せらる丶を説き大に慫慂したので、苦心研究の結果、遂に土佐紙の代用物を製出し得るに至った。

茲に於て金港堂は之を教科書洋紙として使用したが、当時土佐紙を販売せる商店並に金港堂との競争書肆が、商売上の反対をしたので、文部当局より此種用紙の使用は省令違反なりとの譴責を受けた。然るに種々説明交渉の末、産業保護の意味にて、是非共本社製代用日本紙の使用を許可せられんことを懇願した処、漸く当局の容る丶処となったので、禍は変じて幸となり、是より教科書には全部本社製の代用紙を使用すること丶なった。之により出版書肆は従来の土佐紙より二割以上の廉価な本社製代用紙を使用し得るに至ったので、其利益する処甚大なるものがあった。是れ二十六、七年頃の事である。(「富士製紙創立発起人諸氏の直話三、原亮三郎氏直話」『日本紙業綜覧』昭和一二年　八一二ページ)

教科書の印刷が木版から活版に移行すると、紙も手漉和紙から和紙擬の機械漉紙を使用することになったものであろう。手漉和紙はその価格と製造高の関係で機械漉紙に代替されたのである。

## （四）教科書供給の実態

一般に出版流通の実態を明らかにすることは相当に難しい。物流を論証する格好の資料が乏しいからである。ましてや明治時代のそれとなると困難は一層増してくる。教育学者の手になる「教科書の歴史」の類は数多いが、何れを見ても、どのように教科書が生徒の手に届くのかについての記述は全く欠落している。また教科書供給に関する既存文献も至って手薄である。『全国教科書供給協会二十年史』（昭和四三年）等の業界史は、ごく表面をなでただけで殆ど参考にはならない。芳根次朗『明治大正昭和教科書供給のあゆみ』（昭和四八年）は麗々しい書名とツカの厚さの割には、編者が収集した資料を脈絡なく並べただけで論述には至っていない。高橋正実「出版流通機構の変遷一六〇三～一九四五」（『出版研究』一三　一九八三年二月）には「教科書ルートの発生」の一項があるが、これは既存の関係文献を整理紹介したに留り、該ルートの実証はこれからの課題である。

### 区域制限之一手専売契約

教科書流通を実証する資料に乏しいことは前述したが、ここではその一方法として当時の商売案内の類から、教科書肆がどのように見られていたのかを検証することから始めたい。これらは案外と教科書会社の特質を暴露するばかりでなく、教科書販路の特色をも端的に物語っているものである。

(イ)博文館『書林便覧』（明治二八年）これは博文館が新規に取引を希望する書店に向けた営業案内で、書店マニュアルの嚆矢ともいうべきもの。その第五条には次のようにある。

売捌方針　弊館ハ他ノ教科書出版店ノ如キ区域制限之一手専売契約等ハ不致依テ何地ヨリ直接ニ御注文被下候トモ直チニ送本可仕又如何程少数ノ御注文ニテモ御引取ニ可応候

(ロ)『実業の栞』（文禄堂　明治三七年）やや時代が下りすぎるのは残念だが、これから何か商売を始めようとする人向けのガイドブック。斯業に経験をつんだ人の談話や取材に基いた『読売新聞』の連載記事に補訂を加えたもの。様々な職業の案内がある中に、書籍商の一項がある。

○教科書の取引　惣じて荷為替或は月末払ながら取次店よりは何れも信用金として、多きは四五千円、少なきも二三千円の現金を預り居り、之れに銀行並の利子は付し居れど、その為め決して品物の支払金は容赦せず頗る厳格なるものゝ也

以上の二点から、教科書供給に従事する書店の要件は次のように推定できる。

(1)教科書会社は契約を結んだ特定の書店としか取引しない（一手専売契約）

(2)特約を結んだ書店には販売（＝供給）の受持地域があって、それを越えて商売することは出来ない（区域制限契約）

図22　甲部図書売捌人（『出版月評』8号広告）

(3)教科書会社と取引できる特定の書店は、教科書肆に対し多額の信認金を供託しなければならない。それには利息がつくが、教科書代金の支払条件は厳格である。

従って、教科書の売捌人になり得る書店はかなり限定されたものになる。相当な資金と規模をもっていない限り、教科書会社からは相手にされないことになる。

ここで容易に思いつくのは、明治二十年に文部省が募集した甲乙部図書売捌所（**図22**）との類似である。文部省編輯局は自ら編纂・製造した官版教科書を全国に供給するため、図書払下規則を定め各府県に売捌人の選定を命じた。甲部図書売捌人の場合は、各府県下に一名で、身元保證として額面金三千円以上の記名公債證書を差出さねばならなかった。この巨額の身元金を上納できる書店は数多くはなかった。とくに資本の乏しい地方においては顕著であった。そのためこの販売方法は文部省が目論んだほどには実効があがらず、結果的には民間書肆合同の取扱所に全面委託することに落着く。要するに文部省は官版教科書の供給にあたり、供給の請負人（＝甲乙部図書売捌人）を募集したにすぎず、独自の供給網を編成し得たわけではなかった。当時既に出来上っていた民間書肆の販売網に依存するより方法がなかったのである。

**教科書供給の実際――大分県を例として**

では具体的に、どのようにして教科書は教科書会社から生徒の手に届くのだろうか。これを例証するピタリとした資料がないので、やや時代は下るが、明治三五年一一月の大分県のケースを基に類推してみよう。

○小学校教科用図書供給ニ関スル命令書

第一条　大分県庁ヨリハ前年五月三十一日／十月三十一日毎年一月十五日／七月十五日及二月十五日／八月十五日限リ　県下各郡ニ於ケル前期後期図書需用ノ概数ヲ発行者ニ通知スヘシ　発行者ハ前項ノ通知ニ依リ図書供給上差支ナキ様準備スヘシ（以下略）

第二条　前条ノ概数ハ各郡別トシ大分県庁ヨリ県下大売捌所ニ通知スヘシ

第三条　発行者ハ大分郡大分町ニ図書大売捌所壱ケ所以上各郡内ニ図書取扱所壱ケ所以上ヲ設ケ明治三十六年一月三十一日迄に其ノ位置及び取扱者ノ氏名ヲ大分県庁ニ届出ツヘシ其ノ変更ノ場合ニ於テハ遅滞ナク其ノ旨届出ツヘシ（以下略）

第四条　発行者ハ図書ノ供給上不都合ナキ設備ヲ為シ毎年三月十日／九月十日迄ニ第一条ニ依リ通知シタル部数ノ図書ヲ大売捌所ニ輸送シ同時ニ其旨ヲ大分県庁ニ届出テ大売捌所又ハ指定ノ場所ニ於テ紙質製本等ノ検査ヲ受クヘシ　検査ノ上紙質製本及印刷ニシテ文部省ノ検印アル標準図書ニ対照シ合格ト認メタルモ

ノ二ハ大分県庁ハ検査ノ二字ヲ彫刻シタル印章ヲ押捺スヘシ

第五条　紙質製本及印刷ニシテ文部省検印済ノモノヨリ粗悪ナルトキハ大分県庁ハ更ニ再輸送ヲ命スヘシ前項ノ命令ヲ受ケタルトキハ七日以内ニ輸送ヲナシ同時ニ其ノ旨ヲ大分県庁ニ届出ヘシ（『大分県教育史』巻三　昭和五一年、二三一―二三五ページ）

以下、第六条〜第一四条まであるが、主に違約の際の違約金、供給を怠る場合の罰則などなので省略する。

この命令書から判明することは、教科書会社の供給組織が県庁所在地ないしそれに準ずる市町に大売捌所を、更に各郡内に図書取次所を設置するという一種のヒエラルキー的な販売網となっていることである。その位置と取扱者は予め県庁に届出ることになっていた。

さて教科書は各学期の始めには揃っていなければ意味がないから、およそ次のような手続を踏んで生徒の手元に供給されると思われる。

(イ)県当局は各郡を通じ管下小学校の必要部数を報告させる。
(ロ)県全体の必要部数が確定すると、その概数を教科書会社に通知すると共に、県下の大売捌所にも伝える。
(ハ)発行者（教科書会社）はその概数に基き印刷製本する。
(ニ)発行者は予め定められた日限までに、製造した教科書を大売捌所へ輸送する。
(ホ)輸送された教科書は、大売捌所又は指定の場所に於て、県当局の検品をうける。検定出願の際に提出した見本（標準図書）と紙質製本及び印刷の品質を対照し、チェックを受けるのである。
(ヘ)合格した教科書は検査の印を押し、各郡の図書取扱所に送られ、そこから生徒の手に渡る。

**図23**は大分県告示による「明治三十六年四月ヨリ採用スヘキ小学校教科用図書大売捌所及仝取次所ノ位置並ニ氏名」（『大分県教育史』巻三　二三四―二三六ページ、但一部分を掲載）である。また、**図24**は金港堂の「教科用図書販売所」全国リストの一部である。この種のリストは同社発行図書の奥付裏にしばしば見られるものであるが、これは木村匡『森先生伝』（明治三二年）からとった。このうち、いくつかの府県の販売所を抜き書きしてみよう。

（東京府）
東京市　金昌堂
同　林平次郎
同　播磨屋

（神奈川県）
武蔵国横浜　田沼商店
同　同　天野弘集堂
相模国藤沢　川上九兵衛
同　平塚　今井政兵衛
同　戸塚　柏瀬権次郎
同　横須賀　竹川新四郎

（大分県）
豊後国大分　甲斐治平
豊前国中津　梅津書店

大分県の場合は、先に見た大売捌所と全く一致していることがわかるであろう。教科書会社が相手にする書店はこういうレ

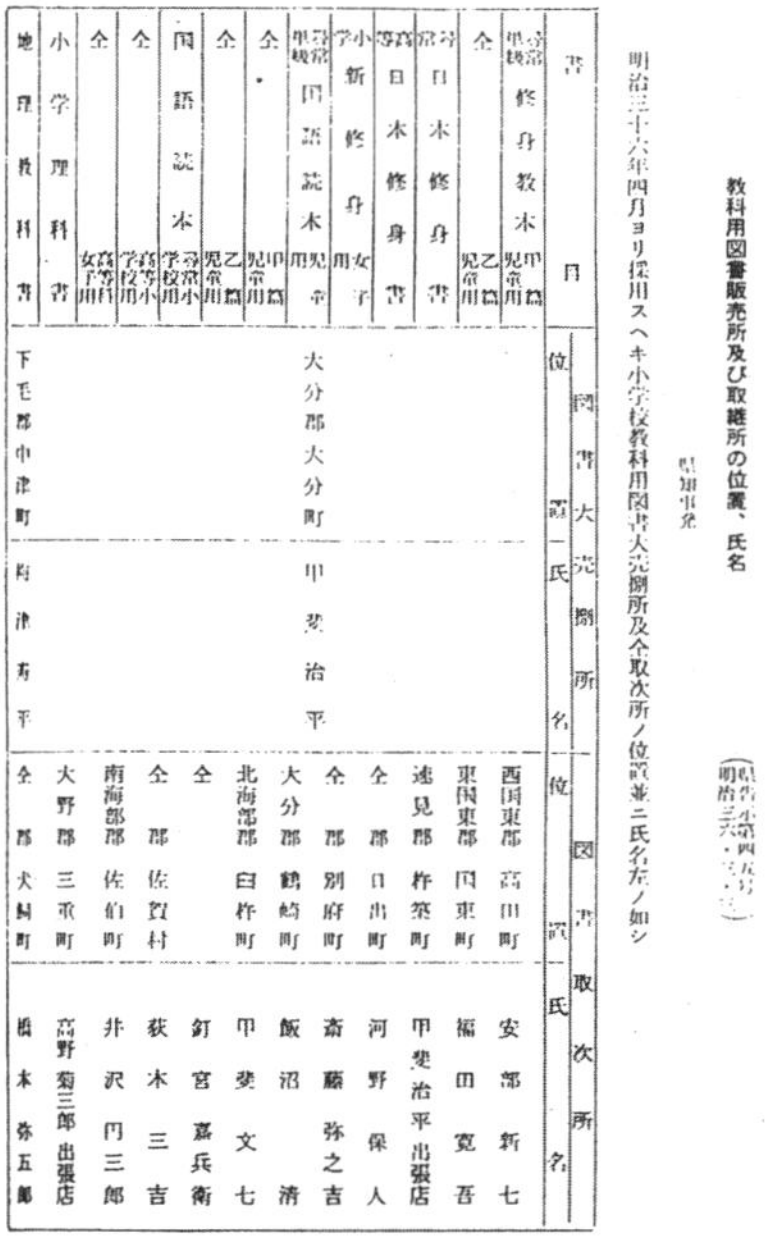

教科用図書販売所及び取継所の位置、氏名

（明治三十六年四月ヨリ採用スヘキ小学校教科用図書大売捌所及仝取次所ノ位置並ニ氏名左ノ如シ）

県知事発

書目：尋常修身教本 甲篇 児童用／仝 乙篇 児童用／尋常日本修身書／高等日本修身書／小学新修身 女子用／尋常国語読本 児童用／仝 甲篇 児童用／仝 乙篇 児童用／国語読本 尋常小学校用／仝 高等小学校用／仝 高等科女子用／小学理科書／地理教科書

図書大売捌所

| 位置 | 氏名 |
|---|---|
| 大分郡大分町 | 甲斐治平 |
| 下毛郡中津町 | 内津寿平 |

図書取次所

| 位置 | 氏名 |
|---|---|
| 西国東郡高田町 | 安部新七 |
| 東国東郡国東町 | 福田寛吾 |
| 速見郡杵築町 | 甲斐治平出張店 |
| 仝郡日出町 | 河野保人 |
| 仝郡別府町 | 斎藤弥之吉 |
| 大分郡鶴崎町 | 飯沼清 |
| 北海部郡臼杵町 | 甲斐文七 |
| 仝 | 釘宮嘉兵衛 |
| 仝郡佐賀村 | 荻木三吉 |
| 南海部郡佐伯町 | 井沢円三郎 |
| 大野郡三重町 | 高野菊三郎出張店 |
| 仝郡犬飼町 | 橋本弥五郎 |

図23

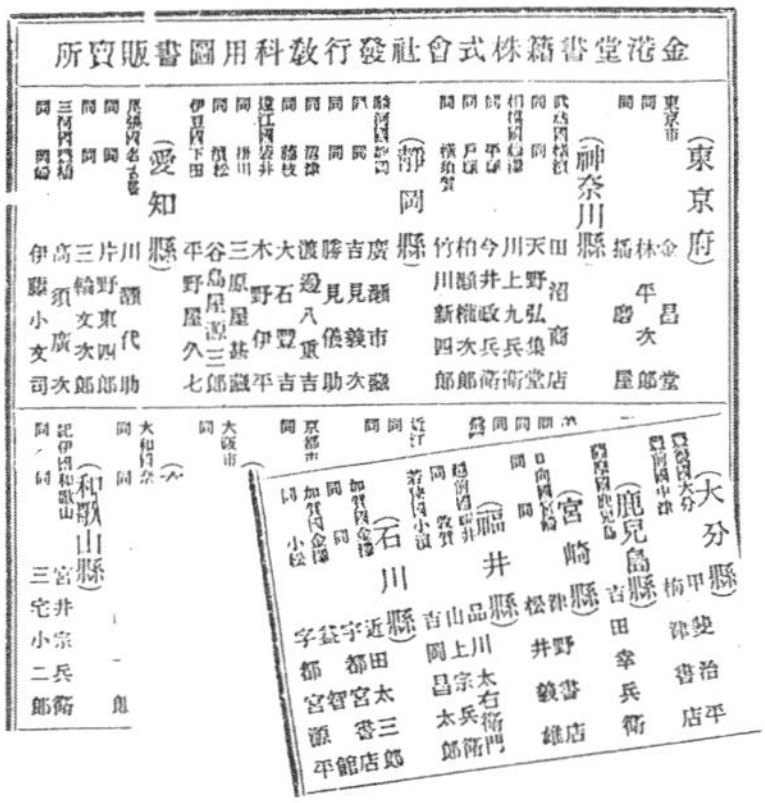

金港堂書籍株式會社發行教科用圖書販賣所

（東京府）（神奈川縣）（靜岡縣）（愛知縣）（和歌山縣）（大分縣）（鹿児島縣）（宮崎縣）（福井縣）（石川縣）

図24

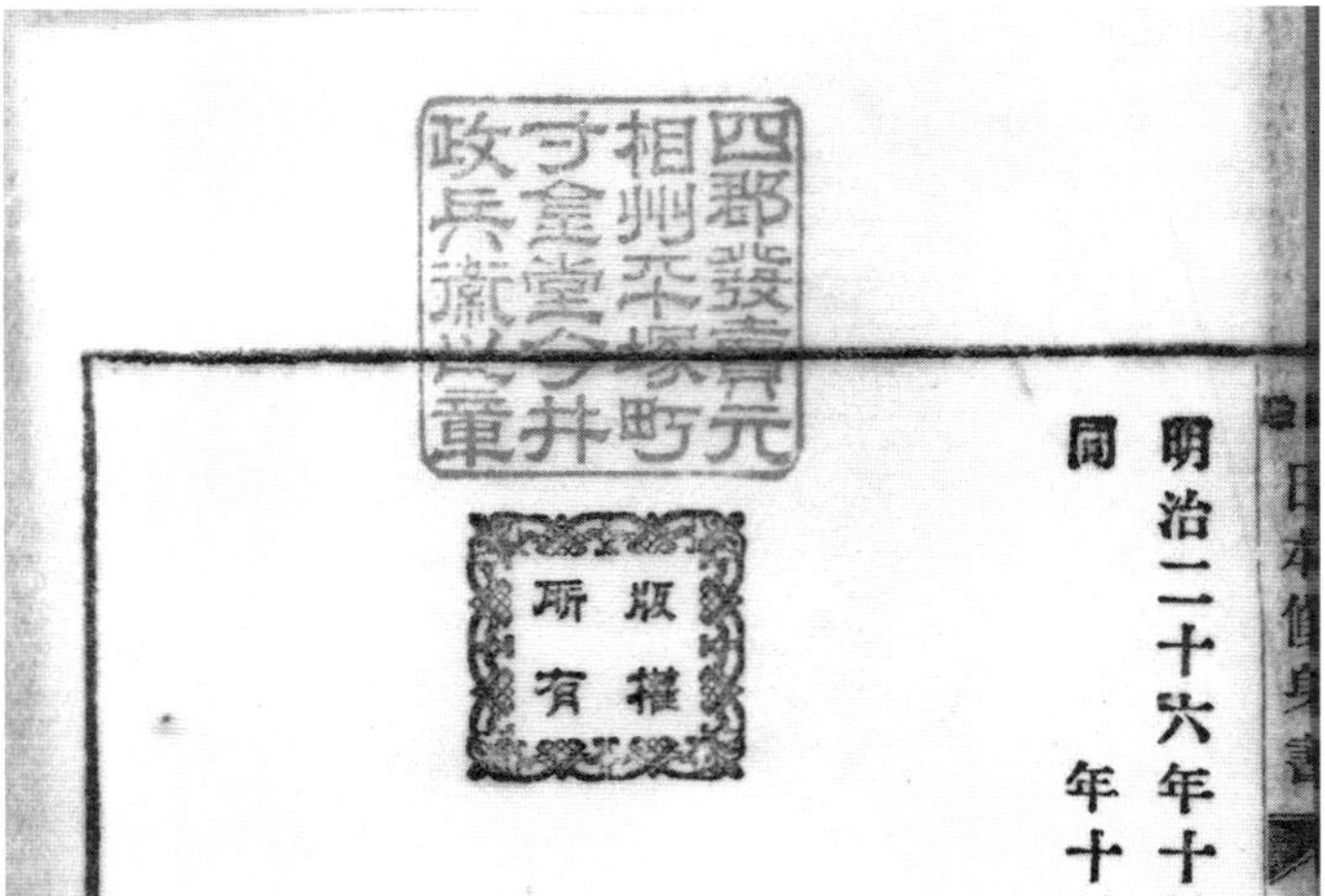


図25

ベルだけなのである。また、金港堂発行の教科書に偶然「四郡発売元相州平塚町寸金堂今井政兵衛之章」（図25）と押捺されたものがあった。これは今井が金港堂の教科書に関し県下の四郡（区域制限）について一手専売権を持っていることを示している。彼は明治十年代には算術教科書等を出版していた当地の旧舗である。

## 六　教科書出版の変化と金港堂の経営

### （一）金港堂書籍株式会社への改組

#### 金港堂の定款と登記事項

明治二四年一二月、金港堂は個人商店から株式会社に改組した。恐らく原亮三郎は銀行や諸会社の重役として事業経験を積んでいく中で、株式組織の有利さに気がついたものであろう。この時東京府に出願した金港堂書籍会社設立願（図26）は既に、第四節（本文一九三ページ参照）で触れたので省略する。願書に添えられた会社定款（全六章四一条の全文は巻末付録を参照）は、とくに問題もなく「商法施行ノ期迄人民ノ相対ニ任ス」と認可された。商法がまだ成立していない時代なので、審査が甘かったのであろう。

明治二六年七月一日の商法施行に伴い、金港堂は改めて定款認可の申請を行なった。「同年六月三〇日以前ノ設立ニ係リ商

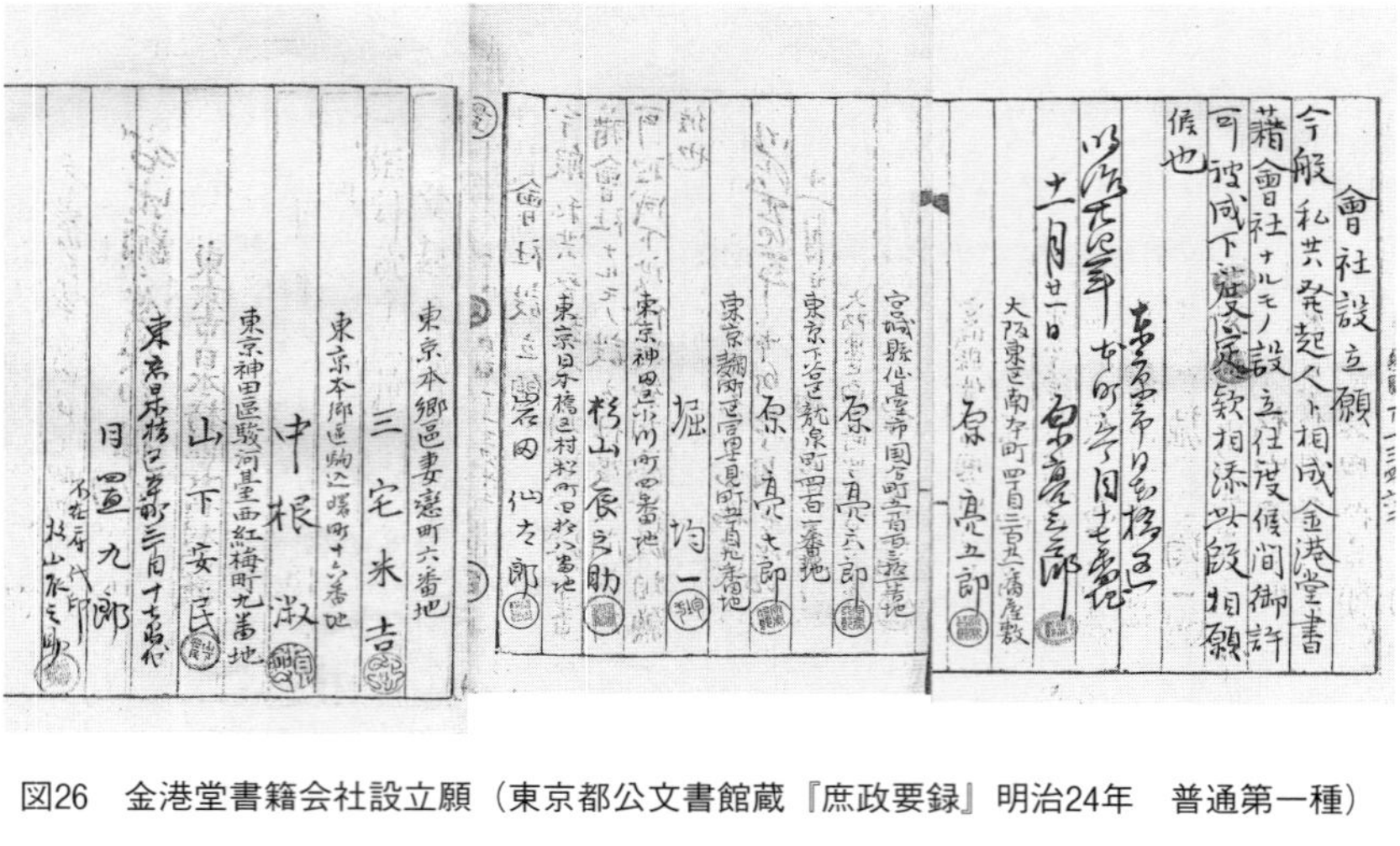

會社設立願

今般私共発起人ト相成金港堂書籍會社ナルモノ設立仕度候間御許可被成下度定款相添此段相願候也

東京本郷区妻恋町六番地　三宅米吉

東京本郷区駒込曙町十六番地　中根淑

東京神田区駿河台西紅梅町九番地　山下安民

東京神田区小川町四番地　杉山辰之助

図26　金港堂書籍会社設立願（東京都公文書館蔵『庶政要録』明治24年　普通第一種）

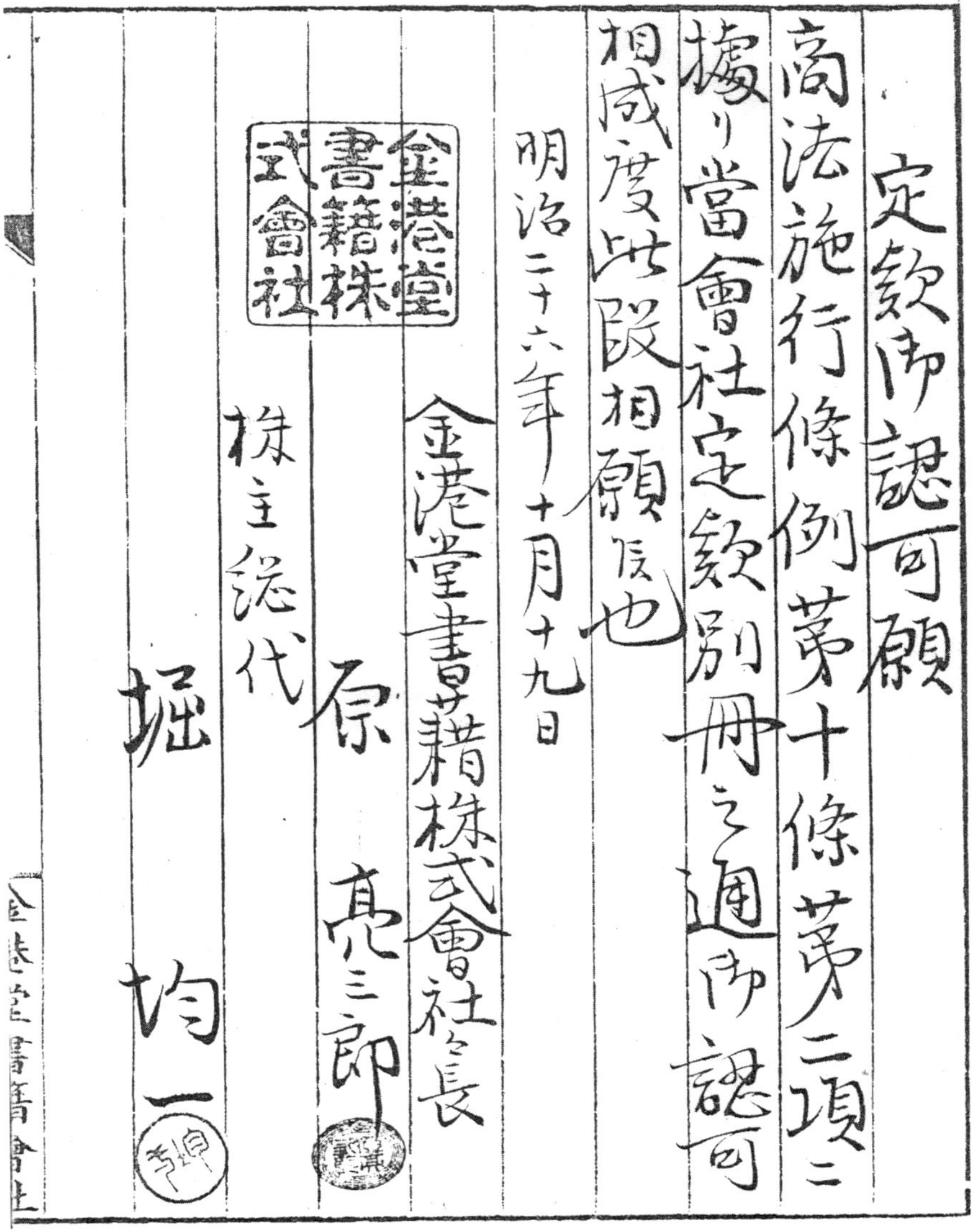

定款御認可願

商法施行條例第十條第二項ニ據リ當會社定款別冊之通御認可相成度此段相願候也

明治二十六年十月十九日

金港堂書籍株式會社

金港堂書籍株式會社々長

原亮三郎

株主総代

堀均一

図27　明治26年の定款認可額
（東京都公文書館蔵『庶政要録』明治26年　農商掛工部会社ノ部）

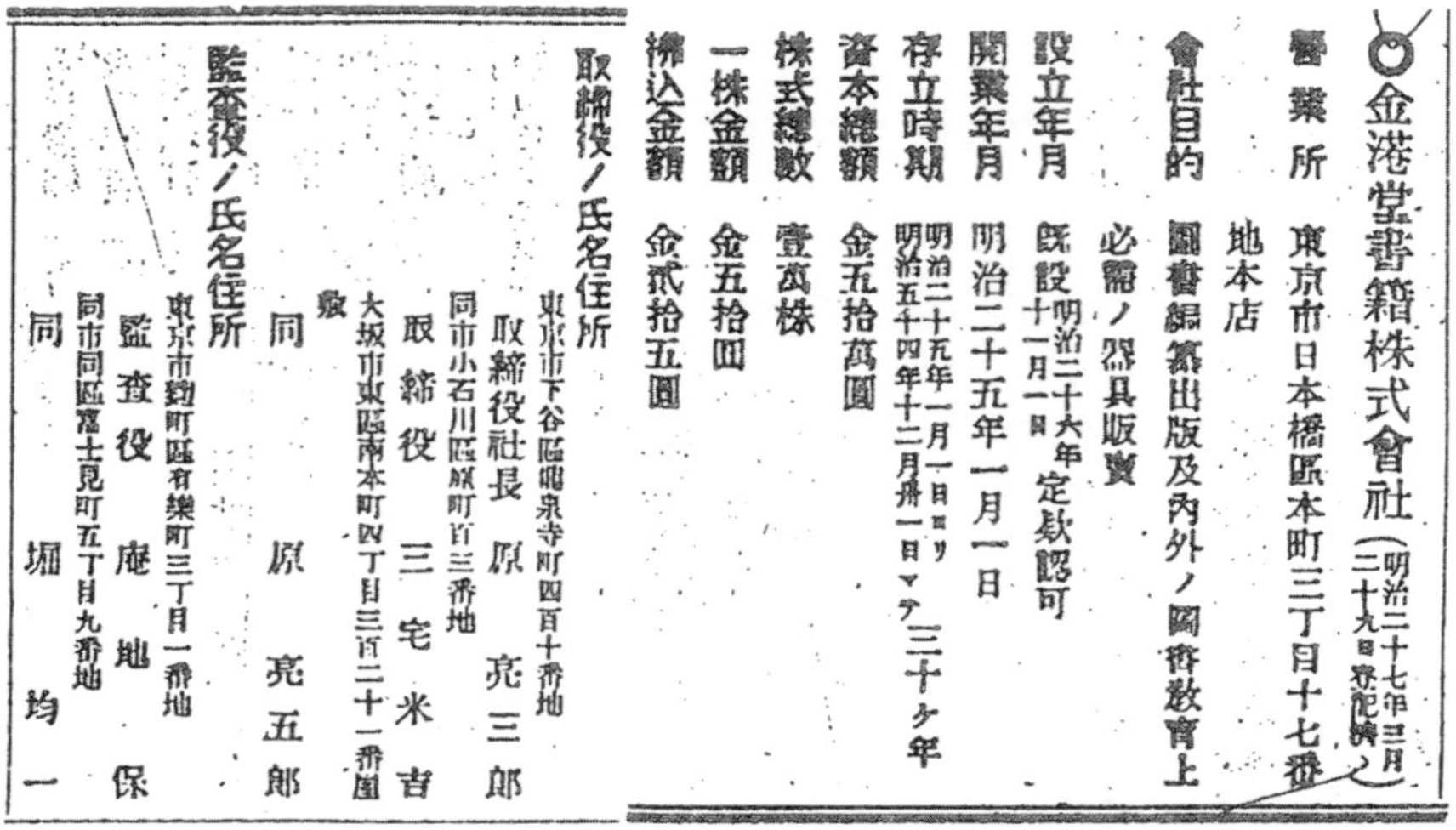

○金港堂書籍株式會社（明治二十七年三月二十九日登記濟）
營業所　東京市日本橋區本町三丁目十七番地本店
會社目的　圖書編纂出版及內外ノ圖書教育上必需ノ器具販賣
設立年月　既設明治二十六年十一月一日定款認可
開業年月　明治二十五年一月一日
存立時期　明治二十五年一月一日ヨリ明治五十四年十二月卅一日マテ三十ヶ年
資本總額　金五拾萬圓
株式總數　壹萬株
一株金額　金五拾圓
拂込金額　金貳拾五圓
取締役ノ氏名住所
東京市下谷區龍泉寺町四百十番地　取締役社長　原　亮三郎
同市小石川區縣町百三番地　取締役　三宅　米吉
大坂市東區南本町四丁目三百二十一番屋敷　同　原　亮五郎
監査役ノ氏名住所
東京市麹町區有樂町三丁目一番地　監査役　鹿地　保
同市同區富士見町五丁目九番地　同　堀　均一

図28　金港堂書籍株式会社登記事項

法施行条例一〇条第二項ニ依リ、定款認可ノ申請ヲ為シ既設会社トシテ存続ノモノ其数九五九内取引所一六[*26]」で、出版関係では金港堂のほかに、丸善、大日本図書の二社が含まれていた。今回の定款審査は当然のことながら厳重になった。認可申請は東京府勧業課を通じて、主務官庁農商務省に進達されるのであるが、その主なやり取りを略述すると次の通りである。

社長原亮三郎及び株主総代堀均一は連名で、八月三日付「金港堂書籍株式会社定款認可願書進達願」を府知事宛に提出した。東京府勧業課はこれをチェックして、いくつかの欠陥に気がついたが、そのまま農商務省に取りついだ（八月五日）。これに対し農商務省は、商法に抵触する定款の数ヶ条を指摘し、修正の上でないと認可は出来ないと、府を通じて却下した（九月二日）。金港堂は不都合と指摘された箇所に訂正を加え、再度府を通じて認可願（**図27**）を提出（一〇月一九日）。今度はめでたく認可が下り、同省から一一月一日付の指令書が交付された。この定款六章四二条の全文は、二四年の定款と対照する形で巻末に付載したので参照のこと。ここでは二つの定款を比較して、金港堂の変質を考えてみたい。

なお、『日本諸会社登記録第一巻』（有斐閣　明治二七年）は、〝会社組織ニシテ商法七八条及七九条ニ準拠シ以テ登記ヲ終タルモノハ総テ之ヲ掲載ス〟るものであるが、金港堂書籍株式会社（明治二七年三月二九日登記済　株式会社一三五号登記）の登記事項は**図28**の通りである。

## 二四年と二六年定款の比較

会社の定款はその目的、組織、運営等に関する規則を定めたもので事務的で無味乾燥である。両定款は巻末付録に見るように六章で構成されるが、格別に目を引くような条項は見当たらない。しかし二年の歳月を経た二つの定款を比較してみると、そこには自ずと一つの傾向が見られる。一言で言えば、原家の同族経営色が一段と強まったということである。例えば、①二四年の会社設立願では、「今般私共発起人ト相成」と原亮三郎のほか三宅米吉、中根淑など十人が連署している。原の主導は動かないにしても、そこにはまだ余人が多少なりとも資本を負担して参画する形式がとられている。それが二六年の場合には、原と株主総代堀均一だけで、株主たちの顔は消えている。これは事実上原一家の独占となったことを物語っている。②編輯所長三宅米吉の地位低下もこれを象徴するといえる。二四年定款には役員の項に副社長一名とある。これが三宅米吉に用意されたポストであることは明白であった。金港堂の経営権は原亮三郎にあっても、編輯の実務は三宅が管掌したと見てよいだろう。実際明治二五年中に発行された金港堂出版物の奥付には、発行者が三宅米吉となっているのである。それが二六年定款では取締役三名（一名が社長）と変り、副社長の職は消えた。三宅は取締役の一人となり降格に等しい扱いとなった。

では、この同族会社への傾斜は何に起因するのだろうか。まず金港堂の場合、株式会社に改組したといっても本来的な意味合いでのそれでなかったことを確認しておきたい。本屋はもともと個人経営の色が濃いものである。例えばライバルといわれた博文館は、「一個人ノ商店ニシテ株式組織ナト無之候」としてずっと大橋家のものであった。この意味で金港堂も、原の個人商店に株式会社の衣裳を着せたというのが正確なところかも知れない。

> 君は本年四十四歳にして夫人は四十歳而して男女の子は十有七人の多きに達し皆嫡出にして庶子あることなし其男子に名を命するや一郎二郎より順次十郎に至る其中四郎独り早く夭して余ハ皆現存す長子一郎氏は嘗て既に欧米に遊学し其後英国サミュール商会の会員と為りて又英国に留まること二年近来に至て我横浜支店在勤を命せられ帰朝して今ハ横浜の仝支店にあり二郎氏も亦嘗て欧米に留学し去年帰朝して今や将に羽翼を伸して実業界に雄飛せんとす何そ其盛なるや（以下略）（『君伝』）

明治二五年、長男次男が相次いで海外留学から帰国した。長男亮一郎は「同人社及ひ東京高等商業学校に学び十九年、英国に留学して、グレッチ、コーレッヂに入りて、インジニアを修め、次いでサミュエル商会に入り、鋭意実務を見習ふ」（『大正人名辞典』東洋新報社　大正三年）。彼の留学先などについてはまだ調査が及んでいないが、ロンドンから英国の商工業者子弟の教育事情にふれた投書「日本商業教育ノ説」（『文』一巻一二号）を寄せたりしているから、それなりの成果を修めたようである。

新知識をつめた洋行帰りの子息を迎えた時、原亮三郎は事業を子に継がせたいという親としての人情にまけた。彼等は新帰朝者の自負もあって金港堂の経営にも口ばしを入れることがあったかも知れない。ナンバー・2、三宅米吉の立場は当然微妙なものに変わらざるを得なくなった。

**金港堂の経営指標——決算・重役・株主一覧**

前節では金港堂の組織や経営の大まかな動向が明らかになった。更に具体的に金港堂の経営状態を知るには、決算表、利益処分、役員人事、主な株主などについてのデータがあればよい。幸い『銀行会社要録』（東京興信所）明治三〇年—三八年に、決算記録があり、それを**表8**（二二〇ページ）に一覧してみた。

同書は「東京横浜ノ両市及其郡部ニ本社又ハ支社出張所ヲ開設セル銀行、会社ノ計算ノ要領、大株主ノ持株其他緊要ノ事項ヲ毎年下半季（五版からは上半季）ノ決算報告ニ拠リ抄録シタル」年刊の会社録。四版から栃木、五版から埼玉群馬、七版から北海道千葉茨城と、収録の地域を拡大している。ただし掲載の決算表の金額は円の位でとどめ、同じ性質の科目は合算して示すことがあるので、厳密な貸借対照表となっていないことには留意したい。

**表8**の数値を見て企業財務の専門家なら、金港堂の経営診断は容易なことであろう。残念ながら筆者にはその力がないので、気のついたことを述べるにとどめたい。

(イ)取締役以上の重役は三宅米吉を唯一の例外として全て原一族が占めた。また大株主も同様である。金港堂は株式会社の形はとっているが、事実上は個人商店と変りはないようである。

(ロ)明治三十年代半ばに業績が急拡大の様相を示す。これは明治三三年の小学校令改正をうけた教科書改訂に伴い、各府県の教科書採定に金港堂が優勢であったことを示す。また金額の伸びは単にそれにとどまらず、就学人口の増大により、パイが大きくなったことをも示している。

(ハ)配当金の巨額さにも注目したい。当時これだけの高収益をあげた企業はザラにはない筈である。なお配当金の割合に一部符節の合わない年があるが、原本のままに記載した。金港堂の資本金は五〇万円で、明治三四年一月末に全額払込済となった。

## (二)　金港堂編輯所の廃止と三宅米吉の退社

●金港堂の編輯所

曽て民間に一旗幟を樹て、文部省の編輯局と隠然対峙して、以て教育社会の耳目を聳動したる金港堂の編輯所は、数年間民間教育の梁山伯として、一方ならぬ勢力あり、従て教育社会に向て、種々有益なる事業をも為したりしが、聞く所によれば、同編輯所にては、近頃一大改革を行ひ、能勢栄、庵地保、加藤駒二、中根淑其他の人々、多くは従来の関係を離れ、僅に渡辺政吉氏一人が、残務取扱の名を以て残留するのみなりと云ふ。前号に記せし「国の教育」

の廃刊も、亦此余影ならんと察せらる。去るにても、金港堂が、あれ程までに其勢力を培養したる編纂所を、一朝にして閉鎖するに至れるは、是亦時勢の変遷に迫まられ、已を得ざるに出でし者か。教育社会の為には、甚だ惜むべき限りと云ふべし（「時事寓感」『教育時論』三三九号　明治二七年九月一五日）

一大改革が具体的にどのようなものであったのかは、残念ながらよくわからない。多士済済の人材を集め、文部省の編輯局に比肩し得るような声望をもった編輯所が唐突に閉鎖された。時流のおもむくところとは言え、そこには何か差し迫った事情があったのだろう。まず単純に考えれば、金港堂の経済的逼迫、つまり編輯所の経営に要する費用負担が出来なくなったことである。しかし、単にそれだけの問題ならば、経費節減の箇所は他にも求めることが出来るだろう。恐らくそこには金港堂の経営方針をめぐる対立があって、三宅米吉の敷いたこれまでの路線は否定され、従ってまた役割を終えた編輯所は閉鎖されることになったのではあるまいか。

三宅は翌二八年三月金港堂を退職し、高等師範学校教授に転ずる。彼の会社における地位低下については先に触れたが、同族会社化してく中で増々裁量の余地がなくなり、見切りをつけたものであろう。三宅も、三宅が主宰した編輯所も共に金港堂において役割を失ったのである。三宅が推進した文学書や雑誌の出版は、当初大成功を収めたが、間もなくマンネリ化して低滞の一途をたどる。利益があがらないばかりか、損耗がひどくなった雑誌類は次々と廃刊に追い込まれた。この底流は既に明治二五年頃から顕在化している。例えば、渡辺慎也氏所蔵の金港堂『蔵版書目』（明治廿五年六月新調　図29）を見ると、四七ページに及ぶ書目の内大半は教科書類で、小説類の新刊は皆無、雑誌は三点（都の花、普通教育、国の教育）にすぎないのである。

金港堂、都の花・普通教育の二種廃刊してより著作多からず、入る所の金数大に減ぜり（『学海日録』明治二六年一二月三一日条）

依田学海は歳末に必ず一年間の家庭経済を回顧するのだが、二六年には金港堂の二雑誌が廃刊して執筆の機会が大幅に減ったことをボヤいている。残る『国の教育』も六八号（明治二七年八月三日）で廃刊、ここに金港堂は雑誌から一切手を引くことになったのである。

三宅の路線を駆って主導権を握ったのは、いってみれば教科書専業路線である。というより本流の筈の教科書の方も、ここに来て新規参入が相次いで競争が激しくなり、テコ入れが必要となっていたのである。とくに二七年から修身の教科書編入が認められた結果、四大教科書会社は無論のこと、国光社、冨山房、育英社など手強い新手が採用を目指して侵入してきた。金港堂は安閑と過去の業績の上にアグラをかいているわけにはいかなくなったのである。教科書も一般図書雑誌もと、両方を出版していくだけの余力がなくなったというべきかも知れない。

| 5版(34.5) | 6版(35.5) | 7版(36.5) | 8版(37.5) | 9版(38.5) |
|---|---|---|---|---|
| 33年11月末 | 34年11月末 | 35年11月末 | 36年11月末 | 37年12月末 |
| 249,110 | 201,510 | 291,510 | 414,510 | 129,500 |
| 52,169 | 74,220 | 97,545 | 88,974 | 64,019 |
| 90,649 | 158,903 | 327,927 | 278,827 | 277,705 |
| 102,662 | 169,272 | 182,247 | 284,851 | 253,113 |
| 195,197 | 410,661 | 679,234 | 670,302 | 466,496 |
| 265,674 | 404,985 | 409,239 | 393,553 | 224,661 |
| 23,190 | 23,507 | 29,904 | 31,418 | 31,716 |
| 191,179 | 202,213 | 250,623 | 264,172 | 273,013 |
| 94,377 | 129,264 | 109,080 | 14,157 | 9,486 |
| 40,000 | 90,000 | 123,000 | 5,000 | (*版権其他償却金 |
| — | — | — | — | 100,000) |
| 70,000(56) | 100,000(20) | 100,000(20) | 50,000(10) | 無 |
| 21,327 | 28,848 | 33,321 | 27,124 | 16,904 |
| (41) | (41) | (79) | (60) | (—) |
| 原亮一郎 | 〃 | 〃 | 〃 | 〃 |
| 〃 | 〃 | 〃 | 〃 | 〃 |
| 原亮二郎 | 原亮三 | 〃 | 〃 | 〃 |
| — | 新保盤次 | 〃 | 〃 | 〃 |
| 〃 | 加藤駒二 | 〃 | 〃 | 〃 |
| 〃 | 〃 | 〃 | 〃 | 〃 |
| 〃 | 〃 | 〃 | 〃 | 〃 |
| 〃 | — | | | |
| (12) | (11) | (11) | (11) | (11) |
| 〃 | 6,640 | 〃 | 〃 | 〃 |
| 〃 | 2,000 | 〃 | 〃 | 〃 |
| 〃 | 2,000 | 1,000 | 〃 | 〃 |

表8　金港堂書籍会社　決算・役員・株主一覧（明治29年12月—37年12月）

| 「銀行会社要録」版次（出版年） | 1版（30.9） | 2版（欠） | 3版（32.5） | 4版（33.5） |
|---|---|---|---|---|
| 決算期日 | 29年12月末 | | 31年12月末 | 32年12月末 |
| 諸積立金 | 87,660 | | 151,510 | 184,110 |
| 信認金及諸預金 | 27,544 | | 49,955 | 51,020 |
| 借入及支払手形 | 69,850 | | 33,329 | 45,451 |
| 商品在高 | 57,981 | | 102,480 | 94,265 |
| 所有有価證券 | 41,795 | | 137,015 | 204,992 |
| 著作権及製版 | 187,245 | | 170,849 | 169,390 |
| 土地家屋器械什器 | 21,515 | | — | — |
| 取引先掛及諸貸金 | 122,702 | | 134,415 | 163,358 |
| 現金及銀行預金 | 49,784 | | 67,419 | 123,532 |
| 利益金分配 | | | | |
| 諸積立金 | 39,200 | | 32,600 | 65,000 |
| 賞与金 | 8,335 | | 12,050 | — |
| 配当金（年%） | 60,000（12） | | 60,000（12） | 70,000（28） |
| 後期繰越 | 5,821 | | 15,854 | 20,854 |
| 役員並使用人（人） | （33） | | （31） | （35） |
| 社長 | 原亮三郎 | | 原亮三郎 | 〃 |
| 取締役 | 原亮五郎 | | 原亮五郎 | 〃 |
| 〃 | 原亮三 | | 原亮一郎 | 〃 |
| 監査役 | 庵地保 | | 原亮二郎 | 〃 |
| 〃 | 加藤駒二 | | 加藤駒二 | 原亮三 |
| 支配人 | 岩田僊太郎 | | 岩田僊太郎 | 〃 |
| 〃 | — | | 大野富士松 | 〃 |
| 副支配人 | 堀田梅太郎 | | 堀田梅太郎 | 〃 |
| 大株主氏名及持株（人） | （13） | | （12） | （13） |
| 原亮三郎 | — | | 7,182 | 〃 |
| 原レイ | — | | 2,000 | 〃 |
| 原亮一郎 | — | | 500 | 〃 |

明治廿五年六月新調

藏版書目

東京　金港堂書籍會社

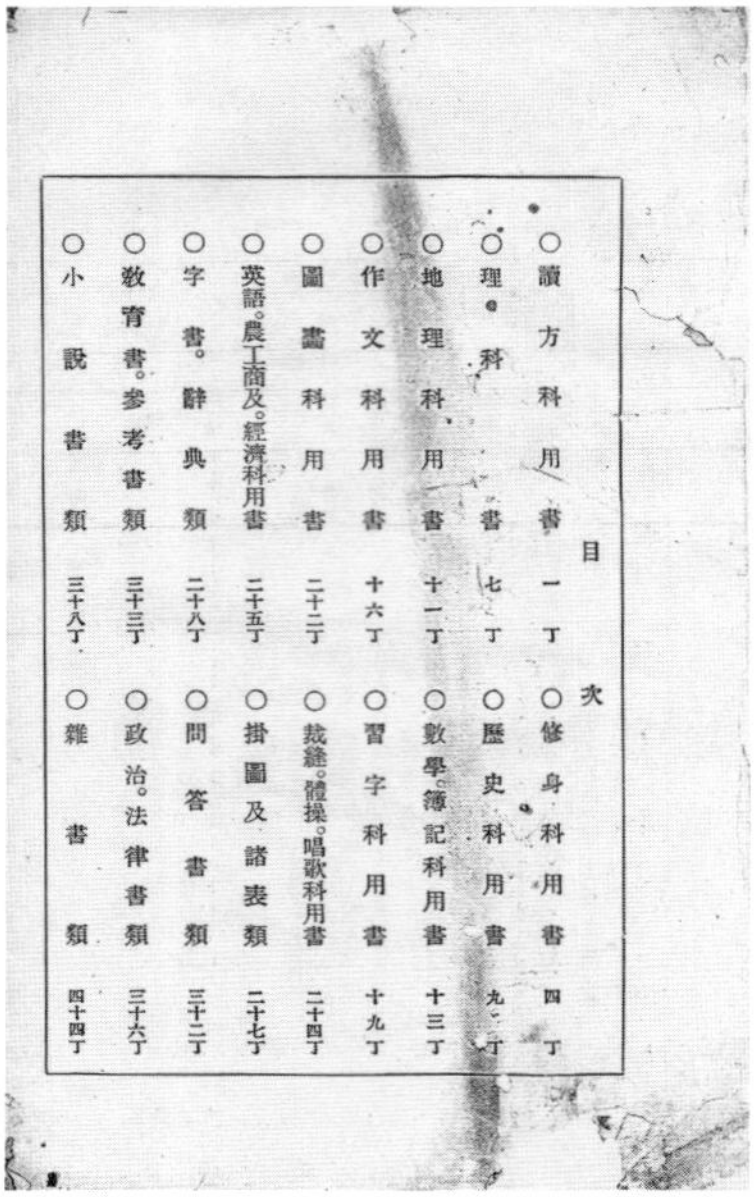

目次

○讀方科用書 一丁　○修身科用書 四丁
○理科用書 七丁　○歴史科用書 九丁
○地理科用書 十一丁　○數學。簿記科用書 十三丁
○作文科用書 十六丁　○習字科用書 十九丁
○圖畫科用書 二十二丁　○裁縫。體操。唱歌科用書 二十四丁
○英語。農工商及。經濟科用書 二十五丁　○掛圖及諸表類 二十七丁
○字書。辭典類 二十八丁　○問答書類 三十二丁
○教育書。參考書類 三十三丁　○政治。法律書類 三十六丁
○小說書類 三十八丁　○雜書類 四十四丁

図29　金港堂『蔵版書目』（渡辺慎也氏蔵）

## (三) 検定教科書時代の教科書出版

検定制度は教科書出版を大きく変えた。先に見たように、教科書の採定は府県単位の広域採択となった。しかも一度採用されたものは四箇年変更を認めないことになった。毎年教科書を変えていたのでは、①教育効果、②父兄の経済的負担、③教科書肆の供給手続、などの面で好ましくなかったからである。この結果、物的面から言うと、印刷製本装置の大型化、またその供給体制の整備が必然となった。これは東京に集中する大手教科書肆に有利な条件となった。裏返して言えば、資力も人的つながりも弱い上、印刷製本設備にも乏しい地方書肆は教科書出版から駆逐されることになる。少くとも汎用度の高い読本、修身といった科目では太刀打出来ず、せいぜい各府県教育会などが編輯した地誌習字図画などのローカル教科書を出すのが精一杯であった。

この傾向が日をおって著しくなっていくことは、**表9**の数値を見れば明らかである。これは仲新『近代教科書の成立』の統計図表から作表した。図表からも容易に読みとれるように、とくに明治三十年代になると大手教科書会社による寡占化が著しく進んだ。これはとりもなおさず、販路の拡張をめぐる競争の過熱を意味する。文部省の検定官や、採定権をもつ府県審査委員など直接の実務担当者ばかりでなく、関係さえあれば、上は

表9　検定時代の教科書種別出版地別数及び主要出版書店と出版教科書数

| （年） | （地域） | 読本 | 習字 | 修身 | 地理 | 歴史 | 算数 | 理科 | その他 | 計 |
|---|---|---|---|---|---|---|---|---|---|---|
| 明19－21 | 東京 | 78 | 51 | 2 | 29 | 19 | 34 | 17 | 39 | 269 |
| | 地方 | 12 | 47 | 0 | 18 | 5 | 24 | 1 | 22 | 129 |
| 22－24 | 東京 | 6 | 4 | 3 | 16 | 9 | 5 | 1 | 15 | 59 |
| | 地方 | 1 | 15 | 0 | 14 | 2 | 3 | 0 | 7 | 42 |
| 25－27 | 東京 | 24 | 50 | 72 | 43 | 40 | 25 | 11 | 48 | 313 |
| | 地方 | 3 | 65 | 7 | 56 | 25 | 13 | 1 | 25 | 195 |
| 28－30 | 東京 | 26 | 8 | 2 | 30 | 11 | 4 | 5 | 20 | 106 |
| | 地方 | 2 | 26 | 1 | 26 | 17 | 3 | 0 | 10 | 85 |
| 31－33 | 東京 | 28 | 46 | 20 | 31 | 17 | 9 | 8 | 34 | 193 |
| | 地方 | 0 | 36 | 0 | 26 | 7 | 2 | 1 | 16 | 88 |
| 34－36 | 東京 | 34 | 37 | 21 | 31 | 16 | 15 | 11 | 75 | 240 |
| | 地方 | 0 | 17 | 0 | 0 | 0 | 5 | 0 | 11 | 33 |
| 計 | 東京 | 196 | 196 | 120 | 180 | 112 | 92 | 53 | 231 | 1180 |
| | 地方 | 18 | 206 | 8 | 140 | 56 | 50 | 3 | 91 | 572 |
| 出版者（出版地） | | | | | | | | | | |
| 金港堂（ 東　京 ） | | 35 | 21 | 20 | 37 | 16 | 11 | 6 | 28 | 174 |
| 文学社（ 〃 ） | | 29 | 33 | 8 | 20 | 16 | 9 | 10 | 11 | 136 |
| 普及舎（ 〃 ） | | 23 | 10 | 13 | 13 | 15 | 7 | 11 | 19 | 111 |
| 集英堂（ 〃 ） | | 26 | 6 | 11 | 27 | 8 | 8 | 7 | 15 | 108 |
| 国光社（ 〃 ） | | 6 | 4 | 7 | 3 | 4 | 0 | 2 | 9 | 35 |
| 冨山房（ 〃 ） | | 4 | 4 | 4 | 6 | 5 | 2 | 2 | 5 | 32 |

図30　『団々珍聞』1404号（明治35年12月27日）

国会議員、府県知事から、下は視学官、学校長、教員にまで、いわゆる運動と称する働きかけが横行した。そこには必ず贈収賄がつきものとなる。また一方で教科書肆はそれらのコストを転嫁するため、教科書の供給にあたっては紙質印刷を粗悪にしてほとんど見本とは似つかぬ不良本を出すことも行なった。これらは当然スキャンダルとして社会問題（図30）になった。新聞雑誌は無論のこと、例えば福島県のように私立教育総集会でも大問題（『福島市史資料叢書』二七輯　昭和四八年　四三―四九ページ）として取り上げられることがあった。

## 教科書出版の収益

書肆の内情に通じた者の言によると、教科書の収益はおよそ次のように巨額にのぼるという。

> 一県下に五万乃至七万の金額を散ずるも、其の六分通りの教科書を採用さるれば、一年乃至一年半にして其の損金を補ひ、三年乃至三年半には、全く純益を得る割合なれば、審査会等の際に種々なる運動をなすも無理ならず、今一年間に全国にて行はるゝ教科書の売上高を算するに（中略）尋常科にて百九十五万七千円、高等科にて百二十八万円、合計三百二十三万七千円を得べし、況して三十一年に比すれば、今日の就学生は三四割を増加し居るのみならず、中学師範等各種学校の教科書を合すれば、教科書売上総額優に四百万円以上に達すべし、然るに此教科書は版権所有者の手より小売店に渡す歩合は、大概九掛にして、手数料並に口銭とも、合せて一割を通例とし、中には五分もあれば、一割五分もありて、製本の実価は三割乃至三割五分に過ぎず、故に此の両者を併せて、四割乃至五割を除くの外は、版権者の利益となるものなれば（以下略）（「教科書と国庫の収入」『教育時論』六三九号　明治三六年一月一五日　三八ページ）

この事情通の話を真に受けると、教科書会社の収益は売上高の五割ということになる。就学生徒数が年々増えることを勘定に入れれば、収益はそれに比例して更に増え続ける。実際、『銀行会社要録』で三十年代の教科書各社の決算表を見てみると、利益配分の二割配当、三割配当が珍しくない。当時金港堂の社員で後に東証理事長になる藍沢弥八は、同社には「一年間に十八万五、六千円の利益があがっていたこと」に驚き、これは当時としては大変な金額で、ほかにこれだけの利益があったのは大倉土木ぐらいのもの、と述べている。大手の教科書会社はこの巨額の利潤を獲得すべく互いにシノギを削るのである。

## 教科書売込運動の実態

> 教員を堕落せしめ、教育社会を腐敗せしむるに最も力あるものは、それ教科書肆乎。（中略）教科書の用ゐらるると否とは、その内容の善悪よりも、むしろ運動の巧拙に関す。（大町桂月「教育時評」『太陽』八巻四号　明治三五年四月　六八ページ）

大手教科書会社の売込運動は激化の一途をたどった。教科書の中で最も売行がよく、従ってまた利益も多いものは読本、次いで修身の順で、とくに明治三三年の小学校令改正以後は、読本の採定には通常同一書肆の習字本を併用することになったから、読本の比重は更に大きいものになった。

ここに於て各書肆相互に読本の争い愈よ其成算なきを覚悟したる場合に於てのみ止むを得ず「然バ此際セメテハ修身書ナリトモ御採用ノ事ニ」と泣を入るるが例にて、地理歴史とか算術理科とかいふものの如きハ初めより書肆の念頭にハあらざる也。されバ彼等が審査会に於て読本の落第し若くは修身書の落第したる場合は仮令他十数科目の教科書が全部総て採用せらるることありとも彼等はこれを失敗と称して一向に嬉しがらざるなり。（『万朝報』明治三五年一二月二七日　二面）

運動は通常、①教科書会社が独自に抱える運動員と、②各府県の系列化下にある教科書専売特約店を通じて、関係要路への働きかけをしたようだ。「県、郡の官吏から校長、教員にまで魔手を伸ばさねばならぬので、当時の運動員は雪をふんで深夜知事の門を叩き、俥もない山奥に草鞋ばきで学校を廻って歩くという、一通りならぬ苦労を積んだもので、私は金港堂の運動員であった人から、よくこの苦労話を聞かされた」と小川菊松（誠文堂新光社創業者）は述懐している。また教科書疑獄事件がおこり、その裁判経過を追っていくと、証人として喚問されたり贈賄で逮捕されたりした運動員の中には、かつてひとかどの実績をもっていた書店主たちが結構多いのに驚かされる。彼等は検定制度以降には出版を続けられなくなって、大手教科書肆の支配下に入ったのであろう。

冨山房が青森県の教科書審査会で採用の選にもれた時、運動を依頼した地元の書店からは「きんの港の朝けむり冨山の霞立ちかねにけり」との連絡があった。これは金港堂に一敗地まみれた悲報であった。

こうして運動が激化すると、行きつく先は贈収賄に結びつく。待合料亭或いは妓楼での饗応を受けたあと、成功報酬の収受を約束するに類した記事は、新聞雑誌のいたるところに見かけるものである。国光社のある番頭は傲然と「予の手帳に登録する収賄者のみにても五百人の多きに達し、上は大臣、次官より、下は小使、玄関番の果てに至るまで一々数へきれぬほどなり」と放言する始末であった。

これに対する文部省の対応は、常に後手に回って彌縫策に終始した。文部省には一貫した教科書政策がなかったから、ある意味では当然の帰結といえる。とくに明治三三年夏の小学校令及び施行規則改正に伴い、教科用図書は全面改訂され、三四年度からの採用について各府県の図書審査会での採択審議をまつことになったが、これをめぐる教科書会社の運動は激烈で、その醜声もおびただしいものがあった。ついに文部省も座視できず、明治三四年一月十二日省令二号を以て厳罰規定を下した。

この〝浮浪の徒を控制するが如き厳格なる条項〟（『教育報知』六四八号　明治三四年三月）は、運動の様々なケースを想定している点で興味が深い。それよりも重要なのは六三条の三項で、審査採定に関し刑に処せられた者が出た時はそれが無効となること、また「刑ニ処セラレタル者ノ発行ニカカル図書ハ、裁判確定ノ日ヨリ五箇年間之ヲ採定スルコトヲ得ス」と出版権が事実上無効になることを定めたことである。

**金港堂主要教科書の府県採択一覧**

検定期教科書の発行状況やその主な傾向は、仲新の研究で明らかになった。しかし、それはあくまでも教科書の出版点数による調査であり、最も肝心な各府県の採択結果は欠けている。再々述べたように教科書は府県で採用されて初めて商品になるのであって、失敗すれば反古にすぎないのである。従って、各府県の「教科図書表」（告示）から科目ごとに採択された教科書（及びその発行元）を調査しない限り、その実態を十全に明らかにしたことにはならないのである。

全国の府県ではその学事文書や学校資料を中心にして「教育史」を編纂発行している。近年では資料編を独立させて刊行する傾向になり、その中には「教科用書表」（告示）が採録されることも多い。**表10**（二二八ページ）はその告示をもとにして、金港堂発行の主な教科書の三十府県に於ける採定状況をまとめたものである。全ての府県に及ぶ調べでないのは残念であるが、このサンプル調査を以てしても全体を推し測ることは可能と思われる。

なお、各府県の教科書採択状況はそれぞれの事情により千差万別である。その意味では、**表10**は次の点で厳密さを欠き、大まかな見取り図を示すに過ぎないことを予め留意して参照してほしい。

(イ)特に示したもの以外は、簡易科、尋常科、高等科別の採択は示していない。当時の就学人口から言えば、尋常科の比重が圧倒的に大きいので、なるべくこれを中心にするように務めた。

(ロ)便宜上検定教科書を三期に分けたが、府県によっては前期教科書を襲用する場合がある。これは**表10**には表現されていない。また府県「教育史」の中には、三期全部の告示が載っていないものもあるが、その旨の注記は特にはしていない。

(ハ)科目によっては複数の教科書採択の場合もあるが、これについても特に注記はしていない。

## 七　教科書トラストへの途

### (一)　日本銀行監事

日清戦争は日本経済の急拡大をもたらした。巨額の賠償金が投資にふり向けられ、企業熱が勃興、日本の産業革命が進行する契機となった。こうした背景をうけて明治三十年代に入ると、出版界にも株式、合資合名の形をとる出版者が増えてくる。それだけ規模が拡大してきたわけであるが、『銀行会社要録』第五版（明治三四年五月現在調査）のデータによると、**表11**の如くである。また、教科書会社の経営規模も生徒数の増大に結びついて著しく伸び続けた。

既に見たように（二一九ページ参照）、金港堂は教科書専業路線に徹することによって危機を脱し、以後の経営は比較的順調のようである。それは**表8**の収益高を見れば明白であろう。当時それだけの利益をあげ得た企業はザラにはない筈である。

明治三〇年六月、特殊銀行の一つとして日本勧業銀行が設立されたが、原亮三郎は発起人委員の一人となっている。同行の株式は一株二〇〇円、総株数は五万株であったが、募集を開始すると申込が殺到した。この結果、極端な株主の分散を生じ、五〇株以上の株主一三八名が大株主として取扱われた。三〇年末における大株主リストを見ると、小林八郎（集英堂）一五〇株（一〇位）、原亮三郎一三七株（一三位）、金港堂書籍株式会社六九株（七〇位）となっている（『日本勧業銀行史』昭和二八年、一五一―一五二ページ）。小林にしても原にしても、払込金額は三万円前後になる。教科書会社の中でも金港堂と集英堂が他を引き離しつつあることを物語る数字と言えないだろうか。

原亮三郎はこの財力と名望とによって明治三三年二月一七日、日本銀行の株主総会で監事（任期三年）に選出された。この職は総裁、理事に次ぐものであるが、一種の名誉職で兼職禁止の定めがあった。このため彼は金港堂社長を長男亮一郎に譲り、また富士製紙や東京機械製造会社の取締役も辞任している。日銀創立以来の大株主であったことは前にもふれた（一九五ページ参照）が、その彼にとって監事就任は晴れがましい一瞬であったことだろう。明治三六年二月二三日まで一期勤めた。この時は丁度教科書疑獄事件の最中で、彼は巨魁として非難攻撃の標的となっていた。

日清戦争後の経済拡大は印刷業にも大きな影響を与えた。単に書籍雑誌の印刷量が増えるだけでなく、広告、包装をはじめ幅広い分野の印刷需用を呼びおこす。この結果、金港堂付属工場は従来の部内印刷にとどまらず、広く一般の印刷を受注して独立した経営が可能になった。明治三〇年九月、主として金港堂の投資によって帝国印刷株式会社が設立された。これについては第三部第三章にて詳論する。

## （二）経営方針変更の模索

### 小学校教科書出版の廃止

二十年来一意専心斯業に従事し、幸にして教科書屋中屈指の身分となりしが、動もすれば醜聞の引合に出され、其都度新聞上悪魔の親玉の如く叩かるゝ事、随分気持の善きものならず、殊に本年一月の運動以来、フツ〳〵教科書三昧のツラキ者なるを感したり、白昼タダ見れば威風堂々、亜聖とは斯かる人物を言ふにやあらんと思はるゝ、教育家先

| 神奈川 | | 新潟 | 福井 | 山梨 | 長野 | 静岡 | 愛知 | | 三重 | 大阪 | 兵庫 | | 島根 | 岡山 | 山口 | 愛媛 | | 福岡 | 佐賀 | 長崎 | 熊本 | 大分 | |
|---|---|---|---|---|---|---|---|---|---|---|---|---|---|---|---|---|---|---|---|---|---|---|---|
| | | | | | | | | | | | | | | | | | | | | | | | |
| ○ | | | ○ | | | | ○ | | | ○ | | | | | | ○ | | ○ | | ○ | ○ | | |
| | | ○ | | | ○ | | | | | ○ | | | ○ | | | | | | | | | ○ | |
| ○ | | ○ | | | | | | | | | | | | | | | | | | | | | |
| ○ | | | ○ | | | | | | | | | | | | | | | | ○ | | | | |
| | | | ○ | | ○ | | | | | | | | | | | | | | | ○ | | | |
| ○ | | | | | | | | | | | ○ | | | ○ | | ○ | | | | ○ | | ○ | |
| ○ | | | ○ | ○ | | | | | | | | | | | | | | | | | | | |
| | | | | | | | | | | | | | | | | | | | | | | | |
| | | | | | | | | | | | ○ | | | | | | | ○ | | ○ | | | |
| | | | | | | | | | | | | | | | ○ | | | | | | | | |
| ○ | | | ○ | ○ | | | | | | | ○ | | | | | ○ | | | | ○ | | ○ | |
| | | ○ | ○ | | | | | | | | | | | ○ | | | | ○ | | | ○ | ○ | |
| | | | | ○ | ○ | | | | | | | | | ○ | | | | ○ | | ○ | | | |
| | | | | ○ | | | | | | | | | | ○ | | | | ○ | | ○ | | | |
| ○ | | | | | | | | | ○ | | ○ | | ○ | ○ | | | | | | | | | |
| | | | | | | | | | | | | | | | | | | | | | | | |
| | | | ○ | | ○ | | | | | | | | | | | | | | | | | | |
| | | | | | | | | | | | | | | | ○ | | | | | | | | |
| | | | | | | | | | | | | | | | | | | | | | | | |
| | | | | | ○ | ○ | ○ | | | | | | ○ | | ○ | | | | | | ○ | | |
| | | | | | | | | | | | | | | | | | | | | | | | |
| | | | | | | | | | | | | | | | | | | ○ | | | | | |
| | | | | | | | ○ | | ○ | | | | ○ | | | | | | | | | | |
| | | | | | | | | | | | | | | | | | | ○ | | | | | |

「三重県教育史１」（昭和55）・「大阪府教育百年史３」（昭47）・「神戸市教育史１」（昭41）・「島根県近代教育史３、４」（昭53）・「岡山県教育史下」（昭36）・「山口県教育史下」（大正14）・「愛媛県教育史１」（昭46）・「福岡県教育百年史２」（昭53）・「佐賀県教育史１」（平成１）「長崎県教育史上」（昭18）・「熊本県教育史中」（昭６）・「大分県教育百年史３」（昭51）・但、東京は東京都公文書館の学事文書に拠る

表10　金港堂発行　主な教科書の府県別採択一覧

| 主要教科書<br>著編者　『書名』（出版年）　＼　府県名 | 青森 | 岩手 | 宮城 | 秋田 | 山形 | 福島 | | 栃木 | 群馬 | 埼玉 | 千葉 | 東京 |
|---|---|---|---|---|---|---|---|---|---|---|---|---|
| ◎検定Ⅰ期 | | | | | | | | | | | | |
| 新保磐次　『日本読本』（明治20年） | | | | | | | | | | | ○ | |
| 内田嘉一　『増訂　小学読本』（明治20年） | ○ | | | | | ○ | | | | | | |
| 原亮策　『小学尋常科読本』（明治21年） | | | ○ | | | | | | | | | |
| 武田安之助　『新撰理科読本』（明治21年） | | | | | | | | | | | ○ | |
| 佐久間文太郎　『尋常小学筆算全書』（明治21年） | | | ○ | | | | | | | | ○ | |
| 安積五郎他　『小学珠算全書』（明治20年） | ○ | | ○ | ○ | | | | | | | | ○ |
| 青野尹諧　『小学暗算書』（明治20年） | | | | | | | | | | | | |
| ◎検定Ⅱ期 | | | | | | | | | | | | |
| 金港堂編輯所　『尋常小学新体読本』（明治27年） | ○ | | | | | | | ○ | | | | ○ |
| 金港堂編輯所　『訂正新体読本』（明治28年） | | | | | | | | | | ○ | | |
| 渡辺政吉　『実験日本修身書』（明治26年） | | ○ | | | ○ | | | ○ | ○ | ○ | ○ | |
| 高田芳太郎　『日本女訓』（明治27年） | | | | | ○ | | | | | | | |
| 三宅米吉　『小学校用日本地理』（明治27年） | ○ | | ○ | | | ○ | | | | | ○ | |
| 同　『〃　外国地理』（〃） | ○ | | ○ | | | ○ | | | | | ○ | |
| 同　『〃　日本歴史』（〃） | ○ | | | | | | | | ○ | ○ | | |
| ◎検定Ⅲ期 | | | | | | | | | | | | |
| 金港堂編輯所　『訂正小学読本』（明治32年） | | | | | ○ | | | ○ | | | | |
| 同　『尋常国語読本』（明治33年） | | ○ | | ○ | | | | | | | | ○ |
| 同　『修正新体読本』（明治34年） | ○ | | | | | | | | | ○ | | |
| 同　『尋常小学単級修身訓』（明治33年） | ○ | | ○ | ○ | | | | | | ○ | | |
| 樋口勘次郎　他　『尋常国語教科書』（明治34年） | | | | | ○ | | | | | | | |
| 樋口勘次郎　他　『尋常修身教科書』（明治34年） | | | | | | | | | | | | |
| 新保磐次　『小学内国史』（明治34年） | ○ | | | ○ | | | | ○ | | | | |
| 棚橋源太郎　他　『小学理科教科書』（明治33年） | | | ○ | ○ | | ○ | | ○ | ○ | ○ | | ○ |

典拠：「青森県教育史３」（昭和45）・「岩手近代教育史１」（昭56）・「宮城県教育百年史１」（昭51）・「秋田県教育史２」（昭56）・「山形県教育史料１、２」（昭50）・「福島県教育史１」（昭47）・「栃木県教育史３」（昭和32）・「群馬県教育史１、２」（昭48）・「埼玉県教育史４」（昭46）「千葉県教育百年史３」（昭46）・「神奈川県教育史資料編１」（昭46）・「新潟県教育百年史　明治編」（昭和45）・「福井県教育百年史３」（昭50）・「山梨県教育百年史１」（昭51）・「長野県教育史11、12」（昭51～２）・「静岡県教育史資料編上」（昭和48）・「愛知県教育史３」（昭和48）

表11　株式・合資等の出版社

| （株式会社） | 設立 | 資本金 | 資本主人員 | 配　当 | 主な株主（持株数）又は〈出資金〉 |
|---|---|---|---|---|---|
| 大日本図書 | 明23年4月 | 10万 | 125人 | 年2割 | 宮川保全（130）、佐久間鋼三郎（127） |
| 国　光　社 | 〃33年4月 | 30万 | 465人 | — | 西沢之助（2千）、北岡文兵衛（550） |
| 明治図書出版 | 〃33年5月 | 1万 | 61人 | — | 森惣之助（42）、本荘寿巨（15） |
| 丸　　善 | 〃13年3月 | 20万 | 61人 | — | 小柳津要人（356）、松下領次（258） |
| 集　英　堂 | 〃32年12月 | 30万 | 21人 | 年4割 | 小林八郎（2千）、小林清一郎（千8百） |
| （合資合名会社） | | | | | |
| 合資田沼書店 | 明33年3月 | 5万 | 6人 | — | 田沼太右衛門〈2万〉 |
| 〃敬業社 | 〃31年2月 | 5万 | 13人 | — | 内山亀五郎〈1万4千〉、石川三吾〈5千〉 |
| 合名経済雑誌社 | 〃12年1月 | 1万 | 2人 | — | 田口卯吉〈7千〉、望月二郎〈3千〉 |
| 合資冨山房 | 〃29年6月 | 4万6千5百 | 6人 | — | 坂本嘉治馬〈1万4千〉、小野義真〈1万〉 |
| 〃普及舎 | 〃32年7月 | 10万 | 3人 | — | 山田禎三郎〈8万〉、辻太〈1万〉 |
| 〃文学社 | 〃37年8月 | 7万 | 10人 | — | 小林義則〈2万4千〉、小林雄治〈5千〉 |

典拠：『銀行会社要録』5版（明治34年5月現在）但、文学社は別のデータに拠る

生が、一たびイザといふ場合に望めば、掛引の巧みなる、面皮の厚かましき、欲張りの際限なき、而かも鄙劣にして恥づる所なき、殆ど言語に絶したり、近来文部省令第二号を発して収賄、受賄共に罰せらる〻といふ制裁あるを利とし、飽まで貪り憚る所なし、且つ二重、三重の贈賄を受けて恬然たるに至ては、タトヒ商人の最下等なる者と雖も、尚ほ敢て為さざる所にして、教育家先生たる者は恬然之をヤラかすなり、今度も唯だ一回の運動にて費したる金額十万円以上に達し、是れ皆教育家先生貪融の甚しきに影響せられたる者のみ、已みなん〳〵教科書三昧は断然廃止なり、現に数十人の編輯員、売捌人等人間の生活を支配し居るが為め、今日より直に廃止するを得ざれども、目下採用せられたる図書を其期限維持するの外は、何等此方に向て為す所なかる可し、今後は単に世間普通の図書のみを販売するやう営業向きを変更する所存なり（以下略）（「小学校教科書屋の懺悔」『日本』明治三四年四月二三日　五面）

原亮三郎とおぼしき人物が政教社系の新聞『日本』の記者に語った当時の心境である。傲岸不遜で通った男がずい分と弱気になっている。教育家先生たちの鉄面皮な行状については、例えば内田魯庵『社会百面相』（博文館　明治三五年）、前田曙山『にごり水』（春陽堂　明治三二年）などの小説に生々しい描写がある。贈収賄の具体的な手口が細かく書かれているのを見ると、教科書の運動員に取材し直接聞き出したのかも知れない。

注目すべきは原が金港堂の経営方針の変更を公言していることである。これはその場で唐突に思いついた発言ではなかった。これより先、金港堂は小学校教科書から撤退を含みとした経営方針の変更（図31）を模索していた。それは大まかに言えば、①小学校教科書の出版を別会社に委譲する、またこれで浮かせた余力をもって、②検定が済めば自由採定の中等教科書類への進出を強化する、③雑誌類出版の復活、④世間普通の図書類の出版強化、をはかり、更には⑤〝内地の競争余地の少きを見て海外に発展の地を求める計画をしはじめ〟[*27]たのである。

①は教科書会社の合同によって成立した帝国書籍のことであり、次節で詳論する。③と④については、第三部第三章で明らかにするので、省略する。従ってここでは、②中等教科書への進出、および⑤海外投資について簡単にふれることにしたい。

## 中等教科書への進出

○中等教科書の運動

中学校の数多くなるにつれて、教科書の利益も莫大となりしより、大いに資本を投してこれが商権を握らむと欲するもの、出てくるはやむをえざる事なるべし。さきには唯小学校の教科書にのみ齷齪たりし、金港堂、普及舎の如き当新年に際して、大いに中学校教科書の出版を始め、旧来幾多の小書肆が割拠せる領土を奪はむとす。その運動や、小学校のものに於けるが如く、激烈にして醜悪を極めざるに

今般弊社は營業を擴張し左記の中小學敎科書、敎員參考書は勿論各專門書類を始め和漢洋の辭書及雜誌、雜書類に至るまで廣く編輯出版販賣可仕方針に付き各府縣下に於て特約販賣店を設け日進の今日に於ける各種新刊圖書を汎く全國に行渉らせ何れの土地にても容易に購讀の便を得らる丶樣致し度依之此際販賣の特約御希望の御方は陸續御申込被下度左候へば早速特約販賣に關する書類御送付御契約相結び可申候此段謹で稟告候也

各種圖書類別一覽

一修身書類
一國語書類
一漢文書類
一外國語書類
一內外歷史及地理書類
一數學書類
一博物書類及理化書類
一圖畫書類
一掛圖類
一法律經濟及醫書類
一倫理論理心理書類
一敎育書類
一敎授法管理法敎員參考書類
一普通講義錄書類
一農工商書類
一習字唱歌體操作文書類
一お伽噺、豪傑ばなし、お伽草紙、おどけ噺、戰爭ばなし、動物ばなし、修身ばなし等の少年書類
一冒險談、旅行談、滑稽談、理科談、豪傑談、軍事談、青年小說、青年娛樂等の青年書類
一家庭叢書、名女譚、婦女文學等の婦人書類
一文藝叢書、小說、講談、名著評釋、海外文壇等の文藝書類
一諸學校褒賞用書類
一宗敎書類
一敎科書釋義類
一和漢洋字書類
一和歌詩文俳句書類
一日記帳簿類
一雜書類

右の外敎育雜誌、文藝雜誌、少年雜誌、專門雜誌等の諸雜誌を刊行致居候

發行所　東京市日本橋區本町三丁目　金港堂書籍株式會社

図31　営業拡張広告（『園遊会』明治35年　巻末）

もせよ、また多少の醜悪はあらむ。幸に中等教育の任に当れる諸氏が、純良潔白ならむことを望む。而して新学年中等教科書中の最高価なるものは、なほ国語読本なれば、大町塩井文学士の合著（普及舎版）と、三土忠造氏の著（金港堂版）とが花々しき競争をなす事ならむ。この他従来のものを改正せる吉川半七方のもの、明治書院のものも、新教材に於いては負くる所なりとも、旧来の縁故によりて強敵たらむ、この四個の新読本の競争こそ見ものなれ。（『教育学術界』四巻四号　明治三五年二月五日　八六ページ）

金港堂や普及舎など大手教科書肆が資本にモノを言わせて、ホコ先を中等教科書に向けた。従来中等教科書出版には、明治書院、吉川半七、目黒書店、六盟館、冨山房、三省堂などが独自の基礎を築いていた。そこへ新たな割り込みを策したわけだが、地盤を守ろうとする勢力の抵抗も強かった。また、中等学校教科書の編纂には時間と労力を必要とするものも少なくなかった。この間の事情を冨山房の坂本嘉治馬は次のように証言している。

殊に明治二十年から三十年頃までに発行した教科書は、当時専門の先生が少なかったから適当の著者を見出すことは容易ではなかった。よし御約束が出来たとしても愈々出版の運びになるまでには何十回も足を運んだものである。現に我社の発行で今尚さかんに使用されて居る教科書も大抵早くて五六年かかり、中には御約束してから十四五年目にやっと出版したものも相当ある。而も三四年目には改訂しなければ時勢に後れる恐れがあるのみならず、文部省の検定を経なければならないのであるから、それぞれ専門の編輯部員が担任して居るが、教科書出版の容易でないことが分ると思ふ。（『坂本嘉治馬自伝』昭和一四年　九二―九三ページ）

小学校教科書に比べれば、ずっと小規模な世界ではあったが、中学生が急増する中で新たな競争が起ろうとしていた。従来の小書肆にとっては心中穏やかならぬものがあったことであろう。この形勢を大町桂月は『太陽』の教育時評で多少皮肉をきかせて、次のように述べた。

小学校教科書の運動費多さに堪へずして、中学校教科書に移れる書肆少なからず。随って中学校教科書にも多少運動費を要するに至れり。玉を懐いて楚山の下に泣く、今の資本少なき教科書屋の謂也。（『太陽』八巻三号　明治三五年三月　七五ページ）

### 金港堂の清国進出――商務印書館との合弁問題

高楠順次郎が清国人留学生のための開いた私塾・日華学堂には興味深い日誌が残っている。

明治三三年六月二十日　金港堂理事来テ日華学堂学生一同ヲ招待シテ、清国学校ニ用ユル普通学教科翻訳ニ付キ学生ノ意見ヲ聞カンコトヲ求ム。此事ニ付テ予メ総督ヨリノ前言アリシニ依リ、学生二、三ノモノニ其旨ヲ伝フ

同　六月二十一日　金港堂正式ニ案内状ヲ送来レリ

（実藤恵秀『中国留学生史談』　第一書房　昭和五六年　九七ページ）

金港堂のこの招待は結局、義和団事件で揺れる本国政情を心配する学生たちの都合で辞退された。このほか日誌には、普及舎・辻武雄の清国行（三一年八月一七日）、冨山房の日清会話編纂の交渉（三二年三月一五日）など、出版関係者が足繁く同堂を訪れる記録が散見できる。これにはどういう時代背景があるのだろうか。

日清戦争後、清国人留学生が大量に来日した。彼等は清国近代化のモデルを日本にもとめたのである。その際出版物が大きな役割を果たした。近代の諸制度や人材教育等についての西欧知識は、日文書からの翻訳を通じ得ることが出来るからである。あのおびただしい数量の日文書の中国翻訳書は、それを証明（例えば、『中訳日文書目録』　国際文化振興会　昭和二〇年）している。こうした背景をうけて、日本の出版者も商売の食指を動かした。冨山房の坂本嘉治馬もその一人である。

日本の書物が支那の留学生にさかんに売れたので、社でも支那人の売子を店の小売部へ雇入れたこともあった。また自販の地理歴史理化等の書物を漢訳して支那へ輸出を試みたが、一度に千・二千といふ大量部数の注文が来た。さすがに支那は大国であることが思はれたが、支那には版権制度が布かれて居ないから勝手に翻刻されるので僅か二年位で売行が止った。当時岸田吟香翁と共同で、上海に勧学会といふ店名で書籍店を設けた。（中略）二年ほど営業を続けたが、しかし商務印書館初め支那人の書店もだんだん出来るやうになって結局引上げの止むなきに至った。（『坂本嘉治馬自伝』　昭和一四年　五九ページ）

その商務印書館は光緒二三（一八九七）年一月上海に創業、一介の印刷所から出発したが、教科書の出版を手がけて成功しまたたく間に中国一の出版社に成長した。その大をなす直接の契機となったのが金港堂との合弁で（**図32**）、資本のみならず、出版編輯のノウハウや印刷技術等の伝授が行われたのである。

金港堂と商務印書館の合弁問題は優に一編のモノグラフが可能な位大きなテーマである。本稿では紙幅をさくわけにはいかないので、日本側の研究文献については拙稿「金港堂と商務印書館の合弁に関する文献について」（『日本出版学会会報』七五号　一九九一年一二月）を参照願うことにして、中国側の研究事情について若干ふれるにとどめたい。

近年、中国における日中合弁期の研究進展は目ざましい。例えばジャーナリズム研究と発掘した新資料を紹介する季刊『出版史料』（上海市出版工作者協会編輯）には、毎号のように関係資料が掲載される。とくに「商務印書館与金港堂――20世紀初中日的一時成功合資」（同誌総第三〇期　一九九二年一二月）の論文は注目される。これは初期商務印書館の偉大な編輯人兼経営者であった文人・張元済の第二回思想学術討論会での研究発表である。その要旨は、外国資本との合弁はいつも帝国主義が中国

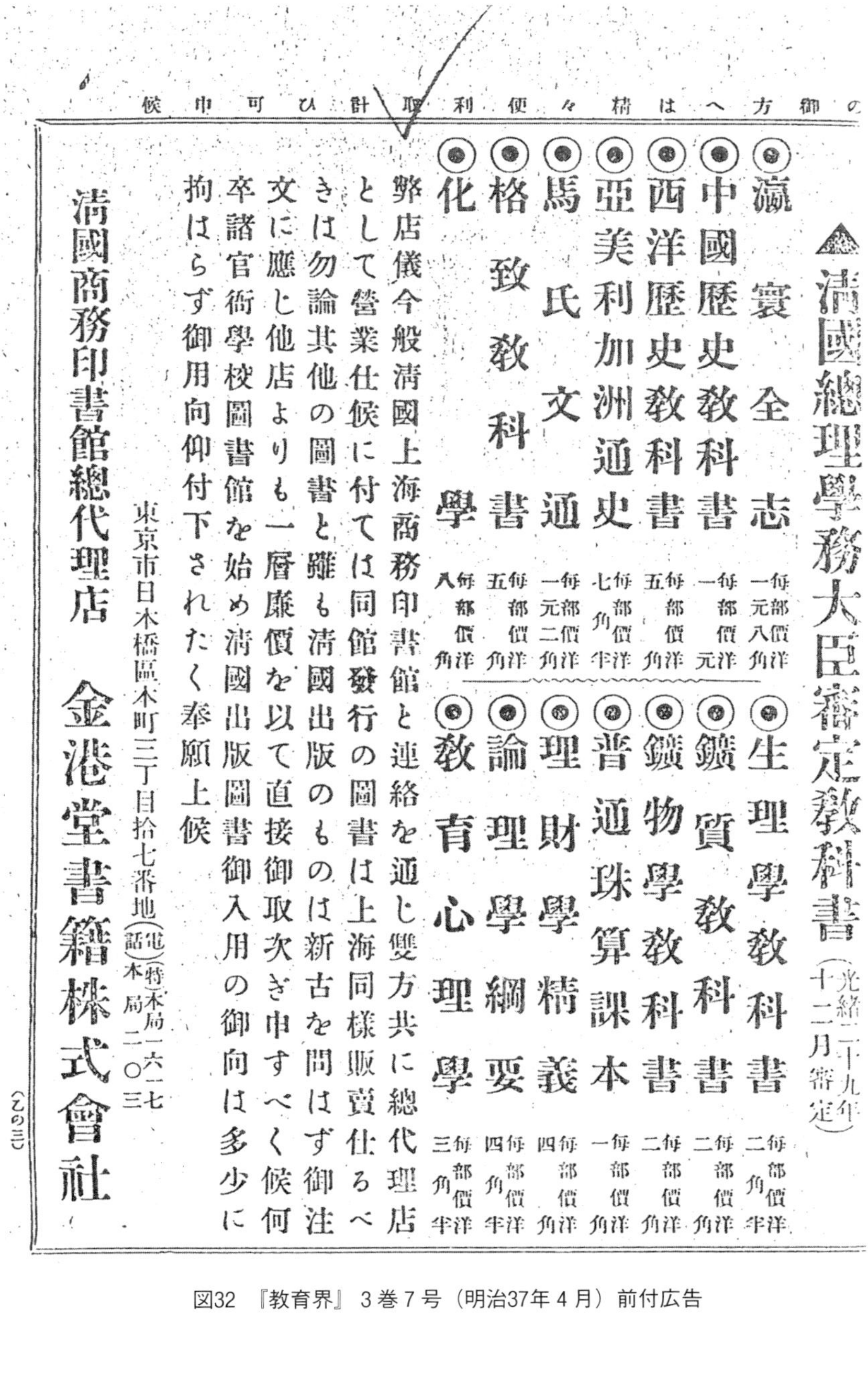
の御方へは精々便利取計ひ可申候

清國總理學務大臣審定教科書（光緒二十九年十二月審定）

瀛寰全志　毎部價洋一元八角
中國歷史教科書　毎部價洋一元
西洋歷史教科書　毎部價洋五角
亞美利加洲通史　毎部價洋七角半
馬氏文通　毎部價洋一元二角
格致教科書　毎部價洋五角
化學　毎部價洋八角
生理學教科書　毎部價洋二角半
鑛質教科書　毎部價洋二角
鑛物學教科書　毎部價洋二角
普通珠算課本　毎部價洋一角
理財學精義　毎部價洋四角
論理學綱要　毎部價洋四角半
教育心理學　毎部價洋三角半

弊店儀今般清國上海商務印書館と連絡を通じ雙方共に總代理店として營業仕候に付ては同館發行の圖書は上海同様販賣仕るべきは勿論其他の圖書と雖も清國出版のものは新古を問はず御注文に應じ他店よりも一層廉價を以て直接御取次ぎ申すべく候何卒諸官衙學校圖書館を始め清國出版圖書御入用の御向は多少に拘はらず御用向仰付下されたく奉願上候

東京市日本橋區本町三丁目拾七番地　電話（特）本局一六一七　本局二〇三

清國商務印書館總代理店
金港堂書籍株式會社

（乙の三）

図32　『教育界』３巻７号（明治37年４月）前付広告

を搾取したと従来いわれてきた。しかし中国が外資を利用して成功したこともある。その一例が商務印書館と金港堂の合弁である、というもの。

政治主義の強い中国では、研究もそこから自由ではあり得ない。こうした論文が出現すること自体に、改革開放政策の影響を感じないわけにはいかない。かつて自力更生が唱えられた時代には、外資と関係あったものは全て帝国主義の手先と否定された。もしそれを研究対象に選ぶ研究者がいたとすれば、彼は帝国主義を擁護する反動と烙印を押されるのがオチであった。今迄中国において、日中合弁問題の研究がなかった所以である。それがここに来て風向きが変った。合弁にかかわった人物の日記書簡が順次公開され、また研究論文も数多く発表されるようになった。

従って金港堂と商務印書館の合弁問題の深化には、中国側文献への目配りが必須となった。現在その到達点は樽本照雄氏「初期商務印書館の謎」（『清末小説』一六号　一九九三年）が示している。氏の本領は清末小説研究にあるのだが、長くこの問題の解明にも取り組んでこられた。この論文は、氏がこれまで博捜した関係中文資料を正確に読みくだき、過不足なく評価位置付けしたもので、かねがねその必要を感じていた者にとっては待望のものと言える。今後の研究はこれを抜きには進められないと思われる。

また清末の日中交流史のテーマについては、アメリカやニュージーランドの研究者もすぐれた論文を書いている。例えばD・R・レイノルズは、日本と中国が協調と建設的関係にあったこの期間を〝黄金時代〟と呼ぶべきだとしている。付言すれば、当館の実藤文庫はこのテーマの一大宝庫であり、旧蔵者実藤恵秀は近代日中交流史研究のパイオニアであったことも忘れてはならない。

## (三)　帝国書籍株式会社の設立

### 教科書トラストの成立

帝国書籍については、資料が極端に少ないせいか、わからないことが多い。不思議なことに、当時数多くあった教育雑誌類には同社創立の言及が余りないのである。教育雑誌は専ら教育上の政策を論ずるべきであって、業界内の動向などは瑣事と見ていたのかも知れない。管見に入った比較的まとまった記事は次のものである。

○出版業の小トラスト

教科書出版業界の領袖金港堂、集英堂、及普及舎の三店は、今回合同して一の株式会社を組織し、総資本金百五十万円を以て、専ら教科書の出版に従事せんとすといふ。従来同業間の競争は何れの事業にも免かれずと雖も、教科書出版業ほど激烈なるものは蓋し少かりしならん。各地方に於て教科書審査会の開かるゝに当り、東京の教科書出版業者が、各運動委員を派遣し、合縦連衡、反間苦肉、あらゆる術策を弄して競争する有様は、時に往々犯罪者を生ずるを見ても、以て其の劇甚の程度を見るべし、而して斯く激しく競争する所以は、乃ち教科書出版の利益多きに出る。元来教科用図書を学校生徒に供するは、一種の専売権にて、書籍出版の実費に比しては、数倍の高値に売るものなれば、此権を得たる者は非常の利益あると丶もに、競争に敗するものは莫大の損失なきを得ず。是れ同業競争の結果、図書の価は徒らに騰貴して、出版業者も其の割合に利益無く、空しく運動費若くは運動失敗の損失補填費と為るのみなる所以なり。而して其の窮極の負担は粗末なる図書を高価に買ふ学校生徒に帰す。彼の小学校教科用書の比較的に高価にして、而かも製本粗悪に、一学期間の使用に堪へざるが如きは、主として之に由る。故に出版業者間の競争を避けるが為には、トラスト的合同は甚だ好ましきことなり、然ども其の合同によりて減じ得たる競争費だけを、教科書代価の上に減ぜずして、同業の数の減ずるだけ益ます専横を縦まゝにし、壟断の利を私するあらば、世間の非難は前よりも一層烈しからん。

若し夫れ一個人として運動の場合には、流石に世上の物議を憚かること多きも、株式会社と為りては、非難の責任者は集合体なる為に苦痛を感ずること少なきを奇貨とし、益ます忌憚なき行動を為すが如きあらば、教科書界の物議は更に大なるに至るも知る可らず。畢竟此等の利弊は、教科書出版のトラストのみならず、何れの事業の合同にも必ず伴随して生ずる性質を有す。是れ予め大に誡めざる可らず。吾人は必ずしも教科書のみに就て言ふにあらざるなり。

（『太陽』七巻一三号　明治三四年一一月五日　六九ページ）

三会社のトラスト成立の背景はこの記事によってある程度明らかになった。これはいわば一般論であるが、実際に合同にかかわった当事者たちは、どんな証言を残しているのだろうか。金港堂社長・原亮一郎の家で書生をしていた縁で金港堂の社員となった藍沢弥八は次のように述べている。彼は後に藍沢証券を創業し、東証理事長にもなった。

当時、小学校の教科書を出版している店は全部で十軒ぐらいあったが、その中でも有力な金港堂、集英堂、普及舎の三社がいっしょになって帝国書籍株式会社という会社を新設した。集英堂というのは原亮一郎さんの妹婿である小林清一郎という人がやっていた店で、普及舎は山田という人がやっていたが、これは集英堂の分身ともいうべき店である。この帝国書籍ができるに当って、原さんが言うには、普通ならおれが社長になるところだが、妹婿が普及舎をかかえこんできたから、社長は義弟に譲る、お前は会計部の一人として使う、とのことである。こうして小林清一郎氏が社長、私は会計に奉職して資本金百五十万円の帝国書籍株式会社ができ上がった。当時は資本金百五十万円の会社は数えるほどしかなく、この新会社はたいへんな評判になった、今川橋の角のところにりっぱな社屋を建て、私も月給を十一円に上げてもらった。七円五十銭からいっぺんに十一円になったので、私もうれしくて、大いに張切っていた。（以下略）（藍沢弥八『私の履歴書』一〇巻　昭和三五年　一三―一四ページ）

過当競争を回避する目的で設立されたこの会社は、主として血縁関係がテコとなって実現した。原亮三郎の二女ナカが集英堂の小林清一郎に嫁ぎ、いわばこの政略結婚で金港堂集英堂の和睦が成立したようである。実際には、もっとドロドロとした裏話が多数あったらしいが、それは後述[*28]することにして、官報に告示された帝国書籍の登記事項（『官報』五四九五号　明治三四年一〇月二五日　五一四ページ）を見ておこう。但し、取締役・監査役の住所は省略、（　）は筆者の補記である。

一商号　帝国書籍株式会社／一本店　東京市神田区南乗物町九、十番地
一目的　各種学校ノ教科用書其他ノ図書編輯出版売捌竝ニ教育上ニ関スル器具及内外図書ノ委託販売
一設立ノ年月日　明治三十四年十月十一日／一資本総額　金百五十万円／一一株ノ金額　金五十円
一各株ニ附キ払込ミタル株金額　金二十五円／一公告ヲ為ス方法　所轄登記所カ公示スル新聞紙ニ掲載ス
一取締役ノ氏名住所　小林清一郎（集英堂）／池部活三（普及舎）／原亮一郎（金港堂）／加藤駒二（金港堂）／山田禎三郎（普及舎）
一監査役ノ氏名住所　岩田僊太郎（金港堂）／小林正雄（集英堂）
一存立ノ時期又ハ解散ノ事由　明治三十四年十月十一日ヨリ満三十箇年

## 教科書トラストの拡大と挫折

◎三会社のツラストは、小学校教科書醜聞事件について、わか《ママ》らぬ効果をあげるであらう。甘く行けば。……賄賂や買収なしに、三会社のどれかの書籍が、採用せらるなれば、醜聞も次第になくなる道理であるから、まづこの点からして、この合同を祝せねばなるまい、教育界の為めに。
（「時事評論」『教育学術界』四巻二号　明治三四年一二月　八四ページ）

主な教育雑誌の論調は、悪弊除去のために合同を歓迎するというものが多かった。この帝国書籍の構想はある意味で国定教科書制度を先取りしたとも考えられる。トラストが無限増殖すれば、いつかは教科書の著作、印刷製本、供給までが一手に独占集中する。その結果は少くとも、ジャーナリズムの好餌となり世間をさわがせた過当競争の弊害は起らなくなるだろう。実際にも三社のトラストは、それを目指して動き始めた。

明治三十五年の春、小学校教科書発行の主なる同業者間に今日の所謂統制である合同経営の話が起って、間もなく合

同会社の設立となった。この時冨山房も合同加入の勧誘を受けた。（中略）…かうした進歩的書物（坪内逍遙『小学国語読本』のこと――引用者）の実質はまだ世間には分らないことを深く感じたので、この際断然小学校教科書の経営を廃止する決意をなし新会社に対し発行権譲渡の交渉をした。合同会社では形式はとにかく目的は統制にあるのであり、また坪内読本の真価を認めて居たのであるから、急速に話が纏ってて取引が出来た。（『坂本嘉治馬自伝』昭和一四年六二―六三ページ）

冨山房がまず降り、ついで三五年の秋には国光社、育英社も到底競争の見込立たずとて終に株を譲って傘下に入った。「前記のトラストに反対のもの八目下ハ文学社のみ」（『万朝報』明治三五年一二月二一日）となったが、依然運動はせざるを得なかった。「昨年帝国書籍株式会社設立以降僅か一年有余短日月に同社が賄賂として費消したる金額ハ約三十六万円に及び、一県多きは五万円少きも一万円を宛て遠く北海道より沖縄に至る迄悉く全国に振撒きたるものなりと」（『万朝報』明治三五年一二月二四日）。煽情記事にも幾分かの真実はあるであろう。

教科書トラストが独占の実効をあげるには、なおまだ時間を必要とした。しかしこの間に司法当局は着々と摘発の手筈を整えていた。明治三五年暮から始まった教科書疑獄事件は、教科書会社の夢を微塵に打ちくだくのである。

その詳細は別稿に譲ることになるが、結果として小学校教科書は国定となり、検定教科書時代は終るのである。

〔註〕

＊1　『羽島市史　史料篇』上巻（昭和四二年）八九―九一ページ

＊2　堀川柳人「二葉亭追考」（『早稲田文学』二五五号　昭和二年四月）八七ページ

＊3　『神奈川県教育史　資料篇』一巻（昭和四六年）の資料番号19、23、37、41など。

＊4　三木佐助『玉淵叢話』下（原本　明治三五年／複製　ゆまに書房　昭和五二年）一七ページ

＊5　石塚裕道「資本主義の発展と東京の都市構造」（『日本資本主義成立史の研究』吉川弘文館　昭和四八年）

＊6　渡辺慎也『書肆金港堂の仙台出店について』（私家版　昭和六三年九月）

＊7　以下『上毛新聞』の記事は、『群馬県史』一九巻（昭和五四年）からの引用。

＊8　拙稿「明治前期文部省の教科書出版事業」（東京都立中央図書館『研究紀要』一八号　昭和六二年三月）二三一―二八ページ

＊9　梶山雅史『近代日本教科書史研究』（ミネルヴァ書房　昭和六三年）三五―三六ページ

＊10　掛本勲夫「第二次大木文部卿期文部省の教科書政策」（『皇学館大学紀要』27　昭和六四年一月）五〇―五六ページ

＊11　新保磐次編「中川謙二郎先生小伝」（『婦人の力と帝国の将来』冨山房　大正一四年）

＊12　中川小十郎「いらつめと言文一致」下（『立命館文学』一巻七号　昭和九年七月）二三ページ

＊13　『三宅米吉教育論集』（明治図書出版　昭和四九年）、『日本考古学選集（一）三宅米吉集』（築地書館　昭和四九年）、森田俊男『開闢ノコトハ通常歴史ヨリ逐イダスベシ――若き日の三宅米吉』（民衆社

昭和六一年)、築山治三郎『三宅米吉その人と学問』(日本図書文化協会　昭和六三年)など。

＊14　梶山雅史　前掲書　四九―五五ページ

＊15　江見水蔭『自己中心明治文壇史』(博文館　昭和二年)六二―六四ページ

＊16　福田清人『硯友社の文学運動』(巧芸社　昭和二五年)一〇四―一〇七ページ

＊17　『教育界』九巻二号(明治四二年一二月)一一八ページ

＊18　『児孫の為めに余の生涯を語る　山県悌三郎自伝』(弘隆社　昭和六三年)

＊19　武田晃二「庵地保の生涯と年譜」(岩手大学教育学部『教育工学研究』一二号　一九九〇年)

＊20　『東京市史稿　市街篇』八二(平成三年)四五七―六七四ページ

＊21　『東京機械製作所百拾年史』(昭和五八年)。この社史は〝社史ビジネス〟の請負いで製作されたらしいが、創業期の記述は殆ど無いに等しい。調査の仕方を知らないのか、それとも調べようとしなかったのか。何れにせよ大金を支出しながら創業事情の研究には役に立たないのだから、もったいない話である。

＊22　朝野文三郎『明治初年より二十年間 図書と雑誌』(昭和一二年)四三ページ

＊23　宮武外骨「予が発行した雑誌の総まくり(一)」(『雑誌研究』一号　岩谷書店　昭和二二年八月)一一ページ

＊24　東京都公文書館蔵『願伺届録』(明治二二年)組合規約三

＊25　右同　『願伺届録』(明治二一年)

＊26　農商務省商工局『株式会社統計』(明治二七年)序文

＊27　『教育界』六巻二号(明治三九年一二月)一二ページ

＊28　帝国書籍は教科書疑獄事件の結果破産に追い込まれるのだが、その波紋は大きかった。次に示す『万朝報』の記事は、同社の成立、経営状態の内幕などを暴露していて興味深い。

○教科書出版者と銀行(『万朝報』明治三六年一一月一四日　二面)教科書出版者が其の手を過度に弘めたる結果、今や銀行界の一隅に小恐慌を生ぜんとする傾向あり、詳細は下の如し

教科書肆中曽て最大にして且つ最も成功せしを金港堂及び集英堂とす、金港堂ハ後に資本五十万円の株式会社に改め、集英堂ハ卅五万円の株式組織と為し、互ひに激しく競争せるが、竟に抗争の不利なるを悟り、金港堂社長原亮一郎の妹を集英堂社長小林八郎の子息清一郎に嫁せ、両家一致して他の書肆と競争する事となれり

集英堂ハ小林八郎実権を取り(後社長名義を永田一茂とす)資本金卅万円の株式組織なる普及舎を買収したり、普及舎ハ初め辻敬之これを所有し、死後辻太社主となり湯本武比古其の顧問となり後に須永某の手に之を買受け(湯本は開発社を立て、教育時論を発行しつつあり)たるが社業振はず、更に福岡孝弟の子にして(紙屋を開ける福岡正郎金主となりて)集英堂之を買収し山田禎三郎を社長として辣腕を振はしめたるが山田洋行後小林清一郎社長となり、集英、普及の両舎を提げて教科書肆中に横行せり

金港堂、集英堂媾和締婚の後ハ両家協力して別に資本金百五十万円を以て帝国書籍株式会社を創設し、小林清一郎を社長とし、神田南乗物町に会社を置き、金港堂、集英堂、普及舎の教科書出版業を新会社に移し尚ほ昨年三月頃冨山房を、同十一月頃育英舎(坂上半七)国光社を買収せるが、此の資本百五十万円なるも正金ハ五万円を払込めるのみ他ハ総て教科書の版権を百四十五万円と積算して之に充てたり、去れバ冨山房を十七八万円に買収したる其の費用及び国光社を十二万円にて買収し内金として支払へる二万円を始め多くの流通資本ハ大抵之を丁酉銀行其の他の銀行より融通せり

然るに去年暮より教科書収賄事件なるもの暴露したるため、帝国書籍会社の大破綻となり、地方販売店の信認金を私消し、或ハ地方販売店に送荷したりと唱へて之を抵当として各銀行より借出したる負債等彼此五六十万円に及び、何れも銀行の損失に帰すべき形勢なれバ、竟に銀行の恐慌を生ぜんとするに至りし也

○教科書出版者と銀行(続)(同　一一月一五日　二面)

原と小林とが金港堂、集英堂、普及舎の教科書出版権を百四十五万円と積算し正金五万円を払込みて組織せる帝国書籍株式会社ハ冨山

房、育英舎、国光社を買収し（小林義則の文学社丈けは不当価格を言張りしため買収せざりき）今や一大トラストとして教科書出版を一手に収めんとせる矢先、端なくも収賄事件起りて百事頓挫し、丁酉銀行其の他より出来得る丈け借込める所既に五六十万円に及び、到底破産の外なき境遇ながら、（中略）原、小林等ハ帝国書籍会社を株式組織として有限責任と為せる故、会社如何に損失するも、会社の現在家屋と現存せる僅少の売残り教科書を差出せバ事足るべし
（以下省略）

〔付録〕

## 金港堂書籍会社定款（明治二四年）

第一章　総則

第一条　本社ノ名称ハ金港堂書籍会社トス

第二条　本社ノ営業ハ図書ノ編纂、発行、内外教育品ノ売買ヲ主トシ其他委託販売ヲ引受クルモノトス

第三条　本社ハ本店ヲ東京日本橋区本町三丁目拾七番地ニ編輯所ヲ同区両替町拾一番地ニ置キ各府県下ニ支店又ハ代理店ヲ設クルコトアルヘシ

但シ支店代理店ヲ設置スル時ハ其府県ノ指揮ニ従フベシ

第四条　本社ハ無限責任トス

第五条　本社営業年限ハ三十ケ年間トス

但満期ニ至リ株主総会ノ議決ニ依リテ尚継続スルコトアルヘシ

第二章　資本金

第六条　本社ノ資本金ハ五拾万円ト定メ壱株ヲ弐百円トシ総計弐千五百株ノ内壱千五百株以上ヲ発起人之ヲ負担シ残株ハ本社ノ承認ヲ経タルモノ（外国人ヲ除ク）ヨリ募集スルモノトス

第七条　株金ノ払込金額及期日等ハ本社ノ指示ニ依ルヘシ

第八条　本社ノ株券ヲ売買譲与セントスルトキハ本社ノ承認ヲ経ルニ非サレハ之ヲナスコトヲ得ス

第九条　株金払込期日ニ至リ若シ払込ヲ怠ルトキハ相当ノ利子ヲ徴収シ三十日間ノ猶予ヲ與ヘ其期ニ至リ尚之ヲ怠ルトキハ本社ニ於テ其株券ヲ売却シ其代金ヲ以テ払込ムヘキ金額ノ利子及売却ニ関スル費用ヲ引去リ剰余ハ之ヲ還付シ不足アレハ追徴スヘシ

第十条　本社ノ株券ハ記名ニシテ発行ノ年月日　番号本社ノ名称及株主ノ姓名ヲ記シ本社ノ印章ヲ押シ且社長及支配人記名調印スヘシ

第三章　役員

第十一条　本社ノ重役ハ左ノ如シ

社長　一名
副社長　一名（時宜ニ依リ之ヲ欠クコトアリ）
取締役　三名以上七名以下
編輯所長　一名

第十二条　社長副社長ハ百株以上取締役ハ二十株以上ノ株主中ヨリ総会ニ於テ之ヲ撰挙シ其任期ハ各二ヶ年トス、然レトモ其任ニ堪ヘサルモノアルトキハ重役多数ノ同意ヲ以テ臨時総

会ヲ開キ其議決ヲ以テ改撰スルコトヲ得
　但編輯所長ハ重役ニ於テ特ニ之ヲ撰挙スルモノトス
第十三条　社長ハ本社ヲ総括シ営業上一切ノ事務ヲ処理スヘシ
第十四条　取締役ハ営業上一切ノ事務及金銭ノ出納諸帳簿ノ監査ヲ掌リ社長（副社長）事故アルトキハ其事務ヲ代理スヘシ
第十五条　編輯所長ハ社長ト協議シ編輯所一切ノ事務ヲ処理スヘシ
第十六条　重役ノ給料及旅費等ハ株主総会ニ於テ之ヲ定ム
第十七条　重役ハ支配人以下役員ノ任免黜陟ヲ掌リ其職務分掌ヲ定ムルノ権アリ
第十八条　重役ハ支配人以下役員ノ給料手当旅費等ヲ定ムルノ権アリ

第四章　株主総会

第十九条　株主総会ハ定式臨時ノ二種トス
第二十条　定式総会ハ毎年一月之ヲ開ク
第廿一条　臨時総会ハ重役ニ於テ必要トスルトキ又ハ三分ノ一以上ノ株主ノ同意ヲ以テ請求スルトキハ之ヲ開クコトヲ得
第廿二条　定式臨時ノ総会トモ其会場及時日ハ七日前議題ヲ添ヘ株主ニ通知スヘシ
第廿三条　左ノ事件ハ必総会ニ於テ議決スルモノトス
　一　会社ノ存廃及社名ノ変更
　一　資本金ノ増減
　一　重役ノ撰挙、給料及旅費ノ変更及罷免
　一　純益金配当ノ割合
第廿四条　定式総会ハ出席ノ株主株数トモ半数ニ満タサル時ハ之ヲ開クコトヲ得ス
此場合ニハ一ケ月以内ニ第二回ノ招集ヲナシ出席人員ノ多少ヲ論セス株数半数以上ニ満レハ議事ヲ開クコトヲ得
第廿五条　臨時総会ニ於テ出席ノ株主及株数トモ半数ニ達セサルトキハ其議案ハ廃棄セラレタルモノトス
第廿六条　総会ノ節ハ社長之カ議長トナルヘシ
第廿七条　議事ハ多数ヲ以テ決定シ可否同数ナルトキハ議長之ヲ決ス
第廿八条　議決権ハ十株迄ハ一株毎ニ一個拾一株以上百株迄ハ五株毎ニ一個ヲ増加シ百一株以上ハ十株毎ニ一個ヲ増加スルノ割合ニ依テ之ヲ有スルモノトス
　但時宜ニ依リ出席人員ニ異議ナキトキハ人員ノ多数ヲ以テ決スルコトアルヘシ
第廿九条　株主未丁年者若クハ不能力者ナルトキハ後見人之レニ代テ総会ニ出席シ議決ニ與カルコトヲ得
第三十条　株主本人事故アリテ総会ニ出席スル能ハサルトキハ代人ヲ差出スヲ得ト雖モ其代人ハ本社ノ株主タルヲ要ス此場合ニハ委任状ヲ本社ニ差出シ置クヘシ

第五章　純益金配当

第卅一条　本社ノ総勘定ハ毎年十二月トシ決算表ヲ製スヘシ
第卅二条　決算ノ際諸繰越物即チ版権、板木、紙型、地所、家

屋、什器、公債証書、諸株券其他現在品等ノ価格ハ時価ノ低点ヲ取テ改定スヘシ
第卅三条　版木、紙型、地所、家屋其他事業ニ属スル物件ノ償却ハ地所購入及家屋建築費等ハ半額迄ヲ十ケ年以内ニ其他ハ金額ヲ十五ケ年以内ニ償却スルモノトス
第卅四条　本社一切ノ経費及前条ノ償却費ヲ引去リ純益金ハ左ノ割合ニ従ヒ配当スヘシ
　百分の十　積立金
　百分の十　賞與金
　差引残高　株金へ配当
第卅五条　株金配当年八朱ニ満タサルトキハ賞與ハナサヽルモノトス
　但特別賞與ハ此限ニアラス
　第六章　雑則
第卅六条　本社営業上必要ノ帳簿ハ重役会議ニ於テ定メ置キ営業及資産負債ノ現状ヲ明記シ営業時間内ハ何時ニテモ株主ノ點検ニ供スヘシ
第卅七条　毎期決算表及考課状ヲ製シ各株主ニ報告スヘシ
第卅八条　本社ノ印章ハ左ノ如シ（印影省略）
第卅九条　官庁ニ対スル諸願届及営業上諸約定書等ハ社長記名実印ヲ押用スルモノトス
第四十条　本社ニ必要ナル諸則幷編輯所規則等ハ重役会議ニ於テ決定スヘシ
第四十一条　定款中改正ヲ要スルトキハ株主総会ノ議決ヲ経尚官庁ノ許可ヲ受ケ然ル後実施スルモノトス
以上

## 金港堂書籍株式会社定款（明治二六年）

○第一章　総則
第一条　当会社ノ組織ハ株式会社トス
第二条　当会社ノ社名ハ金港堂書籍株式会社ト称ス
第三条　当会社ハ本店ヲ東京市日本橋区本町三丁目拾七番地ニ置キ編輯所ヲ同区本両替町拾壱番地ニ設ク但支店ヲ要スルトキハ商法ニ従ヒ其手続ヲ経テ設クルモノトス
第四条　当会社ノ営業ハ図書ノ編纂、出版及内外ノ図書、教育上必需ノ器具ヲ販売スルモノトス
第五条　当会社ノ資本金ハ五拾万円ニシテ之ヲ壱万株ニ分チ一株五拾円トス
第六条　当会社ノ営業年限ハ明治廿五年一月ヨリ三十ヶ年トス
○第二章　株式
第七条　当会社ノ株式ハ記名ニシテ一株毎ニ株券一通ヲ作リ之ヲ株主ニ交付スルモノトス
但株主ノ請求ニ依リ数株ヲ合シテ一通ノ株券ヲ作ルコトアルベシ
第八条　未払込株金（一株ニ付弐拾五円）払込ノ期節ハ明治二十八年ヨリ同三十二年ノ五ヶ年間毎年三月ニ五円ツヽ会社ニ払込ムベ

シ

但其期日ハ二十日前当会社ヨリ各株主ニ通知スベシ

第九条　払込期日迄ニ払込ヲ怠ルトキハ遅延日数ニ応シ百円ニ付参銭日歩ノ割合ヲ以テ当会社ハ其株主ヨリ利息ヲ徴収スベシ

第十条　期日迄ニ払込ヲ怠ルトキハ十五日前更ニ期日ヲ定メ当会社ヨリ其株主ニ催告シ其期日ニ至ルモ尚払込ヲ怠ルトキハ其株主ニ通知シテ其株券ヲ公売ニ附シ売得金ヲ以テ払込金、遅延利息其他之カ為メ生シタル諸費ニ充ルモノトス

但此場合ニ於テ尚不足金アレバ前株主ヨリ追徴シ剰余金アレハ前株主ニ還付スベシ

第十一条　株券ヲ売買又ハ譲与スルトキハ株券ノ裏面ニ式ノ如ク記名捺印シ之ニ双方連署ノ名義書換請求書ヲ添ヘ当会社ニ差出スベシ

但本人死亡シ相続人ヨリ譲受ケノ手続ヲナストキハ株券裏面譲渡人欄ニ何某死亡ト記シ請求書ニハ親族二名ノ連署ヲ要ス

第十二条　前条ノ請求アルトキ当会社ハ株主名簿ニ登録シ株券裏面ニ式ノ如ク手数ヲナシテ其証トナスベシ

第十三条　水火盗難等ニ罹リ株券ヲ失フタルトキハ保証人二名ヲ立テ事由ヲ具シタル書面ヲ以テ再渡ヲ申出ルヲ得　然ル時当会社ハ三日間三種ノ新聞紙ニ公告シ爾後三ケ月ノ後更ニ株券ヲ交附スベシ

但本条公告料ハ其株主ヨリ当会社ニ支払フベキモノトス

第十四条　株券ヲ汚染又ハ毀損シ引換ヲ要スルトキハ其株券ヲ添ヘ書面ヲ以テ申出デベシ

但券面ノ汚損甚シク調査上支障アルトキハ前条ノ例ニ依ルコトアルベシ

第十五条　株券ノ名義書換ハ一枚ニ付五銭引換又ハ再渡ハ一枚ニ付弐拾銭ヲ手数料又ハ用紙代トシテ当会社ニ支払フベシ

〇第三章　重役

第十六条　当会社の重役ハ左ノ如シ

取締役　三名

但一名ヲ社長ト称ス

監査役　二名

評議役　若干名

第十七条　取締役ハ百株以上監査役及評議役ハ株主中ヨリ総会ニ於テ選定シ社長ハ取締役ノ互選トス

第十八条　取締役（単ニ取締役トアルモノハ社長ヲ含有ス以下之ニ准ス）ノ任期ハ三ヶ年監査役及評議役ノ任期ハ各二ヶ年トス

但任期満了ノ後再選スルコトヲ得

第十九条　取締役ニ選マレタル者ハ在任中百株ノ株券ヲ当会社ニ出シ当会社ハ監査役立会封印ノ上預リ置クベシ

第二十条　取締役及監査役ノ給料ハ左ノ範囲内ニ於テ支給スベシ

社長　月給百円以上弐百円以下

取締役　月給弐拾円以上百円以下
　監査役　月給拾円以上参拾円以下
第廿一条　評議役ニ手当ヲ給スルトキハ総会ノ決議ヲ経ベシ
第廿二条　取締役ハ法律、命令、定款及総会ノ決議ヲ遵守シテ営業上一切ノ事務ヲ処理シ職員ヲ統督シテ任免黜陟スルノ権アリ
第廿三条　取締役ハ法律、命令、定款及総会ノ決議ニ反シ当会社ニ損害ヲ生シタルトキハ連帯無限ノ責任ヲ以テ弁償スベシ
第廿四条　監査役ハ取締役ノ業務施行ヲ監視シ年度決算ヲ検査シテ通常総会ニ報告スベシ
第廿五条　監査役ハ何時ニテモ当会社業務ノ実況ヲ尋問シ帳簿及其他ノ書類ヲ展閲シ会社ノ金匣及財産ノ現況ヲ検査スルノ権アリ
第廿六条　評議役ハ緊要ナル事件ニ付取締役会ニ列シ其意見ヲ陳述スルモノトス
○第四章　総会
第廿七条　総会ハ通常、臨時ノ二種トス
第廿八条　通常総会ハ毎年一月臨時総会ハ取締役又ハ監査役ニ於テ必要トスルトキ若クハ総株金ノ五分ノ一ニ当ル株主ヨリ会議ノ目的ヲ示シ申立ツルトキ之ヲ招集ス
第廿九条　総会ノ招集時日及会場ハ十日前其会議ノ目的及事項ト共ニ各株主ニ通報スベシ
第三十条　決議ハ定款ノ変更及任意ノ解放ニ付テハ総株主ノ半数ニシテ総株金ノ半額以上其他ノ事件ハ総株金ノ四分ノ一以上ニ当ル株主出席シ議決権ノ過半数ニ依ルモノトス
　但可否同数ナル時会長ハ自己ノ議決権ノ外ニ採決スルコトヲ得
第三十一条　株主ノ議決権ハ一株毎ニ一箇トス
第三十二条　総会ノ会長ハ社長ヲ以テ之ニ任シ社長差支アルトキハ取締役中ヨリ之ニ任ス
第三十三条　株主未丁年若クハ事故ニ依リ後見人アル者ハ総会ニ後見人ヲ出席セシメ代テ決議ニ与カルコトヲ得
第三十四条　株主事故アリテ総会ニ出席スル能ハサルトキハ委任状ヲ授ケ代人ヲ差出スヲ得
　但其代人ハ当会社ノ株主ニ限ルモノトス
○第五章　決算
第三十五条　毎年一月ニ於テ其前年一月一日ヨリ十二月三十一日迄ノ決算ヲナシ計算書、財産目録、貸借対照表、事業報告書、配当金ノ分配案ヲ作リ監査役ノ検査ヲ受ケ通常総会ノ認定ヲ経ベシ
第三十六条　商業ノ都合ニ依リテハ取締役協議ノ上公債証書又ハ確実ナル他社ノ株券ヲ購入スルコトヲ得
　但之ヨリ生ジタル利息又ハ配当金ハ利益金ノ内ニ加フベシ
第三十七条　版権、銅版、石版、鉛版、木版、紙型等ノ費額ハ利益金ヨリ年々消却スルモノトス
　但消却ノ額ハ総会ノ決議ニ依ルベシ

第三十八条　純益金配当ハ左ノ割合ニ依ルベシ
百分ノ五　　第一積立金
　但商法規定ノ準備金ニシテ資本金ノ四分ノ一ニ満ツル迄積立テ置クベシ
百分ノ五以上　　第二積立金
　但非常変災及其他臨時ノ費用ニ供スルタメ積立テ置クベシ
百分ノ十　　賞与金
其余ノ金額　　株金ニ配当
第三十九条　株金配当金六分ニ満タサルトキハ賞与ハ給セズシテ其費額ヲ減スルモノトス
　但臨時賞与ハ本条ノ限ニアラス
○第六章　雑則
第四十条　申合規則、編輯所規則、其他必需ノ規則ハ重役協議ノ上定ムルモノトス
第四十一条　当会社ヨリ発スル証書、約定書、其他公私ノ別ナク当会社が義務ヲ負担スル書類ニハ社印ヲ捺シ社長署名捺印スベシ
　但社長ノ署名ヲ要セザル書類ニ社名及社印ヲ用フベシ
第四十二条　此ノ定款ニ修正若クハ加除ヲ要スルトキハ総会ノ決議ヲ経（登記ヲ経べキ事項ハ其手続ヲ尽シ）官庁ニ届済ノ後有効ノモノトス
以上　六章　四十二条

# 六菖十菊——付記

## 金港堂「和算器械」の引札（第一章　一の㈢）

本屋商売は単に書籍を扱うだけではない。学校用品の扱いも馬鹿にならない収益源になることを見落してはならない。利見某とは大坂唐物町の利見又吉郎のこと、専売特許学校教授用大算盤の製造販売所を経営していた。その販売を委託された金港堂は瞬く間に関東東北の諸県に販路を拡大していったのである。

鈴木俊幸氏が発掘された次の引札（「38金港堂「和算器械」売弘広告（明治九年）」「長野県行政文書より旧長野県書籍文化・メディア関連史料（六）―旧長野県翻刻教科書関係史料（下）」『書籍文化史』十五二〇一四年一月）はまさに上記の事情を裏付けるものである。

「僕店曽テ書籍和算器械等／神奈川県御用ノ命ヲ奉ジ横浜弁天通開業イタシ候処各／県下一般ノ愛顧ヲ蒙リ日々隆／盛ニ至リ欣喜ニ堪ザル処ナリ／然ルニ県下ノ地タルヤ横浜ニ／在ヨリ東京ヲ便トスル理アリ／故ニ今般東京本町三丁目ニ開店／シ来ル廿日ヨリ製本和算器械等／売捌ヲ成ス御便利ノ御県下ハ／右店エ御来臨希望スル者也／明治九年七月　日　金港堂［朱印］」

この口上に続けて「小学校必用大小算盤定価表」（教室で使用するもの、大形と中形があり、各々極上／上製／通常の代価）、「生徒用算盤」（個人用、極上／上々／上／並のランクごとに代価）とが添付。そして結びに「右之外とも御注文次第精々念入廉価／相働製造呈進仕候間不抱多少御注文／之程偏企望仕候也／東京本町三丁目書肆　金港堂」と挨拶している。

先の引札と比べると文章自体は書籍の箇所に和算器械等を加え多少手直しをした程度である。ただ注意したいのは「御便利ノ御県下ハ」と全国の府県に向けて発信していることである。偶然とはいえこの引札が長野県庁文書に編綴されていたのもその故であろう。

時代は下って明治二十年代始めになると、「教育品諸機械及諸器具」の製造販売を目的とする東京機械製造会社が創立（東京都公文書館『願伺届録』明治二一年　普通第二種会社規則）され、発起人の原亮三郎は取締役になった。社長には茨城県の学務課長を務めた旧知の松木直己が起用された。学校教育の普及と整備が進み、学校用品の需用が急拡大したからであろう。またそのための教師用手引書が早くも出版された。（拙稿「金港堂創業期の引札」『書籍文化史』十七　二〇一六年一月）

## 地方進出と版図の拡大（第一章　一の㈣）

### 群馬県の場合について

木戸麟『修身説約』（明治一一年九月）の編集出版過程については群馬県文書館所蔵「学務課功績録」などを用いて初めて明確にした。県令楫取素彦の関与（修身書編纂大意と序文）、起稿から本づくり作業（金港堂が受託）、版本の完成と納本。第一～五冊は巻菱譚書・鮮斎永濯画、第六～一〇冊は松井甲太郎書・猩々暁斎画である。また明治一四年九月には金港堂は県から同書の版権を譲渡された。（拙稿「明治初期の学校と教科書出版」『本の文化史第四巻・出版と流通』平凡社　二〇一六年）

木戸麟『修身説約』と同様に群馬県から版権譲渡を受けた『小学修身書』は、本文に触れたように更に破格の売れ行きを示した。福沢諭吉の例を待つまでもなく、売行良好書には必ず偽版がつきものである。『小学修身書』偽版事件の新聞記事は次のようである。出版条例違反（行政罰）だけでなく刑事罰（私印偽造の科）も重科されていることに注意。本屋がとった偽版防止策（出版者印の捺印）の狙いもそこにあったのである。

○麻布市兵衛町二丁目の劔持仙蔵本所番場町の河東伴右衛門の両人ハ原良《ママ》三郎氏の版権免許を得たる小学修身書の偽版なししを原氏より告訴せられ出版条例に違反したる科に依り一昨二十四日軽罪裁判所において各罰金五十圓且私印

偽造の科に依り仙蔵ハ重禁錮八月罰金十圓監視十月伴右衛門ハ重禁錮七月罰金七圓監視九月に処せられたり（「朝野新聞」明治一六年四月二六日　四面）

## 文部省の教科書政策の変更と書肆（第一章　二の㈠）

明治一九年三月伊沢修二が文部省編輯局長に就任すると、これまでの教科書編纂出版事業は一変した。小学校教科書は射利の対象ではなく、至善至美の編纂、精良な印刷製本、低価な供給の為には、編纂印刷製本の事業一切を文部省の手に帰すべきとする官業至上路線が登場したのである。省内に活版工場を設け、職工を募集し盛大に教科書製造に着手することになった。尋常小学以下の甲部図書、高等小学以上の乙部図書に分け緊急度の高いものから順次編纂・製本する手筈である。また販売方法も改正され「文部省出版図書払下規則」を告示して、売捌き人選定の旨を道府県に通知した。これを受けた東京府の場合は次のようである。

### 甲部図書売捌人の選定――東京府の場合

払下規則の告示とともに、各府県においては甲部図書売捌人の募集と選定が始まった。しかし、身元保證金三千円以上を負担出来る書肆は全国的にみてもそう多くはなかった。このため応募の出ない府県が続出した。また、この一種の特権に対し不安を感ずる書肆も少なくなかった。

○書籍店の心配　大阪の書籍店ハ専業者六十名、兼業者二百四十名の由なるが目下売れ口よきハ教科書にして法律、経済、漢書、小説、歴史、院本等ハ右教科書に比する時ハ殆んど四分一なりと云ふ然るに今度教科書を売捌く書籍店ハ身本の確なる者を選び一府県に只だ一店丈を置く事になるとの噂あるにぞ同府三百余戸の書籍店ハ大に心配中なりといふ（「朝野新聞」明治二〇年四月二二日　五面）

さて、この選定に至る手続きはどのようなものであったか。一例として東京府の場合を見てみよう。東京府は他の府県とは異なり有力な出版者がひしめいている世界である。この特権に対して、金港堂、博聞社など大手の出版者数名が応募した。金港堂の願書は次のようなものである。

御願

今般御府第二十八号を以而告示相成候文部省図書御払下規則ニ基き甲部図書売捌之義別紙之通出願仕候間右御許可相成候様御取扱之義奉懇願候也

明治二十年四月七日

東京日本橋区本町三丁目十七番地　原　亮三郎　印

東京府知事　高崎五六　殿

御願

私儀　従来全国普通学校用教科書等専売ノ業ヲ営ミ且年

来御省御蔵板書売捌方御用相勤罷在候処今般東京府第二十八号ヲ以テ告示相成候御省図書御払下ケ規則中甲部図書売捌ノ儀何卒私江御申付被下置度此段一学期間売捌見込調書相添奉願上候也

但シ身元保證金ノ儀ハ御規則通リ三千円以上ノ金額御指図次第上納可仕候也

明治二十年四月七日

東京日本橋区本町三丁目拾七番地　金港堂　原　亮三郎　印

文部大臣　森有礼　殿

売捌見込調書

一　現今文部省御出板甲部図書ノ内尋常小学校読本并小学簡易科教科図書等売捌高左記ノ通リ

一　大約金五百円　一ケ月間

一　大約金六千円　一学期間

但　追々新書御出板ニ随ヒ売捌高モ増加ノ見込

右之通御座候也

東京府の下した選定結果は奇妙なものであった。他の有力な出版者を差しおいて、甲部図書売捌人に選ばれたのは、十一堂長谷部仲彦であった。「同人儀ハ従来図書発売営業之者且身元之義モ慥カナル者ニ付願之通御許可相成候トモ不都合無之ト相認候条別紙願出及進達候也」なる東京府学務課の案文からは、格別に十一堂を選んだ真の理由はうかがいようがない。

この奇妙な選定結果は実は、下田歌子の請託を入れた東京府知事高崎五六の独断によるものであったのだが、この辺の詳しいことは拙稿「明治前期文部省の教科書出版事業」(東京都立中央図書館『研究紀要』一八号　一九八七年三月)を参照願いたい。

## 幸田露伴の戯文「硯海水滸伝」により『都の花』創刊前後を見る(第一章　三の(二))

爰に突然天外より名花仙生と名乗る人此世に出来りたり此人容貌清癯にして活人殺人の両剣を使ひ得、南泉の猫なぞ朝食前に斬ッて捨るの技倆あれど深く是を蔵して久しく愚なるが如く俗人に見らるゝを厭はず、梧桐風渡りて月軒に当る折など逸興に乗じて得意の琴を弾じ塵外の趣味を愛されしが　当時洛陽の大賈呂不韋の如き銀港堂の主人一日仙生を訪ふて一世を丸めるの奇策を強ひて問ふ　仙生已むを得ず策を画して銀港堂に与ふ　是より銀港堂大に金帛を散じ礼を厚くして天下の俊士を招き　先づ彼美苗斎を引入れ角海居士を引入れ藤下居士といへる優姿の一豪傑を新たに挙げ用ひ　又遊鶯散史と号せる幻術を能くする道士を引入れ合縦の策漸く行なはれしかば　豪然として天下に横行せんと欲するにぞ之に当るべき勇者も見えざりけるが、彼紅鷹山人大きに憤りを発し、頼み切ッたる岩橋四案外史、川上眉岳人、岩矢蓮山人、枯木山人、春庵十華等に急使を発して呼び集へ、如何に方々一大事こそ出来りたれ　彼美苗銀港堂の招きに応じて我等を振捨るのみならず　合縦の策によりて一世を斬りまくらむ勢中々敵し難し、爰に到ッて小生策の出るところを知らねど利害を眼に見ず丈夫の意地にて爰は一ツ飽迄硯入社に立籠り屑く打死して名を末代に残さむとす、諸子の中にて利達を思ふものは願はくは去れ　と云へば皆々異口同音に、今となりて君を捨なば我等天下の好漢とは云はれまじ　良し〱君と共に甘じて事に従はむ　と評議一決したりしは勇ましかりける事どもなり、然るに銀港堂今は恐るゝものなしとて合縦の大軍百万と号し　短冊色紙のいろいろの旗にみやこのはなと書き記るして堂々と押し出したるは恰も津浪の如くなりしが　爰に又南方の鼓叟楼といへる高楼に高臥せる大人あり　姓は須東名は光明、軟翠先生と児童にも知られたる大豪傑なり、万巻の書を読破して胸中に端倪すべからざる霊機を有し、能く大軍を用ゐ、七十二変の陣法一百三十七様の魔術を能くし、火を発し水を湧かす指の向ふところ、龍を駆り虎を伏す眼の行く辺とは此人の大技量をほめたる語なりとかや、然るに此大豪傑楼上より見下す折ふし遥に彼銀港堂合縦の大軍の旗を見て勃然と憤りをなして曰く　何ぞや〱彼みやこのはなとは、見や此鼻と天狗ぶるならばいでや捻り切ッて肝を冷させ呉れむ、（以下略）

（新日本古典文学大系　明治編　22『幸田露伴集』（岩波書店）二〇〇二年）

## 『都の花』異彩を放つ（『早稲田文学』明治二五年一月三〇日）

金港堂の『都の花』号を重ぬること七十余に及びて漸く読者に厭かれまた旧日の如く盛んならず多数の小説愛玩者もその織巧に見ざめしてそゝろに千篇一律の歎を発すときゝしに近刊に至りて更に異彩の燦然たるを看る、其一は如電居士の脚本『妹背山錦絵姿』のかきぶりにして其二は紅葉山人の『二人女房』の文体なり（以下、如電居士の脚本の書きぶりについては省略）

紅葉山人の『二人女房』は已に中篇の四五回に及べり西鶴張をもて名ある山人が昔とりしきねづかの言文一致体にみがきかけたる書きぶり夫の二葉亭が『浮雲』の文体に似て戯謔は彼よりも軽妙なり就中用なき語尾の言文一致を打棄たる手際極めて佳し言文一致の極致は或は此辺にあるべし雅俗折衷派も玩読して参考の料とせよ

なお『二人女房』は次の紅葉書簡のように金港堂から出版されるはずだったが、今のところ単行書の存在は聞かないから、何故か沙汰止みになったようである。

「二人女房出版に相成候由、校正の義わざわざ御申越被下難有存候、右は大分誤謬も有之候間、是非とも一閲致度、就ては手許に在之候都の花闕本致居候へば、乍御手数、右小説連載候分取揃へ、至急御届被下候やう願上候、草―不盡　二十八日　尾崎徳太郎　編輯掛御中」（尾崎紅葉自筆書

簡・金港堂編輯掛あて明治二十八年九月二十八日、『弘文荘待賈古書目』四〇号　昭和四六年六月）

## 著者と金港堂（第一章　三の㈡）

もっとも有名なのは樋口一葉「暁月夜」「うもれ木」の場合であろう。既に多くの言及があるが、一葉日記からは金港堂「都の花」掲載の経緯が手に取るように分る。ここでは改めて取り上げない代わりに、日本人には珍しい共和主義者ともいうべき城泉太郎の『通俗進化論』の出版過程を紹介する。城泉太郎（一八五六―一九三六）は越後長岡生まれ、慶應義塾に学んだきわめて個性的な英学者。終生一貫して反権力の姿勢を貫いた。

「城泉太郎日記」明治二〇年五月

一日　本両替町金港堂編輯局へ行き、原亮三郎氏に面会し、通俗進化論二十枚程の見本を同氏に渡す

二十二日　通俗進化論前後両篇大成、但し十行二十行ニテ八十四枚余ナリ、依テ同日午後、原亮三郎氏ニ見ス

二十六日　〇本町原氏ニ面会シ、原稿売却の事を談ズ、亦タ夕刻、同□事件ニ付、書面を同氏ニ送ル

二十七日　金港堂編輯局にて原氏に面会之処、書面の趣キ承諾之旨答ふ

三十日　金港堂事務所ニ於テ通俗進化論ノ半金二十一円ヲ受取ル、即日八円郷里へ送ル

六月末　金港堂にて進化論後半金を請取

七月十日（所番地省略）田中氏宅へ行き、風俗習慣改良論之添削依頼シタリ、但シ同氏ハ不在ナリシ

七月二十一日　改良論出来、田中氏ヨリ送致ス

七月二十三日　金港堂へ同書持参

七月三十一日　金港堂へ進歩論持参、但シ尾崎氏ノ添削ニ係ル

八月十五日　本両替町金港堂編輯所ニ於テ風俗習慣改良論ノ内金トシテ三十円請取ル、尤モ是レガ為月初以来、数度往復ス

九月二十七日　金港堂ニ於テ改良論ノ残金五円請取

十月十一日　通俗進化論出版相成、金港堂ヨリ五部送リ来ル

（山下重一・小林宏編『城泉太郎著作集』平成十年（長岡市史双書三七）所収）

# 第二章　明治検定教科書の供給網と金港堂――『小林家文書（布屋文庫）』の特約販売契約書

## はじめに

小学校教科書の歴史については既に何度か（九八、一五〇ページ参照）述べているので、ここでは省略したい。

小稿はかつて唐沢富太郎が教科書史の課題として提起した「出版機構の解明」に資するため、検定教科書がどのように生徒の手に届くのか――教科書の供給網（一般の図書雑誌の販売網とは区別してこう呼ぶ）について、新発掘の史料をもとに実証しようとするものである。

一般に出版流通の実態解明には相当に困難が伴う。物流を論証する好箇の史料に乏しいからである。《近代流通システム》なるお題目を唱えれば万事解決という訳にはいかないのである。教科書供給に関する既存文献も至って手薄で、『全国教科書供給協会二十年史』（昭和四三年）などの業界史は、関係者の顕彰に忙しくて歴史のほうには手が回らず、ほとんど参考にはならない。芳根次朗『明治大正昭和教科書供給のあゆみ』（昭和四八年）は麗々しい書名とツカの厚さの割には、芳根の集めた資料（それも殆ど史料価値のない）を脈絡なく並べただけで論述には程遠い内容。また高橋正実「出版流通機構の変遷一六〇三～一九四五」（『出版研究』一三号　昭和五八年二月）には「教科書ルートの発生」の一項があるが、これはただ既存文献を整理紹介したに留り、該ルートの実態の検証は今後の課題となっている。

幸い今回、阪急学園池田文庫蔵『小林家文書（布屋文庫）目録』（平成八年刊）の中に、金港堂との教科書取引をめぐる書簡と契約書を見出すことが出来た。小林家は布屋と号する甲州韮崎の旧家で、宝塚歌劇の創始者、逸翁美術館の主として著名な実業家小林一三の養家でもある。[*1] この素封家に伝来した史料を読みときながら、明治検定期の教科書供給の実態に光を当ててみたいと思う。

## 一　教科用図書特約販売をめぐる史料と翻字

『小林家文書（布屋文庫）』に所収の興味深い標記一件文書を紹介する前に、小学教科書をめぐる当時の時代背景を振り返っておきたい。明治十九年四月「小学校ノ教科書ハ文部大臣ノ検定シタルモノニ限ルヘシ」（小学校令第一三条）として検定制度が実施された。これ以降教科書は検定をパスしない限り通用しないことになる。またこの制度下での教科書の採択方法は、各府県の審査委員会が検定済の各教科書の内容を審査し、その答申により地方長官（府県知事）が使用する教科書を決定する、いわば府県管内統一採択制をとっていた。このきわめて人為的な制度は時代が下るにつれて、必然的に教科書をめぐる病理現象を進行させた。

その具体的な様相を『実業之日本』三巻五号（明治三三年三月二〇日）のルポルタージュ記事によってのぞいてみよう。白鷺市隠による「東京商売事情（一五）書籍」で、世紀の替り目頃の教科書出版事情が活写されている。

> 小学校の教科書は四ヶ年を一期限として漸次変更の規定なるが故に、一たび審査会てふ関門を通過すれば、前後通じて都合八ヶ（ママ）年間之を用ひしめ得るなり、加ふるに就学児童の多数なる、一府県少きも三四万を下らず、多きは十数万人に越ゆ一冊一部の価頗る廉なりと雖も、発売部数の多額なる、優に奇利を占むるに足る、若し幸にして其出版する所三県四県に渡りて用ひらるゝを得んか、一朝にして巨万の富を重ぬること敢て難しとせず、左れば一たび教科書変更の警報に接するや、彼等は一斉に起て之に赴き、車を飛ばし馬に鞭ちて一歩も後《おく》れざらんことを恐る、其状餓虎の肉に於けるか如しとや言はん、遂に動《やゝ》もすれば黄白を飛ばして醜声を伝へ、狷介の士をして審査会に列するを厭《いと》はしむるが如き、勢の奔《はし》る所亦已を得ざるに出づるとは云へ苦々しき事なり、是等の書肆は各々皆編輯局といふを設け、数名の編輯員を雇ひ入れて、孜々《しゝ》として事に従はしむ、編輯員の給料は大抵一名三四十円に過ぎず、其学識文章は深く問ふ所にあらずして、要は切嵌《きりは》めの巧みなるを尚《たつと》ぶ、往々一両名茗渓の出身若くは文部の落武者を養ひ、待遇潤沢、名を編輯に藉《か》ると雖も、其実是等は皆審査競争の走狗たるのみなり、元来図書出版に要する費用中には、印刷料あり、原稿料ありて、皆必須の者たりと雖も、之を世間に吹聴して大に販路を拡張せんと欲せば、広告料と云ふもの最も巨額を要するなり（中略）各種の図書皆広告に非ずんば世に行はれ難きを嘆ぜざるなきに、小学校教科書は独り何の頼む所ありて恬《てん》として之を敢てせざるか、是れ他なし、彼等は運動てふ一種無類なる広告法の存するあればなり、通常世間が新聞雑誌に投ずべき広告料を転じて、彼等は悉く之を運動に用ふ（以下略）

教科用図書特約販売をめぐる一件文書は次の三点で、上段に原文書の影印、下段に対応する形で翻字した。

史料1　清水彦左衛門宛金港堂の返書（横切二枚継）（**図1**）
史料2　小林七郎宛原亮三郎の返書（横切二枚継）（**図2**）
史料3　約定書と特約価格表（美濃十二行界紙三丁）（**図3**）

また、特約価格表中の主な教科書については、参考のために各々書影（**図4〜6**）を付した。

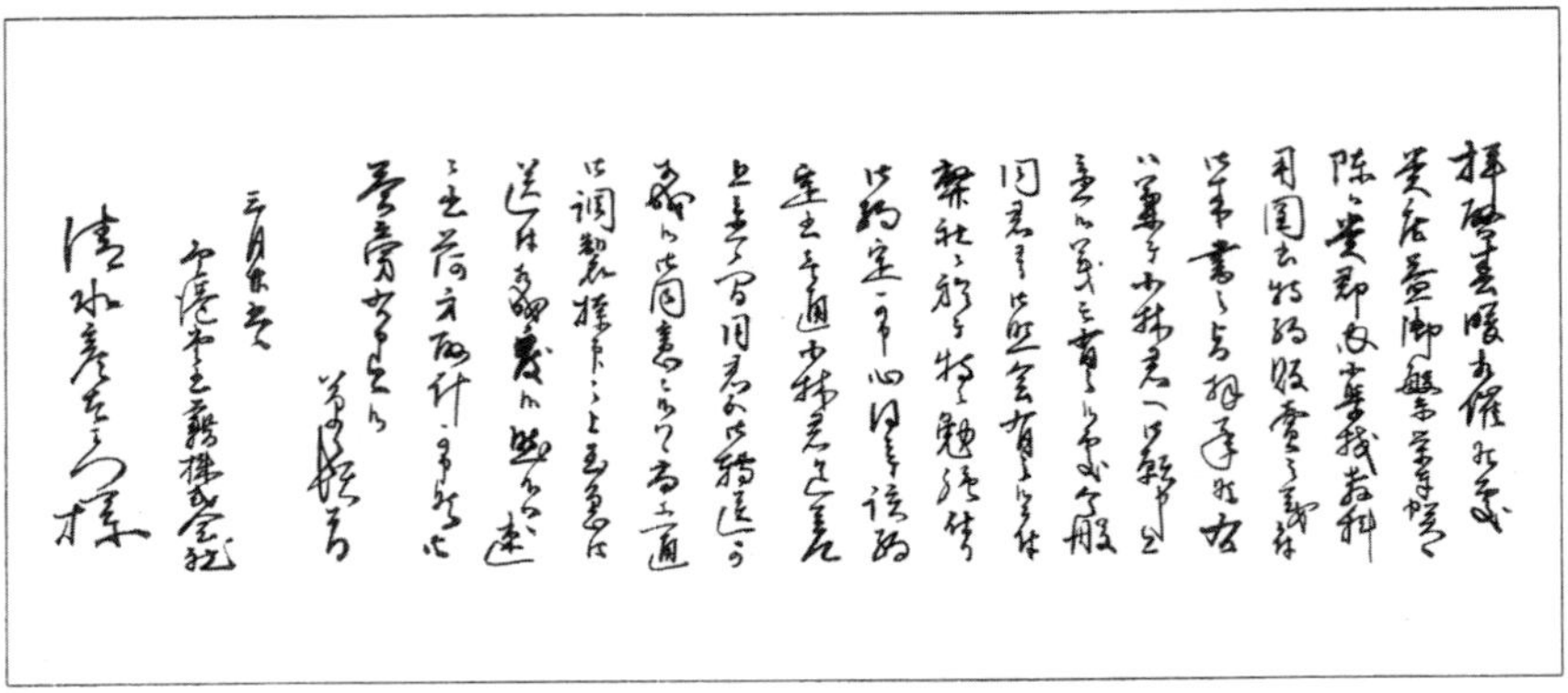

図１　清水彦左衛門宛金港堂返書（阪急学園池田文庫蔵）

拝啓春暖相催候処
貴店益御繁栄奉賀候
陳ハ貴郡内小学校教科
用図書特約販売之儀ニ付
御来書之旨拝掌候右
ハ兼テ小林君へ御願申上
参候儀モ有之候処今般
同君ヨリ御照会有之候ニ付
弊社ニ於テ特ニ勉強仕リ
御約定可申心得ニテ該約
定書壱通小林君迄差
上参候間同君より御転送可
相成候御同意ニ候ハバ尚ホ一通
御調製捺印被下至急御
送付相成度候然候ハバ速
ニ出荷方取計可申候御
答旁右申上候
草々頓首
三月廿五日
金港堂書籍株式会社
清水彦左衛門様

史料１（図１）

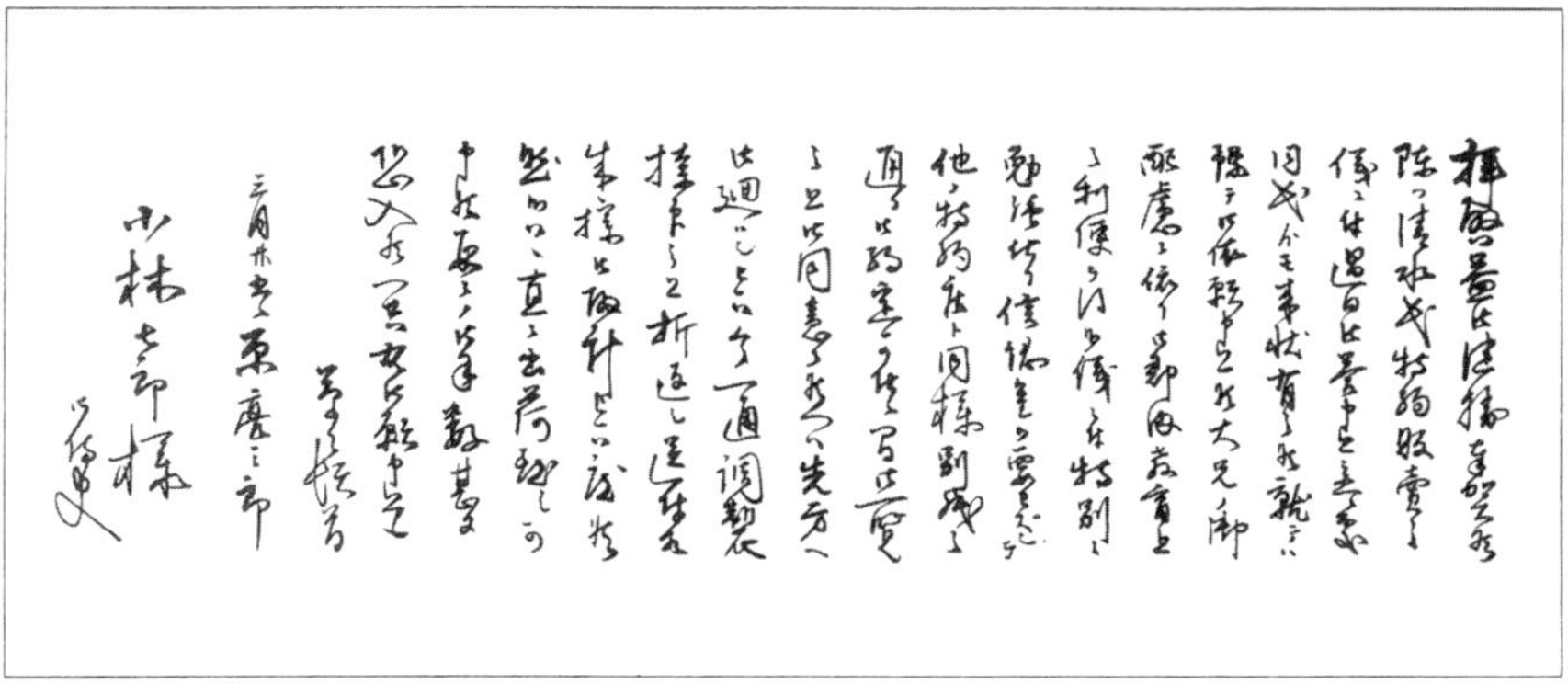

図２　小林七郎宛原亮三郎返書（阪急学園池田文庫蔵）

拝啓益御健勝奉賀候
陳ハ清水氏特約販売之
儀ニ付過日御答申上参候処
同氏よりモ来状有之候就テハ
豫テ御依願申上候大兄ノ御
配慮ニ依リ御郡内教育上
之利便ヲ得候儀ニ付特別之
勉強仕リ信認金ヲ要セズシテ
他ノ特約店ト同様別紙之
通リ御約定可仕候間御一覧
之上御同意ニ候ハバ先方へ
御廻ハシ被下今一通調製
捺印之上折返シ送付相
成候様御取計被下度候
然候ハバ直ニ出荷数シ可
申候毎々ノ御手数甚タ
恐入候へ共右御願申上候
草々頓首
三月廿五日　原亮三郎
小林七郎様
御侍史

史料２（図２）

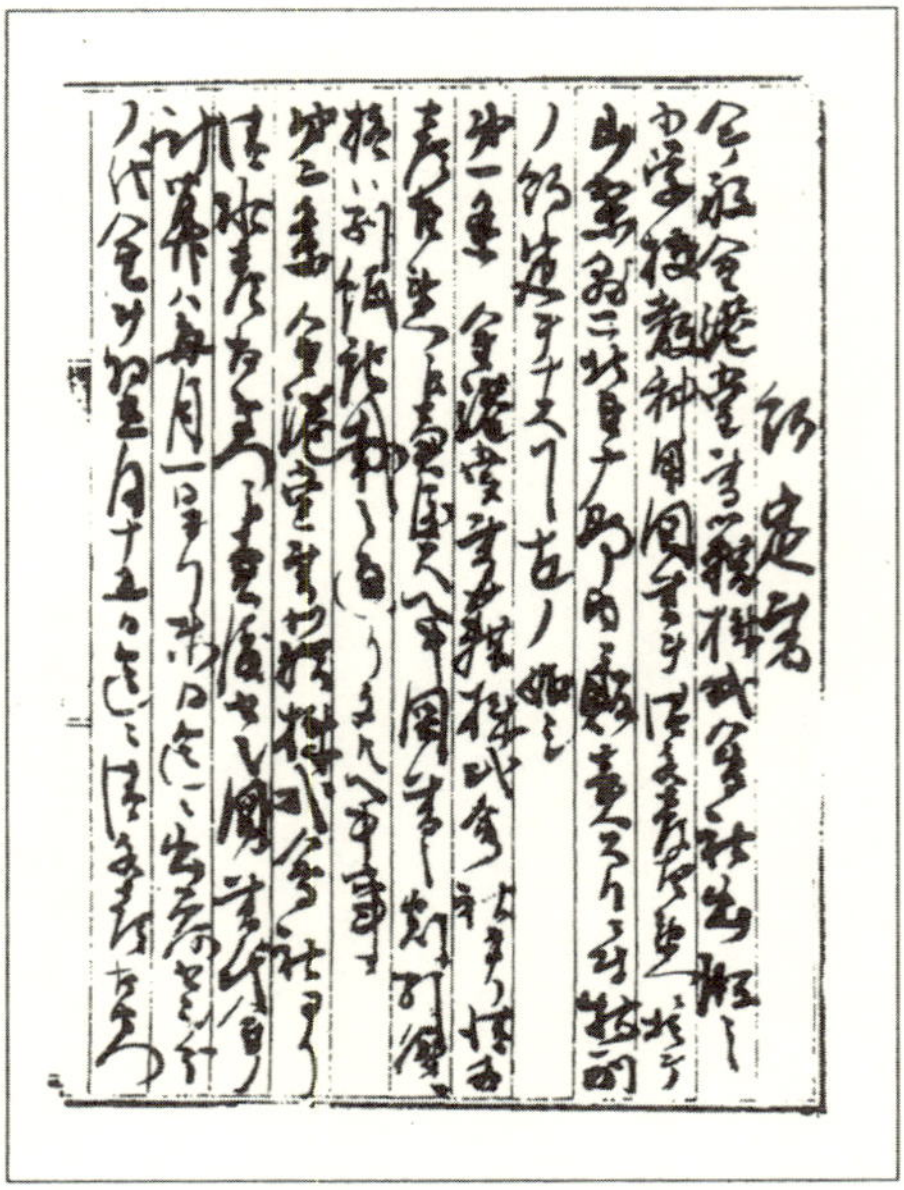

図３－１　約定書と特約価格表（阪急学園池田文庫蔵）

約定書

今般金港堂書籍株式会社出版之
小学校教科用図書ヲ清水彦左衛門ニ於テ
山梨縣下北巨摩郡内ニ販売スルニ付特別
ノ約定ヲナスヿ左ノ如シ
第一条　金港堂書籍株式会社ヨリ清水
彦左衛門江売渡スヘキ図書之割引価
格ハ別紙記載之通リタルヘキ事
第二条　金港堂書籍株式会社ヨリ
清水彦左衛門江売渡セシ図書代金ノ
計算ハ毎月一日ヨリ末日迄ニ出庫セシ分
ノ代金ヲ翌月十五日迄ニ清水彦左衛門

史料３－１（図３－１）

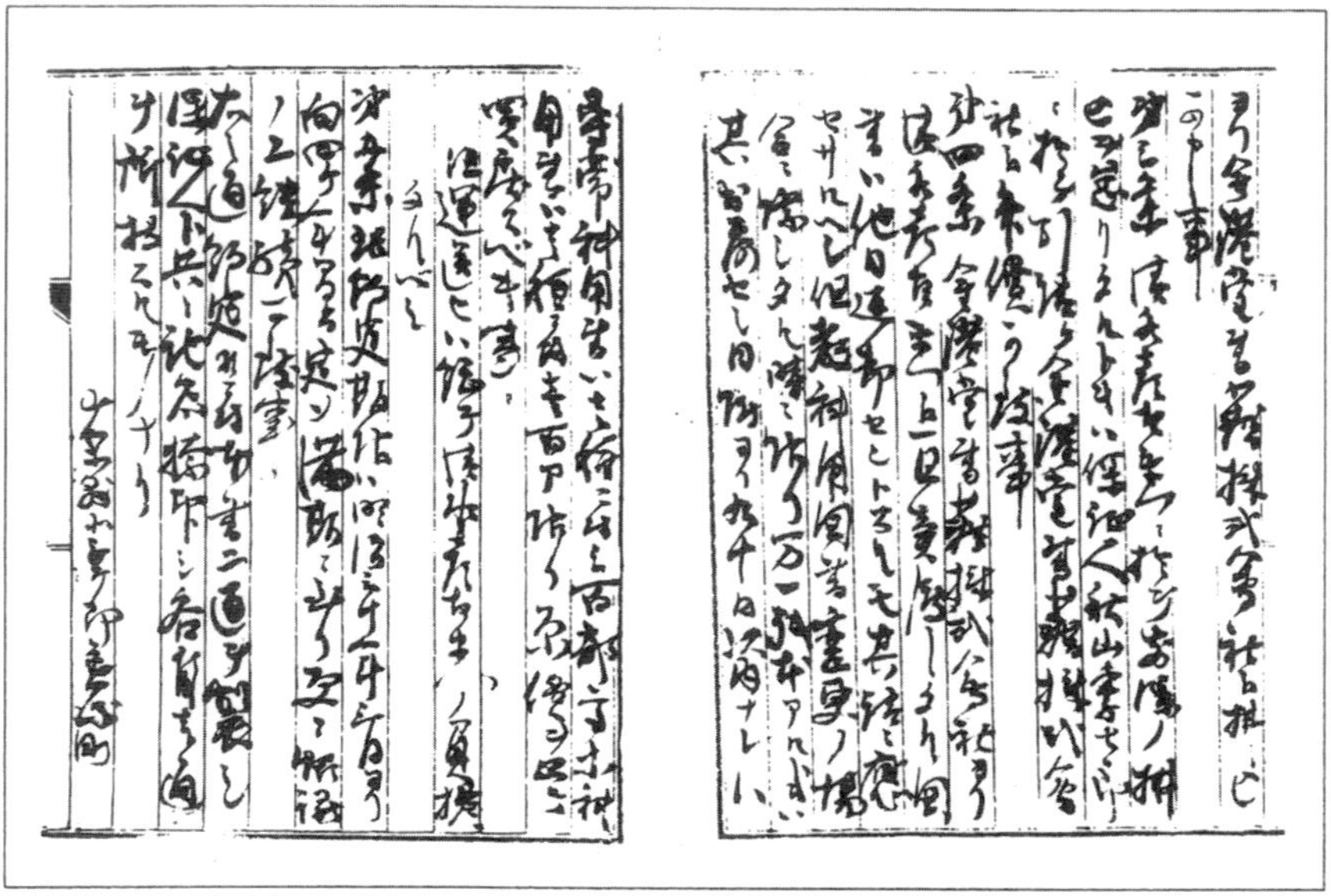

図３－２

ヨリ金港堂書籍株式会社江払込
可申事
第三条　清水彦左衛門ニ於テ前条ノ払
込ヲ怠リタルトキハ保証人秋山季七郎
ニ於テ引請ケ金港堂書籍株式会
社江弁償可致事
第四条　金港堂書籍株式会社ヨリ
清水彦左衛門江一旦売渡シタル図
書ハ他日返却セントスルモ其請ニ応
セサルヘシ但教科用図書変更ノ場
合ニ際シタル時ニ限リ万一残本アルトキハ
其出荷セシ日附ヨリ九十日以内ナレハ
尋常科用書ハ壱科ニ付三百部高等科
用書ハ壱科ニ付壱百部限リ原価ヲ以テ
買戻スベキ事
　但運送ヒハ総テ清水彦左衛門ノ負担
タルベン
第五条　此約定期限ハ明治三十一年三月ヨリ
向四ヶ年間ト定メ満期ニ当リ更ニ協議
ノ上継続可致事
右之通約定候ニ付本書二通ヲ製シ
保証人ト共ニ記名捺印シ各自壱通
ヲ所持スルモノナリ
　山梨縣北巨摩郡韮崎町

史料３－２（図３－２）

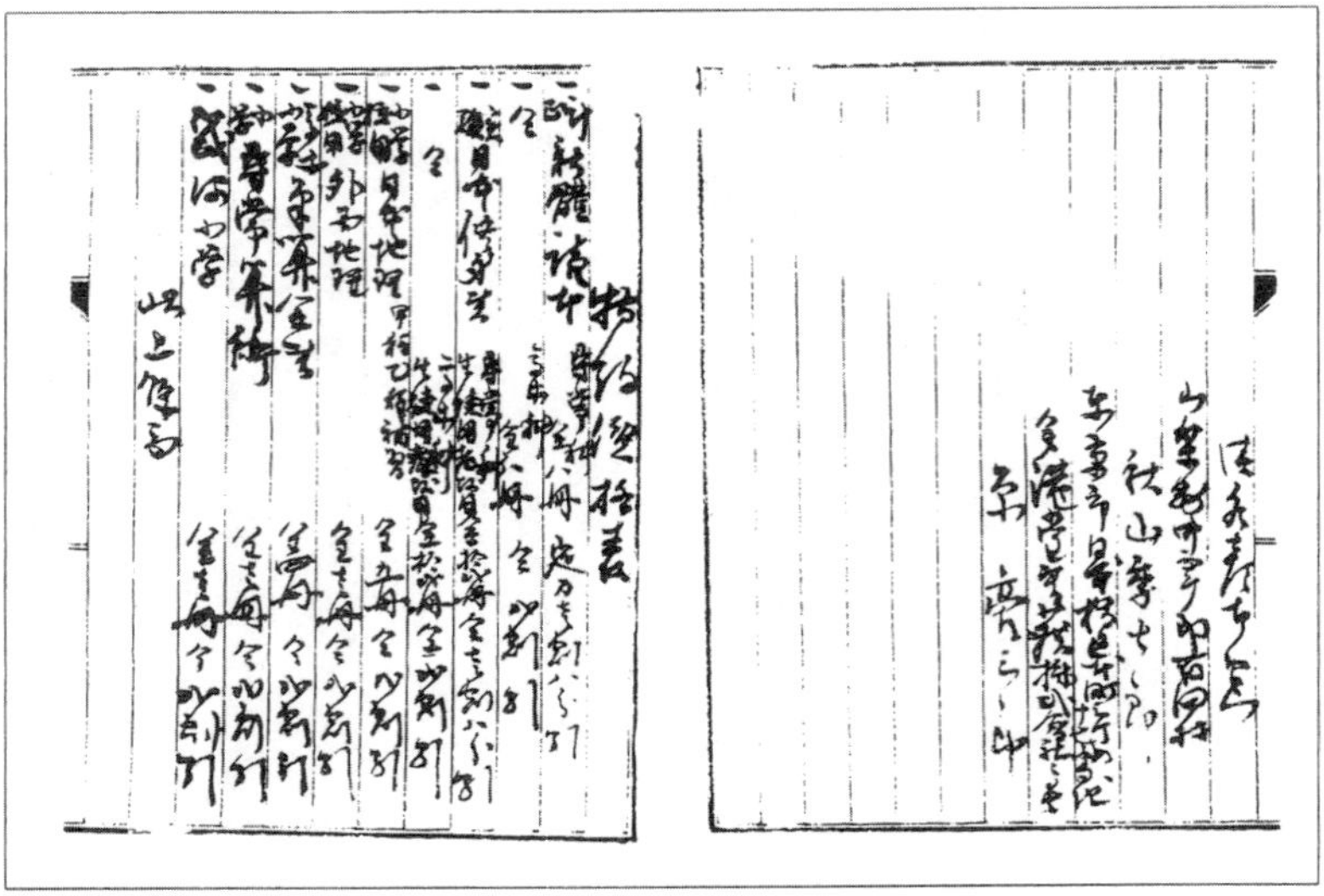

図3－3

清水彦左衛門
山梨縣中巨摩郡百田村
秋山季七郎
東京市日本橋区本町三丁目十七番地
金港堂書籍株式会社々長
原亮三郎

特約価格表
一、訂正新体読本　尋常科（図4）　全八冊　定価壱割八分引
一、仝　高等科（図5）　全八冊　仝　弐割引
一、実験日本修身書　尋常科（図6）生徒用教師用　全拾弐冊　仝壱割引八分引
一、仝　高等科生徒用教師用　全拾弐冊　仝　弐割引
一、小学校用日本地理甲種乙種補習　全五冊　仝　弐割引
一、小学校用外国地理　全壱冊　仝　弐割引
一、高等小学筆算全書　全四冊　仝　弐割引
一、小学尋常算術　全壱冊　仝　弐割引
一、幾何小学　全壱冊　仝　弐割引
以下余白

史料3－3（図3－3）

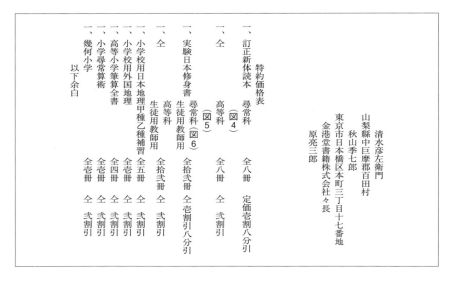

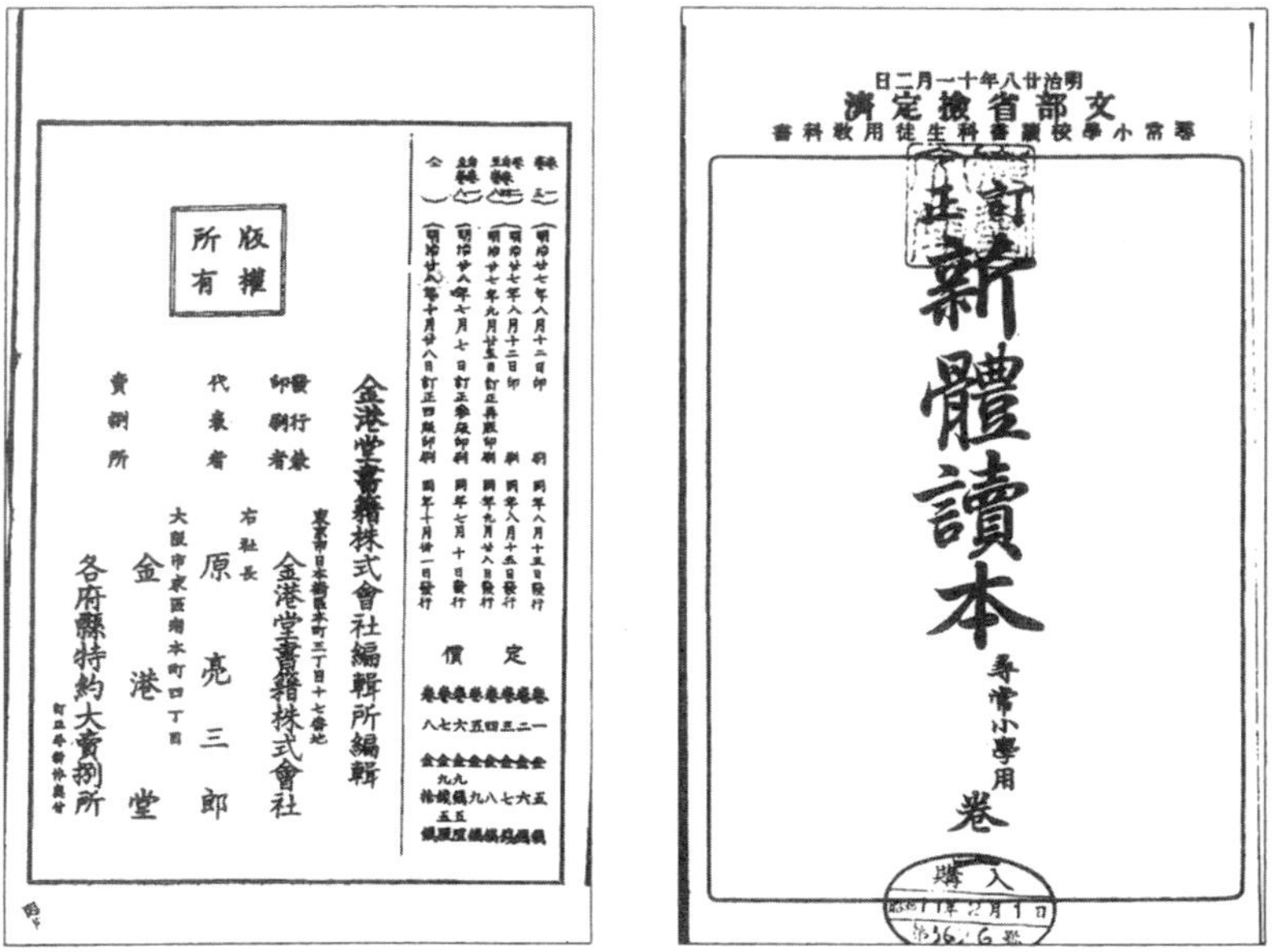


図４－１　『訂正 新体読本　尋常科』見返（右）と奥付（左）（東書文庫蔵）

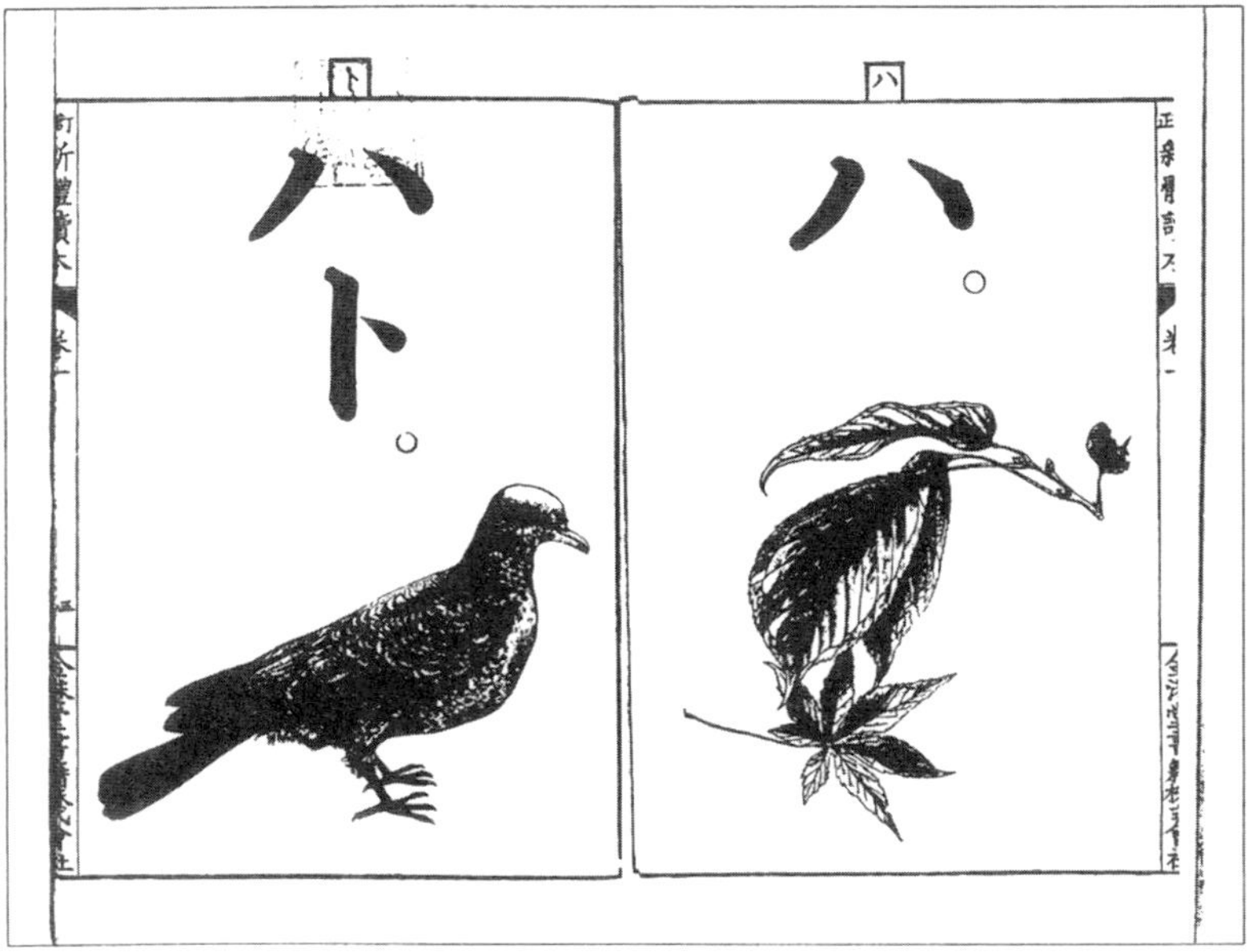


図４－２　『訂正 新体読本　尋常科』本文（挿絵は生巧館の木口木版）（東書文庫蔵）

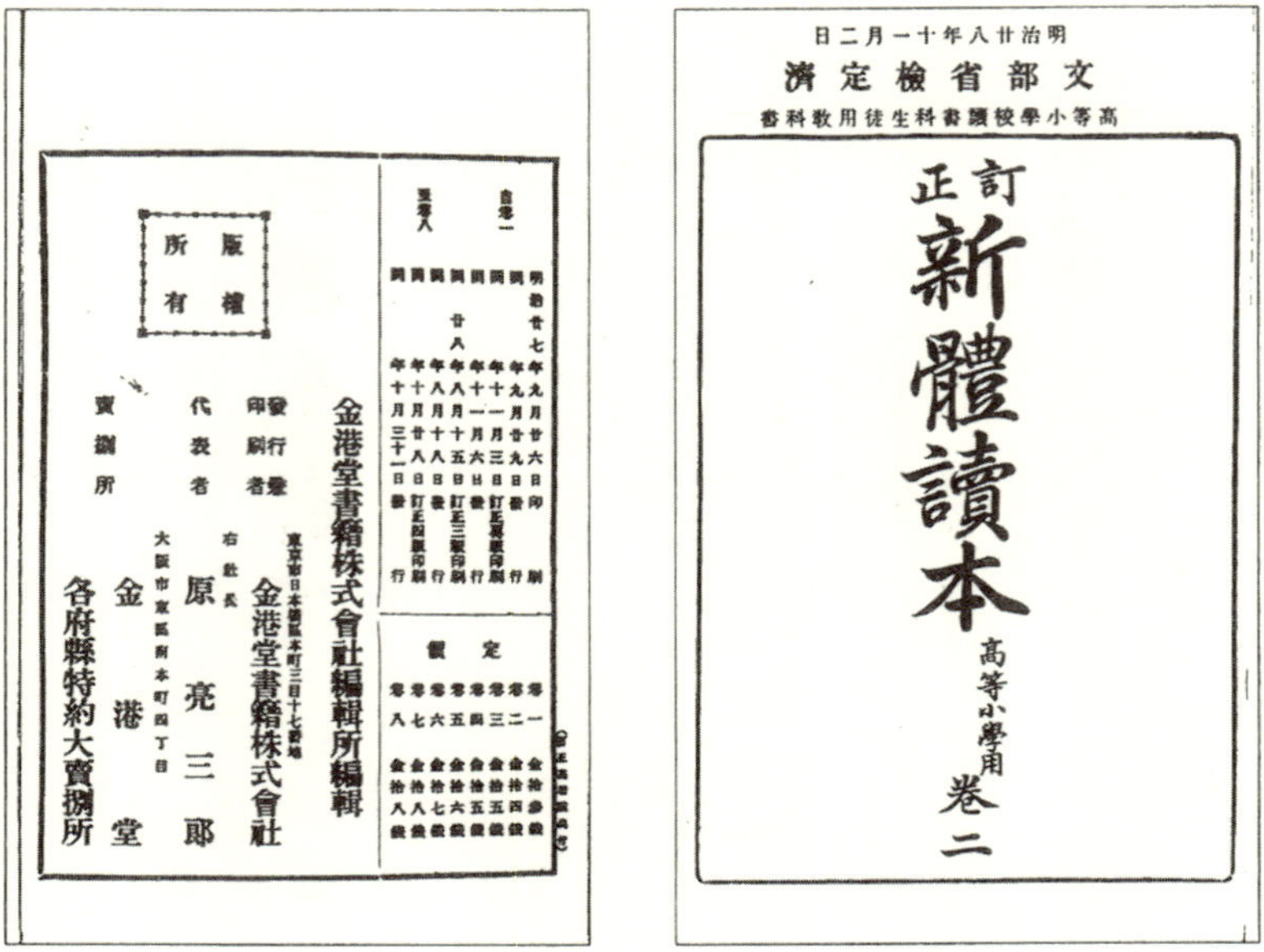

明治廿八年十一月二日
文部省檢定濟
高等小學校讀書科生徒用教科書
訂正
新體讀本
高等小學用
巻二

自巻一 至巻八
明治廿七年九月廿六日印刷
同　年九月廿九日發行
同　年十一月三日訂正再版印刷
同　年十一月六日發行
同　廿八年八月十五日訂正三版印刷
同　年八月十八日發行
同　年十月廿八日訂正四版印刷
同　年十月三十一日發行

定價
巻一 金拾参錢
巻二 金拾四錢
巻三 金拾五錢
巻四 金拾五錢
巻五 金拾六錢
巻六 金拾七錢
巻七 金拾八錢
巻八 金拾八錢

版權所有

金港堂書籍株式會社編輯所編輯
發行者 印刷者　東京市日本橋區本町三丁目十七番地　金港堂書籍株式會社
代表者　右社長　原亮三郎
賣捌所　大阪市東區南本町四丁目　金港堂
各府縣特約大賣捌所

図５－１　『訂正 新体読本　高等科』見返（右）と奥付（左）（東書文庫蔵）

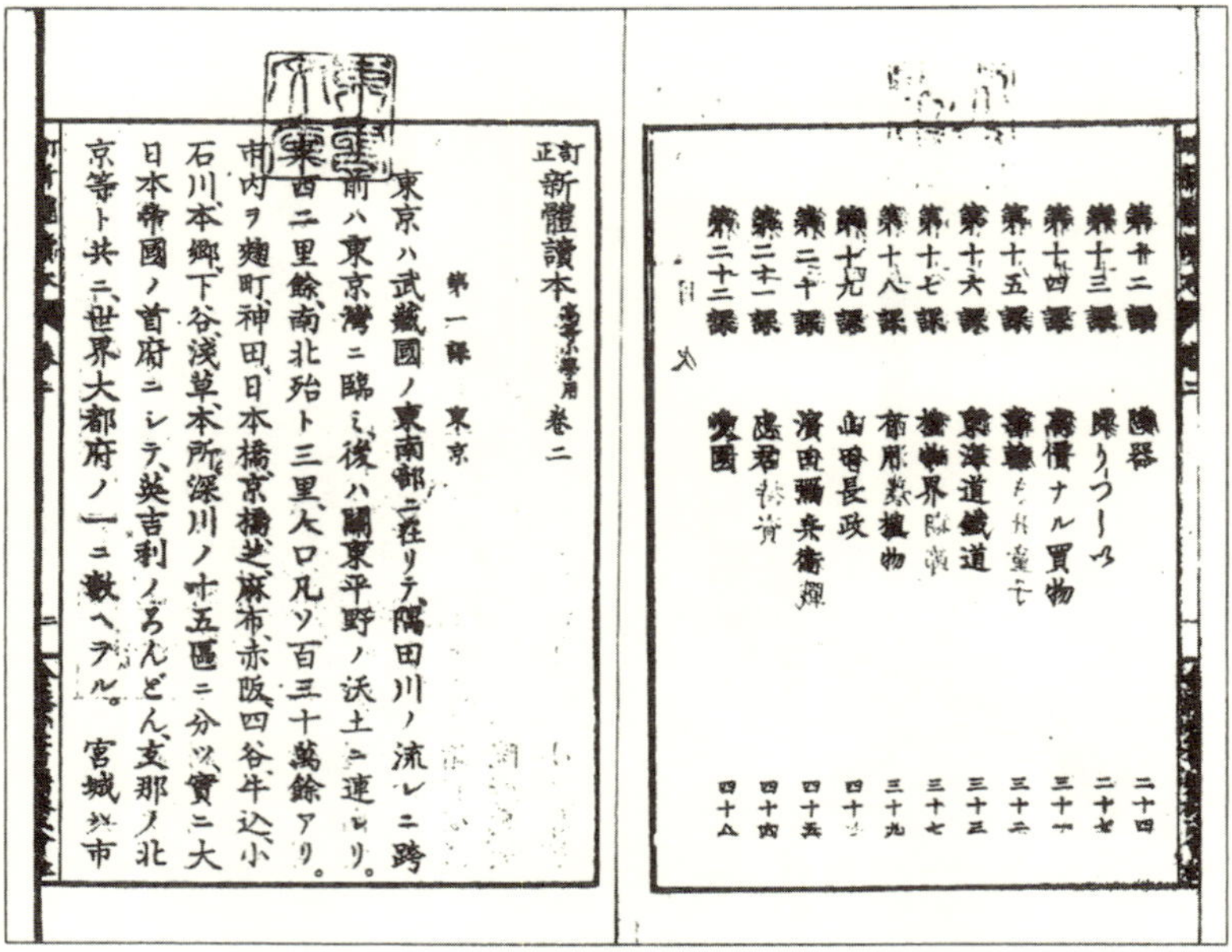

第十二課 陶器 二十四
第十三課 [illegible] 二十七
第十四課 高價ナル買物 三十一
第十五課 [illegible] 三十二
第十六課 東海道鐵道 三十三
第十七課 [illegible] 三十七
第十八課 [illegible] 三十九
第十九課 山田長政 四十一
第二十課 濱田彌兵衛 四十五
第二十一課 [illegible] 四十六
第二十二課 [illegible] 四十八

訂正新體讀本 高等小學用 巻二
第一課 東京
東京ハ武藏國ノ東南部ニ在リテ、隅田川ノ流レニ跨リ、前ハ東京灣ニ臨ミ、後ハ關東平野ノ沃土ニ連レリ。東西二里餘、南北殆ト三里、人口凡ソ百三十萬餘アリ。市内ヲ麹町、神田、日本橋、京橋、芝、麻布、赤坂、四谷、牛込、小石川、本郷、下谷、浅草、本所、深川ノ十五區ニ分ツ、實ニ大日本帝國ノ首府ニシテ、英吉利ノろんどん、支那ノ北京等ト共ニ、世界大都府ノ一ニ數ヘラル。宮城ハ市

図５－２　『訂正 新体読本　高等科』目次（右）と巻頭（左）（東書文庫蔵）

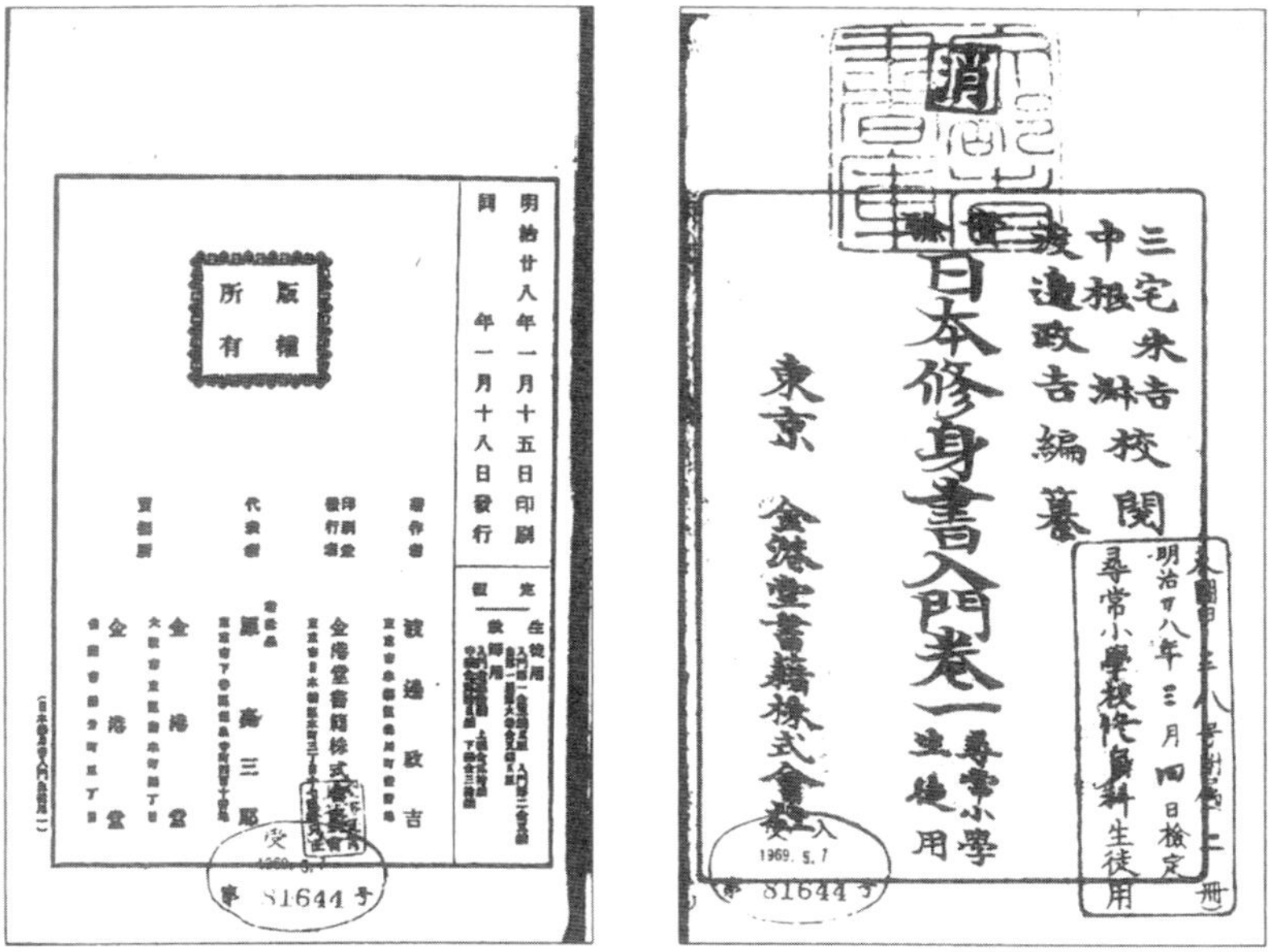


図６－１　『実験 日本修身書　尋常科』入門編　見返（右）と奥付（左）（東書文庫蔵）

図６－２　『実験 日本修身書　尋常科』入門編（挿絵の原図は小林清親）（東書文庫蔵）

## 二　特約店契約をめぐる二通の書簡

書簡文の大意を記し、ついで関係者の人物像や金港堂とのかかわりについて触れ、契約に至る背景を考察してみる。

〔史料1〕清水彦左衛門宛金港堂書籍株式会社の返書

金港堂発行小学校教科用図書の北巨摩郡内特約販売取引き申出の書面を拝受した。この件はかねて小林氏に依頼していたことですが、同氏からのご照会も得たこともあり、小社は特別扱いの契約を結びたい。その約定書一通はひとまず小林氏に差出し、同氏から回送される手筈になっています。契約書面に異存がなければ、なお一通約定書を作成し捺印の上至急ご返送下さい。この手続が済み次第、直ちに教科書の出荷にとりかかります。以上のようにご回答します。

〔史料2〕小林七郎宛原亮三郎（金港堂社長）の返書

清水氏の特約販売について先日回答したところ、同氏から返事が来ました。かねてから大兄にお願いしていたご配慮をとりつけたので、北巨摩郡内の教育上の便益をはかるためにも奮発して信認金の供託を求めずに他の特約店と同条件の契約〔史料3を参照〕を結ぶことにしたい。ついては一覧の上ご異存がなければ、清水氏へ廻付し約定書もう一通作成・捺印の上送付するように取り計らいをお願いしたい。手続が済み次第すぐに出荷します。お手数かけて恐縮ですが、以上お願いします。

金港堂発行の小学校教科用図書の特約販売契約をめぐり、当事者清水彦左衛門及び、実質的な周旋人小林七郎宛の返書二通である。各通の形式に注意すると、清水宛のものは金港堂からの事務文書に対し、小林宛では原亮三郎（金港堂社長）の私信の形にして表敬の意を示している。また文面からも明白なように、この特約成立には小林七郎が大きく介在していることがわかる。

清水彦左衛門は「山梨繁昌明細記」（『山梨鑑』明治二七年刊、所収）によると、伊勢屋と号する韮崎町の有力商家のようで、「○小間物○袋物卸小売商○学校用書籍○筆墨紙硯○絵具朱青黒肉類○煙草全属品具○男女装飾品各種各国売薬取次」と手広い商売をしていた。既に学校用書籍を扱っているのが注目される。また山梨県では明治十年代には早くも翻刻出版物を主とした県内流通網が成立していた。甲府桜町の中山録朗（広告舎）は県内向けに『今古実録』や『朝鮮変報録』の翻刻出版をしているが、その販売所の中に「韮崎駅　伊勢屋彦左衛門」が見える。清水の本屋兼業はなかなか年季が入っていると言えそうだ。金港堂はかねてから郡内に特約販売店を設けたいと考えて、然るべき人選を昵懇の小林七郎に依頼していた。金港堂が清水と特約店契約を結ぶに至ったのは、恐らく小林が身元保証を与えたからであろう。

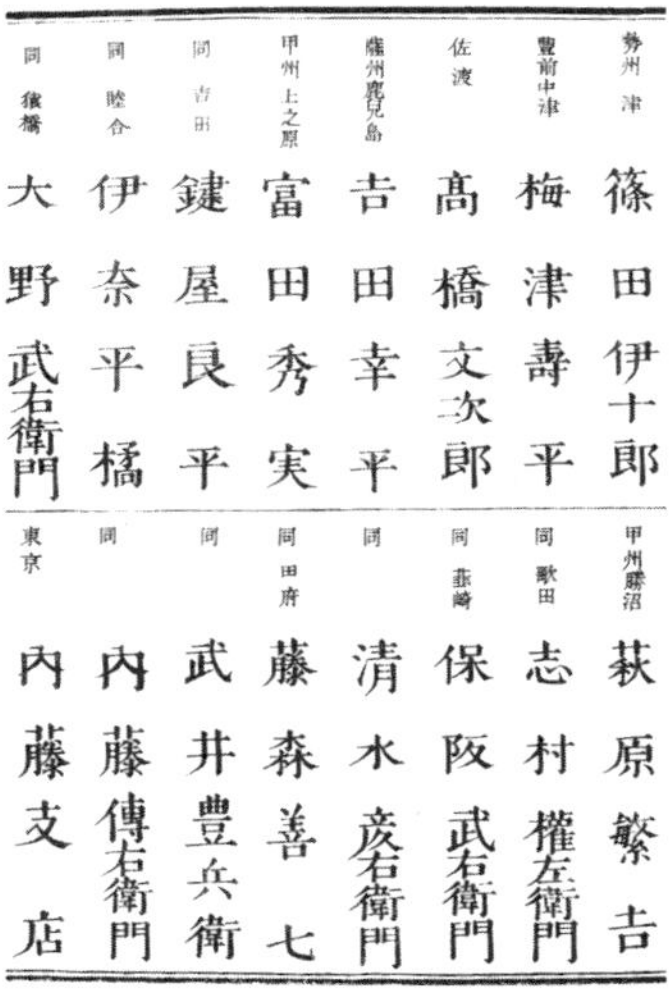
勢州津　篠田伊十郎
豊前中津　梅津壽平
佐渡　髙橋文次郎
薩州鹿兒島　吉田幸平
甲州上之原　富田秀実
同吉田　鍵屋良平
同睦合　伊奈平橋
同猿橋　大野武右衛門
甲州勝沼　荻原繁吉
同歌田　志村權左衛門
同韮崎　保阪武右衛門
同　清水彦右衛門
同甲府　藤森善七
同　武井豊兵衛
同　内藤傳右衛門
東京　内藤支店

図７　佐藤牧山『清朝史略』の売捌所一覧（部分）

小林七郎は江戸時代以来韮崎宿の旧家で資産家としてきこえた布屋本家の当主。県会議員や第五期衆議院議員（明治三一年三月）などをつとめた名望家でもある。府県の主要な町ごとに商工業者を営業別にあげた『日本全国商工人名録』（明治三一年刊　**図8**）には、小林家の所得税七九円余、営業税四〇円余が載っていて突出した富裕ぶりがうかがえる。小林七郎と並び同じ韮崎の富裕層の中に、酒造・呉服の富屋小野豊五郎が見えるが、後に甲州財閥形成者の一人として名をなす実業家小野金六（一八五二―一九二三）の生家である。

小野金六は明治二十年前後から始まる企業勃興期に、金港堂の原亮三郎と組んでいくつもの会社を起こしている。第九十五国立銀行の再建、東京割引銀行[*2]の創設（明治二一年一月）、富士製紙（明治二〇年一一月）や東京機械製造会社（明治二一年一月）の創業などでは、二人は良きパートナーとして主導的な役割（瀬川光行『商海英傑伝』三益社　明治二六年刊）を果たした。また小林七郎の実弟近一は早くに東京に出て銀行家として成功した。前記の二銀行ではいずれも役員として参画しており、原亮三郎とも浅からぬ因縁をもっていた。

## 三　特約店約定書の検討

第一条は特約取引店のマージンの定め。教科書の場合割引率は一般には二〇％。ただし読本（国語）と修身の科目に顕著だが、尋常科（一八％）と高等科（二〇％）では割引率に差がつけられる。尋常科の方は生徒数が多く扱い量も大きいので低正味でも十分引き合うというわけだ。明治二十年代就学率は向上したと言っても、高等科へ進む者は多くはなかった。例えば、吉野作造は郷里古川の場合を次のように述べている。

当時上級の学校に入らうといふ者は至つて少なく……志望者の多数は官公吏並に旧士族の子弟を主として、農工商の生産階級からは案外に少ない。蓋しこの階級は当時なほ出来るだけ早く学校を退がるを誇つて居つたのである。私自身の経験を云へば、小学校で尋常科から高等科へ進むと女

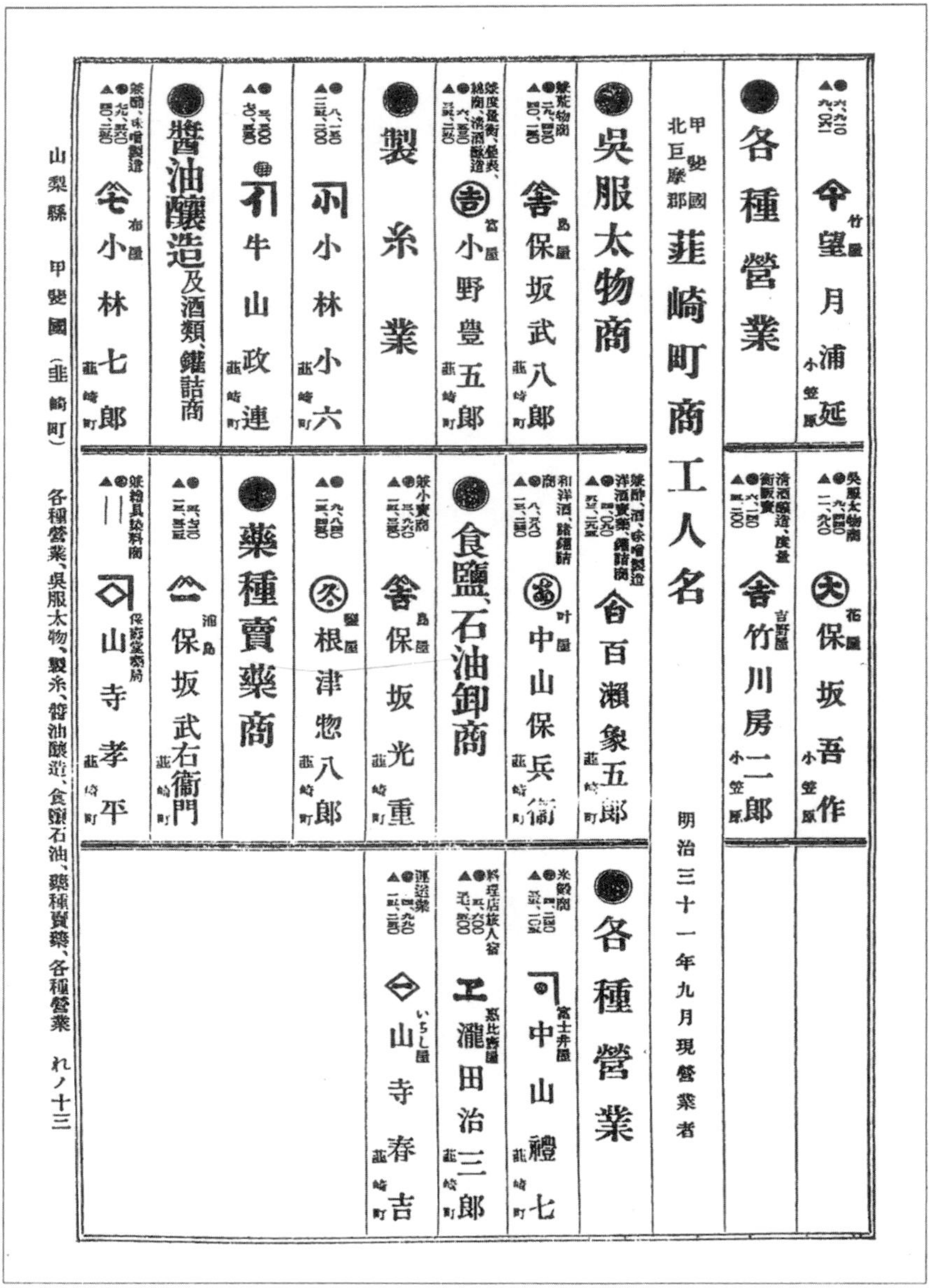

甲斐國北巨摩郡

韮崎町商工人名

明治三十一年九月現營業者

各種營業

竹屋　望月浦延　小笠原

吳服太物商　花屋　保坂吾作　小笠原

清酒醸造、度量衡販賣　吉野屋　竹川房二郎　小笠原

吳服太物商

兼荒物商　島屋　保坂武八郎　韮崎町

兼度量衡、蚕具、綿商、清酒醸造　富屋　小野豊五郎　韮崎町

兼醋、酒、味噌製造、洋酒賣藥、罐詰商　百瀬象五郎　韮崎町

和洋酒、諸罐詰商　叶屋　中山保兵衛　韮崎町

各種營業

米穀商　富士井屋　中山禮七　韮崎町

料理店旅人宿　恵比寿屋　瀧田治三郎　韮崎町

運送業　いちし屋　山寺春吉　韮崎町

製糸業

小林小六　韮崎町

牛山政連　韮崎町

食鹽、石油卸商

兼小賣商　島屋　保坂光重　韮崎町

麴屋　根津惣八郎　韮崎町

醤油醸造及酒類、罐詰商

兼醋、味噌製造　布屋　小林七郎　韮崎町

藥種賣藥商

滝島　保坂武右衛門　韮崎町

兼絵具染料商　保寿堂薬局　山寺孝平　韮崎町

山梨縣　甲斐國（韮崎町）　各種營業、吳服太物、製糸、醤油醸造、食鹽石油、藥種賣藥、各種營業　れノ十三

図８　『日本全国商工人名録』（明治31年刊）●印は所得税額、▲印は営業税額を示す

生徒は殆んど一人も居なくなつた。四年級を通じたつた一人ゐたが、それは郡長のお嬢さんであつた。やがて一二年すると男性でも相当富有の良家の子弟はどん〳〵学校をやめる。宛かも学校をやらなくとも飯が食へると、誇るものなるかに見へた。私が高等科を卒業するときの同窓は八人であつた（中略）小学校時代を過した私の郷里は国道筋に沿うて仙台の北十里ばかりのところに在る人口一万足らず可なり殷盛な市場であるが、それだけ小学校を半途でやめるといふのが少くとも家運繁昌のための淳風美俗とされてゐたものと見へる。（「日清戦争前後」『閑談の閑談』所収。のち岩波書店版『吉野作造著作集』第一二巻に収録）

なお教科書の中では最も売行がよく、従って利益もまた多いものは読本、次に修身の順であることも留意すべきであろう。とくに明治三三年の小学校令改正以後は、読本の採定には通常同一書肆の習字本と併用することになったから、読本の比重は一層大きいものになる。

是に於て各書肆相互に読本の採用を争い愈よ其成算なきを覚悟したる場合に於てのみ止むを得ず「然らバ此際セメテハ修身書なりとも御採用の事に」と泣を入るるが例にて、地理歴史とか算術理科とかいうものの如きハ初めより書肆の念頭にハあらざる也、されバ彼等が審査会に於て読本の落第し若くハ修身書の落第したる場合ハ仮令《たとへ》他十数科目の教科書が全部総て採用せらるることありとも彼等はこれを失敗と称して一向に嬉しがらざるなり（『万朝報』明治三五年一二月二七日　二面）

教科書肆の激烈な売り込み運動の実態を語って興味深いが、首尾よく採用された場合には、教科書の供給について諸注意を遵守し、いささかの差支えもないように十分準備する旨の請書（誓約書）を県当局に提出する。**図9**は普及舎が読本と修身書に関し群馬県に提出した請書の一例で、読みやすいから特に翻字はしなくてもいいだろう。

第二条は売渡した図書代金の清算方法である。翌月十五日払いがこの時代一般の通例なのかどうかは定かではない。ただ教科書会社の立場の方が強く、特約書店は信認金の供託（清水彦左衛門の場合は、小林七郎の後盾のおかげで特別に免除された）をはじめ、商品代金の決済も期日内の履行を求められていた。

当時の商売案内に『実業の栞』（文禄堂　明治三七年）があるが、書籍商の紹介文中に注目すべき次の一項がある。

○教科書の取引　惣じて荷為替或は月末払ながら取次店よりは何れも信用金として、多きは四五千円、少なきも二三千円の現金を預り居り、之れに銀行並の利子は付し居れど、その為め決して品物の支払金は容赦せず頗る厳格なるもの也

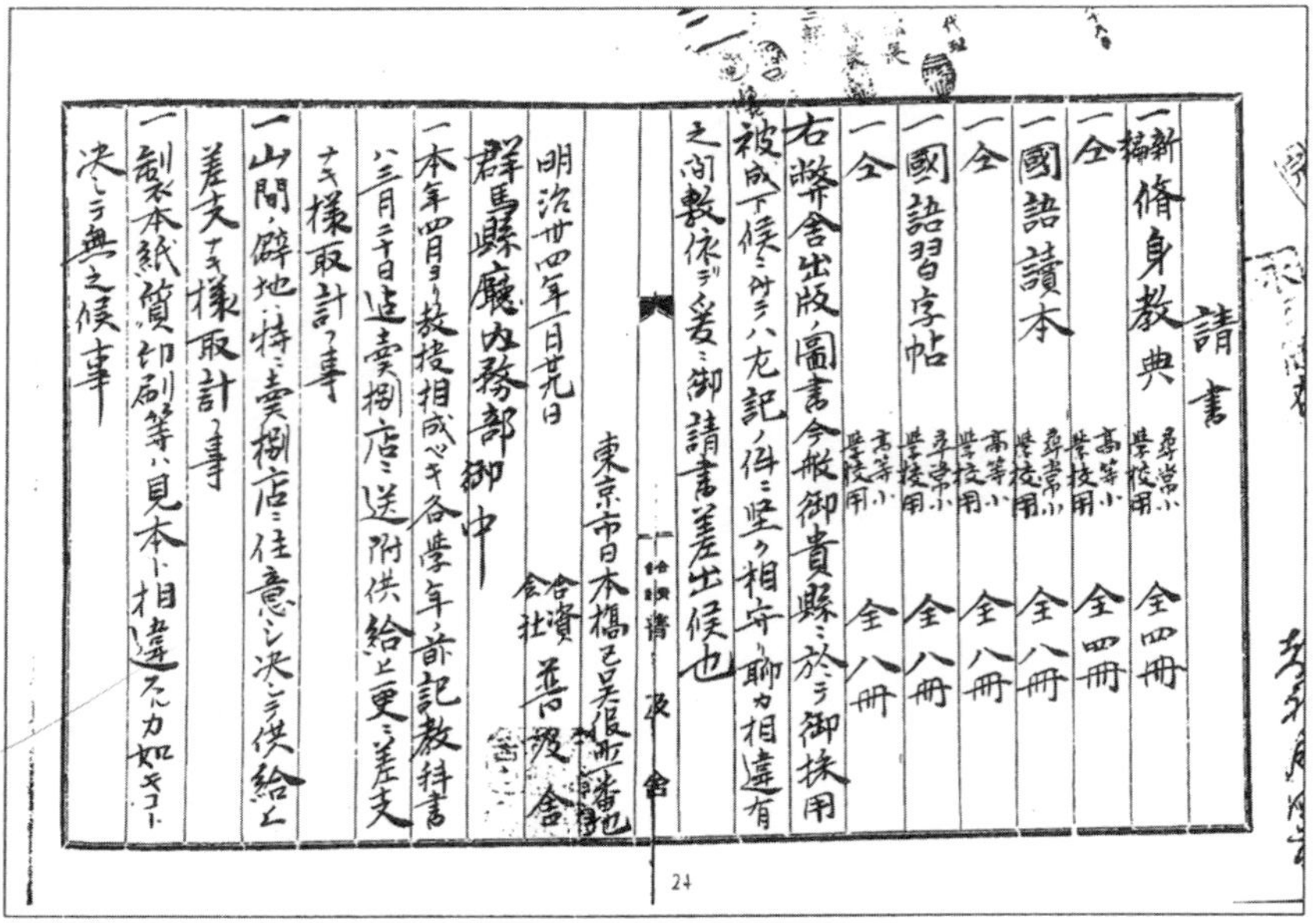
請書
一新編修身教典　尋常小學校用　全四冊
一仝　高等小學校用　全四冊
一國語讀本　尋常小學校用　全八冊
一仝　高等小學校用　全八冊
一國語習字帖　尋常小學校用　全八冊
一仝　高等小學校用　全八冊
右弊舎出版ノ圖書今般御貴縣ニ於テ御採用被成下候ニ付テハ左記ノ件ニ堅ク相守リ聊カ相違有之間敷依テ爰ニ御請書差出候也
東京市日本橋區呉服町二番地
合資会社　普及舎
明治廿四年一月廿九日
群馬縣廳内務部御中
一本年四月ヨリ採択相成ベキ各學年前記教科書ハ三月二十日迄賣捌店ニ送附供給ニ更ニ差支ナキ樣取計フ事
一山間僻地ハ特ニ賣捌店ニ注意シ決シテ供給上差支ナキ樣取計フ事
一製本紙質印刷等ハ見本ト相違スルカ如キコトハ決シテ無之候事

図９　普及舎の群馬県宛請書（群馬県立文書館蔵）

荷為替とは隔地者間の送付売買において、売主が運送証券を担保として銀行から金融を受けたり、又は銀行に代金の取立を委任したりして、売買代金の弁済を受ける取引のこと。

第三条は代金の支払を厳格に担保する方法、即ち未払の場合には保証人による弁償を定めたもの。保証人となった秋山季七郎は中巨摩郡百田村の初代村長をつとめた土地の名望家（『中巨摩郡志』昭和三年刊）らしく、恐らく清水とは縁戚につながるものであろう。

第四条は返品について原則は不可であること。当時は一般図書も同様に買切制であった。ただし教科書の場合は、文部省の法令規則などの改正に従い新たな教科書に変更することがあり得る。その場合に限り残本を一定量の範囲で「原価ヲ以テ買戻ス」が、運送費は清水側の負担である。尋常科と高等科の冊数の比率が三対一というのも、当時の生徒数の実勢に応じた送本数量を反映しているようだ。

第五条は契約期間と更新の定め。向四年間というのは一度採択した教科書は四年間変更を認めず、変更した場合は最下の学年から使用し始める（明治二四年審査規則）に対応したものであろう。

## 「区域制限之一手専売契約」——結び

以上、小学校教科書の特約販売契約をめぐる金港堂と清水彦左衛門の一件文書を検討してきた。その結果、教科書の取引は一般の図書雑誌とは異なり、特異な性格をもっていることを再確認した。それを当時の言葉で要約すれば「区域制限之一手専売契約」と言ってよさそうだ。

第五条　売捌方針　弊館は他ノ教科書出版店ノ如キ区域制限之一手専売契約等ハ不致依テ何地ヨリ直接ニ御注文被下候トモ直チニ送本可仕又如何程少数ノ御注文ニテモ御取引ニ可応候（博文館『書林便覧』明治二八年、傍点は引用者）

『書林便覧』は博文館が新規に取引を希望する書店等に向けた同館の営業案内で、書店マニュアルの嚆矢とも言うべきもの。全国の書店を相手に自由な取引を強調するために、事更に「他ノ教科書出版店」の取引方法を引き合いに出してその差異を言い立てている趣である。実は新興の博文館はこの一、二年前に余勢をかって教科書出版に参入し、意に反して惨敗を喫する苦い経験[*3]をもっていた。その意趣返しと言っても差支えないような文言なのが面白い。

小学校教科書の特約店の場合は供給（販売）の受持地域があって、それを越えての商売は出来ない（区域制限）。通常は郡がその単位となっている。その地域内に於いては排他的な一手専売権を持つことができる。清水の場合は北巨摩郡内の一手専売権であり、場合によっては神奈川県平塚の寸金堂今井政兵衛のように、いくつかの郡を兼ねる（四郡発売元）ことも可能である。

これを金港堂など教科書会社から見ると、教科書は学期毎の一括大量取引だから、商売の安全が何よりも優先する。従って取引の相手方の要件も厳格にならざるを得ない。

（一）特定の有力書店又は資産のある商家としか取引しない。どこの店でも、どんなに少量の注文でも取引に応ずる博文館の行き方とは好対照である。

（二）教科書代金の支払を確実に担保するため、高額の信認金の供託を求める。又は清水の場合のように、返済能力をもった確かな身元保証人をたてさせる。通常信認金の金高が教科書取引の限度額とされているようだ。代金の支払は厳格なだけでなく、延滞や貸倒れにも周到に備えているのは、それだけ取引額が大きいからであろう。

以上のように見てくると、教科書の特約販売店になり得る書店、商店はかなり限られたものになる。相当な資産と規模をもっていないと教科書会社からは相手にされないことになる。**図10**は金港堂「教科用図書販売所」の全国リストである。この種の一覧表は同社発行単行書の奥付裏にしばしば見られるものであるが、これは木村匡『森先生伝』（明治三二年）から採った。どうやらこれらの販売所は各府県の大売捌所クラスのようだ。少くとも大分県の場合は、甲斐治平、梅津書店の配下に図書取引所として十数店があり、一種のヒエラルキー的供給網を形成

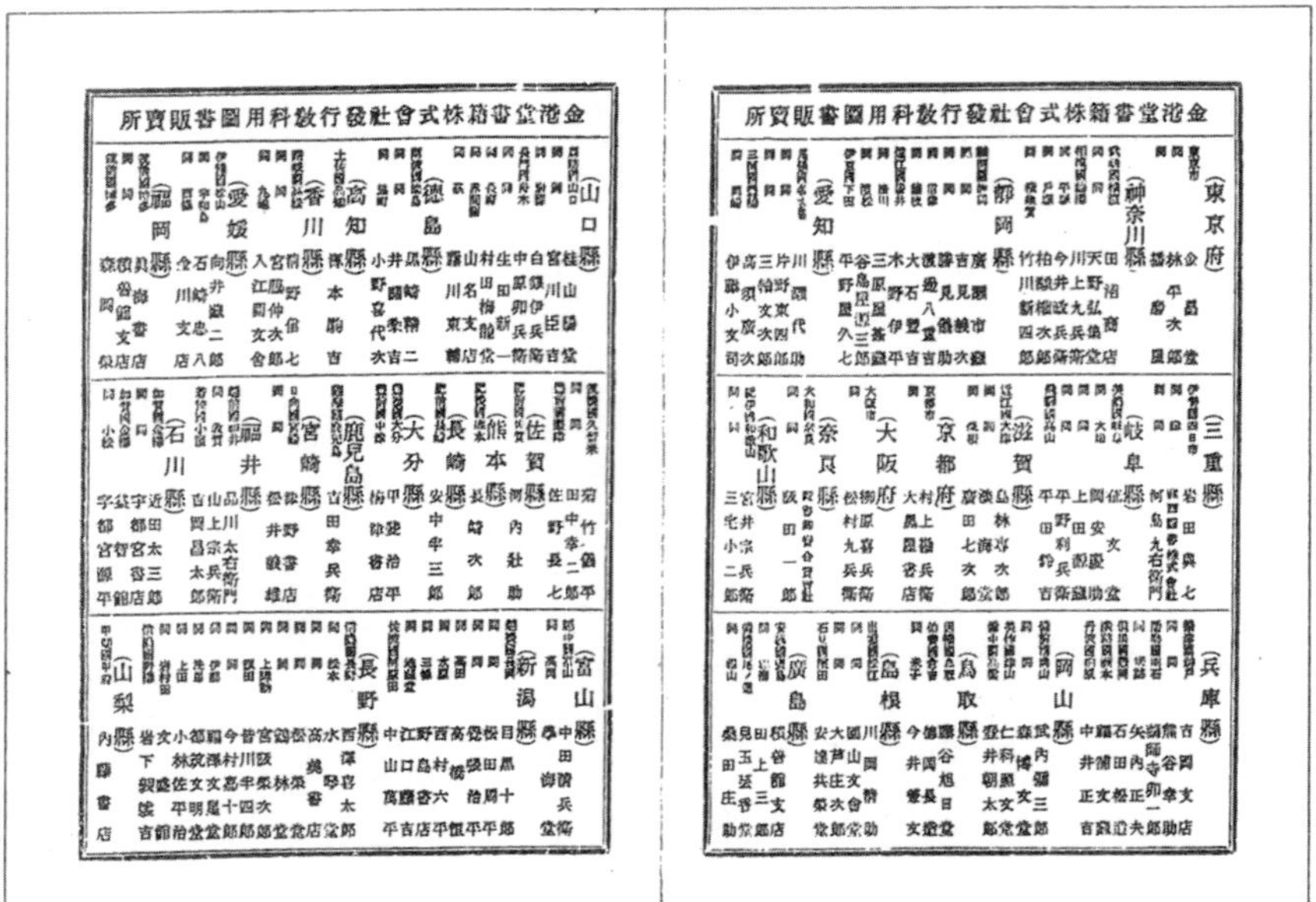
金港堂書籍株式會社發行教科用圖書販賣所

山口縣　德島縣　高知縣　香川縣　愛媛縣　福岡縣
佐賀縣　熊本縣　長崎縣　大分縣　鹿兒島縣　宮崎縣　福井縣　石川縣
宮山縣　新潟縣　長野縣　山梨縣

金港堂書籍株式會社發行教科用圖書販賣所

東京府　神奈川縣　靜岡縣　愛知縣
三重縣　岐阜縣　滋賀縣　京都府　大阪府　奈良縣　和歌山縣
兵庫縣　岡山縣　鳥取縣　島根縣　廣島縣

図10-1　金港堂の教科用図書販売所

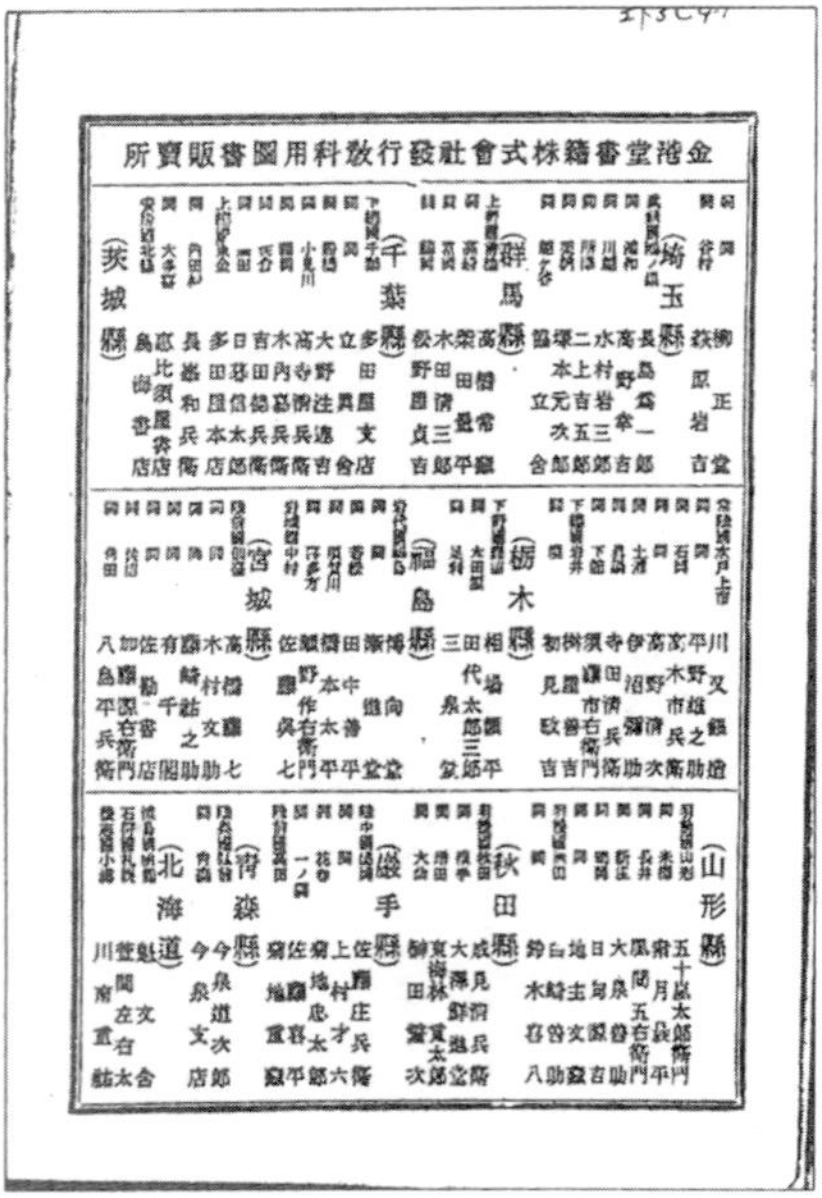
金港堂書籍株式會社發行教科用圖書販賣所

埼玉縣　群馬縣　千葉縣　茨城縣
栃木縣　福島縣　宮城縣
山形縣　秋田縣　岩手縣　青森縣　北海道

図10-2

している（『大分県教育史』第三巻　昭和五一年、一二三四—一二三六ページ）。山梨県の場合はどうなのだろうか。「甲府の内藤書店、柳正堂及び谷村の萩原岩吉」が載っているだけで、清水彦左衛門の名はない。年代のズレを考慮に入れるとしても、清水の場合は大売捌所クラスではなかったと見る方が合理的であろう。或いは何かの事情で特約契約を締約するに至らなかったのかも知れない。

結びに既に述べたこと*4ではあるが、『大分県教育史』第三巻の「教科用図書の供給に関する」文書に拠りながら、教科書供給の実際をたどってみよう。恐らくどの府県でも似たような手続を踏んでいる筈である。

(1)県当局は前年中に各郡に対し管下小学校の当該年度の需用概数を調査の上、報告させる。

(2)県全体の必要概数が確定すると、それを教科書会社に通知すると共に、予め該会社が届出ている県下の大売捌所にも伝える。

(3)発行者（教科書会社）は需用概数に基き各科教科書を製造（印刷製本）する。

(4)発行者は予め定められた日限（少くとも新学期の始まる前）までに、製造した教科書を大売捌所へ輸送する。

(5)輸送された教科書は、大売捌所又は県の指定した場所に於て、県当局の検品をうける。検定出願の際に提出した見本（標準図書）と比べ、紙質製本及び印刷の品質チェックを受ける。

(6)合格した教科書は検査の印を押し、大売捌所から各郡の図書取次所へ送られる。そこから各学校又は生徒の手に渡る。

〔註〕

＊1　小林一三と布屋本家の関係。小林一三の母、祖父はともに早世したので、「二代ノ孤児本家ニ養ハル」（『小林一三翁の追憶』昭和三六年刊）

＊2　『小林家文書目録』には、東京割引銀行や九十五銀行の定款や半季実際報告書（営業報告）の所蔵がある。東京割引銀行については、第二部第一章、「明治二十年代の金港堂と博文館」（『新日本古典文学大系　明治編』月報六　二〇〇二年三月）を参照。第一回株主総会（明治二一年四月一六日）時の株主人名録によると、原亮三郎と小野金六は各々二万五〇〇〇円、小林近一は五〇〇〇円、小林一三は一五〇〇円を出資している。

＊3　拙稿「「ダウントレス」大橋！――博文館の出版革命解明のために」（『彷書月刊』一七〇号　一九九九年一一月号）。

＊4　第三部第一章の「五　検定教科書の印刷製本と供給」。

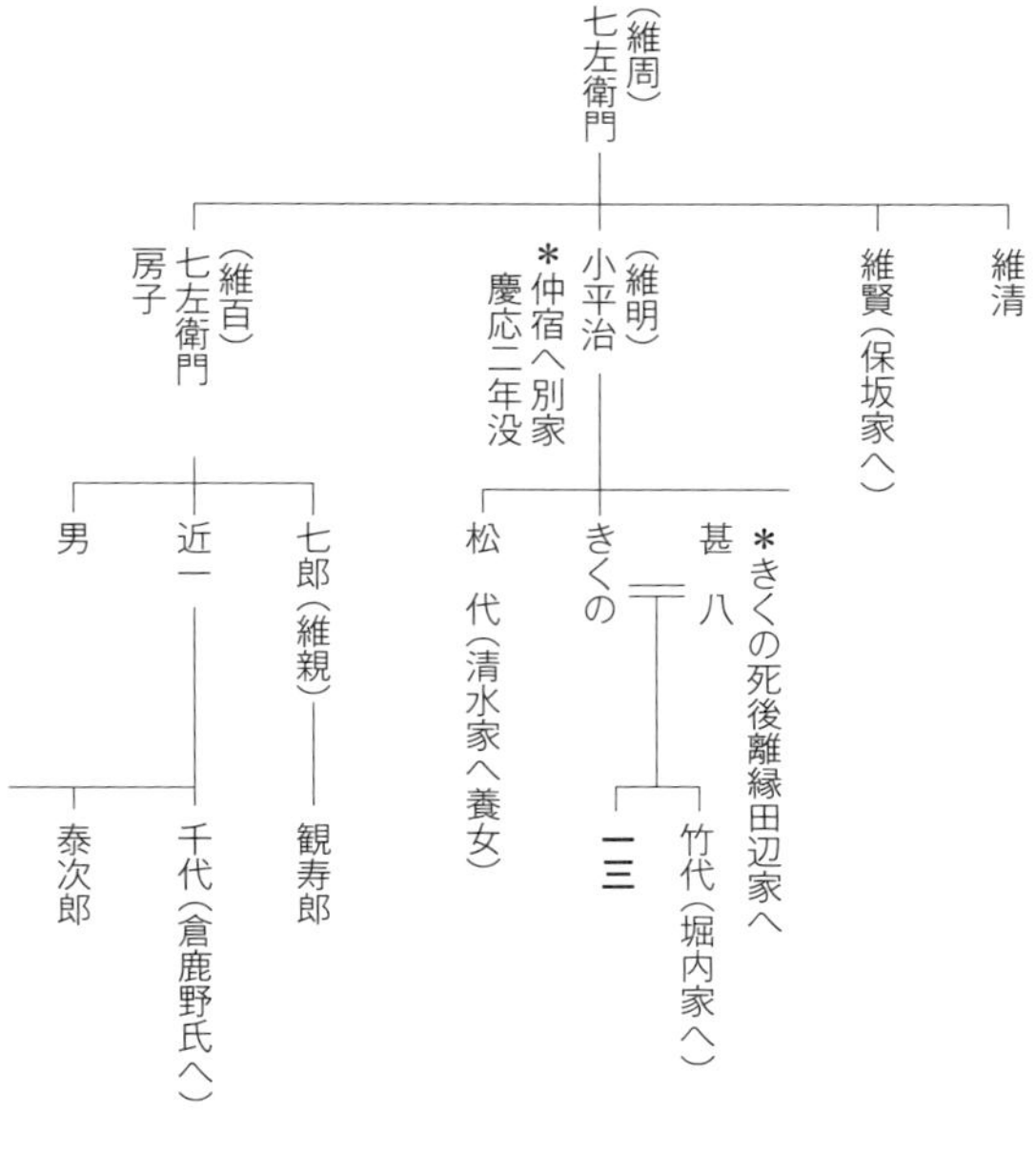

# 第三章　金港堂の七大雑誌と帝国印刷

## はじめに

ここに本町一《ママ》丁目の金港堂明治三十五年の頃突然文学婦人少年等の諸雑誌竝に小説書類の出版を広告して世の耳目を驚かせしことあり、金港堂といへば人に知られし教科書々類の版元なり。此の書肆の資金を以て文芸その他諸雑誌の発行に着手せんか此れまで独天下の春陽堂博文館とももに顔色なからんとわれ人共に第一号の発刊を待ちかねたり。

（永井荷風『書かでもの記』）

いうまでもなく金港堂は、明治八年（一八七五）、原亮三郎が創業した〝最古最大の教科書肆〟（『東京名物志』明治三四年）である。その教科書出版専業の会社が突然、一般図書と雑誌の分野に進出し、短時日の間に七大雑誌を発行したのである。荷風の驚きと期待はまた、出版業界や読書人一般のそれでもあった。

金港堂七大雑誌の創・廃刊の経緯については、かつて拙稿『金港堂小史――社史のない出版社「史」の試み』（東京都立中央図書館『研究紀要』一一号　昭和五五年三月）で触れたことがある。今日から見るとはなはだ不十分ではあるが、そこでは、①明治三〇年代になって致富の源泉であった小学校教科書の出版が、寡占化による過当競争のために行き詰ってきたこと、②そのため経営方針の変更を迫られ、一つは一般図書・雑誌分野への進出、一つは清国進出を企図をしたこと、③七大雑誌の各誌については、創刊の辞や編集者の回想記事などを援用して、刊行経過や消長についてある程度記述したこと（章末に「付記」として再録した）、などの諸点を明らかにした。

もともと雑誌自体の研究は困難を伴うものである。地道に毎号を見ていく根気仕事を要するからである。また、特に金港堂の諸雑誌の場合は、博文館などのそれに比べてずっと評価が低く、マイナーな扱いをうけてきた。たとえば権威ある『日本近代文学大事典』（講談社　昭和五二年）で『少年界』の項を引くと、主筆山県悌三郎となっていて、原誌も見ずに執筆したことが明らかに見てとれる。それだから既存の研究文献もほとんどなく、今日に及んでいる状況である。

管見では、『婦人界』について、高橋富子『解題・近代婦人雑誌目次総覧　第八巻　婦人界』解説、および「婦人雑誌にみる日露戦争――『女学世界』と『婦人界』を中心に」（『婦人雑誌の夜明け』大空社　一九八九年所収）がある程度である。

本章は、金港堂の七大雑誌、特に『文芸界』『少女界』『少年界』に関して、その後の知見をもとに補論を兼ねて述べたものである。その際、尾崎紅葉、幸田露伴、松崎天民など文学者の日記や、当時の新聞雑誌記事を多く援用した。

　また、合わせて帝国印刷の経営と活動についても触れた。印刷史上ほとんど忘れられている同社は、明治三十年代に七大雑誌を含め金港堂の出版物の多くを印刷した。それもそのはず、同社は金港堂の出資によって設立されたといってもよい印刷会社なのである。これについては、東京都公文書館所蔵の未刊史料や、会社録の決算表・役員一覧などを典拠として論述した。

## 一　帝国印刷と金港堂

帝国印刷株式会社　京橋区築地三―一五　木造平屋間口二九間奥行一三間。明治三〇年（一八九七）一〇月創立、資本金一〇万円。社長赤羽源治、重役五名、事務員七名、職工一八〇名あり。

（『新撰東京名所図会』三〇編　京橋区之部巻二〈臨増『風俗画報』二三一、明治三四年四月二五日〉三ページ）

明治三〇年代の東京を知るには、『風俗画報』は一等史料である。東京各地の景況が豊富な図版と共に報告されている。

　それによると、創業四年目の帝国印刷は相当な規模の工場のようだ。当然各種の「会社録」や「統計書」には記載がある。しかし、数多い「印刷史」の類には、ほとんど言及を見ない。ただ、川田久長『活版印刷史』（印刷学会出版部　昭和六一年）に、明治四一年、同社が東洋印刷に買収された記述がある程度である。

　実は、この帝国印刷は後述するように、実質的には金港堂の印刷工場が独立したものといってよかった。一般に金港堂をはじめとする大手の教科書会社は、すでに明治二〇年代から自社印刷工場を保有していた。教科書は特定の時期（たとえば新学期）に大量の需要が集中する商品である。したがって、その印刷を全部他の印刷所に委ねるのは危険が伴う。無理のきく自前の印刷所を持ち、供給態勢を整えておくことは必須といえた。

　それが、日清戦争後、日本経済の急拡大によって変貌を始めた。経済成長は当然、書籍雑誌のみならずさまざまな印刷需要を呼びおこすはずである。それをうけて、明治三〇年前後から、たとえば民友社印刷所が民友社から独立[*1]したように、付属の印刷所は独立した経営が可能になってきた。

　では、帝国印刷は、いかなる人物がどのように経営しようとしたのだろうか。幸運なことに、東京都公文書館には同社創立の際の一件文書[*2]が残されていた。岡村竹四郎以下六人の創立発起人が、東京府を経由して農商務省の大臣宛に提出した「帝国印刷株式会社申請書、目論見書并予算、定款」がそれである。

　これらによって、同社の経営方針をうかがってみよう。

## （一）起業目論見書および営業予算

帝国印刷は資本金一〇万円の株式会社であるが、どのように配分して事業を進めようとしたのか。まず目論見書と予算書を見てみる。

第一　当会社ハ株式ノ組織トス
第二　当会社ハ諸般ノ印刷業ヲ営ムヲ以テ目的トス
第三　当会社ハ帝国印刷株式会社ト称ヘ本社ヲ東京市ニ設置ス
第四　資本金総額ハ拾万円ニシテ之ヲ弐千株ニ分チ壱株ノ金額ヲ五拾円トス
第五　資本金使用ノ概算ハ左ノ如シ
一金拾万円　資本金総額
　内訳
一金五千円　工場家屋建築費
一金壱万四千六百六拾九円　諸器械及付属品買入費
一金壱千二百七拾円　諸器具買入費
一金五百円　創業費
一金参千五百六拾参円　運転資本
一金七万五千円　第二拡張費
第六　発起人ノ氏名住所及各自引受株数ハ左ノ如シ（但、住所は省略。＊は引用者の注記）

一弐百株　岡村竹四郎㊞　＊信陽堂
一弐百株　赤羽源治㊞　＊不詳
一五拾株　杉山辰之助㊞　＊金昌堂、元金港堂社員
一五拾株　岩田僊太郎㊞　＊金港堂支配人
一壱百株　原　亮一郎㊞　＊同　取締役
一七百株　原　亮三郎㊞　＊同　社長

### 営業予算

一金壱万六千六百五十六円　一ヶ年分支出高
　内訳
金三千四百五十六円　工場消耗品費
金壱万千五百廿円　諸職工費
金千六百八拾円　役員及職員給
一金弐万五千二百円　一ヶ年分収入高
　内訳
金弐万五千二百円　総印刷収入高
　差引
一金八千五百四拾四円　収益
　内
一金五百円　第一積立金
一金弐千七百円　第二積立金
一金七百卅八円　役員賞与金
一金五百円　職工賞与金
一金四千百六円　株主配当金（年凡一割六分強）

右之通相違無之候仍テ各自署名調印候也
　明治卅年九月
〔以下、創立発起人の署名調印は第六と同じにつき省略〕

帝国印刷の資本金は、主に原家を中心とする金港堂からの出資に期待されていることが明白である。岡村竹四郎は石版印刷で有名な信陽堂の経営者。[*3] 赤羽源治は当時の人名録等を調べたが出ていない。たぶん印刷業の関係者であろう。

会社は通常、株式の多い者によって経営されるから、先の両名が社長、専務を占めるのは奇異に感じられる。恐らく金港堂側には、斯業の経験者に実務を委ねたほうがより安全という判断があったのではないかと思われる。

資本金は印刷工場の設備投資、および運転資金にまわされる。一年間の収支見込みは、総収入二万五〇〇〇円、必要経費一万七〇〇〇円、利益八〇〇〇円を期待している。

資本金一〇万円規模の印刷会社が、どのように資金を配分し、経営を行ない、収益をあげようとしているのか。右の資料は、その一例として興味深いものがある。

## （二）定款

帝国印刷の定款は全四四条よりなる。主な項目は次のとおり。

第一章　総則（第一―六条）　組織、営業目的、名称所在、印章。
第二章　資本及株式（第七―一七条）　資本金、株券の雛形および払込方法。
第三章　株式ノ取得及譲渡（第一八―二一条）　株式の売買譲渡の手続など。
第四章　役員（第二二―三〇条）　取締役、監査役の選任、任期、任務、給料。職員（工場監督、書記、手代）。
第五章　株主総会（第三一―四一条）　通常臨時総会の招集、議決の手続。
第六章　計算（第四二―四四条）　年二季の会計決算、純益金の配分方法。

定款の結びは、「右之通リ相違無之候仍テ発起人各自署名捺印候也　明治三十年九月」とあり、創立発起人六名が捺印している。

帝国印刷の定款には、取り立てて目を引くような条項は見当らないようだ。もともと株式会社の定款は、具備すべき条項については、ヒナ型のあるのが通例である。また、その内容についても、地方庁（この場合は東京府勧業課）の事前チェックを経たうえで、監督官庁の農商務省に申請される。したがって、こうした二重の手続を経て受理される定款には、起業者の主観が入りこむ余地はあまりないのが普通といえる。

この点で、大日本図書株式会社創立の定款について、矢作勝美氏が佐久間貞一の労働思想の反映[*4]と見ているのはいかがなものかと思われる。確かに佐久間がすぐれた印刷人であり、労働者を厚遇した開明的な資本家であることは事実である。だからといって、それがただちに、本来客観的で事務的な定款にまで反映されていると見るのは、短絡というものであろう。佐久間を称揚したい気持ちはわからないわけではないが、矢作氏の勇み足のように思われる。

定款を変更する場合には、そのつど、主務省へ変更届を提出せねばならない。この時も地方庁のチェックを経てから進達される。

いくつかの変更届が偶然残されていたので、興味深い変更箇所をのぞいてみよう。上段が創立時の定款で、傍点部分が改正箇所である。

○第二九条　取締役監査役及支配人給料ハ左ノ範囲内ニ於テ之ヲ定ムルモノトス[*5]

一、専務取締役（社長）　参拾円以上百円以内（月俸）
二、取締役及監査役　弐円以上拾円以内（月報酬）→五拾円以内
三、支配人　弐拾円以上七十円以内（月俸）

○第四三条　当会社ハ毎季総収益金ヨリ営業一切ノ経費及損失金ヲ控除シタルモノヲ純益金トシ純益金ノ配当ハ左ノ割合ニ依ル[*6]

百分ノ五以上　第一積立金
但商法規定ノ準備金ニシテ資本金ノ四分ノ一ニ充ルマテ積立置クコト
百分ノ一五以上　第二積立金
百分ノ一五以内　役員賞与金→百分ノ弐拾以内　役員及職工賞与金
百分ノ五以内　職工賞与金→前行に合併し削除
百分ノ五十以上　株主配当金→其余ノ金額
但決算ノ都合ニヨリ後期ニ繰越金ヲナスコトアルベシ

## （三）帝国印刷の経営と実績

前節では、帝国印刷の組織や経営方針について、創業時の「目論見書、予算、定款」によってある程度のことが明らかになった。では、実際に、この印刷会社にはどんな人物が関与し、どの位の利益をあげたのか、それを具体的に証明するために、『銀行会社要録』（東京興信所）明治三一―三九年の決算記録を**表1**にまとめてみた。

同書は、「東京横浜ノ両市及其郡部ニ本社又ハ支社出張所ヲ開設セル銀行、会社ノ計算ノ要領、大株主ノ持株其他緊要ノ事項ヲ毎年下半季ノ決算報告ニ拠リ抄録シタル」年刊の会社録。四版から栃木、五版から埼玉群馬、七版から北海道千葉茨城、と収録の地域を広げている。掲載の決算表の金額は円の位でとどめ、同じ性質の科目は合算して示すことがあるので、注意を

要する。

表1を見るにあたって、あらかじめ若干のコメントをつけておきたい。

(a)決算表の数値は厳密な貸借対照表とはなっていないので、あくまでも参考数値であることに留意されたい。

(b)配当金の金額と割合に矛盾があるように見えるが、『会社録』のままに記載した。なお、帝国印刷の資本金は一〇万円であるが、その払込額は明治三二年（一八九九）一二月までが四万円、三五年（一九〇二）六月までが五万円、三六年（一九〇三）六月以降が全額払込済となっている。配当率は払込額に対するものかも知れない。

(c)役員並使用人の人数はカッコ内に示したが、三九年五月分だけは一七六人となっている。これは職工を加えた人数であろう。

(d)前述したように、役員のうち、岡村竹四郎、赤羽源治以外の人物はすべて金港堂の関係者である。ただし、最後の年（三九年六月）の配置は異常で、岡村竹四郎が専務取締役社長となり、取締役に手塚猛昌、監査役に堀健吉が加わった。彼らは三九年二月に創立したばかりの東洋印刷の役員連であり、その後主脳として活動する人物である。

企業財務の専門家ならば、表1の数値から、帝国印刷の経営診断をすることは容易であろう。残念なことに筆者にはその力はない。そこで、この表から気のついたことを指摘するにとどめる。

(イ)厳密には他の同規模の印刷会社と比較する必要があろうが、全般に欠損を出すようなこともなく、帝国印刷の経営は順調に推移したと思われる。

(ロ)明治三四—三六年の急激な活況は、検定第三期を迎えた教科書の需要、折からの雑誌ブームなどの反映であろう。

(ハ)役員の構成は明治三七年六月末決算から大幅に替わっている。役職名が従来とは変わり、専務取締役は専務取締役社長などとなった。また、大株主の一人赤羽源治は赤羽正巳に代わっているが、これは死去によるものかも知れない。これに伴い、金港堂一派の占有が一段と強まった。

(ニ)明治三九年（一九〇六）六月末の役員交替は、会社に重大な事態が起こったことを予想させる。金港堂一派が後へ退き、代わって印刷業の専門家、岡村竹四郎や手塚猛昌が進出した。この年の二月、東洋印刷が発足しているが、それへの合併を含みとした人事かも知れない。日露戦争後印刷業界は極度の不況に陥っていた。

(ホ)安定経営を続けてきたかに見える帝国印刷は、なぜ東洋印刷に合併されたのだろうか。その正解は表1からだけでは出てこない。資本の出資者金港堂の経営状況との関連を見る必要があると思われる。その見通しは、二八四—二八六ページに述べておいた。

(ヘ)帝国印刷は、『銀行会社要録』一二版（明治四一年五月刊）

| 7 版 (36.5) | 8 版 (37.5) | 9 版 (38.5) | 10版 (39.5) | 11版 (40.5) |
|---|---|---|---|---|
| 35年 6 月末 | 36年 6 月末 | 37年 6 月末 | 38年 6 月末 | 39年 6 月末 |
| 8,765 | 18,665 | 22,365 | 20,065 | 23,265 |
| 5,570 | 5,462 | 6,027 | 4,835 | — |
| 3,071 | 1,090 | 2,731 | 2,580 | — |
| 35,075 | 34,247 | 37,587 | 81,291 | 112,931 |
| 18,663 | 31,940 | 34,159 | | |
| 24,049 | 26,522 | 30,958 | 27,430 | |
| 3,426 | 7,304 | 7,685 | 10,405 | 15,913 |
| 2,249 | 2,306 | 5,026 | 4,184 | 5,672 |
| 2,701 | 34,298 | 23,989 | 14,242 | — |
| 6,000 | 3,700 | 3,700 | 3,200 | 3,300 |
| — | — | — | — | — |
| 8,000(16) | 10,000(10) | 10,000(10) | 10,000(20) | 12,000(10) |
| 1,408 | 1,515 | 1,277 | 1,507 | 1,891 |
| (13) | (18) | (24) | (176)* | (14) |
| 同　左 | 同　左 | 社　長：原　亮一郎 | 同　左 | 社　長：岡村竹四郎 |
| 同　左 | 同　左 | 専　務：岩田僊太郎 | 同　左 | 取締役：原　亮一郎 |
| 同　左 | 同　左 | 常　務：岡村竹四郎 | 同　左 | 取締役：手塚　猛昌 |
| 同　左 | 同　左 | 取締役：大野富士松 | 同　左 | 取締役：大野富士松 |
| 同　左 | 同　左 | — | — | 取締役：加藤　駒二 |
| 同　左 | 同　左 | 同　左 | 同　左 | 監査役：堀　健吉 |
| 同　左 | 同　左 | 同　左 | 同　左 | 監査役：藤原　佐吉 |
| 同　左 | 744 | 同　左 | 同　左 | 795 |
| 同　左 | 300 | 同　左 | 同　左 | 300 |
| 同　左 | 170 | 同　左 | 同　左 | 100 |
| 同　左 | 105 | 赤羽正巳101 | — | — |
| 同　左 | 100 | 同　左 | 同　左 | 100 |

表1　帝国印刷　決算・役員・株主一覧（明治31年12月―39年6月）

| 『銀行会社要録』版次（出版年） | 3版（32.5） | 4版（33.5） | 5版（34.5） | 6版（35.5） |
|---|---|---|---|---|
| 決算期日 | 31年12月末 | 32年12月末 | 33年7月末 | 34年6月末 |
| 諸積立金 | 660 | 1,415 | 2,615 | 5,165 |
| 諸預り金 | ― | ― | ― | 4,668 |
| 仕入先（買掛） | 1,695 | 2,305 | 1,687 | 2,646 |
| 諸機械 | 16,327 | 16,540 | 24,572 | 25,486 |
| 地所建物什器 | 7,811 | 11,245 | 13,281 | 13,071 |
| 活字込物母型 | 9,125 | 12,809 | 13,931 | 15,214 |
| 受取手形取引先貸 | ― | ― | ― | 1,270 |
| 原料紙・印刷物 | 1,238 | 1,437 | 1,964 | 2,273 |
| 預金・現金 | 6,826 | 7,457 | 10,066 | 16,475 |
| 利益の分配金 | | | | |
| 諸積立金 | 755 | 1,200 | 2,550 | 3,600 |
| 賞与金 | 700 | 1,000 | 2,100 | ― |
| 配当金（年%） | 2,000（12） | 2,800（15） | 6,000（12） | 7,500（15） |
| 後期繰り込み | 293 | 575 | 715 | 1,324 |
| 役員並使用人（人） | （14） | （14） | （14） | （15） |
| 専務取締役 | 赤羽　源治 | 同　左 | 同　左 | 同　左 |
| 常務取締役 | 岡村竹四郎 | 同　左 | 同　左 | 同　左 |
| 取締役 | 岩田僊太郎 | 同　左 | 同　左 | 同　左 |
| 取締役 | 加藤　駒二 | 同　左 | 同　左 | 大野富士松 |
| 取締役 | 原　亮一郎 | 同　左 | 同　左 | 同　左 |
| 監査役 | 杉山辰之助 | 同　左 | ― | 堀田梅太郎 |
| 監査役 | 大野富士松 | 同　左 | 同　左 | 藤原　佐吉 |
| 大株主氏名および持株 | | | | |
| 金港堂書籍 | 764 | 同　左 | 同　左 | 744 |
| 原　亮三郎 | 300 | 同　左 | 同　左 | 300 |
| 岡村竹四郎 | 160 | 同　左 | 同　左 | 160 |
| 赤羽　源治 | 105 | 同　左 | 同　左 | 105 |
| 原　亮一郎 | 100 | 同　左 | 同　左 | 100 |

以降、名前が消えている。何か蹉跌があって、合併へと進んだものと思われる。同書で東洋印刷（四〇年一二月末決算）の項を見ると、まだ金港堂関係者の名前はない。一三版（四一年一二月末決算）には、取締役に原亮一郎、大野富士松、監査役に加藤駒二の名が載っている。

## 二　金港堂七大雑誌の発刊

### （一）金港堂七大雑誌の特色

金港堂の七大雑誌の幕開けは華やかなものだった。出版界も読者もこの老舗の新しい門出に注目した。『中央公論』はさっそく「博文館と金港堂」と題する記事を連載、両雄を比較対照してみせた。筆者の白雲楼主の素性がわからないのは残念だが、その「雑誌店頭に顕はれたる博文館と金港堂」[*7]では、双方の雑誌の特色をよくとらえている。ここでは、金港堂のものを中心に紹介しよう。

> 金港堂と博文館と云へば、読者は直ちに現今に於ける出版界（重もに雑誌に於て）の二大好対なるを領すると共に東京市否な殆んど日本全国に亘りて、他の紛々たる書籍出版雑誌発行をするもの、甚だ多きにもかゝはらず、常に其以上に一頭地を抜けるものなることも知るものなるべし、其中博文館は初めより雑誌を以て勢力を高め、名を売り、金港堂は教科書を以て勢力を作り、名を博めたるものが近時に至りて俄かに雑誌熱を高め、其家屋以外博文館の向ふを張らんとなしつゝあるの相違ありて、雑誌の経験に於ては、金港堂遂に博文館に及ばざるものありと雖ども、しかも現時出版界に於て此二書肆が日本の二大勢力なるは、何人も首肯する所なるべし、されば此二書肆の事業を比較して、其優劣影響する所等を論評するも、亦聊か無用の事にもあらざらんか、さればまず雑誌店頭に顕はれたる博文館金港堂の勢力範囲を検査せん。
>
> 一、雑誌の種類
>
> 前月分のものに付て両書肆が発行しつゝある雑誌を験すれば
>
> △金港堂

| | | | |
|---|---|---|---|
| 教育界 | 月刊 | 四六二倍形 | 定価廿銭 |
| 少年界 | 月刊 | 菊判 | 仝　十銭 |
| 文芸界 | 月刊 | 仝 | 仝　卅銭 |
| 少女界 | 月刊 | 仝 | 仝　十銭 |
| 軍事界 | 月刊 | 仝 | 仝　廿銭 |
| 青年界 | 月刊 | 仝 | 仝　廿銭 |
| 婦人界 | 月刊 | 仝 | 仝　廿銭 |

> これに哲学会編輯の哲学雑誌考古会編輯の考古界と、更

に追て発刊せられんとする、宗教界、実業界等を加へて、金港堂は自ら十一大雑誌と云ふ（中略）

かくの如くして至る所の書肆の店頭此両書肆の出版物をして其半ばを埋むるの盛大を示せり、されば此がさらなる諸種の出版物の為めには、春陽堂の美本も、新聲社の洒落本も、はた嵩山堂の穢き小説も、大学館とか云ふところの片々たる際物も、其他の総ても皆顔色なきこそ恐ろしと云ふべけれ

二、両書肆発行雑誌の体裁と内容

博文館に五大雑誌あるが故に、金港堂にも十一大雑誌あらんとして今七大雑誌を出せり、博文館は数でこなして大勢力と大儲けとをなせり、これ金港堂が十一大雑誌を出さんと企てたる動機なるべし、（よし出版トラストに由てなりとするも）、されば金港堂が出せる新雑誌及び其出版方法に於て、頗る博文館ものに酷似せる所多し、其顕著なる点を列挙せんか（ただし、カッコ内の注記は引用者）

文芸界のみ卅銭にして他は皆其以下の定価なり（「太陽」）

教育界のみ大きくして他は皆菊判なり（「太陽」）

教育界、宗教界、軍事界等部門に応して一部づゝの雑誌を出して総てを網羅す（「太陽」一冊中に総てを網羅）

青年界に於て中学程度の青年が喜ぶべき材料を給す（「中学世界」）

婦人界は同上の女子に対するもの少年少女の為めに少年界少女界を出す（「女学世界」）

此処には文芸界ありて文学、美術、小説等を談ず（「文芸倶楽部」）

金港堂諸雑誌も亦常に多くの写真銅版其他の口絵を有す

金港堂諸雑誌も亦同じく丁寧、細密なる部門と目録とを兼有す

金港堂の諸雑誌も亦博文館のそれの如く多くの自家の広告と各種との広告色紙を附せり

金港堂のものも亦粗其例を以て定められたり（紙数と定価が比例していること）

○已上は其外見に関する類似にして、更らに細かく其内容の類似に附て検せんか

此処のも亦同じく善悪の両種を混載して紙数を多からしむる癖あり

軍事界、教育界にも亦訪問談あり

金港堂も亦或る一二種の定期増刊あり

金港堂も亦文芸界其他に載せたる小説を集めて金港堂小説叢書を出せり

教育界にも人物月旦欄あり

○已上は金港堂が博文館ものゝ真似をなせる点なり、更らに少しく其異なる点を列記せんか

金港堂の雑誌原稿は其編輯或は他の雑誌の編集者の書け

るを除けば余は殆んど懸賞により集めたるものなり
　金港堂のものは文芸界に和様新古の色刷風俗画を載する外少年少女界等にも色刷の絵を掲ぐ
　同上文芸界の口絵は景色人物等極めて諸種に亘りて粋を集めんと勤む
　金港堂のものは四五号同じ表紙画を用ゆ
　金港堂もの特に文芸界は相手を中の上より下の中層以上に取れるが故にや、高尚なる趣味をもてり
　教育界に懸賞論文を載せ其他総ての懸賞文を募集して雑誌の各欄を賑はし又書籍を発行す、これ田舎の無名文士を挑発し彼等の好奇心を利用して多く売らんことを企図す
　類似多き割合には出色なる点少なきと共に模倣の跡歴々たるは蔽ふべからずしかも動もすれば平調を欠き総ての雑誌何れも未熟の誚りを免れざるべし

　詳細に説明されていて、何も付け加えることはない。文中に〝出版トラスト〟とあるのは、明治三四年（一九〇一）一一月、金港堂、集英堂、普及舎が合同して新たに帝国書籍という小学教科書会社を設立したことをいう。教科書売りこみの過当競争を回避する目的で創立、その後、冨山房、国光社なども傘下に入った。しかし合同の効果が出ないうちに教科書疑獄事件が起こって短命に終わった。

　これらの世間の評判に対して、金港堂側からは「直前勇往」[*8]と、自信にあふれた発言をして応じている。

　世間では専ら金港堂が博文館と競争を始めたと評判して居る。成る程金港堂が近頃色々の雑誌を発行する所から見れば局外者にはサウ思はれるのも無理はない。併し金港堂が業務を拡張して雑誌雑書専門書類等を刊行することと成ったのは、決して博文館や其の他の書肆と競争しようと云ふのが起りでは無い、一つには小学校の教科書に主力を注ぐことを見合はせたるが為に、又一つには一般読書界に聊か貢献する所あらんと欲するが為に此の挙に出でたと云ふに外ならぬのである。金港堂の眼中には博文館もなければ春陽堂もなく、同文館もなければ吉川半七も無い。金港堂は金港堂の見識と流儀とを以て直前勇往するのであって、敢て他を顧慮する遑はないのである。是れは既に発刊して居る二三の雑誌の内容と近頃金港堂で発行する書目を見れば明かな事であると思ふ……（以下略）

　金港堂の意気ごみは盛んであった。では、次に、雑誌はどのように編集発行されたのかを、『文芸界』について具体的に見ていこう。

## （二）『文芸界』の創刊過程

### 尾崎紅葉と『文芸界』の創刊

　その頃、誰でも認める文芸雑誌と云へば「新小説」か「文芸倶楽部」であったのに、三十五年三月に金港堂から

出た「文芸界」は、創刊号三百六十頁で、内容もそれに伴なふ堂々たる陣容を整へた花々しい門出であつた。金港堂は二十一年に「都の花」を発刊して、文芸雑誌の、云はゞ草分けであつたが、その廃刊後は久しく文芸出版に遠ざかつてゐたのがこゝで俄然捲土重来の意気を示した。紅露時代と云はれた時に、主筆の佐々醒雪がこの両家と三人でポーズをつくつた写真を巻頭に掲げたのが目に付いた。紅葉山人は持前の侠気も動いたのか、訳文の「胸算用」を執筆した他に、詞藻欄には俳句の選をしたり、「袖長き蝶、舞の座に直りけり」の祝の句も寄せるほどの気の入れかたで、この雑誌に半古先生が美術面の企画に協力するやうになつたのも、山人との関係から見て当然と云へよう。

（鏑木清方『こしかたの記』中央公論美術出版　昭和三六年、二〇六―二〇七ページ）

当時、鏑木清方は新進の挿絵画家としてデビューしたばかり、春陽堂の文芸雑誌『新小説』の口絵や、読売新聞のコマ画（一種の雑画）などを描いていた。彼のこの回想記は「往時を追懐」したものだが、覚えに基づいて執筆したらしく記述は正確である。

『文芸界』の編輯主任には、山口高等学校教授佐々政一（醒雪）が招聘された。醒雪は明治五年（一八七二）京都生まれ、二九年（一八九六）文科大学国文学科卒業、専門は近世文学である。第三高等中学校時代の友人で、当時金港堂にいた元文部省図書審査官小谷重が仲介したものである。三四年（一九〇一）一二月、教授を辞し、金港堂入社。[*9] 創刊号の編集に実際に着手したのは、翌年一月のことのようである。編集部員には、斎藤弔花、平尾不孤、神谷鶴伴、草村北星などの文学青年がいた。

創刊号が発行されるまでの日程は、ほぼ尾崎紅葉日記[*10]でたどれるので、それを見ていこう。

一月十三日　不在中文芸界主任佐々政一氏来る。

同十四日　午後風葉来る。座間春陽堂又来る。乃ち明進軒に会食せんと話す処に、佐々政一氏来る。文芸界一号に寄稿を需む。

二月一日　昨夜は句を閲して後文芸界の原稿に着筆せし為、四時過迄起きたりしを以て、十時前柳浪子来訪の為に起さる。

同十三日　九時起。神谷鶴伴文芸界小説の催促に来りて起されし也。（中略）夜文芸界小説「胸算用」を改刪して三時に至る。

同十七日　午前睡中文芸界寄稿の督促来る。午後瀬沼氏を訪ふ。（中略）瀬沼氏往訪の主意はドストエフスキイ胸算用訳文の質疑ありて也。

同廿日　本日文芸界の原稿挿絵（桂舟子）共に揃ふ。

同廿一日　春陽堂前後して来り風葉、鏡花二生の俸給増額の事を談ず。文芸界発行に付対抗運動の為なり。後れて半古氏来り、千画之為会の周旋を頼む。会食せんとて一足先に明進軒に出行きしに、金港堂佐々醒雪子来訪、原稿受取を兼ねて右の版権一件交渉の為也。予は断じて版権を譲渡さず。

三月十五日創刊を目指して、諸家への原稿依頼が始まる。紅葉のような大物のところへは、編集長の佐々醒雪自身が依頼に赴く。紅葉が執筆を始めたのは、それから半月後のこと、紅葉は文章に凝るせいか遅筆の評判が高いので、編集者が原稿の督促に再々来る。深更まで執筆して寝込みを襲われるのだから、紅葉もつらいところだ。こうして二〇日、『胸算用』はできあがる。これは、ドストエフスキー「ヨルカと結婚」の瀬沼恪三郎正訳をもとに翻案したもの。武内桂舟の挿画が三点ついている。

原稿引き渡し時に著作権の交渉がもたれたが、紅葉は原稿の買収（著作権譲渡）には応じなかった。彼は前年から印税法を採り、渋る春陽堂に対してもそれをほぼ承諾させた（一月二三日条）。また、親分肌で弟子思いの紅葉は、ライバル誌出現を口実に、『新小説』編集部の小栗風葉、泉鏡花の増俸を春陽堂に働きかけている。

同廿二日　午前十一時前日吉町小川写真所に赴く。露伴子と同撮して文芸界一号に出さんとて金港堂の嘱に応ずる也。両子を待つ内カビネ七分にて一撮す。醒雪子来りて一時過れど露子来らず。出でて風月堂に会食し、帰りて待てど不倒。已むなく醒雪子と同撮し更に手札版に一撮して、三時過ぎて帰らんとせし頃露子遅れて到り、更に予と同撮一枚、又三人同撮一枚、此日五回の撮影を試みたり。や、疲れぬ。プラチナムカビネ形三円、同手札一円五十銭、一組四枚也。帰るに臨み、露子の申出にて西鶴文粋共編の談成る。暮近く帰宅。

同廿六日　此日半日半夜を文芸界発刊の祝句に費せり。

三月八日　帰宅後文芸界の小説を校せり。

同十五日　春陽堂西鶴文粋の事にて来訪。清方荷葉を明進軒に伴ふ（一時半）。理髪。午後三時伯母三千代を伴ひ来る。此日草餅を造る。文芸界来る。

本文の入稿が済むと、今度は付き物の製作に入る。読者の目をひくには、なんといっても美麗な口絵や写真版の出来如何が大きい。

『文芸界』の創刊号の口絵に、紅葉、露伴を二人並べて、その後に主幹の佐々醒雪氏が立っている写真が出て、読者をアッと言はしたものだ。当時、紅葉・露伴は、政界の伊藤・山縣、劇団の団・菊と云った具合に並び称せられて素晴らしい勢であった。当人同士は左程でもなかったらしいが、取巻き連中に騒がれておのづと両両対峙の形となり、何となく相和せざるものがあった。それを一堂に会せしめたのは此の雑誌の一成功として目をそばだゝしめ、流石は醒雪凡手にあらずと将来を嘱望せしめたが、発行元の金港堂の水に雑誌は合はなかつたものか、間もなく廃刊して了った。[*11]
『文芸界』創刊に寄せた紅葉の祝句は、前記の清方が紹介している。紅葉は一字一句ゆるがせにせず文章に凝ったから、この短い一七文字をつくるのに一日かかっている。
『胸算用』の著者校を終えたのが三月八日、そして一五日に三六〇ページの創刊号が紅葉のもとに届けられた。

## 『文芸界』の評判

『文芸界』創刊号の批評や紹介は各雑誌に載った。前稿では「初刊の雑誌として成功せるに近し」とした高山樗牛の批評(『太陽』八巻四号　明治三五年四月)を紹介したので、ここでは『帝国文学』雑報欄から採ってみた。

久しく江湖の鶴首し居たる文芸界は愈本月十五日を以て発行せられたり。

江湖が待ち設けたる割合には見どころ多からずと雖も、尚優に現今の文学雑誌界中に於て一二の地位を占むるには足るべし。醒雪の発刊の辞は簡にして意を得。同氏の入京の辞はそが注脚として、文芸界の本領の那辺に在るかを標示したり。曰く読書界は又第二の帝国文学と第二の文芸倶楽部とを要せず。樗牛氏と桂月氏と亦其後継者を要せざるあり。醒雪にして新たに文壇に起たんとするに何ぞ別に立脚地なきことあらんや。「今や衒学の弊は最も明晰を主とすべき批評家の筆にさへ入らんとす」るまでに瀰漫せり。「予にして若し成すあるべくんば、此時弊を蟬脱することなるべし。文芸界にして若し成功することあらば、か、る衒学を排斥することなるべし」。「かのアヂソンの驕るところなりと云ひけん、おどろ〳〵しき哲学を天雲の上より降らしめて尋常家居の茶話となす底のもの、これ吾人が任務ならざるべからず」。而して此所期を貫くの途は『文芸界』をして「春色駘蕩の山野」たらしめ、又「温情煕々たる家庭」たらしめ、以て社会に娯楽を供するに在りと。吾人は醒雪氏が其覚悟の如くに、「信ずる如く論じ、信ずる如く動くの人」たるべきを知るが故に、此雑誌の前途に向て洋々たる希望を嘱するものなり。

(『帝国文学』八巻四号　明治三五年四月　一二〇ページ)

また個人の感想としては、当時大阪で金尾文淵堂の文芸雑誌『小天地』の編集をしていた松崎天民のものがある。[*12] 天民は後に社会探訪記者として盛名をはせる人物。『文芸界』編集部員、平尾不孤が旧友宛てに、できたての創刊号を贈呈したのである。

三月十七日　文芸界を見るに、表紙、口絵等は極めて艶麗、評論には坪内博士の娯楽論の緒言、小説には柳浪、鏡花、詞藻には各派の精粋を集め、雑録、譚叢等、三百五十頁の浩幹《ママ》なる大雑誌なり。不孤氏専ら編輯の任に当れる由なれど、初号のこと故体裁稍不完全なり。兎に角我邦に於ける文芸雑誌の明星として、大に文壇の暗面を照し、且清新なる娯楽を供せんことを望んで止まず。

四月十七日　東京金港堂平尾不孤氏より、文芸界第二号を送り来る。表紙絵、口絵、写真版等例に依つて賑々しく、評論には佐々醒雪の批評家の態度を論ず、坪内逍遙先生の当来の娯楽、小説には眉山、幽芳諸家等の筆、大に賑々しき好文学雑誌也。

以上のようにジャーナリズム界の批評は、おおむね好評で、同誌二巻一号は「初版三日間に売切れの盛況を呈し再版本日発行」(『万朝報』明治三六年七月五日　五面広告)と、『文芸界』のすべり出しは上々のようである。しかし、この雑誌のもつ致命的な欠陥を早くも見抜いていた登張竹風は、次のように警告した。

文芸倶楽部や新小説はすでに文芸雑誌のスタイルを確立し、一定の読者を得ている。そこへ醒雪が『文芸界』を創刊するのは、新機軸を打ち出しその二誌を圧倒することにあると思われる。その意気ごみは多としたいが、いぶかしいのは「その標榜せる旗幟の甚だ朦朧たる」ことである。発刊の辞にある「常識の規範」や「中庸の道」という常套語は、自己に一定の基準のないことを露呈したようなものではないか。

啻に標準の適従するところなきのみならざるなり、此の如きは文芸倶楽部記者猶ほ之を唱へ、新小説記者猶ほ之を能くす。文芸倶楽部は卑陋なりといへども、独得の色彩を帯ぶるにあらずや。新小説未だ完からずといへども、自から一癖あるにあらずや。文に通ずる醒雪君の如く、主理の才幹を有する醒雪君の如くして、既に一新機軸を出して、大に天下に呼号するに当りて、未だ何等の特色なく、何等の別趣味を帯び来らざる。此の如きを見ては、吾等竊かに君のために之を遺憾とす。敢て猛省を請ふ

(登張竹風「緑陰放言」『帝国文学』八巻六号　明治三五年六月　七三九―七四一ページ)

残念なことに、この雑誌の欠陥は修正されることがなかったようだ。掲載の新作小説は「さして評壇の問題とならず雑誌はまた徒に尨大なるのみにて一貫せる主張といふものなく甚締り無しとの非難ありき」(『書かでもの記』)と永井荷風は述べている。

## 三　金港堂七大雑誌の終焉

### (一)金港堂七大雑誌の凋落

#### 雑誌拡大路線の蹉跌

金港堂はすでに述べたように、教科書専業から一般図書・雑誌へ営業方針の変更をはかった。それが軌道に乗らないうちに、不運にも教科書疑獄事件(明治三五年暮)が勃発した。この事件の結果、小学校教科書は国定となる。ライバルであった集英堂や普及舎は、利益の源泉を失ってもろくも廃業に追いこまれ、

文学社は中等教科書の分野に活路を求めた。教科書会社間の競争はそれだけ激しく、すでに疲弊していたのであろう。

ひとり金港堂だけは、過去の厚い蓄積をもとに、一般図書・雑誌の世界で生き残りをかけた。しかし、結果的には、雑誌の急拡大路線が命取りとなる。確かに印刷面においては、多色刷の多用など資金にモノをいわせて他社を圧倒した。しかるに、もっとも肝心の雑誌の内容がそれに伴わなかった。博文館や春陽堂など、既存のライバル誌の地盤をくずすだけのインパクトを持ち得なかった。

その原因はいくつか考えられる。編集面に関していえば、①雑誌の創刊にあたり周到な準備を欠いたこと、②雑誌編集に筋の通った方針がなかったこと、③編集者に人を得なかったこと、④社内に内紛のあったらしいこと、などがあげられる。

金港堂は明治二六年（一八九三）六月に小説雑誌『都の花』を廃刊してから、雑誌には手を染めていない。したがって、雑誌発行のノウハウはほとんど蓄積がないと見てよいだろう。前章で白雲楼主が指摘したように、金港堂の雑誌は模倣の跡を隠しようがなく、しかもその発行にあたっては拙速にすぎた。

人材の点に目を向けると、編集者には師範学校出身者の多いのに気がつく。元来が教科書を中心とする教育書肆だから、社風のカラを破るような人物の登用はできなかったのかも知れない。いきおいジャーナリズムのセンスの欠けた人選に落ち着く。『青年界』（森桂園）、『婦人界』（野田滝三郎）の編輯主任は、いずれも高等師範出身である。これらの創刊の辞が古めかしく、教訓臭さが抜けきらないのは、多くが教育家上がりのせいもあろう。

人材難に拍車をかけたのは、明治三六年（一九〇三）四月の内紛である。「金港堂に大改革行はれ、編集部の森、岡本、鹿取、池田、石橋諸氏退社」と曽根松太郎の年譜[*13]にある。教科書疑獄事件以後の編集方針をめぐり、何か対立があって、意見を異にするグループが連袂退社した印象である。森は前記の桂園。岡本は常次郎（三山）で、『少年界』『少女界』の最初の編輯主任である。他の諸氏は目下のところ不詳。

明治三七年（一九〇四）一二月、日露戦争の最中に、『青年界』『婦人界』は時局向き出版物に傾注するため休刊となった。その時の際物は週刊の『日露戦争記』である。博文館『日露戦争実記』をはじめとして、各社は入り乱れて時局ものの出版戦争を演じた。結果はどこの出版社も勝利しなかった。戦争物は日清戦争の頃のほとんど半分くらいしか売れなかった。その理由は、日清戦争後一〇年間に、新聞が長足の進歩をとげたからである。戦報のほかの戦画も、肖像画も写真版で載った。戦争物の雑誌や画報、単行本は、みな新聞の二番煎じで、独自の存在理由を持ち得なかったのである。[*14]

時局物に集中した咎《とが》で、金港堂に残ったものは大赤字である。恐らく赤字補塡の一助として、帝国印刷は手放すことになったのであろう。というのは、原亮三郎は同じ頃に富士製紙の持株約一五〇〇株を手放しているからである。[*15] 当時富士製紙は資本金二三〇万円の大製紙会社で、原は第四位の大株主であった。

## 雑誌発行のコスト

前節では、雑誌への転進の失敗が金港堂に打撃を与えたことを述べた。では、それを数字的に裏づけるとどうなるのか。つまり、雑誌発行のコストはどれくらいかかるものなのかということである。

『文芸界』で苦い経験をなめたはずの佐々醒雪は、文学雑誌の場合を次のように勘定している。

　三万売れるは上々吉、巻頭か総軸といふ所で、その三分の一の一万が稍成功した雑誌といつてよい。其の又半分の四五千でも、勿論不成功の部分ではないので、どうにか維持が出来るといふ部分だらう。

　そこで、まづ一万を評準《ママ》にして、本屋の計算にとりかゝらう。今日では文学雑誌の数が増えて、紙数や表紙口絵の競争がはげしい、従つて定価の半分以上は紙印刷製本画料彫刻等にかけねば見すぼらしいので、今定価を二十銭とすると、本屋の予算は次の如きものである。

　一万部の定価が二千円、小売屋に卸すに八がけ（二割引）として、これに運賃を払ひ、見本や献本其の郵税から、返り荷、掛け倒れ、資本回収までの日歩などを集めて一割と見ると、本屋の手取りはざつと三割引の千四百と見積らねばならぬ、内元価の千円を引いて、四百円が純益といけば結構だが、まだ〱広告費編輯費を引き去って、其残りが初めて本屋と文士とに分割せられるのだ。

　広告費は際限がないが、四十行位の極めてケチな広告でも苟も東京新聞ならば一回十円前後はとられる（勿論割引をさせて）、それが五つとして五十円、其外、雑誌の広告、小売屋の立看板など意外に金額の上るものだが、都合よく其の雑誌にも広告がとれるから、差引いて五十円とする。次は編輯費だ、毎月一回一万も出るものをまとめるまでには、原稿や挿画の催促から、版屋印刷所などの往復、それに体裁を調へる、余白を埋めるなどに、如何に少なく見積つても五六十円はかゝる、すればいよ〱残つて三百円これが十分切りつめた所なので、実際上はとてもこれではすまぬ、且つ勿論本屋としての手数即ち売捌の手数はこれに加はつてゐない。若し本屋と利益を切半すれば、原稿料といふのは百五十円だ。

（佐々醒雪「文士生活と書肆（下）」『中央公論』二一—四　明治三九年四月　九七—九八ページ）

この考察は、元来は文士の原稿料が現実にいかに安いかを述べ、合わせてその解決法を模索する醒雪の随筆である。したがって趣旨にそぐわない部分もあるが、雑誌発行に要するおよそのコストはこれによってもうかがうことはできよう。

「本屋も止を得ず、一万部位の売れ高ならば、利を見よ

うとはしない。一ぱいにさへ行けば店の景気にもなり、他の書物の広告にもなる位にあきらめてをる」（同　九九ページ）

金港堂の場合は〝一ぱいにさへ行〟かなかった。それは収支を損う経費増か、または売上部数減か、あるいはその両方とが考えられよう。

## 金港堂の雑誌発行部数

雑誌の消長はほぼその発行部数に端的に表われるといってよいだろう。東京で発行された雑誌については、明治一〇年代後半から三二年までの間には、『警視庁統計書』にその数値が掲載されていた。それ以降なぜ中止となったのかよくわからないが、七大雑誌の発行数値は残念なことに同統計書によっては把めないのである。

ただし、そのことはただちに警視庁や内務省が雑誌調査を廃止したことを意味しない。ただ統計書等の形で公表をしなくなっただけのことである。実際には、蒟蒻版の秘密文書『雑誌一覧表』が作成され、政府要人には配布されていたのである。

原敬文書の中に、第一次内務大臣時代に、原敬が受理した明治三九年（一九〇六）九月調、同四〇年一一月調の二回の『雑誌一覧表』*16が残されている。これは、有保証金付雑誌の調査一覧である。各誌ごとに題名、記者、操縦者関係者、維持方法資本主資本金社長、発行所、備考（刊行頻度、発行部数、景況）などについて記載がある。明治四〇年調査分には巻頭に総括表があって、「題号種類別二〇四種、記者総数四九二人、操縦者ノ数一六三人、裏面的関係者九〇人、一回ノ総発行部数一一三万四七三五部」となっている。

では、この調査から金港堂の四雑誌を抄録してみよう（**表2**）。なお、この場合は、操縦者は資本主と同じなので省略した。三九年分が原亮一郎、資本金二〇〇〇円。四〇年分は原亮三郎、資本金二〇〇〇円である。

『文芸界』は明治三九年一二月で休刊、翌年一月『家庭文芸』と改題して再出発したが七号で休刊となった。故に、四〇年一一月調査のほうには載っていない。主筆が佐々醒雪ではなく神谷徳太郎（鶴伴）となっているのも興味深い。醒雪は三九年一月から高等師範講師となっているから、編集実務からは離れたのかも知れない。

なお、参考として博文館の主な雑誌の発行部数をあげておく。上段三九年、下段四〇年調査の数値である。

| | | |
|---|---|---|
| 『太陽』 | 三万六〇〇〇 | 三万五五〇〇 |
| 『文芸倶楽部』 | 三万八〇〇〇 | 五万四二〇〇 |
| 『少年世界』 | 三万五〇〇〇 | 五万六五〇〇 |
| 『少女世界』 | —— | 六万〇〇〇〇 |
| 『女学世界』 | 四万三〇〇〇 | 七万二〇〇〇 |

ところで、この発行部数の数値はどこまで信頼してよいのだ

表2　有保証金付雑誌の調査一覧

| 題名 | 文芸界 | 教育界 | | 少年界 | | 少女界 | |
|---|---|---|---|---|---|---|---|
| 年 | 明治39年 | 明治39年 | 明治40年 | 明治39年 | 明治40年 | 明治39年 | 明治40年 |
| 記者 | 主筆　神谷徳太郎<br>記者　笠間哲雄 | 主筆　曽根松太郎<br>記者　堀田梅太郎 | 主筆　曽根松太郎<br>記者　安田勝蔵 | 主筆　神谷徳太郎<br>記者　下河辺半五郎<br>中野鋏太郎<br>笠間哲雄 | 主筆　神谷徳太郎<br>記者　笠間哲雄 | 主筆　神谷徳太郎<br>記者　笠間哲雄<br>秋吉仲吉 | 主筆　神谷徳太郎<br>記者　笠間哲雄 |
| 備考 | 毎月一回発行<br>総部数　八千部<br>隆盛ナリ | 毎月一回発行<br>総部数　四万部<br>隆盛ナリ | 毎月一回発行<br>総部数　四万部<br>盛況ナリ | 毎月一回発行<br>総部数　一万千部<br>隆盛ナリ | 毎月一回発行<br>総部数　一万千部<br>盛況ナリ | 毎月一回発行<br>総部数　二万部<br>隆盛ナリ | 毎月一回発行<br>総部数　二万部<br>盛況ナリ |

ろうか。警視庁がこの種の調査をどのようにやるかは当然何の言及もしないから、よくはわからない。ただ、発行部数の端数がないことや、雑誌の評価が「盛況、維持スルニ足ル、衰頽ニ傾ケリ」等単純なことに、ややひっかかるものを感じる。

金港堂の雑誌発行部数についていえば、少々あやしいのではないか。たとえば『教育界』の「四万部　盛況ナリ」は過大評価の疑いがある。というのは、『教育界』自体を見ていくと、三九年頃から部数拡大、読者獲得のキャンペーンを張っているからだ。盛況ならその努力は不要であろう。この調査とほぼ同じ四〇年一〇月号では、「全国に瓦りて一万有余の読者を有し優に本邦教育界の一大勢力たるに至れり」と巻末広告にはある。読者＝購読数と単純にはいえないが、それにしても四万部とはかけ離れすぎている。あるいはその落差は、返品ないし売残り部数とでも考えないと、辻褄が合わない。

この調査から二年後、明治四二年（一九〇九）八月には、金港堂は刊行四雑誌の広告料を大幅に値下げしている。これは、発行部数低落を追認したようなものである。この結果は、当然赤字が雪ダルマ式に増え続けていく事態に陥っていることを予想させる。

## (二)　原安三郎と四雑誌の整理

窮地に追いこまれた金港堂を救済するため、その整理に乗りこんだのが若き日の原安三郎である。つい数年前九〇を越える高齢で亡くなった元・日本化薬会長、財界の重鎮としてご存じの向きも多いだろう。彼は師事する山本条太郎の依頼によって、明治四三年（一九一〇）、この厄介な仕事に取りかかることになった。山本はいうまでもなく三井物産重役、のち満鉄総裁や政友会幹事長にもなった政財界の大物。金港堂の創業者原亮三郎の三女操子を妻としていた。本屋には興味はなかったが、妻の実家の危急を放置しておくわけにはいかなかったのであろう。

原安三郎は山本家の了解をとりつけると、まず会社の不急不要のものをどしどし整理した。また、会社につぎこむために原家の私産も処分した。同家所蔵の書画骨董類を写真入り目録を作って売立て、一五万円ほどにもなった。毎日のように不渡手形が出るのを片づけなければならず、ずいぶんと骨が折れた。

七大雑誌も当然整理の対象となったが、最後まで思い切りがつかないのは編集部の人々であった。

やむなく僕は十一月三日の天長節の日に、庭に雑誌の原稿を積み上げて火をつけるといった。それでも思い切りがつかず（中略）せめて新年号だけは出してくれといってきかない。気持は分るが人情におぼれていてはだめなので、『新年号を出すとまたあとをひくから、このさい思い切って全部焼いてしまう』と宣言した。僕の言葉を聞いて、なかには泣く者もあった。

「少女界」「少年界」「教育界」とそれぞれ編集は分れていて、おのおの責任者がいた。横に石油カンをおき、火をつけんばかりのときに僕は一段と声を張りあげて『皆さんが原稿を焼くのが本当に惜しいと思われるのでしたら、教育界の原稿は曽根松太郎さん、少年界の原稿は神谷鶴伴さんにそれぞれ差上げますから、持って行ってあなた方の個人経営にして下さい』といって原稿をそれぞれ編集責任者に分けた。そこで一枚の紙も焼くことなくあわせて退職手当を支給した。これで自然に整理がついて、五十人の社員が十五人に減ってしまった」

『私の履歴書』第一集（日本経済新聞社　昭和三二年　二四二—二四三ページ）

原安三郎は一一月三日に雑誌廃刊の劇的宣告をしたように述べている。回想記の類には記憶違いはつきものであるが、これはまったくの潤色である。曽根松太郎（『教育界』）や、神谷鶴伴（『少年界』『少女界』）などが廃刊の通告を受けたのは八月下旬のことである。原安三郎のこの思い出話には、ほかにも誤りが多いので、額面どおりには受け取れない。

ただ、社員が大幅に減少したのは事実で、『京浜銀行会社職員録　明治四五年版』（興業通信社　明治四五年）で裏づけられる。これによると、役員を除く正社員は一二人で、その中には後に京都金港堂を興す永沢信之助がいる。取締役は六人であるが、生え抜きは二人。他は整理に乗りこんだ原安三郎と福間甲松、大阪と名古屋の出版社から各一人となっている。監査役の一人は岡村竹四郎で、帝国印刷時代とは立場が逆になっているのが皮肉である。

金港堂は明治四四年（一九一一）一一月の株主総会で、資本金を五〇万から一五万に減資することに決定した。事業を整理し、縮小均衡させようとしたものであろう。原安三郎の前記の思い出には、「三年後に一割二分配当までやれるようになり、金港堂は息を吹きかえした」とある。

## （三）曽根松太郎と『教育界』

経営者と編集者の立場はまったく別である。金港堂の廃刊言い渡しに対して、雑誌の編集者たちはどう対応したのだろうか。まず最初に、曽根松太郎と『教育界』について見ていく。

曽根は明治三年（一八七〇）一〇月、愛媛県北宇和郡吉田町に生まれる。二五年（一八九二）、愛媛県尋常師範学校を卒業、小学校訓導、郡視学などを歴任、県下の小学校教育に尽くす。しかし、彼の素志はほかにあった。東京に出て新聞か雑誌の教育記者になるのが年来の夢であった。三四年（一九〇一）夏、師範時代の学友、後に蔵相となる三土忠造の仲介で金港堂入社が決まる。九月五日出社し、「任編輯」の辞令を受け、雑誌『教育界』の編集に従事する。月給三〇円。愛媛時代より一〇円も低い給与だが、積年の志望がかなって、曽根は意気軒昂であった。[*13]

『教育界』の内容や曽根の活動については、前稿である程度述べたのでここでは省略する。彼は明治三四年九月から四四年八月まで丁度満一〇年在勤した。その八月二三日に、金港堂の原社長から『教育界』譲渡の話があった。念願の『教育界』独立経営の機会が来て、曽根の気持ちは勇躍した。一方で、俸給生活から離れる不安もあった。雑誌の独立発行に際してまず曽根が直面したのは、新聞紙法（明治四二年五月六日　法律四一号）による保証金納付の問題である。これを納めないことには教育上の政論ができず、雑誌発行の意味がないことになる。

第一二条　時事ニ関スル事項ヲ掲載スル新聞紙ハ管轄地方官庁ニ保証トシテ左ノ金額ヲ納ムルニ非サレハ之ヲ発行スルコトヲ得ス
一　東京市、大阪市及其ノ市外三里以内ノ地ニ於テハ二千円
二　人口七万以上ノ市又ハ区及其ノ市又ハ区外一里以内ノ地ニ於テハ千円
三　其ノ他ノ地方ニ於テハ五百円
前項ノ金額ハ一箇月三回以下発行スルモノニ在リテハ其ノ半額トス（以下略）

曽根は保証金の融通を、同郷の大先輩、森村組総支配人村井保固に依頼した。[*17] 村井は吉田町出身、若年で渡米、森村市左衛門と組んで日本製陶磁器の輸出貿易に従事し、大成功をおさめた実業家である。村井の承諾を得て、その問題は解決した。

雑誌の維持経営については、積極的に年決め広告をとって基礎固めをはかった。幸いに一〇店が協賛してくれて、独立経営の第一歩は比較的安全に進むことができた。

さらに大切なことは、内容充実の問題である。この方面にも知友の援助が少なくなかった。三土忠造「教育時言」、藤原喜代蔵の人物月旦、相原学士「各府県教育者評判記」、新保一村「柳暗花明」、佐々醒雪の俳句評釈、文章法講義、などはいずれも同誌の呼び物となった。

曽根の『教育界』は、このようにして大正一三年（一九二四）まで継続した。彼の場合は、本人の熱意奮闘は無論だが、長年つちかった人脈の援助も大きかったといえよう。

## （四）　神谷鶴伴と『少年界』『少女界』

### 幸田露伴日記と神谷鶴伴

もう一つのケースを神谷鶴伴と『少年界』『少女界』について見ていこう。神谷鶴伴は両誌の創刊から編集に携わっており、この五月には創刊一〇周年祝賀記念会を催したばかりであった。幸田露伴は偶然にもこの愛弟子の動静をいつくしみの目をもって、明治四十四年（一九一一）の日記[18]に書きとどめていた。

八月二十四日　神谷鶴伴卜部林治来る。金港堂営業不如意にて一切縮小を事とし、終に少女界少年界等四雑誌を廃刊せんとするに至り、昨日をもつて社長より意を伝へらるといふ。二人其儘にて止まんは腑甲斐なければ、他発行者を得て雑誌を継続せんと欲すといふ。よつて東亜堂を招き、相談せしむ。

二十九日　不在中神谷卜部石井伊藤等来りし由。伊東と神谷との談不調に終りしと也。

東亜堂は明治三六年（一九〇三）一二月に伊東芳次郎が創業[19]。露伴は同社の文芸叢書などにかかわっていた。この縁故から神谷・伊東の会談がもたれたのだが、結果は不調に終わった。「東亜堂何事かに失敗したりとおぼしく、急に諸事縮小の方針を取り、……」（九月七日条）という理由で、東亜堂には引き受ける余力がなかったようだ。

八月三十日　神谷卜部来り、至誠堂主人来る。口添して両人と至誠堂との間に二雑誌を引つぎ発行の談まとまる。

九月二日　石井研堂神谷鶴伴卜部林治来る。神谷の談に、至誠堂後に至り少女界のみを引受けんといふによりて談まとまらずと。

至誠堂は明治二八年（一八九五）二月に加島虎吉が創業[20]、のちに取次も兼業して七大取次の一つにまで発展した。若き日の小川菊松（誠文堂新光社創業者）が、早朝から深夜まで身を粉にして働いた職場[21]である。至誠堂が『少女界』のみを引き受けようとしたのは、売行きが確実とにらんだからであろう。少女雑誌にはまだライバル誌が少なかった。それに対し少年雑誌には、『少年世界』（博文館）、『少年』（時事新報社）、『日本少年』（実業之日本社）などがあって、『少年界』はいつも押されていた。

「至誠堂来る。名刺に御詫に参上仕候と記し、少年界一件の不始末に終りしを謝す。此人もまた利にさときこと無類なれど、物事のかど〳〵を立つるを敢てすること、感ずべし」（九月八日条）。憮然とした露伴の表情が浮かぶ。

　九月六日　卜部林治来り、卜部の知人某少年界少女界を引受くる事に談まとまりたる由をいふ。

　九月二十八日　卜部林治来る。大洋社を淡路町に起し、神谷山田と共に少年界少女界を出す手続きに及べりといふ。

　十月五日　神谷鶴伴来る。大洋社始末をきく。近藤某二千五百円を出費して、二雑誌刊行をつゞくる約なりしに、期に及びて某一金をも弁ずる能はず、鶴伴畢に所有公債を抵当として金を借り、困乏の間に辛く休刊せずして事を了するを得たる由也。其の苦心察すべし。種々助言を与へて、事業継続発展の道を授く。

雑誌の継続発行にあたり、神谷らもまた、保証金納付の問題に直面した。これを納めないことには、雑誌の発行はできない。曽根は郷党の援助によってからくも解決し得たが、神谷らはアテにしていた金主が一銭の支弁能力もないという冷酷な現実を迎えた。窮した神谷は所有の公債を抵当に借金し、保証金を納付したようである。神田淡路町二丁目に大洋社を設立し、『少年界』『少女界』はかろうじて休刊を免れた。

## 大洋社の『少女界』『少年界』

新生の両誌は巻頭に緊急社告と宣言（図1）を掲げ、これまでのいきさつを説明し、かつ、倍旧の愛顧を懇願している。

　……従来金港堂に於て発行し来りたる少女界の儀今般弊社に於て全部譲受け本号より引続き毎月一日を以て発行致すことに相成候間何卒倍旧の御愛読を奉希上候（以下略）

（明治四十四年十月　少女界発行所　大洋社）

この実情は、さらにくわしく、編集後記ともいうべき「時報」欄に語られている。

　◎本誌の一大革新　本誌巻首の緊急広告と、宣告とにある如く、いよいよ我が少女界と少年界とは従来の発行所金港堂の手を離れて、我々の手に独立経営することに相成りました。我々は匆卒《そうそつ》の際ながら、茲に大洋社を創立して引続き十月分から発行する運びに至りましたが、いろ〳〵の準備の都合がありまして、当月分は例月に比し、大層発行が遅れました。然し次号からは記者一同奮励して前々よりも早く他雑誌に遅れないやうに発行いたしますから、何卒これまでよりも一層御愛読を願ひます。一旦本誌が独立して我々の手に自由に育てられることになつた以上は、記者一同一生懸命に働きます。これまでは私が編輯して居りましても、実際は他人のものですから、万事私の一存にも参りませんでしたが、これからはこれまでとは違つて私の思ふ通りに改良も出来ますから、必らず皆さんの御望みに添

# 宣《せん》言《げん》

我《わ》が『少女界』は此度金港堂《このたびきんかうどう》から譲《ゆづ》り受《う》けて私共《わたくしども》が編輯《へんしふ》の下《もと》に、前記《ぜんき》の如《ごと》く大洋社《たいやうしや》から發行《はつかう》されることゝなりました。此度《このたび》は獨立《どくりつ》して經營《けいえい》するのですから、一生懸命《しやうけんめい》に勉強《べんきやう》して編輯《へんしふ》に從事《じうじ》し、改良《かいりやう》すべきことは益々《ますます》改良《かいりやう》して、大發展《だいはつてん》を致《いた》す積《つも》りでありますから、何卒《どうぞ》皆《みな》さんは私共《わたくしども》の奮發《ふんばつ》と、微力《びりよく》なる我々《われわれ》が誠心《せいしん》とに御同情下《ごどうじやうくだ》すつて、我《わ》が『少女界』が益々盛大《ますますせいだい》になつて行《ゆ》くやうに御盡力《ごじんりよく》あらんことを切望《せつばう》いたします。就《つい》ては若《もし》誌面《しめん》の上《うへ》に不完全《ふくわんぜん》の點《てん》がありましたならば御遠慮《ごゑんりよ》なく御指圖《おさしづ》を願《ねが》ひます、私共《わたくしども》は『少女界』が十年間《ねんかん》に非常《ひじやう》の進歩《しんぽ》を遂《と》げて來《き》た歴史《れきし》を追想《つひさう》し、讀者諸孃《とくしやしよぢやう》の厚意《かうい》に酬《むく》ゆるために、誌面《しめん》を刷新《さつしん》して益々改善《ますますかいぜん》の實《じつ》を擧《あ》げ他《た》の雜誌《ざつし》が企《くはだ》て及《およ》ばないやうな新規《しんき》の考案《かうあん》を工夫《くふう》しつゝあります。例令《たとへ》ば當時《たうじ》何人《なんぴと》も筆《ふで》にせざるはなき少女小説《せうぢよせうせつ》の如《ごと》きは實《じつ》に私共《わたくしども》が我《わ》が『少女界』誌上《しじやう》に發表《はつぺう》したのが初《はじ》まりで、爾來《じらい》斯《か》くも盛《さか》んになりましたのです。又當時《またたうじ》到《いた》る處《ところ》盛大《せいだい》に催《もよほ》される少年少女談話會《せうねんせうぢよだんわくわい》の如《ごと》きも過《す》ぐる明治《めいぢ》卅八年日露戰爭《ねんにちろせんさう》の頃《ころ》、我《わ》が『少女界、少年界』が發企《はつき》で、神田青年會館《かんだせいねんくわいくわん》に催《もよほ》されたのが抑々《そもそも》であります。私共《わたくしども》は將來《しやうらい》とても他《た》に一歩《ぽ》先《さき》んじて、必《かな》らず皆樣《みなさま》が御滿足《ごまんぞく》なさるやうな方法《はうはふ》を執《と》る積《つも》りですから舊《きう》に倍《ばい》し御愛讀《ごあいどく》の程《ほど》を祈《いの》ります。茲《こゝ》に大洋《たいやう》社創設《しやさうせつ》の初《はじ》めに當《あた》つて、愛讀者諸孃《あいどくしやしよぢやう》の平生《へいぜい》の眷顧《けんこ》に報《むく》いんことを期《き》し、併《あは》せて『少女界《せうぢよかい》』と共《とも》に本社《ほんしや》が愈々益々盛大《いよいよますますせいだい》に赴《おもむ》かんことを祈《いの》る。

大洋社少女界編輯部記者

主任　神谷　鶴伴

卜部　観象

山田　紫水

図1　『少女界』10巻11号（明治44年10月）“宣言”

ふやうに致しますから、何卒皆さんも、私の微力に御同情下つて、我が少女界が将来いよいよ益々大発展するやうに御尽力を願ひます。

◎記者増聘　そこで記者を増すの必要を感じまして山田紫水君を新たに聘し、編輯の一部の担当を請ふことになりました。将来本誌上に於ける同氏が活動は蓋し非常なものであらうと思ひます。それからまた

◎本誌の賞品　はこれまで書籍を贈呈して居りましたが、これからは文房具日用品等実用的の品物を差上げる手筈に目下準備中でありますから、その思召しで皆様も一層奮発していろ〳〵のものに御投書を願ひます。そのかはり、本社に於ても記者が責任を帯びて厳重に選定しますから、皆さんも剽窃などのないやうに御注意を望みます。

少年少女雑誌の特性の一つは、投稿雑誌の性格がなおまだ濃いことである。新出発の同誌も懸賞、詩歌、作文、なぞなぞ等の投稿を広く呼びかけている。その賞品が金港堂時代には在庫払いを兼ねたような書籍であったのに対し、大洋社ではその用意もないから学用品等を準備している。剽窃や他誌と二股をかけた投稿も結構多かった。それへの警告を発しておくのは当然のことであろう。

再出発した『少女界』（一〇巻一一号。巻次を継承）を試みに見ると、台所事情の苦しさが如実に現われている。表紙こそ石版極彩色刷だが、三色刷と二色刷の口絵が一葉、写真版が一葉、本文一一二ページ、広告が数葉という薄冊。発行に時間的余裕がなかったことを勘案しても、いかにも華やかさに欠ける印象である。普通創刊号の場合などにはご祝儀広告が寄せられるものであるが、このありさまである。ただでさえ脆弱な経済基盤は、いっこうに補強の方途が見当らなかった。

十月十八日　神谷鶴伴来る。雑誌経営の困難、資金調達の屯蹇の事など詳しく語る。さも有るべしと気の毒の感に堪へず。細談の後、紹介状など与ふ。

同二十日　神谷鶴伴来る。何事もおもふやうにならぬよし也。併し屈する勿れと力を添へやる。

十一月一日　神谷鶴伴来る。大洋社困苦の談をなす。愍むべし。

十一月二日　ト部林治来る。自己主管の少年界発行を引つゞけんとしたるが為に、神谷は至誠堂の需に応ぜず、而して其為におもはざるハメに陥り困苦せるを傍観し難く、せめて衣食の資を大洋社以外に得んとて、助力を乞ひに来れる也。其意またあはれむべし。併し何事を為すにせよ、むしろ大洋社に在りて之を為し、大洋社の大を致すやうにすべしと説き、少々出資はなしやるべきにより、新年売捌の叶ふべき別途出版物にても大洋社の名をもつて為し、其の利を以て自ら支へ、且つ大洋社を利すべしと諭しやる。好人物ゆゑ、いたく苦悩せりとおぼしく、憂色おもてにあらはる。気の毒の至り也。

『少年界』は創刊以来一〇年の間に、編集長が七回交替していた。[22] これでは一貫した編集方針は持ちようがない。ライバル誌『少年世界』（博文館）の木村小舟は、後年、「精神的気魄に欠け、ただ予定の紙数を満たして発行の期日に間に合わすだけという外形的、機械的編輯体制」[23] に、『少年界』不振の原因があるとした。

　その最後の編集長が卜部観象（林治）であった。彼は当然のことではあるが、『少年界』の続刊に固執した。それが結果的には裏目に出て、本来なら至誠堂で生き残れるはずの神谷鶴伴の『少女界』をも道連れにしてしまった。慚愧にたえない思いの卜部は、苦闘している神谷を座視するわけにはいかなかった。そこで、露伴のもとへ知恵を借りに来たというわけである。しかし、露伴にも起死回生の特効薬を持ち合わせているわけはなく、卜部に授けた策は、文面を見るとおり、至って平凡なものである。

## 『少年界』『少女界』の終焉

　明治四十五年一月十二日　神谷徳太郎来る。雑誌新年の冊、捌け残りしよしにて、意気消沈、気の毒なることなり。

　大正二年五月二十二日　千住石灰商会高田義太郎来る。神谷徳太郎友人なり。神谷の為に手形裏書をなしたる其額計七百円余、期来り神谷在ざる為に困難を感ずるよしにて、同人近状を尋ね、且予の助言を得んとて来れる也。神谷少年界少女界二雑誌を経営し、資薄く力微にして、窮余こゝに至れるか。双方共に気の毒の至也。

　同二十三日　夜高田また来る。神谷居所からく知り得たれど、猶会ふを得ざりし由也。

　神谷の経営する二雑誌の売行きは、はかばかしくなかった。売残りの雑誌の山を前にして、彼の気持ちは暗然たるものがあったことだろう。沈痛な面持ちで報告する神谷を見て、露伴も慰藉のしようがない感じである。

　雑誌は低迷を続け、それに伴い赤字はいや増すばかり。発足の時から借金を重ねた自転車操業はついに行き詰ってしまった。神谷は債鬼の追及を逃れるために、居所をくらますところまで追いこまれた。

　あれほど子どもが好きで少年少女雑誌に情熱を傾けた神谷ではあったが、こと志とは違って不本意な結末を迎えた。雑誌の経営は難しく、熱意だけではどうにもならない一例といえよう。

　露伴の日記は、大正五年（一九一六）五月末で終わっている。神谷と『少年界』『少女界』についても、紹介した以上の言及はない。しかし、我々は彼らの運命を容易に予想することができる。

　大正四年末の東京雑誌組合記事に「脱退少女界少年界」「太陽《（ママ）》社」（『図書月報』大正四年一二月）とある。大洋社は廃業に追込まれ、二雑誌の命脈も尽きたのではないかと思われる。

　〇多くの雑誌の末期に見れば、雑誌は作者を毒し、読者を毒し、然り而して発行者の懐中を毒するものなり。
「按ずるに筆は一本也、箸は二本也。衆寡敵せずと知るべし」の名言で知られる正直正太夫こと斎藤緑雨の警句である。まるで、金港堂の七大雑誌の末路を言い当てているがごとくである。

〔註〕
＊1　『民友社三十年史』民友社　大正六年、二九ページ
＊2　東京都公文書館蔵「第六課文書類別」明治三〇年、農商
＊3　吉田小五郎「岡村竹四郎・政子夫妻のこと」『福沢諭吉全集（再版）第一八巻附録』昭和四六年三月、六―一〇ページ
＊4　『大日本図書百年史』平成四年四月、八二―八三ページ
＊5　東京都公文書館蔵「文書類纂」明治三一年　第一種農工商　普通会社第九
＊6　右同「第五課文書」明治三二年、商工会社
＊7　『中央公論』一七年九号　明治三五年九月、三四―三七ページ
＊8　『教育界』一巻六号　明治三五年四月、一三四ページ
＊9　『醒雪遺稿』明治書院　大正七年、年譜、附録（旧友の追憶記を収載）
＊10　『尾崎紅葉全集』第九巻　中央公論社　昭和一七年
＊11　佐藤義亮「明治文壇昔話」『早稲田文学』二五七号　昭和二年六月、三三ページ
＊12　岡保生編「松崎天民日記（抄）下」『文学』五五巻三号　昭和六二年三月、一〇四―一〇五、一〇九ページ
＊13　『無冠の栄光』曽根松太郎氏教育奉仕三十年祝賀会　昭和五年
＊14　小林善八『出版界三十年』文芸社　昭和一一年、四八ページ
＊15　紙の博物館資料室蔵『富士製紙株式会社考課状』上・下
＊16　『原敬関係文書　第八巻　書類篇五』日本放送出版協会　昭和六二年、五八九―六七ページ
＊17　『村井保固伝』村井保固愛郷会　昭和一八年
＊18　『露伴全集』第三八巻　岩波書店　昭和二九年
＊19　『東京書籍商組合史及組合員概歴』大正元年（複製『東京書籍商伝記集覧』青裳堂　昭和五三年）九五ページ
＊20　右同、一九八ページ
＊21　小川菊松『出版興亡五十年』誠文堂新光社　昭和二八年、三八二―三八九ページ
＊22　「編輯机上の十年間」『少年界』一〇巻六号　明治四四年五月、八三―八四ページ
＊23　木村小舟『少年文学史　明治編　下巻』童話春秋社　昭和一七年、一五三ページ

## 六　十菊――付記

七大雑誌の創・廃刊の経緯についてはかつて「東京都立中央図書館『研究紀要』一一号　一九八〇年三月）で触れたことがある。そのうちの第六章「Ⅱ．七大雑誌の凋落」を次に収録して参考に供したい。

### Ⅱ．七大雑誌の凋落

博文館に対抗し、社運をかけて花々しく登場した七大雑誌は始め確かに世間の目をみはらせた。しかし、その後はどうなったであろうか。以下に主なものの消長をたどってみるが、それは同時に金港堂の盛衰を述べることにもつながろう。

## 『文芸界』と『家庭文芸』及び、永井荷風『地獄の花』

鏑木清方は『文芸界』の登場を「こしかたの記」で次のように述べた。

その頃誰でも認める文芸雑誌と云えば『新小説』か『文芸倶楽部』であったのに、三五年三月に金港堂から出た『文芸界』は、創刊三六〇頁で、内容もそれに伴なう堂々たる陣容を整えた花々しい門出であった。（中略）紅露時代と云われた時に、主筆の佐々醒雪がこの両家と三人でポーズをつくった写真を巻頭に掲げたのが目に付いた。紅葉山人は持前の俠気も動いたのか、訳文の「胸算用」を執筆した他に、詞藻欄には俳句の選をしたり、「袖長き蝶、舞の座に直りけり」の祝の句も寄せるほどの気の入れかたで、この雑誌に半古先生が美術面の企画に協力をするようになったのも、山人との関係から見て当然と云えよう。（中公文庫版、一五七―一五八ページ）

また、この創刊号に対して高山樗牛は「初刊の雑誌として成功せるに近し」と次のように批評した。「評論時評を先にして小説を後にしたる体裁に於て、既に本誌の性質の従来の小説雑誌に同じからざるものあるを想はしむ。概して言ふ時は、文芸倶楽部の如く身近ならざる代りに爾かく通俗ならず、新小説に加ふるに更に帝国文学の談理を以てせるものに似たり。近代文学の一欄の如きは蓋し本誌の一特色として見るべきものなるべし」と前置きし、るる内容にふれた上、「要するに文芸界は其の材料の豊富なる点に於ても、其の体裁の整備せる点に於ても、優に今の文壇の一方に雄視し得べき雑誌なるべし。吾人は主筆醒雪の尽力によりて益々健全なる発達を遂げむことを切望す」（『太陽』八巻四号　明治三五年四月　四六―四七ページ）

主筆は小谷重の仲介により山口高等学校から招聘された佐々醒雪（政一）、編輯部員には平尾不孤、草村北星、斎藤弔花、神谷鶴伴などがいた。しかし、この華やかな船出も長くは続かなかった。掲載の新作小説は「さして評壇の問題とならず雑誌はまた徒に尨大なるのみにて一貫せる主張といふものなく甚締り無しとの非難ありき」（永井荷風「書かでもの記」）この原因を斎藤昌三は「学者は矢張り学者でジャーナリズムに不向きであったか……」（〝日本雑誌興亡史考一〇〟『書物展望』三巻六号　昭和八年六月　三二―三三ページ）と言っている。

明治三九年暮、ついに「文芸界改題　家庭文芸発行」（『教育界』六巻二号　明治三九年一二月　巻末折込広告）の予告が出た。

本社は時勢の傾向に見る所ありて来る四〇年一月より従来発行し来りし文芸界を家庭文芸と改題し、通俗平易なる文体を以て専ら家庭に於ける老若男女の清浄なる娯楽無邪気なる遊戯を鼓吹せんとす。

編輯には、佐々醒雪を主任に、神谷鶴伴、生田長江、稲田薄光があたり、表紙挿画等の体裁に関しては和田英作が意匠監督に起用された。

創刊号の〝発刊の辞〟では改題の経緯と今後の方針に触れ、「不肖醒雪文芸界を創刊するや、敢えて揚言して曰、希くば楽しましつつ教訓することを忘れざらんと、而来六歳に垂して微志未だ変ぜざるなり。唯憾む、人事意の如くなる能はず。身辺の境遇は予を駆って読者に負かしめたものここに幾歳、文芸界は其間幾多の変遷を経つ、発行所金港堂、亦業務の方針に多少の変動なき能はず。かくて文芸界は今正に廃刊せられたり、家庭文芸は新に生れたるなり」と述べ、『文芸界』の失敗は雑誌購読者のレベルを見誤ったことにありとし、「我が社会風教化育の具として、往年の所期はあまりに高き読者を予想したりといふのみ」と自省した。しかし、それは即読者の嗜好に迎合することではなく、また一般の家庭雑誌、婦人雑誌に通有の悪しき功利主義実用主義にも偏せず、「即ち最も清浄なる娯楽として、最も純潔なる趣味として、我輩は敢て本誌を江湖に薦めんとす、我輩の所期一にここにあり」と勇ましかった。

内容にまで立ち入る余裕はないが、例の如く初号から「編輯者の不馴の為に頗る不整頓なるが上に特に一号の為に寄稿を乞ひしものをも次号に譲らざるべからざるに立至り候もの多」く、また従来と違って上根岸の佐々醒雪の自宅に家庭文芸編輯所を設けたことが注目される。発売営業に関することは旧の通り金港堂でやるわけだが、何か両者のシックリいかないことを予想させる。このせいか、それとも売行不良のせいかは不明だが、僅か七号を出しただけで『家庭文芸』は休刊の謹告を出すに至った。

「本誌は改題後好評を以て良家庭に迎へられ将来益々健全なる発達を見んとするに至り殊に次号よりは表紙を改むると共に一層内容を改良して江湖諸君の御眷顧に酬いたきものと存居処、編輯主任佐々醒雪君俄に病に罹り大学病院に入院せられ全快までには較々時日を要する由に候へば茲に一時本誌を休刊するの已むを得ざる事と相成候愛読者諸君の御厚意に負くは誠に遺憾に堪へざる所に有之候へども何卒事情御賢察下され姑く復刊の機を御待ち下され候やう伏て奉願上候」

（明治四〇年六月「家庭文芸」発行所　金港堂書籍株式会社）

全く唐突な最後で、改題予告では「されば一月の雑誌店頭絶大の異彩とし、顧客の先を争ふの状態を想像して社員等は皆窃かに得意の微笑を洩すことを禁ぜざるなり」と高言したのが余計皮肉に見える。

このように『文芸界』は文学史上とくに注目される業績を生むこともなく終ってしまったのだが、ただ一つ怪我の功名というべきは永井荷風の処女作『地獄の花』（明治三五年九月一〇日刊　定価四五銭）の産婆役をつとめたことだ。「金港堂の文芸界は第一号の発刊と共に賞を懸けて長編小説を募集しぬ。敢て選者の名を公にせざりしかど醒雪子以下同誌編輯の諸子なりしや明なり。余が地獄の花とよべるいかがはしき拙作はこの懸賞に応募したるもの。選に入ること能はざりしが編輯諸子の認むる所となり単行本として出版せらるるの光栄を得たるなり。原稿料この時七五円なりき」（永井荷風「書かでもの記」）。彗眼にも高山樗牛は『地獄の花』を出色の文字と讃え「総じて全篇の文字活気に充ち充ちて、其の筆の先尖には青年の熱き血汐が紙背を徹して滴って居る。わかわかしいと云ふ批難もあるであらうが、このわかわかしい処にあらゆる将来の希望が籠って居るのである。我輩は是れまで多くの青年作家の著述を読まされたが、是の地獄の花に於て初めてまことの青年らしき情熱と意気と才思とを認め得たのである。」（『太陽』八巻一四号　明治三五年一一月　一六七ページ）と批評し、荷風の最も有望なる将来性を見抜いていた。

## 『青年界』と『婦人界』

編輯主任森孫一郎（桂園）は『青年界』の発刊に当り次のように述べた。

「青年の読むべき雑誌、近頃頻々世に出て各自特得の光彩を放てり、また盛なりと謂ふべし。予輩其間に介立して青年界を発刊す、頗る無要なるに似たり。然れども山は自ら高く水は自ら長し、青年学界の広大なる、前者の外豈予輩の濶歩すべき経路なからんや。乃ち予輩は敬愛する所の青年諸君と共に此経路をたどりて希望の最高峰に達せんことを期す者なり、而して其経路の那辺に存するかは、ここに呶々する要なし。諸君請ふ我が青年界の内容に就きて、これを了せよ。」

　しかし、肝心のその内容が他誌を凌駕する程ではなかったらしく、国木田独歩「画の悲み」（一巻二号）、「空知川の岸辺」（一巻六号）、「馬上の友」（二巻六号）等が目立つくらいで、間もなく尻つぼみとなった。

　『婦人界』の主筆もやはり教育畑から起用され、高等師範出の野田まづま（滝三郎）が当った。金港堂の諸雑誌が全般にジャーナリズムの感覚に欠け、一般向きでなかった理由はこの辺にもありそうだ。発刊の辞も古めかしい。

「みくにぶりをもわきまへで徒らに男女同権とやらを唱ふる採り申さず候。いかにせばとのことをば示さで、ただ女子の独立とやらを叫ぶ採り申さず候。かかる人は女の身方にはあらで、なかなかに敵にてこそ。（男子と対抗する必要はなく、むしろ男子を助け激励することが女の本分である。たとえ男子の仕打が誤りであっても、理窟ではなく実際上悔悟させる方が難しい。日進月歩の今日、女子の世に対する務も昔日の如くであってはならない）

げに某女史の「十九世紀の大発明多かれど、女子がそのおのれを発見し得たるばかりの大発明は他にこれなく候」と、いはれ候ひしが如く、今日の女はよくおのれを知ること何よりの急務かと存じ候。……」

　この考え方を土台とした内容は、婦人雑誌につきものの家事育児に関する実用記事や、通俗的な連載小説等はなく、斎藤昌三によれば、高尚すぎて大衆的でなく、「当今の売らん哉主義から見れば、金港堂は余りに読者を正直に見過してゐた」（〝日本雑誌興亡史考三〟『書物展望』二巻一〇号　昭和七年一〇　二二六―二二七ページ）と同情した。ほどなく日露戦争となり、その戦況報告合戦のため、明治三七年一二月でこの二誌は休刊となった。

「我等は刻下の時勢に鑑みる所あり此際暫く時局向き出版物に主力を注がんと欲するが故に年末を機として青年界婦人界の二雑誌を休刊すべきこととせり愛読諸君の眷顧に負くは我等の深く遺憾とする所なれども遠からずして我軍最後の勝利を収め東洋の平和克復せらるるに至らば捲土重来更めて諸旧の旧誼に報ゆべし請ふ之を諒とせられんことを

青年界婦人界休刊広告　金港堂編輯部」

（『青年界』三巻一三号　明治三七年一二月　巻末）

『青年界』はこのまま廃刊となったが、『婦人界』の方は約四年半後、明治四二年四月を期して復刊することになった。（『教育界』八巻四号　明治四二年二月　表紙見返広告）

「雑誌の花と謂はれた婦人界は同情あつき人々の懇切なる御勧めにより愈々再興する事になりました。婦人界は今度どんな新装を着け、どんな新趣向を凝らして現はれるでせうか、四月一日を待って盛んに御高評を願ひます。内容は暫く秘して置きますが、大体の主義方針としては面白くて益になる事を主眼とし、無限の趣味と新知識とを給するのみならず、善良なる主婦の侶伴となり、真面目なる女学生の指導者となって、何処へ出しても恥かしくない雑誌にしたい考です。

編輯主任　文学士　小谷栗村　敬白」

四月一日発行予定の初号は小谷栗村の病気のため、五月一日に延期となったが、金港堂発行のものとしては久し振りにヒットしたらしく、「幸に東京を始め地方の新聞にて好評を受け、其発行部数も意外の大多数に達した。殊に各地の女学校より大いに歓迎せられておる模様である」（『教育界』八巻八号　明治四二年六月　六九ページ）と手放しである。残念ながら実物を見る機会はなかったが、『日本近代文学大事典』によれば、大正六年八月まで命脈を保ったようである。

## 『少年界』と『少女界』

この二誌も幕開けは華かであった。まだ平常号に多色刷石版表紙を使用しない時代に、石版五六度刷の華麗な表紙を用い、「一頁大の多色刷口絵と、六丁の写真版口絵とを以て外観の美を発揮し、本文の紙数亦一二八頁、数十の木版挿画を点綴させ、新鋭の意気物凄く同種雑誌を凌駕し圧倒せんと試み、就中『少年世界』にとりては、真に一大敵国の出現を想はせるものがあった。」これは博文館の『少年世界』を編輯していた木村小舟の回想（『少年文学史　明治編　下』童話春秋社　昭和一七年　一五三ページ）であるが、外面の美麗をもって内容の貧しさを糊塗しようとしたにすぎないことは間もなく売行が証明した。

『教育界』を除く諸雑誌に共通する欠陥は編輯方針がなく、従ってまた精神的気魄に欠け、ただ予定の紙数を満たして発行の期日に間に合わすだけという外形的、機械的編輯体制にあったといえる。このいい例は『少年界』で、一〇年の間に七回編輯長が交替している始末である。この間の事情は神谷鶴伴「編

輯机上の十年間」（『少年界　十年記念臨増』一〇巻六号　明治四四年五月　八三―八四ページ）によると、

「当時の記者は岡本三山君であった。同君が辞職すると其後を僕が引受けることになった。……それから間もなく再び僕は『文芸界』と『少女界』とを専ら担任することになったので、其後を琴月福田君が引受けられることになった。福田君の後を襲いだのが卜部観象君で、同君が編輯に従事せられてからは、大いに改善を施し、面目を一新して世間少年諸子の好評を博したが、同君も家事の都合上から職を去り、故山に起臥するの止むなきに至ったので、其後を亀井白水君が継いだ。……亀井君が突然米国へ行くことになったので、其後を引受けたのが、笠間改め河崎酔雨君であった。それは丁度日露戦争が終った頃のことだと覚えて居る。

それから暫く同君の手で育てられてゐたが（中略）又々同君の手からも離れることになったが、此時は幸にして再び卜部君が故郷を辞し上京しても差支へのない身になられたので、好機逸すべからずと、再び同君を煩わして編輯一切のことを挙げて同君に託することにした。（以下略）」

少女雑誌の嚆矢といわれる『少女界』は『少年界』より二ケ月後に創刊、編輯主任は同じく岡本常次郎、「小学校生徒の読物として適切なる雑誌の乏しきを慨き今般更に少女界と題する雑誌を発行し専ら女児の為めに好伴侶たらんとす。世間幾多の学士教育家諸彦に望む　願くは弊社の微意を諒とせられ本雑誌に対して続々御寄稿を賜はらんことを」（『少女界』創刊号　明治三五年四月　巻末）

金港堂の諸雑誌に奇妙に多い懸賞を付しての原稿募集がここにも現われている。これが既存の著作家に依らずに新人の発掘を目指すというのなら、一つの行き方ではあろうが、果してそこまでの眼力と用意があったかどうかは疑問である。むしろ、ページ建てを維持するための埋め草の意味合いが強かったのではなかろうか。

それはともかく『少年界』『少女界』は曲りなりにも続いて、十年記念の臨増号（明治四四年五月）を出し、また五月十四日にはそれを祝って「少年界少女界十周年紀念大会」（『少年界』一〇巻七号　明治四四年五月　七二、七四ページ）を挙行、雨中にもかかわらず会場の神田青年会館には多勢の少年少女が参集し、盛会裡に終った。これら雑誌の終刊についてはハッキリしたことはわからない。

なお、児童向図書としては、「金港堂お伽噺」の小型本シリーズが毎号各誌の広告欄をにぎわせたが、学校の賞品や家庭の読物としてそれなりに売れた（南部亘国〝珠玉とごみ〟「日本古書通信」三三五号　昭和四七年三月　八―九ページ、木村小舟　前掲書一五七―一五八ページ）もののようである。

## 『教育界』

教科書、教育図書をフィールドとする金港堂に最もふさわしく、またその故にか最も長命を保ち、機関誌的役割を果たした。主筆には、原からその人選を相談された三土忠造（教育家から後に政治家に転身）の推挙により、当時愛媛県西宇和郡視学をしていた曽根松太郎（金川、金僊）が愛媛師範同学のよしみで当ることになった（「教育界」一一巻一号　明治四四年一一月　三七ページ、藤原喜代蔵「明治大正昭和教育思想学説人物史　二巻」（東亜政経社　昭和一八年　六七四―六七八ページ））。

曽根は熱血漢で、もともとこの事業が年来の希望でもあったから、全力をあげて主幹の任務にとりくんだ。他の雑誌が編輯に人を得ず短命に終ったのと対照的である。

発刊の辞は長文で、その意気込みを示しているが、要約すると、明治の聖代になって国勢の伸長は物的事業に於て、また精神的事業に於ても著しいが、後者とくに教育についてはまだまだ改善の余地は多く、新規になすべきことも少くない、しかもこれは政府や公共団体の独占事業ではなくて、官民が一体となって行うことにより初めて実効ある発達をとげることが出来る、本誌を公刊する所以も此の点に於て寄与することにありとし、「本誌の関する所は、単に教育の或る一部に止らずして、広く其の全体に渉らんとす。即ち教育の種類より云はば、初等教育、中等教育、高等教育、専門教育、実業教育、女子教育、社会教育等、皆其の領土にして、材料の種類より云はば、論説、学術、学制、教授、訓練、伝記、人物月旦、時評、雑報等、あらゆる項目を網羅するものなり。而して本誌をして一部偏局の雑誌たらしめずして、全部普遍のものたらしめし所以のもの、聊か理由なきにあらず。

総て一部の範囲を墨守するものは、動もすれば議論公平を欠き、独り自己の関する所に就きてのみ大声疾呼し、知らず識らず、他との権衡を忘るることなきにあらず。（中略）本誌の体裁が、上記の如くなる所以のもの他なし、務めて教育各部の調和を計り、円満の発達を遂げしめんと欲するに外ならざるなり」

発刊当初は、博文館の『太陽』に近い位の厚さで、教育界大物の肖像や有名学校風景などの写真が数多く、また小説も掲載して、大町桂月から「教育雑誌のおもだちたるもの、多く小説を載す。此傾向は喜ぶべし。希くは、教育家幾分か乾燥勃窣ならざるを得む」（『太陽』八巻三号　明治三五年三月　七五ページ）と評価した。国木田独歩「富岡先生」（一巻九号）などがあったが、間もなく廃止された。雑誌自体も、とくに教科書事件後は大分薄くなったが、まだ他の教育雑誌に比べれば第一人者の風格があった。

明治四〇年一〇月号で、読者一万人を呼号したことは前にふれたが、その真偽はともかく、主筆曽根は様々に紙面の改良を工夫し読者と共に歩む姿勢をもっていた。教育茶話（投書欄）、曽根の編集日記めいた村夫子日記、教育漫画（投稿）の新設、社評を社説と時評（教育時事問題の評論）に分離したこと等々。

また一方で、政治家でもあって都下教育雑誌記者を糾合して倶楽部を作り（『教育界』七巻三号　明治四一年一月　一一四ページ、この年暮の懇親会には都下教育雑誌の全て一二社一九人が参加（八巻二号）した）、以て文部省等に取材の便宜を申しれ、文部大臣や次官が教育記者招待会を催す（文相八巻七号、一〇巻五号、文部次官九巻四、七号を参照）こともあった。「教育雑誌記者は慥かに教育界に於ける一大勢力である。その位置の重いことはいふ迄もない。其の位置は、文相が認めたか否かによって軽重のあるものではない」（『教育界』八巻七号　明治四二年五月　八四ページ）と誇ったが、政治に近すぎる教育出版のあるもろさを感じさせる。また、東京市教育会の委員として、同市の通俗教育実施方法につき調査案を決議（明治四四年七月）している（『教育界』一〇巻一一号　明治四四年八月　九九ページ）ので、わが日比谷図書館とも縁がないわけではなかった。

　このようにして曽根は教育ジャーナリズム界で重きをなし、いつしか『教育界』主筆・曽根ではなくて、曽根の『教育界』と見られるようになった。事実四四年頃には〝社長にして広告係を兼ね、又書記の事務をも兼務〟していたというから、母屋の金港堂はすっかり影が薄くなっていた。

　明治四四年一〇月を最後に、金港堂は『教育界』を手放し、新たに明治教育社をおこした曽根に譲与した。この間の事情を曽根は「予が同社を退き、同雑誌を譲り受くるに至りたるは、例へば林檎の円熟して地に落ちたるが如く真に時節到来したるものと可申歟」（明治四四年一一月独立記念号）と、当然の様な口吻をもらしている。また、この独立を祝って教育界の名士多数が祝辞を寄せているが、「君の十年の誠実と熱心とに報いんがため原氏の義侠により」というキマリ文句が目立つ。確かにそうであったかもしれない。しかし事実は、事業縮小に追い込まれ、もはや金港堂には維持していく力がなかったと見た方が正しいだろう。何故か原の祝辞はなかった。（なお『研究紀要』の脚注は全て、右本文の中に繰り入れた）

## 烏水生「新進作家と『文芸界』」（『明星』明治三五年八月一日）

新進作家発掘の声は高いが一向に実効は上がらない。それは文閥（硯友派の創作、大学派の評論、早稲田派の両方面）の門戸が高いからで、低頭と揉み手なくしては障壁を潜れないからである。この点で大阪は垣根が低く進出しやすい、また和歌俳句など韻文の世界も文閥の支配が弱いから新進作家を産んでいる。

「只此間に立ちて、少しく諒とせらるべきものは、醒雪氏主管の『文芸界』なり、発刊以来懸賞又懸賞、所謂死馬の骨を買ふに忙しきもの、友人某氏をして「金港堂の懸賞、又懸賞余をして文士保護説を棄てしむ」と長嘆せしめたれど、天下を挙げて無名作家を藐視するに過ぎたる今に於て、其意気は最も多とすべきものあり（中略）我は此事を以て『文芸界』の特色を許すと共に斯の如くして初めて文壇に生存し得べき権利あるを思ふ。

『文芸界』所載の新作家の小説、稚気鼻を撲つものは或は是あらむ、然れども所謂先進の小説中、天外氏の『仇なさけ』を除いて、他に一の採るべきものありしや、いかに相率ゐて「なげやり」の筆を落としたるかは、之を指すまでもなく、歴々として明かならむ、文に老けたる醒雪氏、豈之を知らざらむや（以下略）」

斎藤緑雨はこの間の事情を緑雨流に次のように皮肉っている（「長者短者」『斎藤緑雨全集』巻四　筑摩書房　一九九〇年）。

○新たに文芸界なる大冊を得て、われは測らずも神を呼びぬ、作家は猶餓死すべき時にあらざるをおもいて。

またこの前後にも面白いアフォリズムがある。

○天職とは我自ら寿命を切りこまざきて、本町に運ぶの謂也。神聖なる文学図ともいふものを編製すべくば、日本橋区本町三丁目は、これら諸大人の咽喉を扼するの地也。博文館も本町三丁目なれば、金港堂も本町三丁目なり。

○多くの雑誌の末期に見れば、雑誌は作者を毒し、読者を毒し、然り而して発行者の懐中を毒するものなり。

## 「誌友と文通―少女たちの密やかな楽しみ」

『少女界』十周年臨時増刊号では、創刊以来の愛読者である鹿の子百合「十年間に於ける誌友の消息」（投稿）が目を引く。鹿の子百合を名乗る彼女は十年たって今では最古参となったが、それでも少女界を離したことはない。学校の同窓会誌には個人消息欄があるが、それを真似て「私も茲十年間に於ける誌友の消息を、知っている限りお報らせ申しませう」と前置きして、実に三七名もの消息を臨増号誌上に紹介した。この事実は雑誌への投稿を契機に交換が始まった文通を想定しないことには集めえない情報と思われる。

誌友の多くは今では主婦・母親となり、閨秀作家、女教師・看護婦などの職業婦人、そして数人は早くも十代で永眠。まるで東独の作家アンナ・ゼーガースの短編「死んだ少女たちの遠足」を思わせる趣がある。実例のいくつかを挙げてみよう（総ルビは省略した）。

◎服部貞子様、（東京）以前岩代の須賀川にお出での頃から熱心な投書家で、一二巻時代の花、屢々選者も感心してお居ででしたが、果せる哉、現今中央文壇にて、新進閨秀作家として有名なる、水野仙子様こそ、実に此の貞子様ですよ。

◎岡田美知代様、岡山県にお出での頃は、中々熱心な方でしたが、今は東京で姓を永代と改めて、新進作家の名声高く、現に本誌三月号で少女小説「お形見」を書いて居られます。

◎谷絹子様、大阪で有名な回春堂薬舗の御令嬢、二三巻で俳句の将、今は立派な御夫人様。

などなど多彩である。長文の投稿の終わりには編集者が感想をそえる。

▲記者申す、おかげで昔なじみの消息が知れて面白く思ひました、貴女もなかなかの才筆で、思はず終まで読みをはり、感心

しました（中略）あゝ、十年昔しを思へば丸で夢のやうですねえ。

面白いことにこの記事の余白には、増刊号の旧蔵者と思われる少女の落書きがある。「鹿の子さんにはわたし感心してよまあよくもかくのごと誌友の消息を御存じだわねー」少女の言い回しにも時代が感じられる。

なお立場は変わるが吉野作造にも誌友交際の経験があったようだ。「小学校の上級になって「文庫」の愛読者になった。はじめは「少年文庫」と云つたかと記憶する。当時は小学校は八年だから、上級と云へば十四五歳のことになる。小学校時代「文庫」に投書したかどうか覚えてゐぬが、あの頃流行した紙上を通しての誌友交際といふものを、自分も人並みに試みたことを思ひ出す。私も数名の人と文通し、写真なども交換した（以下省略）」（「少年時代の追憶」『閑談の閑談』書物展望社　昭和八年）

# 第四部

## 雪冤長尾雨山
## ――文部省図書審査官と教科書疑獄事件――

# はじめに

　長尾雨山の人と経歴については、その唯一の著書『中国書画話』（筑摩書房　一九六五年）に序（神田喜一郎）および解説（吉川幸次郎）があって、雨山の学芸に関する最も優れた紹介となっている。巻末の著者略歴は令息の礼之（長尾正和の筆名）が編んだ略伝（『冊府』[*1]第一〇号　一九五九年五月）を援用したものであるが、その中に次のような奇妙な一節がある。「三十五年一切の官職を退き上海に移住、商務印書館に入り編訳事業を主宰、革命前の中国初中等教科書編纂は専らその手に成った。在支十二年、大正三年末帰国、居を京都に定め講学と著述の生活に入った」（七ページ）。明治三十五年は三十六年の錯誤であるが、なぜ雨山は唐突に東京高等師範学校教授など「一切の官職を退き上海に移住」したのか。礼之はその間の事情を薄々知りながらあえて触れるのを忌避するかのようである。そのことは雨山の家族知友が決して話題にしてはならないタブーとなっていることを暗に示している。

　この禁忌に取り組み、ある程度解明したのは清末小説専家の樽本照雄である。氏は(1)「金港堂・商務印書館・繡像小説」（『清末小説研究』三号　一九七九年一二月）および、(2)「長尾雨山は冤罪である」（『大阪経大論集』四七巻二号　一九九六年七月）において、長尾雨山の上海移住と商務印書館入りの真因は教科書疑獄事件で官吏収賄の有罪判決を受けた事実にある事を初めて明らかにされた。

　(1)では「教科書疑獄事件と長尾雨山」の節を立て、明治三五年暮れから始まった小学教科書の検定・採択をめぐる贈収賄事件の経過と雨山の拘引、予審決定（二月一四日、長尾槇太郎の官吏収賄被告事件を東京地方裁判所の軽罪公判に付す）、軽罪公判の弁論・裁判宣告（三月一六日、重禁錮二ヶ月、罰金七円、追徴金三百円）、控訴申立・控訴公判・控訴棄却（五月九日）、などと新聞記事により雨山の官吏収賄裁判を追跡した。雨山は起訴事由を終始一貫否定し、書肆集英堂から贈られた三百円は国語読本の校閲料であって教科書検定とはなんの関係もないと主張した。一方検事は雨山の文部省図書審査官の立場に鑑み、その金は文章修正だけではなくて検定の通過報酬の意味をも持っているから官吏収賄罪に当たるとした。判決は検事の論告求刑通りに雨山を有罪とした。

　(2)では、雨山のケースとよく似た他の文部省官吏の裁判例を取り上げて、比較吟味する。当時の刑法では官吏に収賄の事実があっても、職務に関して収賄したという認定が成立しなければ有罪にはならない。雨山と同様に文部省図書審査官を務めた高津鍬三郎の場合は似たような罪状にもかかわらず免訴となり、他方雨山は何故か有罪になった。著しく公平を欠く裁判と言わざるを得ないし、このような偏向した判決を下された雨山は冤罪の犠牲者であると強調された。

## 一　本稿の課題と方法

確かに長尾雨山は冤罪と見てよいと思う。しかしそれを単に公平を欠いた裁判に帰しても余り意味はない。問題は何故雨山が早々と逮捕・起訴され、官吏収賄裁判で有罪判決を下されたのか、その真相を突き止めることである。これは単に刑事裁判にとどまる問題ではなく、事件の深部にうごめく複合的な背景を抉り出さない限り真実は得られないように思われる。従来のように上辺の現象、例えば教育関係者の贈収賄行為の摘発やその裁判結果など、のみに目を奪われていては、雨山の収賄被告事件の核心には迫れない。何よりも先ず事件の全体を見渡し、その底部にひそむ諸要因、具体的には小学教科書の検定や府県の採択をめぐる社会病理現象と文部省図書審査官の役割や立場、無為無策に終始した伴食官庁文部省とその教科書国定化をめぐる省内外の軋轢、民心の道徳的憤激を煽り続けたジャーナリズムの報道、また法律無視の強引な刑事裁判審理が何故可能だったのか、などの中にわけいって真相を把握することが肝心と思われる。

起訴された雨山は自らの潔白を固く信じていた。疚しいことは何もないと確信するゆえに、公判でも堂々として悪びれる処がなかった。「自己の学者たるを自覚し良心の健全なるを自認し居れり故に免而無恥の徒と異なり男らしく……終始渝らざる申立をなし」と東朝記者が評したほどである。免而無恥の徒とは法網をすり抜けて恥しいとも思わない（「論語為政篇」）厚顔な輩を指す。また不思議としか思えないのだが、雨山の司法への信頼は微塵の揺らぎもないように見える。公明正大な審理によって必ずや身の証は立てられると信じていなければ、大審院にまで上告して争う筈はないだろう。

しかし雨山は学者で世事に疎く、裁判が政治によって幾らでも左右されることには気づく筈もなかった。裁判は予め仕組まれていてどう抗弁しようとも有罪の結論は決まっていたとしたら雨山こそいい面の皮である。また梶山雅史の指摘した、異様に早い文部省官吏の拘引起訴も見過せない事柄である。中でも雨山のケースは真先に予審決定、軽罪裁判と続き、七月には大審院で上告棄却になっている。その手回しの良さを見ると予め筋書が周到に用意されていたのではないかとの憶測をぬぐえないのである。

教科書事件に関する今日までの言説は、裁判は全て公正に行われたという前提に基づいている。新聞雑誌の報道も司法は正義を体現するという世間一般の通念を疑うことは一度もなかった。この無稽とも言える一種の幻想は果たして正しい見方なのだろうか。換言すれば官吏収賄裁判そのものに意図的な作為又は不作為はなかったのか。中でも特に検事局の法律無視は甚だしく、①管轄無視：集中審理の便のために発生地主義の原則を無視し東京地方裁判所に管轄違の起訴をしたこと、②証言の無効：書肆証人の信憑力がない証言をのべつ証拠に採用したこと、

③聴取書の濫用：審理効率を上げるため予審判事や検事の聴取書を有力な証拠として採用したこと、などの点に就いて多々問題があった。陰謀史観に与する訣ではないが、この司法当局の前例を見ない強引な遣り口は、川淵龍起という一検事正の訴訟指揮によるものとは到底思えない。当然司法および政府上層部の黙認を取り付けない限り不可能な処置であって、今日流に言えばまさに国策捜査の一種と云っても差支えはない。この通常の裁判には見られない公判の在り方に対して、ただ一人敢然と異議を唱えたのは弁護人の花井卓蔵である。[*2]彼は人権を蹂躙された被告たちの弁護を引き受ける中で、この裁判の特異さに気がつき、その非法を『法律新聞』紙上で訴え続けた。また大審院へも上訴したが体制の番犬が容認する筈もなく、奇妙な論理[*3]をひねり出して却下している。

そこで本稿では、まず雨山が任命されて官吏収賄罪の根拠となった文部省図書審査官の職務とその権限の検討から始めたい。煩雑ではあるが文部省官制上の条文規定とその変遷、またどのような人物が任命され検定業務に従事していたかを見ていく。また文部省の教科書国定化政策とその意思決定をめぐる省内外の軋轢、ことに政治家、教育団体、教科書肆など外部の圧力グループの干渉などにも目配りしなければならない。

また雨山の収賄裁判の経過については、理想的には当時の下級審裁判記録が残っていることであるが、目下は望めないことのようだ。『大審院刑事判決録』にも何故か雨山の分は収録がない。従って二次文献に拠るよりほかはないが、出来るだけ詳しい新聞記事を探して、裁判の内実、とくに雨山側の反論を中心に検討してみる。新聞報道にも各紙特色があって、そのうち裁判傍聴記事の詳しい『東京朝日』『時事新報』『日本』を中心に検討していきたい。『万朝報』『二六新報』『都新聞』などの大衆紙[*4]は公判の取材が手薄なだけでなく、専ら大衆受けを狙って嫌疑者への人身攻撃を事とし、また教育関係者や教科書会社のバッシング記事を繰り返し掲載して民心を煽り続けた。

## 二　既往文献の貧困

教科書疑獄事件は近代教育史上の大不祥事と云われるが、その割には真剣に取り組んだ本格的研究はあまりないようだ。教育社会における教科書問題の深刻さを先ず押さえるべきなのに、幅を利かせているのは専ら明治事件史、疑獄汚職史といった興味本位の裏面史である。事実の特異な一面を取り上げてそれを誇大に意味づけする、全体像を欠いたセンセーショナリズムの蔓延。戦前では伊藤痴遊『明治裏面史』（一九二八年）、立花文雄『明治大正昭和大疑獄史』（一九三六年）など。顕官（県知事）が有罪になった事件と述べるだけである。森川哲郎などの戦後の裏面史も似たようなものである。その大半は独自に調査したのではなく、木村毅「教科書疑獄」（『財界よもやま史話』筑土書房　一九五七年所収）を無批判に孫引きしたものか、或いは『新聞集成明治編年史』の関連記事を適宜並べ直した二番煎じに過ぎないものである。実は木村の著述には明白な種本があって、事件発生直後に早々と出版された『大疑獄教科書事件』（特報社　一九〇三年二月）なる際物出版である。新聞雑誌は事件を連日派手に書きたてて民衆の好奇心を煽っていたが、この書はそうした新聞の煽情記事を基に編集したもので「未だ曽て世間へ暴露せられざる内情秘密をも蔵めて」いると広告していた。似たような出版物に鈴木武次郎『空前絶後の大疑獄　教科書事件実記』（文友堂　一九〇三年二月）がある。ただ胡蝶仙史『教科書事件夢物語』（東洋社　一九〇三年六月　**図1**）は例外で、事件当事者のリアルな内幕物として評価できる。嫌疑拘留者に直接取材したと思わせる内容で、主人公の突然の拘引に始まり、護送の旅路、地方裁判所、予審廷、未決監での生活と越年、予審第二回、免訴放免に至る、悪夢のような鍛冶橋監獄署内の経験[*5]がつぶさに語られる。多くの被疑者や証人たちが舐めたであろう収監の戸惑いや、予審判事の執拗かつ高圧的な取調の様子などが読む者に実感できる作品に仕上がっており、恐らく雨山もこの主人公と同じような屈辱を体験したに違いない。

事件についての本格的研究は未だ乏しく、大昔の論文が今なお通説になっているようだ。宮地正人「教科書疑獄事件」（『日本政治裁判史録』明治・後期　第一法規　一九六九年）、佐藤秀夫「教科書国定制度の成立」（『日本近代教育百年史』第四巻　国立教育研究所　一九七四年）、同「文部官僚としての澤柳政太郎」（『澤柳政太郎全集』別巻　国土社　一九七九年）などである。また各府県には大部な教育史の刊行があるが、その明治編を見ても独自の調査追究を怠って、単に通説をなぞって済ますものが大半である。「オラが県の恥は書かない」執筆姿勢こそ逆に恥を曝しているようなものだ。なお千葉県では三浦茂一「明治期教科書疑獄事件」（『地方教育史研究』七号　一九八六年五月）、兵庫県では塚田良子「兵庫県における教科書疑獄事件」（『歴史と神戸』二二六号　二〇〇一年六月）が未熟ではあるが新たな発掘を試みている。

そうした中で精力的に関係資料を博捜し事件の本質解明に努めているのが教育史学の梶山雅史である。氏の大学紀要に発表された諸論考は『近代日本教科書史研究—明治期検定制度の成立と崩壊—』（ミネルヴァ書房　一九八八年、以下引用は〔研究〕）にまとめられた。この書は官庁文書や関係者所蔵の原史料、また当時の新聞雑誌記事などを用いて、検定教科書制度の腐食破綻から崩壊、その揚句国定制への移行過程を追究して時代の深層をたくみに解き明かした。また国定制への直接的契機となった事件そのものについては「明治教科書疑獄事件再考」（『本山幸彦教授退官記念論文集　日本教育史論叢』思文閣出版　一九八八年、以下引用は〔再考〕）で補強再説された。ここでは通説となっている「教科書の国定制を実施する為に積年の病弊であった不正行為の摘発、即ち疑獄事件が発生した」という文部省仕掛説に対して、より広い立場から通説に批判を加え謎の多い事件の本質について再検討を呼びかけている。

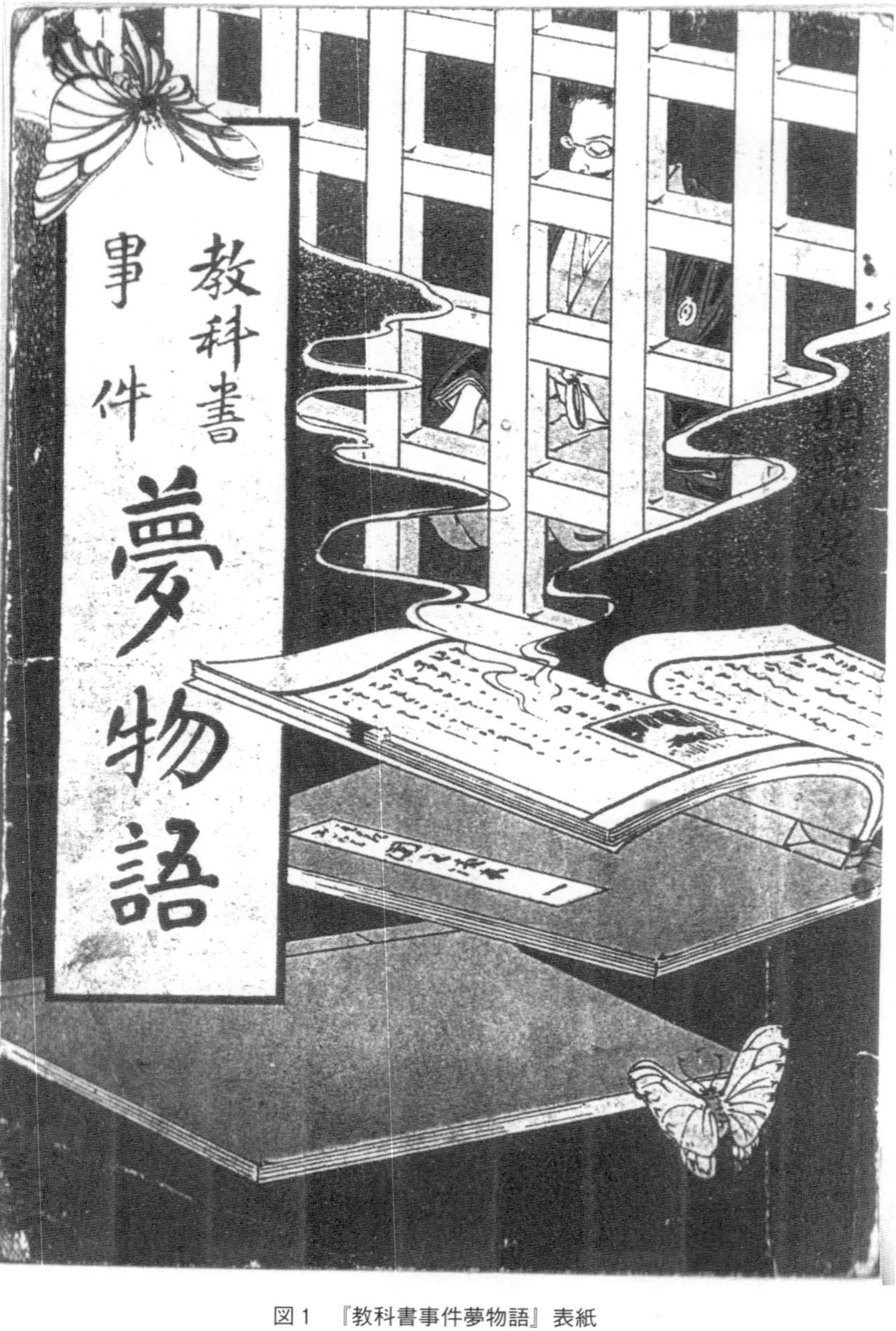


図１　『教科書事件夢物語』表紙

# 第一章　運命の異動

## 一　文部省図書審査官の兼任

国立公文書館には、官吏の任免及び勤務命令に関する裁可書を年別・月日順に編集した「任免索引」がある。明治三二年分の内から長尾雨山の異動を探していくと、偶然の符合ではあるが後に雨山と浅からぬ因縁を背負う人物が相前後して異動していた。長野県師範学校長七位正木直太郎[*6]は「任埼玉県師範学校長／叙高等官五等」（一〇月二四日）、台湾総督府法院検察官川淵龍起は「任検事／叙高等官三等検事従五位勲六等」（一一月六日）。三人はともに三年後の教科書疑獄事件で奇しくも邂逅する。正木と雨山は刑事被告人として、川淵は摘発検挙から公判維持の訴訟指揮を執った中心人物として立ち現われる。

　ちなみに雨山の高等師範異動は明治三二年一〇月二八日起案、同三〇日裁可、一一月一日付発令で、以下のようである。

　　第五高等学校教授七位　長尾槙太郎
任高等師範学校教授兼文部省図書審査官
　　叙高等官六等

文部省の起案では「漢文科及作文ニ関スル高等師範学校教授兼文部省図書審査官」とあり、また「右本人ノ履歴書ニ依リ詮衡ノ処頭書相当ノ資格アル者ト認ム」（一〇月二六日）と文官高等試験委員のお墨付きもついている。これは教官や技術官は文官任用令第四条の規定に従って文官高等試験委員の詮衡を経て任用されるからである。もっともこの手続はかなり形式的要件のようで、恐らく実際には文部省直轄学校と本省とで根回しをして候補を選び事前に当人の承諾を得て発令の運びになるのが通例と思われる。雨山の場合は普通学務局長澤柳政太郎の人選のようで、明治三二年七月一日付　狩野亨吉宛書簡には次のようにある。

　「拝啓陳バ漢学教師之事ニ付兼て御考之次第有之様承及候処御承知之長尾ヲ取ラレテハ如何本人も希望し居候様子文部省にてハ何カ審査官之如キモノ兼任文章之添削等為度考も有之候右御考願上候　草々」（書簡集八七『澤柳政太郎全集』第一〇巻　国土社　一九八〇年）

　また明治三四年に任官した喜田貞吉の場合、依願退職して金港堂入りした三高出身の先輩小谷重の後任に選ばれ「渡部（董之介）図書課長のメンタルテストも無事に通過して、取りあへず教科書編纂及び検定に関する事務嘱託といふことになり、やがて詮衡も順調に進行して、五月七日附で文部省図書審査官に任ぜられ、高等官七等六級俸年千円といふ事で、ともかく奏任

官の末座に列する事になったのであった。」（『還暦記念／六十年之回顧』喜田貞吉私刊　昭和八年）

## 二　文部省官制における図書審査官

当時の文部省官制（勅令第二七九号　明治三一年一〇月二二日）では、専任図書審査官は「三人ヲ置ク奏任トス図書ノ審査ヲ掌ル」（第八条）に縮小改正されていた。これより先僅か一年前の官制（勅令三四二号　明治三〇年一〇月六日）では、図書局が新たに設置され「教科用図書ノ検定及認可ニ関スル」事務を掌り（第九条）、「専任図書審査官五人専任図書審査官補十人ヲ置ク」（第十一条）、前者は「奏任トス図書局ノ事務ニ従事ス」後者は「判任トス図書審査官ノ事務ヲ助ク」となっていた。ところが最初の政党内閣と言われる隈板内閣は行財政整理を断行し、文部省では図書局など二局が廃止、図書審査官補も削除され教科書検定事務は大ナタを振るわれていたのである。

念のため長尾雨山が任官した前後の図書審査官の顔触れを各年の『職員録』（甲）に従いあげておこう。ただし明治三一年分はなぜか発行されず、一番知りたい年の情報は得られない。なお名簿には判任官の属官も掲載されているが省略した。〔　〕は筆者の注記である。

□明治三十二年二月一日現在（大臣：樺山資紀、次官：柏田盛文）

大臣官房○図書課　課長　書記官　渡部董之介
図書審査官　四等（兼）参事官　渡部董之介
五等（兼）一高教授　高津鍬三郎
七等七級　従七位　小谷重
七等八級　従七位　小出房吉
七等（兼）視学官　梶山延太郎
七等八級　隈本繁吉

□明治三十三年四月一日現在（大臣：樺山資紀、次官：奥田義人）

大臣官房○図書課　課長事務取扱　参与官　岡田良平
図書審査官　四等（兼）参事官　渡部董之介
五等（兼）一高教授　高津鍬三郎
六等（兼）高師教授　長尾槙太郎
六等五級　正七　小谷重
七等七級　従七　小出房吉（明治三三・九—三六・九独墺留学に付休職）
同　同　隈本繁吉

□明治三十四年四月一日現在（大臣：松田正久、総務長官：梅謙二郎）

総務局○図書課　課長心得　図書審査官　小谷重
図書審査官　四等（兼）参事官　渡部董之介
同　同　視学官　野尻精一
六等（兼）視学官　大島義脩（前四高教授、

陸軍歩兵少尉正七位）

同　同　高師教授　長尾槙太郎
六等五級　正七　小谷重
七等（兼）視学官　隈本繁吉
七等八級　従七　針塚長太郎（兼任高師教授・実業学務局課長）

□明治三十五年五月一日現在（大臣：菊池大麓、総務長官：岡田良平）

総務局○図書課課長　図書審査官　四等（兼）渡部董之介
図書審査官　四等（兼）視学官　野尻精一
五等（兼）視学官　大島義脩
六等（兼）視学官　隈本繁吉
六等五級　正六　高津鍬三郎
七等七級　従七　針塚長太郎
七等六級　同　喜田貞吉

なお明治三五年の図書審査官に雨山の名が見えないのは、前年一一月二一日「免兼官」（明治三四年任免　巻二七）となったからである。恐らく文科大学漢文科講師を委嘱されたため、図書審査官の兼務は解かれたのであろう。

実は図書審査官がどのように選ばれるのか、その選任過程については分らない事が多い。例えば、「▲太田達人氏　此程大阪府中学校長を罷め文部省図書審査官に任せられたるが今回北京大学堂の教授に聘せらるることに約成り現官の儘同地に赴く由」（『日本』明治三五年一〇月九日　二面　●人一括）などは今日の常識からすると理解に苦しむ。明らかに図書審査官の任用は太田を現任地から離脱させる方便になっている。令状執行直前の太田達人を窮地から救済する意図が露骨であるが、帝国大学卒業生には既にこうした互助組織が出来ていたようである。余談になるが太田は夏目漱石が心を許した学生時代以来の親友で、その風貌姿勢は『硝子戸の中』などに描かれている。

また理由はよく解らないのだが、陸軍教授枠（上記の大島義脩、明治三六年三月からは陸軍教授陸軍歩兵中尉従六位金子銓太郎）らしきものがあることも注目される。陸軍教授とは陸軍士官養成学校で、文官で普通学科を教える教官のことである。

## 三　図書審査官の職務

一一月初旬高師に着任したばかりの雨山に宛てた漱石の書簡は、糊口に窮した友人の就職口の斡旋を雨山に依頼したものだが、その内の一通（明治三二年一一月二三日）には次のような興味深い一節がある。

高等師範の方は存外御閑散のよし過日児島氏より承はり候其代り文部の方は矢張午後四時頃迄御精勤の事と存候御苦労の程御察し申上候（以下略）（書簡番号一八四）

熊本五高の漱石にまで聞こえた「文部の方」とは言うまでもなく兼務した図書審査官のことである。それが本務の高師教授よりも多忙とはいささか皮肉である。先に職員録からその陣容を見たが兼務の多い事は誰の目にも明らかである。それだけ仕事量が多くて人員を厚くつけると云うよりは、むしろ肩書きだけの閑職で兼務でも実質的には差支えないということなのであろう。いったい図書審査官の仕事とは官制上どんな権限があって、実務的には何をどのようにするものなのだろうか。管見ではこれに言及した研究はまだ見当たらないが、一つの貴重な証言が参考になる。教科書事件の時に図書審査官を務めていた喜田貞吉はその職務について次のようにリアルな回顧を遺している。

「当時、自分の与へられた職務は、専ら中等学校及び小学校用民間教科書の検定で、自分は其の中の地理と歴史との二科を担当したのであった。もっともそれには二、三人の属官や嘱託の人々が、それぞれ手分けをして下見してくれるので、自分はただ其の上見をなし、露骨に言へば目暗判を捺すといふ様な場合も少からぬのではあったが、それでも馴れるまでは可なり忙しく、時としては宅調・夜業までをも余儀なくされ」た。

「教科書の検定は、実は自分にはあまり興味のある仕事ではなかった。殊に書肆との交渉がいやであった。早く認可が下がる様に、修正の指示が少い様にと、うるさく請託がやって来る。」大威張りの国会議員までが「発行書肆の手先となって、辞を低うして運動にやって来る。時には書肆の主人や運動員が、名刺代りと称して商品切手や、其の他いろいろの品物を持ち込

還暦記念
六十年の回顧

昭和八年四月二十一日印刷
昭和八年四月二十五日發行
六十年の回顧　非賣品
編輯兼發行者　喜田貞吉　東京市小石川區茗荷谷町十番地
印刷者　白井赫太郎　東京市神田區鍛冶町三丁目十七番地
印刷所　精興社印刷所　東京市神田區鍛冶町三丁目十七番地

一、喜田貞吉略年譜　二

| | | |
|---|---|---|
| 同　年十一月七日 | 千葉縣私立成田中學校(舊英漢義塾)講師ヲ囑託セラル | (二十八歳) |
| 同　年十二月六日 | 千葉縣私立成田中學校長ヲ囑託セラル | (二十八歳) |
| 同　三十二年四月 | 同志ト日本歴史地理研究會(後日本歴史地理學會ト改稱)ヲ組織シ、十月ヨリ雜誌「歴史地理」ヲ發行、引續キ現今ニ至ル | (二十九歳) |
| 同　年七月日 | 眞宗東京中學講師解囑 | (二十九歳) |
| 同　年同月十三日 | 居ヲ本郷區森川町一番地ニ移ス | (二十九歳) |
| 同　年八月 | 成田中學校長解囑、顧問囑託 | (二十九歳) |
| 同卅三年一月十一日 | 早稻田專門學校(後早稻田大學)史學科講師ヲ囑託セラル | (三十歳) |
| 同　年五月二十六日 | 居ヲ本郷區彌生町三番地ニ移ス | (三十歳) |
| 同　年八月 | 眞言宗各派分立、新義派學林廢止ニツキ解囑 | (三十歳) |
| 同　年十月一日 | 新義眞言宗豐山派尋常高等中學林創設、普通科主任教授ヲ囑託セラル | (三十歳) |
| 同　年十一月十七日 | 帝國教育會中等教員養成所地歴科講師ヲ囑託セラル | (三十歳) |
| 同　年 | 帝國古蹟取調會ノ囑ニ應ジ會報ノ編輯ニ從事ス(約一年ニシテ辭退) | (三十歳) |
| 同卅四年一月十五日 | 國學院(後國學院大學)講師ヲ囑託セラル | (三十一歳) |
| 同　年四月四日 | 教科書編纂並ニ檢定ニ關スル事務ヲ囑託セラル(五月七日解囑)(文部省) | (三十一歳) |
| 同　年五月七日 | 任文部省圖書審査官叙高等官七等(内閣)、六級俸下賜(文部省) | (三十一歳) |
| 同　年同月 | 豐山派學林主任教授、早稻田專門學校、及ビ國學院講師解囑 | (三十一歳) |
| 同　年六月 | 帝國教育會中學教員養成所地歴科終了ニツキ講師解囑 | (三十一歳) |

晩年の喜田貞吉

図　喜田貞吉『還暦記念　六十年の回顧』より、書影（右上）、奥付（右下）、年譜（中）、肖像（左）

んで来る。何とかの口実を設けて、料理屋へ引っ張り出さうとする。はては露骨に現金を提供せんとしたものすらあって、之を拒絶し、之を返却するには、可なり苦労させられたものだった。其れも其の筈、検定が手軽に済むといふ事は、当時の教科書発行書肆に取っては、死活問題とも言ってよい程にも重大なる影響を齎すものであったからだ。当時の小学校用教科書は大抵民間発行のもので、それが各府県の審査委員会で採否を決定せられ、一旦採用されたとなると、其の府県下を通じて、何十万かの児童に対し、何年間か極めて安全に売れようといふのであったから、其の審査会の期日に間にあふようにと厄鬼となるのも無理はない。検定教科書の発行者は熟練な運動員を抱へて、地方に於ける審査会の通過に尽力する。同業者間に猛烈なる競争が起る。利益の一部が賄賂となってバラ撒かれるのもやむを得ぬ。」運動員は「此の手で行かねば彼の手でと、それぞれ相手に適応した手段を以て、之を薬籠中のものとせんとする」手練手管をもっていた。「教科書事件の火の手の熾んな頃には、思ひもよらぬ人までが、少からず嫌疑を受けて検挙されたものだった。そして中には最後まで収賄の事実を承認せぬ被告が、単に押収された書肆の帳簿に基つく裁判官の認定によって、実刑を科せられたものもあったかに聞く。」（喜田貞吉前掲　八八―九二ページ）。最後の一節は取りようによっては暗に雨山のことを指しているのかもしれない。

## 四　図書課長渡部董之介

図書審査官を束ねてその事務を分配し、また審査の結果を合議集約し上層部に上げて決裁を求めるのが図書課長の役目である。雨山の公判では渡部は証言台に立ち「審査官の任命は官制により其事務の分配は課長之を定め其専門の学科に従ひ分任担当せしむるものにて別段に執務規則の如きものなし尤も担当以外の審査に付き意見ある時は之を述ぶるの権利なきに非ずと述べ退廷」している。雨山直属の上司はどのような人物なのであろうか。事件直後の新聞論調は渡部課長の監督責任についてかなり辛辣である。

▲渡部課長は如何　文部省内殊にその図書課といふものの腐敗は最早や之を蔽ふ可らず図書課員の多数が一面官吏たると同時に一面に於て教科書屋の手代番頭たる働きを為しつつも事実なり彼等は教科書屋の贈進を以て賄賂となさず寧ろこれを月俸年俸と心得おること今日滔々として風をなす遠く既往を問はざるも近く本年内図書審査に係かりて如何に醜声の喧伝せられたるか同課長渡辺董之介は此間に立て何等督励を加へたるを聞かざるなり岡田長官を始めとして皆曰ふ渡部は菓子箱一つ贈遺も受くるものならずと果して然る乎然れども渡部は独り自ら僅に守るのみ到底課長として部下を統御するの能力なきなり一切の魂胆暴露したる今日となりては一刻も其職に居らしむ可らず又自らも居

る可らざるに尚ほ且つ何等の沙汰も聞かざるは怪訝の至りなり人は曰ふ渡部の大魯なる或る意味に於ての犠牲に供せられ居るもなりと（『日本』明治三五年一二月三一日　二面）

渡部董之介は明治二二年文科大学哲学科卒業、翌年七月文官高等試験に合格し文部省普通学務局試補となる。以後主に教科書検定事務を主管する図書課を歩む。彼は「温厚柔和、順良の好人物にして刀筆の良器なり。満々たる覇気も、縦横の機略も、政治的識見も、彼に於て遂に之を求むべからず。然れども忠実精勤の美徳は之を有す。覇気を有せざるが故に他と衝突する事少く、機略を有せざるが故に政争の渦中に雄飛すること能ふまじ。然りと雖も資性忠沈なるが故に、誘惑せられ易き図書課長の地位にあるにも拘らず、未だ一度も醜聞を流したることなく精勤精励なるが故に事務は駸々として進捗す。」と評されていた。

実際渡部は文部の古参でありながら、後進の福原鐐次郎、松村茂助、真野文二などが次々と局長や次官に出世していくのを見ても恬淡としていた。現在の地位に甘んじて栄達や名利を求めず、手腕ある行政官ではないが温良寡言、誠実に任務を尽す真に忠良なる事務官と言われていた。（藤原喜代蔵『人物評論・学界の賢人愚人』文教会　大正二年／複製『教育界人物伝』東出版　一九九七年）

しかし新聞の批判にあるように管理職としての渡部の監督責任はどうなるのか。それは行政行為の問題であって刑法上の不法行為を問われることがない以上、お門違いの論難と云うのが渡部の用意した弁解であろう。彼は証人として出廷しても図書課長として官制上の建前を述べるに留まり、雨山をかばう気は全くなかったようだ。

また大晦日の日に「文部省の秘密会議」が開かれ、幹部たちが善後策を協議した模様である。検事局との交渉は不明だが結果として上層部への波及は沙汰止みになり、今回の大疑獄もまた呑舟の魚は悠々として法網を逃れ去ることになった。

余談になるが、夏目漱石が英国留学の途次パリに一週間滞在し「文部の書記官渡邊董之助ト申ス人ノ世話デ歩行キ廻リ候」*7（夏目鏡宛書簡　明治三三年一〇月二三日）とあるのはこの渡部董之介のことである。

# 第二章　教科書事件の大疑獄

明治三五年一二月一七日早暁、「教科書肆其の他二十余箇所を一斉家宅捜索、動員実に百余名」教科書疑獄事件の発端を報じる新聞の見出しである。検定制度実施以来十余年、教科書採択をめぐる不正行為は後を絶たず教育関係者の贈収賄行為は常に新聞雑誌の好餌になっていた。文部省の弥縫策は常に後手に回り、また司直もその摘発に乗り出すことは何故か殆どなかった。それがどうしてこの時期に限って、一挙にかつ劇的ともいえる形で暴かれることになったのであろうか。その背景を探ってみよう。

明治三三年八月の小学校令改正、同施行規則による教則変更、仮名字体・字音仮名遣ならびに漢字数制限は、教科書の使用文字をはじめ教科書編纂に大きな影響をもたらした。しかも改正小学校令の発布が大幅に遅れたので、教科書肆はその煽りで極めて短期間の内に、教科書の改訂や新しい教科書の編纂をせねばならなかった。そして文部省へ検定出願、さらには府県採択工作にと互いに激しく鎬を削ることになる。小学校令改正がいわば熾烈な教科書採択合戦をひきおこした。明治三四年四月からの新教則実施に伴い、府県の多くは新教科書への切り替え手続をとったため、各府県では相次いで教科書審査会を開催することになった。同年一月から全国二十数府県にわたり教科書審査会が開かれ、審査をめぐる贈収賄の噂が報じられ、各地の教科書採択醜聞事件は世間の話題となり続けた（梶山雅史〔研究〕二〇一―二〇二ページ）。

## 一　カウンター国定運動の急展開

暮の迫ったこの時期になぜ司法当局は摘発の断行を急いだのか。秘密裏に材料を集め摘発の機を狙っていたという通説では急迫の根拠が薄い。そこにはもっと差し迫った動機を想定しないと説明がつかないが、恐らくそれはカウンター国定の動きが急進展して実現の見込みが俄に高くなった情勢にあると思われる。教科書採択をめぐる弊害除去策としてはまず国による教科書一元化（国定）があるが、逆に民間教科書肆の合同（トラスト）によっても一元化は可能である。金港堂、集英堂、普及舎は既に同盟して帝国書籍株式会社を設立し、冨山房、育英社などに交渉を始めていた。そこへ教科書運動中止のために七社合同案を出し、各社に同意を求めて動きだしたのが東京感化院院長高瀬真卿である。交渉は長引き難航したが最後まで抵抗した国光社がついに折れて、一一月五日には文学社を除く六社合同の締約が成った。フィクサーとして高瀬真卿はこの合同報酬で実に七五〇〇円を受け取った（須藤欣二編註「高瀬真卿日記抄」一[8]七、『日本古書通信』三〇三号　昭和四四年七月）。

「国内一切の教科書が全く一トラストの掌握に帰し左らぬだに文部省を凌ぎ教育社会を暴圧し教育者を腐敗せしむる彼れ金港堂一派の跳梁は茲に益々甚しからんとし為に天下正義の徒は彼等の足下に蹂躙されんとする際突如として今回の爆発を見るに至りしは偶然に似て偶然に非ずと言うべし」（「伏魔殿の発掘」『日本』明治三五年一二月二〇日　一面）

唯一の政論新聞『日本』（社主陸羯南）は教科書界の悪弊一掃を早くから強硬に主張、文部省の手ぬるい弥縫策を非難し、解決策として司直による犯罪の摘発と教科書国定化を社是としていた。もし「トラストが教科書屋併呑の志を遂げて内国向き教科書を一手に販売するといふ場合になったら其時は果してドンな芸等を演ずるであらうか一寸想像するさへ寒心の至である」（「文部省対金港堂」『日本』明治三五年一一月一日　三面）と憂慮していた。まるで熟れた柿が落ちるように今回の事件は発生したが、「偶然に似て偶然に非ずと言うべし」とはさすがによく見ている。明白に意図的に仕掛けられた摘発事件に違いないからである。

教科書の国定推進派にとって最大の難関は大手教科書会社の抵抗である。国定になれば教科書屋はこれまで独占してきた巨額の利益を一気に失うから、猛烈な反対運動を起こすことは必定であろう。文部省の行政力だけではどうにも手に負えない以上は、司直の手をかりて教科書業界、教育社会の腐敗を社会的に完膚なきまでに叩くより外はない。恐らくその際には文部側も傍観は許されず、積極的に関与して多くの密告情報を司法当局に提供したであろう。雨山を含む図書審査官（文部省官吏）の異様に早い逮捕・起訴はその良い例で、検事局の捜査というよりは文部側のリークに因ることは明白である。しかもいち早くこのスケープゴートを差し出したことは、窮地にあった文部省に望外の幸運をもたらした。袋叩きされ続けた文部に対する世論の風圧は何故かこれ以降俄に失速してしまうのである。

## 二　坪内逍遥の教科書事件

「今年はペストと教科書事件とで何となく落つかず　著者と言ふ関係で　小生まで参考人として　新聞に証人とありしは誤　呼出しは呆れ果てたる当局の迂愚　馬鹿らしく候、まだこれもすぐには片附まじく風教上困った現象に候」（明治三六年二月一六日　水谷不倒宛坪内逍遥書簡『坪内逍遥研究資料』第一集）

坪内逍遥は前から普通教育の事に関心があり、その手始めとして尋常及び高等小学校用『国語読本』各八冊（冨山房　明治三三年九月）を編纂したことがあった。その読本が完成した時には、「意に満たない著作だが、世間普通の読本類の欠陥は補い得た。文部省令の制限があって材料文章共に思うようにはいかず不満足な出来栄ではあるが腹蔵のない批判を賜りたい」（要旨）と徳富蘇峰に書き送っている。（『徳富蘇峰関係文書』山川出版社　一九八二年）

その版元冨山房（坂本嘉治馬）との関係から東京地裁の溝淵検事に参考人召致（一月二八日）されたのである。

（前略）トンダ面倒ながら十二時過車にて地方裁判所行、検事あへば　高知県読本が高知教育会の編纂になってゐる、それについて何か聞込みたることなきかといふ尋ね也、カタカナといろはの件、言文一致の件、語格の件など一わたり説明して帰る（後略）

（『坪内逍遥日記』明治三六年一月三〇日条）

とんだトバッチリを食っただけでなく、参考人と証人の区別もつかない無知な新聞記事にもなって、憤懣やるかたない思いが文面にあふれている。「神保町に坂本の出獄を見舞うて帰る、坂本の未決監の話面白し　多少我が奮発心を鼓舞するの力ありき」（『坪内逍遥日記』三月二日条『坪内逍遥研究資料』第七集）。坂本の拘引は一月下旬責付が二月下旬だから丁度ひと月間の拘留になるが、へこたれた様子は全くなかったようだ。学者と異なり商売人はたくましくないと、やっていけない。

なお坪内の国語読本は画期的と評価されたが予期ほどには採用され得なかった。そこで坂本は断然小学校教科書の経営を廃止する決意をして、同書の発行権譲渡を帝国書籍に持ち掛け急速に話が纏まって取引が出来た（『坂本嘉治馬自伝』六三ページ）由である。

この年の暮、東京はペスト騒ぎの渦中にあり医者たちはてんてこ舞、新聞には「防疫事務繁忙に付き年末年始欠礼」の広告が目立った。鼷鼠が続々と見つかりその度ごとの消毒騒ぎ、見えないペスト菌の恐怖に人心の不安と動揺はいや増すばかり。その鬱屈した感情の格好の捌け口になったのが教科書事件の容疑者と言ってよかった。例えば『万朝報』の「教育家の大腐敗一—一〇」（明治三五年一二月二五日—三六年一月三日）では、「多数の腐敗教育家中につき最も悪質のもの、その事実の最近にかかわるもののみを挙げ」てみせた。『二六新報』は贈賄側の書肆を対象に「奢れる教科書肆」の長期連載（明治三六年二月一一日—三月二七日）を行った。これは「我社独特の探訪により彼の不正書肆の重もな者が、人知れず世にも驚く可き奢侈を極め居る真相を暴露せんとす」（二月八日予告）るもので、毎回実録小説風の見出しで読者の歓心を買い、集英堂、普及舎、文学社、金港堂の内情や社主とその家族の醜聞を槍玉に挙げていた。

# 第三章　長尾槙太郎（雨山）の官吏収賄裁判

## 一　拘引と予審決定

### （一）長尾雨山の拘引

事件発生のごく早い段階（一二月二一日）で、文部省の現職および旧官吏に起訴（検察官が訴訟行為として公訴をすること）が行われた。これは従来見過ごされてきたが注目すべき事柄である。当時の検事局が作成した起訴ならびに容疑者一覧資料である『教科書事件摘要』（梶山雅史〔再考〕三一―三二ページ）によると次のようである。記載項目は整理番号、容疑者の氏名、官職、起訴・勾留日時、贈賄者名と贈賄年月・金額である。

九八〇六　長尾槙太郎（高等師範学校教授兼図書審査官従六位）集英堂の池辺活三より三三年一一月　二〇〇円　起訴一二月二一日　勾留一二月二二日

九八〇七　隈本繁吉（文部省視学官兼図書審査官正七位）集英堂関係者前田元敏（日本中学校教員）より三三年一一月二〇〇円　起訴一二月二一日（逮捕は二六日）

九八〇八　高津鍬三郎（元文部省図書審査官）集英堂の井上鋼太郎より三三年一一月　二〇〇円　起訴一二月二一日（逮捕は二三日）

九八一〇　住友徳助（元文部省図書課属・図書検定事務嘱託）集英堂の井上鋼太郎より三三年一一月　五〇円　起訴一二月二一日　勾留一二月二二日

九八一一　小谷重（元文部省書記官・元図書検定課長心得現金港堂編輯部長正七位）集英堂の小林清一郎より三三年一一月　二〇〇円　起訴一二月二一日　勾留一二月二二日

一見して起訴事由の根拠は至って不自然、申し合わせたように集英堂からの請託と収賄、また贈賄年月も一一月と奇妙に一致する。いったいこの拙速としか思えない証拠固めはいつどのように用意されたのか。そこには作為の跡はなかったのだろうか。

右拘引者の内長尾は小石川竹早町の宅に実母病死して葬式の準備中を引立てられ小谷は在官中の収賄発覚して谷中清水町の自宅より拘引……住友は文部省に出勤する途中にて執行を受け地方の分は皆な電報を発して其向々へ嘱託したるなり（以下省略）。又従来従六位勲六等以上の者に対する被告事件は上奏を経ざれば拘引する能はざりしが本年四月より之を改正されし為め今回の事件に関しては未だ上奏を経べき手数を要せざる由。（『毎日新聞』明治三五年一二月二三日　三面）

△長尾等の取調　長尾、黒川、根岸、小谷の四名は一昨日午後四時頃より中川予審判事の取調をうけたるが、其際長尾は白布の覆面をなして出廷し長時間の取調を受けし由

△長尾槙太郎の責附　長尾が実母の葬儀準備中拘引されし事は既記せしが同人は先月中妻を離別し目下家族は当歳と二才の二児あるのみ他に近親とても無ければ其混雑一方ならず槙太郎は監中に在て泣き明かし居りしが中川予審判事も深く其心中を察し憐愍の情を酌みて昨日午後二時頃親類の縁故ある牛込区柳町一番地三谷奥七を呼出し保証に立たしめ特に責付を許したるを以て同人は深く判事の慈悲ある取計らひに感泣したりといふ。（『東京朝日新聞』明治三五年一二月二四日　五面）

なお今日では廃止されてなじみのない予審制度とは旧刑事訴訟法下で、検察官の公訴提起を受けて予審判事が非公開で事件を審理し、公判に付すかどうかを決定する糾問的な性格の濃い訴訟手続のこと。予審判事は強制処分権を持ち旧刑訴法では、公判の取調べが困難と思われる証拠の収集保全もその任務とされていた。この制度は糾問的性格（被告人の取調べが中心）と、予審調書が無条件で公判に於ける証拠として認められ、しかも証拠価値は高いものとされたので、事実上公判前に裁判の結果が決まってしまうことなどから、現行刑訴法では廃止された。（『刑事法辞典』信山社　二〇〇三年）

責付は今日の勾留の執行停止に当たる処分のこと。保釈金を納付せずに、何時にても、呼出しに応じ、出頭すべき条件を以て、勾留状の効力を一時中止し、未決拘留の被告人を仮に親属故旧に引取らしむる処分をいう。責付を請求するものは被告人または職権ある予審判事で、「予審判事は、保釈の請求あると否とを問はず、検事の意見を聴き、被告人をその親属または故旧に責付することを得。責付をなすには、親属または故旧より何時にても、呼出に応じ、被告人を出頭せしむべき證書を差出さしむべし。」（刑事訴訟法第一五九条）（『社会新辞典』郁文堂　明治三九年）。

## （二）予審決定（一二月一四日）

◎長尾槙太郎予審決定書

右長尾槙太郎に対する官吏収賄被告事件に付き予審を遂げ終結決定を為す左の如し

長尾槙太郎の官吏収賄被告事件を東京地方裁判所の軽罪公判に付す

理由

東京市日本橋区通旅籠町十一番地書肆集英堂小林清一郎は明治三十三年八月中小学校用教科書の検定を文部省に出願したるに同年十一月に至り其出願に際し尋常国語読本其

他の者に不認可とならんとする傾向あるを探知し集英堂事務員池辺活三をして当時文部省図書審査官たりし被告槇太郎に対し集英堂の出願に係る書籍は其欠点を修正して差出すに付速に検定相成るべき様尽力ありたしと依頼し同月二十三日牛込区砂土原町二丁目の槇太郎の住宅に於て金三百円を贈らしめたるに槇太郎は其内嘱を容れて之を収受したり

以上の事実は証拠十分にして槇太郎の所為は刑法第二百八十四条第一項に該る軽罪なるを以て刑事訴訟法第百六十七条第一項後段に依り決定す

明治三十六年二月十四日

東京地方裁判所予審判事　中川富太郎

（『時事新報』明治三六年二月一五日）

## 二　東京地方裁判所軽罪公判（第一審）

◎**教科書事件公判**（三月九日）

検事が犯罪事実を述べた（予審決定書と同じに付省略）後、裁判長は槇太郎審問に入るが、長文なので重要な個所のみの抄出とする。

（裁）三十三年十一月中池部が訪問せしことありや（被）九月か十一月頃来たりしと思へり

（裁）其来りし当時被告は集英堂が文部省に国語読本検定の出願中なりしことを承知し居りしか（被）審査官は兼任なりしのみか自分の担任は中学校の漢文及び小学校の習字の分なりしを以て集英堂の出願は一向知らざりし

（裁）池部が被告宅へ行きし時国語読本の話を為したりや

（被）左様の話はなかりし

（裁）然らば如何なる用向きなりしか（被）集英堂にて編纂中なりし読本中の文章を修正して貰ひたしとて来りしなり

（裁）其頼みを受けたりや（被）再三断りたるに立っての頼み故止むを得ず承諾したり

（裁）其修正は何時頃出来上りしや（被）四五十日を要したり

（裁）其修正を為すに就て報酬の約束ありしか（被）なし

（裁）其後報酬を持参せしか（被）余程時経て持参したり

（裁）金額は（被）三百円なりし（裁）何と云ふて持参せしか（被）別に何とも云はざりし

（裁）一体審査官は著述を為すことを得ずとの定めあるに非ずや（被）自分は嘗って承知せず

以上にて事実の審問を終り続て調書の朗読を済まし、弁護人より文部省へ①図書検定の順序②被告長尾の担任せし課目③国語読本は何人の担任なりしか④被告は国語読本の検定を為したることありや、を照会し尚ほ検定済みの国語読本を御取寄せありたく及び池部活三を證人として喚問ありたしと申請し、安住検事は何れも賛同するを得ずと陳じ裁判長は合議のうえ何れも必要なしとして却下の決定を与へ直ちに弁論に入れり。

検事論告要旨

本件は集英堂の前川池部等が出願の読本を修正して再び差出すに当り被告に検定済みとなる様尽力し呉れと頼み金参百円を被告に贈りたる者なり然るに被告は他の読本の修正を依頼され報酬として参百円を受取りたりと弁解すれども仮りに此弁解を真なりとするも同じく犯罪を構成する者なりと思考す　何となれば審査官たる者が今検定せんとする教科書に筆を入るゝと云ふは実に不都合のことにして現に主務省にては当局官吏に対し一切書肆の依頼に応じ著述等を為すべからずと訓令したりと云ふ　然かのみならず池部前川等の供述に依れば修正の報酬は云ふ迄もなく検定通過の報酬も込め置きたる考へなりとなり故に何れの点よりするも刑法上の責任は免れ得べき者にあらずと信ず依て被告を刑法第二百八十四条に照し相当の判決ありたし

弁護人弁論要旨

被告が三百円を受取りしとの事実は明かなることとなるが此三百円は修正の報酬として受取りし者にして決して検定通過の報酬として受取りし者にあらず仮りに池部等の云ふが如く検定通過の報酬も込めありしとするも被告は如何にして其次第を知るべき余地あらんや尚一歩を被告が受取りし金円は検定に関してなりとするも被告は漢文習字の審査担任なるを以て他の国語読本に関して収賄したりとするも這は法律上罪として論ずべき者にあらず故に被告に対しては無罪の宣告ありたし

裁判長は追て判決を言渡すべき旨を告げ午後七時閉廷。

（『時事新報』明治三六年三月一〇日　七面）

◎教科書事件判決（三月一六日）

昨日午後一時左の四名に対し有罪の判決言渡しありたり

休職東京師範学校教授従六位　長尾槙太郎

重禁錮二月、罰金七円／追徴金三百円（刑法第二百八十四条第一項を適用、なお他の三名については省略）

（『時事新報』明治三六年三月一七日　五面）

重禁錮とは今の懲役に当たる刑名。明治一五年一月より実施された刑法治罪法では、犯罪を三等に分かち重罪、軽罪、違警罪とし、そのうち軽罪の刑名を重禁錮、軽禁錮と称し共に十一日以上五年以下と定め、重禁錮は重罪犯の徒刑・懲役と同じく労役に就かしめ、軽禁錮は重罪犯の流刑・禁獄に同じく労役に就かしめない。この刑名は明治四一年一〇月より実施の新刑法で消滅したが、重禁錮とは今の懲役で破廉恥罪者に科した刑名、軽禁錮とは今の禁錮で国犯事者又は準国犯事者に科した刑名である。

（『明治文化』第八巻第五号　昭和一〇年五月　六七ページ）

## 三　東京控訴院（第二審）および大審院上告

◎教科書事件控訴公判（第一回）

教科書事件控訴公判の第一着は昨日より東京控訴院に開かれたり裁判長柿原判事、平野、沢村、相原、辻の四陪席判事、豊島検事の立会にて午前十時より開廷

▲長尾槇太郎（高師教諭）弁護士は飯田、大沢両氏、被告の風采其学殖確かに一廉の紳士なり而も此種破廉恥罪の渦中に投ぜらる金の魔力も大なるかな　左れど被告は自己の学者たるを自覚し良心の健全なるを自認し居れり故に免而無恥の徒と異なり男らしく予審以来金三百円は国語読本の校閲謝金として受取りたる外池部活三等が如何なる意志にて持参せしかは自分の知らざる所なりと終始渝らざる申立てをなし　大沢弁護士より池部の喚問、審査規定を文部省に問合の件及び高津鍬三郎の一件記録取寄せの件を申請し池部の喚問は却下となり裁判長は職権を以て渡部図書課長を喚問し次回は来月七日午前八時開廷する旨を告げ午後三時閉廷せり

（『東京朝日新聞』明治三六年四月二九日　二面）

◎教科書事件控訴公判（第四回）

昨日午前十時半開廷

▲長尾槇太郎（第二回）　裁判長は当時の審査会議案其他文部省の回答を読み聞かせ検事は証拠として小谷重の本件に関する供述書類を提供せり　証人文部省図書課長渡部董は審査官の任命は官制により其事務の分配は課長之を定め其専門の学科に従ひ分任担当せしむるものにて別段に執務規則の如きものなし尤も担当以外の審査に付き意見ある時は之を述ぶるの権利なきに非ずと述べ退廷　弁護士は検事提供の証拠に対する反証を得るため中川謙二郎、大島義脩、隈本繁吉、野尻精一の喚問を申請せしが却下となり、被告は小谷の供述中国語読本審査に関し審査官等に相談したりとの虚構なる所以を述べ　検事は小谷の供述及び文部省の回答を根拠として国語読本に干与せりとの事実を認め池辺及び前川の供述により名は修正料なるも其意思は検定通過にあるを推し得べし而して被告も之を知りて収受せしなりと論じ　大沢、飯田両弁護士は被告が国語読本に容喙せし事もなく審査官会議を開きたる事も亦なきなり審査官が他の審査に干与し得べしとするも之を為さざりし場合に於て収賄罪は成立するものに非ず況んや修正料として受取りたるに於てをやとて証言の信ずべからざるを詳述し　判決言ひ渡しは九日正午

（『東京朝日新聞』明治三六年五月八日　三面）

▲控訴判決　昨日控訴院に於て左の通り裁判言渡ありたり

棄却　高等師範学校教授兼図書審査官長尾槇太郎

（『東京朝日新聞』明治三六年五月一〇日　一面）

◎大審院上告（六月二五日）

▲上告公判　昨日大審院に於て休職高等師範学校教授長尾槇太郎の公判開廷あり高木益太郎、飯田宏作の両弁護士より第一審以来の裁判は何れも証人池部活三が陳述せざる部分に迄も推定したる事、判決文中被告人が文部省図書審査官在職中との空漠たる文章を用ひ其如何なる部分を担任したるやを明示せず従って職務に関しての犯罪を確証し得ざる事並に職務の延長論等に就て上告理由を述べ　倉富検事は池部の証言に関しては上告の相当理由ありとて之に同意したれば自然他に弁論を用ひずして閉廷判決言い渡しは来る二十七日と決す。

（『東京朝日新聞』明治三六年六月二六日　二面）

◎同年七月六日

▲上告棄却　昨日大審院に於て左の通判決あり

休職高等師範学校教授　長尾槇太郎　本件上告は之を棄却す

長尾は第一審以来の重禁錮二月罰金七円追徴金三百円の判決確定したる次第なり

（『東京朝日新聞』明治三六年七月七日　一面）

雨山のケースについてはこれ以上詳しいことは分らない。せめて『大審院刑事判決録』に判例として収録があれば、論点などはもっと具体的に知ることが出来るのだが。残念ながら載っているのは太地精一郎や県知事などの分だけである。予審決定書の有罪判断は最後まで重く、第一審からの公判では新たに有力な反証は出せないままに終った。と言うよりは有力証人の出廷申請を悉く検事が拒否し、裁判官もそれを追認しただひたすら審理を急いだ奇妙な裁判というべきだろう。大審院においては事実審理がないので、控訴審の争点を再度なぞるに留まり、その判断が著しく不合理でない限り上告棄却となるケースが多いようだ。

裁判が確定した結果、雨山は位記返上を求められた。文官懲戒令第四条には「免官ノ処分ヲ受ケ其ノ情重キ者ハ位記ヲ返上セシム」とあり、叙位条例（勅令第十号　明治二〇年五月四日）では「凡ソ位ハ懲戒ニ因リ返上セシムルカ又ハ刑法ニ因リ公権ヲ剝奪セラルルノ外終身之ヲ有スルヲ得」（第四条）となっている。

◯叙任及辞令（『官報』六〇二五号、明治三六年八月一日　七七ページ）

位記返上致すべし（以上七月三一日宮内省）　従六位　長尾槇太郎

## 四　長尾雨山の渡清と商務印書館入り

長尾雨山が上海に移住するため日本を後にしたのは明治三六年一二月一日のことである。大日本帝国から二重に裏切られた雨山は、日本に身の置き場が無かった。国家権力は雨山に濡れ衣を着せ刑法犯に仕立てたばかりでなく、身分（高等師範学校教授）と位階（従六位）をも剥奪した。天皇の官吏としての矜持と生活の基盤を踏みにじられた雨山は途方に暮れるほかなかった。

そうした不運をかこつ雨山に対して上海にのがれ、同地の商務印書館入りを勧誘する救いの手が差し出された。手引をしたその人物は少なくとも雨山とすでに面識があり、尚且つ金港堂と商務印書館の合弁成立を熟知する関係者となるだろう。この両方の条件に該当するのは元文部省図書審査官・現金港堂編輯部長の小谷重以外には考えられない。

小谷重は明治七年六月兵庫県揖内郡西栗栖村生れ、京都の第三高等中学校（のちの三高）を経て明治二七年文科大学哲学科卒、同期には大島義脩、岩本禎がいた。直ちに文部省に入り図書課勤務、明治三〇年一二月図書局第一課長兼任図書審査官、翌年一一月図書局廃止により図書課第一掛長兼第三掛長兼任図書審査官、渡部図書課長海外出張中には課長心得と累進したが、明治三四年四月依願退職して金港堂入りした。

先に見たように二人は同じ時期に図書審査官を勤めており、親しくしたかは別にして仕事柄顔見知りの仲であった。また官吏収賄裁判で小谷重自身は無罪になったものの、自らの不用意に漏らした供述が雨山有罪の補強証拠になったことを後に知って寝覚めの悪い思いもしていた。彼には雨山に負目があって贖罪の機会を得たいと思っていたのかも知れない。

# 第四章　官吏収賄裁判の実相

三月から始まった第一審の公判は開廷することほぼ六十回、八月初めに事件の審理を結了した。検挙された者県知事以下郡視学など総数百五十二名、その内収賄其他有罪の予審決定を受け東京地方裁判所の公判に附せられた者百十二名、其他の四十名は予審免訴又は省令違反の廉で区裁判所の公判に附せられた（▲第一審結了『東京朝日新聞』明治三六年八月八日　一面）。

控訴せずに一審の判決に服するものはかなり多く、その感想を陸羯南は「教育界の出獄人―如何に之を取扱ふべき」の論説中で次のように述べた。

裁判所で罪名を与えられた「一百余名の罪人大略分ちて三と為すべく、即ち一は最初より度胸を据えて飽くまで収賄せし者、二は正義の面を被りて収賄せし者、三は特に収賄と思はず菓子箱ぐらゐに心得し者にて、此の間自ら差別の存するあり」（『日本』明治三六年九月二八日）。

ここでは公判法廷の実際のありさま、「浮浪の徒を控制するが如き厳格なる条項」（『教育報知』六四八号、明治三四年三月）を追加した文部省令の思わぬ効果、雨山以外の文部省図書審査官のその後、などを見たうえで教科書事件裁判の内実を総括してみよう。

## 一　教科書事件公廷雑感

当局者は迅雷耳を掩ふの遑なく一網に打盡する覚悟で着手したに相違ないが教科書肆の手廻しも思ひの外早かったから大切な贈賄の原簿が何処かへ消え失せて惜ひ哉呑舟の魚を逸し去った▲吾々同業者中此公判廷は魔睡室だと言った者があった全く事実も弁論も千遍一律で長い時は朝の九時から夜の十時迄も押通した事があるから大概辛抱強いものでも睡気が催すトコロが裁判長を始め各係り判事はジット之を黙聴するのだからたまったものではないお役目と言ひながらお察し申すのである▲羽佐間検事の論告は頗る皮肉ではあるが其鋭鋒当るべからずで触るゝものは必ず斃るゝ様で安住検事のは単刀直入出刃庖丁で横腹を抉ぐるの感があった▲此事件の大概の幕に出たのが牧野賤雄君で弁論は長いが条理整然人をして能く傾聴せしめたのは花井卓蔵君だ花井君が大小の事件に係はらず全力を注いで弁論するので或者は獅子児全身を振ふの感ありと評した（中略）▲証人中最も明瞭に場所時日金額を答へるのが集英堂の池辺活三で検事には頗る信用がある相だが彼の関係事件は比

較的無罪となるが多く傍聴席では彼を蛇だと評して居ッた（中略）▲原亮一郎の愚図々々して居るのと小林清一郎の悪くづるい様なのは好一対で一方は大男総身に知恵が廻り兼ねる観があるに引換へ一方は目から鼻へ抜ける様でアイス的である▲小林が弁護士を嚇す唯一の秘訣は「ソー執拗く質問すると被告のお為になりますまい」といふので飯田君には一本参った事があるが池辺もこの筆法で嚇しか丶った所が花井君につかまって目を白黒させたのは小気味がよかった（以下省略。『東京朝日新聞』明治三六年八月九日　二面）

## 二　小林清一郎

『二六新報』の「画報」は、時の人のプロフィールを紹介する肖像画付きの囲み記事であるが、ここにも小林清一郎は話題の人物として登場する。

教科書審査制度設けられ頭ごなしに其採否を決せんとするに当り盛んに現ナマを蒔散らして罪悪の張本人たると同時に反面に於て合議審査制度は腐敗せる現下の教育界には最悪の方法たるを立証（収賄事件に因り）せるは小林清一郎其人なり、彼は賄賂遣の名人にして剃刀男の評あり、啻に賄賂に於てのみ其技量を示すにあらずして商機を見るに敏なる、事を行ふに果決なる、之に加ふるに書肆主人に似合はぬ蛮的言動ある所は此六七年実父八郎の集英堂及普及舎をして隆々として他の老舗を凌ぐ勢あらしむるに見て知るべし、（中略）氏今茲三十三歳の壮漢、少時宇都宮中学校を卒へて慶応義塾に遊びたるも青表紙を拈繰るは彼の堪ふる所にあらざるを以て明治二十六年集英堂に入りて実父の業務を助け三十一年同堂の社長となり、三十四年帝国書籍株式会社の成るや之が社長たり、又普及舎を買潰して取締役会長となり此三個会社二百五十万円の会社は彼の双肩に担われ書肆社会之を目するに一小妖星を以てす、（中略）或は法廷に於てベランメーロ調を弄して弁護士を叱咤し、若くは尻を捲りて贈賄金を取戻し、官吏の肝をして寒からしむる等、兎に角此社会に於て、一種妙チキレンなる異彩を有する漢也

（以下略。『二六新報』明治三六年四月一一日　一面「画報」一一六三　図2）

事件の被告人を追及する検事たちも一躍脚光を浴びて、「画報」には次のように登載された。川淵龍起（一〇八〇、一月一八日）、羽佐間栄次郎（一〇八三、一月二一日）、予審判事中川富太郎（一〇八九、一月二七日）、溝淵孝雄（一〇九一、一月二九日）、安住時太郎（一〇九三、一月三一日）である。また同紙には「教科書事件一覧表」（一）―（十二）（二月一三日―二月二五日）の注目すべき連載がある。これは道府県別に被告人名、その出身・官等位勲、犯罪任地・現職地及び、教科書の審査月日・知事・審査委員氏名、そして書肆・採定書目が載っている一覧表。ま

ことに便利で有用なリストであるが、新聞社が独自に調べたというよりは、文部省又は検事局が恐らく提供した調査報告であろう。

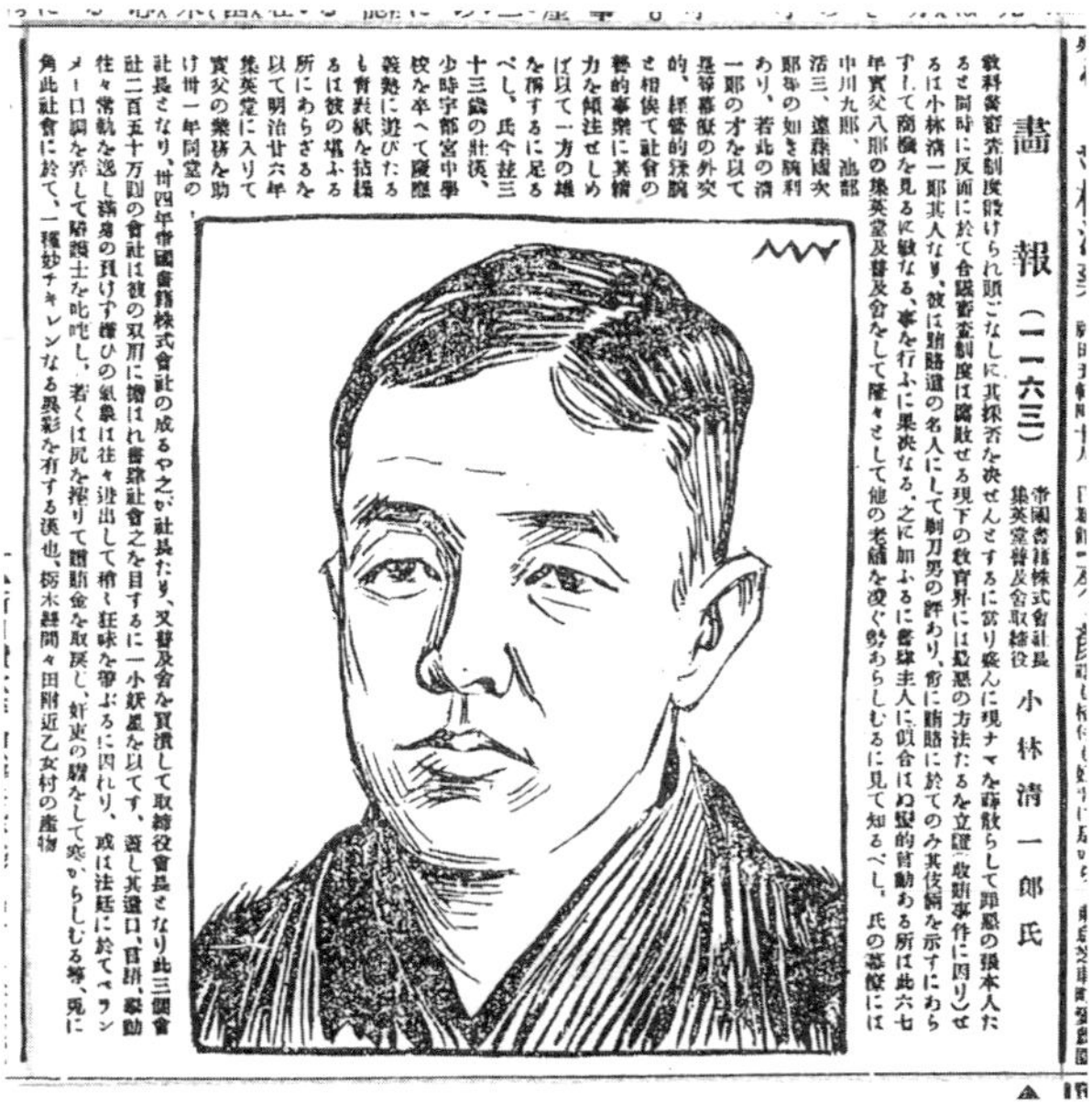

畫報（一一六三）

帝國書籍株式會社長
集英堂替及舍取締役　小林清一郎氏

教科書審査制度設けられ頭ごなしに其採否を決せんとするに當り盛んに現ナマを蒔散らして罪惡の張本人たると同時に反面に於て令聞審査制度は腐敗せる現下の教育界には最惡の方法たるを立證（收賄事件に因り）せるは小林清一郎其人なり、彼は賄賂道の名人にして剃刀男の評あり、育に賄賂に於てのみ其伎倆を示すにあらずして商機を見るに敏なる、事を行ふに果決なる、之に加ふるに書肆主人に似合はぬ盟的行動ある所は此六七年實父八郎の集英堂及替及舍をして隆々として他の老舗を凌ぐ勢あらしむるに見て知るべし、氏の幕僚には中川九郎、池部活三、遠藤國次郎等の如き腕利あり、若此の清一郎の才を以て是等幕僚の外交的、経營的手腕と相俟て社會の營的事業に其精力を傾注せしめば以て一方の雄を稱するに足るべし、氏今茲三十三歳の壯漢、少時宇都宮中學校を卒へて慶應義塾に遊びたるも背表紙を拈搔るは彼の堪ふる所にあらざるを以て明治廿六年集英堂に入りて實父の業務を助け卅一年同堂の社長となり、卅四年帝國書籍株式會社の成るや之が社長たり、又替及舍を買潰して取締役會長となり此三個會社二百五十万圓の會社は彼の双肩に擔はれ書肆社會之を目するに一小妖星を以てす、蓋し其讒口、雷耕、暴動性々常軌を逸し滿身の負けず嫌ひの氣象は往々迸出して稍々狂味を帶ぶるに因れり、或は法廷に於てペランメー口調を弄して辯護士を叱咤し、若くは尻を捲りて贈賄金を取戻し、奸吏の膽をして寒からしむる等、既に角此社會に於て、一種妙チキレンなる異彩を有する漢也、栃木縣間々田附近乙女村の產物

図２　小林清一郎（『二六新報』画報1163）

## 三　文部省令の予期せぬ効験

文部省令違反の廉で有罪判決を食らうと、検定又は裁定された教科書は以後無効になる厳罰規定（六十三条三項）は思いもよらぬ法の効果を生んだ。現行の教科書が無効とならずに存続出来るかどうかは、収賄者と贈賄者双方にとって重大な関心事である。それを盾にとって文部省は両者を都合の良い方向に誘導するのに成功した。その手段が省令の解釈で、収賄者には無効にならないというアメを与えて一審で服罪させ、裁判審理の長期化を防ぐ。一方贈賄者には出来るだけ裁判の先延ばしを謀り、現行教科書の延命を図る。もし早々と有罪判決が下れば使用中の教科書は直ちに無効となり、教科書の空白が生じて教育現場の大混乱は必至となるだろう。

### （一）収賄官吏の場合

控訴せずに一審の判決に服する被告人がかなり多いことは既に述べた。何故かというと、そこには文部省令の解釈にカラクリがあって、その巧みな仕掛けによって被告たちは直ちに服罪し控訴は夢想もしなかった。即ち単に収賄者たる官吏のみ刑に処せられた場合には、来る四月の新学期より其関係する教科書は未だ無効には至らない。つまりすすんで罪を被れば、教科書の空白による教育現場の混乱は生じないで済むのだ。その教育者としての心情は可憐と言っても良いだろう。

○文部省令と不正教科書肆

今回の教科書事件につき関係書肆の最も痛苦を感ずるのは、「小学校令施行規則中に追加された第六十三条第三項（明治三四年文部省令第二号）である。此の省令について文部の解釈は、小学校教科用図書の審査又は採定に関し刑に処せられたる者あるときは其者の運動の目的たる図書の審査又は採定を無効とす但し既に使用を始めたる図書は其の学年内に限り之を使用することを得」の条文中「其者の運動の目的たる図書」云々の語は運動贈賄したる教科書肆に該当するも其の贈賄を収受したる不正官吏に該当せず。

故に教科書肆が有罪と決定して刑に服した時は無論其の目的たりし教科書の審査又は採定は無効となるが、単に収賄者たる官吏のみ刑に処せられた場合には未だ無効には至らないことになる。このため過日来続々裁判の宣告ありたる事件にして被告が別に控訴せず直ちに服罪するというのも、来る四月の新学期より其関係する教科書を無効とするに及ばずと云うにあり。従って不正教科書の無効は教科書肆の方の裁判によって決められる。この方の裁判は刑法上の犯罪ではなく、単に文部省令違反にあるので区裁判所の管轄である。

（『東京朝日新聞』明治三六年三月一九日　一面）

## （二）贈賄書肆の場合

文部省令違反の審理は区裁判所の管轄であるが、何故かこの裁判は一向に開かれる気配がなかった。八月になっても書肆運動員等の省令違反の起訴がないという事態は、検挙の際に彼等に与えた不起訴の密約が事実であった証拠ではないか。当局は省令違犯として起訴しないことを約束して証拠集めを図っていたという噂はどうやら本当らしい。

○不正教科書屋の処分如何

法曹界の一問題たりと称せらるゝ、省令違反を起訴せざる事柄の如きに至りては奇怪千万にして文明の今日有り得べからざる失態なりといはざるを得ず聞く所によれば当官が当初本事件を検挙するに当たりてや書肆の運動員等に約するに省令違犯を起訴せざるを以てし僅にその証拠を徴し得たりといふ吾等はかくの如き乱暴極まる噂を信ずること能はざれどもこの噂の喧伝せらるゝこと既に昨今の事にあらず且法曹間には一個の問題として非難せられつゝあるのみならず現にこの件の検挙始まりてより既に八ヶ月に至るも未だ書肆運動員等の省令違反の起訴なきは事実その通にして旁々この忌はしき風説の証左たる有様なるに於てをや吾等大に法官の威信を疑はざるを得ず

（以下省略。『日本』明治三六年七月二〇日　二面）

省令違反で有罪となれば「其者の運動の目的たる図書の審査

又は採定を無効と」なる。つまり苦心して作った教科書は商品から紙くずに変じてしまうのだから、教科書肆としては耐え難い。一方文部省からすると教科書が存在しない事態が発生すれば学校教育上大混乱を引き起こす。本来対立する二者は省令違反裁判の引き延ばしと言う点で奇妙にも利害が一致する。この間に文部省は時間を稼ぎ国定教科書制度の実施に手を打つのである。これは菊池文相が「省令違反の検挙励行は当分見合わせてもらいたいと提議し、これを受けて法相清浦奎吾が検事局に対して厳命したためであった」（宮地正人「教科書疑獄事件」三六五ページ）。また不正教科書の使用禁止条項は「疑獄が摘発されたのち、有効に機能する」が、それを定めた「一九〇一年の小学校令施行規則の改正は、その布石であった」（佐藤秀夫「文部官僚としての澤柳政太郎」二四四ページ）との見方もあるが、恐らくそれは偶然の結果に過ぎないと思う。教科書弊害問題に弥縫策に終始してきた文部省に、そこまで先を見通す対処能力があるとは到底思えないからである。

## 四　他の文部省図書審査官の裁判結果

雨山は前述のように大審院まで争って有罪が確定した。起訴された他の四人はどうなったのであろうか。それは驚くべき結果で、雨山ただ一人が「曩に審理せられたる者」の故に貧乏籤を引くことになった。予審で免訴となったのは隈本繁吉と高津鍬三郎の二人である。隈本は「小学校令施行規則発布の前後集英堂より小学校教科書漢字使用の程度及仮名遣等に就き質問を受けて之を内示し、その謝礼を収受した。しかし彼が職務上に関し請託を受けたる上収賄したと認むべき証拠十分ならず」（『東京朝日新聞』明治三六年四月六日　一面）。また高津は「集英堂より二百円を収賄したるは事実なるも当時休職第一高等学校教授にして官吏の職務を執り居らざりしに付免訴」（『東京朝日新聞』明治三六年四月二一日　一面）。二人の場合は何れも刑法上の収賄罪要件には抵触しないとして予審の段階で免訴となった。

予審で有罪の決定を受け、公判に付されたのは小谷重と住友徳助である。奇妙なことに二人とも第一審は有罪、控訴審では無罪となった。控訴審の論告を見る限りでは、有罪の根拠となった書肆側の証言はほとんど誣説に近いもので、第一審の段階でなぜ見破れなかったのか不思議でさえある。検察は起訴事由に沿った公判維持に躍起となり、弁護側が反証のために申請する証人喚問をほとんど拒否し、しかも多くの場合裁判官もそれを追認する。案件は次から次へとあるから審理は一々叮嚀にしていられない裁判とは、起訴された被告人こそいい面の皮である。こうして見ると、収賄裁判は検察と裁判官が結託して筋書通りに進めた政治裁判の色合いが濃いように思われる。ここでは小谷重の場合について見ていくことにしよう。小谷重の公判記事は『日本』明治三六年四月一六日五面（第一回）、同月二一日五面（第二回）紙上の方が詳細で論点も分りやすく面白い。

ただ長文すぎ紙幅の都合で東朝記事の引用と要約で代えた。

小谷重の公判（第一審および控訴審）

○公訴の事実は在官中検定通過の請託を受け（一）集英堂小林清一郎より金三百円を（二）国光社員川崎直衛同森房澄江両人より袴地一反と金二百円を収受したり　小谷は小林より金二百円を収受したるも教科書修正の報酬として辞職後之を受け国光社の分も読書修身の修正報酬として受取りたりと陳述し　証拠調べありて弁護士より小林清一郎、梅謙二郎、村上八太郎、桑原則勝の喚問申請ありしが裁判長は小林のみの喚問を容れ其他は総て却下し第二回は来る二十日午前九時続行開廷

（『東京朝日新聞』明治三六年四月一六日　三面）

○二十四日に判決申渡「重禁錮二ヶ月半　罰金十円　追徴金三百円」。小谷は第一審判決に不服で直ちに控訴する。

○控訴審第一回で小谷は、国光社の読本は一度検定不認可となったので、その修正方を懇請され止むなく之に応じ同書は再出願して認可された。その後不在中金品を修正の謝礼として強て置き去られたもので、それは検定通過の内嘱を容れた訳ではないと主張。次回では弁護士が申請した証人喚問中森房、桑原両名が許可され職権で村上を喚問する事になった。

（『東京朝日新聞』明治三六年六月二一日　三面）

○控訴審第二回　参考人村上八太郎は国光社社員森房澄江の懇請により不認可となりそうな国語読本の修正方を小谷に頼み込んだ。最初小谷は検定通過の内嘱と誤解し激怒して謝絶したが、再三そうでない旨述べて依頼の筋は修正のみなるを明らかにし承諾を得、報酬の件は話題にもしなかった。証人森房澄江は「村上を介して小谷に依頼せしは検定通過に非ずして当時左様の内嘱を為す必要なく単に読本修正に付いてのみなり其後村上より謝金抔は決して持参せざる様断られしに依り」放置していたところ、国光社社長西沢之助の命令で何度か金品を持参したがその都度つき戻された。「尚西が不利益なる供述を為すに至りしは嘗て小谷を招聘せんとて失敗したる不快の感を此に洩らしたるに非ざるか」と迄附言し国光社社員平元良作は単に修正後の読本を提出せしのみなるが何れも検定通過の請託関係なき旨の利益なる証言をなし退廷　此に於て板倉検事も亦本職が取扱ひし教科書事件中当事件は最も証拠の具備せざるものなり被告を有罪にせんには西等の間接証言のみにて余りに証拠薄弱なりとの論告をなし三好飯田の各弁護士も亦簡単に無罪を主張し結審　裁判言渡は七日正午」

（『東京朝日新聞』明治三六年七月五日　三面）

○教科書事件

▲控訴判決

元文部省図書審査官　金港堂編輯長　小谷重／　原裁判取消無罪

（『東京朝日新聞』明治三六年七月八日　一面）

先にも触れたように事件発生のごく早い段階（十二月二一日）で、文部省の現職および旧官吏に起訴（公訴の提起）が行われた。そこには文部省の狡知の跡が歴然としている。事件では検察の摘発となっているが、実際には文部当局が検察と気脈を通じて縄付を差出したと見る方が真相に近い。事件の矢面に立たされた文部省が組織防衛のためにとった苦肉の対応策は思わぬ効果を生むが、それを対外・対内の二面から考えてみよう。

唯一の政論新聞『日本』は早くから教科書屋の跋扈を放任する文部省の無為無策を批判していたが、「文部省図書課中より一人の縄付を出すに及ばざるは頗る意外の現象なりとは一般の疑問たるが如し」（『日本』明治三五年一二月二二日　三面）と不信感を表明したが、まるで呼応するかのように翌日一斉に文部省の現・旧官吏の拘引が行われた。言わば文部省がスケープゴートを逸早く差し出した趣であるが、この策略は思わぬ対外的な効果を生む。それまで文部省に吹き荒れた非難攻撃の嵐はこれ以後嘘のように影をひそめただけでなく、司直の上層官吏への追及も何故かにわかに沙汰止みになったのである。

省内的に見るとこれはどうなるのか。雨山を含む被告の顔触れをみると一つの明白な共通点に気が付く。それは教科書事件以前に文部官吏として教育行政上の不手際を為出かして、文部省の威信を失墜させた者が狙い撃ちされたと云うことである。省内統制を乱した官吏に対して更に刑事罰を重科させようとするのは、単に見せしめ乃至懲罰とのみ見てよいのだろうか。

具体的に言えば、隈本繁吉（文部省視学官兼図書審査官正七位）は哲学館事件の際、講師中島徳蔵の試験に視学官として臨監した人物。高津鍬三郎と住友徳助は「四ツ目屋事件」を引き起こした国語科目の検定責任者。この事件は教科書検定の疎漏杜撰を世間に暴露する結果となり文部省検定事務の権威を丸潰れにさせた。小谷重は図書課長心得を務めた頃からとかく金港堂との密接な関係を噂され、事件発覚前に金港堂編集部に鞍替えした人物である。では特にヘマをした様子もない雨山の場合は何がもとで標的にされたのであろうか。その解明が第五章の課題である。

## 五　教科書事件は空気裁判なり

> 教科書事件は空気裁判なりと云へり、蓋し単独なる普通の事件としては何れも証拠不充分にて、間接なる証拠より外何等の材料なけれど、一の教科書事件と云へる空気を以て、断罪する者なればなりと云うに在り、されば時日の経るに従ひ種々なる証言の転覆等ある為め、裁判所も漸次其心証の薄らぎ来り、無罪を言渡すもの頻々たり
>
> 殊に集英堂石川活三の証言に就ては今や第一審第二審共裁判所自身が非難するに至り、同人の贈賄事実に対しては殆ど悉く無罪言渡の傾向が現れている。
>
> 而してこの心証の変潮は裁判所側に於ても自然認むる處

となりしかば、弁護人等も被告の為めに成るべく事件の延期を図らんことにのみ勉め居れり、曩に審理せられたる者は誠に気の毒の者なりきとは、近時裁判所内に於ける一般の評判なり

（「●教科書疑獄の近状」『毎日新聞』明治三六年七月六日　二面）

百年以上も前にすでに山本七平の大先達がいたようだ。山本七平『「空気」の研究』は「空気が、すべてを制御し統制し、強力な規範となって、各人の口を封じてしまう現象」を分析した名著であるが、驚くことに教科書疑獄事件にも奇妙なくらい当てはまる。合理的な論理判断を排除してムード（空気）に順応して判断を下し決断する日本独特の意思決定に基く行動様式の蔓延。

それを著しく助長したのがジャーナリズムの過熱報道であろう。聖職者の腐敗堕落への糾弾キャンペーン、それに煽られた大衆の倫理的憤慨の噴出、結果的にはそれが教科書国定化の地ならしにつながったのである。「いい子の仮面を冠った教育家どもが、数珠繋ぎにふん縛られて、日なたへ引き出された土竜のように往生したのは、不愉快ながら痛快だった」（生方敏郎『明治大正見聞史』）。これは一般人の私憤の典型であろうが公憤に結実するまでには至らない。内村鑑三は日本人の道徳念が儀礼的で実行的でないことを嘆いて、「斯かる浅薄なる道念を懐く国民の最大不幸である。」（「●不敬事件と教科書事件」『万朝報』明治三六年八月二日　一面）と批判していた。

教科書事件のつい一年前には東京市議会に疑獄騒動があり、首魁と目された星亨の刺殺事件にまでなった。新聞の報道合戦とそれに躍らされる人々に中江兆民は呆れて「いわゆる一国如狂もの耶、何ぞわが邦人の軽浮にして沈重の態に乏しき耶。生ける星は追剝盗賊にして、死せる星は偉人傑士なり、是非毀誉の常なき一に此に至る。」（『一年有半』一九ページ）

こうした怒涛のような大衆の感情的妄動を前にして金港堂の教育雑誌『教育界』だけは正論を説き続けたが、むなしい努力でしかなかった。

新聞雑誌の盲目なる時論は僅々二三月にして頗る動揺せり、かの疑獄検挙の一たび発するや、天下は口を一にして検定を罵り審査を嘲り、何等の理由もなく従来の教科書を排斥し尽さんとし、忽ちに突飛なる国定論を称導しぬ。文部大臣が教科書国定を公言せしはこの時なりき。教科書々肆が捜索検挙に狼狽しつつもなほ世論の迂闊を嗤へりしはこの時なりき。一派の識者が、偏狭なる文部省主義が国民教育を左右するに至らんことを恐れしは此の時なりき。而して世人はなほ一切の小学教科書が一年にして完成せらるべく、未設の文部省附属の印刷局が数日にして二千五百余万冊の図書を調製すべきを夢想せりき。蓋し意外なる醜陋事件に驚きし社会は、利害得失を検覈するに遑あらずして、まず情弊の所在を挙げて打破し尽さんとせしなりき。嗚呼浅慮なる時論鼈鼠に驚いて東京市を焚盡さんとするにも似ずや

（「所謂教科書国定問題の真相」『教育界』明治三六年三月）

諸悪の根源にされた教科書検定制度を挙げて打破し尽した先に待つものは何か。選択の余地は国定制度しかなかった。実はその実現にはまだまだ多くの紆余曲折が待ち受けていたのに、「教科書事件なるもの起きてより、世は唯一種の感情に駆られ、殆ど何等の推考考量をも為さずして、教科書国定制度を以て完全無欠なるものの如くに言説せり」（『教育界』明治三六年三月六ページ）。教科書国定を策する勢力にとっては願ってもない追い風が吹いたのである。

中江篤介著

一年有半

東京博文館藏版

図　中江篤介『一年有半』（博文館）の題字（上）と奥付（下）及び該当ページ（右下）

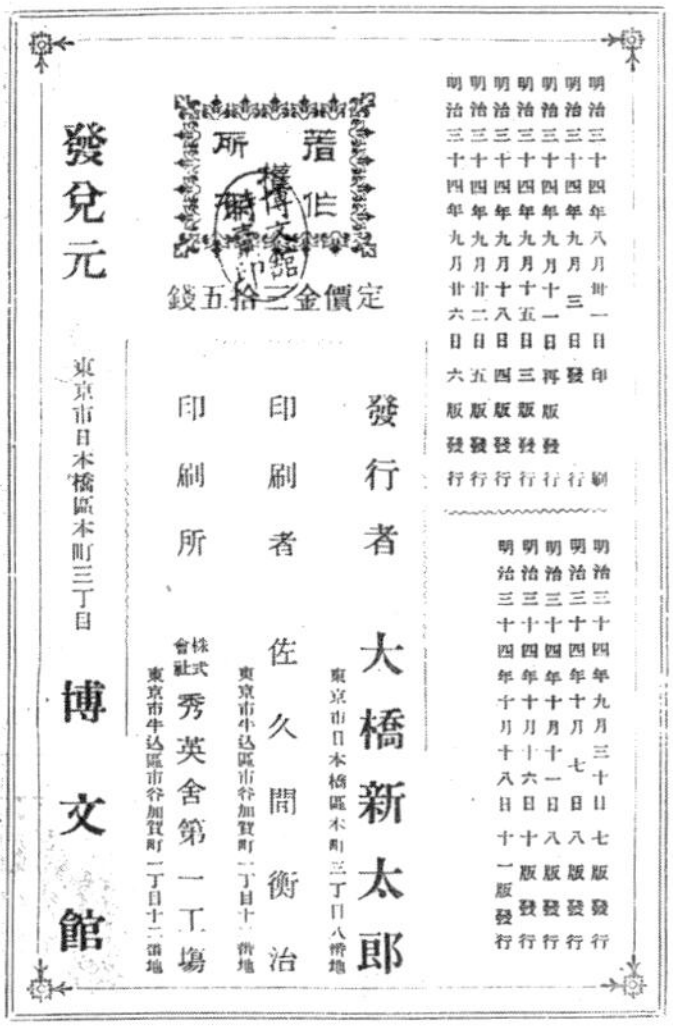

明治三十四年八月廿一日印刷
明治三十四年九月三日發行
明治三十四年九月十一日再版發行
明治三十四年九月十五日三版發行
明治三十四年九月十八日四版發行
明治三十四年九月廿二日五版發行
明治三十四年九月廿六日六版發行

明治三十四年九月三十日七版發行
明治三十四年十月七日八版發行
明治三十四年十月十一日八版發行
明治三十四年十月十六日十版發行
明治三十四年十月十八日十一版發行

著作權所有

定價金三拾五錢

發行者　大橋新太郎　東京市日本橋區本町三丁目八番地

印刷者　佐久間衡治　東京市牛込區市谷加賀町一丁目十二番地

印刷所　株式會社秀英舍第一工場　東京市牛込區市谷加賀町一丁目十二番地

發兌元　東京市日本橋區本町三丁目　博文館

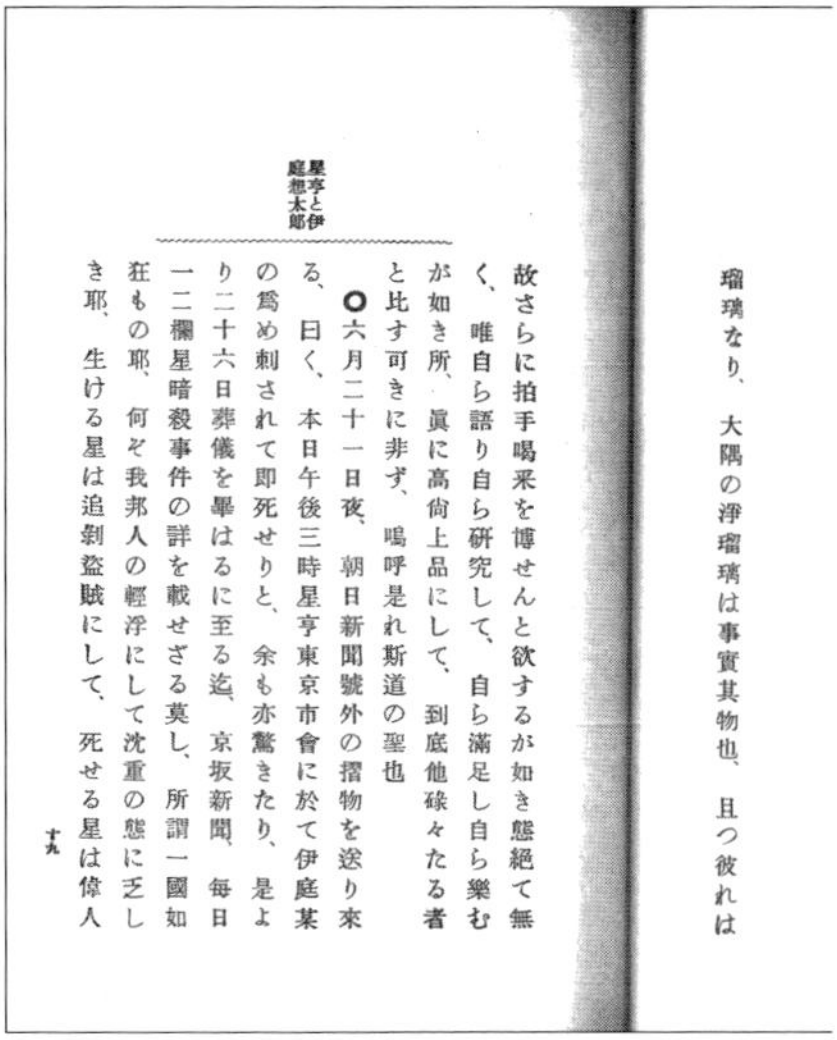

瑠璃なり、大隅の浄瑠璃は事實其物也、且つ彼れは

星亨と伊庭想太郎

故さらに拍手喝采を博せんと欲するが如き態絶て無く、唯自ら語り自ら研究して、自ら滿足し自ら樂むが如き所、眞に高尚上品にして、到底他碌々たる者と比す可きに非ず、嗚呼是れ斯道の聖也

○六月二十一日夜、朝日新聞號外の摺物を送り來る、曰く、本日午後三時星亨東京市會に於て伊庭某の爲め刺されて即死せりと、余も亦驚きたり、是より二十六日葬儀を畢はるに至る迄、京坂新聞、毎日一二欄星暗殺事件の詳を載せざる莫し、所謂一國如狂もの耶、何ぞ我邦人の輕浮にして沈重の態に乏しき耶、生ける星は追剝盜賊にして、死せる星は偉人

十九

# 第五章　漢文科廃止事件と長尾雨山

## 一　漢文科廃止反対運動

明治三十三年、此の時は私は未だ一介の書生で支那に遊んで居て、何も知らなかったが、我国の漢学の為には非常な難局であった。時の文部省は普通学務局長に澤柳政太郎氏が居り、専門学務局長には上田万年氏が居て、秘かに中等教育から漢文科を除き去らんことを企画し、その第一着手として、中等学校令施行規則を改正し、漢文及習字の科名を削り、国語中にて教授するの案を立て、之を高等教育会議に附議せんとした。然るに其の事は初より極めて秘密にして、省内の吏員も之を知れる者は殆ど無かったが、恰も好し、先生の竹馬の友で、今は京都で漢文書画を以て雷名を轟かして居られる長尾雨山先生が、当時吏員として文部省に居られ、不図した機会に此の案の内容を知ることを得た。大に驚いて早速之を牧野先生に告げた。之を聞いた牧野先生は憤然起って反対運動を企画し、一面は友人の漢学者に語りて其の奮起を促し、一面は日本新聞社の同人と共に新聞紙に拠りて気焔を揚げ、都下の漢学者を糾合し、遂には地方の漢学者にまで呼びかけ、輿論を喚起すると共に、手を分けて高等教育会議の議員諸公を歴訪して諮問案否決に力めたが、文部省の両局長は飽くまで素志を貫かんとして躍起となり、遂に漢文学者の反対を押し切って、高等教育会議をして原案を可決せしめ、文部大臣をも動かして、いよいよ三十四年の四月から実施する事に内定した。

（松本洪「闘将牧野先生（一）」『東洋文化』第一五三号・藻洲牧野謙次郎先生追悼号　昭和一二年六月一日）

その後牧野藻洲たちの反対運動は曲折を経ながらも科名存続に成功するのであるが、雨山の侠気から出たリークが運動の口火となったことは確かであろう。牧野藻洲と雨山は高松生まれの同郷人、ともに漢文を学び長い親交があった。「與君生同郷。與君学同道。論交六十年。相勉言懐抱。……」（長尾甲「悼牧野君益」前掲追悼号　七二ページ）。また牧野が新聞紙に拠って輿論の喚起に努めたとあるのは、陸羯南が社主の政論新聞『日本』を舞台に論陣を張ったことを指す。牧野は根岸の羯南宅の隣家に住んだことがあり、そのよしみで同紙に漢文の寄稿を続けていた。この原稿はのちに纏めて『黙水居随筆』（昭和七年）として刊行された。この隣人の名は正岡子規も知っていて、「一、飽翁、藻洲、種竹、湖村、の諸氏去りて、碧梧桐、鼠骨、豹軒の諸氏来りし事。」（『病床六尺』第六〇回「根岸近況数件」）とある。

しかし雨山の漢学擁護の衷情から出た行為は官吏の処世としては軽率の謗りを免れないものであった。官吏服務紀律には職務上知り得た官の機密については守秘義務（第四条）があり、雨山のリークは明らかに義務違反である。そればかりか文部多数派の「漢文ないし漢学はもはや不必要な教養であるのみならず、他の学問の習得を妨げるというのが、その派の論者の一致した意見」（「中国文学研究史」『吉川幸次郎全集』第一七巻　三九六ページ）に対して真っ向から楯突くものであった。雨山の行動は反対運動を巻起こす引き金になって、一時的には主流派の意図をくじくのに成功した。文部当局はこの反抗運動に会うと狼狽して、「窃かに狡童を反対漢学者の間に放て彼等に諸種の小派（例せば根本の一派、二松学舎派、大學派の如く）あるを奇貨とし巧慧昇給其個個を離間し以て一団たるの勢力を殺削し以て反抗の勢力を弱めんと謀る」（●文部省の大乱脈（六）第二『二六新報』明治三四年三月二日　二面）ことさえした。これから見ても雨山の行為は組織統制を乱す異分子として、文部官僚主流派の強い怒りと恨みを買ったことは疑いない。恐らく面子を潰された彼等は雨山に含むものがあり、折あらばこの混乱を引き起こした元凶に対して報復する機会を狙っていたと見られる。

## 二　岡倉天心との交友

これを一層増幅させたのは、雨山が岡倉天心のシンパであったことである。東京美術学校長の天心が美術学校騒動の中で、その職を追われたのは明治三一年三月のことであった。これを怒った美校教官は連袂辞職して、文部当局の天心に対する失態を弾劾した。この後文部の巻き返しがあり復職する者がでたが、橋本雅邦など天心に同調する教官は同年一一月に日本美術院を創設する。当時五高にいた雨山のもとにも官学に対抗する在野アカデミイへの賛助会員加入の依頼状が届いている。高師教授となって上京すると天心の慫慂により美術雑誌『国華』の編輯に従ったことは、天心の「国華社長尾雨山」宛書簡（明治三三年）によっても明白である。

長尾正和「岡倉天心と長尾雨山」（『岡倉天心全集』月報二　一九七九年一一月）によれば、二人の付き合いは少なくとも東京美術学校開設にまで遡るようだ。「明治二十二年二月には、東京美術学校が開校され、雨山は専門学務局勤務のまま、一月二十三日附で美術学校教授兼務の発令があった。そして二十四年三月、文部省と美術学校を同時に退くまで、雨山は天心と美術学校で苦楽を共にした。」（三ページ）。これは恐らく雨山の遺した手控えに拠る記述であろうが、兼務した教授が本官の意味ならば長尾正和の解釈は誤りである。当時の官吏制度に於いては、法的意味で官吏とは判任官以上を指すもので、私法上の雇用関係である雇員（補助業務に従事）、傭人（肉体労働に従事）、嘱託とは身分が別であった。雨山の教授兼務発令とは厳密には「文部省雇長尾槇太郎ニ本校雇兼勤ヲ命ス」であって、美術学校における任務は「兼勤教場掛および兼勤漢文」である。月俸は一年後には金四十円に進むが、講師としての授業の受持は普通科の「和漢文」講義（黒川真頼と分担）で、週三回『古文真宝』を中心に教えた。個性あふれる講義ぶりのようで、長尾先生の声色で質問する芝居好きの学生がいたと伝わる。明治二四年三月二七日「文部省雇本校兼勤長尾槙太郎ノ本校兼勤ヲ解ク」（『東京芸術大学百年史—東京美術学校篇』第一巻　ぎょうせい　一九八七年）。

　月俸四十円は物価の安い当時にあっては相当な収入だが、雨山の素志は別にあったようで役人を続ける気はなく、あっさりと三年で文部省直轄学校勤務を辞めている。恐らくこの三年間の役人勤めは自らの意思というよりは、古典講習科官費生の義務年限によるものであろう。官費生は卒業時に文部省乃至その関係機関が採用しようとする場合には必ず命令に従い「少ナクモ官費ヲ受ケタル年限間其職務ヲ奉スルノ義務ヲ負フモノトス」（第一四条）となっていた。また官費生は入学試験成績優秀者から選考され、しかも給付の継続には毎学期の試験成績がチェックされた。これを考慮すると雨山は三年間抜群の成績を収めて卒業したと見られる。明治二一年七月の卒業生は国書課一五名（赤堀又次郎、和田英松、佐々木信綱など）、漢書課一二名（前年の一期生は二五名で、市村瓚次郎、林泰輔、日置政太郎、滝川亀太郎、などの俊秀がいた）であった。なお古典講習科の生徒募集はすでに明治一八年四月に停止され、この学年を限りに廃止になった。

　退職後の雨山は三〇年に熊本の五高教授になる迄、六年間の学究生活を送るが傍ら日本新聞、国会新聞に筆をとり、また明治二三年創刊の美術雑誌『国華』の編集に携わった（長尾正和前掲四ページ）。『国華』は世上一般の美術思想を喚起するため官報局長高橋健三が岡倉天心小川一真などと謀り発行した豪華な美術雑誌。自恃庵高橋健三は《欧化したる漢学者》ともいうべき高潔な人物で、常に時代を先取りして率先進むのが識者の役割と自認していた。活版印刷業振興のため官報局にマリノニ輪転器械を導入したのはその一例である。また美術の鑑賞眼においても世の所謂美術家とは見識を異にしたが、これは彼が「通敏の才識と清明の思想を有するから」と雨山は見ていた（長尾槙太郎「●逸事の十一」『自恃言行録』明治三二年八月）。この間の雨山の文筆活動には、「明治二十三年に於ける第三回博覧会」（『国華』第七号　明治二三年四月）、「元禄より文化に至る儒学の変遷（講演会速記）」（校友会機関誌『錦巷雑綴』第九号　明治三一年二月）などがある。

　およそ官僚世界の慣行になじまない天心や雨山の奔放な性情と行動は、規律と前例を厳守する役人達からすると水と油のように異質であり、目ざわり極まりない異分子に映っていたのかも知れない。雨山はこうした官僚機構の機微に無頓着すぎて、その無防備さを敵対勢力につけ込まれあの悲劇は起こったと言えなくもない。

# 第六章　帰隠洛陽市（帰りて洛陽の市に隠れ）——帰国後の雨山

## 一　帰国後の雨山

大正四年一月二日快晴　（前略）午後快晴温暖ニ付家君ニ陪シテ新帰朝ノ長尾雨山ヲ訪問シ所蔵ノ書画古玩ヲ覧ル夕刻漸ク帰宅家君満足シ玉ヘリ

（富岡益太郎「父富岡桃華」『冊府』二〇号　昭和三九年六月）

これは富岡桃華の日記、父鉄斎のお供で帰国したばかりの「雨山ヲ訪問シ所蔵ノ書画古玩ヲ覧ル」。鉄斎は時の立つのを忘れるくらい堪能して満足したようだ。以後桃華と雨山の往来は一月だけでも六日、八日、一六日と頻繁である。

大正三年末帰国した雨山は、京都に隠棲し三〇年近く余生を送った。この間の豪放な暮らし振りと風雅な交遊関係については、礼之が『冊府』誌上で愛惜をこめて述べている。「帰国して京都に住むことになった雨山は全く一介の布衣であった。官職はすでに一二年前に一切を擲った。いまは印書館の寡なからぬ俸給も絶えた。妻と六人の子女を抱えて如何にして生活するか、背水の陣ともいうべき境涯に立ち至った」のではあるが、幸いなことに昔からの親友たち、京都では富岡桃華、内藤湖南、狩野君山、東京の犬養木堂、國分青厓、牧野藻洲など、との旧交が復活すると、文苑、芸苑における雨山の名はたちまちの内に地歩を占めるようになった。

こうした京都大学の支那学派の活動のほかに、もう一つ注意せねばならぬことは、大正二《（ママ）》年の末に長尾雨山先生が上海から引揚げて京都に居をトせられたことである。詩文ともにすぐれ、書またみごとであった先生の入洛は、当時なお京阪地方にいくらか残存していた旧来の文人墨客に大きな刺戟を与えた。そうして詩文復興の気運をまきおこしたのである。大阪では西村天囚先生と籾山衣洲先生とが景社という文社を発起せられ、長尾雨山先生もまたこれに参加せられて、毎月一回大阪の天満宮で文会を開くことになった。当時まだ新進気鋭の若い学士であった武内義雄、石浜純太郎の諸先生がこれに入会せられた。この噂に刺戟せられて京都でも、翌大正五年の春になって、小島、青木、本田の三先生のほか佐賀東周・岡崎文夫・福井貞一・那波利貞・藤林広超の諸先生の発起で、麗澤社を結び、内藤、狩野の両先生に御指導を願うことになった。

（神田喜一郎「『冊府』の発刊された頃」『敦煌学五十年』所収）

## 二　鄭孝胥——詩在海蔵集（詩は海蔵集に在り）

鄭孝胥との交誼は格別に深いものがあった。二人の交友は古く、鄭孝胥が清国公使館員時代にまだ白面の書生であった雨山が訪問した時から始まる。上海の商務印書館時代では同僚として互いに信頼し尊重し合う仲であった。

二人の交友については、礼之（長尾正和）「交遊」（三）（四）の連載（『冊府』一三—一六号、昭和三五年一二月—三七年七月）が最も詳細である。〝五十年に亘って最も親しく交わり、学問文章はもとより、あらゆる面で相敬重した心からの友人〟が鄭孝胥である。清朝の高官にのぼり、また既に詩名高く海内を庄した文人。昭和九年三月満州国国務総理として来日、旧交をあたためる最後の機会になった。雨山は門司に帰満する鄭総理を見送り、これが二人の永訣となった。なお中国歴史博物館編『鄭孝胥日記』（中華書局　一九九三年）が公刊され、その記事によって樽本照雄も詳細に跡付けている（「鄭孝胥日記に見る長尾雨山と商務印書館」一—五『清末小説から』三五—三九号　一九九四年一〇月—一九九五年一〇月、のち『初期商務印書館研究』所収）。

また芥川龍之介は大正一三年に上海を旅行した時、清朝の遺臣として悠々と清貧に処している鄭孝胥を訪問してその印象記を物した（『上海游記』一三）。その文章の終わりには、鄭孝胥から贈られた七言絶句の墨痕を見ると「氏と相対してゐた何分かは、やはり未に懐しい気がする。私はその何分かの間、独り前朝の遺臣たる名士と相対してゐたのみではない。又実に支那近代の詩宗、海蔵楼詩集の著者の謦咳に接してゐたのである。」とある。この感想は真率の言葉で、芥川はすでに「海蔵楼詩集」を読んでいた（「長崎日録」）のであった。なお鄭孝胥の日記から芥川の訪問は二回、一九二一年四月二四日「波多及日人芥川龍之介来訪」、五月一六日「芥川、波多、村田来」と簡潔に記されている。

## 三　雨山将来の書画古玩

雨山の子女の記憶によると、雨山は常に吝嗇をいやしみ飲食衣服には金を惜しまなかった由である。そうした雨山の派手な生活を支える経済基盤は何に拠っていたのか、礼之は得心のいく説明を何もしていない。書画の鑑定や揮毫の依頼に応じるだけでは、とても生計の資にはならないであろう。

雨山が帰国を決心した時、前歴から公職には就けないこと、またその気にもならないことは自明の前提であった。これは即ち定収入のない生活を覚悟することに外ならないが、いくら経済観念のない雨山でも当然その用意はしていた筈である。その備えとは何であろうか。下司の勘ぐりを恐れずに言えば、それは時々に手放して生活の資とするための書画骨董類を持ち帰ることではなかったか。それらは優品ぞろいらしく富岡鉄斎を十分に堪能させたことは前に述べた。

広く知られているように清末民初の大変動時代には、おびただしい中国の文物が日本に流入した。それは中村不折が将来した書道博物館の所蔵品を見れば容易に解ることだろう。大阪の博文堂のように現地に出向き、書画碑帖類を大量に買い付け輸入する業者も出現した。荷物が入ると、内藤湖南、雨山、時には羅振玉などに鑑定を依頼し、確かなものには彼等に題跋や題簽を書いて貰い、主として関西財界の蒐集家に購入して貰ったと云う（杉村邦彦『書学叢考』研文出版　二〇〇九年　四四二―四四三ページ）。まさに具眼の士にとってはまたとない絶好の機会が到来していたのである。

この推測には満更裏付けがない訣ではない。湯川玄洋『精華硯譜』二冊（博文堂　大正七年）はその一例であって、これは古寺社や富豪学者などが所蔵する支那本邦の名硯八五点を実物そのままに模写彩色した硯像とその解説を付した豪華図録である（**図3**）。雨山はこの書に序文を寄せただけでなく唯一人三点（五端石硯、二三洮河緑石硯、五六溜石硯）を出品しているが、この優品は好事家の間に聞こえていたのであろう。湯川玄洋は大阪今橋の湯川胃腸病院の経営者兼院長、その風貌は漱石『行人』の中に活写されている。彼の愛娘スミの婿は日本人で初めてノーベル賞を受賞した湯川秀樹その人である。彼は母親の購読する『婦人之友』のグラビアで、見合いの前からスミの容姿を知っていた。また姉妹兄弟全員が有名な書家山本竟山から書道を習っていた（『旅人――湯川秀樹自伝』）。玄洋は書画骨董に造

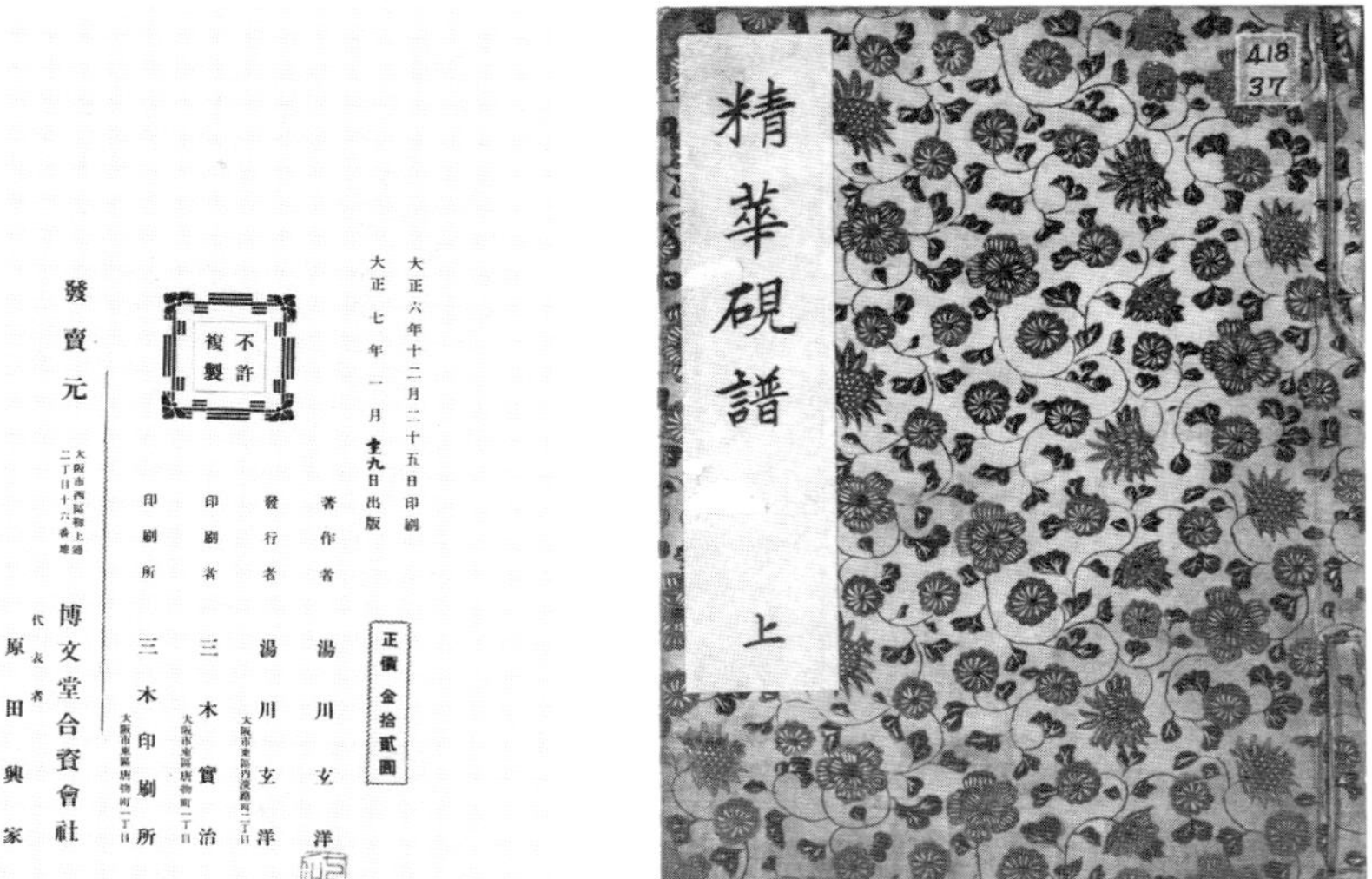


図3　『精華硯譜』タイトル＆奥付

詣が深く鑑識眼に優れ、上記のほかに『近世雅人伝』上中下（発売：芸艸堂　昭和五年〈七石荘茶話第一編〉）などがある。この書は宝暦以後の書画家伝記を纂録した八〇二ページの大冊である。

文房四宝の佳品などは運搬が容易だから、個人が持ち帰るには格好の文物と言えそうだ。雨山の帰国が大正三年末に決まると、上海ではその送別会が早々と七月に行われた。帰国の半年も前に開かれたのは、同月二六日から雨山は五カ月にわたる北遊の旅に上るので、その送別も兼ねたからである。この旅は名所旧跡を訪ねる単なる物見遊山に留まらず、恐らく金目になりそうな名品を物色し買い付ける機会にもなったことであろう。実はその経験は既に積んでいた。岡倉天心から委嘱を受けてボストン美術館東洋部鑑査委員の仕事をしていたのである。その任務は別段手数のかかることではなく「唯時々名画市場ニ見ハレ候際　御通知又ハ御送附被下度」（天心書簡五九八、大正元年一一月二一日）と云うものであった。目利きの雨山にとって合弁解消による株式売却益を得たことは、「嚢中自有銭」（賀知章「題袁氏別業」）で正に鬼に金棒、心ゆくまで渉猟の旅を続けたに違いない。

こうして蒐集し持ち帰った文物は生活が窮迫した時に金銭に替える有力な手段になったのではないかと思われる。雨山が秘蔵した倪雲林「断橋臥栁図」もその一例かもしれない。志賀直哉は昭和一五年五月雨山に名画割愛の意向のあることを知り、その仲介を博文堂原田悟朗に依頼した。志賀は東洋美術の書画に格別の愛着があって、豪華古美術図録『座右宝』（大正一五年一一月刊）を自ら編集発行するほどであった。「断橋臥栁図」はその図録に収載するくらい気に入っていたのである。なおこの名画は後に時の文部大臣安倍能成を通じて東京国立博物館に寄贈された由である。

文房趣味といえば雨山に劣らず熱中した人に木堂犬養毅がいる。木堂は専ら政治家として著名だが実は書画にも造詣が深く、彼には『木堂翰墨談』二冊（博文堂　大正五年／複刻版　教育書籍昭和五六年）がある。この書は木堂が自らの講演筆記に修訂を加えた本文に、親友雨山に乞い補評を欄外に記して参考に供した書論である。「是ハ何モ知らぬ人ニ講話したるものニテ此道の人ニ見せるハ恥しき也新聞ニ載せたるものにハ誤謬が多キユへ正誤の意也」（『犬養木堂書簡集』人文閣　二〇八ページ）。巻尾の附録には鉱山学の篠本次郎「犬養木堂翁の交詢社に於ける硯と墨の講話を読みて」の再録がある。木堂はこれを学理的に説明した硯説として「尤も有益である」と高く評価していた。奇縁と言うべきだが篠本次郎は東京牛込甲良町の住人で塩原金之助（夏目漱石）とは竹馬の友、共に市ヶ谷学校で机を並べた仲である。それが後年理科文科の違いはあるが熊本の五高で同僚として再会した。この奇遇については彼の回想「腕白時代の夏目君」「五高時代の夏目君」（『漱石全集』昭和一〇年版月報第二号、第三号）に委細を尽くしている。

# 第七章　東西の隠君子——狩野亨吉と長尾雨山

## 一　「漢詩の添削」——漱石先生言行録第一六回

『漱石全集昭和十年版』月報には門弟の森田草平が編集した「漱石先生言行録」の連載がある。これは漱石没後二〇年すでに多くの知己が鬼籍に入る中、「親疎を問わず漱石の記憶を記録に留め後世の史料に供する」目的で始まった漱石ゆかりの人々への聞き書き集である。寺田寅彦は「一日遅れれば、それだけ史料が隠滅する」としてこの企画の推進を強く勧めたといわれ、森田草平がそれに従ったものである。

その第十六回（「月報」第一六号　昭和一二年二月）に「漢詩の添削」として長尾雨山の談話筆記がある。京都市丸太町二条上ルに隠棲している雨山を訪ねた森田の印象は「余程の高齢らしいが、矍鑠たるもの、やや耳が遠いやうである」。雨山が没するのは昭和一七年四月だから、その約五年前の事である。

「私は明治三十年に熊本へ赴任したが、夏目君はその以前からゐました。三十年から三十三年まで在任しましたが、夏目君の洋行当時はもう東京に居りました。その後一度会ったことがあります。洋行の途中手紙も貰ひましたが、私が支那へ行って、それ限り文通もしなければ、到頭亡くなる迄会はないで了ひました。幼少の頃から文才があって、聞けば十代から漢文や詩を作られたといふことですね。（中略）」

「ええ、たびたびは見ないが、二三度詩稿を見せられたことはあります。至って物固い、文学を遣る割合に小心翼々の人のやうに見受けました。同君の作った俳句を見たので、「短冊に書いてくれぬか」と云ふと、真赧な顔をして辞退していました。これを見ても、大凡その人柄が分りますね。（中略）大概の人なら喜んで書いてくれる筈だが、夏目君は非常に謙遜な態度で、到頭書いてくれませんでした。」

「狩野亨吉君と連れ立って、二人で私の許へ遊びに来た時、夏目君は巻紙に書いた詩の草稿を懐中から出して、私に「見てくれ」と云ふと、狩野君が傍から「なに詩か、君なぞに詩が分るかい」と貶す有様でした。こちらは哲学者で理窟っぽい方だからね。」

「外国文学を遣っても、漢学の素養の深い人は、それだけ利益が多いやうに思われる。訳語も正確なら、小説もその組立ては西洋流でも、言葉の洗練されたのはやはり漢学のためでないかと、夏目君の嘖々たる名声を聞いて、蔭ながらさう思ってゐた次第でした。」

談話筆記に記憶違いはつきものだから、ここで分る範囲で訂正と補記をしておこう。雨山の熊本五高在任は「三十三年まで」ではなく明治三二年一〇月まで、翌月東京高等師範学校教授に転じた。漱石は明治二九年四月から五高教授だから、二人の熊本での付き合いは二年半になる。明治三二年六月の第五高等学校卒業生記念写真では中列に教官たちが顔をそろえ、その右端に大柄な雨山と小柄な漱石が並んで写っている。

狩野亨吉の在熊は一〇ヶ月と短く、三一年一月漱石の招請に応じて教頭格で五高に来たが、同年一一月俄に第一高等学校長に転任した。この異動は澤柳政太郎が一高校長から普通学務局長に転じた際に、半ば強引にその後任を押し付けた人事によるものである。二人が揃って雨山の許へ遊びに来たのはこの短い間の事であろう。狩野亨吉は学歴貴族の典型で澤柳政太郎などと共に「番町小学、第一中学、予備門[9]」と順調に進学、帝国大学理科大学数学科を卒業したのは明治二一年七月のことである。全く同じ時に雨山は文科大学附属古典講習科漢書科を出たが、奇縁にも本流の文科大学正科では澤柳政太郎（哲学科）、上田万年（和文学科）ただ二人が卒業していた。のちに彼等は文部省高官として国語政策（音標文字化）の推進者となる。それは即ち漢字廃止論に外ならず雨山が反発対決したことは先に述べた。狩野はさらに文科大学哲学科に再入学し二四年七月に卒業、「哲学者で理窟っぽい方」とは一つはその意味であり、また思想家としての狩野亨吉の特質が唯物論にあることをも含意しているようだ。

漱石が現職のまま文部省より英国留学を命じられ、熊本を引き払い上京したのは明治三三年七月。雨山が東京にいる時に「その後一度会ったことがあります」とは、恐らく漱石が洋行留別のために訪問したからであろう。当時雨山は市ヶ谷砂土原町に住み、漱石が仮寓していた牛込矢来町の妻の実家からは徒歩で二〇分足らずと近かった。「洋行の途中手紙も」貰ったのは、道中港々から漱石が出した挨拶状のたぐいかと思われる。留学時の住所控には雨山の名前もあった（「手帳」③）。

二年余の不快きわまる英国留学を終えて帰国したのは三六年一月、雨山は教科書疑獄事件で起訴され予審決定をまつ身であった。同年暮有罪が確定し失意の雨山は上海に渡る。一方の漱石も待っていたのは新帰朝者のバラ色の未来ではなく、暗澹たる現実と失望の日々であった。「帰朝後の余も依然として神経衰弱にして兼狂人のよしなり。親戚のものすら、之を是認するに似たり。」（『文学論』序）。自己本位の確立に苦闘する漱石には外界に目をむける余裕などはなく、雨山の消息を気に掛けることもなかったようだ。こうして両者の交流は二度と復活することなく終った。

## 二　漢詩人長尾雨山の盛名

余、東京の詩人を、明の七才子に倣ひてその詩をあつめ序を撰せむといひ出しかば、さらばとてその人を撰ぶ。青崖、種竹、岐山、竹隠、雨山、湖邨、東陵を一部とし、又槐南、寧斎、裳川、湘南、六石、東邨、碧堂を一部とすべしといひぬ。皆、然るべしなど語りぬ。

（『学海日録』明治二九年一二月一五日条）

このエピソードは杉浦梅潭招飲の席上のこと、「詩文の談あり興に入ること限りなし」として学海が披露に及んだ一種の座興である。漢詩文の交歓を趣味にしていた依田学海の周辺でも雨山の評判は高いことがわかる。雨山はその頃から既に一目置かれる存在になっているようである。事実その実力は折紙つきで、例えば内藤湖南、岡倉天心などの雨山宛書簡中には、彼らが自作漢詩の添削を依頼するものが幾通もあるのは、その証明となるだろう。

夏目漱石が熊本五高時代に同僚の雨山に漢詩の添削を乞うていたことはよく知られた話である。しかも添削された詩稿のいくつかは幸いにも今日まで散逸を免れ、そのうち「春日静坐明治三十一年三月」は『草枕』六に、「春興　同前」は『草枕』十二に、何れも雨山の添削したものが使われた。後者は主人公の画工が木瓜の花を見ているうちに詩興が浮び、一句を得る毎に書き記して出来上がるという場面である。これらを含め雨山朱入りの漱石詩稿は今日では、漱石長男の遺族から寄贈されて県立神奈川近代文学館の所蔵となった。夏目漱石遺品受贈記念「夏目漱石展―21世紀へのことば」（二〇〇二年四月）に二点はともに出陳された。展示図録にも図版があり漱石と雨山の麗筆を目にすることが出来る。

また子規宛書簡明治三二年五月一九日に、漱石は「俳句に遠かると共に漢詩の方に少々興味相生じ候処文苑なき為め物足らぬ心地致候拙作二首御笑覧に供し候批圜は雨山道人に御座候」と述べ、長尾雨山の圏点評語とともに二首の五言古詩を録する。「古別離　明治三十二年四月」「失題〔咏懐〕　同前」であって、何れも「初期の文章及詩歌俳句」（『漱石全集』第一二巻　一九六七年三月）中に、吉川幸次郎の訳注付で初めて紹介（八九四―九〇五ページ）された。

なお平成版『漱石全集』では第一八巻（一九九五年一〇月刊）が漢詩文に充てられ、上記の作品に対する雨山の評語は読み下し文付で読めるようになった。漢文評語は画数の多い漢字ばかりの難物だから有難い試みである。作品番号と該当ページを指示すると、六五春興（一九八ページ）、六六失題（二〇一ページ）、六七春日静坐（二〇四ページ）、七一古別離（二一九ページ）、七二失題（二二五ページ）。

## 三　回や其の楽を改めず[*10]――狩野亨吉と雨山

雨山の談話はここから急にそれて、後半は漱石から狩野亨吉の話題に転ずる。

狩野君といふ人は、旅行して三十分も停車場で待合せる時間があると、もうその町の古本屋を漁ってるといふ程熱心な読書家でしたね。それに几帳面な質で、熊本では宿屋にゐても、生徒が会ひに来るといふので、終始制服を着たまま端坐してゐた。その謹厳さにはつくづく感服しましたね。

そりや相手に依っては戯談も云うし、洒落も飛ばすだらうが、相手に依っては一語も物を云はない。あの真似ばかりは出来ませんよ。相手の顔を見て、眼をぽちぽちするばかりで、うんともすんとも云はない。能うあんな真似が出来るものだと思ひますね。

第一高等学校長の時代も、用があって来れば、会ふには会ふが、黙りこくって用事だけ聞いて、その儘引込んでしまふ。鳩山春子刀自との禅問答は、あなたもお聞き及びでせうが、有名なものですね。春子刀自が、寄宿舎でする位の監督や勉強は自宅で十分にさせられるから、倅の一郎を寄宿へ入れることだけは免除して貰ひたいと云ふので、一時間の余に亙って滔々と自分の家庭の優れた所以を述べ立てた。その間狩野校長は黙って相手に喋舌らして置いたが、最後にたった一語「そんなら退学したらいいでせう」と云った。こいつは一言にして要領を得てゐますね。さすがの春子刀自も、平あやまりにあやまって帰ったと云ふぢやありませんか。(中略)

処で、あの謹厳な人が「けれん」だとか、「手くだがある」とか、或方面でなくちゃ使はぬ言葉を往々にして使はれることがある。妙な癖があったものですね。いや、夏目君の話がすっかり狩野君の方へ脱線してしまひました。が、狩野君を知ることは、同時に夏目君を知ることにもなるでせうから、まあ勘弁して貰ひませう。さうですか、狩野君の頭髪が未だそんなに黒いですか。さう云へば、父上の良知先生の頭髪も最後まで黒かったですね。(をはり)

雨山と狩野亨吉の付き合いはそれほど長くも密でもなかった筈である。その可能性は恐らく熊本五高での短い期間と、東京高等師範教授時代だけであろう。上海から帰国して京都に隠棲してからは、東上することもあまりなかったようだから、面晤の機会はまずなかったと思われる。恐らく狩野亨吉の噂は東京にいる知友を通じて雨山の耳に入ってきたのであろう。実は雨山には絶えず狩野を気にかける理由があった。それは二人が共に官職から離れて市井に隠れ、生計の方便として書画骨董の鑑定を仕事にしていたからである。狩野は人も羨む京都帝大教授を敝履を棄てるが如くに辞め、以後は陋巷に在って様々な事業に係る一方で、明鑑社の看板をあげて科学的方法による書画の鑑定を職業としていた。カンなどの主観的な判断を排して客観的なデータに拠って真贋を鑑定することを標榜した。そのための有力なツールとして岩上方外と共同で『書画落款印譜大全』（昭和六年）を編輯刊行したが、これは講演「書画の鑑定特に落款印章の効用に就いて」で披露した自説の実践でもあった。同書の岩上自序には「本邦随一の古本蒐集家として将た科学的書画鑑定登録法の提唱者として有名なる狩野亨吉博士の協力により……」とある。

ちょうど同じ頃に石井研堂『錦絵の改印の考證』（大正九年初版　昭和七年増補改版　伊勢辰商店）が再版されたのも偶然の符合とはいえ興味深い。この書は副題に「錦絵の発行年代推定法」とあるように、「改印を考證して標準改印を確定し、発行年代の推定法を帰納しよう」とする「最も簡捷で最も正確で、最も機械的で、何人も之を能くし得る」（自序に代へて本書の目的を述ぶ）方法に就いて実例を多数あげながら詳説したもの。カンや印象などの主観を排した、合理的な考え方が共通していることに気がつくであろう。

## 雨山不易到（雨山は到り易からずと）——結びにかえて

昭和一〇年の暮、京都支那学界気鋭の学究・吉川幸次郎は雨山宅を訪れ次のような長詩を献呈した。「乙亥の八月、雨山先生に円山の左阿弥楼に侍飲し、是の歳の臘月、追賦して事を紀し、即ち正斧を乞う」と題した五言排律（『中国書画話』三六七—三七七ページ）である。それは東山の旗亭で雨山が語ったことの記録で、ほぼ長尾槙太郎の生涯と知的業績を回顧論評したものである。雨山は若い学者の知己の言を喜んで受け取り、「以て墓誌に代えるべきです」と述べたと云う。

この詩の中では、吉川の師である君山狩野直喜[*11]が「毎《つね》に小子を勅《いま》しめて云う、雨山は到り易からずと」語っている。狩野直喜は明治三九年京都に文科大学が新設された時、最初の漢学の教授（支那哲学史担当）に任ぜられた人である。この時の学長が一高の校長から転じた同姓の狩野亨吉で、先に述べた一代の奇人である。彼は学長職を賭して文部官僚と渉り合い、朝日新聞の内藤湖南を大学教員に招聘した。この結果旧来の漢学とは異なる京都支那学の礎が据えられることになった。官学の君山、湖南と在野の処士雨山は親友であり、この三人は「それぞれ過去の日本の漢学を、部分的には継承しつつも、さいしょからやり直したのである。そうして中国文明を、その本質的な面において、把握し、尊重し、祖述し、実践することによって、新しい学問の体系、美の体系を、日本に作ったのである。」（前掲書三六六ページ）

ただこの排律では雨山が上海に渡り商務印書館入りした事実は述べても、その真の動機については触れることはない。恐らく吉川幸次郎は知らなかったのであろう。或いは漠とした噂は聞いていたかもしれないが、尊敬する大先輩の秘匿したい事をあえて明かすような非礼をはたらく訣はないであろう。

雨山七九年の生涯を回顧すると、近代における漢学の運命に軌を同じくし、それに甘んじて殉じた印象がある。雨山の入学した古典講習科は洋学全盛時代に国漢学の後継者養成を図るためのコースで、最初から近代化ひいては立身出世には無縁の性格を持っていた。対照的なのは夏目漱石で、漢籍を売り払って漢学への未練を断ち、英語習得に専心して予備門（のちの一高）に合格し学歴貴族の道を歩むことになる。

上海を去る日が迫ると雨山は留別のため鄭孝胥のもとを訪ね、その時「東京大学の漢文教授に招かれている」（『鄭孝胥日記』第三冊　一九一四年一二月一四日条）と述べたという。解せないことだが、雨山は何故ありもしない架空の人事を口にしたのだろうか。ことによると鄭孝胥は雨山が本当に言いたかった事を正確には受け止めかね、片言のみを日記に書きとどめたのかも知れない。雨山の複雑な胸中、無念の思いは言葉にするには深く重すぎて、長年の盟友にもうまく伝えられなかったのであろうか。

たった一度の不運が人生の全てを狂わせた。あの一失さえなければ、文科大学漢文科講師から三年後には教授になって、存分に学問の成果を世に問うことが出来ただろう。あたかも古典講習科一期先輩の市村瓚次郎が歩んだ道と同じように、自分もまた学者として大成し日の当たる場所に立てたことだろう。また終生をかけた蔵書も保存され目録の刊行も見て後進の利用を俟つことも可能であったかも知れない。已矣。

「或る手代が白状せし丈けにて牢獄に繋がれ一生日陰の身に為ると、そが白状せざりし丈けにて高等官の礼服を着し人に向て傲ると、其の差異亦た甚だしとせずや。」（『日本』明治三六年九月二八日）。陸羯南の論説の言葉は千鈞の重みをもって迫ってくる。

〔註〕

＊1　京都の古書店彙文堂・大島友直が大正五年一〇月五日に発刊した同店の販売書目兼用のPR誌のこと。礼之「長尾雨山」（一）―（一二）は戦後の『冊府』一〇号（昭和三四年五月）―二一号（昭和四〇年一月）に連載された。不遇に終わった父雨山の功績を後世に伝えようとする長尾正和の思いが行間にあふれている。また雨山研究の立場からは杉村邦彦「長尾雨山とその交友」一―一五回（『墨』一一六―一三〇　一九九五年一〇月―一九九八年二月）がある。

＊2　花井卓蔵「教科書事件」（『訟庭論草　附鶏肋集』無軒書屋　昭和四年所収）法廷における弁論速記の一部は「法律新聞」に掲載されたが、それを再録したもの。

＊3　佐々木清綱「四七、教科書事件」（『大審院刑事判例批評』巌松堂書店　大正一五年一月）一五五―一五九ページ

＊4　大衆紙はどれも部数拡大を至上とする営業政策上、読者対象を知識人から都市中下層民に広げ、彼等の生活実感に訴える報道をした。「陰事摘発」ことに上流階級の醜聞の大胆な暴露記事により、都市大衆の不平、憤懣或いは落伍感の意識をすくいとっていた。『万朝報』『二六新報』の場合はさらに、「普通一般の多数民人」の素朴な生活感覚から次第に、犯罪や事件から社会病理を感じ取って一定の社会的テーマに組立てていった。その具体的な表現がキャンペーンという方法である（有山輝雄『近代日本ジャーナリズムの構造』第一章、

東京出版　一九九五年)。教科書事件の場合は、聖職視された教育家の腐敗堕落への糾弾キャンペーンが、倫理的憤慨という形を与えられて大衆の間から噴出することになったといえよう。

*5 監房内の光景をルポした「●鍛冶橋監獄」(三)―(五)(『日本』明治三六年三月八日―一〇日)は珍しい記事が多く興味深い。収賄の被告人は罪質が全く同一だから、凡て同監させず一房に一人ずつ割り振るとか、一人一枚の布団を引被って柏餅になって寝るなど初めて知ることばかりである。

*6 教科書疑獄事件に巻き込まれ裁判で無罪が確定し青天白日の身になっても、教育家の場合はそれが直ちに社会的な復権を意味するわけではなかった。根拠の薄い起訴事由でもひとたび刑事被告人にされると、信用は地に落ちて教育社会に身をおくことは難しくなった。そうした烙印に長く苦しめられた気の毒な事例は少なくないが、信濃教育界の重鎮であった正木直太郎(一八五六―一九三四)の場合もその典型的な一例といえる。昭和一二年に建てられた市村瓚次郎撰文の「正木先生碑銘」には、「明治末年教科書疑獄之起也全国師範学校長多連坐而先生独免人服其清白云」とある。負の事実を敢えて刻らせたのは、正木直太郎が怒りと無念の思いを後世に伝えようとしたからに違いない。

　なお拙稿「正木直太郎と『六六日記』―清国安徽省安慶府優級師範学堂教習と留守家族の手紙―」(『文献継承』二三号　金沢文圃閣)は、収賄事件の公判(一、二審)の模様、無罪判決後の渡清、異国の父への留守家族の手紙(『六六日記』)などをまとめ、正木の知られざる人間像を紹介したものである。

*7 この偶然の出会いは明治三三年四月六日附で、文部書記官渡部と文部大臣秘書官正木直彦が「欧米各国へ被差遣」ことにある。彼らの海外派遣の目的はパリ万博に文部省の教育品を出陳すること及び、欧米各国の博物館などの諸施設や其の他教科書等の制度調査であった。同年一〇月二〇日文部省海外留学生夏目漱石の一行がパリに到着、旧知の正木直彦は不在のため食事や宿所の世話を親身に焼いたのが渡部である。

　彼の案内でパリ万博を観、エヘル塔に上がり晩餐をご馳走になった(『日記』一〇月二二日)。漱石は二八日パリを発し晩に目的地のロンドンに到着した。

*8 須藤欣二「高瀬真卿とその日記について」(『日本古書通信』昭和四三年二月)および「高瀬真卿日記抄」(一)―(完・二〇)(同　昭和四三年三月―四四年一〇月)。須藤の抄録は的確で、とくに明治三十年代の教科書会社の動向が明確に摑めるようになったことは有益である。教科書トラスト結成の動きや、事件後の帝国書籍破産始末などが具体的に述べられる。近年有難いことに日記原本が淑徳大学アーカイブズから刊行され、より正確に事実の把握が出来るようになった。これらを基にして別稿「教科書トラスト帝国書籍の成立と崩壊」を予定している。

*9 狩野亨吉「澤柳君と余との関係」(『澤柳政太郎全集』別巻　国土社　一九七九年)

*10 高島俊男「回や其の楽を改めず」(『本が好き、悪口言うのはもっと好き』文春文庫　一九九八年)をそのまま拝借した。一般向けの狩野亨吉伝としては一番明快でわかりやすい。蛇足ながら、タイトルの意は狩野亨吉の生き方を孔子の高弟顔回のそれになぞらえたもの。

*11 狩野君山の書を志賀直哉は希望していたが、桑原武夫(父隲蔵は君山の親友)の尽力で入手できた。桑原がその希望を伝えた時、君山は、志賀というのはなにをする方かと聞かれた由。昔の学者はつくづく偉かった(河盛好蔵『回想の本棚』新潮社　一六五ページ)。

# 第五部　日中合弁事業の先駆、金港堂と商務印書館の合弁

## 一九〇三―一九一四年

# はじめに

現在中国では合弁事業（外資提携）が花盛りである。

これが改革開放政策以降の現象であることは、多くの人の知るところであろう。実際に中国を訪れると、ホテル、送迎バスにはじまって、何から何まで合弁事業の息のかからないものはないことを実感する。ところで今世紀初頭、出版の分野で中日合弁事業の草分けともいえる一例のあった事をご存知だろうか。それがこれから紹介する金港堂と商務印書館の合弁事業である。当時日本一の教科書会社であった金港堂と、やがては中国一の出版社に成長する商務印書館との合弁。この問題は、戦前実藤恵秀の言及を除くと[*1]、日中間の不幸な歴史を反映して長く闇の中に埋もれてきた。

それがこの十年来、あたかも改革開放路線に符節を合わせるかのように、研究が進み始めた。それも単に日中間にとどまらず、アメリカやニュージーランドからも研究が出るなど、国際色豊かなテーマとなってきたのである。

ここでは、紙幅の都合もあり、これまでの研究文献については巻末の参考文献に譲り、主に近年筆者が発掘した日本側資料を金港堂の経営に即して取り上げることにした。合弁の一方の当事者であった金港堂の経営事情を考慮に入れないことには、合弁事業の実像は十分には把握できないからである。

金港堂は明治八（一八七五）年一〇月、岐阜の人原亮三郎が横浜に創業。翌年東京日本橋本町に移転。小学校教科書を幅広く手がけて成功、明治一〇年代末には、全国屈指の書籍商となる。明治二〇年代から三〇年代半ば迄の、いわゆる検定教科書時代が金港堂の全盛期であった。しかし教科書の検定や府県における採用をめぐり教科書会社間の競争は激化の一途をたどり、このため贈収賄等の醜行為が絶えずしばしば社会問題となった。

金港堂が商務印書館と合弁していた一九〇三――一九一四年は、全盛期を過ぎ下り坂を転落する時期に当たる。即ち教科書疑獄事件（一九〇二―〇四年）でつまずき、また雑誌拡大路線にも失敗して明治末には二流の存在にまで凋落する。その後太平洋戦争中の企業整備によって廃業、歴史から姿形を消して半世紀がたつ。一方の商務印書館は対照的に来年（一九九七年）、曲折に満ちた星霜を経てめでたく百周年を迎える。

〔註〕

＊1　実藤恵秀「初期商務印書館」（『日本文化の支那への影響』　蛍雪書院　一九四〇年、所収）

# 第一章　「金港堂の支那事業」

日清戦争後、日本に後れをとった清国では諸事一新の気運が盛り上がった。中高の歴史教科書によく見る康有為などの戊戌の変法はその一例である。教育も例外ではなく、そのわきかえるような改革の熱気の一端は、現地に居てつぶさに実見していた井手三郎「清国教育談」[*1]に詳しい。井手は熊本の人、明治二〇年渡清、以来一〇年余清国各地をあまねく巡歴した当代随一の事情通である。後には上海で邦字紙『上海日報』を創刊する。

彼はその中で、清国革新の気運、新主義学校の現況、激増する新聞雑誌の発行などの実情を報告。また清国教育革新については、留学生の派遣、教育制度の視察調査、日本人教師の招聘などが計画中であるのに、日本教育界の対応は鈍いと慨嘆している。談話の結びに日本が着手すべき方策のいくつかを提案する。主なものは次の通り。

一、清国より派遣する日本留学生の教育法及監督法を研究する事。

一、清国各省の小学教育の発達を誘起し、我邦の教科書を漢訳したるものに依らしめ及我教育家を派遣し感化の法を計る事。

一八九六年ちょうど百年前、最初の清国人留学生が来日した。その数は年々増えていく。救国の情熱に燃える彼等は「お互いに東京に行って講義を聞くほか、翻訳を日課とする。いい本を随時に翻訳、印刷し、同胞の糧に供すると約束した」[*2]のである。

こうした背景をうけて、日本の出版者にも動きが出始めた。有力教育雑誌『教育時論』の発行元開発社からは副社長辻武雄が清国教育視察に派遣された。出発にあたり彼は、「将に渡清の途に上らんとす」[*3]と抱負を述べた。

また、教科書会社の最大手金港堂は清国向け教科書編纂の意のあるところを公表した。

弊社に於いては敢て余力あるにあらねども行々は支那国教育の為め教科書発行致度考に御座候（中略）我が国現に今日の如き文明の地位に進める以上は好意上彼の老大国に対して余力を仮すこと必要に被存候是れ豈本に酬ゆるとのみいはん実に東洋の勢力を維持する上に於いても間接に自国の為なる可く存候而して彼と我と其言語其通俗文章こそ異なれ文字の同しき以上はこれを為んこと甚難からさる義に被存候這般の事独力よく為すべきものに非ずして志士仁人の協力を須つものに候幸に多年出版の業務に従事し国内の教育事業には多少貢献せし處あるを自信致候今日敢て余力ありといふには無之候へ共彼の国の教科書を編纂し出版

し其供給すること他の仁をして為さしむるより自当らんこと順当なる可存候乍併此事や前にも申述候通り独力の耐ふる處に非れは彼我識者の賛成を得数年を期して大成せん考に御座候（以下略）」（「金港堂の支那事業」『教育報知』六三四号　明治三三年五月二八日　二一—二二ページ）

これは当時の有力教育誌『教育報知』社主、日下部三之介の照会に対する金港堂の回答である。日下部は明治一〇年代から教育ジャーナリスム界にあって活躍してきた名物記者。金港堂の清国進出の企図をききつけて、その真偽をただしたものである。ちなみに『開国五十年史附録』（一九〇八）の金港堂略史には「清国に於いて使用すべき教科書出版に着目し、明治三二年一篇の主意書を作りて、之を彼国に同情を有する諸士に頒布し、先ず其事業の端緒として清国小学読本を編纂したることありしが…」[*4]とある。明治三二年の主意書はまだ見出し得ないが、年代の記憶は最も誤りやすいことを考え合わすと、略史の記述はこの時の事情を指すのではないかと思われる。

その記事の翌月、金港堂は具体化の一歩を踏み出す。

六月二〇日　金港堂理事来テ日華学堂学生一同ヲ招待シテ、清国学校ニ用ユル普通学教科翻訳ニ付キ学生ノ意見ヲ聞カンコトヲ求ム。此事ニ付テ予メ総督ヨリノ前言アリシニ依リ、学生二、三ノモノニ其旨ヲ伝フ

六月二一日　金港堂正式ニ案内状ヲ送来レリ[*5]

日華学堂は明治三一（一八九八）年高楠順次郎が創立した私塾で、清国留学生に日本語と普通各科の学を授けることを目的にしていた。この私塾には偶然「日誌」が残っていて、上記のほかに辻武雄の清国行送別会（一八九八年八月一七日）、冨山房の日清会話編纂の交渉（一八九九年三月一五日）など出版関係者の訪問記録が散見できる。

この時の金港堂の招待は結局、義和団事件の成り行きを心配する留学生たちの都合で辞退された。また北清事変による清国の大混乱は、金港堂の清国進出の出鼻をくじくのに十分であったようだ。

〔註〕

＊1　『教育時論』四七六号（一八九八年七月五日）四—八ページ

＊2　厳安生『日本留学精神史』（岩波書店　一九九一年）三五一ページ

＊3　『教育時論』四八一号（一八九八年八月二五日）三六ページ

＊4　大隈重信編『開国五十年史・附録』（一九〇八年）二九二—三ページ

＊5　実藤恵秀『中国留学生史談』（第一書房　一九八四年）九七ページ

# 第二章　三井物産上海支店長山本条太郎

これより先、金港堂は小学校教科書出版からの撤退を含みとした経営方針の変更を模索していた。教科書出版は過当競争が激化する一方で、行き詰まりをむかえていたのである。詳細は拙稿[*1]を参照願うとして、一つの打開策が〝海外に発展の地を求める計画〟であった。

海外進出には当然適確な情報が必要である。清国の情報を金港堂にもたらしていたのは、上海で長く活動していた三井物産の山本条太郎[*2]であった。後には三井物産取締役、満鉄総裁、政友会幹事長などを歴任、政財界の重鎮となる人物である。彼は明治一五年給仕として入社、持前のバイタリティで専ら上海支店を舞台に活躍した。明治三一年（一八九八）年六月、金港堂主原亮三郎の三女操子と結婚、同三四（一九〇一）年九月上海支店長として再赴任した。他社がリスクを恐れて尻込みする中で、日本人経営の紡績事業に先鞭をつけて成功したことは有名である。

恐らくこの時、清国人の実業家から、赤字に困ってテコ入れを待望している印刷所の話がもち込まれた。山本は出版には興味がなかったが、呂不韋のように〝奇貨居くべし〟と思ったのか、早速妻の実家に取り次いだ。

それを受けて金港堂の原亮三郎が、いつどのように対処したのかは目下のところ謎である。正式の合弁は二年後に成立する。この間、金港堂は多事であった。明治三四年（一九〇一）年一一月、小学校教科書の過当競争回避のため集英堂、普及舎と合同し帝国書籍株式会社を設立。いわゆる教科書トラストの成立により、行々は全ての小学校教科書をここから発行する計画であった。

また、この年から翌年にかけて『教育界』『文芸界』『少年界』『少女界』など金港堂の七大雑誌の刊行が始まった。教科書専業からの脱皮を目指す金港堂の経営は順調にいくかにみえた。

しかし、明治三五（一九〇二）年暮から起こった教科書疑獄事件が全てを打ちくだいた。原亮三郎をはじめ教科書各社の幹部は証人として喚問され勾留された。翌年から裁判が始まり、収賄罪が確定した者は県知事、議員、教科書審査官、視学官、師範学校長など百数十人にのぼった。

その中に漢詩人として名高いもと高等師範学校教授長尾雨山がいた。本場の中国人を驚かすような詩才をもっていたことは、『中国書画話』（筑摩書房　一九六五年）の後記に吉川幸次郎が記している。ある意味で事件の痛ましい犠牲者であった彼は、一九〇三年一二月上海に渡り商務印書館編訳所に入所する。

〔註〕

＊1　拙稿「金港堂小史」（東京都立中央図書館『研究紀要』一一号　一九八〇年三月）、同「明治検定期の教科書出版と金港堂の経営」（『同』二四号　一九九四年三月）

＊2　『山本条太郎伝記』（山本条太郎翁伝記編纂会　一九四二年）

昭和四十一年八月二十五日　印刷
昭和四十一年九月　五　日　発行

山本操夫人乃おもかげ
（非売品）

編纂兼発行責任者　東京都千代田区富士見町一ノ十八
原　安　三　郎

印刷所　東京都中央区入船町一ノ二三
文英堂印刷株式会社

図　13回忌『山本操夫人乃おもかげ』題字（右）と奥付（左）

山本操夫人

吉田　茂
（山本条太郎翁の親類、特に生前別懇　戦後日本を再建した偉大な元総理大臣）

山本条太郎氏は養父吉田健三氏の甥に当り、其少年の頃より、養父が目をかけ、たしか馬越恭平氏に頼み三井物産に入社させてもらったりしたと記憶して居る。そういう因縁で条太郎氏は自分にも目をかけ、随分世話をしてもらったと記憶している。

操夫人にも随分自分は世話になった。赤坂本邸にも、鎌倉の別邸にも幾度も厄介になった。其都度、操夫人のお世話になった。誠に親切な同情深い賢夫人で、夫人には条太郎氏も常に一目おいて、その言葉には聴従して居た。自分は大いに尊敬して居た。松岡洋右、其他山本氏が目をかけた後進一同も悦服していた。淑徳高い賢夫人であったと今日も尚記憶に新たなものがある。

三〇三

図　『山本操夫人乃おもかげ』より山本夫妻、明治38年６月 上海での写真（右）と吉田茂の寄稿（左）

# 第三章　有限公司商務印書館の設立

明治三六（一九三六）年一〇月、原亮三郎は金港堂の幹部社員加藤駒二、小谷重を伴って渡清、「上海にて支那人の設立に係り印刷兼出版を業としたる会社と対等の権利を以て合同し、新に一大会社を組織するに至れり。而して其の会社には、以前の名称を継承して商務印書館と命名せり。*1」有限公司商務印書館は一一月一九日に正式成立した。

この合弁は上海でも話題になったらしく、当地の邦字紙『上海新報』（後に『上海日報』と改題）は次のように報じている。

近キ将来ニ於テ訳書万歳ノ好時節廻リ来ルコト明カニシテ之ヲ見越シタルニヤ東京金港堂主人ハ去ル頃ヨリ自ラ当地ニ出張シ来リ　備サニ作戦計画ヲ為シ　遠カラズ当地ノ出版業界ニ花々敷打テ出ル筈ナリト云フ*2（同紙　第一号　一九〇三年一二月二六日、誤字は訂正した）

目下のところ、この合弁に関しては最も基本となる契約書や定款は未発見である。山本条太郎伝*3によれば、当時中国で事業をおこす場合は日清両国ともに法律が不備のため、香港政庁に登記するのが一般的であった由。この場合もそうしたのかどうかハッキリしない。ただ原亮三郎がこの時期に合弁に踏み切ったのは、日清通商航海条約追加条約の締結（同年一〇月八日）を見越していたのではないかと思われる。

第四条　清国臣民ニシテ日本国臣民ト共同シテ正当ナル目的ヲ以テ組合又ハ会社ヲ組織スル場合ニハ契約又ハ覚書竝定款及右ニ基キ作リタル細則ニ拠リ右組合及会社ノ各員ト共ニ公平ニ損益ヲ分ツモノトス又右清国臣民ハ自ラ承認シ且日本国裁判所ノ解釈ニ従フヘキ該契約又ハ覚書竝定款及右ニ基キ作リタル細則ニ定メタル義務ヲ履行スヘキモノトス若清国臣民ニシテ斯ク定メタル處ノ義務ヲ履行セサルカ為メ訴訟ヲ提起セラレタルトキハ清国裁判所ハ直チニ右義務ノ履行ヲ強制スヘシ

日本国臣民ニシテ清国臣民ト共同シテ組合又ハ会社ヲ組織スル場合ニハ契約又ハ覚書竝定款若ハ之ニ基キ作リタル細則ニ拠リ公平ニ損益ヲ分ツヘシ若日本国臣民カ契約又ハ覚書竝定款若ハ之ニ基キ作リタル細則ニ定メタル處ノ義務ヲ履行セサルトキハ日本国裁判所モ亦同様直チニ義務ノ履行ヲ強制スルコト勿論タルヘシ*4

冗長な日本語法文には閉口するが、日清両国人の共同経営事業についての条規が新たに設けられた。原亮三郎は予めこの情報を得ていたと思われる。また第五条では、日本の登録商標及び版権の保護が約束されている。清国において日本語図書の海賊版の横行に手を焼いていたことは、一九〇一年一一月東京書籍出版営業者組合が内務者と外務省に「清国ニ対スル版権保護ノ儀ニ付請願」[*5]を出していたことからも明白であろう。

なお、日中比較文学を専門とする中村忠行は、正式合弁以前に既に金港堂の投資が行われ、実質的な合同事業は始まっていたとされる。当時の商務印書館の出版物、例えば『繡像小説』『説部叢書』といった小説シリーズなどを子細に点検すると、不思議な実例にぶつかる。登張竹風が独語原作から翻訳した『売国奴』（金港堂　一九〇四年一一月）の場合、中文重訳の方が早く刊行されていて、この奇妙な事実は事前の交流がない限り起こり得ないこととされた。

また、商務印書館出版物の奥付の記載が区々なことから、〝上海商務印書館〟は出版地と出版社を表すのではなく、それ自体が固有名詞で合弁後の新会社に金港堂が予定した名称ではないかとし、商務側は改称によって外資提携の事実が公然化するのを嫌い、旧来の社名の使用を固執したとされる。これらは解明さるべき今後の課題である。

## 付記　金港堂の合弁に関する報道記事など（年代順）

### 南清出版事業と金港堂

「金港堂書籍株式会社は一昨年各小学校教科書の分を帝国書籍株式会社に移し今は僅に中学校に属する小部分となり事業も頗る閑散となりたるを以て南清地方の出版業を営まんとの意志を抱き実地調査として来月に至らば社長原亮一郎氏先ず渡清する筈」（『東京朝日新聞』明治三六年八月二七日　三面）

同日の『万朝報』も〈公人私人〉欄で「原亮一郎（金港堂主）南清地方に於て出版業を営むため来月清国を視察する筈なりと」と伝えている。この話題は他紙も取り上げているから、どうやら金港堂が情報提供したようである。実際に上海に渡ったのは金港堂の実権を握る父親の原亮三郎であるが、これらは先に述べた。

### 「清国向の書籍出版概況及東亜公司設立情況」

「三十六年中金港堂原亮三郎氏が上海に於て張、夏、芳三氏等の合資たる印書局と合同になれる商務印書館は日本書籍商と清国商人との合同会社の嚆矢にして加藤駒二氏上海に在って事業を監督せられ編纂、印刷、製本、販売等の事務整頓し益々隆盛にして、既に或省に於ては其発行に係る書籍を教科書に採用せられつつありと聞く（以下は東亜公司設立情況に付省略。なお文末に◎上海商務印書館出版の書籍リストがあり、一五〇余点を列挙する。但し上海印書館当時発行ニ係ルモノト商務印書館ニテ出版セルモノトノ別区判然セズ）」（『図書月報』明治三八年二月）

青柳篤恒「清国に於ける出版事業」

「今日日本の出版業者で、清国（上海）で大いに発達せんとして居るのは、金港堂主原亮三郎氏と清人某の共同事業にかかる『商務印書館』で、これは既に今日でも総ての機関が整頓して、印刷部あり、編集部あり、営業部あり、中々盛大なものである。『商務印書館』の今日までに発達し、将来また大いに発達せんとして居るのは、原氏の女婿で、上海の三井物産支店長をやって居る山本条太郎氏の清人に対する勢力と信用とが大いに与つて力ありと云ふことである。加ふるに『商務印書館』の編輯部には前の高等師範学校教授長尾槙太郎氏が編輯主任と為り、清国の名士張元済氏もこれに加はり、早稲田大学卒業生諸氏もその編輯に従事し、印刷部には加藤駒次氏が部長の任に当つて、大いに事業の繁栄を計策して居る。」（『成功』七巻一号　明治三八年七月一日、のち『中央公論』二〇巻八号に転載。ルビと圏点は省略した）

「清韓両国書籍需要増加の徴候」

「東亜公司は近く天津漢口の両地に支店を増設し、上海商務局（原亮三郎氏等の合資会社）は上海の工場を増築中にあり（以下省略）」（『図書月報』明治三九年七月）

釈宗演『欧米雲水記』の上海滞在記

「直に四馬路河南路の商務印書館に至り、原亮一郎氏の私邸を訪ひ、又虹口靶子路百〇九号の原邸を尋ぬ。車夫屢路を誤り終に神崎某氏の宅に車を寄せしに、夫人出てらしかば予が尋ぬる家にてあらざりし旨を謝し、夫人に案内せられ纔に原氏の邸に至るを得たり。主人夫妻予が突然の訪問に且驚き且喜び迎へられ、予は郷里に帰りし心地して其厚意に応じ数十日来にて淡水浴に沐浴し、楼上に涼を納れ款語時を移せり。五時に至り三井物産会社理事山本条太郎氏夫人が馬車にて迎へられしかば、原氏と同乗して邸に向ふ。（中略）尋て山本邸に至る。時既に黄昏月光南軒に臨む、邸は仏租界の南端に位し黄塵至らず洋館巍然として広庭に峙ち、邸内蕭灑にして明窓浄机、珍器奇具按排處を得主人平生の用意を見るべし。只遺憾なりしは山本氏帰朝して在らざりしことなり、されど夫人操子は原氏の出にて素より予が知人なれば優遇をうけ晩餐し、榻を前庭に移して夫人及塩田嬢等と共に月を賞し十一時寝に就く、此夜暑気甚だし。

九月一日曇。暁起東楼に上り観望す。八時原氏虹口の邸より至る。今朝龍華寺を訪はんとの約ありし故なり。龍華寺は邸を距る約六哩、原氏、忠次氏と共に馬車に乗じて発す。楊柳垣道を挟み緑蔭車を駆るに可なり。行々同文書院、兵営、兵器製造所の門前を経、十時寺に達す。（中略）乃ち車を回へし山本邸に着せしは殆んど正午なり。席上偶時事新報の佐原氏に逢ひ、原氏夫妻、主夫人と共に午餐し閑話多時、午後二時山本家を辞し原氏、忠次氏に馬車にて送られ、仏租界波止場より小汽船に乗じて江を下り呉淞の本船に還る。時に五時。七時船呉淞を発す。」（釈宗演『欧米雲水記』金港堂書籍　明治四〇年一〇月）

釈宗演は明治三十八年六月十一日横浜港を立って欧米漫遊の旅に上り、ほぼ一年後の九月七日鎌倉松ヶ丘の山房に戻った。上海寄港は帰国直前の一夜に過ぎないが、この短い滞在記は合弁初期の金港堂について貴重な情報を提供している。三井物産会社上海支店長山本条太郎が仏租界の南端に豪邸を構えるのはその勢力と信用からいって当然であろう。妻操子の長兄原亮一郎が虹口靶子路百〇九号に邸宅を持っていた新事実は、商務印書館との提携事業に本腰を入れているよい証拠となりそうだ。

釈宗演と原家とは何かと縁が深く、日露戦争従軍記『降魔日史』（明治三七年）や彼の伝記『宗演禅師と其周囲』（大正一二年）には親しい付き合いを示す記事が散見する。また羽島市営墓地に隣接する原家の墓所には原亮三郎・礼子の大きな墓碑があるが、この裏面に彫られた碑文も釈宗演の撰文である。

### 『教育界』の彙報欄が伝える金港堂幹部の日清往来記事

記事の多い「村夫子日記」とは『教育界』主筆曽根松太郎の編集後記を兼ねた日録。上海往来は三月から七月にかけてが多いから、おそらくこの間に株主総会が開催されるのであろう。

○小谷重　本社用を帯び、清国上海に向け五月二日発。二、三ヶ月滞在の筈。〈公人私人〉欄『教育界』四巻八号（明治三八年六月）

○加藤駒二「一年半ばかり上海に居りました」（座談会中の発言）『教育界』四巻一〇号（明治三八年八月）四七ページ

○原亮一郎　前社長原亮一郎君上海より帰国せられ、社員一同新橋停車場まで出迎へたり（「村夫子日記」七月一九日）『教育界』七巻一〇号（明治四一年八月）

○加藤駒二　渡清　我が社員及び東洋印刷株式会社の諸君と松本楼に於て送別会を催す（「村夫子日記」三月二六日）／清国行を新橋に見送る（同　三月三一日）『教育界』八巻七号（明治四二年五月）一〇七ページ

○加藤駒二　本朝加藤駒二の清国行を新橋迄見送る（「村夫子日記」三月七日）『教育界』九巻六号（明治四三年四月）

### 『在支那本邦人進勢概覧』（上海管内・印刷業）

印刷業としては明治三十六年日清合併の模範事業として設立せられたる商務印書館ありたり当初資本金六十万両に過きさりしか其後漸次業務発展し大正元年には資本金百五十万元となり日本人株主四分の一を占め其売上高は実に百七十六万元に達せり然るに其の後諸種の事情によりて日本人株主は退社セサルヘカラサルに至り大正二年一月より支

那人の経営に帰したり（『在支那本邦人進勢概覧』外務省通商局　大正四年一二月、三八ページ　上海管内・印刷業）

合弁解消後の比較的早い時期の外務省通商局の調査であるが、当初の資本金額（二十万が正）や合弁解消年（大正三年が正）が誤っているので要注意。

## 「上海商務印書館の事など」

「其の創業当時技術者から機械から細かいものまで東京から送ってやった。其の総べての詮衡に当ったのが翁である（明治三十六七年頃か）。翁自身も羽嶋、小林らの活版職長を従えて上海に出かけ親しく其の面倒を見られたのである。其の当時赴任した者には（木村今朝男など七人の人名は省略）の諸君、それから銅板彫刻のミシナ氏、その他まだ多数あった。兎も角印刷に関係ある技術者の一通りを網羅したものであった。」（「上海商務印書館の事など」『岡村政子伝』山室次郎私刊　一九六二年、七八ページ）

翁とは石版印刷で有名な岡村信陽堂の岡村竹四郎のこと。金港堂の系列会社帝国印刷の常務を兼任していた縁で、合弁成立時には印刷技術者をつれて上海に渡り、高度な印刷術の伝授に活躍したもののようである。

〔註〕

＊1　「清国に於ける金港堂の事業」（『教育界』三巻七号　一九〇四年四月　一二三ページ）

＊2　樽本照雄「清末小説研究会通信　三八」（一九八五年七月一日）、のち私家版『清末小説きまぐれ通信』に再録

＊3　『山本条太郎伝記』（山本条太郎翁伝記編纂会　一九四二年）一六〇一ページ

＊4　外務省条約局「日支間並支那ニ関スル日本及多国間ノ条約」（一九二三年三月）六一ページ

＊5　『東京書籍商組合五十年史』（一九二七年）九三ページ

# 第四章　『支那経済全書』の商務印書館像

合弁後の商務印書館について最も知りたいことは、具体的な経営実態である。同館はどんな組織をもち、どのように運営していたのか。これをある程度明らかにしたものに東亜同文書院『支那調査報告書』[*1]がある。

東亜同文書院は明治三四（一九〇一）年上海の地に、「内地各府県選抜学生ヲ収容シ将来対清事業ニ従事スル人材ヲ造就スル」目的で東亜同文会が設立した専門学校（昭和四年に大学に昇格）。同書院には「清国各般ノ事情ヲ調査シ且学生修学ノ一助タラシメントシ夏冬ハ休暇ヲ利用シテ学生ヲ各地ニ分派シ政治、経済其他ノ事情ヲ分担研究セシムル」制度があり、「其結果二《（マヽ）》十九年ニ至リ大体調査ヲ了ヘ其報告原稿紙数約三万枚ニ達セリ（支那経済全書ハ其一部ナリ）」[*2]

いわば最終学年の学生は卒論に代わるものとして、夏冬の休暇を使って数ヶ月におよぶ清国内地の調査旅行を行い、その成果を「調査報告書」として提出するということである。

その調査報告書を基に編纂・刊行されたものが『支那経済全書』全一二巻（東亜同文会　一九〇八―九年）である。第一二巻には清国全土の出版事情が一〇〇ページにわたり述べられているが、その過半は出版の中心地上海の実情報告が占めている。

当時すでに上海の代表的出版社となっていた商務印書館には、当然多くの紙幅が割かれている。この報告書の記述は、無論絶対に正しいというわけではない。ただ、その誤りの箇所も含めて、その後の各種文献に再々孫引きされたばかりでなく、商務印書館側の人物も社史や回想記を執筆する際に参照した節がうかがえる。この点で貴重な文献といえる。

以下、少々長い引用となるが、（一）沿革　（二）組織と経営に分けて見ていく。明らかな誤りの箇所には下線を付した。（二）の方は長文すぎるので、要約した。

## 一　商務印書館の沿革

当時（一八九七年）美華書館ニ在リテ印刷術ニ従事セル華人四人相謀リ独立シテ一出版所ヲ設立セントシ各五百円宛出資シテ北京路ニ印刷請負出版業ヲ開設セシガ後二年ニシテ火災ニ遇ヒ反テ焼肥ノ有様ニテ目下ノ印刷所タル宏大ナル工場ヲ福建路ニ設立スル至レルモノナリ然レドモ之ガ為メ一時多大ノ負債ヲ生ジ非常ナル苦境ニ陥リ収支償ハズシテ将ニ解散ノ悲運ニ遭遇セントスルニ当リ金港堂主原亮三郎氏ノ来港ニ際シ氏此事ヲ耳ニシ山本達三郎氏等ノ大ナル斡旋ニヨリ彼我合同六十万円ノ資

本ヲ以テ茲ニ基頽運ヲ挽回シ遂ニ現今ノ隆盛ヲ見ルニ至リシナリ是レ実ニ光緒二十九年十月ナリキ当時支那人ハ日本人ト合同セバ実権全ク日本人ニ帰センコトヲ恐レ容易ニ肯ンゼザリシガ山本氏ノ尽力ニヨリテ彼我ノ事情融和ニ大ナル効力アリシト云フ而シテ其株数ヲ両分シテ日清両国人ニ均分シ日本人側ニハ原亮三郎、山本達三郎等ノ諸氏アリ支那人側ニハ張元済、厳又陵等ノ諸氏アリ共ニ支那官場ニ相往来シテ諸種ノ便宜ヲ図リ且ツ其基礎ヲ鞏固ナラシメタリ又官場中ノ人ニシテ其株主タルモノ尠ナカラズト云フ

　茲ニ注意スベキハ設立登記ハ日本ニ於テ行ハズシテ香港ナル英国籍ニ登記シタル事ナリ蓋シ日本登記手続ハ非常ニ煩錯ナリト云フ其表面上ノ理由ナルベケレドモ裏面ハ決シテ然ルニアラズ実ハ其実権ノ益（マヽ）ス日本ニ帰センコトヲ恐ルルト共ニ官場中ノ物議ヲ避ケンガ為メナルベシ其後彼等ハ日本人ノ真ノアル所ヲ知ルニ至ツテ始メテ清国法ニ従ヒ之ヲ英籍ヨリ転ジ店舗ハ全ク支那人ノ経営ニ任ジ日本人ハ只株主トシテ生ズル責任及権利アル事トナレリ是レヨリ大ニ面目ヲ一新シ当時出版セラレタル資治通鑑、史記、四書、五経ノ如キ安価ニシテ且ツ其体裁ヲ美ナラシメタリ其後初等国語教科書ヲ編纂セシガ支那人株主中ニハ大ニ之ヲ危ブム者アリシガ既ニ出版販売セラルルニ及ンデ僅カ二箇月間ニ於テ其売上高実ニ三万五千元ノ多キニ達セリト云フ科挙廃止以来新学勃然トシテ興リ新学書籍、需要頓ニ増加シ光緒三十年ニ於ケル印書館ノ売上高ハ四十四万元ニ増加シ翌年三十一年ハ八十六万円アリシト云フ而シテ此三分ノ一ハ新学教科書ニシテ他ハ参考書等ナリキ（以下略）*3

　商務印書館の成功をみて、雨後の筍のように出版に参入するものが出たが、これらは同館の出版物を盗版、偽版してこしらえた石版刷の安物が大半であった。また商務が教科書で莫大な利益をあげたのを喜ばない同業者は不平の徒を糾合して中国図書公司を創立して対抗した。彼等は「商務印書館ガ日本教科書事件ニテ失敗シタル金港堂ヲ株主ニ加ヘタルコトヲ極力攻撃シ其記事実ニ数日ニ亘」*4ったという。早くも日資提携という商務印書館のアキレス腱が標的となっていることは注目に価する。

## 二　商務印書館の組織と経営

### 編輯部

編輯長は張元済（報酬二五〇元）、部下七五人。政治法律、歴史地理、理科数学、英文、小説、翻訳、総理の七課に分ち、著作の鑑定買入、世界各国書籍の翻訳に従事。翻訳書は日文書が最も多く、日本留学経験者が中訳し、その報酬は月に三〇―五〇元。教科書発行の際には学務処の検定を請う必要があるが、商務の大株主中には官辺関係者がいるので便宜を有するという。

### 植字部

製版部門。使用する職工には常工及包工（臨時工）がある。

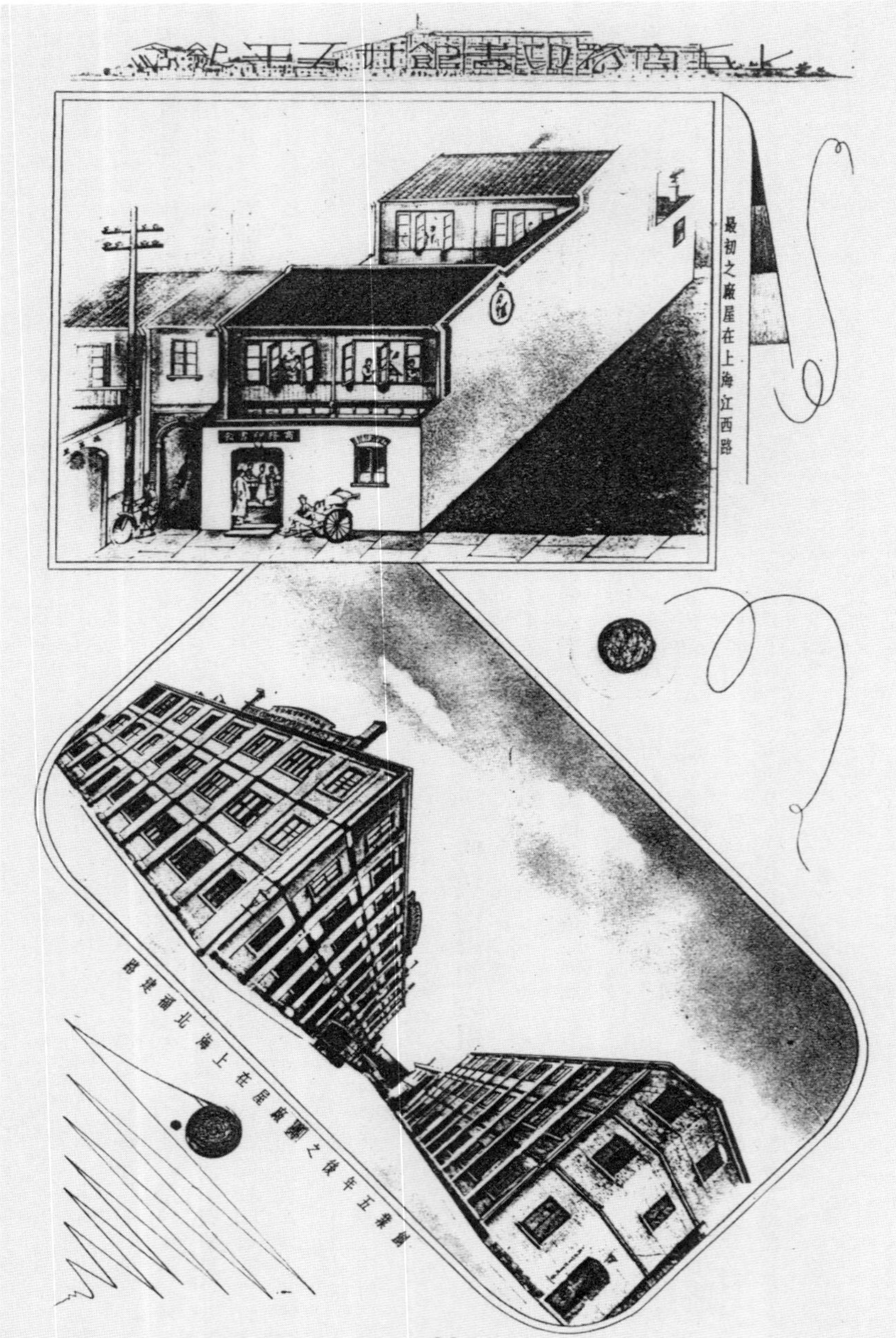


創業時および五年後の商務印書館

後者は或る仕事を請負うだけで、労賃も常工より二割方安い。

**印刷部及製本部**

使用する印刷機一台につき普通三人の職工を必要とし、工賃は月六元内外。請負工は一万枚につき一円。

製本工は大概一四、五歳から二〇歳以下の女子を使用し、折方賃金は八ツ折千枚に付八〇文、四ツ折千枚に付六〇文、一人一日三千枚を折る製本工の賃金は千枚二五銭である。

**販売部**

普通行われているのは委託販売で、五割はこの取引による。委託には市内各書店に対するものと、遠方の外省書店に対するものとがある。前者では先方より受託したものと互いに相殺し、その残額に対し総売上高の二分を手数料として支払う。後者では端午、中秋及除夜の大節三期に精算し荘票を以て支払う。注文により卸売をするときは八掛である。

結びに商務印書館の出版物がよく売れる要因をあげ、①新聞広告を大々的に利用し人目をひいたこと、②三人の巡回員を置き、たえず各地の書店や官庁、学校をめぐり販路拡張につとめること、③教科書編纂経験の深い長尾雨山や金港堂関係者が中国人向けに改冊した教科書をつくったこと、などである。

〔註〕

＊1　谷光隆「東亜同文書院『支那調査報告書』について」（『汲古』二二号　一九九二年一一月）四六―五〇ページ

＊2　『東亜同文会史』（霞山会　一九八八年）四七五―四七七ページ

＊3　『支那経済全書』第一二巻（東亜同文会　一九〇八年）四六四―四六六ページ

＊4　上同　四六九ページ

# 第五章　張元済の最初の訪日と市島春城

## はじめに

清末民初の大変動時代に、上海の商務印書館を東洋一の大出版社に導いた文人が張元済（一八六七―一九五九年）である。この偉大な編訳人は一九〇八年七月一一日―一〇月一日の間、静養のため初めて日本を訪れ多くの見聞を深めた。そのうちで日本の書誌学者たちとの交流の一齣を、日中の史料を用いて明らかにしたい。

## 一　張元済（一八六七―一九五九年：図1）

張元済は浙江省海塩の人。若くして進士に合格、北京に出て清朝の役人に登用。康有為などの維新運動（戊戌の変法）が失敗したのち、一八九八年十月免職のうえ永久不登用の処分を受ける。上海に逃れ、この地で盛宣懐が創立した南洋公学訳書院院長となる。一九〇一年商務印書館の経営に参画、編訳所を組

図1　張元済（左）と創業者の一人高翰卿（『最近三十五年之中国教育』）

織して新時代の教育に適した教科書を出版する。彼の加入によって一八九七年創業の商務印書館は、単なる街の印刷所から大出版社へと飛躍をとげる。一九〇三年十一月日本金港堂との合弁成立。これにより、資本の増強に伴う経営の安定、また出版編集のノウハウや最新の印刷製本技術の導入が進み、商務印書館は数多くの優れた出版物を発行して民国第一の大出版社に発展する基礎を築いた

この偉大な編訳人には数多くの伝記や研究文献がある。中でも『張元済年譜』（商務印書館　一九九一年）は確実な典拠に基づいて編集された大冊で、彼の事績をたどるには、まず参照すべき基本的ツールと言ってよいだろう。これによりながら、張元済の最初の訪日一九〇八年七月一一日―一〇月一日の様子（同年譜七八―七九ページ）を見ていくことにしよう。

一九〇八年七月一日　商務印書館幹部（蔣維喬、高夢旦など）の送別会
七月二日　長尾槇太郎、木本勝太郎の送別会。商務印書館幹部も同席
七月一一日　日本へ船出
七月一三日　船は長崎着、門司を経て、夜馬関に着く
七月一四日　明方広島着
七月一五日　大阪着
七月一六日　奈良着
七月一七日　京都に遊ぶ
七月一九日　東京着、金港堂に至り新刊書を見る
八月二日　李家駒と共に日光へ
八月七日　塩原に着く
八月九日　日光へ回る
八月一六日　日光から東京へ戻る
八月二六日　李家駒、李孟魯と共に箱根へ
八月二七日　黄遵憲の弟幼達来訪、芦の湯の宿に同行二泊して硫黄泉につかる
八月三一日　商務印書館の幹部宛てに書信。清国政府の国会開設宣布のことなど
九月一四日　東京に戻る。高等工業学校を参観。
九月二七日　東京浙江同郷会集会、九十余人参集。張元済と駐日公使胡維徳が演説
一〇月一日　東京を立ち博愛丸に乗船、帰国の途に。七日上海帰着

一見すると、張元済は物見遊山に来たかのようである。また日程に空白が多いのは、滞日中に各地で発した書信の大半が事故のため湮滅し、彼の見聞や異文化交流の記録がほとんど残らなかったことによる。日中文化交流史研究のためには、まことに惜しいことをしたものである。

## 二　市島春城（一八六〇——一九四四）

本名謙吉。新潟県北蒲原郡の大地主市島家の長男にうまれる。一八八一年東京大学中退、小野梓の鷗渡会の一員として改進党に入党。その後新潟県の地方新聞や『読売新聞』の主筆を務め、ジャーナリストとして活躍。また東京専門学校（後の早稲田大学）創立に与って、同校発展の強力な推進者の一人となる。書物の造詣が深く同校図書館の拡充に大きな力を発揮した。

市島春城は膨大な日記を遺したが、そのうち早稲田大学図書館長時代（一九〇二——一九一七年）のものが『早稲田大学図書館紀要』に翻刻されている。張元済の来訪については、『春城日誌』一九〇八年（『同館紀要』四〇号、一九九四年一一月）に次のような記事がある。

九月二〇日　劉崇傑より、二十四日富士見軒へ招待状来る。
九月二四日　今夜富士見軒ニ清人劉崇傑ニ招かれ、張元済ニ会す（元済字菊生、浙江省嘉興府海塩県の人、上海ニ於て著作編纂出版の事に従事す。）支那社会辞彙を編纂する件ニ付意見を交換す。
九月二六日　登校事務を処す。張元済図書館ニ来る。図書展観、夕景去る。
九月三〇日　清人張元済出発ニ臨み謝礼の書簡を接手す。
一一月二七日　上海商務印書館張元済より日本に来たりし折の礼を云々し来る。

一九〇八年、市島春城は多忙をきわめた。彼の日誌の長さが例年の二倍になった位に多事であった。日本図書館協会々長として、図書館界の発展に尽力した。東京市立日比谷図書館の開館式では祝辞を述べた（一一月一六日）。国書刊行会を設立し、日本の古文献複製事業を始める。また早稲田大学の幹部として、第二期発展計画の募金活動のため東奔西走。これは理工科新設の基金とするものであるが、当時は莫大な経費がかかるため私学にはムリと言われていた。手塩にかけた早稲田大学図書館の蔵書も六月末には十一万冊に達し、さらなる充実に努めているところだった。

こうした折に、張元済は市島春城と懇談し、二日後には早稲田大学図書館に招かれ貴重書を展観した。この経験は恐らく、張元済が心中期していた出版企画と図書館設立計画に大きな刺激となったはずである。事実、翌一九〇九年には編訳所に涵芬楼と名付けた図書館を設立している。これは後に彼自身も蔵書の蒐集に尽力した、善本稀書の宝庫として名高い東方図書館（**図2**）に改組発展する。また『四部叢刊』『百衲本二十四史』などの重要漢籍の影印事業も彼が計画実行することになる。

なお市島春城は豆本（巾箱本）のコレクターとしても有名で、その蒐書中には岸田吟香が「銅版、石印の寸珍本を作って支那に輸出した」（「豆本蒐集談」）ものもあった。その書は果して王漢章著『刊印総述』（『中国近代出版史料』二編、一九五四年所収）の記述と同じ寸珍本と見做してよいのだろうか。王漢章は製版、銅版の項目で「光緒初年、日本岸吟香（国華）設楽善堂書店於上海棋盤街、発売薬品外、兼営印售書籍之業務、印行巾箱本之困学紀聞、日知録等書、蝿頭細字、朗若列眉、其法已不伝。」と述べる。その説の真偽に関してはかつて、上海の出版印刷史研究家故宋原放氏から調査の依頼を受けたことがあった。結論を云うと岸田吟香の巾箱本は、都立図書館『青淵論語文庫』をはじめ日本のいくつかの機関に確かに現存する。この件については、東京都立図書館の吉田昭子が各館の所蔵調査を基にして、「岸田吟香の袖珍本」（『日本出版史料』四　日本エディタースクール出版部発行　一九九九年）として明らかにした。

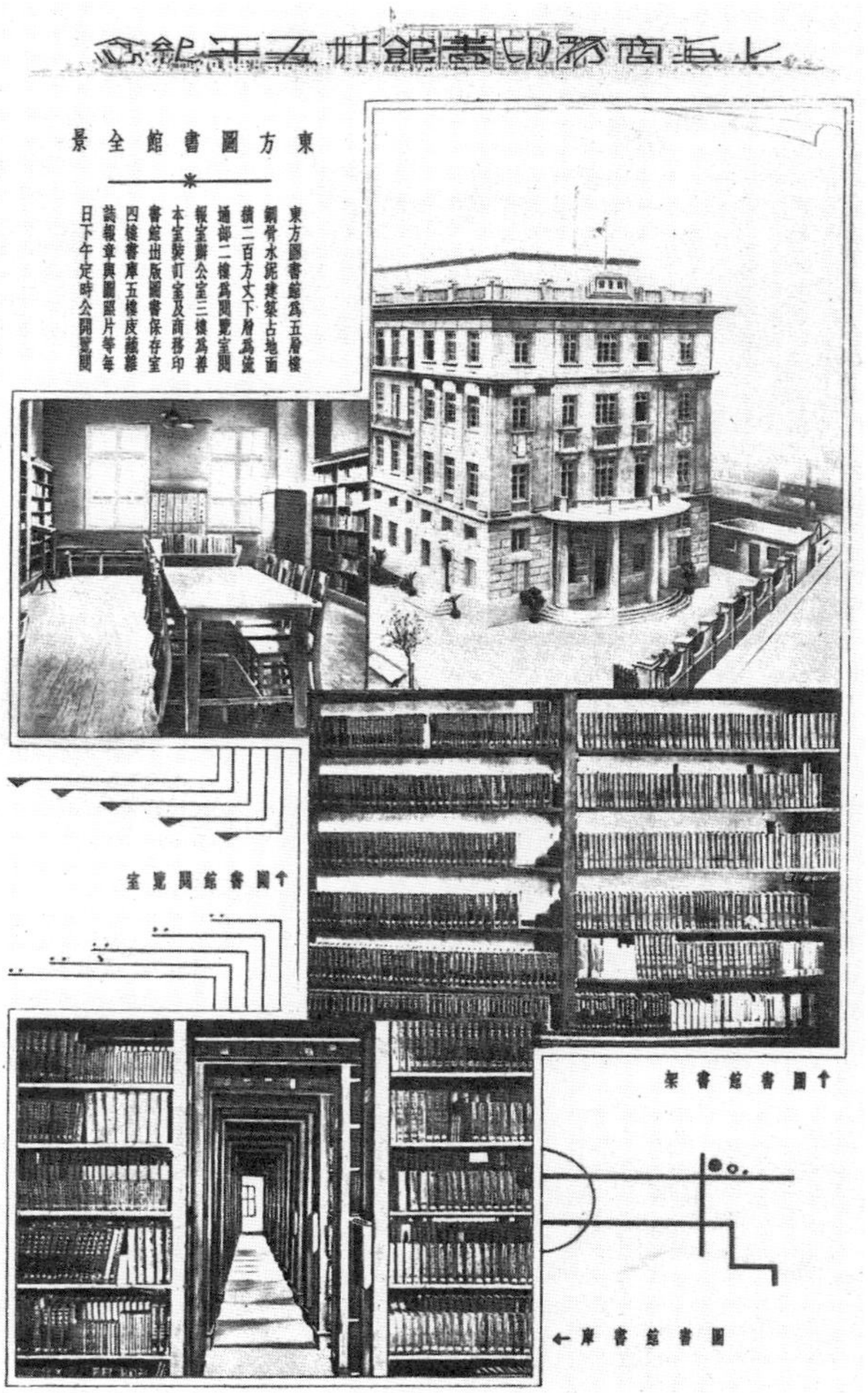

図２　東方図書館（『最近三十五年之中国教育』）

## 三　劉崇傑（子楷、一八八〇—？）

張元済と市島春城の会見を西洋料理店・富士見軒に御膳立てしたのは、劉崇傑である。歴史から忘れ去られたこの人物には、どのような過去があるのだろうか。『民国人物大辞典』（河北人民出版社、一九九一年）などによると、経歴は輝かしい。福建省閩侯県人。日本早稲田大学卒業。清末時代福建法制学堂監督、視学員などを歴任。民国成立後外交界に入り、在日公使館通訳官、在横浜領事などを経て一九一六年駐日代理公使。一九一七年帰国、国務院参議員兼外交部参事。一九一九年パリ平和会議支那代表団専門委員。一九二〇年駐スペイン兼ポルトガル公使。一九二六年帰国、北京政府倒壊後一時野に下るも、一九三二年国民政府外交部常務次長。一九三三年駐ドイツ兼オーストリア公使。一九三六年駐オーストリア公使、翌年辞職。ただし奇妙なことに、それ以後の消息はどの人物事典を見ても全く不明。なぜこの政府要人は突然歴史から姿を消したのだろうか。不慮の事故死或いは、政治的陰謀による抹殺か、その最期は今も謎につつまれている。

### （一）新訳『日本法規大全』

一九〇五年初、商務印書館の張元済と高夢旦は『日本法規大全』刊行促進のため、日本早稲田大学卒業生の劉崇傑にその事業の総轄を任せた。同書の編纂目的は日本の法体系を手本にして、新生国家中華民国の法整備を促進することにある。日本は既に近代西洋の法体系を幅広く受容して、欧米流の主権国家樹立に成功していたから見習うべき存在であった。しかし翻訳人

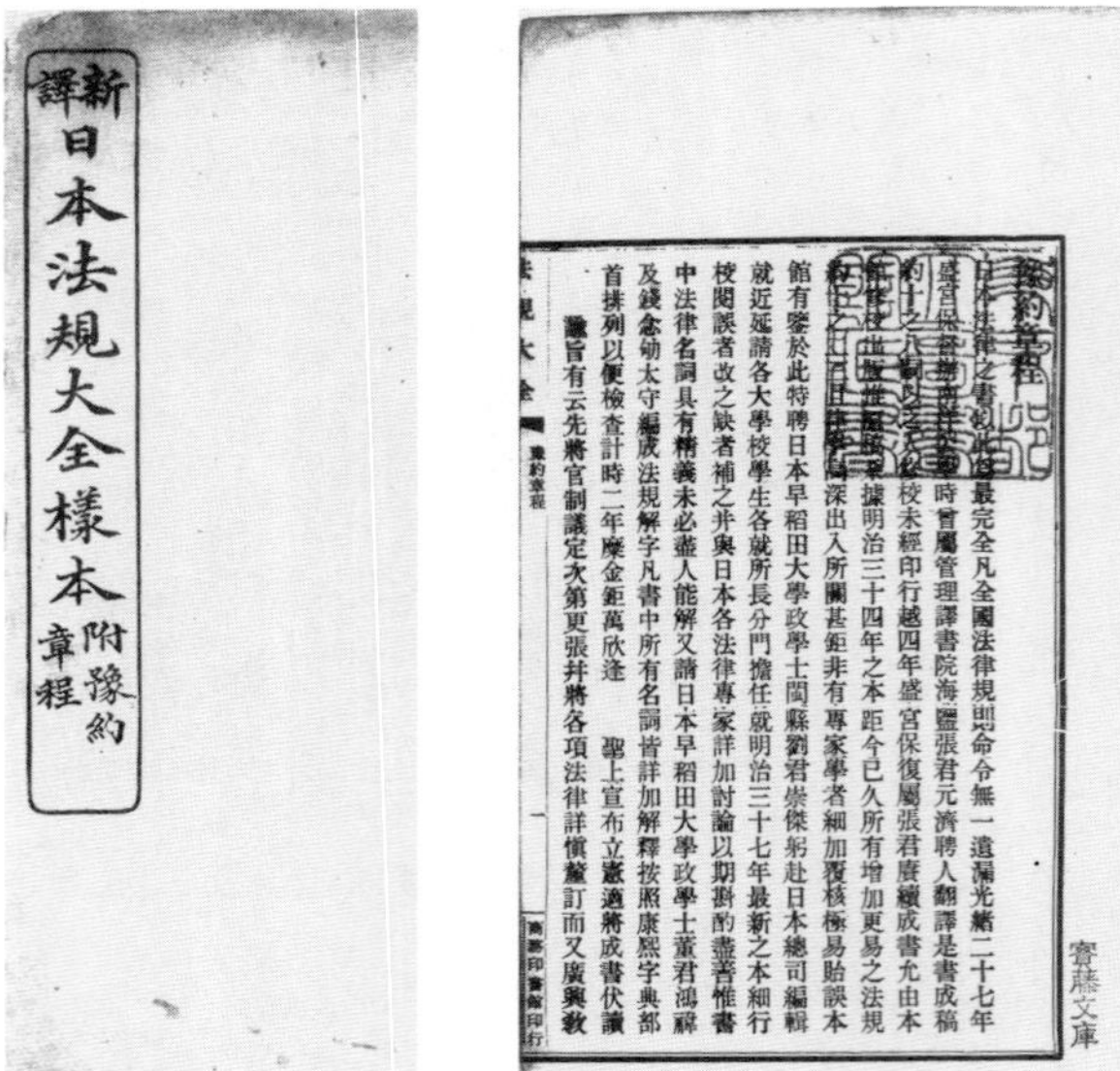


図３『新訳　日本法規大全様本　附予約章程』（東京都立中央図書館実藤文庫蔵）

が足らず、また日本の法改正が頻繁なため、編集作業は思うにまかせない状況にあった（『張元済年譜』五四ページ）。その年末には、張元済は同書の校訂作業を早めるために、劉崇傑に原稿を持たせて日本に派遣した。能率を上げるため在日清国留学生を動員して、分担訳校に当たらせたのである（『同年譜』五七ページ）。

一九〇七年春、新訳『日本法規大全』全八十一冊はついに完成した。同書巻頭には盛宣懐など日清の有名政治家や学者多数が祝辞を兼ねた序文を寄せている。中でも早稲田大学の大隈重信、高田早苗（同大総長）は、旧知の劉崇傑が商務印書館に招聘されて同書の総編輯に携わった、と誇らしげである。翻訳校正に協力した清国留学生達の名前は訳校者姓名録に見ることができる。広く購読者を募るために立派な内容見本が作成され、これには総目録や組見本、また予約規則や予約申込書がついている（『新訳／日本法規大全様本／附予約章程』**図3**）。なお近年、この書の複製版が『新訳日本法規大全（点校本）』十一冊（北京商務印書館　二〇〇七年）として刊行された。

## (二)「清国校友近時の発展」（『早稲田学報』一九二号、一九一一年二月一日）

本大学の清国人教育も古いものである、明治三十五（一九〇二）年第一回の卒業生を出している、高田学長は清国各地を親しく遍歴して教育視察をされ、帰朝して一九〇五年清国留学生部といふ特殊の機関まで新設された、今日迄の卒業生、以前の英語政治科、邦語政治科などから今の大学部専門部、高等師範部各科及び昨年其事業を終へた清国留学生部各科まで概算して、其数実に七百名に達する、此等の人々が帰国の後、政治教育界乃至実業界の各方面に活動している有様は誠に美くしく、又目出度いことである、殊に近来国運漸く開け、所謂青年支那時代になつてから、新進青年の士の活躍すべき舞台は次第に拡大され清国校友諸君の働らき振りも一ト際目立つて来た、学報は其主なる人々の近況を本邦校友諸君に紹介するを以て衷心愉快を感ずる者である。（原文から抜粋、八―九ページ）

この前説に続き清国の政界、教育界に活躍する多数の俊才達の名前と業績が次々に紹介される。「最後に清国現時の複雑なる国際関係の間に外交官として敏腕を揮って居らるゝ人には、現に在本邦清国公使館通訳官であり、先頃まで横浜総領事を代理して居た劉崇傑君（一九〇四年政学士）和蘭駐劄清国公使館参賛官董鴻禕君（同上）など、皆傑出せる俊才」（一〇ページ）とある。終わりにこの記事は、四千年来未曽有の時機に、同じ早稲田の学窓を出た隣邦の兄弟が各界でますます活躍し発展することを期待したい、と結んでいる。

なお高田早苗の自伝『半峰昔ばなし』（早稲田大学出版部　一九二七年）には、上記に関連する思い出を語っている箇所（三九七―四〇二ページ）がある。それによると、「中でも劉崇傑君の如きは、福建の名家の出であるが、極めて温厚篤実な人で、情愛の深い、同時に剛毅な気質も少なからず有つて居る処の、多く得がたい人柄であると私は今も思つて居る。」（一九六　有為なる支那校友）。また清国留学生部開設に先立ち高田早苗は清国各地を歴訪（一九八　支那漫遊）したが、その文中の写真「支那漫遊中の高田博士青柳教授及劉（崇傑）周（宏業）の二支那校友」には劉崇傑が写っており、彼の若いときの面影をしのぶことが出来る。なお青柳教授とは青柳篤恒のこと、宮島大八の甥で若い頃からすでに大の支那通となり、その卓越した語学力を買われ通訳として同行したのであろう。翌年二十九歳の若さで「清国留学生部主事トナリ同教育一切ヲ統括ス」（自筆略歴）。

## 四　張元済と若き書誌学者長沢規矩也（一九〇二—一九八〇）の交流

一九二八年十月二十四日　東京着。夕方帝国大学青年漢学家長沢規矩也来訪、静嘉堂文庫に同行し二百宋楼旧蔵書を観ることを約す。（『張元済年譜』三一一ページ）

二百宋楼は清末の学者陸心源の蔵書を収めた書庫のこと、とくに宋元版の蒐書は有名であるが、これを三菱財閥の岩崎弥之助が購入して静嘉堂文庫に収めた経緯がある。一九二八年十月十五日～十二月一日の間張元済は日本に滞在、『四部叢刊』続編刊行などのため善本を求めて精力的に訪書と資料複写の旅を続けた。静嘉堂文庫、宮内省図書寮、内閣文庫、東洋文庫、帝国大学図書館や、個人の蔵書家では前田侯爵、徳富蘇峰、内野五郎三、京都では内藤湖南、狩野直喜や東福寺など。また日本の東洋学者たち、服部宇之吉、宇野哲人、塩谷温、石田幹之助、諸橋轍次などと交歓の時をもった（『張元済年譜』三一一～三一三ページ）。

そういう大家たちに伍して、若き書誌学者長沢規矩也が東道役をつとめている。彼は一九二六年三月東京帝国大学支那文学科を卒業、静嘉堂文庫事務嘱託（～一九三九年七月）、翌年八月渡支、北京に滞在。恐らくこの時の見聞によって執筆したのが『中華民国書林一瞥』（東亜研究会、一九三一年）で、中国各地の書林や出版事情が述べられ興味深い書店出版社案内になっている。とくに「滬上の書店と出版」では、上海の商務印書館と張元済の出版活動が以下のように要領よく語られ、「一時は我が金港堂と合資」の事実にも言及している。

過去現在出版物の代表的なものとしては四部叢刊といふ過去重要善本書を影印した叢書を初とし、……支那学研究者用書として、正史の現存善本を影印した百衲本二十四史の出版を継続中である。

また商務印書館の出版物は校印も行届き、テキストの選択もよく信頼できるとし、「編訳所は本館出版物の編訳校訂をなす所で、此は其の附設機関たる図書館と共に張元済氏の力で作り上げられたもの、出版物中でも大冊の専門書の編印は張氏があって計画実行されたものである。」

図書館は驚くべき程のもので、張元済が蒐集した善本の多いことは国立の北平図書館を凌ぐばかり、「予は数日の間、張氏に誘はれて特に観せて貰ったが、到底見尽せなかった。是非又行って見たいと思ふ。」しかしこの願いは残念ながら二度と叶うことはなかった。

また一九三一年春吉川幸次郎は三年にわたるペキン留学を終えて、最後のふた月を江南地方の旅行にあてた。上海では商務印書館総経理の張元済を訪問、東方図書館の参観許可を得て翌日閘北の同館を訪ね厚遇を受けた。「昭和六年四月、私は日本に帰った。半年して満州事変がおこり、翌年一月、いわゆる上海事変では、日本軍が東方図書館を爆撃し、貴重書のすべてを焼いた。」（「折り折りの人（張菊生）」『音容日に遠し』筑摩書房　一九八〇年）

一九三二年一・二八事変（第一次上海事変）が勃発、日本海軍艦載機の空爆及び陸戦隊の上陸攻撃によって、商務印書館の本社屋、印刷所、紙倉庫そして東方図書館は灰燼に帰した。その惨状は「第一次上海戦で壊された商務印書館を表紙絵に使った教科書」（図4）が雄弁に語る。この書の奥附上欄の謹告には「弊公司突遭国難……如三十五載之経営隳於一旦迭蒙」と無念の思いを伝える文字がある。無残の極みとしか言いようがない。『昭和七年上海事変記念写真帖』（第三艦隊司令部　一九三二年）

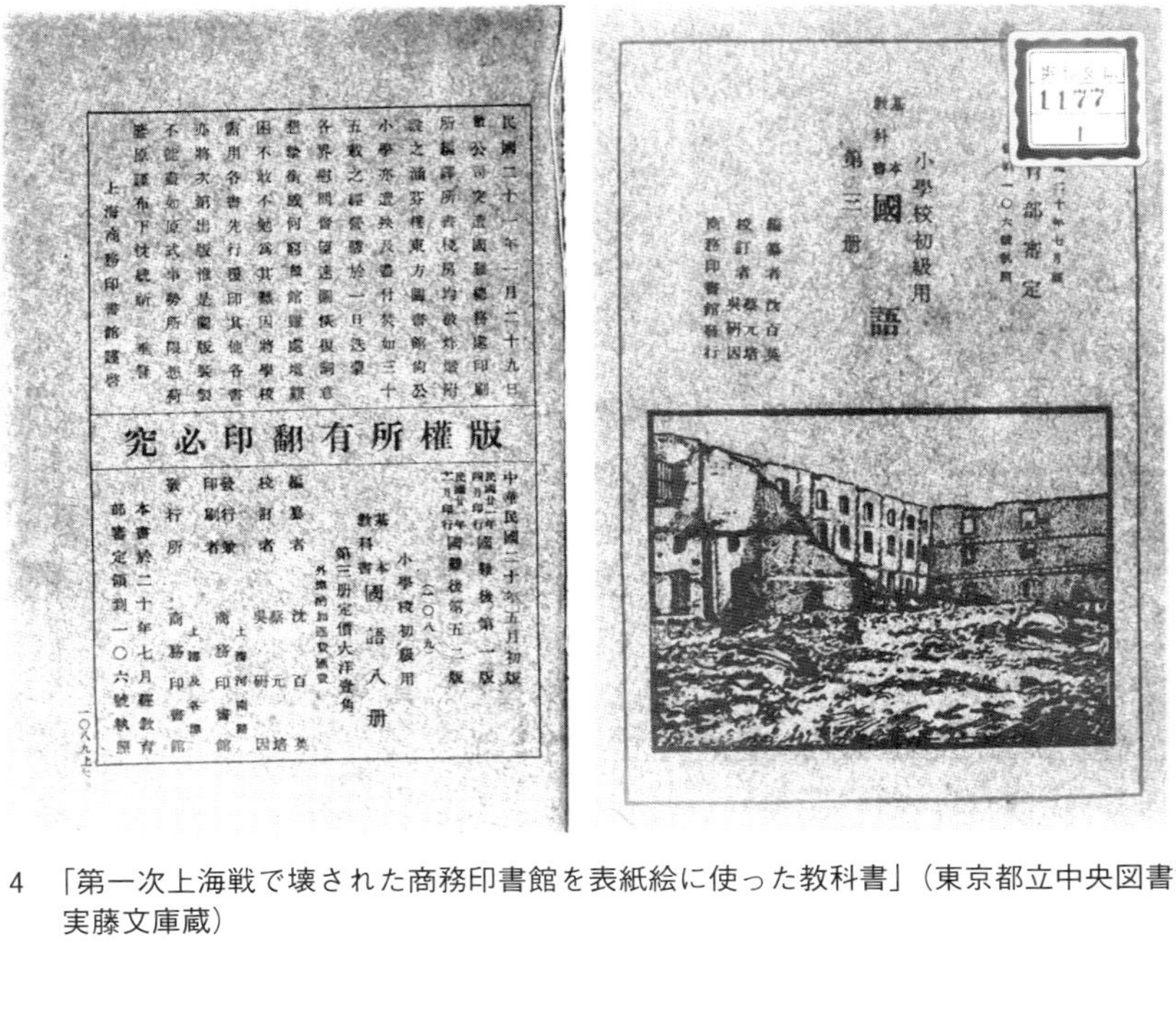


図4　「第一次上海戦で壊された商務印書館を表紙絵に使った教科書」（東京都立中央図書館実藤文庫蔵）

という公式戦勝報告書がある。これには「最モ頑強ニ抵抗セル商務印書館及東方図書館ノ敵」の頁に交戦中の写真三葉があり、この激戦の結果「閘北一帯の火災」が発生、「商務印書館附近ノ焼跡」「商務印書館附近爆撃弾痕」とする写真によって無残に破壊された同館を見ることが出来る。

また『時局関係美談集』其二（海軍省　一九三二年四月）には「三五　商務屋上の激戦」の節があって、「機銃陣地を商務印書館屋上に進め商務図書館の敵に対し集中射撃を行った」（三七ページ）と述べている。

## 補記一　張元済と盛宣懐

脱稿後に『中国近代化の開拓者・盛宣懐と日本』（盛承洪・株式会社留園発行、中央公論事業出版製作発売　二〇〇八年一二月）に気がついた。盛宣懐（一八四四—一九一六年、号は愚斎）は江蘇省武進県の出身、清末の高級官僚として政治力を振う一方で、先駆的な企業家として銀行や諸産業を興し、とくに中国早期工業化に大きな貢献をした同国近代史上の巨人である。

彼は張元済の後を追うように一九〇八年九月持病の治療と療養のために来日。三ヶ月間滞在し青山胤通、北里柴三郎など名医の治療を受ける傍ら、精力的に日本の産業金融界、学術教育界の諸施設を視察し、また数多くの政財界要人とも会見した。この間の見聞の詳細は『愚斎東遊日記』（図5）にまとめ、『愚斎存稿』（上海、思補楼、一九三九年）の付録として刊行していた。今回の『盛宣懐と日本』はその「東遊日記」本邦初訳に詳細な訳注を付したもので、近代中日交流史の研究に新たな好資料が加わったことになる。この興味深い旅行記は盛宣懐来日百年を記念して、曽孫にあたる留園の盛承洪氏の篤志によって自費出版されたもの。留園と言えば高級中華料理の老舗名店、また日頃から日中友好活動に熱心なことも聞こえているが、このような貴重な記録を世に贈られたことはその証として、また企業の社会貢献としても誠に奥床しい実践でありその積善ぶりには深く感銘した。

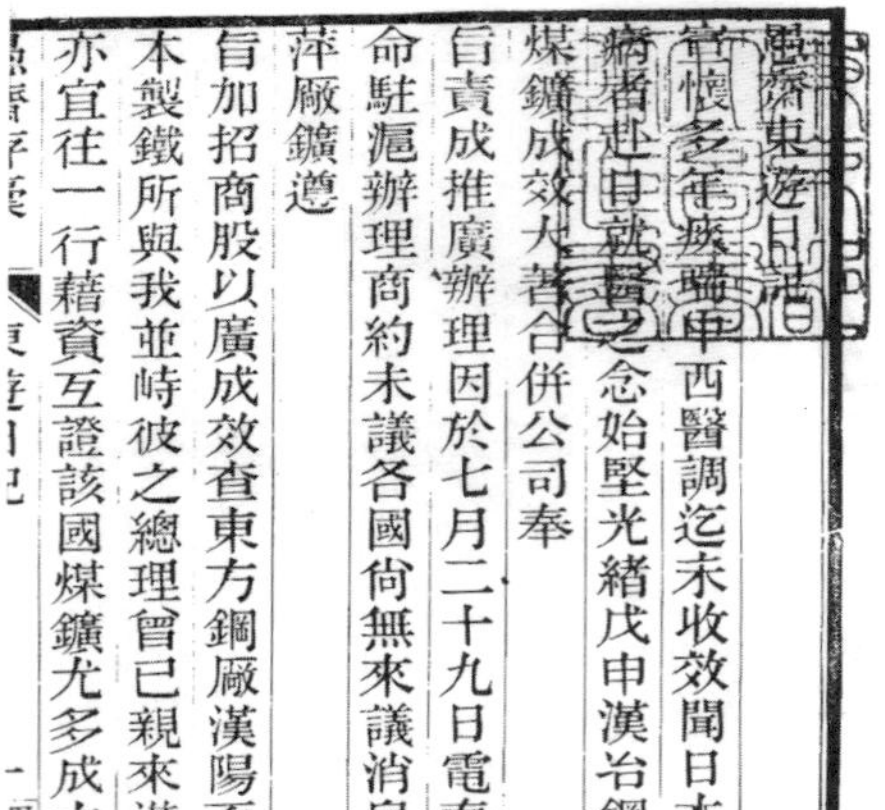
愚齋東遊日記
宣懷多年疾痛中西醫調迄未收效聞日本有專治肺
病者赴日就醫之念始堅光緒戊申漢冶萍鋼鐵廠萍鄉
煤鑛成效大著合併公司奉
旨責成推廣辦理因於七月二十九日電奏宣懷奉
命駐滬辦理商約未議各國尚無來議消息所辦漢冶
萍廠鑛適
旨加招商股以廣成效查東方鋼廠漢陽而外僅有日
本製鐵所與我並峙彼之總理曾巳親來漢廠考察我
亦宜往一行藉資互證該國煤鑛尤多成本甚輕亦宜
愚齋東遊日記　思補樓藏版

図5　盛宣懐『愚斎東遊日記』原本巻頭（東京都立中央図書館実藤文庫蔵）

盛宣懐の滞日期間は九月二日―一一月二五日であるが、到着してしばらくは東京にいて張元済とも往来した。以下はその抜粋であるが、『年譜』の空白を多少埋めることが出来そうだ。

九月一八日　晴　続いて、張元済（菊生）参議が訪ねてきた。彼は私より先に日本へ療養に来ていて、病は脳にあるというので、もっぱら観光で脳の休養に努めていた。私は下痢に苦しんでいたので、思う存分観光できなくて残念だと話し、「私はこの度の訪日で、日本の図書館や博物館の規則を学び、上海でそれに見習って実行したいと考えている。（中略）自分もいささか微力を尽くし、土地を寄付し建物を数棟建て、先に基礎を作ってから拡充しようと思う」と元済に述べた。元済は私の志を大いに賞賛し、賛成してくれた。

九月二一日　晴　上野公園を見物し、張元済参議を訪ねたが、留守で会えなかった。その後浅草公園に出向く。（以下略）

九月二七日　晴　上野に行き、張元済参議を訪ねて一時間心おきなくしゃべった。その後、帝室博物館を見物した。展示物が多すぎて、一々述べることができない。（以下略）

この日記により張元済訪日の目的が、脳の病（神経衰弱）の療養にあることがわかる。先に見た物見遊山のような滞在日程は、専ら静養（脳の休養）に充てていたことを物語っているわけだ。

また盛宣懐が図書館、博物館、公園などの文化施設を熱心に視察したことは日記の随所に出てくる。図書館に関して言うと、九月一六日に大橋図書館（一般書を置いた庶民向けの私立図書館）、一〇月四日に帝国図書館（宋代の書籍を有する学術図書館）を見学し感想を述べている。一〇月三日には日比谷公園を散歩しているが、竣工間近の東京市立日比谷図書館に気が付かなかったのは残念である。翌月一六日の開館式では市島春城が祝辞を述べたことは前に書いた。なお帝国図書館の求覧券が特別室五〇銭、普通室三〇銭とあるのは盛宣懐の錯誤（入閲須先購券特別券納資五〇銭尋常三〇）で、それぞれ五銭、三銭の筈である。

## 補記二　生誕一五〇年記念「市島春城展」（図6）

第一四回国際出版学術会（於南京）で研究発表を行った二〇一〇年は偶然にも、市島春城生誕一五〇年にあたる。それを記念して早稲田大学図書館では、春城の生涯と業績を広く周知するため標記の展示会を開催した。春城日誌や手帳などの自筆資料、経歴を示す各種の記録文書、彼が収集し館蔵となった貴重典籍、随筆家としての数多い著作物などが展示された。またフルカラーの展示目録（一〇ページ）も製作配布された。

〔参考文献〕
張樹年主編『張元済年譜』（商務印書館　一九九一年）

図 6　生誕150年記念「市島春城展」（早稲田大学図書館）

「春城日誌」一九〇八年（『早稲田大学図書館紀要』四〇号　一九九四年一一月）
市嶋春城「豆本蒐集談」（『春城閑話』健文社　一九三六年）
吉田昭子「岸田吟香の袖珍本」（『日本出版史料』四　日本エディタースクール出版部　一九九九年三月）
『民国人物大辞典』（河北人民出版社　一九九一年）
『現代中華民国満州帝国人名鑑』一九三七年版（複製、『中国人名資料事典』第八巻　日本図書センター　一九九九年）
『新訳日本法規大全（点校本）』（商務印書館　二〇〇七年：一九〇七年版の複製）
「清国校友近時の発展」（『早稲田学報』一九二号　一九一一年二月一日）
高田早苗『半峰昔ばなし』（早稲田大学出版部　一九二七年）
『中華民国書林一瞥』（『長沢規矩也著作集』第六巻　汲古書院　一九八四年、所収）

# 第六章　合弁解消（日資回収）の途

合弁事業はまがりなりにも十年続いた。中村忠行は、対等の条件で成った合弁ではあったが、その内実は最初から円滑な関係にはなく、商務側が執拗に金港堂の勢力を排除しようとした、と見ている。中国の研究者汪家熔も、当初から商務印書館に主導権があって金港堂は従たる存在にすぎないことを強調する。*1

確かに金港堂の影響力は低落する一方だった。それは増資のたびに彼我の差がひらき、最終的には四対一になったことからも容易に推測がつく。疑獄事件以後、小学校教科書は国定となり、金港堂はドル箱を失った。雑誌路線も一向にふるわず、赤字は増え続けた。一九一一年一一月には縮小均衡をめざし五〇万の資本金を一五万に減資した。

金港堂は自ら火の粉を払うのが精一杯であって、対岸のことをかまう余力はなかったと思われる。一九一一―一九一二年にかけて張元済の原亮三郎・山本条太郎宛書簡五通*2が遺っている。これは、折からのゴム投機に総経理（社長）の夏瑞芳が失敗し、商務印書館に巨額の損失を与えた事実とその善後策を相談した内容である。結局山本条太郎が顔のきく三井銀行に融資の話をつけることになるが、原亮三郎（金港堂）の方は病気のせいもあって無力であった。

商務印書館は合弁の大きな目的であった印刷技術の向上、教科書編輯・出版のノウハウの蓄積の面でも、大きな成果を得つつあった。最早金港堂は商務にとって御用済みであり、提携を続ける理由も希薄になってきた。

日資回収（合弁解消）の直接の引き金になったのは、辛亥革命による中華民国の成立である。民族意識の高揚が利権回収熱を加速させた。その最中、一九一二年一月商務印書館の陸費逵は独立して、〝完全中国資本の出版事業〟を旗印に中華書局を創立した。彼は民国政府の新しい教科書の出版権を得ようとして暗躍する。まず狙いは、最大の実績をもつ商務印書館の牙城を崩すことだ。その最も有効な戦術が商務印書館と金港堂の合弁関係を暴露し、民衆の素朴な排外意識に訴えることであった。中華書局は執拗に商務攻撃を続けた。商務印書館は合弁解消を急ぎ始めた。

## 一　合弁解消の経過

合弁解消の具体的な経過については、中国側の事情を語る張元済日記に拠るのが最も望ましい。ただ生憎と肝心なこの期間の日記は欠けて無い。幸い近年董事（理事）の一人鄭孝胥の日記[*3]が活字化された。彼は清朝の遺臣と称して共和国政府には出仕せず、高名な文人として悠々自適していた。この名士の風貌はのちに芥川龍之介が活写している（『上海遊記』）。一九一三年の日記によって経過の大筋をたどると、次のようである。

一月四日　日本株回収の論議はじめておこる。

八月一五日　商務印書館と中華書局、教科書発行をめぐる争いの報道

八月二八日　夏瑞芳と張元済宛に殺害を脅迫する投書

九月一〇日　夏瑞芳訪日（同月二七日帰国）株回収の交渉

九月一一日　金港堂株回収を拒絶

一一月になって金港堂側に差し迫った事情が生じたらしく、代理人福間甲松を派遣して株回収交渉を再開。この時にほぼ商務側の腹づもりが確定したようだ。

一一月一二日　理事会で株回収は四〇万を四期の分割払いと決める

一二月二六日　夏瑞芳に会い、株回収の件につき談ず。

少しでも高く売りたいとする金港堂と商務の間でやり取りが続いたが、ようやく年明けに決着をみる。

一九一四年一月二日　理事会で株回収の件を議し、総額五四万余元、その半額を支払い残額は六ケ月以内に皆済すると決定。

一月七日　日本株回収のことは昨日調印をして、二七万余両を支払う。

日資回収の代価は当初の見込みよりも約一・五倍、文字通り高くついた。商務印書館にとっては、それだけの代償を払っても、〝完全華商〟の名が欲しかったのである。

なお、商務印書館には株主総会記録[*4]が残っていて、この時点での日本人株主は一六人と一法人で、各々の持株数（一株＝百元）は次表の通り。参考のため判明した範囲で、所属・肩書な

| 株主氏名 | 持株数（株） | 備考（肩書、所属など） |
|---|---|---|
| 木本勝太郎 | 135 | 商務印書館（印刷）、元金港堂 |
| 長尾槙太郎 | 45 | 同　編訳人、元高等師範教授 |
| 篠崎都香佐 | 88 | 篠崎医院院長（在上海） |
| 小平　元 | 60 | 商務印書館（印刷）、元金港堂 |
| 原田民治 | 18 | 不詳 |
| 神崎正助 | 30 | 三井物産 |
| 尾中満吾 | 22 | 三井洋行を経て華南洋行 |
| 原　亮一郎 | 515 | 金港堂社長。原亮三郎の長男 |
| 原　亮三郎 | 1055 | 金港堂創業者 |
| 山本条太郎 | 764 | 三井物産。原亮三郎の女婿 |
| 丹羽又次 | 45 | 三井物産？（山本条太郎部下） |
| 鈴木島吉 | 80 | 正金銀行上海支店 |
| 伊地知虎彦 | 15 | 三井物産（山本条太郎部下） |
| 益田太郎 | 329 | 益田鈍翁の長男。益田太郎冠者 |
| 益田タマ | 167 | 益田鈍翁夫人たきのことカ |
| 山口俊太郎 | 383 | 実業家。原亮三郎の女婿 |
| 利見合名会社 | 35 | 大阪で教具の製造販売 |
| 計 | 3781 | |

どを付した。

## 二　金港堂が合弁解消に応じた理由

合弁解消に成功した商務印書館は、今や晴れて〝完全華商〟をうたうことが出来た。上海の最有力紙『申報』の広告に、その旨を高らかに周知したまさにその日（一月一〇日）に、合弁の成立と解消に最も力を尽くした総経理（社長）夏瑞芳が暗殺された。不思議な符合としか言いようのない出来事であり、夏の運命である。

残る問題は、何故この期に金港堂が合弁解消に応じたのかということである。確たる証拠の発見は今後にまつとして、恐らく金港堂側にはまとまった金を必要とする差し迫った事情があったと思われる。というのは日本銀行創立以来の大株主であった原亮三郎が、保有株式を一九一二年に半分、一九一三年に残り全部を売却しているからである。金港堂が赤字経営になって以来、彼はその穴埋めに私財の多くを投じていたが、日銀株一〇七〇株（額面二百円）だけは最後まで手放さずにいた虎の子だったのである。

合弁解消によって得た金は何に使われたのだろうか。状況からの類推にすぎないが、①金港堂の会社再建費、②自身又は親類縁者への事業資金、③娘婿山本条太郎の活動資金、などが考えられる。

①について言えば、一九一一年一一月会社整理を断行し、赤字の源である雑誌発行を止め社員を減らし、また五〇万円の資本金を一五万に減資するなど縮小均衡へ大ナタを振った。経営再建にどの位かかるものかハッキリしないが、使途の可能性としては高そうである。②は一般論につき省略。

③山本条太郎は既に述べたように大の中国通で、要人たちの間にも顔が広かった。辛亥革命の混乱期には民国政府に三百万円の借款を仲介しようとしたり、孫文に活動資金の世話をしたりした。孫文を巻き込んで対中投資の合弁会社中日実業㈱を創立[*5]するが、これらの活動資金に充当したのかも知れない。

〈註〉

＊1　汪家熔「主権在我的合資—一九〇三—一九一三商務印書館的中日合資」（『出版史料』一九九三年第二期）

＊2　張人鳳「読《初期商務印書館の謎》後的補充与商権」（『清末小説』一七号　一九九四年一二月）

＊3　中国歴史博物館編『鄭孝胥日記』全五冊（中華書局　一九九三年）

＊4　汪家熔「商務印書館日人投資時的日本股東」（『編輯学刊』一九九四年第五期（総三七期）九一ページ

＊5　『山本条太郎伝記』（山本条太郎翁伝記編纂会　一九四二年）二五四—二八四ページ

# 第七章　『実業之日本』《支那問題号》と商務印書館

## はじめに

一九一九年民国の排日熱の高まりを受けて、『実業之日本』《支那問題号》が刊行された。その中の中華道人「日支合弁事業と其経営者」が大きな波紋を呼ぶ。商務印書館に関する個所は事実無根と記事訂正要求が上海の該館から送られた。その裏には商務印書館の切迫したお家の事情があった。それは一体何か？　また実業之日本社はどう対応したのか、これらについて中文資料や『実業之日本』誌を用いて明らかにする。

## 一　中華道人「日支合弁事業と其経営者」

『実業之日本』一九一九年六月十五日号は特集を組み、《支那問題号》の大冊を発行した。一八〇頁、定価四〇銭と通常号の二倍である。これは折からの五四運動など中華民国民衆の排日熱に触発されたものであろう。巻頭の発刊の辞（図1）では、日支両国は同種同族の隣国だから共助共存して欧米列強の圧迫に対抗すべきなのに、「互に誤解し曲解し猜疑し反目する」現情は本分を逸脱し、両国の将来を危うくする恐れがある。「これ日支両国の誤解と反目とを一洗し、衷心より諒解し提携するの要ある所以、『支那問題号』の成る亦この微志に外ならぬ。」

特集号には二十余の論説があるが、その中に中華道人「日支合弁事業と其経営者」（図2）の記事がある。この匿名の人物については残念ながら不詳だが、なかなか事情通のようだ。該記事はまず日支合弁事業の沿革、現況および将来について触れてから、個別に二十の合弁事業の現状を紹介している。十番目に取り上げられたのが商務印書館（図3）であるが、かなり問

図1　『支那問題号』発刊の辞

題の多い内容である。記事の前段には金港堂との合弁に至るいきさつがある。一見してこれは『支那経済全書』（東亜同文会一九〇八―一九〇九年）からの孫引きと知れる。同書第十二巻「第四編出版業」には清国全土の出版事情が百余ページにわたり述べられ、その過半は出版の中心地である上海の実情報告が占めている。中でも商務印書館は当時すでに上海を代表する出版社に成長していたから、当然多くの紙幅が割かれた。この報告は元来は東亜同文書院の対清教育事業の一環で、最終学年の学生を各地に派遣して清国各般の事情を分担研究させ、その成果を「調査報告書」として提出させる謂わば卒論に代わるものである。従って商務印書館の記述には誤りも散見（例えば山本条太郎を山本達三郎と誤り、彼我合同六十万円は二十万元が正しい）されるが、当時の得難い情報を数多く含んでいるので、その後の関係文献に引用されたり、参照されもした。この意味で貴重な報告といえよう。

中華道人の記事で最も不審なことは、合弁解消（一九一四年一月）から既に五年も経っているのに、その言及がまったくない後段の記述で、以下に引用してみる。

　今や支那人側に於ても、営業成績漸次良好なる為め、日本人側に依頼する傾向を生じ、両者間益々円満に進み、業務は愈々拡張の機運に向った。然れども未だ該書館が表面支那会社なるも実権は日本人に帰属するものなりとの思想は掃蕩する能はざるもの、如くある。現に先年北京に開催

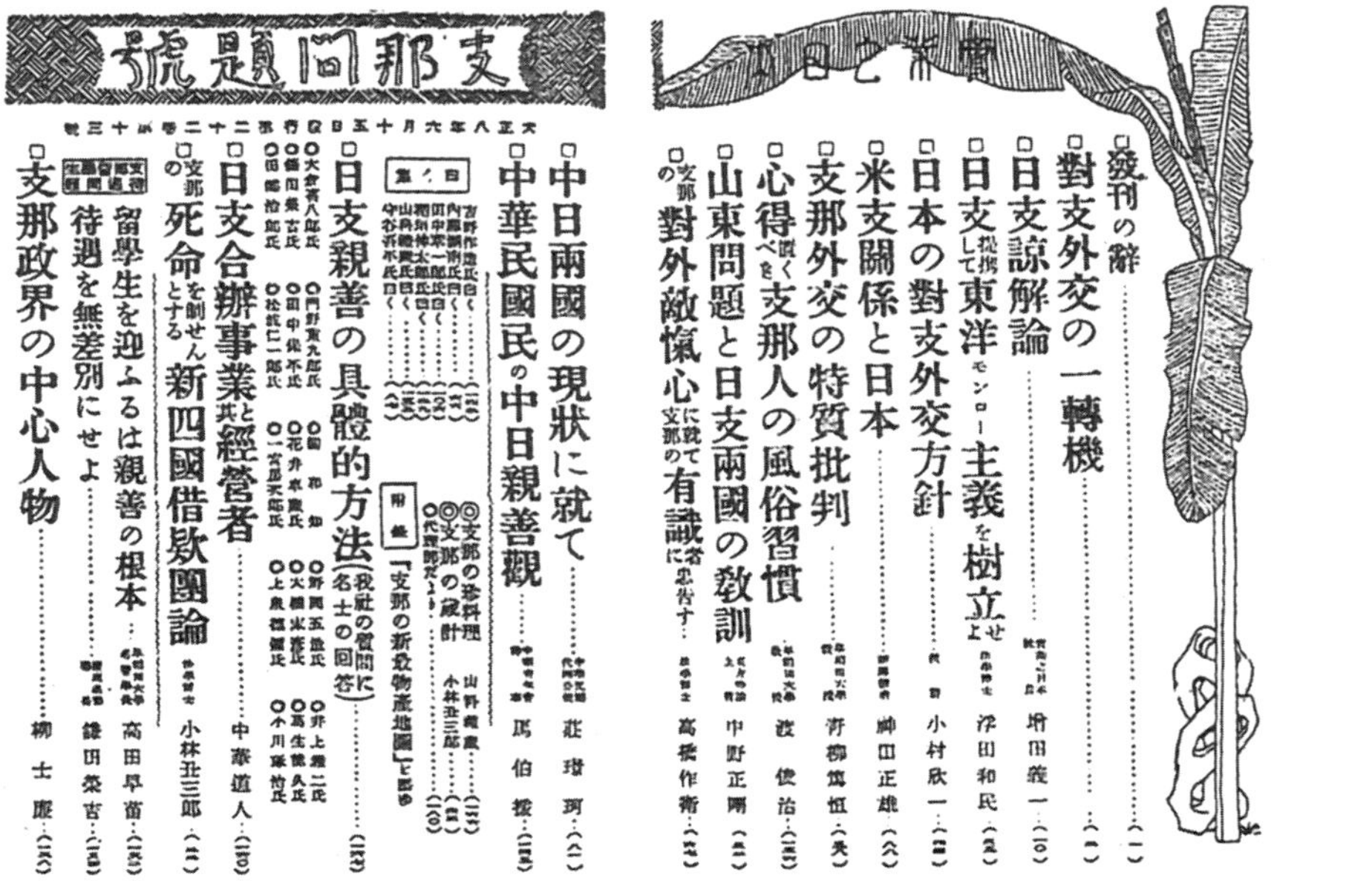

図２　『支那問題号』目次（部分）

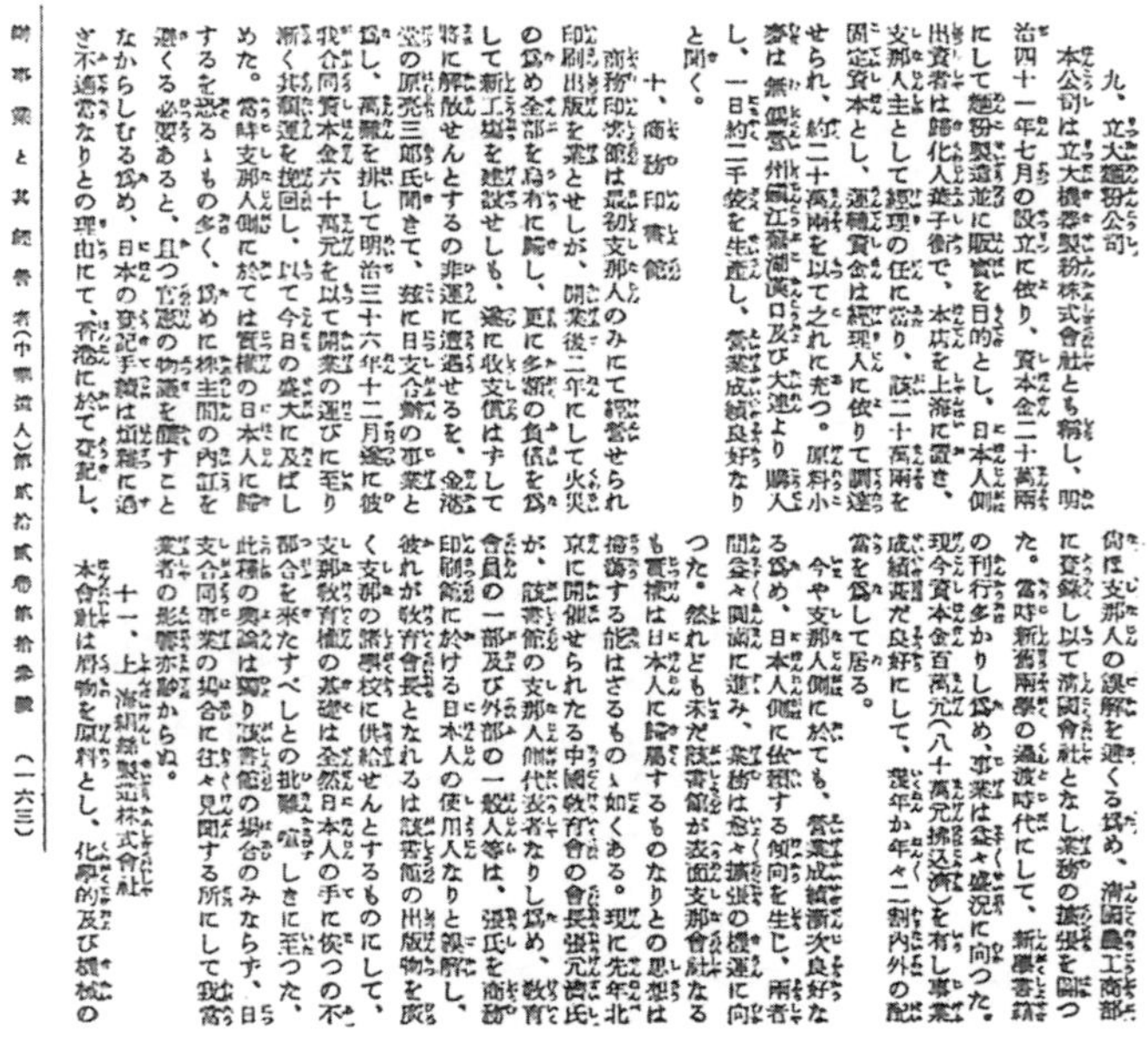
九、立大機器製粉公司
本公司は立大機器製粉株式會社とも稱し、明治四十一年七月の設立に依り、資本金二十萬兩にして麵粉製造並に販賣を目的とし、日本人側出資者は歸化人某子衞で、本店を上海に置き、支那人主として經理の任に當り、該二十萬兩を固定資本とし、運轉資金は經理人に依りて調達せられ、約二十萬兩を以て之れに充つ。原料小麥は無錫、杭州、鎭江、蕪湖、漢口及び大連より購入し、一日約二千袋を生產し、營業成績良好なりと聞く。
十、商務印書館
商務印書館は最初支那人のみにて經營せられ印刷出版を業とせしが、開業後二年にして火災の爲め全部を烏有に歸し、更に多額の負債を爲して新工場を建設せしも、遂に收支償はずして將に解散せんとするの非運に遭遇せるを、金港堂の原亮三郎氏聞きて、茲に日支合辦の事業と爲し、萬難を排して明治三十六年十二月遂に彼我合同資本金六十萬元を以て開業の運びに至り漸く非運を挽回し、以て今日の盛大に及ばしめた。當時支那人側に於ては實權の日本人に歸するを恐るゝもの多く、爲めに株主間の內訌を避くる必要あると、且つ官憲の物議を醸すことなからしむる爲め、日本の登記手續は煩雜に過ぎ不適當なりとの理由にて、香港に於て登記し、尙ほ支那人の誤解を避くる爲め、淸國農工商部に登錄し以て淸國會社となし業務の擴張を圖つた。當時新舊兩學の過渡時代にして、新學書籍の刊行多かりし爲め、事業は益々盛況に向つた。現今資本金百萬元（八十萬元拂込濟）を有し事業成績甚だ良好にして、幾年か年々二割內外の配當を爲して居る。
今や支那人側に於ても、營業成績漸次良好なる爲め、日本人側に依賴する傾向を生じ、兩者間益々圓滿に進み、業務は愈々擴張の機運に向つた。然れども未だ該書館が表面支那會社なるも實權は日本人に歸屬するものなりとの思想は掃蕩する能はさるものゝ如くある。現に先年北京に開催せられたる中國敎育會の會長張元濟氏が、該書館の支那人側代表者なりし爲め、敎育會員の一部及び外部の一般人等は、張氏を商務印刷館に於ける日本人の使用人なりと誤解し、彼れが敎育會長となれるは該書館の出版物を廣く支那の諸學校に供給せんとするものにして、支那敎育權の基礎は全然日本人の手に俟つの不都合を來たすべしとの批難喧しきに至つた、此種の輿論は獨り該書館の場合のみならず、日支合同事業の場合に往々見聞する所にして我當業者の影響亦尠からぬ。
十一、上海絹絲製造株式會社
本會社は屑物を原料とし、化學的及び機械の
支那事業と其經營者（中華道人）第貳拾貳卷第拾參號　（一六三）

図３　中華道人「商務印書館」

せられたる中国教育会の会長張元済氏が、該書館の支那人側代表者なりし為め、教育会員の一部及び外部の一般人等は、張氏を商務印刷[書]館に於ける日本人の使用人なりと誤解し、彼れが教育会長となれるは該書館の出版物を広く支那の諸学校に供給せんとするものにして、支那教育権の基礎は全然日本人の手に俟つの不都合を来たすべしとの批難喧しきに至った、此種の世論は独り該書館の場合のみならず、日支合同事業の場合に往々見聞する所にして我当業者の影響亦尠からぬ。（一六三ページ　総ルビ省略）

北京で開かれた中国教育会云々の部分は、恐らく上海の最有力日刊紙『申報』の商務印書館記事を恣意的に使ったものであろう。同紙一九一一年八月二十二日号に掲載の無署名記事「中国教育会之内幕」では、張元済が日本人の手先として名指しで非難攻撃されているのである（『張元済年譜』九八ページ）。「現に先年」と断りながら、随分と古い証文を持ち出したものだ。商務印書館に関する限り、中華道人の記事は執筆時の事情ではなく、十年近い昔のことを述べているにすぎないのである。

## 二　張元済の記事訂正要求と実業之日本社の対応

中華道人の記事は商務印書館を主宰する張元済をいたく刺激した。彼は一九一九年六月二十九日夜の理事会に諮った上、実

業之日本社に記事の訂正を要求する書簡を送付した。また同時に合弁解消の事実を広く周知するため、その証明として合弁解約書原本のコピーを『実業之日本』誌上に広告させることにした（『張元済日記』下冊　六〇六ページ）。

これに対して実業之日本社はどのように対応したのだろうか。残念ながら同社の大部な社史や創業者増田義一の伝記、馬静の『実業之日本』研究書などの既存文献には、一言半句の言及も見当たらない。愚直に雑誌の誌面を見ていき、その痕跡を探し出すより方法はないが、関係記事を最初に発掘したのは清末小説研究家の樽本照雄（筆名沢本郁馬）である。

## （一）「◎訂正」「商務印書館股分有限公司声明」
### ――『実業之日本』第二十二巻十六号（八月一日）

◎訂正　本年六月十五日発刊『支那問題号』第百六十三頁第十節商務印書館に関する記事中、該書館を日支合弁事業として紹介せしも、目下は全然支那人経営の事業なる由に付き訂正す（七七ページ　総ルビ省略。**図4**）

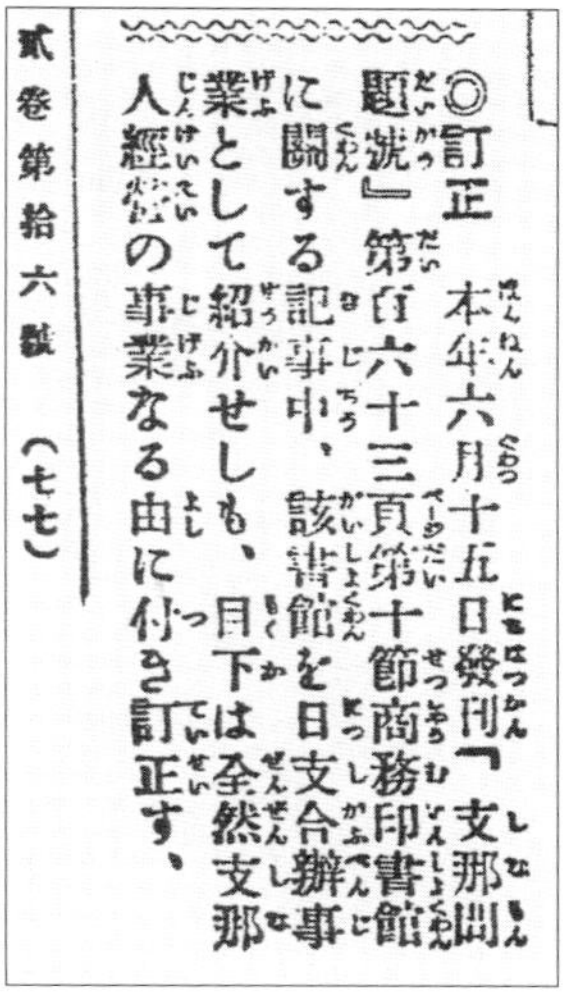
◎訂正　本年《ほんねん》六月《ぐわつ》十五日《にち》發刊《はつかん》「支那《しな》問《もん》題《だい》號《かう》』第《だい》百六十三頁《ページ》第《だい》十節《せつ》商務《しやうむ》印書館《いんしよくわん》に關《くわん》する記事中《きじちう》、該書館《がいしよくわん》を日支合辦事《にっしがふべんじ》業《げふ》として紹介《せうかい》せしも、目下《もくか》は全然《ぜんぜん》支那《しな》人經營《じんけいえい》の事業《じげふ》なる由《よし》に付き訂正《ていせい》す、

貳卷第拾六號　（七七）

図４　◎訂正『実業之日本』第22巻16号（1919年８月１日）

張元済の要求に従い、上記のような訂正記事が誌面の左片隅に小さく載った。合弁関係がとっくに解消して「目下は全然支那人経営の事業」なのを、「日支合弁事業として紹介」した中華道人は確かに迂闊であった。掲載した実業之日本社もあっさり兜を脱いで訂正に応じたようだ。それ以上に注目すべきは、同号三二―三三ページの間にある黄紙の見開き広告誌面である。これは合弁解消の事実周知のため、張元済が指示した「商務印書館股分有限公司声明」（**図5**）で、中文で綴られた文面は次のとおりである。

弊公司於中華民国三年一月六日由前総経／理夏瑞芳君与日本股東代表福間甲松君簽／定合同将日本股分完全収買帰華商自弁呈／明農商部立案実業之日本社第二十二巻第十三号支那問題第百六十三頁所載商務印書館／一節誤為日支合弁事業与事実不符合亟声／明並将原訂収回日股合同影印如下諸維／公鑒

即ち商務印書館は一九一四年一月六日、日本側の株式を全て買収する契約を結び、完全な華商として当局（農商部）に登録を済ませた。実業之日本社第二十二巻第十三号支那問題号百六十三頁所載の、日支合弁事業とした商務に関する一節は事実ではないことを声明し、併せて証拠として合弁解約書原本の写真版（影印）を掲載する。

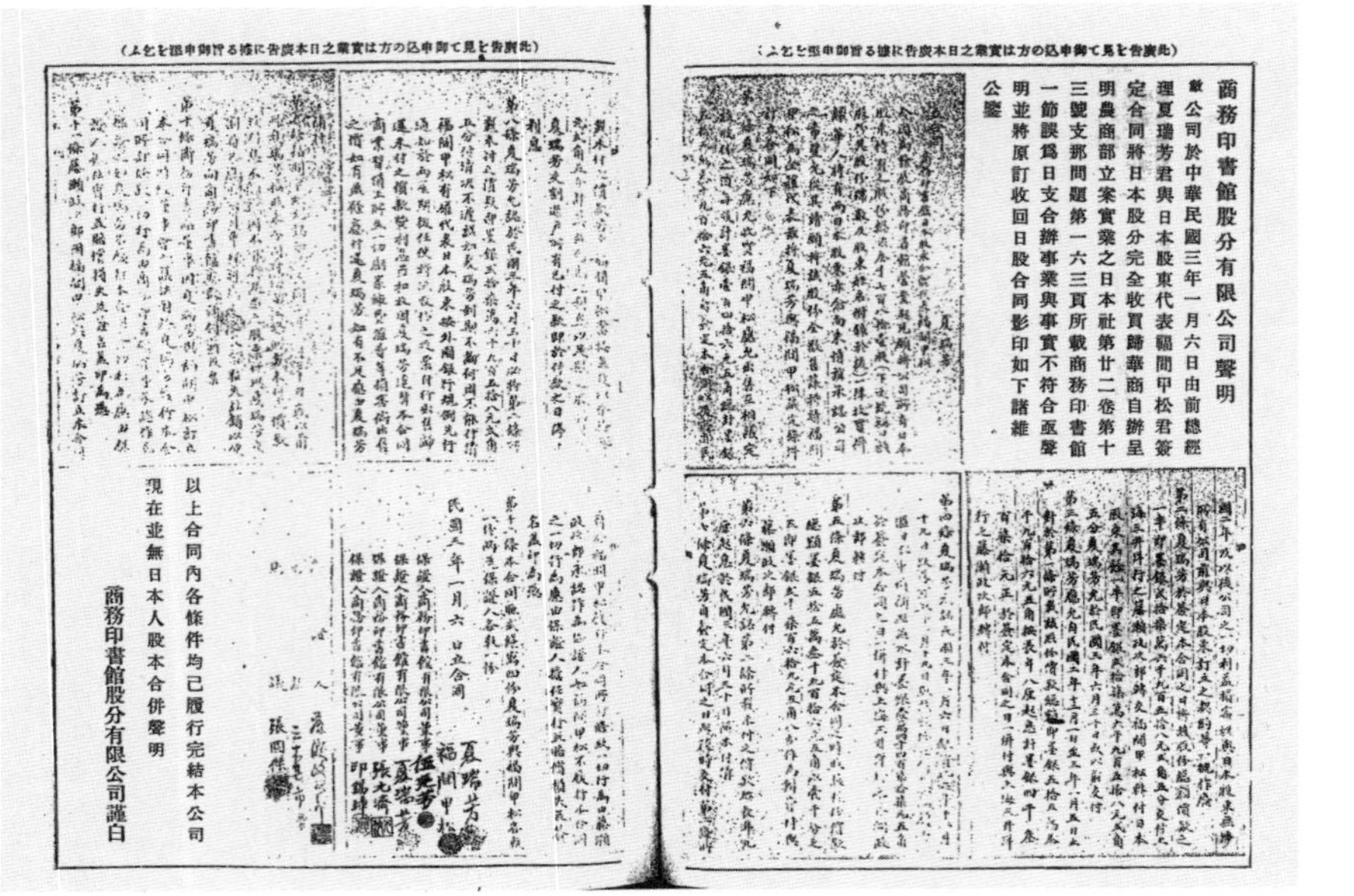

（此廣告を見て御申込の方は實業之日本社廣告係に當る旨御申添を乞ふ）

商務印書館股分有限公司聲明

敝公司於中華民國三年一月六日由前總經理夏瑞芳君與日本股東代表福間甲松君簽定合同將日本股分完全收買歸華商自辦呈明農商部立案實業之日本社第廿二卷第十三號支那問題第一六三頁所載商務印書館一節誤爲日支合辦事業與事實不符合亟聲明並將原訂收回日股合同影印如下諸維公鑒

以上合同内各條件均已履行完結本公司現在並無日本人股本合併聲明

商務印書館股分有限公司謹白

図５　商務印書館股分有限公司声明（同前）

その声明文に続けて、商務印書館の総経理・夏瑞芳と日本側株主代表・福間甲松の間で締約された十二条の契約書原本の写真版がある。実はこの影印は既に上海の日刊紙『申報』一九一九年七月二十五日の広告紙面に使用（「請看商務印書館収回日股之証拠」）したものの再利用。今日では『中国出版史料　近代部分』第三巻（湖北教育出版社　二〇〇四年一〇月）三九―四一ページに活字化されて容易に読むことが出来る。解約書の末尾には日中双方の署名人の列記があるが、商務印書館側の保證人中に理事の張元済の名前が見える。

この商務印書館の広告は「以上合同内各条件均已履行完結本公司／現在並無日本人股本合併声明／商務印書館股分有限公司謹白」と結ぶ。つまり合弁解約書の各条項は完全に履行されたので、現在日本人の資本は全て回収して皆無であり合弁関係は解消されたと宣言しているのである。

## （二）八月七日　張元済は実業之日本社社長の書簡と、訂正記事掲載の雑誌を受け取る（『張元済年譜』一七四頁）

老獪な張元済は上記の訂正文と社長増田義一の書簡を単に受領するだけでは済まさなかった。それらは抜け目のないことに、さっそく合弁解消の宣伝として商務印書館によって利用される。『申報』一九一九年八月十五日付広告欄には、「日本の実業之日本社が支那問題号で日支合弁と誤載したことの訂正」と題する

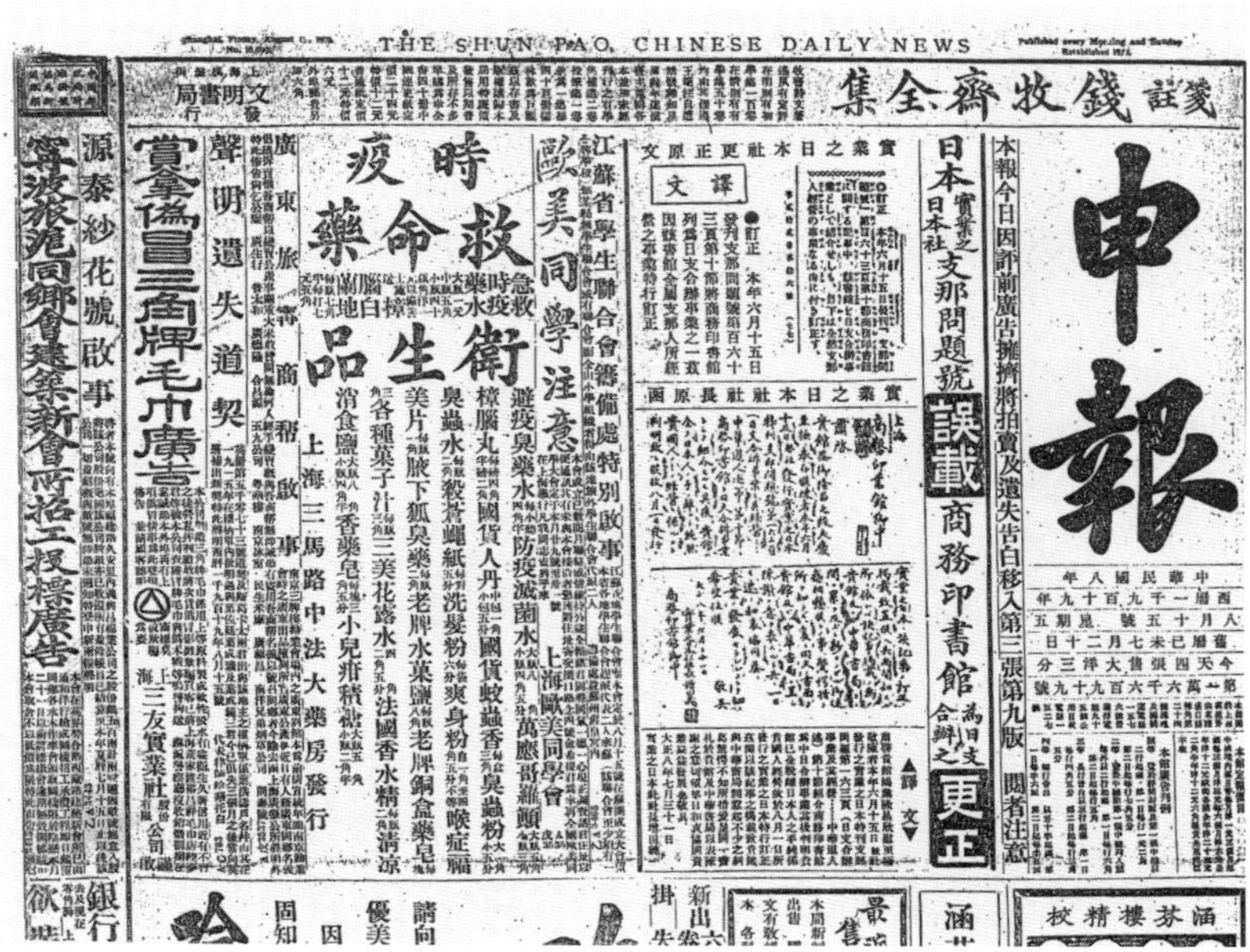
THE SHUN PAO CHINESE DAILY NEWS

申報

箋註錢牧齋全集

日本實業之日本社支那問題號誤載商務印書館更正

實業之日本社更正原文

實業之日本社社長原函

時疫救命藥

衛生品

歐美同學注意

江蘇省學生聯合會籌備處特別啟事

廣東旅滬商幇啟事

聲明遺失道契

賞拏偽冒三角牌毛巾廣告

源泰紗花號啟事

寧波旅滬同鄉會建築新會所招工投標廣告

図６　誤載更生（『申報』1919年８月15日号）

大見出と記事（図6）が一面に載った。訂正文と増田義一書簡の原文写真版にそれぞれの中文訳を並べたレイアウト紙面によって、外ならぬ日本人からの誤載訂正を大々的に読者へアピールしたという寸法である。中華道人の誤報記事が引き起こした一連の騒ぎに対して、商務印書館が鎮静化に躍起となっているのが良く分かる。図版では少し見にくいかも知れないが、増田義一の書信は誤記事の訂正を掲載したこと、またこの為に商務印書館と中華書局との間に累を及ぼし迷惑をかけたことを陳謝している（沢本郁馬「商務印書館と金港堂の合弁解約書」『清末小説』第二七号　二〇〇四年一二月　一二八―一二九ページ）。

## （三）瓊川生「無適語」（図7）――『実業之日本』第二十二巻十七号（八月一五日）

◎本誌の読者は前号広告欄に、支那の商務印書館が同社の事業を日支合弁として紹介した『支那問題号』の誤を正し、純然たる支那人の事業であるを證明する為、日本人所有の株式全部を買収した民国三年の契約書を掲げた支部〔那〕文広告二頁を看過しなかったであらう。◎商務印書館は中華書局と相並んで上海に於ける二大出版業社である。従来互に鎬を削って競争してゐたが、商務印が日支合弁の事業であると誤報せらる、や、中華書局は奇貨措くべしとなし、排日熱の支那民衆に瀰漫せるに乗じ、盛に競争者の日支合弁なるを新聞に広告し、恰も商務印の書を買ふは憎

# 無適語

瓊川生

◎本誌《ほんし》の讀者《どくしや》は前號廣告欄《ぜんがうくわうこくらん》に、支《し》那《な》の商務印書館《しやうむいんしよくわん》が同社《どうしや》の事業《じげふ》を日《にっ》支合辦《しがふべん》として紹介《せうかい》した『支那問題《しなもんだい》號《がう》』の誤《あやまり》を正《たゞ》し、純然《じゆんぜん》たる支那人《しなじん》の事業《じげふ》であるを證明《しようめい》する爲《ため》、日本《にほん》人所有《じんしよいう》の株式全部《かぶしきぜんぶ》を買收《ばいしう》した民國《みんこく》三年《ねん》の契約書《けいやくしよ》を掲《かゝ》げた支部文廣告《しぶぶんくわうこく》二頁《ページ》を看過《かんくわ》しなかつたであらう。

◎商務印書館《しやうむいんしよくわん》は中華書局《ちうくわしよきよく》と相並《あひなら》んで上海《しやんはい》に於《お》ける二大出版業者《だいしゆつぱんげふしや》である。從來互《じゆうらいたがひ》に鎬《しのぎ》を削《けづ》つて競爭《きやうさう》してゐたが、商務印《しやうむいん》が日支合辦《にっしがふべん》の事業《じげふ》であると誤報《ごほう》せらるゝや、中華書局《ちうくわしよきよく》は奇貨措《きくわお》くべしとなし、排日熱《はいにちねつ》の支那民衆《しなみんしう》に瀰漫《びまん》せるに乘《じやう》じ、盛《さか》に競爭者《きやうさうしや》の日支合辦《にっしがふべん》なるを新聞《しんぶん》に廣告《くわうこく》し、恰《あたか》も商務印《しやうむいん》の書《しよ》を買《か》ふは憎《にく》むべき日本《にほん》の書《しよ》を買《か》ふと同《おな》じであるかの如《ごと》く中傷《ちうしやう》し、一擧敵壘《きよてきるゐ》を覆《くつが》へさんとした。從《したが》つて商務印《しやうむいん》も亦之《またこれ》に對抗《たいかう》して事實《じじつ》の無根《むこん》を支那《した》新聞《しんぶん》に及《およ》び本誌《ほんし》に廣告《くわうこく》した。

◎中華書局《ちうくわしよきよく》が最初《さいしよ》より商務印《しやうむいん》の純《じゆん》支那事業《しなじげふ》たるを知《し》り、只《たゞ》『支那問題《しなもんだい》號《がう》』の記事《きじ》を故《ことさ》らに惡用《あくよう》したものか否《いな》か吾人《ごじん》は之《これ》を知《し》らぬ。併《しか》し商《しやう》務印《むいん》が契約書《けいやくしよ》を公表《こうへう》して記事《きじ》の誤《あやまり》を正《たゞ》した後《のち》に於《おい》て尚且《なほか》つ商務《しやうむ》印《いん》を非難《ひなん》するに日支合辦事業《にっしがふべんじげふ》を以《もっ》てするは、排日熱《はいにちねつ》を商策《しやうさく》に濫用《らんよう》し、商敵《しやうてき》を無根《むこん》の事實《じじつ》に苦《くる》しむるものである。排日熱全盛《はいにちねつぜんせい》の日《ひ》、この問《もん》題《だい》を提起《ていき》せるは、中華書局《ちうくわしよきよく》として或《あるひ》は巧慧《かうけい》であらう、併《しか》し其手段《そのしゆだん》は餘《あま》りに惡辣《あくらつ》に餘《あま》りに卑劣《ひれつ》である。

◎何《いづ》れの國《くに》の商人《しやうにん》も不斷《ふだん》に競爭《きやうさう》し販路《はんろ》の擴張《くわくちやう》に努力《どりよく》する。併《しか》しその競爭《きやうさう》は飽《あく》までも正々堂々《せいくだうく》の態度《たいど》を以《もっ》て品質《ひんしつ》、價格《かかく》、取引方法《とりひきはうはふ》に他《た》に優《まさ》るを期《き》し以《もっ》て競爭《きやうさう》に勝《か》たんとする。文明商人《ぶんめいしやうにん》の競爭《きやうさう》は斯《か》くあらねばならぬ。揚足《あげあし》を取《と》り、無根《むこん》の事實《じじつ》を流布《るふ》し、多數《たすう》の意志《いし》に迎合《げいがふ》し、敵《てき》を苦《くる》めんとするは、營利《えいり》一片《ぺん》の商《しやう》人《にん》でも尚且《なほか》つ之《これ》を恥《はぢ》とする。

◎併《しか》し是《これ》は一書局《しよきよく》の事《こと》でない、苟《いやしく》も乘《じやう》ずべき隙《すき》あらば事實《じじつ》の有無《うむ》と正否《せいひ》とを問《と》ふの遑《いとま》なく、廣《ひろ》く言《げん》論《ろん》を以《もっ》て民衆《みんしう》を煽動《せんどう》し惑亂《わくらん》し、而《しか》して其間《そのかん》に利益《りえき》を掴らんとするは支那人性情《しなじんせいじやう》の一端《たん》を暴露《ばくろ》したものであらう。山東問題《さんとうもんだい》は書局《しよきよく》の態度《たいど》を擴大《くわくだい》した事件《じけん》に過《す》ぎぬ。

◎支那參戰前《しなさんせんぜん》、寧《むし》ろ支那《しな》が獨逸《ドイツ》の力《ちから》に憚《はゞか》れる當時《たうじ》、我國《わがくに》は日英同盟《にちえいどうめい》の誼《よしみ》によりて獨逸《ドイツ》を膠州灣《かうしうわん》より驅《く》逐《ちく》し對獨通牒《たいどくつうてふ》に本《もと》づき戰役終結後《せんえきしゆうけつご》之《これ》を支那《しな》に還附《くわんぷ》するを約《やく》し、爾來《じらい》幾回《いくくわい》か之《これ》を聲明《せいめい》した。

◎而《しか》も國際聯盟《こくさいれんめい》成り弱小國《じやくせうこく》の安全《あんぜん》保障《ほしやう》せらるゝや、米國《べいこく》の東洋發展《とうやうはつてん》に志《こゝろざし》あるを看《み》た支那《しな》は、對獨參戰《たいどくさんせん》の一事《じ》を口實《こうじつ》とし、日本《にほん》の不還附《ふくわんぷ》を邪推《じやすゐ》し内《うち》には盛《さかん》に排日熱《はいにちねつ》を鼓吹《こすゐ》し、外《そと》には巴里《パリー》に華盛頓《ワシントン》に得意《とくい》のプロパガンダを行《おこな》ひ、理否《りひ》を顚動《てんどう》し曲直《きよくちよく》を無視《むし》し、膠州灣《かうしうわん》の還附《くわんぷ》を直接《ちよくせつ》に獨逸《ドイツ》より受《う》けんとし條約《でうやく》不調印《ふてういん》を敢行《かんかう》して顧《かへり》みなかつた。

◎山東直接還附《さんとうちよくせつくわんぷ》行《おこな》はるゝとせば是《こ》れ正義《せいぎ》の死《し》である。聰明《そうめい》なるべき世界《せかい》の耳目《じもく》が支那《しな》の誇張的巧妙《こちやうてきかうめう》なる宣傳《プロパガンダ》に眩《くら》まさるゝものである。

◎兎《と》に角吾人《かくごじん》は商務印書館《しやうむいんしよくわん》の問題《もんだい》と山東問題《さんとうもんだい》とを對照《たいせう》し、只彼等《たゞかれら》の惡辣《あくらつ》なる競爭振《きやうさうぶり》と惡辣《あくらつ》なる外交振《ぐわいかうぶり》とに驚《おどろ》かさるゝを得《え》ない。

図７　瓊川生「無適語」『実業之日本』第22巻17号（８月15日）

むべき日本の書を買ふと同じであるかの如く中傷し、一挙敵塁を覆へさんとした。従って商務印も亦之に対抗して事実の無根を支那新聞に及び本誌に広告した。◎中華書局が最初より商務印の純支那事業たるを知り、只『支那問題号』の記事を故らに悪用したものか否か吾人は之を知らぬ。併し商務印が契約書を公表して記事の誤を正した後に於て尚且つ商務印を非難するに日支合弁事業を以てするは、排日熱を商策に濫用し、商敵を無根の事実に苦しむるものである。排日熱全盛の日、この問題を提起せるは、中華書局として或は巧慧であらう。併し其手段は余りに悪辣に余りに卑劣である。（以下は山東還付問題に触れ、民国政府のやり口は中華書局の態度と同じと論難。コラムは次のように結ぶ。◎兎に角吾人は商務印書館の問題と山東問題とを対照し、只彼等の悪辣なる競争振と悪辣なる外交振とに驚かざるを得ない。）（一二ページ　総ルビ省略）

このコラムを書いた瓊川生とは、『実業之日本』主筆の都倉義一である。彼は一九〇三年四月入社、白露石井勇の後を受けて一九一六年一月以降主筆を務め、のちには編集局長を兼務した（『実業之日本社七十年史』一九六七年六月刊）。主筆の都倉はさすがに同誌の誤報事件をよく見ている。中華書局の遣り口が悪辣で卑劣とした論評も的確と言ってよいと思う。一方社長の増田義一は事の本質が解っていないようだ。恐らく都倉の「無適語」も読んでいないのであろう。滑稽にも彼は雑誌記事を悪用した張本の中華書局にも陳謝の書信を送っている（「爰ニ同文ノ書面ヲ貴館及ビ中華書局ニ呈シ陳謝ノ意ヲ表スル」）のだから、お門違いもいいところと言うべきであろう。

## 小括　日中関係と合弁問題

### （一）商務印書館と中華書局の因縁

中華道人の記事に敏感な反応をみせた商務印書館。実はその裏には退っ引きならないお家の事情があった。張元済が最も心配したことは、記事自体の誤りよりはライバル中華書局が、誤報記事を奇貨として商務印書館の悪宣伝を行うことにあった。実際に危惧した通り中華書局はその記事を印刷ビラにしてバラ撒くだけでなく、特集号の一部を勝手に中文訳して『日本人之支那問題』（民国八年七月刊）として出版、商務中傷の格好の材料としていた（沢本郁馬「商務印書館関係資料いくつか」『清末小説』第二十八号　二〇〇五年一二月　一―五頁）。

これに対し張元済は中華書局に抗議の書簡を送り、同書の商務の個所は事実無根に付き訂正を要求した。また間に立つ人がいて両者の調停が行われたが、中華書局は頑なで商務中傷活動をなおも続行する。ついに張元済は中華書局に対し名誉棄損と損害賠償を求める訴訟を起こした（『張元済年譜』一七三、一八〇頁）。年末から公判が始まり、翌年二月判決、原告の訴求は証拠十分として商務印書館の勝訴に終わる。被告中華書局の反証は根拠に乏しく却下され、賠償金一万元と訴訟費用の負担が課せられた。また、この二大出版業者は『申報』紙上で派手な中傷合戦を演じてもいるが、その応酬は前記の沢本論文に詳しいがここでは省略したい。仇視しあう両者にはいったいどのような因縁があったのか、簡単にその経過を振り返っておこう。

一九一二年一月それまで商務印書館に勤めていた陸費達（一八八六―一九四一年）は独立して、〝完全中国資本の出版事業〟を旗印に中華書局を創立した。彼は民国政府の新定教科書の出版権を得ようとして活動を開始する。当面の狙いは最大の実績を持つ商務印書館の牙城を崩すことである。そのさい最も効果的な戦術が金港堂と商務印書館の合弁関係を暴露し、民衆の素朴な排外意識に訴えかけることであった。利権回収、日貨排斥など排日熱が澎湃と起こるのに乗じて、中華書局は長く執拗に商務攻撃を続けるのである。このある意味で悪辣なやり口には実は先例があった。一九〇八年創立の中国図書公司であって、同公司は商務印書館が科挙廃止後新書の販売で利益を独占するのに不平を抱く同業者が糾合して対抗的に設立した出版社。新聞が連日商務攻撃―教科書事件で躓いた金港堂を株主に加えたこと―のキャンペーンを張ると、同調する人々が続々と同公司株主に加入したという。中国図書公司は中国民衆の利権回収熱に伴う排外思想を利用して設立されたと言われる所以である。なお中華書局、中国図書公司の成立事情をさらに詳しく知りたい向きは、樽本照雄『初期商務印書館研究』（私刊　二〇〇〇年／増補版　二〇〇三年）を参照されたい。

こうした中で商務印書館は日本人の事業と見做されないように、合弁解消（日資回収）を急ぎ始める。一九一三年一月理事会で日本株回収の論議が起こって以来、渋る金港堂との長く粘り強い交渉を経て一九一四年一月六日調印にこぎつけた。前節の合弁解約書はこの時に結ばれたものである。日資回収の代価は総額五十八万余元、当初の見込み額の約一倍半である。文字通り高くついたが、商務印書館にとってはその代償を払っても、〝完全華商〟の名が欲しかったのである。

## （二）日中関係の険悪化と合弁問題

確かに商務印書館は晴れて完全華商となった。しかしそれは過去十年に及んだ合弁の事実までも抹消してはくれなかった。その後も商務印書館の消し去りたい過去は、商売敵から事あるごとにつつかれて、痛みは癒えることがなかった。『実業之日本《支那問題号》』誤報事件はまさにその典型的なひとコマであって、背後には第一次世界大戦後の中華民国民衆の民族意識の高まりがあった。

満洲事変以後の長期抗日運動など日中関係がさらに険悪化すると、合弁の事実は商務にとってますます不都合な事柄になった。中国民衆の反日感情がエスカレートする時代に、商務印書館はその苦い真実を出来るだけ秘匿して、恰も無かったかのように振舞って自己防衛せざるを得なかった。創業三十五年記念冊子『最近三十五年之中国教育』（一九三一年刊）には「三十五年来之商務印書館」（図8）という早い時期の社史がある。その記述では合弁は一時権宜の便法で、外国の進んだ印刷技術を取り入れ、また外資導入で資本を厚くして独立経営の基礎とし、こうして徐に事業発展を謀ろうとする暫時利用合作の一法と強弁する。そこには教科書の編集や印刷製本術の供与に力を尽くした日本人関係者（例えば各科教科書を編纂した長尾雨山など）のことはキレイに抹殺されている。日中文化交流史のパイオニア実藤恵秀はそうした偏った記述を「甚だ科学的でないと思ふ」（「初期の商務印書館」『日本文化の支那への影響』蛍雪書院　一九四〇年　二四一ページ）と述べた。

　国共内戦後に成立した中華人民共和国時代でも、事情は大差なかった。自力更生を国是とする中では、日本帝国主義とその手先は常に敵であり、その敵と提携したことなどは口が裂けても言えることではなかった。いつのことかハッキリしない憾みはあるが、中国の富と権力を支配した宋家王朝の始祖チャーリー宋が、投資家たちと組んで商務印書館を創立したという伝説がある（『宋家王朝』上　岩波現代文庫　二〇一〇年一月　一四四ページ）。映画にもなった有名な宋家の三姉妹の父親が登場する、この実しやかな神話は無論事実ではない。宋査理の同館創立・経営説はあくまでも小説であって、現に商務印書館総経理（社長）によっても明快に否定されている（林茂「商務印書館創立の

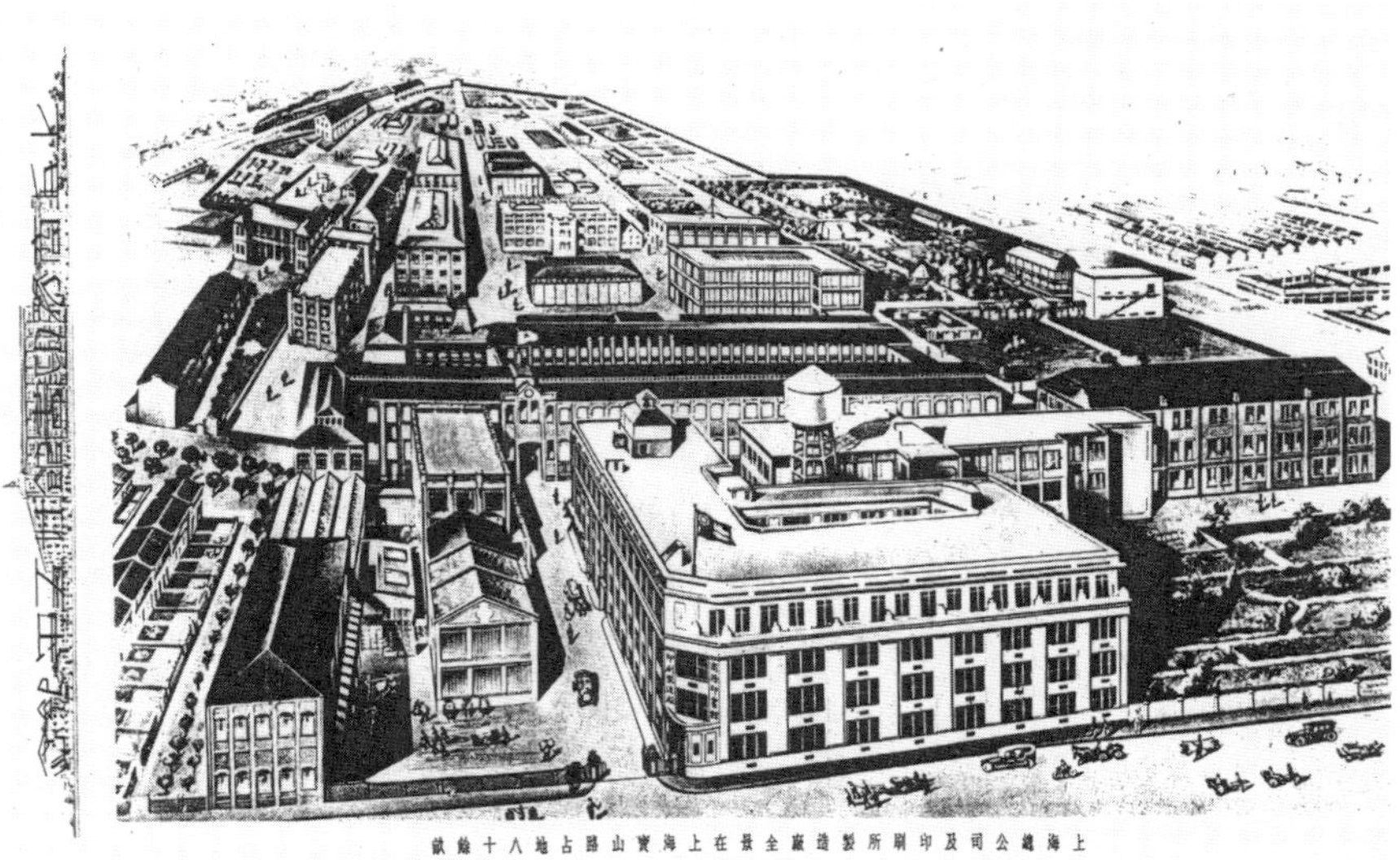


図8　上海宝山路の商務印書館社屋と印刷所（『最近三十五年之中国教育』口絵写真）

経過―併せて宋査理と商務の関係について」『東方』六十三号、一九八六年六月)。ただ商務印書館にとっては、この眉唾話が中日合資の事実をカムフラージュするのに多少役にたったことだけは確かであろう。

改革開放政策が着実な歩みを見せ、外資提携(合弁)事業が花盛りとなった一九九〇年代初頭、商務印書館と金港堂との合弁問題はようやく陽の目を見ることになった。商務は外資を上手に利用して成功した先駆的な事例と称賛され、日資提携問題の評価は百八十度転換した。日中間の不幸な歴史を反映して長く闇の中に埋もれてきたこの問題については、あたかも改革開放路線に符節を合わせるかのように研究が進み始めた。それも日本中国にとどまらず、アメリカやニュージーランドからも研究が出るなど、国際色豊かなテーマになってきたのである。

〔参照文献〕

稲岡勝「日中合弁事業の先駆、金港堂と商務印書館の合弁一九〇三―一九一四」『ひびや』第一四五号(東京都立中央図書館　一九九六年三月)

瓊川生(都倉義一)「無適語」『実業之日本』第二二巻一七号(一九一九年八月一五日)

実藤恵秀「初期の商務印書館」『日本文化の支那への影響』(蛍雪書院　一九四〇年)

沢本郁馬(樽本照雄の筆名)「商務印書館と金港堂の合弁解約書」『清末小説』第二七号(二〇〇四年一二月)

同　「商務印書館関係資料いくつか」『清末小説』第二八号(二〇〇五年一二月)

「三十五年来之商務印書館」(創業三五年記念冊子『最近三十五年之中国教育』一九三一年刊　所収)

シーグレーブ，スターリング『宋家王朝』上巻(岩波現代文庫　二〇一〇年一月)。なお、この書の初版は『宋王朝―中国の富と権力を支配した一族の物語』上下(サイマル出版会　一九八六年)である。

『実業之日本』第二二巻一六号(一九一九年八月一日)：◎訂正、商務印書館股分有限公司声明

『実業之日本社七十年史』(一九六七年六月)

『支那経済全書』第一二巻(東亜同文会　一九〇八年一〇月)

宋原放主編『中国出版史料　近代部分』第三巻(湖北教育出版社　二〇〇四年一〇月)

中華道人「日支合弁事業と其経営者」『実業之日本《支那問題号》』第二二巻一三号(一九一九年六月一五日)

『張元済日記』下冊(商務印書館　一九八一年)

張樹年主編『張元済年譜』(商務印書館　一九九一年)

林茂「商務印書館創立の経過―併せて宋査理と商務の関係について」(『東方』六三号　一九八六年六月)

## 結び

タイトルを張元済が揮毫した『最近三十五年之中国教育』（請求記号：3722-S793-S）という大冊がある。

これは、商務印書館の創業三五年記念出版で、小さな印刷所が中国全土に支店をもつ大出版社となるまでを回顧し、また当時到達し得た印刷技術の粋を披露するものである。

本稿に用いた図版は全てこの本から採ったのであるが、あの堂々たる社屋や印刷所は今は存在しない。出版から僅か数ヶ月後、一九三二年の一・二八（上海）事変で日本軍の空爆により本社屋・印刷所、また三〇万の蔵書（張元済が営々と蒐集した貴重書も）を有す東方図書館も一切が灰燼に帰した。無残というほかはない。

商務印書館のこの明と暗の事件ほど、近代の日中関係を象徴的に語るものはない。かつてその発展に手を貸したのも、またそれに壊滅的な打撃を与えたのも同じ日本であった。日清戦争以後百年の日中関係を振り返ると不幸な時代が長いが故に、金港堂と商務印書館合弁の十年間は束の間の小春日和のように見える。

アメリカの歴史学者D・R・レイノルズは、日本と中国が協調と建設的な関係にあった一八九八―一九一二の期間を〝黄金時代〟と呼ぶべきだと主張している。奇しくも合弁の期間がそれに一致するのは、故ないことではないのである。

『最近三十五年之中国教育』

〔註〕

※合弁問題に関する拙稿はほかに次のものがある。

1．「金港堂と商務印書館の合弁問題に関する文献について」（『日本出版学会会報』七五号　日本出版学会一九九一年一二月　七—九ページ　＊中文訳：沈洵澧訳「関于金港堂与商務印書館合作問題的文献資料」（『出版史料』一九九二年四期　五〇—五一ページ

2．「初期商務印書館の源流—美華書館、修文書館、岸田吟香、金港堂」（第四回日中出版教育交流会議報告、のち『出版教育研究所所報』七号日本エディタースクール出版部　一九九五年七月、に所収）

3．「教科書合弁、日中交流の師—今世紀初め、日本の出版社が清近代化に一役」（『日本経済新聞』一九九五年三月三日朝刊　文化らん）

◎金港堂と商務印書館の合弁に関する主な文献

［日本語文献］

**実藤恵秀**　近代日中文化交流史

1．『日本文化の支那への影響』（蛍雪書院　一九四〇年）

2．『中国人　日本留学史』（くろしお出版　一九六〇年）

**樽本照雄**　清末小説研究会主宰

3．「金港堂・商務印書館・繡像小説」（『清末小説研究』三号　一九七九年一二月）

4．「商務印書館と夏瑞芳」（上同四号　一九八〇年一二月）

5．「商務印書館と山本条太郎」（『大阪経大論集』一四七号　一九八二年五月）

6．『清末小説閑談』（法律文化社　一九八三年）

7．『清末小説きまぐれ通信』（私家版　一九八六年）

8．「商務印書館研究はどうなっているのか」（『清末小説から』一号　一九八六年八月）

9．「初期商務印書館をもとめて」（上同九号　一九八八年四月）

10．「商務印書館の触れられたがらない事」（『中国文芸研究会会報』一一三号　一九九一年三月）

11．「商務印書館の火災」（『清末小説から』二一号　一九九一年四月）

12．「初期商務印書館の印刷物」上下（上同二三、二四号　一九九一年一〇月—一九九二年一月）

13．「統計表から商務印書館を見る」上下（上同二五、二六号　一九九二年四—七月）

14．『清末小説論集』（法律文化社　一九九二年）

15．「鍵としての高翰卿「本館創業史」」（『清末小説』一五号　一九九二年一二月）

16．「初期商務印書館の謎」（上同一六号　一九九三年一二月）

17．「鄭孝胥日記に見る長尾雨山と商務印書館」一—五（『清末小説から』一九九四年一〇月—一九九五年一〇月）

18．「金港堂から商務印書館への投資」（『中国文芸研究会会報』一六〇号一九九五年二月）

19．「初期商務印書館の精神分析—金港堂との合弁をめぐって」（上同一六三号　一九九五年五月）

20．「変化しつつある商務印書館研究の現在」（『大阪経大論集』四六巻三号一九九五年九月）

21．「夏瑞芳暗殺—初期商務印書館における夏瑞芳の役割」（『清末小説』一八号　一九九五年一二月）

**中村忠行**　日中比較文学研究

22．「商務版『説部叢書』について」（『野草』二七号　一九八一年四月）

23．「〝繡像小説〟と金港堂主原亮三郎」（『神田喜一郎先生追悼中国学論集』二玄社　一九八六年一二月）

24．「検證　商務印書館・金港堂の合弁」一—三（『清末小説』一二—一三、一六号　一九八九年一二月—一九九〇年一二月、一九九三年一二月）

**王益**　中国印刷技術協会名誉理事長

25．「中日出版印刷文化の交流と商務印書館」（『タイポグラフィックス・ティー』一五六号　一九九三年一二月　中文からの翻訳）

［中国語文献］

1.『最近三十五年之中国教育』（商務印書館　一九三一年＊創業三五周年記念の社史）
2. 王雲五『商務印書館与新教育年譜』（台湾商務印書館　一九七四年）
3.『張元済日記』上下（商務印書館　一九八〇—八一年）
4. 汪家熔『大変動時代的建設者—張元済伝』（四川人民出版者　一九八五年）
5.『商務印書館大事記』（同館　一九八七年）
6.『商務印書館九十年』（同館　一九八七年）
7.『張元済年譜』（商務印書館　一九九一年）
8.「蔣維喬日記撰」（『出版史料』一九九二年二期）
9. 鄒振環「商務印書館与金港堂—二十世紀初中日的一次成功合資（『出版史料』一九九二年四期）
10.『商務印書館九十五年』（同館　一九九二年）
11.『鄭孝胥日記』全五冊（中国歴史博物館編　中華書局　一九九三年）
12. 倪靖武「商務印書館在近代中日出版交流中的貢献」（『出版与印刷』一九九四年二期）＊邦訳：石橋正子訳「近代中日出版交流における商務印書館の貢献」（『出版教育研究所所報』七号　日本エディタースクール出版部　一九九五年）

［欧文文献］

1. Manying Ip "The life and times of Zhang Yuanji, 1867-1959 : from Qing reformer to 20th century publisher."（the Commercial Press, 1985）
＊中文訳：『従翰林到出版家—張元済的平生与事業』（香港　商務印書館有限公司　一九九二年）
2. Manying Ip. "A hidden chapter in early Sino Japanese co-operation : The Commercial Press-Kinkodo partnership, 1903-1914"（"The Journal of International Studies, No. 16 Jan. 1986." Institut of International Relations, Sophia Univ.）
＊中文訳：「早期中日合作中未被掲的一幕—一九〇三年至一九一四年商務印書館与金港堂的合作」（『出版史料』一九八七年三期）
3. Douglas R. Reynolds "China, 1892-1912 : the Xinzheng Revolution and Japan"（Harvard Univ Press, 1993）

# あとがき

その昔それなりに懸命に取り組んだ諸論考が、こうした形で日の目を見たのは面はゆくもあるがやはり嬉しいことである。それらの発表の場が図書館の紀要や、日本出版学会の研究誌などマイナーなメディアのせいもあって、社会的には長いこと認知されずに来た。いささか開拓者の自負があるだけに、この黙殺はいつも残念に思っていた。

ところで「今更そんな大昔の古証文を出してきていったい何になるのだ」ともっともな疑問を呈されそうであるが、二つばかりその意義について弁明しておきたい。

（一）先行文献が皆無に近い出版者の歴史を新たに書こうとするとき、どのようにしたら可能となるのか。その道筋をつける方法について述べた論著は残念ながら今もって少ない。この意味で拙稿は結果的には、自らの経験をもとにした「近代の出版史料論」を問わず語りすることになった。新聞雑誌記事などを中心にした専ら活字文献の段階から、公文書私文書など未刊資料を活用するようになったヨリ実証性の高いステージへの深化。これは何も最初から構想していたわけではなく、試行錯誤の末にたどり着いた新しい地平である。愛用した目録で言えば、前者では『国立国会図書館明治期刊行図書目録』、後者では『埼玉県行政文書件名目録・学務編』や『東京都公文書館所蔵文書目録』などで、何かないかとそれこそ舐めるようにして関係事項を探したものである。今日では機械検索装置が完備する環境のおかげで、もっとスマートに要領よくやるのが流儀のようである。しかし原文書をひたすら探す泥臭い昔のやり方にも何かしら取柄はあるはずと思っているが、アナログ人間の負け惜しみか。

第一書房の長谷川巳之吉は「つぶれた本屋の歴史を知ることは大事」と述べた。別言すると「消え去った書肆の業績を活字に遺すのも徒事ではない」と揚言した明治堂主人・三橋猛雄の志に通じる。彼の『明治前期思想史文献』（一九七六年）は出色の解題書誌であると同時に、明治出版史の有用な参考書でもあって座右に置くべき基本資料の一つと言ってよいものであるが、はたして活用した人は幾人いるのだろうか。

（二）執筆してから少し経つと、うっかり見逃していた資料に気が付き臍を噛むことがよくおこる。また思いがけない新史料の発見や自身の成長深化の結果、当初の掘り下げ不足や思い違いに気がついて地団太を踏んでも最早後の祭り。一日も早い手直しの機会を得たくてうずうずする。実は本論集もできれば全面的に増補改訂を加えて金港堂の通史として出版したいと長いこと夢見ていた。しかしそれは実質的には完全な書き換えに等しく、老兵にはもはや時間もエネルギーもないことは自明である。そこで各論考の文末に、新たに発見した資料や考え方を最小限付記としてつけることにした。これは愛読してやまない高島俊男先生の『お言葉ですが…』の「あとからひと言」に倣ったものである。

本論集が成るにあたっては言うまでもなく、親しい友人たちの善意の合力があって初めて実現したことである。なかでも小林昌樹氏（国立国会図書館）はこの企画案を出版社に持ち込み刊行の筋道をつけて呉れられた。氏はどうやら拙稿の数少ない読者の一人のようで、金港堂研究に関しては「一次史料の開拓、先行文献の厳密な批判など、それまでの業界話や「興亡史」に終始していた近代出版史の傾向を画する、本格的な学術研究の先駆となった。」とまで評価してくれた。いささか過褒で赤面したくなるが、知己の言葉として有難く受け止めたい。

「一連の論文、とくに初期のものにおける特筆すべき特徴は、先行研究がない中で学術的研究を展開したからか、金港堂という特定出版社の史実を明らかにするだけでなく、どうすればそう言えるのかと云った方法論的な言及が多いことである。ここにとりわけ、氏の諸論文が一書としてまとめられる意義があると考えられる」。

恐らくその方法意識は小林氏も筆者も図書館勤めが長く、その仕事柄おのずと養われた感覚に由来するように思える。日常業務ではいつも、何を見たら或いはどのようにしたら求める回答が出せるのかについて、何かしら工夫したり気が付いたりすることが多く、言わば習い性になっていたような気がする。小林氏は現在もレファレンスサービスの現場にいて、有能な窓口担当者として活躍すると同時に、見識の高い理論家でもあって、種々の雑誌やブログに鋭い知見を発表されている。また母校慶應義塾大学図書館情報学科の講師にも招聘されたのだから、この道の第一人者と言っても良いだろう。そのようなエライ人から太鼓判を貰ったのだから、この論集は品質保証を得たようなものである。果して読者諸賢はどのように判断されるのだろうか。

年若い友人の河原努氏にもいろいろお世話になった。数年前『出版文化人物事典』（二〇一三年）を一緒に編集したことがあったが、その時の索引は全て彼が的確に編製してくれた。今回の論集でも労多い索引編製を進んで買って出て呉れたので、有難く好意に甘えることにした。また付記資料の入力校正も手伝ってもらった。河原夫妻は都留文科大学時代の受講生だから随分長い付き合いになるが、こうした形で恩返しを受けようとは思いもしなかった。教師冥利に尽きる有難い話である。また近代書誌懇話会の諸賢からは絶えず激励や助言を貰い、そのたびに元気を奮い起こすことが出来た。

本論集の刊行に当たっては皓星社の藤巻修一、晴山生菜両氏に一方ならぬご配慮を賜り、まず御礼申し上げたい。漱石の坊ちゃんならずとも「こんな長くて、分りにくいものは」大金を積まれても断るところだろうが、進んで引き受けて呉れたのだから感謝の外はない。

ことに明治の文書類・新聞雑誌記事などの文章は、句読点がなく、仮名遣いも異なり、合字などもあって、原文通りに入力するには随分と骨が折れる。また図版の多用、複雑な表組など組版上の厄介な要求にも丁寧な仕事で応えて呉れた。晴山生菜、池田拓矢の両編集者の骨折りには改めて感謝したい。

昨年の暮入稿準備の最中に、「無病息災、因果と丈夫！」の当人が突然大病を発症・入院したため、無用の混乱を招いたのは大変申し訳なかった。幸い小林昌樹氏が手持ちの原稿を用意してくれたので事なきを得た。その後も当方の不手際などで数々の御迷惑をおかけしたことと思うが、とにかく関係各位のお力添えによって本書を纏めることが出来た。改めて合力下さった皆様に深く感謝申し上げたい。

二〇一八年一二月

稲岡　勝

「原田博文堂の事業失墜と再興の歩み：北原九十郎、油谷達・原田悟朗兄弟のこと」『書物・出版と社会変容』20　2016.3　p.79-114【Z71-S223】

「明治初期の学校と教科書出版」『出版と流通〈シリーズ本の文化史4〉』横田冬彦編　平凡社　2016.10　p.249-282【UE17-L23】

「綏猷堂岡塾時代の片山潜」『書籍文化史』18　2017.1　p.209-220【UM11-L47】

「明治前期の出版法制と『西国立志編』」『書籍文化史』19　2018.1　p.133-161【UM11-L56】

本書第四部は書き下ろし

「長尾景弼・股野兄弟と博聞社」『都留文科大学研究紀要』63　2006.3　p.166-142　※印刷系巨大出版社博聞社の社史。股野兄弟とは長兄股野琢（藍田、宮中顧問官）と三弟潜（副社長）

「「頼山陽評并段落刪除一件」と内藤伝右衛門」『都留文科大学研究紀要』65　2007.3　p.290-271　※頼山陽が評語と批点を加えた『増評唐宋八大家文読本』の無断使用（類版）をめぐる訴訟

「対文部大臣版権侵害要償訴訟と内藤伝右衛門」『都留文科大學研究紀要』67　2008.3　p.246-223　※新井白石『読史余論』の類版をめぐる内藤伝右衛門の訴訟事件

「『甲斐名勝志』の諸版について――門前の小僧、板本書誌学を学ぶ」『都留文科大学研究紀要』69　2009.3　p.1-24　※『国書総目録』の諸版表示に誤りが多いのは、目録と書誌とは別物という書誌学の認識が乏しいことによる

「『実業之日本《支那問題号》』と商務印書館」『出版研究』(41)　2011.3　p.185-198
――**第五部第七章**

「張元済の最初の訪日と市島春城」『出版研究』(42)　2012.3　p.167-180
――**第五部第五章**

「まぼろしの『国史略』」『書籍文化史』(12)　2011.1　p.35-40【UM11-J61】
※出版条例が規定する板権は著作権ではないこと

『明治十年代の新刊情報誌――『出版新報』と『出版月報』と』（編・解題）全2巻　金沢文圃閣　2011.8【UP3】　※博聞社と岡島宝玉堂（大阪）の新刊情報誌

「加賀文庫本『甲斐名勝志』と甲府書肆村田屋孝太郎」『書物・出版と社会変容』(12)　2012.2　p.1-26【Z71-S223】　※村田屋（功刀氏）は甲府を追われ静岡の地で擁万堂として再起した模様

『出版文化人物事典――江戸から近現代・出版人1600人』（監修）日外アソシエーツ　2013.6　531p　A5【UE2】

「正木直太郎と『六六日記』――清国安徽省安慶府優級師範学堂教習と留守家族の手紙」『文献継承』(23)　2013.10　p.4-6　※第四部の関連文献

「『大勢三転考』の出版年月――「蔵版目録」と「製本書目録」の効用―」『書籍文化史』(15)　2014.1　p.15-24【UM11-L14】　※第一部第六章の補遺

「明治出版史と学事文書」『アーキビスト』83〔全資料協関東部会創立30周年記念特集号〕2015.3　p.8-9【Z21-1486】
――**第二部口上**

「金港堂創業期の引札」『書籍文化史』17　2016.1　p.175-180【UM11-L39】
※第三部第一章第一節の補遺

〔図解・出版の歴史4〕「『続一年有半』の出版契約書——中江兆民、幸徳秋水と博文館」『日本出版史料』(5)　2000.3　p.166-178

「内藤伝右衛門の対文部大臣版権侵害損害賠償訴訟事件——新井白石『読史余論』の類版と引用」『国文学論考』(36)　2000.3　p.1-13

「『夜明け前』のホルサム——木曽路を通った英人鉄道技師たち」『都留文科大学研究紀要』54　2001.3　p.220-209　　※『夜明け前』のホルサムは島崎藤村の錯覚で実は別人であった

「明治二十年代の金港堂と博文館」『新日本古典文学大系　明治編』23(6)　2002.3　p.9-13【KH6-G782】　※博文館神話は俗説で史実ではないこと

「アーネスト・サトウと内藤伝右衛門の交流」『明治の出版文化』国文学研究資料館編　2002.3　p.31-77【UE17-G34】

「甲府の大書林内藤伝右衛門と求板本」『メディア史研究』(13)　2002.11【Z21-B110】
※メディア史研究会7月27日月例研究会での報告要旨

「内藤伝右衛門と「板木買戻ノ訴訟」——明治8年出版条例における板権と分板」『都留文科大学研究紀要』58　2003.3　p.262-243　　※板木三品（増評唐宋八大家文読本、明朝記事本末、読史余論）の代金二千円は売却それとも質の抵当か、をめぐる訴訟

『日本出版関係書目1868-1996』（共編）日本エディタースクール出版部　2003.12　400p　B5　【UE1】

「『日本出版関係書目』の刊行と出版研究：出版研究の基礎資料の編集にあたって」『出版ニュース』2003.12　p.6-9

「教科書疑獄事件とジャーナリズム」『国文学論考』(40)　2004.3　p.99-107
※第四部の関連文献

〔図解・出版の歴史5〕「明治検定教科書の供給網と金港堂——『小林家文書(布屋文庫)』の特約販売契約書」『日本出版史料』(9)　2004.5　p.107-127　　※なお甲州韮崎の布屋小林家は逸翁小林一三の本家に当たる
**——第三部第二章**

「板木師滝沢籛吉と内藤伝右衛門の求板本」『都留文科大学研究紀要』61　2005.3　p.202-182　　※求板本の諸相（丸株単品、丸株複数品、相版の半株）

「検印紙事始：証紙（印紙）のいろいろ」『活字の歴史と技術』2　加藤美方、森啓、藤田三男編　樹立社　2005.3【UE82-H15】　※雑誌『アステ』の合本複製

〔特集　近世・近代出版史研究の現状と課題〕「座談会：出版史研究の現状と課題——ここ一〇年の近世・近代出版史を振り返りつつ」『日本出版史料』(10)　2005.10　p.31-66　　※パネラー：鈴木俊幸、浅岡邦雄および不肖

※「明治出版史から見た奥付とその周辺」(1985)をさらに増補展開し図解したもの

「金港堂の七大雑誌と帝国印刷」『出版研究』(23)　1993.3　p.171-211　※大幅に訂正加筆した。また付記をも参照
――**第三部第三章**

「明治検定期の教科書出版と金港堂の経営〔含 付録〕」東京都立中央図書館『研究紀要』(24)　1994.3　p.1-144　※「金港堂小史」の続篇。国定教科書(明治37年)以前の教科書出版史
――**第三部第一章**

「居留地文化：書店と出版、『ジャパン・ウィークリー・メイル』の書評」『横浜の本と文化』横浜市中央図書館編　1994.3　p.424-429，462-467　【UE17-G9】　※英字新聞の記事や広告による横浜居留地の出版文化史

「(文化) 教科書合弁、日中交流の師――東京都立中央図書館勤務稲岡勝氏」『日本経済新聞』 1995.3.3朝刊　40面　※第五部の執筆予告で、合弁問題を紹介

〔図解・出版の歴史1〕「『大勢三転考』の出版願と版権免許証」『日本出版史料』(1)　1995.3　p.161-174
――**第一部第六章**

〔特集市場経済における出版と出版教育――第4回日中出版教育交流会議：日本側報告〕「初期商務印書館の源流――美華書館、修文書館、岸田吟香、金港堂」『出版教育研究所所報』(7)　1995.7　p.34-40【Z21-1847】

「日中合弁事業の先駆、金港堂と商務印書館の合弁1903-1914年」『ひびや』38(145)　1996.3　p.25-34
――**第五部**

〔図解・出版の歴史2〕「見立からみた明治十年代の出版界」『日本出版史料』(2)　1996.8　p.202-213
――**第一部第七章**

「修文書館と『上海新報』」『日中出版教育校際学術交流会論文集』出版学校日本エディタースクール編　1997.6　p.102-105

「小日向二丁目」「布川文庫における出版資料勉強会」『布川角左衛門事典』日本出版学会『布川角左衛門事典』編集委員会編　1998.1　p.75-77，122-127【UE11】

〔図解・出版の歴史3〕「明治前期小学教科書の製作とその費用――『東京府地理教授本』を一例として」『日本出版史料』(4)　1999.3　p.281-300
――**第二部第二章**

「「ダウントレス」大橋！――博文館の出版革命解明のために」『彷書月刊』15(11)(170)　1999.10　p.6-9【Z21-1473】

史」三省堂百年記念事業委員会「三省堂百年史」」『出版研究』(13)　1983.2　p.95-103
※社史批判、社史類型論
——**第一部第二章**

「明治出版史から見た奥付とその周辺」『日本出版学会会報』(53)　1984.7　p.5
※同タイトル論文の短報

〔書評〕「明治新聞雑誌文庫所蔵図書・資料類目録」『書誌索引展望』9(1)　1985.2　p.33

「明治出版史から見た奥付とその周辺」『出版研究』(15)　1985.3　p.10-29
——**第一部第三章**

「検印紙事始：証紙のいろいろ」『アステ』(3)　1985.11　p.24-25【Z17-991】
※検印紙の起源説

「明治前期教科書出版の実態とその位置」『出版研究』(16)　1986.03　p.72-125
——**第二部第一章**

「漱石と版権免許」『明治村通信』17(8)(194)　1986.8　p.6-9【Z21-261】

「百年前の我田引“本”——『日本読本』の中の金港堂」『本の街』7(11)(73)　1986.10　p.16-19【Z8-1759】　※第三部第三章第三節関連文献

「明治前期文部省の教科書出版事業」東京都立中央図書館『研究紀要』(18)　1987.3　p.1-53　※第三部第一章第二節関連文献

「「原亮三郎」伝の神話と正像——文献批判のためのノート」『出版研究』(18)　1988.3　p.128-143　※既存通説批判の方法
——**第一部第四章**

「ホルサム『日本における八年間』《日本関係洋書・技師の記録》」『横浜居留地の諸相——横浜居留地研究会報告』横浜開港資料館編　1989.3　p.169-177【GC76-E50】

〔資料紹介〕「近代出版に関する複刻版資料」『出版研究』(19)　1989.4　p.155-176
——**第一部第五章**

「鳳文館と予約出版——“結社型”出版社の終焉」『日本古書通信』54(4)(717)　1989.4　p.4-7【Z21-160】

「ヤング・ジャパン——NSW州立図書館での錦絵展示——について」『ひびや』33(140)　1991.3　p.45-51

「金港堂と商務印書館の合弁問題に関する文献について」『日本出版学会会報』(75)　1991.12　p.7-9

「蔵版、偽版、板権——著作権前史の研究」東京都立中央図書館『研究紀要』(22)　1992.3　p.1-105

# 稲岡勝著作目録（発表年代順）

小林昌樹氏作成の書誌に基づいて加除補訂を行い、主に書物出版のテーマに限定し雑文等は省いた。また、初出一覧を兼ねて、該当の論文には本書の章節を太字で明示した。なお※以下の注記では、論文の要旨や参照文献を示した。頻出する逐次刊行物の書誌事項と国会図書館請求記号（【　】内）は次の通り

『ひびや――東京都立中央図書館報』（東京都立中央図書館）【Z21-112】
『図書館雑誌』（日本図書館協会）【Z21-130】
東京都立中央図書館『研究紀要』（東京都立中央図書館）【Z21-264】
『書誌索引展望』（日外アソシエーツ）【Z21-864】
『出版研究』（日本出版学会）【Z21-279】
『日本出版学会会報』（日本出版学会）【Z21-462】
『日本出版史料――制度・実態・人』（日本エディタースクール出版部）【Z21-B231】
『国文学論考』（都留文科大学国語国文学会）【Z13-338】
『都留文科大学研究紀要』（都留文科大学研究紀要編集委員会）【Z22-505】

「『東京都立中央図書館蔵書誌目録』の編集について――その経過と諸問題」『ひびや』18(4)(122)　1976.3　p.15-18

〔書評〕「全集・叢書細目総覧　古典編索引　国立国会図書館編」『図書館雑誌』71(11)　1977.11　p.6-7

〔書評〕「〈私の本棚〉図書館の文化史的研究」『こどもの図書館』25(3)　1978.3　p.13【Z21-253】

「金港堂小史――社史のない出版社「史」の試み」東京都立中央図書館『研究紀要』(11)　1980.3　p.63-135　　※本書まえがきに「はじめに」と「目次」の箇所を収録

〔書評〕「日本郵趣文献目録」『書誌索引展望』4(2)　1980.5　p.35-36

「『明治文学研究文献総覧』の岡野他家夫氏〈専門家訪問〉」『書誌索引展望』5(1)　1981.2　p.32-36

〔紹介〕「索引　作成の理論と実際　ナイトGノーマン編／藤野幸雄訳」『図書館雑誌』75(8)　1981.8　p.480

〔特集2　出版研究の方法と状況〕「金港堂「社史」の方法について」『出版研究』(12)　1982.2　p.124-148
**――第一部第一章**

〔書評〕「近代出版史と社史――矢作勝美編著「有斐閣百年史」植村清二他著「丸善百年

## ヤ



## ラ



## ワ

## サ



## タ

## カ

# 人名索引

## マ



## ヤ

## ナ



## ハ

## タ

## サ

# 事項索引

## ア



## カ

**稲岡　勝**（いなおか・まさる）
1943年、上海生まれ。すぐ近くに商務印書館があった。早稲田大学政治学科および図書館短期大学別科卒業、1972年から東京都立図書館勤務。1999年から都留文科大学国文学科教授情報文化担当、専攻は明治の出版文化史。十年勤めて退職後は図書館、文書館、古書展に通い埋もれた出版者を手掘り中。執筆予定としては「教科書トラスト帝国書籍の成立と崩壊」、また山梨県の地方新聞『甲陽新報』（印刷は内藤伝右衛門）も取りあげたいテーマである。

**明治出版史上の金港堂**
——社史のない出版社「史」の試み

2019年３月29日　初版発行

著　者——稲岡　勝
発行者——晴山生菜
編　集——池田拓矢
発行所——株式会社皓星社
〒101-0051
東京都千代田区神田神保町3-10
宝栄ビル601号
電話　03-6272-9330
FAX　03-6272-9921
メール　book-order@libro-koseisha.co.jp
装　丁——藤巻亮一
カバー装画—『東京商工博覧絵　第二編』
『日本読本』第一“店広高商”“買売読”
二葉亭四迷『浮雲』裏表紙　装飾文字マーク
印刷・製本・組版——精文堂印刷株式会社

ISBN 978-4-7744-0671-8 C0000